灌阳年鉴

GUANYANG NIANJIAN

2017

灌阳县地方志编纂委员会　编

方志出版社
Publishing House of Local Records

图书在版编目（CIP）数据

灌阳年鉴．2017 / 灌阳县地方志编纂委员会编．-- 北京 ：方志出版社，2018.9

ISBN 978-7-5144-3183-4

Ⅰ．①灌… Ⅱ．①灌… Ⅲ．①灌阳县—2017—年鉴 Ⅳ．① Z526.74

中国版本图书馆 CIP 数据核字(2018)第 178918 号

灌阳年鉴（2017）

编　　者：灌阳县地方志编纂委员会
责任编辑：冯　松

出 版 人：冀祥德
出 版 者：方志出版社
地址　北京市朝阳区潘家园东里 9 号（国家方志馆 4 层）
邮编　100021
网址　http://www.fzph.org
发　　行：方志出版社图书经销中心
电话（010）67110500
经　　销：各地新华书店
装帧设计：南宁市佳彩广告设计有限公司
印　　刷：深圳市精一瑞兰印刷有限公司

开　　本：889 ×1194　　1/16
印　　张：28
字　　数：719 千字
版　　次：2018 年 9 月第 1 版　　2018 年 9 月第 1 次印刷
印　　数：001 ～ 500 册

ISBN　978-7-5144-3183-4　　定价：200.00 元

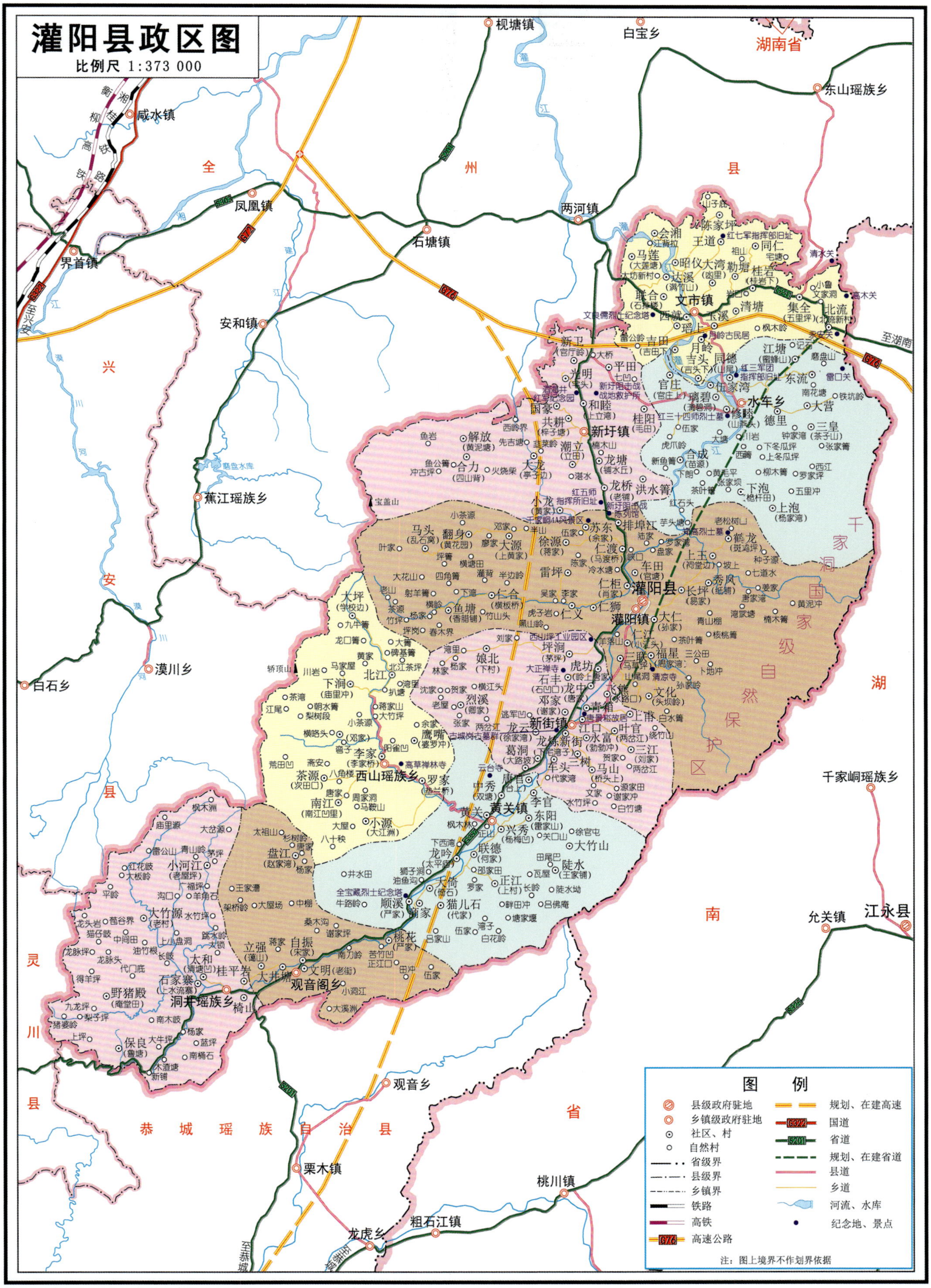

广西南宁六维地理信息服务有限公司编制　　审图号：桂S（2017）82号

广西南宁六维地理信息服务有限公司编制　　审图号：桂S（2017）82号

数字灌阳（2016）

◎ 行政区划：5镇4乡
◎ 面积：1835平方千米
◎ 总人口：296360人
◎ 人口自然增长率：5.1‰
◎ 生产总值：746929万元
◎ 工业总产值：1120076万元
◎ 规模以上工业企业总产值：1060635万元
◎ 全社会固定资产投资：640794万元
◎ 社会消费品零售总额：185223万元
◎ 财政收入：36240万元
◎ 农民人均可支配收入：8995元
◎ 城镇居民人均可支配收入：28172元
◎ 境内公路里程：695.339千米
◎ 接待游客：53.02万人次
◎ 旅游综合总收入：5.21亿元
◎ 个体工商户：5602户
◎ 各类企业：1144家
◎ 中等职业学校：1所
◎ 普通中学：12所
◎ 小学：14所
◎ 教学点：151个
◎ 幼儿园：43所
◎ 卫生机构：428个
◎ 病床床位：996张
◎ 公共图书馆：1个

灌凤高速公路

领导调研

10月17日，自治区党委书记彭清华（左三）到灌阳调研电商工作　　兴农汇　提供

12 月 15 日，自治区党委常委、纪委书记于春生（右三）调研灌阳县扶贫领域监督执纪问责工作情况

县纪委　提供

3 月 24 日，自治区党委常委、宣传部部长黄道伟（前左三）到灌阳调研红色旅游文化情况

王游明　摄

10月21日，自治区副主席张晓钦（左五）到灌阳调研旅游文化工作
胡 蓉 摄

6月22日，自治区副主席黄世勇（左一）到灌阳农商行新街支行了解扶贫小额信贷情况
县农商行 提供

1 月 30 日，自治区副主席、公安厅厅长胡焯（右一）到新街镇龙炼村与当地干部群众一起参加冬修水利活动
刘召龙　摄

3 月 20 日，桂林市委书记赵乐秦（右一）到灌阳调研
王游明　摄

12月1日，桂林市委常委、政法委书记赵志军（左三）到灌阳县公安局调研

县公安局　提供

5月4日，桂林市委常委、纪委书记吕洪安（右二）在灌阳西山坪工业园区调研

刘召龙　摄

7月1日，桂林市委常委、统战部部长王建毅（右）慰问新街镇三江村贫困党员
范汝敏　摄

9月12日，桂林市副市长彭代元（左）到灌阳县慰问贫困户
王红琴　摄

9月30日，桂林市人民政府副市长兰燕（右二）到灌阳新圩镇小龙村调研

刘 婷 摄

6月2日，桂林市人大常委会副主任潘永建（中）参观广西星霞农业科技有限公司　　刘召龙 摄

4月21日，桂林市政协副主席蒋炳穗（左一）在新街镇江口村调研名人故居保护和利用情况　刘召龙　摄

11月10日，桂林市政协副主席、市总工会主席罗永东（左二）到文市镇调研扶贫工作
刘婷　摄

12月19日，灌阳县委书记陆桂弟（前右一）到文市镇调研新型城镇化示范乡镇建设推进情况
刘 婷 摄

12月5日，灌阳县长卢嵩（中）实地调研瑶族古镇项目的规划及征地工作　刘 婷 摄

灌阳县脱贫攻坚工作

灌阳县坚持把脱贫攻坚作为头等大事和第一民生工程来抓，以脱贫攻坚统揽经济社会发展全局，不断创新工作方法，落实惠民政策，2016年脱贫摘帽各项工作有序推进。全县共投入各类扶贫资金15487.22万元，其中：产业扶持资金2353.02万元、易地扶贫搬迁资金8200万元、基础设施建设资金3946.2万元实施项目241个、“雨露计划”资金192万元受益贫困学生389人次、扶贫小额风险担保资金1020万元、发放小额信用贷款3301户13252万元。2016年底，灌阳县共完成11个贫困村1869户贫困户7369名贫困人口脱贫摘帽任务。

6月21日，灌阳县2016年脱贫摘帽推进大会在县文化大厦举行　　王　珊　摄

6月23日，自治区副主席黄世勇（左六）一行到灌阳县调研脱贫摘帽，查看脱贫攻坚信息录入情况　　刘召龙　摄

10月24日，自治区人民政府副主席、公安厅厅长胡焯（左二）到新街镇龙炼村开展接访下访和扶贫工作　　刘召龙　摄

9月26日，自治区党委督查组到灌阳县督查指导脱贫攻坚工作　　范汝敏　摄

12 月 17 日，自治区核验组在新圩镇潮立村实地核验脱贫摘帽工作　范汝敏　摄

3月21日，灌阳县委书记陆桂弟（左一）到黄关镇联德村灌阳神农稻博园水稻核心示范区发放稻种　刘召龙　摄

9月9日，灌阳县长卢嵩（左二）在黄关镇与贫困户交流　刘　婷　摄

8 月 17 日，县人民政府与阿里巴巴中国软件有限公司在县政府四楼会议室举行合作签约仪式　　刘召龙　摄

8 月 26 日，灌阳县与广西百姓乐淘科技有限公司在县政府四楼会议室举行合作签约仪式　　王红琴　摄

11 月 11 日，灌阳县在灌阳电子商务公共服务中心举办“党旗领航、电商扶贫”我为家乡推品牌主题活动　　刘召龙　摄

3 月 25 日，桂林市春季旅游扶贫就业专题招聘会现场，农民工在登记就业个人信息　　陈张军　摄

11 月 10 日，桂林市戏剧创作研究院到新街镇举行“精准扶贫·文化惠民”文艺演出　　曹文娟　摄

12 月 13 日，加拿大广西总商会到民族小学进行爱心捐赠　　刘召龙　摄

8 月 29 日，灌阳县举行建档立卡家庭“两后生”赴结对帮扶院校学习欢送仪式　　王红琴　摄

6 月 30 日，广西桂林灌阳日升生态特色农业开发有限公司对保良村进行捐助　　曹文娟　摄

新街镇龙云村扶贫公路
县扶贫办　提供

灌阳县洞井瑶族乡椅山村蔬菜基地　　刘召龙　摄

工业　农业

4月19日，桂林南国红豆杉食品有限公司投资灌阳红豆杉山泉水项目签约仪式在县政府三楼会议室举行

王　珊　摄

10月26日，灌源投资发展有限公司投资灌阳城市商业综合体项目在南宁举行签约仪式

曹文娟　摄

马头风电场　　王红琴　摄

10月18日，广西都庞岭木业有限公司举行年产15万立方米项目竣工投产暨产品推介会

胡　蓉　摄

灌阳县农民工创业园

县发改局　提供

水稻机械化育秧播种流水线　　范汝敏　摄

水稻机械化育秧棚　范汝敏　摄

插秧机插秧　　范汝敏　摄

黄关镇玉芳养殖场　　黄关镇政府　提供

神农稻博园　　曹增平　摄

灌阳镇仁柜村上塘屯菊花基地　　刘召龙　摄

黄关镇联德村的超级稻基地　　刘召龙　摄

龙鑫纯生态葡萄园基地　　曹文娟　摄

黄关镇兴秀村大坪山油茶基地　　黄关镇政府　提供

基础设施建设

11 月 17 日，2016 年新增债券村屯道路硬化项目新街镇车头村村道正在进行硬化　　县扶贫办　提供

9 月 19 日，建设中的文市镇会湘大桥　　县交通局　提供

全沙公路新圩路段大修施工中　　县公路局　提供

8月1日，水车市场拆除重建　　刘召龙　摄

建设中的县中医院　　县发改局　提供

8月22日，县城兴灌路扩建　　曹文娟　摄

节庆活动

二月八

3月16日，2016年桂林灌阳千家洞瑶族文化旅游节暨"二月八"农具文化节开幕式在县文化大厦举行

刘兆菲　摄

集市上，群众挑选自家所需的家具　　王　珊　摄

寿佛爷巡游

“二月八”街头熙熙攘攘的人流　　王　珊　摄

王　珊　摄

3 月 16 日，灌阳“二月八”油茶展示吸引了大量游客观赏品尝　　刘兆菲　摄

六月六

7月9日，灌阳县千家洞"六月六"尝新节暨雪梨黑李节文艺演出　　胡　蓉　摄

表彰奖励种植销售大户

吃梨比赛　　胡　蓉　摄

在云水瑶小区前举办的奇石展

7月9日，灌阳县千家洞“六月六”尝新节暨雪梨黑李节果园摘果体验活动 范汝敏 摄

胡 蓉 摄

运西瓜比赛 胡 蓉 摄

刘兆菲 摄

挑担比赛 胡 蓉 摄

灌阳县纪念红军长征胜利80周年活动剪影

3月30日，灌阳县纪念红军长征胜利80周年筹备会在县委宣传部会议室召开　　陈张军　摄

6月24日，2016年中国作家重走长征路采风团到灌阳采访　　《今日灌阳》报社　提供

6月24日，黄关镇龙吟村党总支组织党员重走长征路　　范汝敏　摄

7月9日，县史志办原主任文东柏（右二）在县图书馆接受北京卫视采访　　秋　莹　摄

7 月 21 日，近代革命电视剧《绝命后卫师》剧组到灌阳取景　　曹文娟　摄

7 月 26 日，长征沿线省级党报联盟在灌阳县采访　　王红琴　摄

9月4日，八省电视台采访灌阳镇枫树脚村民李清鸾（右一）　　文莲丽　摄

9 月 28 日，灌阳县在酒海井红军纪念园举行第一批红军烈士遗骨迁葬仪式　　胡　蓉　摄

9 月 30 日，在酒海井举行红军烈士陵落成仪式暨烈士公祭活动　　县旅游局　提供

10 月 10 日，灌阳县在文市镇桂岩村举行纪念红军长征胜利 80 周年纪念活动

《今日灌阳》报社　提供

10 月 10 日，红军传人在灌阳县人民医院进行义诊

王红琴　摄

10 月 11 日，灌阳县新圩阻击战陈列馆举行开馆仪式

蒋人轲　摄

编 辑 说 明

一、《灌阳年鉴》是全面系统地记述灌阳县行政区域内自然、政治、经济、文化、社会等方面的年度资料性综合文献，是反映灌阳县情的大型百科全书。旨在为灌阳县经济社会的全面发展服务，为构建富裕、文明、美丽、和谐灌阳服务，为县、乡（镇）两级领导机关决策、指导工作提供县情依据，是社会各界和海外人士了解、研究灌阳的最新信息载体。

二、《灌阳年鉴(2017)》的编纂，坚持以马克思列宁主义、毛泽东思想、邓小平理论、“三个代表”重要思想、科学发展观和习近平新时代中国特色社会主义思想为指导，坚持辩证唯物主义和历史唯物主义的立场、观点和方法，以《地方志工作条例》和《地方志质量规定》为依据，着重记载2016年灌阳县经济和社会发展各项事业的基本情况及大事、要事、新事，个别重要内容适当上溯或下延。

三、本卷年鉴设特载、灌阳县大事记、灌阳县概况、中国共产党灌阳县委员会、灌阳县人民代表大会、灌阳县人民政府、中国人民政治协商会议灌阳县委员会、纪检·监察、人民团体、法治、军事、城乡建设·环境保护、交通运输、工业·信息产业、农业、林业·水利、商业、旅游业、财政·金融、经济管理与监督、文化·广播电视·体育·卫生、教育、科学技术·防震减灾、社会生活、乡镇、附录，共计26篇。

四、本卷年鉴内容设3个层次，在类目下设分目，分目下设条目（少数分目下无条目）。条目为年鉴纪事的基本单元，用黑体字加【 】号作条目标题，一般先以【概况】条目介绍行业、事业的基本情况，后按一事一目的原则设置条目。年鉴内容的层次设置，总体上按科学分类和社会分工相结合的原则归类和排列，机关、企事业单位等排序和层次一般不表示其地位和规模。

五、本卷年鉴稿件由各乡镇、县直各部门及各有关单位提供，并经供稿单位领导审核、加盖单位公章。主要统计数据均由撰稿单位提供，因统计口径不同等原因，可能与统计部门公布的数据有出入，引用时请加以区别。

灌阳县地方志编纂委员会

顾　　问:陆桂弟　范科君　蒋小林

主　　任:卢　嵩

常务副主任:陈礼兵　蒋红斌

副 主 任:李春孟　周　娜　周恒志　唐　奕　陈春虹
秦家德　黄水华　文新祥　史秋莹

委　　员:余明耀　唐爱明　黄晓艳　蒋晓华　蒋邦奎
蒋安平　邓业荣　陈国栋　蒋增进　傅超香
梁　赟　雷祖文　罗前学　王良益　伍灵保
王飞雄　杨国政　刘　相　郑　娟　蒋碧娟
谢爱明　郑秋明　时治富　谢能喜　文丢云
陆进发

《灌阳年鉴(2017)》编辑人员

主　　编:史秋莹

副 主 编:范菊红　熊国旭

编辑室人员:文东柏　盘春梅　莫国建　熊国红

目　　录

特　　载

灌阳县大事记

灌阳县概况

中国共产党灌阳县委员会

灌阳县人民代表大会

灌阳县人民政府

中国人民政治协商会议灌阳县委员会

纪检·监察

人民团体

法　　治

交通运输

工业·信息产业

农 业

林业 · 水利

商　业

旅 游 业

财政 · 金融

经济管理与监督

文化·广播电视·体育·卫生

教 育

科学技术·防震减灾

社会生活

乡 镇

附　录

索　引

Contents

Special Publication

Guanyang County Memorabilia

Guanyang County Profile

Guanyang County Committee of CPC

Guanyang County People's Congress

Guanyang County People's Government

Guanyang County Committee of CPPCC

Discipline Inspection & Supervision

Mass Organization

Rule by Law

Military

Urban & Rural Construction & Environmental Protection

Transportation

Industry & Information Industry

Agriculture

Forestry & Water Conservancy

Commerce

Tourism Industry

Finance & Finance

Economic Management & Supervision

Culture, Radio, Television, Sports & Health

Education

Science & Technology & Earthquake Prevention & Disaster Reduction

Civil Life

Village & Town

Appendix

Indexes

特　　载

7月17日，中国共产党灌阳县第十五次代表大会在县文化大厦召开

范汝敏　摄

求实进取聚合力　克难攻坚谱新篇
为建设宜居宜业宜游、文明和谐幸福新灌阳而奋力拼搏

——在中共灌阳县第十五次代表大会上的工作报告

(2016年7月16日)

灌阳县委书记　陆桂弟

各位代表、同志们:

中国共产党灌阳县第十五次代表大会是在全面决胜脱贫攻坚的关键时期召开的一次十分重要的会议。会议的主题是:以马列主义、毛泽东思想、邓小平理论、"三个代表"重要思想和科学发展观为指导,深入贯彻习近平总书记系列重要讲话精神,认真总结我县第十四次党代会以来的发展成就和经验,分析发展形势,明确发展任务,动员全县上下主动适应新常态,进一步解放思想,创新理念,真抓实干,为全面建成小康社会,建设宜居宜业宜游、文明和谐幸福新灌阳而奋力拼搏。

现在,我代表中国共产党灌阳县第十四届委员会向大会作工作报告,请予审议。

一、过去五年的工作回顾

过去的五年,是极不平凡、极富挑战的五年,也是发展上台阶、民生大改善的五年。五年来,面对复杂多变的国际国内环境和艰巨繁重的改革发展稳定任务,在上级党委的正确领导下,我们积极应对经济下行压力,大力实施"生态立县、工业强县、农业稳县、文化兴县、旅游旺县"发展战略,不断解放思想、扩大开放,全力抢抓机遇、克难攻坚,倡导凝心聚力、真抓实干,顺利完成了县第十四次党代会提出的各项目标任务,全县经济社会取得长足进步,综合实力明显增强。"十二五"期间,全县生产总值年均增长9.8%,工业总产值年均增长13.2%,财政收入年均增长8.4%,全社会固定资产投资年均增长13.8%,社会消费品零售总额年均增长14.1%,城镇居民人均可支配收入年均增长8.9%,农民人均纯收入年均增长10.5%。

五年来,全县发展呈现出七大亮点:一是成功增列为全国重点生态功能县,先后获得了国家生态文明示范工程试点县、国家休闲农业与乡村旅游示范县、全国生态文明先进县、中国绿色生态农业示范县等17块国字招牌(项目),争取各类财政补助资金年均超过12亿元。二是县工业集中区被列入自治区首批30个产城互动示范产业园区之一。三是2015年超级稻以亩产968.4千克夺广西六连冠,再生稻以亩产529.1千克走在全国前列。四是在2014年全国油茶产业发展现场会上我县是唯一作典型发言的县。五是灌凤高速公路竣工通车,结束了灌阳不通高速公路的历史;累计硬化通村公路328千米,建制村通畅率由2010年的29.1%提升到100%。六是获列首批国家电子商务进农村综合示范县,是广西8个县之一。七是作为桂林市唯一的党代表提案制试点县,开展了以治山、治水、治污、治穷为主要内容的党代表提案制试点工作。

五年来,我们主要做好以下几方面的工作:

——坚持把生态建设摆在各项工作的首要位置,着力建设美丽灌阳,生态优势日益凸显。坚持把生态建设资金列入县财政预算,出台了保护灌江流域环境、生态林、名木古树等政策制度,生态补偿机制健全,生态环境持续优化。大力实施石漠化综合治理和沼气池建设工程,统筹抓好山上造林、退耕还林、通道绿化和城镇绿化,开展"珍贵树种送农家"活动,累计植树造林12.6万亩。大力推进清洁乡村、生态乡村建设和环境综合整治行动,投入资金2.7亿元,创建了119个市级以上生态村,打造了一批"三清洁""三化"合一示范点,城乡管理水平不断提高,市容村貌明显改

观；灌阳镇获评国家级生态乡镇，黄关镇、新街镇被评为自治区级生态乡镇。万元生产总值能耗下降11%，全面完成了上级下达的节能减排目标任务。低丘缓坡开发利用、城乡用地增减挂钩、土地开垦工作走在全市前列，获评全国国土资源节约集约模范县。

——坚持把调优结构作为转型发展的重要抓手，着力转变发展方式，质量效益明显提升。按照"一产接二连三、二产服从生态、三产主推旅游"的产业发展思路，巩固特色农业基础地位，强化新型工业支撑作用，增强旅游产业带动作用，不断推动产业结构调整和转型升级。三次产业结构由"十一五"末的27∶47.8∶25.2调整到24.7∶50.5∶24.8。工业有效集聚升级。园区基础设施大幅改善，累计投资5.3亿元，园区建成面积350多公顷；产业集聚实现新突破，打造了选矿机械制造、木材、石材、锰业循环经济等特色产业园，入园企业106家，其中规模以上工业企业29家；园区经济实现新突破，园区工业总产值年均增长50%以上，2015年完成91亿元，占全县工业总产值的90%，规模工业总产值年均增长21.9%；风力发电等新兴产业快速发展；先后获得全市工业目标责任一等奖、工业园区发展进步二等奖、规模工业总产值跨台阶奖。特色农业成效明显。突出抓好以粮、果、药、茶为重点的特色种植，提升以生猪、肉牛为重点的特色养殖规模，走出了一条具有本地特色的生态农业发展之路。粮食生产屡创新高，2012年全区农民增收现场会、2014年和2015年全区再生稻技术培训会先后在我县召开，连续两年获评全国粮食生产先进县，连续五年获评全区粮食生产先进县，2015年获评全区粮食产业发展先进单位。农业产业布局基本形成，规模化经营成效明显。2015年水果种植面积达23.4万亩；高产油茶扩面提质，种植面积6.1万亩；发展林下经济53.5万亩；经营百亩以上的大户、合作组织、企业达90多家。品牌打造成效突出，大力发展绿色、生态、有机、富硒产品，建成市级现代特色农业（雪梨、黑李）核心示范区，获评中国绿色生态雪梨之乡和黑李之乡，紫甘薯、红萝卜等2个产品获评广西首批国家生态原产地产品。标准化建设快速推进，创建了一批全国"菜篮子"农产品、全国及全区标准化生猪养殖场、全区畜禽无公害农产品产地认证、"吨粮万元田"等示范基地。第三产业快速发展。编制了全县旅游总规以及重点景区详规。坚持以红色文化、古色古香、绿色生态为主，深入挖掘特色文化资源，全力做强旅游业，2015年旅游综合收入达3.3亿元，是2010年的10.3倍，年均增长154.3%。"湘江战役·新圩阻击战"旧址系列红色旅游项目扎实推进。11个村入选中国传统村落名录，月岭村被评为国家历史文化名村，小龙村被评为中国最美休闲乡村、全国特色景观旅游名村，江口村被评为广西特色旅游名村，大仁村梨花景观被评为中国美丽田园。"二月八"农具文化节、"六月六"尝新节暨雪梨黑李节等传统节庆活动成为助农增收、推介旅游、宣传灌阳的重要平台和载体，灌阳的知名度、美誉度大幅提升。电子商务、汽车销售、物流配送等业态迅猛发展。

——坚持把城镇化建设作为突破发展的重要引擎，着力统筹城乡发展，城乡面貌焕然一新。坚持以打造大县城为龙头，以城镇化示范乡镇建设为突破，发挥先行先试、示范带动作用，加快构建产城互动、城乡一体发展格局。城镇化率由2010年的21%提高到2015年的33.2%。县城建设快速扩容提质，一江两岸景观带初步形成，江东新区、云水瑶小区初具雏形。新街镇新型城镇化示范乡镇建设"双核驱动、产城互动"成效突出，文市镇、黄关镇的全区百镇示范工程扎实推进，洞井、西山两个瑶族乡面貌焕然一新，新圩撤乡建镇。重点抓好农村公路、农田水利和生态文明村屯三大建设，土地整治成效明显，农村水、电、路、房、网等基础设施大幅改善；农田水利建设累计投资近7亿元，2011年、2012年连续两年获评全区农田水利基本建设先进县；新农村建设创佳绩，白竹坪、富瑞坪等4个村入选全市"十大魅力新农村"。

——坚持把项目建设作为推动发展的强劲动力，着力抓好招商引资，发展后劲不断增强。全县抓投入、上项目成效显著。五年累计完成全社会固定资产投资250亿元，年均增长13.8%。引进国电集团等实力雄厚的国企民企以及港商台商，共签订招商项目175个，到位资金98.8亿元，是“十一五”总和的4.1倍。连续两年荣获全区招商引资项目大兑现示范县。实施重大项目645个，完成项目投资118.8亿元，灌凤高速公路、马头风电场等一大批项目相继开工、推进和竣工。灌平高速公路、风电二期工程、357国道灌阳段列入2016年全区统筹推进重大项目。

——坚持把改善民生作为工作的根本出发点，着力推进各项事业，社会保持和谐稳定。扶贫开发成效明显，五年累计整合各类资金24.6亿元，减少农村贫困人口4.6万人，贫困发生率由35.1%下降到19.8%。惠民实事工程顺利实施，累计投入资金35.9亿元，新建廉（公）租房1788套，完成农村危房改造1.3万多户，新增城镇就业1.6万人，农村劳动力转移就业3.2万人次。社会保障体系不断完善，城乡居民社会养老保险征缴率95%；新农合、乡村卫生服务一体化管理工作走在全区前列，被评为全区新农合工作先进县。教育质量明显提高，教育水平挤入全市前列。科技创新能力不断增强，每万人口专利拥有量从2010年的0.06件增加到2015年的0.5件，被评为全国科技进步考核先进县。文化发展日益繁荣，新建村级公共服务中心84个，广播电视村村通覆盖率98%，获得中国民间文化艺术之乡（桂剧之乡）称号。社会治理水平不断提高，依法治县有效推进，社会保持和谐稳定，2011年、2012年获得全市信访工作一等奖，2012年、2013年、2014年连续三年获得全市平安建设年度考评一等奖。食品药品和安全生产监管等机制不断健全。人大、政协、武装、统战工作取得新的成绩，工会、共青团、妇联、工商联、残联和科协等人民团体作用得到充分发挥，基层民主不断深化，民族和谐团结，政治大局安定。

——坚持把改革创新作为引领发展的动力之源，着力推进全面改革，发展活力明显增强。全县重点领域和关键环节改革取得突破。大力推进政府机构改革，简政放权，着力推行权力清单制度。开展行政许可审批事项清理，取消18项，保留441项；清理非行政许可审批事项，取消58项，调整138项，保留49项。90个行业协会商会与行政脱钩。建立103个村（社区）政务中心。商事制度改革顺利推进，“三证合一”“一照一码”全面推行，2014年3月以来新注册登记企业增长6.4%，有效激发了民间创业活力。县水泥厂、县汽运公司成功改制。财税、金融体制改革扎实推进。公车改革全面启动。公立医院改革、医药卫生体制改革取得实效。林权制度改革走在全区前列。农村土地承包经营权确权登记颁证试点工作稳步推进。

——坚持把党的建设作为跨越发展的根本保障，着力转变干部作风，执政能力明显提高。强化党委领导核心作用，坚决落实从严治党要求，不断提高党建科学化水平。突出思想引领，牢牢把握意识形态主动权，宣传思想工作不断强化。扎实推进党的群众路线教育实践活动、“三严三实”专题教育和“两学一做”学习教育，积极开展“学习大讲坛”“固根守魂·传承信仰”理想信念教育，作风建设不断深化，干部素质不断提高。培树了袁开政先进典型。深入推进超职数配备领导干部专项整治，实行党政正职监管、科级干部工作日志等制度，强化非领导职务干部管理，干部管理和监督工作得到加强。整顿提升一批“软弱涣散”基层党组织，加强“两新”组织党建工作，基层组织建设不断夯实。实施“党内关爱”工程，共发放关爱金155.7万元。深入落实中央八项规定，认真履行党风廉政建设主体责任，严格反对“四风”，严肃查处发生在群众身边的“四风”和腐败问题，党风廉政建设和反腐败工作深入推进，政治生态得到有效改善，各级党组织的凝聚力和战斗力进一步增强。

这些成绩的取得，得益于上级党委的正确领导，饱含了全县人民的智慧和力量，承接了历届县委班子打下的坚实基础，凝聚了社会各界人士的支持和帮助。在此，我谨代表县委向所有关心、支持、参与灌阳建设的同志们和朋友们，表示衷心的感谢和崇高的敬意！

五年的发展令人鼓舞，五年的成就催人奋进，五年的经验弥足珍贵。回顾五年来的工作，我们积累了许多宝贵经验：必须坚持改革开放，解放思想，用科学的思路引领发展；必须坚持注重团结、真抓实干，用凝聚的合力谋划发展；必须坚持项目带动、强化引资，用持续的后劲支撑发展；必须坚持发挥优势、突出特色，用创新的举措推动发展；必须坚持以人为本、执政为民，用民生的改善检验发展；必须坚持加强党建、完善机制，用党建的成效保障发展。这些经验是生动实践的提炼，我们务必倍加珍惜，一以贯之地坚持。

二、今后五年面临的发展形势、目标任务和主要措施

“十三五”时期，我县既面临全面深化改革、推进创新驱动、加快转型发展的重大战略机遇，又面临诸多矛盾叠加、风险隐患增多的严峻挑战。新一轮科技革命和产业变革蓄势待发，国际产业分工格局正在重塑；我国经济长期向好的基本面没有改变，经济发展方式加快转变，党中央“四个全面”重大战略布局及“一带一路”“长江经济带”“京津冀协同发展”三大战略的持续推进；广西在全国对外开放大格局中的地位更加凸显，正全面履行中央赋予的“三大定位”新使命；桂林国际旅游胜地建设不断推进，各项政策红利不断释放。这些都为我县实现区域全面协调可持续发展，提供了十分有利的外部环境。在历届县委和全县人民的不懈努力下，全县经济社会发展迈上新台阶，国字招牌效应不断显现，生态优势日益突出，城乡环境大幅改观，交通劣势有效改善，为我县持续健康发展奠定了良好基础，积蓄了发展后劲。

同时，我们也应看到，全县经济社会发展仍存在一些问题和困难，发展不足、发展不优、发展不快的问题仍然突出。主要表现在：一是经济下行压力大，县域经济总量小，受国内外宏观经济形势的影响，冶炼、选矿机械等工业产品价格低迷，稳增长压力大。二是转方式调结构压力大，产业结构不合理，传统支柱产业增长动力减弱，新产业、新动力尚未生成。三是生态建设压力大，我县是国家重点生态功能县，资源环境约束趋紧，土地、能源等要素供需矛盾突出，生态建设任务艰巨。四是城镇管理压力大，城市管理机制有待进一步加强。五是如期脱贫摘帽压力大，全县尚有65个贫困村、40945名农村贫困人口，致贫原因多、贫困程度深，都是难啃的“硬骨头”，如期脱贫摘帽是我县“十三五”期间面临的最大挑战。六是交通建设压力大，交通设施相对落后，仍是制约经济社会发展的主要瓶颈。七是社会维稳压力大，随着经济体制变革、社会结构变动、利益格局调整、思想观念变化，各种社会矛盾、不稳定因素越来越多，越来越复杂；此外，干部队伍建设有待加强，改善发展环境任务艰巨，等等。

因此，我们必须始终保持清醒头脑，切实增强忧患意识、责任意识，坚持问题导向，进一步坚定信心、锐意进取，全力以赴攻坚克难、补齐短板，奋力开创灌阳发展新局面。

今后五年工作的指导思想是：高举中国特色社会主义伟大旗帜，全面贯彻党的十八大和十八届三中、四中、五中全会精神，以马列主义、毛泽东思想、邓小平理论、“三个代表”重要思想和科学发展观为指导，深入贯彻习近平总书记系列重要讲话精神，牢固树立创新、协调、绿色、开放、共享的发展理念，按照“围绕脱贫攻坚一个重点，突出生态建设、产业融合、城乡统筹三条主线，做好富农强工、崇文重教、兴旅美城六篇文章”的工作思路，统筹推进“一园一江一路”建设，为全面建成小康社会，建设宜居宜业宜游、文明和谐幸福新灌阳而努力奋斗。

主要预期目标是：

总值翻番。到2020年，在地区生产总值和城乡居民人均收入比2010年翻一番的基础上，力争地区生产总值突破100亿元，财政收入4.7亿元，城镇居民人均可支配收入35449元，农民人均纯收入10299元。经济总体水平和居民收入达到或接近全市平均水平。

结构优化。到2020年，现代服务业、战略性新兴产业快速发展，生态工业化得到创新创意发展，地方财政收入结构优化，新的税源得到培植。三次产业结构更加优化，力争服务业占比达30%以上；投资保持平稳增长，消费对经济增长的贡献明显加大。

水平提升。到2020年，城乡一体化建设水平明显提升，城镇化率达38%以上。森林覆盖率达75%，生产、生活与生态环境同步发展。现行标准下的农村贫困人口全部脱贫、贫困村全部摘帽，人民生活水平和质量不断提高。社会文明程度明显提高，社会各项事业全面进步。

要实现全面脱贫和全面建成小康社会的目标，必须大力推进“一园一江一路”建设。

“一园”是指按照“全域旅游、景城一体”的工作思路，坚持以灌阳全境生态环境为基础，以世界瑶族发祥地为依托，以生产、生活与生态同步发展为重点，深入挖掘特色文化内涵，加快推进产业生态化、旅游精品化、城镇园林化、农村田园化、城乡一体化建设，把整个灌阳作为一个大景区来打造，力争建设成为生态环境优良、社会文明和谐、人民富裕幸福的大公园，逐步打造成岭南世外桃源。

“一江”是指依托灌江特色自然景观和资源优势，以正在申报的灌江湿地公园为主轴，以灌江沿岸为重点，保护、开发、建设好灌江流域生态文明，统筹兼顾生态保护、环境整治、景观优化和合理利用，形成“点、线、面”链接后的全“网”发展，打造独具桂北特色的“百里灌江湿地生态长廊”，构建生态乡村休闲旅游观光示范带。

“一路”是指县内南沿201省道(全沙公路)至定岗凹、北沿302省道至永安关的公路沿线，以灌凤高速灌阳北出口至恭城方向的南通北畅交通枢纽工程为主攻方向，以创建现代特色农业示范区和综合性服务业集聚区为抓手，全面改造沿线的村庄、交通道路形象，实施一批城乡风貌改造、传统村落保护、园区提质上档、基础配套建设、党建扶贫等示范工程，促进城乡全面协调可持续发展。

为实现上述目标，我们必须全力以赴地落实“八大举措”：

(一)突出产业大融合，在提升产业层次上谋求新跨越

按照“农业提效、工业提质、服务业提升”的产业发展思路，加快产业转型升级，突出特色发展，着力在结构优化中提升发展层次，在经济发展、农民增收的基础上培植新的财源。

一要聚焦生态农业提效。坚持“绿色、生态、特色、精品”的理念，以构建新型农业经营体系为主线，以促进生态农业转型升级，推动农业增效、农民增收为目的，全力打造灌阳生态农业发展模式。着力培育产业特色、区域特色、产品特色，大力提高特色农业集约化、有机化、品牌化水平。以“国家电子商务进农村综合示范县”建设为契机，全面推进互联网进农村、进社区，建立健全互联网溯源＋现场体验系统。大力培育特色高科技示范园，高标准打造水果、水稻、油茶三大核心示范区，逐步实现无公害、无残留的绿色有机、富硒生态系列产品。规划建设农产品质量安全检测服务中心、绿色及有机专业化市场、仓储冷藏中心、现代物流中心。对生态农业进行总体营销策划，使农产品不断增值。积极配合城乡统筹，促使农民就地向产业工人转变，为精准脱贫创造条件。

二要聚焦生态工业提质。充分依托灌阳丰富的资源和产业优势，从现在的粗放加工作业，向精细化加工、绿色及有机产品方面提质增速；并以生态工业理论为指导，打造互利共生的工业生态网①，最大限度地提高资源利用率，采取循环利用和清洁生产等手段，达到物质和能量的最大利用以及对外废物的零排放目的。继续完善工业园区基础配套设施建设。加快组建石材加工、矿产冶炼、选矿机械制造等产业集团。加快发展生物医药、生物农药、清洁能源等战略性新兴产业，大力发展风能、生物沼气，创建生态食品药品加工园，发展健康食品、功能食品、有机食品、休闲食品等，形成新的支柱产业，培育新的经济增长点。

三要聚焦生态服务业提升。围绕全域旅游发展理念和发展战略，建立对旅游全资源整合、全产业融合、全要素优化、全社会参与、全部门联动的齐抓共管综合运行机制。重点促进以旅游为龙头的现代服务业发展提质增速、比重提高、结构优化，确保服务业增速高于地区生产总值增速，逐步实现生活设施旅游化、旅游设施便民化、便民设施全域化。以大文化为突破口、大养生为支撑，有效整合生态、文化、旅游、农业等产业和自然资源，围

①互利共生的工业生态网：即：从传统的“设计—生产—使用—废弃”生产方式，向生态工业园区的“回收—再利用—设计—生产”的循环经济模式过度的工业生态网。

绕“医养食住行游购娱”等环节进行整体设计，促进大旅游健康有序发展。坚持整体包装、重点突破、打造精品原则，培育一批本地旅游龙头企业。充分发挥国际旅游胜地北大门的区位优势，以建设瑶乡小镇为抓手，全面打造旅游集散中心、特色旅游购物小镇、综合性现代服务业集聚区。

（二）突出城乡大统筹，在提高承载能力上谋求新跨越

以城镇化为核心，按照城乡统筹、城乡一体、产城互动、节约集约、生态宜居、和谐发展、生态发展的总体要求，坚持“重点打造、点轴联动、轴线开发”思路，依托中心城镇和主要交通干线，大力发展通道经济，促进城乡协调发展，走集约、智能、绿色、低碳的新型城镇化道路。

一要加快推进新型城镇化，打造精致特色小镇。把加快新型城镇化作为促发展、提质量的重要着力点，基本形成以县城为中心，辐射各乡镇的特色鲜明、功能互补的城镇体系。按照“东建西改、南拓北展”思路，加快县城总体规划修编，着力构建以江东新区、县城老城区、城北区、城南区为支点的瑶乡小镇建设格局，推动要素集聚，完善综合功能，融入瑶族文化元素，提高县城的集聚力、辐射力和带动力，推进县城扩容提质。坚持“特色发展、错位发展”原则，加强文市镇、黄关镇等副中心城镇建设；大力推进历史文化名村名镇、地方特色建筑等具有“桂北文化名城符号”的保护修缮，培育一批特色旅游镇、工业商贸镇、特色文化镇和特色生态经济镇。树立经营城镇的理念，加快城乡智能化建设，不断完善城镇市政公共设施，健全城市管理体制，加大城镇管理执法力度，进一步提高城镇综合管理水平。

二要积极推进新农村建设，打造美丽宜居村屯。着力完善村镇体系规划和村庄规划，充分挖掘地方特色、乡土味道、民族风情。坚持新农村建设与新型城镇化、农村社区建设试点、传统村落保护、生态农业和景区景点开发相结合，大力推进农村水、电、路、房、网等基础设施建设，逐步完善农村文化、体育、娱乐等公共服务设施，推进美化亮化绿化工程，提升农村形象。加快城镇棚户区、城中村和农村危旧房屋改造，强化空心村治理，加大违规建设整治力度，保留田园风貌。集中力量打造一批生态文明、乡村旅游和休闲农业示范村屯。

三要实施交通突破战略，大力发展通道经济。实施交通基础设施建设大会战，推进“五化”提升工程①，重点抓好灌平高速公路、357线国道灌阳段等一批涉及全县长远发展的通道建设，构建“二纵四横”的交通网络格局，打通南北交通大动脉，彻底破除交通瓶颈，实现全县“内通外联”综合交通枢纽建设、20户以上村屯全部通水泥路目标。要抢抓机遇，大力发展高速公路出口通道经济，推进红色旅游公路、景区道路畅通工程；统筹推进园区经济、城镇化建设、新农村建设、产业开发、商务物流等协同发展。疏通灌江水运通道。积极推进县乡公交一体化建设和农村客运站点建设，整顿和规范农村客运市场秩序，不断完善农村客运服务网络。

（三）突出生态大建设，在夯实发展基石上谋求新跨越

坚持生态优先，牢固树立“绿水青山就是金山银山”的发展理念，立足生态做文章，着眼绿色求发展，加强生态环境治理，积极探索一条适宜我县的生态经济发展之路。

一要大力发展生态经济。坚持生态与生产、生活同步发展，严格主体功能开发，严守生态环境底线，创新生态资源开发利用模式，构建生态经济体系，创造更多优质生态产品。把创建生态工业园区作为发展生态经济的突破口，加快传统行业改造升级步伐，着力推动锰业循环经济建设，大力推进节能环保、新能源、食品药品等新型生态工业，构建工业生态产业链。严格控制农药、化肥使用量，实施生态种养业、生态林业循环提升工程，重点打造以龙头企业和农村经济合作组织为依托的生态经济产业链，形成新的生态经济增长点。

二要狠抓生态环境治理。坚持预防为主、源头控制、综合治理，实行最严格的生态保护制度，全面改善灌阳人居环境质量。加强对国家和自治

① “五化”提升工程，即出口通道高速化、县道等级化、村道示范化、城乡公路一体化、绕城公路完善化。

区级自然保护区、水源涵养区及生态脆弱地区的管护，加大名木古树保护力度，巩固退耕还林成果。积极申报灌江国家湿地公园试点，大力推进以灌江为重点的环境综合整治，加快百里灌江生态长廊建设，力争把我县打造成湘桂走廊上璀璨的生态明珠。加强冶炼、石材、木材行业治理，坚决查处环境违法行为。实行源头保护制度和环境保护“一岗双责”制度。

三要深入推进美丽乡村建设。不断巩固提升乡村建设成果，扎实推进宜居乡村、幸福乡村建设。加强农村基础设施建设，建立健全运营管理长效机制。扎实开展农村人居环境整治。统筹农村饮水安全、改水改厕、垃圾处理，推进种养业废弃物资源化利用、无害化处理。深入实施农民素质工程，增强农民的道德意识和诚信意识，培育文明新风，推进文明村镇、绿色村屯和星级文明户创建，不断提高农民文明素质和农村社会文明程度。

四要推进资源节约集约利用。强化资源节约集约循环利用理念，推进国土资源节约集约利用。按照严控增量、盘活存量、优化结构、提高效率的原则，实施能源和水资源消耗、建设用地等总量和强度双控行动，提高资源利用效率。加强耕地和基本农田保护，严格矿产资源管理，加大执法力度，严厉打击非法用地违法建房行为和非法开采资源行为。

（四）突出改革大推进，在激发发展活力上谋求新跨越

坚持以深化改革和创新机制引领发展、推动发展，加快形成更具活力的发展环境，释放经济发展活力。着力简政放权，加快行政管理体制改革，建设服务型政府。深化财税、金融、投融资改革，推动农村金融产品和服务创新，用好投融资平台，扩大融资渠道，降低融资成本。深化集体林权制度改革，扩大农民土地、林权收益，增加农户财产性收入。深化户籍制度改革，促进农民就地城镇化。统筹推进科技、教育、文化、医药卫生、社会保障、食品药品、安全生产监管体制等改革。深化商事制度改革，营造大众创业、万众创新氛围。

（五）突出对外大开放，在拓宽发展空间上谋求新跨越

积极融入桂林国际旅游胜地建设，充分利用“一带一路”“中国—东盟自由贸易区”“中国桂林国际旅游博览会”等开放合作平台，加强对外交流与合作，依托本地特色优势，拓展国内外市场。加强与周边市县（区）的经贸交流，重点参与“粤桂湘黔高铁经济带合作试验区（广西园）”建设，探索打造千家洞瑶族文化旅游圈、湘江战役旧址红色文化旅游体验区；组建湘南桂北电商联合会。坚持把“服务、对接、建平台”作为优化产业结构、推动转型升级的重要抓手。围绕延长全产业链条、文化资源开发、城镇化建设、园区提质升级、健康养生等重点方向，与专业咨询机构战略合作，形成联动机制，对接国家产业政策，提前开展项目前期工作；定向谋划和储备一批关联度高、带动性强、投资强度大、效益较好的重点项目，充实完善重大项目库。进一步健全对外合作机制，拓宽对外合作渠道。

（六）突出文化大集成，在增强内生动能上谋求新跨越

坚定不移实施文化兴县战略，做好“用文化聚合力、用文化显特色、用文化求提升”三篇文章，凝聚强大精神动力，培育新的经济增长点。

一要着力培育社会文明新风。坚持用中国梦和社会主义核心价值观凝聚共识、汇聚力量。加强和改进基层宣传思想文化工作，大力开展文明村镇、文明单位、文明家庭等精神文明创建活动，培育先进典型，弘扬道德模范和先进人物精神。加强传统文化教育，促进国学普及，全面提升公民道德素质和社会文明程度。

二要着力抓好文化阵地建设。实施文化惠民工程，加快城乡公共文化设施、广播电视、互联网基础设施建设，构建覆盖城乡的公共文化服务体系。重点推进县城数字影院、县体育馆、村级公共服务中心等工程建设，加快推进公共文化服务数字化建设。培育基层文体活动骨干和带头人，积极开展群众性文体活动，深入推进“文化下乡”工作，满足群众文化需求。

三要着力壮大特色文化产业。以世界瑶族发祥地为依托，以瑶乡小镇为载体，深度发掘瑶族文化内涵，打造一批瑶族文化精品，推动瑶族旅游文化产业大发展；以红军突破湘江战役为背景，以新

圩阻击战旧址为载体，打造一批红色文化精品，推动红色旅游文化产业大发展。加强桂剧、“二月八”农具文化节、瑶族油茶技艺、红薯粉丝制作等非物质文化遗产保护和传承。扶持和培育一批民间文艺团体，培养民间艺人，不断创新文化表现形式，推动特色文化进课堂、进农村，壮大地方特色文化产业。

（七）突出民生大改善，在补齐发展短板上谋求新跨越

坚持保基本、兜底线、促公平原则，加大脱贫攻坚力度，加快发展社会事业，不断提升群众的满意度、获得感和幸福感。

一要全力推进脱贫攻坚。建立扶贫大数据管理平台，建立完善精准扶贫机制，做到精准滴灌、精准脱贫。加大项目、资金、政策投入力度，全力打赢脱贫攻坚战，力争在全市率先脱贫摘帽。统筹推进基础设施建设，完善水、电、路、房、网等基础设施综合配套功能。强力推进产业富民行动，发挥龙头企业带动作用，做强一批具有本土特色的主导产业，打造一批产业扶贫或旅游扶贫示范点。推进“金融支持扶贫惠农工程”，实现贫困村金融便民服务点全覆盖。加强对特定人群、特殊困难群体的精准帮扶，完善社会保障兜底机制。强化脱贫工作责任考核，着力构建专项扶贫、行业扶贫、社会扶贫等“三位一体”大扶贫格局。

二要大力推进教育现代化。坚持教育优先发展，深入实施教育振兴行动计划。依法保障教育投入。优化教育布局，加快推进城乡义务教育学校标准化建设，努力消除城镇学校“大班额”，重点抓好县城江东新区学校建设。大力促进教育公平，优化教育资源配置。大力发展学前教育，均衡发展义务教育，普及高中阶段教育，2018年通过自治区级义务教育阶段均衡发展验收。积极推进现代职业教育，发展继续教育。深化教育教学改革，加强体育卫生、心理健康、艺术审美教育，注重养成教育，推动优秀传统文化进课堂，增强学生社会责任感和创新精神。加强教师队伍建设，提高师德水平和业务能力。全面推开中小学教师职称制度改革，改善教师待遇。健全教师绩效考核机制，全面提高教育教学质量。加强法制教育，共建平安校园。

三要加强科技创新和人才建设。深化科技体制改革，搭建创新发展平台，着力构建政府搭桥、企校合作、互利共赢的产学研合作机制。大力推进产品研发中心、质量检测中心等建设，推进技术创新和产品创新，推动发明专利双倍增。大力实施人才强县战略，加快形成一支具有一定规模、富有创新精神、敢于承担风险的创新型人才队伍，重点在用好、吸引、培养上下功夫，制定更加积极的人才引进政策，建立更为灵活的人才管理机制。完善知识产权运用和保护机制，强化分配激励，激发创新活力和动力。

四要着力提高人民健康水平。全面深化医药卫生体制改革，加强城乡综合性医院内涵建设。进一步提升公共卫生和应急处置能力，争创自治区级卫生城市。大力发展中医药和瑶医瑶药事业。提高食品药品安全监管水平。积极发展体育事业，推进全民健身公共服务体系建设。

五要切实提高社会保障水平。坚持就业优先方针，加快农民工创业园建设，加强职业技能培训，完善就业服务体系。健全社会保障财政投入机制，建立覆盖城乡的社会保障体系。健全城乡居民基本医疗保险、大病保险、医疗救助“三重医疗保障体系”。加大保障性住房建设力度。完善被征地、土地流转农民养老、女工生育保险制度，提高社会保险水平。完善最低生活保障制度，健全救助、福利、养老、优抚安置等四大社会服务体系，积极发展慈善、残疾人事业。

（八）突出环境大优化，在构筑发展载体上谋求新跨越

在加强“一园一江一路”建设的同时，必须更加注重软环境优化，提升品位，创造优势，加快构筑全新的发展载体。

一要优化法治建设环境。加快法治政府建设，深入推进依法行政，依法办事，加快依法治县进程。建立权力清单制度。健全依法决策和监督机制，执行重大行政决策程序规定，建立重大行政决策听证制度，完善重大行政决策专家咨询论证和风险评估机制。统筹推进严格执法、公正司法、全

民守法，推进司法体制改革，健全司法权力运行和监督机制，规范司法行为，促进司法公正。加强法治队伍建设。大力开展法制宣传教育，增强全民法制意识。

二要优化社会治理环境。推进社会治理精细化，建设平安灌阳。以信息化为支撑，加快建设社会治安立体防控体系，推进综合服务管理平台和网格化管理全覆盖，实现政府治理和社会调节、村民自治良性互动。加强和改进信访工作，健全利益表达、协调和保护机制。加强流动人口服务管理，创新特殊人群服务管理方式。牢固树立安全发展观念，及时排查化解安全隐患，坚决遏制重特大安全事故发生。严密防范和依法惩治违法犯罪活动，重点加强对黄、赌、毒的惩防力度；严厉打击干扰工程建设、破坏市场秩序等行为。营造良好的社会环境，保持社会大局稳定。

三要优化民主政治环境。坚持和完善人民代表大会制度，积极发挥人大及其常委会的职能作用，增强监督实效。充分发挥政协的政治协商、民主监督、参政议政职能作用，推进决策的民主化和科学化。深入推行政务公开、村务公开、厂务公开、校务公开，发挥群众监督作用。高度重视统战、民族宗教、老龄、老干部、关心下一代、史志、档案等工作。加强对工会、共青团、妇联、科协、工商联等群团组织的领导，支持他们依照法律和章程，创造性地开展工作。加强党管武装工作，推动军民深度融合发展。加强对社会组织的领导，发挥社会组织的积极作用。

四要优化社会诚信环境。建立健全社会诚信体系，打造诚信环境，构建诚信社会。加强政务诚信体系建设，以政府的诚信施政，带动全社会诚信意识的树立和诚信水平的提高。加强社会信用体系建设，加强劳动用工、教育、科研、文化、体育、旅游等领域诚信体系建设，建立黑名单制度，实行公布失信被执行人制度，建立以诚相待、以信为本的和谐关系。通过建立企业自律机制、强化企业文明理念、提升企业信用等级、倡导企业道德文化等方式，提高商务诚信水平，有效维护商务关系、降低商务运行成本、改善营商环境。加快推进信用信息系统建设和应用，促进社会和谐。

三、推进全面从严治党，着力强化组织保障

全面从严治党是推进党的建设新的伟大工程的必然要求，关键是要充分发挥党在全县经济社会发展中的领导核心作用，坚持思想建党和制度治党紧密结合，全方位扎紧制度笼子，更多用制度治党、管权、治干部。

（一）严格落实管党治党责任

切实落实党建工作责任制，增强党建工作合力，不断巩固和发展齐抓共管的党建工作格局。建立党建责任清单，明确各级党组织及班子成员抓党建的具体权责，严格落实书记“第一责任人”的职责，强化“一岗双责”落实。完善党建工作“双述双评”制度。建立健全考核评价及追究问责机制，对管党治党失职的要严肃追究责任。健全完善全委会、常委会工作和议事规则，坚持民主集中制。注重运用信息化手段推进党建创新，深入探索制度治党的途径和方式，实现党员管理、组织生活、服务群众、工作职责等标准化，全面提升党的建设科学化水平。

（二）切实加强思想政治建设

要加强教育培训力度，创新学习教育方式，完善党委（党组）中心组学习制度，办好“学习大讲坛”、名校培训班和党员大培训，扎实推进“固根守魂·传承信仰”理想教育，扎实做好新一轮大规模培训干部工作，树牢党章意识，深化群众观点，构筑精神高地，优化知识结构，提高综合素质。深入推进“两学一做”学习教育，深入学习贯彻习近平总书记系列重要讲话，自觉用贯穿其中的立场观点方法武装头脑、指导实践、推动工作。

（三）切实加强干部队伍建设

严格执行干部选拔任用制度，树立公平公正的选人用人导向。树立德才兼备、崇尚实干的导向，注重在改革创新、攻坚克难的工作实践中考察和识别干部，真正将好干部选出来、用起来。建立综合分析研判制度，加强各级领导班子建设。拓宽干部实践锻炼平台，推动干部在不同环境、不同岗位上丰富阅历、积累经验、增长才干。严格干部日常监督管理，健全干部谈心谈话、函询诫勉等制度，严格执行领导干部有关事项报告、干部档案核查及违规追究责任制度，完善非领导职务干部管

理制度；建立完善领导干部政绩考核评价体系和奖惩机制，建立健全“有为激励、无为问责”制度体系。深化干部人事制度改革，健全职级管理和岗位管理并重的干部管理制度。

（四）打造基层坚强战斗堡垒

着力构建强化基层基础的长效机制，有效提高基层党建的整体水平。加强学习型服务型创新型党组织建设，充分发挥基层党组织战斗堡垒作用和党员先锋模范作用。进一步加强基层党组织“带头人”队伍建设，强化“三会一课”制度落实。深入实施党建扶贫示范点创建工程，大力推进“四个一批”①行动。加大“两新”组织党建工作力度，推进党的组织、党的工作和党员作用发挥“三个全覆盖”。严格规范发展党员工作，创新流动党员管理机制，及时处置不合格党员。落实党员干部直接联系服务群众制度，扎实开展党员进农村、进社区活动，打通服务群众“最后一公里”。加强基层党组织建设经费保障。完善党代表提案制和乡镇党代会年会制。

（五）扎实推进党风廉政建设

严格落实党风廉政建设党委主体责任和纪委监督责任，制定落实“两个责任”清单和问责办法。坚持把纪律挺在前面，严明党的纪律，切实增强纪律意识和规矩意识。巩固和拓展党的群众路线教育实践活动、“三严三实”专题教育成果，强化监督执纪问责，紧盯作风领域问题的新形式、新动向，狠抓作风建设。深入推进查处发生在群众身边的“四风”和腐败问题专项工作，严肃查处基层违纪违法、侵犯群众利益的案件，保持惩治腐败高压态势。进一步完善和落实厉行节约、职务消费、公务接待等制度，建立督查和考评问责机制，推进作风建设常态化、长效化。建立巡查工作制度，完善预防职务犯罪、党政正职监管等制度，加快形成不敢腐、不能腐、不想腐的有效机制，营造风清气正的政治生态和发展环境。

各位代表，新的形势下，百舸争流千帆竞，乘风破浪正当时；展望未来，宏伟蓝图催人奋进。让我们紧密团结在以习近平同志为总书记的党中央周围，以振兴灌阳为己任，以强烈的政治责任感和历史使命感，团结和依靠全县人民，进一步解放思想，真抓实干，抢抓机遇，攻坚克难，为全面建成小康社会，建设宜居宜业宜游、文明和谐幸福新灌阳而努力奋斗。

---

① “四个一批”，即解决一批发展问题、壮大一批集体经济、整顿一批后进班子、化解一批基层矛盾。

凝心聚力　乘势而上
举全县之力打赢脱贫攻坚战

——在县委十五届三次全会上的工作报告

（2017年1月10日）

灌阳县委书记　陆桂弟

同志们：

这次全会的主要任务是，深入学习贯彻党的十八届六中全会、自治区第十一次党代会、中央及区市经济工作会议和市委五届三次全会精神，总结回顾2016年的工作，安排部署2017年工作，进一步统一思想，凝聚力量，动员全县上下团结一心，真抓实干，全力打赢脱贫攻坚战，谱写灌阳发展新篇章。下面，我受县委常委会的委托，向全会作报告，请予审议。

一、2016年工作回顾

今年以来，面对经济下行压力加大的严峻形势，在上级党委的正确领导下，县委常委会团结带领全县上下，以五大发展理念①引领经济发展新常态，进一步解放思想，理清思路，按照“围绕脱贫攻坚一个重点，突出生态建设、产业融合、城乡统筹三条主线，做好富农强工、崇文重教、兴旅美城六篇文章”的工作思路，统筹推进“一园一江一路”建设，全县各项工作取得新成绩，实现了“十三五”良好开局。

一年来，县委常委会重点抓了以下几方面工作。

（一）着力推进生态建设，人居环境进一步改善

坚持生态优先、生态惠民，扎实推进生态建设和环境保护，巩固提升生态优势，有效改善人居环境。深入推进“三化”工程，建设区级绿化示范点131个，绿化面积707.6亩，完成道路硬化236.4千米，建好饮水净化示范点4个，划定水源保护区50处。强力推进环境综合治理“五大专项行动”，严厉打击非法采砂、采矿、电鱼、排污等违法行为，取缔非法采砂采矿点24个。灌江国家湿地公园（试点）申报通过国家级评审。深入开展大气、水、土壤污染防治行动计划，立案查处19家环境违法企业，中央环境保护督察组广西迎检小组转办的10件投诉信访件全部办结，环境违法行为得到有效遏制。城乡污水管网设施建设扎实推进，完成投资7240万元。获评国土资源节约集约模范县。新圩镇获评自治区生态乡镇。县城环境空气质量优良率达96%。

（二）着力保持经济健康发展，质量效益进一步提升

牢牢把握稳中求进工作总基调，积极围绕目标精准施策，聚焦问题精准发力，全力抓好稳增长、促改革、调结构、惠民生、强基础等工作，强化项目支撑，全县经济保持平稳健康发展。预计全县生产总值增长6.8%，财政收入增长6.5%，固定资产投资增长17.5%，社会消费品零售总额增长10.2%，城镇居民人均可支配收入增长9%，农民人均可支配收入增长10%。

一是抓产业提质效。工业经济运行平稳，预计完成工业总产值121亿元，增长10.7%；规模工业总产值完成106亿元，增长11%。坚持产城互动、双核驱动，着力夯实基础、加强管理、提升服务，特色园区建设步伐加快，园区基础设施完成投资1亿余元。成功申报自治区农民工创业园，5家入园企业竣工投产。贵达公司在北部湾产权交易所正式挂牌。深化政银企协作，助推企业融资1.9亿元。现代农业成效突出。坚持以富农为目的，以科技创新为支撑，推进农业特色化、规模化、品

①五大发展理念：即创新、协调、绿色、开放、共享发展理念。

牌化发展。超级稻以最高单产978.5千克获广西7连冠，超级杂交稻超高产攻关项目组荣获第九届袁隆平农业科技奖，"神农稻博园"核心示范区获批2016年农业部水稻生产全程机械化示范项目，全国水稻"三控"施肥技术现场观摩会在我县召开。"神农稻博园"核心示范区、油茶产业示范区获评广西县级现代特色农业示范区，雪梨黑李特色农业示范区获评区级现代特色农业示范区，椅山蔬菜生态园获得全区休闲农业与乡村旅游示范点。培育20家市级以上农业龙头企业、100家农业专业合作社。7家养殖场获评区级生态养殖星级企业，分别新增2家区级无公害产品产地认证养殖企业和标准化示范场。第三产业发展提速。坚持全域旅游理念，突出抓好旅游基础设施建设和品牌打造，红色旅游项目建设取得重大突破，"湘江战役灌阳新圩阻击战旧址"成功列入全国红色旅游经典景区名录，酒海井烈士陵落成，新圩阻击战陈列馆开馆；成功举办"二月八"农具文化节、"六月六"雪梨黑李暨尝新节等节庆活动，品牌形象进一步提升，旅游人气日益攀升。预计全年旅游接待总人数增长13.8%，实现旅游综合总收入增长18%。电商发展迅猛，体系建设不断健全，成功举办第一届"我为家乡推品牌"电商节，发展模式不断创新，推动物流、金融、信息、销售等领域的良性互动，带动农特产品销量提高和价格提升，电商成为推动经济发展、促进农民增收的新引擎。成功申报国家电信普遍服务试点项目，所有行政村均能通上12M以上宽带网络。

二是抓项目促投资。始终坚持把项目投资作为推动发展的重要引擎，不断健全重大项目协调推进机制，及时梳理并协调解决项目建设难题，确保重大项目有序推进。林板一体化项目竣工投产。灌平高速公路成功签约，357国道灌阳段、西山到兴安漠川公路建设项目前期工作全部完成，洞井到灵川潮田公路实现开工。国电马头风电项目成功并网发电，正江岭风电场项目开工建设，南江风电场项目签约。全县107个重点项目完成投资11.5亿元；储备投资1000万元以上项目30个，向上争取资金16.8亿元。新签项目8个，总投资25亿元，引进润民集团等大企业。

三是抓城乡焕新容。坚持以问题导向破解发展短板，加快城乡发展步伐。红豆杉国际大酒店竣工开业，城市便捷酒店投入使用，有力提升了灌阳县城形象和品位；兴灌路扩建、一桥重建扎实推进；公共绿化、净化、亮化改造升级。新型城镇化建设成效显著，总投资10.3亿元的文市新型城镇化示范乡镇建设通过市级验收，城镇面貌大幅改观；黄关镇百镇示范工程、水车乡撤乡建镇稳步推进。13个村屯被列入广西乡土特色示范村建设。农村公路、农田水利和新农村建设完成投资1.4亿多元，建制村水泥路硬化达100%，通公交率达33%以上，客运通达率达92%；整县推进土地整治16个子项目全面完成，农村生产生活条件大幅改善。

（三）着力全面深化改革，发展活力进一步增强

把改革作为破解发展难题、优化发展环境的动力之源，推动重点改革任务落实见效。推进行政审批制度改革和政府权力清单制度建设，保留权力事项3175项，取消16项审批事项，清理规范中介服务事项9项。乡镇"七所合一"改革工作基本完成。商事制度改革成效明显，完成工商部门与质监部门的有效整合，助推大众创新、万众创业，新注册登记个体工商户增长12.6%，新注册登记农民专业合作社增长35.4%。完成城市管理综合行政执法大队组建。医药卫生体制改革、县级公立医院综合改革扎实推进，乡镇卫计机构有效整合。农村土地承包经营权确权稳步推进。不动产登记局成功挂牌。公车改革顺利完成。

（四）着力决战脱贫攻坚，社会民生进一步改善

始终坚持以民为本，大力保障改善民生，加强和创新社会综合治理，不断提高人民群众的获得感和满意度。

脱贫攻坚首战告捷。坚持以脱贫攻坚统领全局。精心组织精准识别、精准扶持、精准管理、精准考核、精准脱贫，全力推进"七个一批"[①]"十大

①"七个一批"：即扶持生产发展一批、转移就业扶持一批、移民搬迁安置一批、生态补偿脱贫一批、教育扶智帮助一批、医疗救助解困一批、低保政策兜底一批。

行动”①，整合优势资源合力脱贫，专项扶贫、行业扶贫、社会扶贫格局不断健全。结对帮扶、清单管理、督查通报、午谈夜访等机制不断完善。贫困村基础设施完成投资3720余万元，完成扶贫小额信贷1.33亿元，发放产业扶持资金2350余万元。“党旗领航·电商扶贫”成效突出，创立“电商扶贫直通车”，实现电商服务贫困村的全覆盖，促进了农村1万余人就业。全年实现11个贫困村摘帽、7378名贫困人口脱贫。

社会民生大幅改善。十大惠民工程完成投资5.8亿元。高度重视就业工作，新增农村劳动力转移就业4359人，城镇就业2720人，城镇登记失业率为3.2%，低于全市平均水平。坚持教育优先发展战略，持续加大教育投入，推进学校标准化建设，促进教育均衡发展，全面改善办学条件，完成投资7885万元；社会捐资助学体系进一步完善；教育教学质量整体提升，高考再创佳绩，生源地万人一本上线率排全市第二、全区第六。卫计事业实现新进步，县乡村三级卫生服务网络逐步健全，新农合参合率99.9%。住房保障不断加强，廉租房分配入住316套；完成农村危房改造1670户。坚持政策兜底，发放低保、五保等物资4860万元。养老、救灾救助等制度不断健全，科技、助残、移民等社会事业快速协调发展，公共服务均等化水平有效提升。社会治理创新不断加强，“村村通”天网工程监控覆盖所有行政村，网格化服务管理不断完善；矛盾纠纷调解成功率达96.6%；食品药品监管、安全生产、信访维稳等工作不断加强，人民群众安全感不断提高，社会保持和谐稳定。

（五）着力强化思想引领，文化软实力进一步增强

坚持把思想引领、文化繁荣作为推动发展、凝聚力量的重要抓手，汇聚强大正能量。强化阵地意识，深入推进社会主义核心价值观建设，加强微信等公众平台建设和监管，营造了崇德向善的浓厚氛围。挖掘和培树“七旬愚公刘继忠”先进典型，荣登2016年中国好人榜。注重历史文化的保护与开发，成立唐景崧同胞三翰林研究会，资料收集取得阶段性成果；成功举办纪念红军长征胜利80周年系列活动，中国长征精神研究院广西分院、全区首个“青年马克思主义者培养工程”红色现场教学点落户灌阳。广西电视台三次到灌阳现场直播。推进文艺创新创作，现代桂剧《渡口》等作品荣获桂林市第37届漓江之声奖项。灌阳瑶族油茶技艺传习基地、展示中心项目成功列入自治区级非遗名录。

（六）着力全面从严治党，政治生态进一步优化

认真落实全面从严治党主体责任，坚持思想建党和制度建党相结合，着力净化党内政治生态，提高党建工作水平。“两学一做”扎实推进。坚持高标准、严要求，精心谋划部署，通过以上率下，在规定内容学到位的基础上，及时学习党的十八届六中全会精神和习近平总书记“七一”重要讲话精神，并通过系列研讨，巩固学习成果，深化思想认识，坚定理想信念，做到内化于心、外化于行，以务实担当的作风推动工作开展。基层党建成效明显。通过年初部署、季度现场会、约谈谈话等形式，层层传导压力，推动党建主体责任落实。撬动整合资金4000多万元，高标准打造9个基层党建示范点。狠抓基层党建7项重点任务②的落实，开展组织关系集中排查工作，摸清流动党员、失联党员底数；建强“两新”党工委，抓实“两新”党组织建设，创新发展模式，促进脱贫攻坚。推行“星级化”管理，整顿提升15个软弱涣散农村党组织，有效破解基层党组织建设基础性难题。干部队伍坚强有力。结合纪念建党95周年，开展干部大培训，加强党性教育，提升干部素质。树立正确用人导向，坚持以德为先，凭实绩选用干部。顺利完成县乡选举换届，选优配强乡镇领导班子，梯次配备、知识结构更合理。强化干部监管，增强执行力。深入推进“党内

---

①“十大行动”：即特色产业富民行动、扶贫移民搬迁行动、农村电商扶贫行动、农民工培训创业行动、贫困户产权收益行动、基础设施建设行动、科技文化扶贫行动、金融扶贫行动、社会扶贫行动、农村“三留守”人员和残疾人关爱服务行动。

②基层党建7项重点任务：即狠抓党员组织关系集中排查、基层党组织按期换届、党代表违法违纪未处理情况排查、党费收缴专项检查、抓党建促脱贫攻坚、“两新”组织覆盖、抓严抓实领导机关党员干部学习教育等基层党建7项重点任务的落实。

关爱工程”，发放慰问金55万余元，进一步增强了凝聚力。“两个责任”有效落实。加大执纪问责力度，用好“四种形态”，建立巡察机制，严查“四风”和腐败问题，突出扶贫领域监督执纪问责工作，纪律规矩意识不断增强，群众满意度不断提升。共立案172件，给予党纪政纪处分165人，收缴违纪款234万元。民主政治不断加强。人民代表大会制度全面落实，依法履职水平进一步提高。民主监督和政治协商扎实开展，基层协商民主建设不断加强。全面加强和改进党对统战工作的领导，党外干部队伍活力增强。全面落实党的民族、宗教政策。加强党管武装工作，双拥共建不断深化，军民融合实现新发展。老干部工作、群团组织建设进一步加强，充分发挥了桥梁纽带作用和正能量。

一年来，县委常委会高度重视自身建设。自觉加强理论武装，始终保持理论上的清醒和政治上的坚定，牢固树立“四个意识”特别是核心意识、看齐意识，坚决维护习近平总书记在全党的核心地位，坚决维护党中央权威和党中央集中统一领导，在思想上政治上行动上同以习近平同志为核心的党中央保持高度一致。贯彻民主集中制，加强和规范党内政治生活，凝聚班子合力，抓好班子建设和队伍管理。带头改进作风，严格执行中央八项规定，带头守纪律、讲规矩，深入实际调查研究，密切联系群众，勤政廉政，务实干事，推动全县形成了良好的政治生态和发展环境。

同志们，成绩来之不易！我们取得的成绩，是上级党委正确领导的结果，是全县各级党组织和广大党员干部共同努力的结果，是同志们辛勤工作的结果。在此，我代表县委常委会，向大家表示衷心的感谢和崇高的敬意！

同时，我们也清醒地认识到自身存在的问题和不足，主要表现在：新经济增长点尚未形成，产业结构调整难；要素保障难以到位，重大项目推进难；利益诉求复杂多样，纠纷矛盾化解难；民生保障任务艰巨，全面脱贫攻坚难；激励机制不够健全，干部积极性调动难，等等。对于这些问题，我们必须高度重视，采取更加有效的措施加以解决。

二、2017年工作总体要求和目标任务

今年是实施“十三五”规划的重要一年，是供给侧结构性改革的深化之年。当前，我国经济总体保持平稳，缓中趋稳、稳中有进、稳中向好的基本态势没有改变，同时仍面临比较大的经济下行压力。从国际看，世界经济深度调整、复苏乏力，国际贸易投资增长低迷，金融和大宗商品市场波动不定，地缘政治风险上升，英国脱欧加剧世界经济不确定性。从国内看，长期积累的矛盾和风险进一步显现，经济增速换挡、结构调整阵痛、新旧动能转换相互交织，外需对增长的拉动减弱，民间投资和制造业投资乏力，金融等领域存在着风险隐患；同时，国家大力推进供给侧结构性改革，又有利于扩大总需求，提高供给质量、深化改革、调整产业结构，有利于稳定增长。从我县来看，正处于补齐脱贫短板、突破基础瓶颈、提质商贸旅游的关键时期，既有发展基础不断夯实的有利条件，也面临着传统产业优势弱化、新动能新增长点尚未形成、经济增长后劲乏力等严峻挑战。机遇与挑战并存，希望与困难同在。我们要坚定信心、抢抓机遇、主动作为，在把握大势上要有全局眼光，做到举重若轻，有定力、不慌神；在工作推进上要坚持问题导向，做到举轻若重，不大意、不懈怠。要正视困难、直面挑战，审时度势、顺势而为，推进我县科学发展、特色发展和可持续发展。

2017年我县工作的总体要求是：深入学习贯彻党的十八大，十八届三中、四中、五中、六中全会和习近平总书记系列重要讲话精神，以及中央经济工作会议、自治区第十一次党代会、区市经济工作会议和市委五届三次全会精神，坚持稳中求进工作总基调，以新发展理念引领经济发展新常态，按照县第十五次党代会的决策部署，坚持以提高发展质量和效益为中心，加强预期引导，深化创新驱动，全面做好稳增长、促改革、调结构、惠民生各项工作，扎实推进“一园一江一路”建设，着力营造“三大生态”①，突出抓好“三大工程”，全力打赢脱贫攻坚战，加快宜居宜业宜游、文明和谐幸福新灌阳建设步伐。

主要预期目标是：地区生产总值增长7.5%，财

①“三大生态”：即风清气正的政治生态，团结和谐的社会生态，山清水秀的自然生态。

政收入增长6%，全社会固定资产投资增长15%，社会消费品零售总额增长10.5%，城镇居民人均可支配收入增长8.5%，农村居民人均可支配收入增长10%，城镇登记失业率控制在4.5%以内，万元地区生产总值能耗控制在上级下达指标内。

突出抓好"三大工程"：一是环境质量提升工程。生态环境是立县之本、发展之基。牢固树立绿色发展理念，着力推动生产、生活、生态的和谐联动。围绕"一园一江一路"建设目标，全力推进灌江国家湿地公园（试点）建设，重点抓好百里灌江休闲示范带建设，加大环境综合治理力度，加快宜居乡村建设，打造干净整洁的城乡环境，打响"生态灌阳"品牌，确保灌阳天蓝、地净、水清、气爽。二是产品质量提升工程。质量是立业之本、转型之要。树立"质量为本、以质取胜"理念，提高生产经营主体的质量意识，推进农产品标准化生产，增加绿色优质农产品的供给。结合"互联网+"行动，加快品牌培育和创建，支持申报商标，创立自主品牌。狠抓质量安全监管，完善质量监管体系和产品溯源体系。强化宣传引导，开展诚信经营评比授牌，建立健全奖励和退出机制；严厉打击制售假冒伪劣商品、虚假宣传、不正当竞争和侵犯知识产权等违法行为，促进诚信经营。三是服务质量提升工程。服务是发展之魂。要以人民群众最关注的教育、医疗、旅游、商贸、餐饮、政务公共服务、市民投诉等服务质量问题为重点，完善重大项目协调推进机制，创新工作举措，全面提升服务质量和水平，不断提高公共服务和民生保障能力。加强城市经营与管理，推动城市管理向"精、细、实、深"延伸，着力提升城市功能和品味。

实现上述目标任务，要重点抓好以下几方面工作：

（一）致力于优化环境，在建设宜游灌阳上迈出新步伐

深入实施绿色发展战略，紧紧围绕"一园一江一路"建设，全力打造生态灌阳品牌，促进人与自然和谐、生态与建设相融。

抓实灌江湿地公园试点创建。按照"高起点规划、深层次挖掘、全方位打造"原则，大力推进湿地公园（试点）建设，尽快编制完成湿地公园详规，建立健全湿地保护机构。实行区域"河长制"，推进灌江生态保护与恢复。严格执行灌江河道采砂等各类保护规划，重拳打击非法采砂、采矿、捕捞行为。突出人文融合，注重挖掘湿地周边传统民俗文化。推行"绿色GDP"考核，强化督查问效，倒逼湿地的保护与建设。

加强生态建设和环境保护。加强乡镇国土规建环保安监站建设。加强"两违"整治力度，对新建违法行为"零容忍"。坚持铁腕治污，推进节能减排，深入开展环境违法行为整治专项行动。切实把好项目入口关。加强名木古树保护。持续推进植树增绿行动，构建大绿大美的城乡景观，让绿色成为灌阳的永久底色和特色名片。

（二）致力于调优结构，在建设宜业灌阳上迈出新步伐

坚持创新驱动和融合发展，推进供给侧结构性改革，加快产业转型升级，着力提高发展质量和效益。

着眼特色提高农业效益。以农业供给侧结构性改革为主线，以提高特色产业效益为核心，加快转变农业发展方式，加大农业结构调整力度，狠抓农产品标准化生产、品牌创建、质量安全监管。推进水稻高产攻关工作。大力推动农旅融合，发展休闲观光农业，提升水果、水稻、油茶核心示范区档次，引进和打造蓝莓等新型现代高效农业。发展适度规模经营，培育和壮大新型经营主体，加快农业产业化步伐；引进深圳润民集团等现代农业龙头企业，调优农业布局，创建深加工基地，延伸农业产业链条。因地制宜推广新品种，强化科技运用，加强示范基地建设，打造区域农特优产品公用品牌，着力增加优质产品供给。

着眼整合提升工业档次。要主动适应新常态下工业发展要求，开展质量提升行动，加快企业创新驱动和工业转型升级，做优做强特色产业。加速推进"两化"融合，努力打造百亿生态园区。抓好园区基础设施特别是污水处理设施建设，抓好农民工创业园建设。加快推进冶炼、石材、木材、选矿机械制造等产业整合和企业搬迁，重点抓好贵达精锡易地技改、发鑫锰业易地搬迁、石材集团公司组建，做大做强支柱产业。积极培育规模以上企业。大力培育新兴产业，加快推进矿泉水整合、瑶医瑶药、风力发电等项目，培育一批新的经济增长点。

着眼服务推动三产提速。树立“全域旅游”理念，将2017年定为“灌阳发展旅游年”，大力推进旅游基础建设，实施重点景区景点旅游厕所、星级农家乐、停车场等“三有”工程建设。借助“湘江战役灌阳新圩阻击战旧址”列入国家红色旅游经典景区的契机，扎实推进红色旅游重点项目建设，抓好绿化、美化等配套设施建设，进一步提升服务功能。加大旅游资源整合力度，加强红色、古色、绿色旅游精品线路打造。不断扩大传统节庆活动影响力，打造旅游品牌。积极引进旅游龙头企业和知名旅行社，加快推进千家洞景区资产重组。推出更多富有特色、多层次、差异化的乡村旅游产品，着力构建和提升以“春季赏花，夏秋采果，四季徒步游，全年吃‘农家饭’”为载体的乡村旅游格局，吸引游客休闲观光和客商投资创业。开展服务质量提升行动，提升服务管理水平。集中开展宾馆、酒店、农家乐整顿评级行动，提升接待能力。推进旅游综合管理机制创新，加强旅游从业人员队伍建设。加快现代物流、商务会展、信息服务、金融服务等现代服务业发展，打造经济发展新引擎。深入推进电子商务发展，巩固电子商务进农村项目成果，加快电商平台、电商园区和商贸物流园建设，健全电商网络体系，加强对电商行业的监管，推动电商与三次产业的有效融合。

（三）致力于统筹城乡，在建设宜居灌阳上迈出新步伐

加快构建城乡一体的发展格局，着力在协调发展中拓宽发展空间、增强发展后劲。

打造精致县城。树立经营城市理念，修订县城总体控制性详规，推动“多规合一”；进一步理顺城市管理体制，建强城市管理队伍。突出县城功能提升，加快江东新区的文化、教育、卫生、交通等公共设施建设。完善云水瑶小区基础设施建设。全面推进县城“一江两岸”防洪堤建设以及绿化、亮化、美化工作，积极创建森林县城。加快老城区改造，推进县城污水管网建设；整顿经营秩序，规范户外广告设置，逐步形成“一路一特色、一街一景观”格局。

塑造精品乡镇。以全沙公路沿线乡镇为重点，持续推进乡镇集镇改造和基础设施建设，加快推进城中村、棚户区改造，打造一批高品质、彰显民族特色的特色城镇；重点抓好黄关镇新型城镇化示范工程；加快推动水车乡撤乡建镇工作，加强市政工程项目谋划和建设；大力提高城镇公共服务水平，抓好乡镇污水处理设施和农村垃圾终端处理设施等工程建设；引导农村人口、产业和资金等生产要素向城镇集聚，不断增强城镇可持续发展能力。

建设精美农村。着力巩固和提升清洁乡村、生态乡村建设成效，全面推动宜居乡村建设，统筹推进党建示范点、生态乡村示范点、新农村示范点“三合一”，重点抓好产业富民、基础便民、服务惠民等专项活动。突出规划引领、政策引导，重点抓好县内主要通道沿线重点村庄绿化、环境综合整治和乡土特色风貌改造；加快月岭、江口、洞井等历史文化名村、传统村落建设。抓好农田水利设施建设，夯实产业发展基础。

构建精细交通。启动建设灌平高速和357国道灌阳段，抓好洞大公路提级改造工程。开通县城至恭城、全州动车站公交线路，新增3条县城公交线路。加快灌江一桥、会湘大桥建设进度。继续推动农村公路提质，稳步推进20户以上自然村道路水泥硬化。突出抓好县城路网建设，破解兴灌路、双桥路、滨江西路等交通“瓶颈”，启动双桥路改造；抓好江东二桥至官塘防洪堤及道路建设，大力改造提升城北车田片区道路等级，塑造县城新形象。

（四）致力于改革开放，在建设活力灌阳上迈出新步伐

坚持问题导向，破解发展短板，构建发展新机制，不断深化改革、扩大开放，向改革要红利，以开放增动力。

创新改革优势。坚持以人为本，妥善解决改革中遗留的各类问题。深化行政体制改革，大力推进网上办事，构建“互联网+政务服务”新模式。深化财税、金融体制改革，积极推广“农金村办”模式，加大农村信用信息系统建设力度。全面深化医药卫生体制改革，加快推进县级公立医院综合改革。稳步推进国有林场改革。统筹推进农村土地承包经营权确权、供销、科技、商事等改革，激发发展活力和动力。

扩大开放优势。抢抓广西实施“两个建成”，桂林建设国际旅游胜地、全国旅游创新发展先行区的

重大机遇,推进区域合作交流,积极主动融入大桂林发展;立足良好生态和独特地方资源,积极谋划项目,提升灌阳吸引力。深入实施“灌商回流”工程,积极做好服务对接工作。坚持质量和效益优先原则,严把项目准入关,争取在招好引强上取得更多成效。

(五)致力于文化繁荣,在建设文明灌阳上迈出新步伐

增强文化自信,加快文化发展,促进文化繁荣,让文化软实力成为发展的硬支撑。

深入挖掘历史文化内涵。深入挖掘红色文化精髓,广泛开展红色文化宣传教育,加快红色文化设施建设与精品创作;大力推动唐景崧同胞三翰林研究与开发,深化与广西师范大学的合作,积极筹建“唐景崧同胞三翰林”展览馆、桂剧及猜谜文化“一条街”;积极推动瑶族文化资源挖掘,抓好瑶族元素标识建设,鼓励和支持瑶族文化精品创作,大力推动瑶族文化向影视作品转变。加快县博物馆的建设。加大非遗名录工作的保护和传承,传承和弘扬茶食文化、农耕文化,精心打造“二月八”农具文化节等节庆平台,重点打响“灌阳油茶”品牌,不断扩大知名度和影响力。推进文旅融合,着力打造独具灌阳特色的文化品牌。借助“漓江画派”等平台,培育好本土艺术人才。

着力提升市民文明素质。抓住桂林市创建全国文明城市契机,积极开展群体性精神文明创建活动。坚持以道德教育塑造人,办好道德讲堂,积极开展中华优秀传统文化和革命传统教育,深入开展道德模范评选表彰活动。加快县数字影院建设,加强村级公共服务中心、农家书屋建设与管理。积极培育和壮大乡村文艺队伍。充分发挥文化站馆、非遗中心等阵地作用,推动文化下乡,广泛开展各种群众文化活动。坚持以正确舆论引导人,大力弘扬民族精神和时代精神,讲好灌阳故事;加强社会主义核心价值观宣传教育,弘扬主旋律,传播正能量。坚持以行为养成规范人,突出青少年养成教育,加强市民行为规范和引领,着力营造讲文明、树新风良好氛围,不断提升灌阳的形象和品位。

(六)致力于脱贫攻坚,在建设幸福灌阳上迈出新步伐

坚持以民为本,着力守住底线、突出重点,不断提高人民群众的幸福感和满意度。

全力推进脱贫攻坚。建立和完善扶贫工作新机制,创新工作方式。围绕脱贫目标,瞄准脱贫对象,找准致贫原因和脱贫需求,因村因户施策,对症下药,靶向治疗,全力推进脱贫攻坚“七个一批”和“十大行动”。大力抓好道路、水利、网络等设施建设,夯实发展基础。立足资源特点,扶持培育新型经营主体,不断创新产业扶贫模式,确保每个贫困村至少有1~2个主导产业,拓宽群众增收渠道。坚持多方联动,精心谋划农业发展、道路交通、民生工程、社会事业等扶贫帮扶项目,打好精准帮扶组合拳。突出抓好扶贫项目监督管理,强化制度建设,确保扶贫项目资金高效、安全运转。

切实改善保障民生。落实好各项惠民政策,高标准谋划和实施2017年度十大惠民工程。坚持把就业工作摆在突出位置,创造宽松的就业环境,拓宽就业渠道,千方百计增加居民收入。高度重视教育工作,强化教育经费保障,加强教育基础设施建设,重点抓好幼儿园、移民小学、初中、高中项目建设,着力破解城乡大班额、上学难等问题,促进教育公平;进一步加大投入,确保我县义务教育均衡发展工作顺利通过区级验收,为2018年完成国家验收打下基础;深化教育综合改革,建立激发教师不断进取的机制,全面提升教育教学质量。加大廉租住房、公共租赁住房等保障性住房建设和供给,做好棚户区改造,让老百姓的“忧居”变“宜居”。深入推进基本公共卫生服务均等化。积极开展“精准救助年”活动,推进农村低保标准与扶贫标准的有效衔接。全面启动“社会救助便民服务工程”。扎实开展技能培训。

(七)致力于治理创新,在建设和谐灌阳上迈出新步伐

坚持依法治县、依法执政、依法行政共同推进,全力维护社会稳定,努力实现治理有序、社会和谐、民生幸福。

深入推进社会治理创新。深化平安灌阳建设,注重联动融合,增强社会治理合力。着力破解基层基础建设中的突出共性问题,统筹乡镇社会服务管理机构建设,健全服务管理体系,着力构建共享共用、安全高效的综合信息平台。针对公共安

全领域突出问题，大力开展社会治安专项整治行动，加强对重点地区、重点场所、重点人群的排查，突出整治学校周边社会治安环境。扩大治安技防体系覆盖面。按照“扩面、提质、强效”的要求，完善重大决策社会稳定风险评估机制，重点抓好评估立项、动态跟踪、决策出台三个环节。落实领导包案，加强督查督办，实现案结事了。

切实加强民主法制建设。大力支持人大和政协履行职能，充分发挥人大代表和政协委员的作用；加强基层民主政治建设，深化党务公开、政务公开和村务公开，依法保障公民知情权、参与权、表达权、监督权；坚持党管武装，加强国防教育和民兵预备役工作，促进军政军民团结。加强老干部工作。积极探索党建带工建、团建、妇建发展新途径。注重维护民族团结，加强宗教管理。加大普法宣传力度，加强法律援助，确保社会大局稳定。

（八）从严治党，凝聚合力，着力营造风清气正的政治生态

坚持把加强党的建设作为分内之事、应有之责，强化全面从严治党责任落实，建强基层战斗堡垒，发挥先锋模范作用，以党建实效引领发展、推进工作、取信于民。

加强思想政治建设。增强党管意识形态责任，提高宣传引导和舆情处置能力，占领舆论制高点，坚持弘扬主旋律、打好主动仗。坚持党委（党组）中心组学习制度，巩固“两学一做”学习教育成果，强化《准则》《条例》学习，使理论学习经常化、机制化，形成理论学习的浓厚氛围。办好“学习大讲坛”和党员干部培训班。充分发挥党校党性教育主渠道作用，扎实推进“固根守魂·传承信仰”理想信念教育，构筑红色精神高地，提高党员干部思想政治素质。

严肃党内政治生活。新形势下加强和规范党内政治生活是全面从严治党的重要基础。严格落实民主集中制，健全完善党委（党组）会议事规则和决策程序。严格落实民主生活会制度，发扬党内民主，加强党内监督；严格执行组织生活制度，重点完善“三会一课”等制度，切实加强党员教育与管理。推动党内政治生活的制度化、规范化、程序化。

加强干部队伍建设。坚持正确用人导向，严格执行干部选拔任用制度。拓宽干部实践锻炼平台，加大干部培训力度，全面提升干部素质，激励干部“有为”。健全干部选拔任用工作监督机制，完善有关事项报告、提醒谈话、专项函询、诫勉制度，激励干部“善为”。建立容错纠错机制，厘清责任边界，强化担当意识，激励干部“敢为”。完成超配领导职数消化。重视发展党员质量，畅通“出口”通道。超前谋划，确保村（社区）“两委”换届顺利完成，优化村干部队伍结构。

夯实基层组织基础。落实经费保障，着力夯实基层基础。开展“双述双评”，强化责任落实。深入推进基层、机关党建示范点建设，构建精品党建示范带。深化“星级化”管理，整顿提升一批软弱涣散党组织，强化村级党组织规范化建设。完善“两新”党建机制，打造一批“三特”①非公党建示范点，持续开展“党旗领航·电商扶贫”行动和“成长·活力”工程。推进“千企扶千村”活动，形成一批村企党组织联建脱贫示范点，实现贫困村脱贫、企业发展双赢，拓宽贫困村集体经济收入渠道。

狠抓党风廉政建设。强化“两个责任”②落实，细化“两个责任”清单。深化纪律检查体制改革，加强派驻机构建设；支持纪委实现“三转”。完善巡察工作体制机制。强化纪律规矩意识，坚持抓早抓小，把握好运用好监督执纪“四种形态”③，做到在监督上宽严相济、无缝覆盖。严格落实“一案双查”，加大“责任倒查”力度。紧盯重点领域和重点人群，扎实推进扶贫领域监督执纪问责工作，着力形成风清气正的政治生态。

同志们，功崇唯志，业广唯勤。奋战新一年，全县各级干部重任在肩。让我们紧密团结在以习近平同志为核心的党中央周围，紧紧依靠全县人民，奋发图强，奋力作为，奋勇争先，全力打赢脱贫攻坚战，以新姿态新作为迎接党的十九大胜利召开。

---

①“三特”非公党建示范点：即打造一批特色街区、特色园区、特色行业的非公党建示范点。

②“两个责任”：即落实党风廉政建设责任制，党委负主体责任，纪委负监督责任。

③监督执纪“四种形态”：即党内关系要正常化，批评和自我批评要经常开展，让咬耳扯袖、红脸出汗成为常态；党纪轻处分和组织处理要成为大多数；对严重违纪的重处分、作出重大职务调整应当是少数；而严重违纪涉嫌违法立案审查的只能是极极少数。

灌阳县人大常委会工作报告

——在灌阳县第十六届人民代表大会第一次会议上

（2016年8月24日）

灌阳县人大常委会党组书记　范科君

各位代表：

现在，我受灌阳县第十五届人民代表大会常务委员会的委托，向大会报告工作，请予审议。

过去五年的工作回顾

过去五年，是我县经济社会和各项事业取得显著成效的五年，也是县人大常委会依法履行职责、各项工作取得新成绩的五年。五年来，在县委的正确领导下，在上级人大的指导下，县人大常委会坚持以邓小平理论、“三个代表”重要思想和科学发展观为指导，认真学习贯彻党的十八大、十八届三中、四中、五中全会和习近平总书记系列重要讲话精神，紧紧围绕全县工作大局，依法行使职权，为坚持和完善人民代表大会制度，推进民主法制建设，促进我县经济社会发展，发挥了重要作用。

县十五届人大常委会共召开常委会议40次，主任会议49次，听取和审议“一府两院”工作报告20次，作出决议决定17项，依法任免国家机关工作人员259人次，充分发挥了地方国家权力机关的作用。

一、围绕改革发展稳定大局，依法行使重大事项决定权

重大事项决定权，是宪法和法律赋予地方各级人大及常委会的一项重要职权。五年来，常委会严格按照法律规定，围绕全县改革、发展、稳定的重大问题，以促进发展为主题，以关注民生为主线，有针对性地进行审议和决定。在重大事项决定上，常委会自觉坚持党的领导，严格遵循集体决定，真正把县委的意图和决策，通过法定程序，变为全县人民的意愿和行动。五年来，人代会先后审议并通过了《关于灌江流域生态环境保护的议案》《关于禁止种植速生桉人工林的议案》等，常委会适时听取汇报，组织专项检查，切实贯彻了县委的重大决策，加快了我县生态文明建设的步伐。

二、围绕促进和谐发展，依法开展监督工作

五年来，常委会察民情、听民声、聚民意，把人民群众普遍关注的热点、焦点问题，作为监督工作的重点，规范监督行为，突出监督重点，加大监督力度，增强监督效果，有效促进了“一府两院”工作的开展。

（一）加强法律监督，促进依法行政和公正司法

强化对执法工作的监督。五年来，配合上级人大开展了45次执法检查、视察，听取了《食品安全法》《环境保护法》等24部法律法规贯彻落实情况的汇报。此外，强化对司法工作的监督。五年来，常委会在加强日常监督的基础上，积极支持司法机关开展以“司法为民、公正司法”为主题的实践活动，邀请人大代表旁听法院庭审工作，增强司法机关自觉接受监督的主动性，提高人大监督工作的实效性和针对性。

（二）加强工作监督，促进经济社会又好又快发展

切实加强对计划和财政预算执行情况的监督。五年来，常委会密切关注全县经济运行情况，每年专题听取计划和财政工作汇报，有针对性地提出审议意见。同时，着力加强对政府工作部门的监督。五年来，围绕县委确定的“生态立县、工业强县、农业稳县、文化兴县、旅游旺县”发展战略，组织听取了23个政府工作部门的汇报，提出了建议、批评和意见200余条，推动了工作的落实。

（三）加强人大信访工作，促进社会和谐稳定

信访工作是人大体察民情、了解民意、关注民生的重要渠道。常委会高度重视信访工作，把信访工作与监督工作有效结合起来，努力把问题解决在基层，把矛盾化解在萌芽状态。五年来，共受理群众来信 224 件（次），接待来访 408 人（次），办理上级人大转办件 18 件，做到了事事有答复，件件有回音。

三、围绕规范人事任免程序，依法行使人事任免权

常委会在坚持党管干部的原则下，积极探索干部任免及其监督的途径，努力把监督“人”和监督“事”有机结合起来，保证了县委意图的有效贯彻和常委会成员意愿的真实体现。在人事任免过程中，常委会要求提请机关介绍拟任职人员的德、能、勤、绩、廉情况，坚持被任命干部任职前表态、常委会成员审议表决、现场颁发任命书等制度，努力做到严肃规范。五年来，先后任免人大、政府和“两院”国家机关工作人员 259 人次，从组织上保障了地方国家机关的正常运转。在依法做好人事任免的同时，加强履职情况的跟踪监督，有效增强了被任命干部的人大意识、公仆意识和廉政意识。

四、围绕发挥代表作用，扎实做好服务工作

人大代表是人民代表大会的主体，发挥代表作用，是做好人大工作的基础。五年来，常委会不断拓宽代表工作思路，创新代表工作机制，有效地提升了代表履职能力。一是认真组织代表开展活动。五年来，常委会组织了 430 多人（次）人大代表，开展执法检查、工作评议等活动，拓宽了代表在闭会期间的知情渠道，增强了代表参与管理国家事务的能力。二是坚持联系走访代表制度。常委会每年都走访农村代表，广泛听取代表的意见和建议，积极鼓励代表为全县发展建言献策。五年来，共收集代表的意见和建议 180 余条，为常委会议事决策提供了第一手材料。三是着力提高办理水平。常委会高度重视代表的建议和意见，及时进行分类整理，会同县政府召开交办会，落实承办单位，强化办理职责，明确办理时限，评比办理效果。同时，坚持重点督办制度，常委会每年筛选几件事关全局、有代表性的建议，作为重点督办件，邀请代表参与督办，增加公开性和透明度，使一批热点、难点问题得到了较好解决。

五、围绕提升人大工作水平，加强对乡镇人大的指导

做好乡镇人大工作，是坚持和完善人民代表大会制度，巩固和加强基层政权建设的一项重要工作。五年来，常委会不断加强对乡镇人大工作的联系和指导。一是坚持常委会领导联系乡镇人大工作制度，指导乡镇召开人民代表大会，做好闭会期间各项工作。二是指导乡镇人大建立健全规章制度，促进乡镇人大工作更加规范。三是加强对乡镇人大工作的培训，邀请乡镇人大主席列席县人大常委会，提高乡镇人大的业务能力。四是对乡镇人大工作进行检查评比，及时总结和交流经验，不断提高乡镇人大工作的整体水平。

六、围绕提高履职能力，着力加强自身建设

加强自身建设，是开展各项工作的基础。常委会不断完善机制，加强管理。一是加强思想政治建设。五年来，常委会认真学习党的理论、方针、政策，扎实推进党的群众路线、“三严三实”和“两学一做”学习教育活动，为做好人大工作奠定坚实的思想基础。二是加强制度建设。常委会修订完善了议事规则及工作制度，集体行使职权，使决策更科学、更民主。三是狠抓机关内部管理。严格执行中央的“八项规定”，建立岗位目标考核责任制，机关效能建设不断加强。

回顾五年来的工作，常委会在依法行使重大事项决定权、监督权、人事任免权等方面，做了大量富有成效的工作；在代表工作方面，进行了积极的改进和探索；在人大自身建设方面，迈出了新的步伐。这些成绩的取得，是县委正确领导的结果，是上级人大指导的结果，是“一府两院”和各乡镇人民代表大会支持的结果，是全体代表共同努力的结果。在此，我谨代表县十五届人大常委会，向各位代表、向关心和支持人大工作的各级领导、社会各界，表示崇高的敬意和诚挚的感谢！

各位代表！五年来的人大工作实践，使我们对坚持和完善人民代表大会制度，充分发挥人大及其常委会的职能作用，有了更加深刻的

认识。做好人大工作：必须坚持党的领导；必须服从和服务于全县工作大局；必须坚持以民为本；必须坚持与时俱进。

同时，我们也要清醒地认识到，常委会的工作与党和人民的期望，与宪法和法律的要求，还有一定的差距。主要表现为：监督工作的力度和实效有待增强；代表工作的形式与机制有待完善；代表建议的办理质量有待提高；常委会自身建设有待加强等。这些问题和不足，有待于在今后的工作中努力克服。

今后五年的工作思路

各位代表！县十五届人大常委会任期已满，新一届人大常委会即将选举产生。今后五年，是全面建成小康社会的关键时期，也是我县实施“十三五”规划和打赢扶贫攻坚战的重要时期。新形势，新任务，对新一届人大常委会工作提出了新的更高要求，常委会将高举中国特色社会主义伟大旗帜，坚持以马列主义、毛泽东思想、邓小平理论、“三个代表”重要思想和科学发展观为指导，深入贯彻党的十八大、十八届三中、四中、五中全会和习近平总书记系列重要讲话精神，认真落实县十五次党代会的决策部署，把坚持党的领导、人民当家作主、依法治国有机统一起来，主动适应人大工作新常态，依法履行宪法和法律赋予的职责，不断开创人大工作新局面，为全面建成小康社会，建设宜居宜业宜游、文明和谐幸福新灌阳做出积极贡献。

一、坚持党的领导，力争在政治自觉上有新的提高

坚持党的领导，是我们人大工作的基本前提和根本保证。常委会在行使各项职权过程中，必须围绕“四个全面”的战略布局，善于通过法定程序，保证党的主张和人民意愿的实现，使人大的各项工作与县委的中心工作合拍。一要进一步强化党的观念、政治观念、大局观念和群众观念，切实维护党的领导核心地位。二要紧紧围绕县委的中心工作和重大决策部署，自觉服从服务于经济建设这个中心。三要更加自觉地把人大工作置于县委的领导之下，使县委的决定与人民群众的意愿有机结合起来。四要进一步坚持和完善人民代表大会制度，协调各种社会经济关系，为推进依法治县营造干事创业的良好氛围。

二、坚持围绕中心，力争在促进发展上有新的作为

常委会要围绕县委的中心工作，把服务发展作为履行法定职责的中心任务。要围绕全县工作重点，增强审议决定的针对性。要紧紧围绕做好富农强工、崇文重教、兴旅美城六篇文章，统筹推进“一园一江一路”建设，深入调查研究，完善决策机制，及时作出决议、决定，组织和动员全县人民按照县委的部署，聚精会神搞建设，一心一意谋发展。要不断探索监督工作新举措，增强监督工作的实效性。要围绕脱贫攻坚、生态建设、产业融合、城乡统筹等工作，开展执法检查和工作调研，充分发挥人大监督作用，在监督中支持，推动“一府两院”工作开展。

三、坚持创新方式，力争在依法履职上有新的成效

人大工作涉及社会建设的各个方面，关系到全县各项事业的全面协调可持续发展。要进一步创新工作方式，切实加强对经济、社会、文化等领域的监督，确保人民群众最关心、最直接、最现实的利益问题，得到及时关注和有效解决。在事关全县发展的重大问题上，要遵循法定性、全局性、民主性、可行性和权威性的原则，依法行使职权，保证人民赋予的权力始终用来为人民谋利益。在行使人事任命权上，把坚持党的领导与依法任免、遵循内在程序、充分发扬民主有机结合起来，在政治上讲忠诚，组织上讲服从，行动上讲纪律。

四、坚持优化服务，力争在作用发挥上有新的举措

人大代表履职能力直接决定着人大工作的活力。工作中，一要建立学习培训工作制度。加强对人大代表的业务培训，使人大代表适应新形势下的人大工作。二要积极建立代表履职的新机制。建立健全代表依法履职的工作制度，为代表知情知政和履行职权创造条件，支持代表规范有序地行使法定权力。三要积极探索议案办理的新举措。

要进一步强化办理责任，加大督办力度，提高代表议案的办结率和满意率。四要积极组织开展调研活动。引导人大代表深入基层，进一步密切同人民群众的联系，更好地了解民情、反映民意，为全县各项重大决策奠定坚实的群众基础。

五、坚持苦练内功，力争在自身建设上有新的加强

打铁还须自身硬，人大常委会要切实加强自身建设。一要严格落实“三严三实”要求，严格执行中央“八项规定”，深化“四风”整治，巩固发展党的群众路线教育实践活动成果，不断推进作风建设，进一步树立为民、务实、清廉的良好形象。二要组织好集体学习，完善人大工作制度和工作机制。三要加强对乡镇人大工作的指导和联系，提升我县人大工作整体水平。四要落实区党委、市委《关于加强县乡人大工作和建设的意见》，推动我县人大工作与时俱进。五要进一步加强宣传工作，创新宣传方式，为推进人大各项工作营造良好舆论氛围。

各位代表！县十五次党代会为我们绘就了新的宏伟蓝图，新目标鼓舞人心，新形势催人奋进。让我们在中共灌阳县委的正确领导下，团结和带领全县各族人民，以更加饱满的政治热情和更加务实的工作作风，为全面建成小康社会，建设宜居宜业宜游、文明和谐幸福新灌阳而努力奋斗！

灌阳县人大常委会工作报告

——在灌阳县十六届人民代表大会第二次会议上

(2017年2月14日)

灌阳县人大常委会主任　范科君

各位代表：

现在，我受县十六届人大常委会的委托，向大会报告工作，请予审议。

2016年主要工作

2016年是“十三五”规划开局之年，也是新一届县人大及其常委会依法履职的第一年。一年来，在县委的正确领导和上级人大的指导下，县人大常委会认真贯彻落实中央、自治区、市委和县委决策部署，坚持党的领导、人民当家作主、依法治国有机统一，认真履行宪法和法律赋予的各项职责，充分发挥地方国家权力机关作用，为推动全县经济社会发展、民主法制建设、社会和谐稳定做出了新的贡献。

一、围绕全县发展大局，依法审议决定重大事项

常委会始终坚持县委的领导，从人大职能和特点出发，突出重点，注重实效，对重大发展问题和经济运行情况作出决议、决定，及时把县委加快发展、科学发展的重大决策部署变为全县人民的意志，为全县经济社会发展提供了有力保证。2016年，常委会先后听取和审议了2016年县本级财政年初预算、2015年县本级财政预算执行和其他财政收支情况的审计报告、2016年县本级财政预算执行情况及预算调整报告，审查批准了2015年县本级财政决算，确保了我县公共设施和重大项目建设的后续资金需求，积极支持政府充分发挥财政职能作用，着力稳定经济增长和保障改善民生。

二、围绕促进工作落实，切实加强监督工作

常委会紧贴县委重要决策确定年度工作要点，综合运用调研、视察、工作审议、执法检查等监督方式，督促和支持“一府两院”高效有序地开展工作。今年，常委会组织代表对精准扶贫情况进行了调研，听取了县法院、县公安局工作专项报告。常委会还紧密结合我县实际，通过市县联动的方式，有计划、有针对性地开展了《中华人民共和国安全生产法》《中华人民共和国预算法》《中华人民共和国水法》《广西壮族自治区古树名木保护条例》《广西壮族自治区非物质文化遗产保护条例》等法律法规的执法检查，促进和推动了法律法规在我县的贯彻实施。

三、围绕提高干部素质，依法行使人事任免权

坚持党管干部原则和人大依法行使任免权相结合，重点强化任后监督，通过听取部门工作报告、部门负责人履职报告等方式，了解掌握被任命干部的履职情况，进一步增强了被任命人员的责任意识和使命感。同时，开展新任命干部向宪法宣誓活动，推动领导干部依法行使权力。一年来，常委会依法任免国家机关工作人员88人(次)，保障了地方国家机关的正常运转。

四、围绕发挥代表作用，扎实做好换届工作

按自治区党委统一安排部署，今年主要进行人大、政府换届选举工作。人大常委会在抓好县、乡人大代表换届选举工作的同时，认真做好代表的服务工作。

(一)科学部署代表工作

一是积极组织代表活动。今年以来，先后组织87人(次)人大代表参加列席人大常委会会议，参加常委会的调研、视察、执法检查活动。二是扎实开展代表培训工作。通过以会代训、订阅学习资料、参加各种报告会等多种形式，加强代表培训，不断提高代表的综合素质和履职能力。三是切实加强代表议案、建议、意见办理工作。采取落实办理单位责任、强化跟踪督办的措施，对代表提出的112件意见建议，均按法定时限办理完毕并进行了答复，代表对办理结果基本满意。

（二）依法做好换届选举工作

换届工作启动以来，我县早布置早安排，严肃换届纪律，加强监督检查，依法依规开展选举工作。成立换届选举工作指导组，对147个选区进行指导。成立换届选举工作办公室，制定县乡两级人大换届选举工作实施意见。开展换届培训，加强组织协调。县十六届人大一次会议依法选举产生了新一届县人大常委会组成人员，选举产生了新一届县人民政府县长、副县长、县人民法院院长、县人民检察院检察长以及出席桂林市第五届人代会的市人大代表，圆满完成了换届选举任务。

（三）切实加强对乡镇人大工作的指导

常委会始终坚持以多种形式，加强与乡镇人大的沟通和联系。认真指导乡镇人大依法召开会议、开展工作，促进了乡镇人大工作的规范化、制度化和法制化。坚持对乡镇人大工作进行检查评比，加强沟通交流，共同研究探讨新形势下如何加强和改进人大工作，努力形成全县人大工作合力。

五、围绕提高履职能力，不断加强自身建设

一年来，常委会坚持把自身建设放在首要位置，切实加强履职能力和机关服务能力建设，努力塑造人大依法履职、为民尽责的良好形象。

（一）强化理论学习

扎实开展"两学一做"学习教育活动，认真上好专题党课、开展专题学习、组织专题研讨等活动。注重对机关干部的培训，选派人大机关干部参加自治区、市人大及县委组织的各种业务培训班学习，通过学习，常委会组成人员和人大机关工作人员的整体素质和履职水平得到进一步提高。

（二）强化作风建设

常委会紧紧围绕全县工作大局，经常深入基层，开展调查研究，客观全面地掌握第一手材料，为常委会审议和决定重大事项提供依据，为县委决策提供参考，当好参谋。

（三）强化制度建设

常委会坚持民主集中制，集体决定重大事项，结合"两学一做"学习教育活动，进一步完善了人大常委会议事规则、组成人员守则等6项规章制度，进一步推进了常委会机关各项工作的制度化、规范化和程序化。

各位代表！一年来，县人大常委会的各项工作取得了一定的成绩，这是县委的正确领导，全体代表的共同努力，"一府两院"及各乡镇、各部门的密切配合，广大人民群众大力支持的结果。在此，我代表县人大常委会，向所有关心支持人大工作的社会各界，表示衷心的感谢！

在肯定成绩的同时，我们也看到常委会的工作还有许多需要完善和改进的方面，主要是：监督的刚需和实效有待增强，代表履职能力有待提升，对意见、建议的办理敷衍了事等等。对于这些问题，我们将认真听取各方意见，切实加以改进。

2017年主要任务

2017年，人大常委会将在县委的领导下，深入学习党的十八届六中全会精神，认真贯彻习近平总书记系列重要讲话精神和治国理政新理念、新思想、新战略，围绕中心，依法履职，全力推动县委决策部署的贯彻实施，不断开创我县人大工作新局面，为建设宜居宜业宜游、文明和谐幸福新灌阳作出积极贡献。

一、适应新形势，服务全县发展大局

（一）坚持正确政治方向

毫不动摇地坚持党的领导，牢牢把握人大工作的正确政治方向，把思想和行动统一到中央、自治区党委、市委和县委的决策部署上来，主动适应新形势对人大工作的新要求，以更高姿态服从和服务于全县经济社会发展大局。

（二）依法决定重大事项

抓住事关我县改革发展稳定的根本性、全局性、长远性的事项和人民群众普遍关心的重大问题，通过法定程序适时作出决议、决定，把县委的重大决策和主张，转变为全县人民的共同意志和自觉行动。

（三）做好人事任免工作

坚持党管干部和依法任免有机结合，依法依

规做好人事任免工作。认真实施宪法宣誓制度。完善任前考核和任后监督机制，为我县经济社会发展提供坚强组织保证。

二、发挥新作用，推进法治灌阳建设进程

（一）维护社会稳定

坚持依法行政和司法公正，围绕营造良好的治安环境，适时听取和审议社会治安综合治理工作报告，督促政府全面推进依法治县进程，严厉打击各类违法犯罪行为，不断提高人民群众对社会治安的满意度。继续组织人大代表旁听法院庭审活动，促进司法公正，维护社会公平正义。

（二）开展执法检查

积极探索完善执法检查机制，采取常委会执法检查与“一府两院”自查相结合、上级人大与县人大联动检查相结合的方式，重点对行政诉讼法、安全生产法、野生动物保护法、城乡规划法和义务教育法执法检查，为促进全县经济社会平稳较快发展营造良好的法治环境。

（三）做好人大信访工作

加大对信访案件督办力度，督促“一府两院”妥善处理人民群众来信来访中反映强烈的问题，为我县社会和谐、政治稳定创造一个良好的社会环境。

三、顺应新发展，加强和改进监督工作

（一）监督经济运行

听取和审议2016年县本级财政决算和审计报告。深化对预算资金使用绩效的监督，促进预算编制和预算资金分配更加科学合理；充分发挥政府财政部门、审计部门的监督作用，形成人大监督与政府内部监督有机结合、相互协调的监督体系，督促政府不断提高财政资金的使用效益。

（二）关注社会事业发展

听取我县农村土地承包经营权确权登记颁证工作情况报告。对农业农村工作、20户以上村屯道路建设、生态立县、扶贫攻坚等目标完成情况开展调研。

（三）督促项目规范建设

对重大项目建设、基础设施建设、社会事业建设等工作进行监督，采取不定期听取专项工作汇报的方式，加强对政府重点投资建设项目资金使用情况的监督，规范投资行为，确保工程质量和投资效益，促进全县经济社会健康发展。

四、不负新期待，保障代表依法履职

（一）更加注重发挥代表主体作用

办好代表履职培训班，不断提高代表履职能力和水平。推动“一府两院”就重大决策和工作征求代表意见，拓宽代表知情知政渠道。

（二）更加注重完善建议督办工作机制

改进督办方式，健全督办机制，加大代表建议办理力度，提高代表建议办理质量，进一步提升建议落实率、代表满意率。

（三）更加注重代表履职服务保障

不断巩固和完善“双联”制度，密切常委会与代表、代表与人民群众的双向联系。

五、树立新标杆，提升自身建设水平

（一）加强作风建设

切实加强常委会及机关思想作风建设，深化“两学一做”学习教育，做到对党忠诚、勤政为民、廉洁自律、敢于担当，切实承担起党和人民赋予的职责使命。

（二）提升履职水平

进一步完善人大及其常委会会议制度、议事规则和工作程序。完善学习培训机制，提升理论业务水平。加强队伍建设，为依法履职提供组织保障。

（三）加强宣传工作

围绕如何发挥人大及其常委会作用等课题开展调研。大力宣传人大制度、人大工作实践和人大代表风采。

（四）密切联系指导

加强对乡镇人大工作的指导。在开展执法检查、组织代表活动等方面加强上下联动，形成合力。

各位代表！坚持和完善人民代表大会制度意义重大，做好新时期人大工作任重道远。新的一年，让我们在中共灌阳县委的领导下，紧紧依靠广大干部群众，以更加饱满的工作热情，更加昂扬的工作激情，更加扎实的工作作风，为推动我县民主法治建设和加快建设幸福和谐新灌阳而努力奋斗！

政府工作报告

——在灌阳县第十六届人民代表大会第一次会议上

（2016 年 8 月 24 日）

灌阳县人民政府县长 卢 嵩

各位代表：

现在，我受灌阳县第十五届人民政府委托，向大会作政府工作报告，请予审议，并请各位政协委员和其他列席会议的同志提出意见。

“十二五”工作回顾

过去五年，我们在上级党委、政府和县委的正确领导下，在县人大、县政协的监督支持下，大力实施“五县”发展战略，主动适应经济发展新常态，抢抓机遇，克难攻坚，开拓创新，圆满完成了“十二五”规划确定的主要目标任务。

——五年来，经济结构不断优化，综合实力再上台阶。三次产业结构由“十一五”末的 27：47.8：25.2 调整为 24.7：50.5：24.8，全县经济发展的协调性增强。2015 年，实现地区生产总值 68.6 亿元，是 2010 年的 1.7 倍；实现农林牧渔业总产值 27.8 亿元，是 2010 年的 1.6 倍；实现工业总产值 100.3 亿元，是 2010 年的 2 倍；完成财政收入 3.4 亿元，是 2010 年的 1.5 倍；完成全社会固定资产投资 64.5 亿元，是 2010 年的 1.7 倍。“十二五”期间，争取各类财政补助资金年均超过 12 亿元，相继荣获“全国绿色能源示范县”“国家休闲农业与乡村旅游示范县”“全国生态文明先进县”“全国粮食生产先进县”“全国科技进步先进县”“中国民间文化艺术之乡”等 17 块国字号招牌。

——五年来，发展方式逐步转变，主导产业逐年壮大。与“十一五”相比，工业主导地位进一步增强，规模工业总产值从 36.7 亿元增加到 94.9 亿元，年均增长 21.9%。县工业集中区列入全区首批 30 个产城互动示范产业园区，园区规模档次快速提升，选矿机械制造、木材、石材、锰业循环经济等产业集群初步形成；全面实施水稻生产全程机械化项目，提升了农业装备水平；农业基础地位进一步巩固，粮食总产量突破 17 万吨，水果总产值达到 7.3 亿元，经济作物总产量年均增长 10%，农村土地流转 7 万多亩，经营百亩以上的大户、合作组织、家庭农场达 90 多家，创建了一批全国及全区“菜篮子”农产品、标准化生猪养殖场、畜禽无公害农产品产地认证等示范基地；第三产业发展进一步加快，以“红、古、绿、瑶”为重点的旅游开发持续升温，枫树脚、江口和小龙等旅游新村建设初见成效，累计接待游客 148 万人次、实现旅游总收入 11.8 亿元，分别是“十一五”的 2.7 倍、9.9 倍。通过举办桂林灌阳千家洞“二月八”农具文化节、“六月六”雪梨黑李节等节庆活动，灌阳的知名度、美誉度大幅提升。传统服务业规模持续扩大，物流配送、电子商务等新业态快速发展，社会消费品零售总额从 9 亿元增加到 16.7 亿元，年均增长 14.1%。

——五年来，改革开放不断深化，机制创新显现成效。体制机制改革步伐加快，获得了更多的发展机遇，拓宽了更大的发展空间。行政审批制度改革成效显著，政府机构改革、事业单位分类改革和公车改革稳步推进。基层公务员职务与职级并行制度全面实施。商事制度改革实现突破，“三证合一、一照一码”登记制度全面推行。医药卫生体制改革步伐加快，全县公立医院、村级卫生室实现药品零差率销售。做好行政审批事项“接、放、管”工作，接收下放行政审批事项 441 项，取消行政审批事项 18 项。财税体制改革持续深化，农村金融改革成效明显。国有企业改制稳步推进，非公经济快速发展。农村土地确权登记颁证工作扎实推进，林权制度改革走在全区前列。第三次全国经济普查顺利完成。对外开放力度进一步加大，精准招商取得明显成效。国电集团、华安集团、大唐集团、和信集团和富杰公司等一批央企、民企纷纷入驻灌阳投资发展。“十二五”期间共签约招商项目175个，实际到位资金98.8亿元，是“十一五”的4.1倍，2011年、2012年连续两年获全区招商引资项目大兑现示范县。

——五年来，基础设施投入加大，城乡面貌大为改观。我们牢固树立大项目促进大发展的理念，一批事关全县经济社会发展的牵引性项目相继建成。新增城镇建成区面积1.6平方千米，城镇化率由“十一五”末的21%提高到33.2%。县城扩容提质加快，江东新区、云水瑶小区、城南产城互动示范区初具规模，老城道路改造、市政设施改善、绿化美化亮化全面推进。小城镇建设日新月异，新街、文市新型城镇化示范乡镇建设成效明显，西山、洞井瑶乡面貌焕然一新，新街、新圩完成撤乡建镇，文市、黄关全区百镇示范工程扎实推进。城乡基础设施大幅改善，灌凤高速竣工通车，结束了灌阳不通高速公路的历史；硬化行政村公路56条328千米，全县138个行政村道路全部实现硬化，行政村通畅率由“十一五”末的29.1%提高到100%；建成自然村(屯)道路硬化点651个；新建堤防护岸35.6千米，恢复改善灌溉面积17.3万亩，新增节水灌溉面积2.5万亩，解决13.1万农村人口饮水安全问题；建成新农村点151个，白竹坪、富瑞坪、枫树脚和下江口等4个村入选全市“十大魅力新农村”。

——五年来，生态建设成效显著，发展后劲不断增强。我们坚持走“生态建设产业化，产业发展生态化”的道路，生态环境不断改善，成功增列为国家重点生态功能县。加快淘汰落后产能，节能减排工作扎实有效，万元生产总值能耗下降11%。“绿满八桂”工程深入实施，新增造林12.6万亩；森林资源得到有效管护，森林覆盖率达74.59%；大力实施石漠化综合治理和发展清洁能源，沼气建设工作成效显著。创建区市级生态村119个，灌阳镇获评国家级生态乡镇，黄关镇、新街镇被评为自治区级生态乡镇。“美丽灌阳”乡村建设持续推进，污垃处理设施逐步完善，保洁和监管等长效机制不断健全。环境污染综合治理不断加强，破坏生态的违法违规行为得到遏制，水土、林木、渔业、矿产等资源开发利用规范有序，荣获“全国国土资源节约集约模范县”称号。各项国字号招牌政策叠加效应不断呈现，可持续发展能力进一步夯实。

——五年来，民生保障扎实推进，人民生活全面改善。我们始终把改善和保障民生作为工作的出发点和落脚点，兴办惠民实事，解决了一批群众关心的热点、难点问题。累计投入35.9亿元为民办实事，群众就业、就医、就学、住房和社会保障等政策落实到位，人民生活质量明显提高。城镇居民可支配收入和农民人均纯收入分别由2010年的16101元、4162元提高到2015年的24692元、6849元，年均增长8.9%、10.4%。城乡低保补助水平逐步提高，人均每年分别提高了225.6元、97.4元，城镇最低劳动工资标准由2010年的565元提高到2015年的1000元。新建廉租和公租房1788套，完成农村危房改造13436户。整村推进扶贫攻坚成效明显，五年减少农村贫困人口4.6万人，脱贫人口人均纯收入年均增长16.4%。

——五年来，社会事业全面进步，和谐氛围日渐浓厚。科技创新和服务水平不断提高，每万人发明专利拥有量达到0.5件。教育事业蓬勃发展，教育质量持续攀高，高考一本率、中考一等率逐年提升，教育水平排名全市前列。文新广体事业快速发展，新建村级公共文化服务中心84个，完成119个20户以上村屯广播电视村村通工程。群众性文化体育活动深入开展，精神文明创建工作取得实效。公共卫生体系不断完善，城乡疾病防控和医疗水平大幅提升。人口计生工作扎实开展，诚信计生全面推进。加强安全生产和食品药品监管，扎实开展隐患排查和整改专项行动。强化治安防控、纠纷调处和应急管理体系建设，严格落实信访维稳各项措施，严厉打击各类违法犯罪活动，全县经济社会大局和谐稳定。2012—2014年连续三年获得全市平安建设年度考评一等奖。

——五年来，民主法治进程加快，行政效能持续提升。全面推进依法行政，努力建设法治政府。

认真执行人大及其常委会决议和决定，自觉接受人大、政协和社会监督，人大代表议案和政协委员提案办结率100%。强化行政依法决策，建立政府法律顾问制度。积极探索综合行政执法体制改革，完成乡镇综合执法机构组建。不断完善政务公开平台建设，行政权力运行更加规范透明。全面落实党风廉政建设主体责任，严格贯彻执行中央“八项规定”和国务院“约法三章”，深入开展党的群众路线教育实践活动、“三严三实”专题教育活动，廉政建设和反腐败斗争取得新成效。

与此同时，国防动员、民兵预备役、双拥工作得到加强，统计、审计、粮食、农机、供销、物价、移民、民族、宗教、侨台、档案、编制、史志、机关事务、工会、共青团、妇联、老龄、残联等工作取得新进步，通信、金融、石油、烟草、气象等中、区、市直单位取得新成绩。

回顾过去五年，灌阳的发展思路更加清晰，发展步伐更加坚实，发展成果更加欣慰。五年来的实践经验告诉我们：加快灌阳的发展，必须始终坚持科学发展不动摇，始终坚持统筹兼顾不偏离，始终坚持改革创新不停步，始终坚持改善民生不放松，始终坚持加强政府自身建设不懈怠。五年来的成绩来之不易，这些成绩的取得，是在上级党委、政府和县委的正确领导下，在县人大、县政协的监督支持下，全县广大干部群众团结奋斗、顽强拼搏的结果。在此，我谨代表灌阳县人民政府，向全县29万各族人民，向县人大代表、政协委员，向各人民团体、工商联和社会各界人士，向驻灌各单位，向驻灌人民解放军和武警官兵，向所有关心和支持灌阳发展的朋友们，表示崇高的敬意和衷心的感谢！

在肯定成绩的同时，我们也清醒地认识到，我县经济社会发展和政府工作中仍然存在一些不容忽视的问题，主要表现在：经济总量小，发展后劲不足；财政收入少，收支矛盾加大；产业结构不优，抗市场风险能力弱；城镇化水平不高，城乡二元结构矛盾突出；生态环境倒逼压力大，发展环境仍需改善；个别地方和部门还存在精神不振、作风不实及执行力不够等问题。对此，我们必须予以高度重视，切实加以解决。

“十三五”工作展望

“十三五”时期，我县既面临全面深化改革、推进创新驱动、加快转型发展的重大战略机遇，又面临诸多矛盾叠加、风险隐患增多的严重挑战。我们必须增强忧患意识和责任意识，坚定信心，克难奋进，努力确保实现“十三五”时期经济社会发展目标。今后五年政府工作的指导思想是：高举中国特色社会主义伟大旗帜，全面贯彻党的十八大及十八届三中、四中、五中全会精神和习近平总书记系列重要讲话精神，牢固树立创新、协调、绿色、开放、共享发展理念，以“四个全面”①统领经济社会发展全局，全面落实灌阳县第十五次党代会的战略部署，抓好脱贫攻坚，突出生态建设、产业融合、城乡统筹三条主线，做好富农强工、崇文重教、兴旅美城六篇文章，全力推进“一园一江一路”②建设，努力打造宜居宜业宜游、文明和谐幸福新灌阳。

主要预期目标是：

经济总量做大做优。到2020年，地区生产总值和城乡居民人均收入比2010年翻一番以上，地区生产总值力争突破100亿元，全社会固定资产投资达到87亿元，地方财政收入实现4.7亿元；

① “四个全面”：即全面建成小康社会、全面深化改革、全面依法治国、全面从严治党。

② “一园一江一路”：“一园”是指按照“全域旅游、景城一体”的工作思路，坚持以灌阳全境生态环境为基础，以世界瑶族发祥地为依托，以生产、生活与生态同步发展为重点，加快推进产业生态化、旅游精品化、城镇园林化、农村田园化、城乡一体化建设，把整个灌阳建设成为生态环境优良、社会文明和谐、人民富裕幸福的大公园。“一江”是指依托灌江特色自然景观和资源优势，以正在申报的灌江湿地公园为主轴，以灌江沿岸为重点，保护、开发、建设好灌江流域生态文明，统筹兼顾生态保护、环境整治、景观优化和合理利用，形成“点、线、面”链接后的全“网”发展，打造独具桂北特色的“百里灌江湿地生态长廊”，构建生态乡村休闲旅游观光示范带。“一路”是指县内南沿241国道（原来的201省道）至定岗凹、北沿302省道至永安关的公路沿线，以灌凤高速灌阳北出口至恭城方向的南通北畅交通枢纽工程为主攻方向，以创建现代特色农业示范区和综合性服务业集聚区为抓手，全面改造沿线的村庄、交通道路形象，实施一批城乡风貌改造、传统村落保护、园区提质上档、基础配套建设、党建扶贫等示范工程，促进城乡全面协调可持续发展。

进一步夯实农业基础，推动工业转型升级，三次产业结构比重优化为25：43：32。

人民生活全面小康。到2018年，全县65个贫困村、40945名贫困人口全部脱贫摘帽；到2020年，城镇居民人均可支配收入达到35449元，农民人均纯收入达到10299元，社会消费品零售总额24.6亿元，社会文明程度显著提升，社会各项事业全面进步，人民群众有更多的获得感和幸福感。

发展环境日趋完善。实现人与自然、生产生活与生态环境的协调同步发展。到2020年，灌江流域生态文明建设达到国家湿地公园创建标准；城乡一体化建设达到全市水平，城镇化率达38%，森林覆盖率达75%，100%乡镇联通高速公路①，100%乡村实现垃圾无害化处理。

为实现上述目标，我们必须全力以赴做好以下工作：

（一）围绕“富农”目标，大力发展现代特色农业

深入实施农业稳县战略，积极转变农业发展方式，提高农业科技含量，优化现代农业结构，强力推进一二三产融合发展。加强标准化农业示范基地建设。优化完善“南橙、北李、中雪梨”产业布局，以高效农业、观光休闲农业、绿色有机农业为抓手，大力推进现代特色农业发展，积极探索灌阳生态果蔬生产集团化路子，抓好粮食、水果、油茶、有机蔬菜、石斛、灵芝等农产品标准化示范基地建设。巩固千家洞雪梨黑李、神农稻博园和灌阳油茶等区市级现代特色农业核心示范区。积极实施县乡级现代特色农业示范工程，五年内力争在每个乡镇打造2个以上的示范园，创建一批“一村一品”示范村，形成产业融合、点面结合的示范带动效应。加快现代农业产业体系建设。鼓励土地有序流转，发展适度规模经营，健全现代农业种养体系。建立完善大米、水果、禽畜、食用菌等农产品加工体系，构建农村综合信息服务平台和农产品质量可追溯体系。推进品牌农业建设，大力培育无公害农产品、绿色食品、有机食品、富硒食品和地理标志农产品，打造一批全国、全区以及直供港澳的知名农产品品牌。新建农产品质量安全检测服务中心，确保农产品质量安全。发展现代物流业，建设仓储冷藏冷链、农产品流通等现代物流园。加大新型农业经营主体扶持力度。以国家电子商务进农村综合示范县建设为动力，大力推动“互联网＋农业”快速发展，加快农产品流通。重点培育一批产业关联度大、带动能力强的龙头企业，培育市级以上龙头企业20家；扶持一批组织化程度高、引领作用大的农民专业示范合作社，培育农业专业合作社100家、电商企业250家、终端社区线下服务平台20家。大力培育专业种养大户和新型职业农民，推动农业经营主体职业化，培育新型职业农民5万人。加强现代农业基础设施建设。加强农田道路、排灌水渠、防洪堤坝等农田水利建设，重点实施中小河流治理、小流域水土保持综合治理、山洪沟治理等工程；完成小龙、长坝塘、社公塘等5座小(二)型水库建设；加大移民扶持力度，完善库区移民基础设施建设；加强气象现代化建设，进一步完善农村气象灾害防御体系和农业气象服务体系，推进气象防灾减灾标准化建设。到“十三五”末，实现粮食播种面积稳定在40万亩以上、产量达到17万吨以上，水果种植面积稳定在23万亩以上、产量达到27万吨以上，蔬菜种植面积稳定在15万亩以上、产量达到18万吨以上，水产畜牧业总产值达到8.3亿元，油茶种植突破8万亩，药材种植达到1.5万亩。

（二）围绕“强工”目标，坚持走新型工业化道路

深入实施工业强县战略，以转型发展为动力，强化科技引领，加快企业改造升级，推动工业向精细化加工发展转变，实现工业产品提质增效，力争工业总产值突破150亿元。加快工业园区建设。科学规划工业园区布局，建设广西石材文化创意产业园以及物流产业园、家具产业园和农民工创业园，进一步完善文市锰业循环经济产业园、文市

① 100%乡镇联通高速公路：指高速公路经过乡镇境内或离高速公路进出口较近，视为乡镇联通高速公路。即将开工建设的灌平高速公路纵向经过我县多数乡镇。

石材园、西山坪木材加工园和选矿机械设备制造园配套功能，推进园区道路、管网和污水处理等基础设施建设，提高园区的承载力和竞争力，努力争创自治区A类生态工业园区。大力开展引企入园活动，实现选矿机械制造、石材、木材等产业优化布局，争创3个广西著名品牌（商标）、力争新增3家以上市级龙头企业。推动产业提质升级。大力发展特色产业和绿色经济，努力把生态和资源优势转化为产业和竞争优势。大力实施主导产业扩量提质工程，抓好传统产业技术革新，加强资源综合利用，提高产业链整体效率，提升生产污染防治水平，推进工业生态循环发展。重点抓好石材产业整治和高效开发，培育和扶持一批规模大、技术含量高、加工能力强的龙头加工企业，提高石材加工行业整体效益。加快完成石材集团公司组建，实现年产值20亿元、税收2千万元以上。鼓励选矿机械设备制造企业进行技术创新，培育规模企业5家以上，推动产业向中高端发展，力争机械制造产业总产值突破20亿元。完成贵达有色金属有限公司异地技改建设项目，深入推进铁合金冶炼企业技术改造转型升级，实现冶炼行业总产值30亿元以上；大力发展生态工业，新建一批高效农产品加工项目，逐步形成农产品深加工体系；培育好营养米、红豆杉系列产品和富硒农产品等加工品牌；拓展做好石英砂产业，力争新上规模精加工项目3个以上；积极建设“互联网＋工业”，大力推进工业化和信息化深度融合，提高生产管理水平。积极培育新兴产业。大力发展清洁能源等战略性新兴产业，加快实施马头风电项目后续建设工程，大力推进正江岭风电项目和茶湾风电项目建设，力争全部实现竣工生产。抓好矿（山）泉水、瑶医瑶药、旅游特色产品加工等项目，力争新引进大型开发合作企业5家以上，培育一批新的经济增长点。

（三）围绕“崇文”目标，深入挖掘培育本土文化

深入实施文化兴县战略，繁荣灌阳特色文化事业，加快推进文化产业化发展。加强传统文化保护传承。大力传承和发展传统文化，抓好江口、洞井两个首批传统村落市级示范项目建设，推进月岭、小龙等传统村落保护开发，争取成功申报1个传统村落为全国重点文物保护单位，力争将洞井村成功申报为中国历史文化名村；加强对唐景崧同胞三翰林及桂剧文化的深入研究，扎实做好桂林灌阳千家洞“二月八”农具文化节、油茶、红薯粉丝传统制作工艺等为代表的非物质文化遗产的传承和保护，建设一批非物质文化遗产基地和传承基地，抓好洞井牌灯非物质文化遗产申报工作；加强红色文化的挖掘和保护，统筹推进灌阳县湘江战役修缮二期、三期工程以及相关联的红色旅游项目建设，积极争取湘江战役修缮四期工程；积极做好瑶族文化传承发展，真正体现出瑶族发祥地元素，建设盘王雕塑建筑群、瑶族文化博物馆，逐步建成传统与现代融合发展的瑶乡小镇文化中心区。健全公共文化服务体系。加快城乡公共基础设施建设，构建覆盖城乡的公共文化服务体系。建设江东中心广场、数字电影综合大楼、图书馆等项目，搭建村级文化服务中心、乡镇文化站、农家书屋、文化信息资源共享等公共文化服务平台。鼓励文化大创新，丰富文化下乡内容，满足群众文化需求。积极推动文化产业发展。积极引进旅游文化龙头企业，策划包装桂剧、瑶族、茶食、农具、红色、古建筑等文化，促进传统文化精致化保护、产业化开发。充分利用广播、影视、动漫、游戏、摄影等多种开发形式，创建红色影视和千家洞瑶族影视基地，拍摄2~3部反映灌阳特色文化的影视剧，打造一批具有浓郁地方文化特色和艺术魅力的文化精品。支持企业将文化元素商标化品牌化，开发文化旅游商品；整合体育资源，丰富广场文化。鼓励开展文艺演出和商业表演，培育培养民间艺人。依托体育中心，发展体育竞技事业，积极培育输送一批传统体育优势项目梯队人才。借助“漓江画派”写生基地和“都庞岭下画家群”人才优势，大力发展现代美术文化。

（四）围绕“重教”目标，全面实施教育振兴计划

坚持教育优先发展，办好学前教育，逐步普及高中教育，加快发展职业教育和继续教育。科学实施教育发展规划，统筹优化县城和乡村教育教学资源配置，提升教育质量，推动教育健康、有序、

公平发展。着力优化学校布局。实施中小学标准化工程，进一步改善办学条件，投入5亿元新建一所幼儿园、一所小学、一所初中、一所高中、一所少年宫，创建10所示范中心幼儿园，缓解幼儿园及中小学就学压力，解决城镇学校“大班额”问题。到“十三五”末，全县学前毛入园率达85%，九年义务教育巩固率达95%，高中毛入学率达90%，通过自治区义务教育均衡发展验收。着力营造重教氛围。保障教育财政投入，充分发挥教育的基础性、先导性和全局性作用；全面实施教育校舍、教师安居、教育信息化等安教工程，改善办学条件和环境；广泛开展尊师重教活动，积极营造尊师重教良好风尚；加强师德水平和业务能力建设，保障教师合法权益。着力提高办学质量。突出抓好学校内部管理和教育改革，加大奖学奖教力度，进一步提高教师工作积极性和主动性，全面提高学校管理水平和教学质量，继续保持我县教育在全市的领先水平。规范学生体育卫生、心理健康、艺术审美教育，注重养成教育，积极推进国学教育进课堂，增强学生社会责任感和创新精神。着力提升文明素质。积极倡导终身学习理念，营造终身学习氛围，建立和完善学习激励机制，实施劳动力素质全面提升工程，不断提升全民职业道德和劳动技能。整合教育资源，构建学校、家庭、社会“三位一体”大教育格局，让全县教育机构的教育功能迸发，汇聚形成教育合力。

（五）围绕“兴旅”目标，争创广西特色旅游名县

深入实施旅游旺县战略，依托灌阳特色旅游资源，打造宜居宜游的全域旅游新模式，到2020年实现旅游接待突破150万人次、收入达15亿元。深挖旅游发展潜力。统筹推进“一园”建设，保护好灌阳全域生态环境，以世界瑶族发祥地为依托，打造1~2个岭南世外桃源形象品牌，培育2~3家旅游龙头企业。引进专业旅游投资公司，推动千家洞（黑岩）景区、小龙景区提质升级。努力保护“一江”环境，加快山、水、花等旅游资源开发，建设灌江湿地公园、江口水乡、县二桥至土桥头水上公园、灌江生态小三峡等旅游新景点和连接各景区的观光休闲绿道。加快以“红、古、绿、瑶”为核心内容的特色景区建设，抓好杨柳井红色新村、月岭古民居和文市石林地质公园景点项目，新建瑶族文化农技馆。打造百里灌江生态游、古村落民俗游、红色革命传统体验游、生态康复疗养游、休闲观光游等五大旅游精品，培养一支具有全域旅游讲解水平的导游队伍。建设竣工新圩阻击战旧址系列红色旅游项目，逐步完善红色教育功能。探索与恭城、湖南江永、道县共同打造千家洞瑶族文化旅游圈，与兴安、全州、福建瑞安联合共建“红军长征体验区”。大力培育旅游产业。利用全县生态优势和中国南方红豆杉之乡品牌效应，以生态农业和古村落为基础，打造一批休闲养生基地，重点抓好小龙特色旅游名村、江口唐景崧故居、洞井民族风情街等项目建设，打造好广西圣源堂绿色生态谷和西山红豆杉休闲养生养老基地。深入挖掘瑶医瑶药资源，继承和创新瑶医瑶药、饮食习俗蕴藏的生态保健养生文化，积极开发特色养生产品和有机食品，创办开设特色瑶医门诊或医院，发展壮大瑶医学养生文化产业。完善旅游配套设施。加大星级农家乐和酒店建设力度，新建3家三星以上宾馆，培育3家限额以上餐饮企业。建设县乡旅游集散中心，优化完善旅游发展服务要素。积极实施“旅游+”战略，打造旅游+农业、旅游+生态、旅游+文化、旅游+医药保健、旅游+互联网等特色产业。构建县、乡、村三级商贸互联服务网络体系，重点打造以电子商务、快递物流为支撑的商贸物流园，力争引进和培育3~5家专业电子商务龙头企业，促进电子商务与旅游经济深度融合，推动旅游产业化发展。

（六）围绕“美城”目标，统筹县乡村一体化建设

深化实施城乡联动、轴带展开、生态间隔、组团发展的城建空间发展战略，推进“多规合一”[①]，不断完善城镇功能，塑造城镇特色。优化城镇规

①“多规合一”：是指以国民经济和社会发展规划为依据，实现城乡建设、土地利用、环境保护、林地保护、综合交通、文化旅游、社会事业等各类规划的衔接统一，以达到优化空间布局、有效配置资源、提高政府管控水平和治理能力的目标。

划布局。以老城区为中心,东建西改、南拓北展,力争2020年城区建成面积达9平方千米、城镇居民人口超过5万人。围绕构建“三纵三横”①交通网络格局,深入实施“五化”提升工程②,强力推进灌平高速公路、357国道建设,“十三五”末实现全县内联外通,彻底解决灌阳长期以来的交通瓶颈问题。同时,抓好241国道改扩建、洞井至灵川大境公路升级改造和西山至兴安漠川公路新建等项目,贯通滨江东路和滨江西路,完成兴灌路、双桥路改造和一桥扩建等项目。争取江口桥重建通车,新建瑶乡小镇水运码头及灌江小三峡观光旅游黄金水道。修建黄关、水车等乡镇客运站,完善城乡交通基础设施。建设地域特色城镇。加大投入,建设江东幸福宜居新区。抓好瑶乡小镇、西山坪片区、高速路口片区(灌平高速县城出口)、县城绕城道路建设,形成“一带两轴四组团”③的城区格局。实施桂北瑶乡特色的风貌改造工程,加快县城棚户区改造,完善公厕、停车场、管线下地等市政公共设施,提高县城建设品位。加强文市镇和黄关镇两个南北呼应的副中心城镇建设。扎实抓好文市、黄关和洞井城镇化示范工程,加大新圩城镇化建设力度,完成水车撤乡建镇工作,深挖地域特色文化内涵,把9个乡镇建成各具特色、充满活力的小城镇。提高城镇管理水平。以加强县城“五乱”④治理为抓手,组建综合执法局,提高执法管理水平。科学规划路面车辆停放,扎实开展渣土扬尘治理,加大公路管理养护力度,改善交通出行环境,整顿和规范客运市场秩序。以县城汽车站搬迁疏解老城、带动新区发展,不断完善客运服务网络,构建先进高效、畅通有序的城乡公共交通体系。加大违法用地、违规建筑整治力度,规范烟花爆竹燃放,加强噪声污染治理。建设生态宜居幸福乡村。大力推进乡土特色示范项目和传统村落保护示范工程,全面提升“一路”沿线的村庄、交通道路形象。加快推进“生态人居、生态环境、生态经济、生态文明”四大工程建设,重点抓好小龙、江口等一批示范村建设。实施农村危房改造工程,做好空心村治理工作。做好自然保护区管理工作,加强生态公益林管护。持续推进“绿满八桂”工程,到2020年新增人工造林5万亩。抓好县城、建制镇及园区污水处理厂、垃圾处理场及配套设施的建设管理,在9个乡镇分批规划建设垃圾无害化处理设施。

(七)围绕脱贫摘帽,同步全面建成小康社会

坚持保基本、兜底线、促公平原则,实施精准扶贫,精准脱贫,确保全县65个贫困村和40945名贫困人口到2018年全部脱贫摘帽⑤。建立精准扶贫机制。完善扶贫攻坚大数据管理平台,严格实行“一把手”负总责的脱贫攻坚责任制,落实县级主体责任、乡镇属地责任、专职小组专项责任、第一书记首要责任、帮扶部门干部帮扶责任,明确贫困户责任,实行挂图作战。建立年度脱贫攻坚报告制度和扶贫开发工作逐级督查制度。健全完善考核激励、财政稳定投入、涉农资金统筹整合、贫困村屯退出和脱贫摘帽激励等机制。创新精准扶贫路径。精准实施“七个一批”,统筹推进“十大行动”。本着“缺什么,补什么”的原则,有针对性地补齐贫困村基础设施短板。力争用三年时间,彻底解决贫困村路、水、电、网等基础设施建设,积极改善群众生产生活环境。突出抓好产业扶贫,实施以奖代补政策,采取“公司+基地+农户”“公司+村集体经济组织+农户股权收益分红”等产业化经营模式,引导贫困村、贫困户既要从长计议打好基础,又要瞄准今明两年发展短、平、快特色规模种养,力争每个贫困村建立1~2个特色产业、带动贫困户发展覆盖率达60%以上。鼓励加工

①“三纵三横”:“三纵”指灌平高速,241国道(原来的201省道),357国道(永安关经水车至灌阳);“三横”指灌凤高速,302省道,省道黄关—西山—漠川公路。

②“五化”提升工程:即出口通道高速化、县道等级化、村道示范化、城乡公路一体化、绕城路网联通化。

③“一带两轴四组团”:“一带”指灌江滨江风光带;“两轴”指南北向和东西向的两条发展轴;“四组团”指城北组团、老城中心组团、江东组团、西山坪工业园区组团。

④“五乱”:指的是摊点乱摆、车辆乱停、垃圾乱扔、广告乱贴、工地乱象。

⑤全部脱贫摘帽:指2016年完成9个贫困村脱贫摘帽,2017年完成20个贫困村脱贫摘帽,2018年完成36个贫困村脱贫摘帽。

企业和销售商与贫困村、贫困户合作，采取订单生产、基地合作等模式，带动贫困户脱贫。突出抓好旅游扶贫，建设一批红色旅游、民族风情游、生态风光游等扶贫旅游项目。突出抓好产城互动，推进城镇化、工业化、农业现代化与扶贫开发有机结合，努力做好以工辅农、以城强产精准施策脱贫工作。实施“互联网+扶贫”战略，积极引入阿里巴巴、农村淘宝、百姓乐淘等农村电商平台，拓展电子商务服务贫困村的深度和广度，加快电商服务平台和电商园区建设，构建消费品下乡与农产品进城双向流通体系。稳步推进易地扶贫搬迁，到2018年完成2944户、9486人搬迁。撬动金融扶贫，采取贷款贴息等方式帮助贫困户脱贫致富。加强技能培训，提高贫困户致富劳动技能，切实增强贫困户的“造血”功能。整合社会扶贫力量。完善社会力量精准帮扶机制，充分发挥各民主党派、工商联、群团组织、社会组织的作用，引导更多的社会资源投向贫困地区，着力构建专项扶贫、行业扶贫和社会扶贫等“三位一体”大扶贫格局。

（八）围绕改革重点，加快推进经济转型发展

按照供给侧改革要求，扩大对外开放合作，着力解决供需突出矛盾，为推动转型发展注入新的活力。深化重点领域改革。继续深化行政审批制度改革，简政放权。深化工商登记制度改革，营造大众创业、万众创新氛围。深化金融改革，开展社会信用体系“四级联创”，积极防范和化解金融风险。强化民间融资监管，鼓励支持社会资本发挥作用。深化部门预算管理，巩固县级财政改革成果，完善公共财政体系。深化统计方法制度改革，进一步提升统计科学化水平。深化农村综合配套改革，完成农村土地承包经营权确权登记颁证工作。深化集体林权制度改革，增加农民土地、林权收益。深化户籍制度改革，促进农民就地城镇化。规范土地交易市场，优化土地资源配置，增强土地收储功能。全面开放政策许可范围内投资领域，多措并举吸引社会资本参与公共产品和公共服务的投资、运营管理。提高开放合作水平。充分利用“一带一路”“中国桂林国际旅游博览会”等平台，推动农业、工业、交通、旅游、信息、物流及生态环保等领域的对外交流与合作。加强与周边市县区的经济科技文化交流，重点参与“粤桂湘黔高铁经济带合作试验区（广西园）”“湘桂合作示范区”建设，与湖南周边县携手牵头组建湘南桂北电商联合会。形成多元化投资格局。围绕建设国家重点生态功能区，以承接产业转移、资源开发、基础设施、健康养生、休闲旅游等产业为重点，谋划和储备一批关联度高、带动性强的招商项目，充实招商引资项目库。发挥市场导向，积极探索PPP、委托招商、以商引商、“互联网+”等招商模式。进一步优化投资环境，鼓励和引导民间投资，逐步形成多元化投资格局。建立健全项目协调跟踪服务机制，推进项目落地建设。搭建投融资平台，深化银企合作，通过与桂林农发行签订20亿元战略融资协议①，促成投资与项目需求精准对接，破解项目与企业融资瓶颈。

（九）围绕民生改善，规划实施十大惠民工程

今后五年，政府坚持以人为中心的发展理念，把惠民、利民、便民工作放在更加突出的位置，通过持续加大民生投入，筹措资金30亿元以上，规划实施十大惠民工程，解决好事关群众切身利益的问题，让发展成果更多、更均等、更实在地惠及广大人民群众。十大惠民工程如下：实施社保惠民工程。拓展就业创业、人才引进等帮扶途径，力争5年新增城镇就业1万人、新增农村劳动力转移就业2.1万人，城镇登记失业率控制在4.5%以内；城乡居民养老保险参保率达97%，健全社会救助体系，实现低保标准线与扶贫标准线两线合一。实施卫生惠民工程。以满足人民群众需求为目标，着力完善基本医疗服务体系，稳步推进县级公立医院综合改革，实现基本公共卫生服务的均等化。投资6000万元，新建县妇幼保健院业务用房、县中医院门诊住院综合楼、县疾病预防检测实验中心等，全面实施城镇（社区）医疗服务项目，力争达到每千人拥有4张病床、每千人拥有2名

①战略融资协议：指在2016年至2020年期间，中国农业发展银行桂林分行累计投放信贷资金不少于人民币20亿元，用于灌阳县农村基础设施、县域城镇化、水利、环境保护、农村人居环境等方面建设。

卫生技术人员。实施生态惠民工程。为人民群众严守生态红线，切实加大水资源保护、大气污染治理、土壤污染防治和生态保护力度，依法取缔非法小选矿、淘汰燃煤锅炉和不达标砖厂，持续开展专项整治行动，对非法采砂、采石、采矿、乱砍滥伐等各类破坏环境行为坚持“零容忍”。到2018年完成乡村垃圾专项治理攻坚目标，实现全县生活垃圾无害化处理，提升农村人居环境质量。实施教育惠民工程。加强中小学基础设施建设，进一步改善农村薄弱学校办学条件。全面落实农村义务教育学生营养改善计划，对农村义务教育学生进行伙食补助。全面实施学生资助项目，对符合条件的农村义务教育阶段家庭困难寄宿生给予生活费补助，对就读于公办普通高中的库区移民子女免除学费，对符合条件的中等职业学校在校生免学费，对公办高中建档立卡贫困生免学杂费。实施安居惠民工程。计划投入8700万元完成4600户棚户区改造；争取上级项目资金近2亿元，完成危房改造10000户；以解决全县乡镇教师、改制企业职工、移民搬迁户等住房困难为重点，在县城及9个乡镇规划修建一批廉租房、公租房及异地搬迁安置房。实施交通惠民工程。开展交通安全秩序大整治活动，规划建设方便群众出行的城乡公交系统。今年底，开通灌阳至恭城、全州高铁站直达公交专线；明年上半年，投入30辆绿色环保智能电动公交车，开通江东至江西、城南至城北、城中至城乡接合部等8条县城公交线路。到2020年，力争实现全县20户以上村屯全部通水泥路，县城绕城路网全线互联互通。实施强基惠民工程。加大农村电网、广电通信、安全饮水等基础设施的升级改造，加快实施电子商务进农村工程①，力争2018年覆盖65个贫困村，2020年138个行政村实现全覆盖。实施文体惠民工程。投资6000万元规划新建江东新区公共体育场、全民健身中心，扩建改造体育场、文化馆、博物馆等文化体育设施，打造全市县域一流水平的文体活动中心；大力开展好文化下乡、文化惠民活动，2019年前规划建成54个村级文化中心，实现村级公共文化中心全覆盖。实施平安惠民工程。开展“平安灌阳”创建活动，深化社会治安防控体系建设。每年在县城、城乡接合部和乡村交通结点规划建设一批高清探头和智能卡口，今年底计划在县城新增200个探头及智能卡口；进一步充实警力加强治安巡防，对县城重点区域、场所实行24小时值班巡逻；严厉打击黄、赌、毒、恶及各类刑事犯罪，切实提高公众安全感和社会满意度。严格落实安全生产责任制，启用食品药品检测中心，按“四个最严”②抓好食品药品安全，做好公共突发事件的应急管理和应急救援工作。实施政务惠民工程。建好启用县级政务服务大楼，实现行政审批行政事项、人员、场地集中，让群众和创业者享受到一站式、一条龙的便捷服务。完善乡村两级政务中心基础建设，加强乡村两级政务中心管理，抓好政务服务向行政村延伸试点工作，改革行政审批流程，最大限度方便群众办事。

（十）围绕职能转变，打造法治高效廉洁政府

深入贯彻落实法治政府建设实施纲要，依法全面履行政府职能，不断提高政府的公信力和执行力，努力建设法治、高效、廉洁政府。建设法治政府。坚持县委领导，自觉接受人大法律监督、工作监督和政协民主监督，坚决执行人大及其常委会的决议、决定，落实重大事项向人大及其常委会报告、向政协通报制度。扎实做好建议提案办理工作，切实提高办结落实率和代表委员满意率。建立决策前评估和决策后评价机制，提高行政决策科学化、民主化、法治化水平。推进政府预、决算及财政“三公”经费和事关群众重大利益的事项信息公开；推行“互联网+”政务服务，推行行政权力网上规范透明运行。及时废止一批过时失效制度，出台一批适应经济社会发展的制度。全面落实行政执法责任制，支持审判机关、检察机关依法履职。健全法律顾问制度，依法开展行政调

①电子商务进农村工程：指通过电商网络平台服务农村资源，拓展电子商务及相关配套服务在农村的服务领域和服务深度，解决农村买难卖难问题，构建农村现代物流体系，培育现代服务业新增长点，真正使农民成为电商平台的最大受益者。

②“四个最严”：指的是最严谨的标准、最严格的监管、最严厉的处罚、最严肃的问责。

解、行政裁决工作。加强法治宣传教育，自觉做到尊法学法守法用法，自觉运用法治思维和方式开展工作。建设高效政府。实干就是能力，落实才是水平。坚持把群众根本利益作为政府工作的出发点和落脚点，大兴调查研究之风，深入基层、深入群众，问计于民，问需于民，问效于民，切实帮助基层干部群众解决实际问题。巩固扩大“三严三实”专题教育成果，深入开展“两学一做”学习教育活动。坚持问题导向，综合施策，简环节、优流程、提效能、强服务，认真解决好公共服务中的“堵点”“痛点”“难点”问题。整合服务热线，发挥网络在线问政、行风在线等互动平台作用，主动接受舆论监督和公众监督。建立健全政策落实的责任机制、奖勤罚懒的激励机制和常态化的督查问责机制，着力解决能力不足“不能为”、动力不足“不想为”、担当不足“不敢为”的问题。建设廉洁政府。严守纪律底线，认真贯彻落实《中国共产党廉洁自律准则》《中国共产党问责条例》《中国共产党纪律处分条例》。严格按照党的原则、纪律、规矩办事，不滥用权力、不违纪违法，持之以恒地落实中央“八项规定”精神。坚持“一岗双责”，落实从严治党主体责任，严格责任追究。建立健全权力清单、责任清单和负面清单制度，扎紧织密权力运行制度的笼子。加强对重大决策部署落实情况的监督检查和跟踪审计，坚决查处违纪违法案件，加大对发生在群众身边腐败问题的查处力度，积极构建不敢腐、不能腐、不想腐的有效机制，进一步营造风清气正、务实为民、干事创业的良好氛围。

各位代表！时代赋予我们重任，人民寄予我们厚望。让我们在县委的坚强领导下，紧紧团结和依靠全县人民，以奋发有为的精神状态、坚韧不拔的必胜信念、矢志跨越的雄心壮志，凝心聚力，扎实苦干，开拓进取，为全面完成“十三五”发展规划，实现全面建成小康社会宏伟目标而努力奋斗！

政府工作报告

——在灌阳县第十六届人民代表大会第二次会议上

（2017 年 2 月 14 日）

灌阳县人民政府县长　卢　嵩

各位代表：

现在，我代表县人民政府向大会作报告，请予审议，并请各位政协委员和其他列席人员提出意见。

一、2016 年工作回顾

过去一年，面对持续加大的经济下行压力，我们在市委、市政府和县委的正确领导下，在县人大、县政协的监督支持下，坚持创新、协调、绿色、开放、共享发展理念，围绕脱贫攻坚和“富农强工、崇文重教、兴旅美城”六篇文章，突出生态建设、产业融合、城乡统筹三条主线，牢牢把握稳中求进工作总基调，克服经济社会发展诸多困难，全县经济稳中向好，社会保持和谐稳定，实现了“十三五”良好开局。全年生产总值完成 74.3 亿元，增长 6.6%；固定资产投资完成 64.1 亿元，增长 18.5%；财政收入 3.6 亿元，增长 6.5%；社会消费品零售总额 18.5 亿元，增长 10.8%；城镇居民人均可支配收入 28172 元，增长 6.9%；农村居民人均可支配收入 8995 元，增长 9.6%。

一年来，我们主要抓了以下八个方面工作：

（一）大力实施稳增长措施，经济平稳向好发展

坚持以质量效益为中心，发展壮大主导产业，努力提升传统产业，不断完善现代产业体系。

现代农业增产增效。加快推进现代农业特色化、规模化、品牌化建设，现代农业发展水平不断提高。发展以粮、果、药、茶为重点的特色生态种植，粮食总产量达 17 万吨，超级稻一季加再生稻百亩片平均亩产 1448.2 千克，创下世界高产纪录，超级稻以最高亩产 978.5 千克连续 7 年创广西之最，荣获第九届袁隆平科技奖。加快创建现代特色农业核心示范区，千家洞雪梨黑李产业示范区获自治区级示范区、灌阳油茶产业示范区和“神农稻博园”水稻示范区荣获市级示范区称号，辐射带动全县水果、油茶和水稻产业发展，完成水果改扩种 2.5 万亩，发展林下经济 41 万亩。全县新增 108 个农业专业合作社，灌阳县恒牛生态科技有限公司等 7 家企业获评自治区级生态养殖星级企业，新增 2 家无公害产品产地认证养殖企业，2 家养殖场获得自治区级“菜篮子”工程项目。农业基础设施进一步夯实，完成渠道防渗 85.2 千米，整治加固小型病险水库及塘坝 9 座，涉及 9 个乡镇的整县推进土地整治 16 个子项目全部通过验收。

现代工业转型提质。全年实现工业总产值 112 亿元，首次突破百亿大关。出台实施各项稳增长措施，冶炼、石材、选矿机械设备制造等传统产业稳步发展，马头风电、石英砂板、千家洞矿泉水、广西都庞岭林板一体化等新项目竣工投产。以产城互动试点园区建设为契机，积极创建 A 类工业园区，投入资金 1 亿元加强园区基础设施和配套设施建设，西山坪工业园和文市工业园产城互动项目稳步推进，农民工创业园 5 家入园企业已竣工投产。扎实做好企业服务工作，协助工业企业贷款 1.9 亿元，助推贵达易地搬迁技改、发鑫锰业搬迁、石材整合、毕生药业等项目实施，增添了全县工业发展动力。

现代服务业优化提升。实施“旅游 +”战略，推动旅游产业转型升级。优化整合旅游资源，大力推进酒海井红军纪念园、杨柳井红色旅游新村、唐景崧故居等特色旅游项目建设，实施重点景区景点旅游厕所、星级农家乐、停车场等建设。积极发展农业生态旅游，成功举办千家洞瑶族文化旅游暨“二月八”农具文化节、第六届千家洞“六月六”尝新暨雪梨黑李节和盘江生态旅游越野登山

节等活动，提升了灌阳的知名度和影响力。全域旅游发展格局和旅游标准化建设取得新进展，全年累计接待游客49万人次，实现旅游收入5.3亿元。加快推进电子商务进农村，培育引进阿里巴巴、兴农汇和百姓乐淘等电商企业6家，建立覆盖县乡村三级电商网络体系和仓储物流体系，实现电商服务贫困村全覆盖，促进就业创业近万人。成功申报国家电信普遍服务试点项目，县乡村电讯信息服务100%覆盖。

（二）大力推动项目建设，发展后劲积聚增强

始终坚持把项目投资作为推动发展的重要引擎。建立健全重大项目联审联批协调推进工作机制，及时梳理并协调解决项目建设难题，持续扩大有效投资。正江岭风电场、一桥拆除重建、洞大公路改扩建等一系列重大项目顺利实施，灌平高速公路成功签约，357国道永安关经水车至灌阳段前期工作稳步推进。全县107个重点项目累计完成投资15亿元，向上争取各类财政资金16.8亿元；通过农发行融资3亿元、农行融资1.72亿元、国开行融资0.7亿元；储备投资1000万元以上项目30个，向外引进项目投资30亿元，其中新引进深圳润民、浙江蓝美、重庆智飞、香港雅高等上市大企业入灌，厚植了新兴产业发展基础。

（三）大力保护生态环境，兴旅美城亮点纷呈

以保护灌江为重点，强力推进灌江流域环境综合治理，开展打击非法采砂、非法采矿、非法捕捞等专项整治行动，有效遏制了环境违法行为，得到中央环保督察组和广大群众的充分肯定和一致好评。在巩固整治成果的基础上，灌江国家湿地公园（试点）顺利通过自治区及国家层面竞争性评审批复。深入推进“三化”工程，村屯绿化达标率75%，农村自来水普及率77%，行政村道路硬化率100%。投入4100万元完成自治区级绿化示范建设点183个、一般村屯绿化780个，完成植树造林1.3万亩。以环境倒逼机制推动产业转型升级，加快城乡污水及垃圾处理设施建设，开展了砖厂、燃煤锅炉专项整治活动，关停了36家环保有问题企业，立案查处19家环境违法企业。县城环境空气质量优良率达90%，荣获“全国国土资源节约集约模范县”称号，被国务院新增纳入国家重点生态功能区。县城提质扩容步伐加快，江东新区建设稳步推进，县城公共绿化、净化、亮化全面改造升级。文市镇新型城镇化示范乡镇建设顺利通过市级验收，黄关镇百镇示范工程、水车撤乡建镇工作稳步推进，灌阳、新圩、新街等乡镇沿省道环境综合整治成效明显。完成13个新农村示范点建设，孔家村等5个村被列入2016年第二批中央财政支持传统村落建设项目，江口村被列为广西特色文化名村，排埠江等15个村屯被列入广西乡土特色示范项目。

（四）大力夯实文教基础，崇文重教氛围浓厚

实施教育优先发展战略，投入1.3亿元推进县乡村三级学校标准化建设，新建、改扩建学校6所，促进义务教育事业均衡发展，全县办学条件及教师待遇进一步改善。高考再创佳绩，本科上线741人，其中重点大学169人，一本上线率排全市第二、全区第六。全面落实教育惠民政策，发放教育惠民资金2186万元，惠及35420人次。以纪念红军长征胜利80周年为契机，开展了酒海井红军纪念公园公祭、新圩阻击战陈列馆开馆仪式等系列纪念活动，中央电视台和广西电视台进行了现场直播，在传承长征精神的同时，树立了灌阳良好形象。积极开展文化下乡活动，新建村级公共服务中心7个。加大非遗名录的保护和传承，积极做好红军长征历史遗迹遗址的保护维修，加大唐景崧同胞三翰林研究与开发力度。积极举办文体比赛，全民健身活动蓬勃开展，传统竞技体育水平不断提高。

（五）大力推进精准扶贫，脱贫摘帽首战告捷

坚持以脱贫攻坚统领全局，全年完成11个贫困村、7378名贫困人口脱贫摘帽，超额完成年度脱贫任务。建立完善精准扶贫结对帮扶工作机制，精准实施脱贫攻坚“七个一批”①、“十大行动”②。

①“七个一批”：即扶持生产发展一批、转移就业扶持一批、移民搬迁安置一批、生态补偿脱贫一批、教育扶智帮助一批、医疗救助解困一批、低保政策兜底一批。

②“十大行动”：即特色产业富民行动、扶贫移民搬迁行动、农村电商扶贫行动、农民工培训创业行动、贫困户产权收益行动、基础设施建设行动、科技文化扶贫行动、金融扶贫行动、社会扶贫行动、农村“三留守”人员和残疾人关爱服务行动。

全县2586名干部与11004户贫困户结对，实现贫困村干部驻村帮扶全覆盖。先后出台了十多个扶贫配套政策文件，多渠道筹集各类扶贫资金1.8亿元，发放扶贫小额信贷1.38亿元，投入产业扶贫资金2300万元。稳步推进易地扶贫搬迁项目，贫困村水、电、路等基础设施条件不断改善，完成20户以上通自然村（屯）道路硬化136千米。实施健康精准扶贫，对贫困人口参加新农合的个人缴纳部分补助60%，有效缓解因病致贫问题。电商扶贫、“两后生”就业培训等扶贫亮点工作得到自治区领导的充分肯定。

（六）大力深化各项改革，创新活力逐年提升

坚持把改革作为破解发展难题、优化发展环境的动力源泉。行政审批制度改革向纵深推进，全面落实审批事项“接、放、管”工作，保留权力事项3175项，取消审批事项16项，清理规范中介服务事项9项。实施“六证合一、一照一码”工商登记制度改革，全面推行行政审批职能、审批事项和审批人员三集中，办事效率大幅提升。积极探索乡镇“七所合一”改革，完成县、乡（镇）两级综合执法队组建挂牌。农村土地承包经营权确权登记工作稳步推进，不动产登记局挂牌成立，公车改革顺利推进。坚持扩大开放合作，主动承接产业转移，通过“请进来、走出去”开展大招商、招大商活动，全年签约引进项目数及投资额比上年大幅增长。

（七）大力发展社会事业，民生福祉持续增进

持续保障和改善民生，全年财政民生支出14亿元，占公共财政预算支出的73%，其中为民办实事十大工程44个投入5.8亿元。完善就业创业政策和社保体系，大力推进大众创新、万众创业，新增农村劳动力转移就业4359人，城镇就业2720人，城镇登记失业率为3.2%。强化精准帮扶救助，发放城乡居民社会养老金、低保和救助金等4860万元，分配入住保障性住房316套，完成农村危房改造1700户，发放各项强农惠农资金610万元。卫生事业稳步发展，县级公立医院综合改革作为桂林经验推广，城乡居民基本医疗保险制度整合工作顺利完成，农业人口参合率达99.9%。深入开展平安灌阳创建工作，新增、改造治安卡口及高清探头380余个，完善“一村一警务助理”网格化管理，逐步构建城乡一体化的科技防控网络，全年侦破查处各类案件388起。建立健全安全生产监管及应急管理体系，提高公共安全保障和处置突发事件能力。切实加强信访工作，矛盾纠纷调解成功率达96.6%，群众安全感和满意度大幅提升。

（八）大力提高行政效能，自身建设不断加强

全面推进依法行政，努力建设法治政府。认真执行县人大及其常委会的决议和决定，自觉接受人大、政协和社会监督，人大代表建议和政协委员提案办结率100%。实行政府法律顾问制度，制定完善并严格执行《政府运行规则》。不断完善政务公开平台建设，行政权力运行更加规范透明。扎实开展“两学一做”学习教育，全面贯彻落实中央八项规定精神和国务院“约法三章”，严格控制“三公”经费，紧扣“六项纪律”，驰而不息纠正“四风”，查处各类违规违纪人员172人，给予党政纪处分165人，党风廉政建设和反腐败工作取得新成效。

一年来，国防动员、民兵预备役、双拥工作得到加强，民族、宗教、侨台、科技、审计、统计、物价、粮食、监察、人事、编制、档案、供销、移民、保密、水文、测绘、史志、机关事务、政务服务、检验检疫、防震减灾、老龄、残疾人事业等工作取得新进步，通信、烟草、石油、气象等中、区直单位取得新成绩，工会、共青团、妇联等群团组织在经济社会发展中发挥了重要作用。

各位代表！一年的成绩来之不易，这是上级党委、政府和县委坚强领导的结果，是县人大、县政协监督支持的结果，是全县各族人民和社会各界人士团结拼搏的结果。在这里，我代表县人民政府，向全县各族人民，向县人大代表、政协委员，向离退休的老领导、老同志，向各人民团体、工商联和社会各界人士，向驻灌各单位及驻灌人民解放军和武警官兵，向所有关心和支持灌阳发展的朋友们，表示崇高的敬意和衷心的感谢！

各位代表！成绩令人鼓舞，问题不容回避。我们应该清醒地认识到，受宏观环境的影响，灌阳经济社会发展中仍然存在不少困难和问题，主要

表现在:经济下行压力大,新的经济增长点少;传统产业发展动力不足,企业生产经营仍然困难;重大项目偏少、建设进度偏慢,投资项目的支撑带动作用不明显;补齐社会民生短板和脱贫攻坚任务繁重;生态环境倒逼压力大,发展环境仍需改善;个别部门和干部存在精神不振、执行力不够强等。对此,我们在新的一年要采取有力措施,切实加以解决,绝不辜负全县人民的期望!

二、2017 年工作总体要求和目标任务

今年政府工作的总体要求是:深入贯彻党的十八大和十八届三中、四中、五中、六中全会和习近平总书记系列重要讲话精神,以及中央经济工作会议、自治区第十一次党代会和自治区经济工作会议精神、市委五届三次全会精神,坚持稳中求进工作总基调,牢固树立和贯彻落实新发展理念,适应把握引领经济发展新常态,按照县十五次党代会和县第十六届人民代表大会第一次会议决策部署,坚持以提高发展质量和效益为中心,全面做好稳增长、促改革、调结构、惠民生各项工作,扎实推进“一园一江一路”建设,突出抓好“三大工程”①,加快宜居宜业宜游、文明和谐幸福新灌阳建设步伐。

经济社会发展的主要预期目标是:地区生产总值增长 7.5%,规模以上工业增加值增长 8.3%,财政收入增长 6.5%,固定资产投资增长 15%,社会消费品零售总额增长 10.5%,城镇居民人均可支配收入增长 8.5%,农村居民人均可支配收入增长 10%,城镇登记失业率控制在 4.5% 以内,节能减排控制在自治区下达的指标范围内。

为实现上述目标,我们将重点抓好以下九个方面工作:

(一)持续推进脱贫攻坚,着力建设小康灌阳

坚持精准扶贫、精准脱贫的基本方略,全面推进脱贫攻坚“七个一批”和“十大行动”,着力夯实贫困村发展基础,让贫困群众过上更加幸福美好的生活。

大力培植增收产业。开展“产业富民”活动,着力构建贫困村产业体系、生产体系、经营体系,提高扶贫产业质量和竞争力。加大对贫困群众的技术指导和金融扶持力度,大力发展传统特色种养和乡村旅游,确保每个贫困村至少有 1~2 个主导产业,增强脱贫致富“造血”功能。建立健全农业龙头企业、农民专业合作社、家庭农场、能人大户等与贫困群众的利益联结机制,引导贫困群众将产业扶持资金、土地、林地等生产资料经营权,通过流转或入股等方式给龙头企业和其他主体进行市场化经营,推进脱贫攻坚与发展农业适度规模经营和新型城镇化融合结合,拓宽贫困群众增收渠道。抓好贫困劳动力转移就业,促进就地就近就业、返乡创业。扩大贫困村电商网点建设,促进贫困地区农产品增收。

着力夯实发展基础。加快补齐贫困地区基础设施短板,改善贫困村生产生活条件。加大贫困村道路、水利、网络等基础设施建设投入,不断夯实发展基础。切实推进教育扶贫,全面落实各项教育惠民政策,确保贫困家庭孩子接受良好教育,阻断贫困代际传递。抓好卫生扶贫,重点构建城乡居民基本医疗保险、大病救助、医疗救助等卫生保障体系,不让贫困户因病致贫返贫。积极发展壮大集体经济,大力推广土地流转、资源开发、旅游经营等集体经济发展模式,确保每一个脱贫村有稳定的集体经济收入。

完成脱贫摘帽任务。围绕脱贫目标,瞄准脱贫对象,找准致贫原因和脱贫需求,因村因户施策,对症下药,扎实推进脱贫攻坚。坚持多方联动,精心谋划产业发展、易地搬迁、道路交通、民生工程、社会事业等扶贫帮扶项目,打好精准帮扶组合拳。突出抓好扶贫项目监督管理,强化制度建设,建立健全监督管理机制,确保扶贫项目资金高效、安全运转。完善脱贫攻坚督查工作机制,健全脱贫攻坚工作逐级督查制度,抓好扶贫开发成效考核和实绩考核,全年努力完成 10 个村摘帽、2218 户 8430 人脱贫计划任务。

(二)统筹城乡规划建设,着力建设宜居灌阳

围绕建设现代宜居城市和宜居乡村两大目

① “三大工程”:指环境质量提升工程、产品质量提升工程和服务质量提升工程。

标，以新型城镇化建设为引领，统筹推进城乡协调发展，全面提升城乡建设水平。

建设宜居城乡。同步推进新区建设和老城改造，不断完善城市功能、提质扩容，启动实施城镇建设项目 35 个，计划投资 3 亿元以上。以提高综合承载能力为目标高起点规划建设江东新区，打造配套齐全、产业集聚、生态宜居的现代城市新区。启动行政中心搬迁，抓好幼儿园、学校、医院等项目建设，加快县直机关、事业单位搬迁入驻。对城北新区进行局部调规、重新定位功能。实施城中村及棚户区改造工程，启动城市综合体观澜购物公园建设和北门农贸市场改造，加快县城管道燃气及县城防洪堤建设，完成县城自来水取水口上移，拓展县城及省道沿线绿化、亮化、美化，创建绿色生态县城。持续推进特色乡镇建设及集镇改造提升，抓好文市、黄关城镇化示范工程，推动水车撤乡建镇，做好新圩、新街、黄关、观音阁、洞井、西山沿省道风貌改造。全面建设宜居乡村，抓好产业富民、服务惠民、基础便民专项活动。实施乡土特色示范项目和传统村落保护发展工作，新建 13 个生态新农村示范点，高标准实施符合环保要求的乡村污垃项目，大力推进“三改六提三增”工程[①]，全面改善农村生产生活条件和人居环境水平。

完善交通路网。按照“三纵三横”[②]规划布局，启动灌平高速公路、357 国道建设，完成一桥重建主体工程，抓紧实施县城环城路、义马路及洞大公路改扩建。加快县城路网建设，全力贯通兴灌路、滨江东路、滨江西路及扩建双桥路，规划兴建滨江北路龙江大桥，改造提升城北车田片区道路档次，塑造县城新形象。加大农村道路硬化工程实施力度，从今年开始用三年左右时间，完成 20 户以上自然村（屯）道路硬化，着力构建“内连外通、城乡一体”的立体交通网络。

加强城乡管理。坚持“多规合一”“建管并举”，进一步理顺城乡规划管理体制，构筑分工合理、功能互补、协同发展的桂北特色城镇群。大力实施城市管理提升行动，推进城市管理综合执法体制改革，加强县、乡两级综合执法队伍建设，建立健全城市管理机制和绩效考评办法。今年要结合项目建设大会战对“两违”问题开展集中整治行动，突出抓好拆违控违工作，有效遏制增量，持续减少存量。持续加强“五乱”治理，加大对城乡接合部、背街小巷、集贸市场、重要节点、户外广告的整治，打造“美丽灌阳”升级版。

（三）推动产业转型升级，着力建设宜业灌阳

坚持产业发展先行，大力推进特色农业、新型工业、现代服务业融合发展，不断优化产业结构，提高产业发展质量和效益。

发展特色农业。推进农业供给侧结构性改革，发展多种形式适度规模经营，培育农业农村发展新动能。提升农业产业化标准化水平。持续稳定粮食生产，抓好粮食高产创建，力争水稻最高亩产突破 1000 千克。巩固提升已授牌的现代特色农业示范区品质，新创建现代特色农业核心示范区市级以上 1 个、县级 2 个、乡级 3 个。抓好浙江蓝美蓝莓示范种植基地建设，积极引进推广梨、李、橙等新品种，稳步发展有机蔬菜、特色中药材等经济作物，大力发展林下经济，培育壮大红豆杉、油茶等产业。抓好深圳润民直供港生态养猪全产业链项目，推动全县生态种养产业再上台阶，加大绿色生态农副产品的有效供给，打造灌阳农业特色品牌。调顺农业产业体系。大力扶持、引进一批农业产业化龙头企业，构建主业突出、特色彰显、竞争力强的农产品深加工基地，培育发展专业种养大户、家庭农场、农民合作社等新型经营主体，培养一批懂经营、会管理、有技术的新型职业农民。加快农村土地确权，推进农村土地流转。建立健全农技推广体系，加强动物重大疫病防控、农产品质量监测、综合防灾减灾体系建设，提升农业发展科技保障。做优休闲观光农业。坚持以旅促农、农旅结合，扎实开展休闲农业与乡村旅游示范

① “三改六提三增”工程：“三改”指农村改厕、改厨和改圈工程；“六提”指统筹推进农村垃圾治理、道路道行、饮水安全、村屯特色、住房安全和能源利用水平提升工程；“三增”指增强农村供电能力、通信能力、公共照明能力。

② “三纵三横”：“三纵”指灌平高速，241 国道（原来的 201 省道），357 国道（永安关经水车至灌阳）；“三横”指灌凤高速，302 省道，省道黄关—西山—漠川公路。

村(点)创建、休闲农家乐星级评定等活动。今年每个乡镇要抓3个以上示范村(点),凡通过验收认定的示范村(点)每个奖补30万元。

发展新型工业。加快传统产业整合升级。继续提升壮大冶炼、石材、选矿机械制造等传统主导产业,整合资源组建石材发展集团,打造岭南石材文化产业园。抓好正江岭及南江风电场、建材市场、农民工创业园、贵达易地搬迁技改、西山坪工业园区污水处理厂和矿泉水、木材、石英砂产业整合开发等一批重大项目建设。加大工业固定资产及技改投资力度,为实现工业上规模、稳增长提供强有力支撑。推动园区拓展提质。推进园区体制机制改革创新,建立健全精简高效的园区管理体系。加快家具城、汽车城等一批产业项目建设,加快形成分工合理、优势互补、特色鲜明、集约发展的工业新格局。以创建A类工业园区为契机,继续加大水、电、路以及污水处理建设力度,加快完善园区基础设施,推动园区产业集聚、产城融合,充分发挥工业主战场作用。培育壮大骨干企业。建立完善县领导联系企业工作机制,加大资源要素保障,强化去成本引导,着重联系培育产值超亿元的重点企业,打造一批工业"新型骨干企业"。出台激励政策积极引导培育企业入规及上市,年内培育入规企业4家以上、争创上市企业1家以上。着力提升创新驱动能力,推进质量品牌建设。引导企业加快开发一批具有自主知识产权、知名品牌、较高附加值和市场竞争力的工业新产品,努力争创1~2个广西名牌产品和驰名商标。

发展现代服务业。围绕"发展提速、比重提高、水平提升、补齐短板"目标,实施"旅游+"行动计划,创新、融合、集聚服务行业建设,推动现代服务业加快发展,力争实现第三产业增加值增长10%以上。推动现代服务业集聚区加快建设。加快县电商中心、商贸物流园、冶炼物流园、冷链物流中心等项目建设,提升壮大一批现代服务业重点产业和龙头企业。推动生活性服务业提质升级。适应消费结构转型升级、人口老龄化、新型城镇化建设要求,大力发展健康养生、商贸、运动休闲等生活性服务业。培育发展民宿经济①和高端服务业,建成江东中心广场,发挥红豆杉国际大酒店、城市便捷酒店运营带动作用。加大商品房去库存力度,促进房地产市场健康发展。推动生产性服务业做大做强。抓好限上企业培育、服务业统计改革等基础工作。推进旅游综合管理机制创新,加强旅游从业人员队伍建设,力争新上2家旅行社或旅游中心。提高餐饮娱乐、交通运输、信息咨询等服务业水平。深入推进电子商务发展,加快电商平台建设,健全电商网络体系建设,推进线上与线下、城市与农村消费融合发展,进一步激活城乡消费市场。

(四)坚持绿色发展理念,着力建设宜游灌阳

牢固树立"绿水青山就是金山银山"的理念,加快生态文明建设,确保灌阳天更蓝、地更绿、水更清、空气更清新,森林覆盖率达到75%以上。

保护灌江生态环境。坚持把保护灌江作为生态立县首要任务,做到保护与治理同步,发展与绿色同行。推行灌江"河长制"管理。编制灌江流域生态保护区总体规划,建立试行县乡村三级河长网格化监管工作机制,强化生态文明建设考核权重。强化灌江综合治理。持续开展非法采砂、非法捕捞、非法捕猎、非法排污和农村环境卫生综合整治行动,加大灌江上游水源林区及沿岸植被保护建设力度,落实古红豆杉等名木古树保护管理机制,加强沿江乡镇村屯污水综合治理。建设灌江国家湿地公园。组建湿地保护机构,落实国家湿地公园建设规划,完成国家湿地公园详规编制工作,积极营造灌江流域山清水秀的自然生态。

深化环境综合治理。以全面整改中央环保督察组反馈问题为契机,对照国家重点生态功能区产业负面清单,深入开展环境治理,全面提升生态环境质量。强化大气污染防治。加大大气污染监测治理设施和技术力量投入,继续实施"PM10+PM2.5"双目标联控,深化工业废气治理,持续加强机动车尾气和城市扬尘污染治理,力争

①"民宿经济":指一种新的经济形式,它不同于农家乐,也不同于宾馆或旅游景区,而是"宿在民居、乐在田间、游在山水"的集趣味、乡土味、人情味于一体的新经济模式,既是旅游经济,也是服务经济。

全年优良天数保持在320天以上。强化水污染防治。扎实开展全国水生态文明城市创建工作，实现河流市控监测断面水质100%达标。加强饮用水源地保护和水环境综合治理，实施好灌阳县羊落山水厂取水口上移工程，建制镇污水处理设施和乡镇垃圾处理设施建设项目竣工运营。开展土壤污染调查，加强农业可耕地土壤治理，推进良田改造工程。强化环境保护综合执法，进一步加强环境监管和执法力度，严厉查处各类生态环境违法行为，确保全县环境安全。

大力发展生态旅游。把灌阳建设成生态大公园，全力打造灌阳生态旅游品牌、红色旅游品牌、休闲农业品牌。树立“全域旅游”理念，加大旅游投入，加紧实施酒海井红军纪念园、杨柳井红色旅游新村、新圩阻击战枫树脚战场、西山韩伟将军跳崖及五龙庙红色遗址、文市石林(红军通道)、新圩下立湾红军村(古民居)修缮、县城沿灌江景观带休闲绿道、黄关神农稻博园等项目，开发灌江小三峡、九出九觅风景区，打造水车官庄桃花、大仁万亩梨花等赏花观光景点，加快推进千家洞景区资产重组。改善旅游发展环境，壮大旅游市场主体，重组旅游发展总公司，成立旅游咨询服务中心和旅游投诉处理中心。完善旅游产品体系，健全旅游产业要素，打造“红、古、绿”旅游精品线路，争取成功创建AA级以上景点景区2个，创建2家三星级以上宾馆、3家三星级以上农家乐，培育2家限额以上旅游餐饮企业，兴建旅游集散中心1个、建成星级旅游厕所13个，力争全县旅游接待总人次达到60万人次，旅游总消费达到8亿元。

（五）挖掘弘扬本土文化，着力建设文明灌阳

注重依靠文化建设提升公民素质，凝聚奋斗力量，提高社会文明程度，让文化软实力成为发展的硬支撑。

深入挖掘历史文化内涵。加强与中国长征精神研究院广西分院合作，深入挖掘灌阳红色文化精髓，弘扬红色文化，将长征精神转化为经济社会发展的动能。加强与广西师范大学的合作，大力推进唐景崧同胞三翰林研究与开发，加快史料收集与编撰，积极筹建“唐景崧同胞三翰林”展览馆。积极推动瑶族文化资源挖掘，抓好瑶族元素标识建设，鼓励和支持瑶族文化精品创作。加快县博物馆建设，加大非遗名录的保护和传承，开展各种群众文化活动，充分发挥县文化馆、图书馆、非遗中心等阵地作用。

着力加大文化建设投入。加快城乡公共基础设施建设，构建覆盖城乡的公共文化服务体系。建设图书馆、村级文化服务中心等项目，搭建乡镇文化站、文化信息资源共享等公共文化服务平台，实现建制村基本公共服务全覆盖。鼓励文化大创新，丰富文化下乡内容，开展“深入生活、扎根人民”送文化送欢乐下乡活动，满足群众文化需求。借助漓江画派平台，深化与广西艺术学院的合作，培育好本土艺术人才。加强政策扶持引导，推进金融资本、社会资本与文化资源有机结合，积极培育文化产业企业和文化中介组织等文化市场主体，增强文化产业竞争力。

加强历史文化保护利用。以文化保护为动力，争取国家和自治区文化产业发展专项资金，加大传统村落保护和传承建设力度。推动文化与旅游、生态、科技、农业等深度融合发展，培育打造江口、月岭、小龙、洞井等一批历史文化景点景区，加快“湘江战役·新圩阻击战”旧址二、三期建设。加强农耕文化传承和非物质文化遗产保护，创新举办千家洞瑶族文化旅游暨“二月八”农具文化节、千家洞“六月六”雪梨黑李节等主题节庆活动。弘扬文化传承文明，积极开展群众性精神文明创建活动，培育和践行社会主义核心价值观，形成崇德向善、文明和谐的良好社会风气。

（六）创新社会治理机制，着力建设和谐灌阳

致力于治理创新，全力维护社会稳定，努力实现治理有序、社会和谐、民生幸福的社会发展环境。

切实加强社会治理。深入实施“七五”普法，加快法治灌阳建设。进一步完善突发事件应急处置机制，提高突发事件的预防、处置能力，切实保护人民群众人身财产安全。健全公共安全体系，加强食品药品安全监管，确保公众饮食、用药安全。规范抓好评估立项、动态跟踪、决策出台等重点环节，完善重大决策社会稳定风险评估机制。

持续创建平安灌阳。持续开展技防工程建设，加大科技防控力度，推动天网工程向城乡接合部

和农村延伸覆盖。推进社会治安网格化管理服务，大力开展社会治安专项整治行动，加强对重点地区、重点场所、重点人群的排查，重点整治学校周边社会治安环境及无物业小区。做好信访维稳和矛盾化解工作，维护群众合法权益。严格执行安全生产“一票否决”和“一岗双责”制度，扎实开展打非治违专项行动，有效防范和坚决遏制重特大事故发生。

建设社会信用体系。把社会信用体系建设作为加强社会治理、构建和谐社会的重要抓手。今年，通过政府推动、社会共建，出台一批信用体系建设的规章和标准，推动各部门信用信息公开和共享，开展行业信用评价和分类监管，树立“守信激励，失信约束”的奖惩导向，构建“一处失信、处处受限”的信用惩戒大格局，努力推动形成政务诚信、商务诚信、社会诚信和司法公信的良好氛围。

（七）推进社会事业发展，着力建设幸福灌阳

把保障和改善民生放在更加突出的位置，加强基本公共服务，以大投入推动社会事业大发展，全面提升人民群众幸福指数。

着力提高社会保障水平。继续巩固和扩大社会保障覆盖面，抓好城镇职工“五险”、城乡居民社会养老保险、城乡居民医疗保险等工作。健全最低生活保障、特困救助、医疗救助等城乡社会救助体系，加大对弱势群体帮扶，提升救灾应急处理能力。完善就业创业政策，启动公共就业实训基地项目建设，加大创业扶持、技能培训和就业援助力度，新增城镇就业2700人，转移农村劳动力4350人。积极应对人口老龄化，大力发展社会化养老服务事业。

统筹推进社会各项事业。加强教育教学改革，全面提升教学质量，不断改善办学条件，提高教师整体素质。加快县中医院门诊住院综合楼、县妇幼保健院业务用房等项目建设。提高计划生育服务管理水平，有序实施全面两孩政策，人口自然增长率控制在9‰以内，促进人口均衡发展。持续做好村级文化服务中心建设工作，扎实抓好残疾人和老龄工作，兴建残疾人康复中心，拆除重建老年大学。扎实抓好第三次全国农业普查工作，确保按时按质按量完成各项工作任务。加快气象、科技、民族、宗教等社会事业协调发展。

大力实施十大惠民工程。坚持以人为本的发展思想，不断优化和调整支出结构，将更多财政资金投向民生领域。多方筹措资金8亿元以上，实施十大惠民工程，让发展成果更多、更均等、更实在地惠及广大人民群众。十大惠民工程分别是：1. 生态惠民工程。以灌江国家湿地公园（试点）和宜居乡村建设为平台，投入不少于1亿元实施灌江流域综合整治和湿地保护修复及沿岸污垃处理工程，沿灌江打造多元化的集湿地生态、传统村落、农旅融合的示范点和观光带，力促生态优势转化为产业发展优势。2. 电商惠民工程。力争年内完成全县138个行政村12M以上网络全覆盖、全天候通畅。培养孵化一批本土新型农村电商门店、企业和人才队伍，完善工业品下乡、农产品进城的双向农村物流体系，实现电商销售营业额3.5亿元，安排1万人就近创业就业。3. 质量惠民工程。重点提升全县产品质量、服务质量，以质量创品牌、惠民生、促发展。支持各乡镇本土企业特色产品申报知识产权，创建自主品牌，凡申报获批国家级品牌的每个奖补10万元。建立健全质量投诉举报咨询服务平台，及时解决人民群众最为关注的质量安全监管问题。4. 交通惠民工程。投入1.3亿元强力拆迁打通县城兴灌路、滨江东、西路及双桥路等困扰多年的断头路。启动汽车站搬迁，新增投入50辆绿色环保公交车开通县城至全州、恭城高铁站客运专线及恢复开通县城公交线。加大景区之间旅游通（绿）道和进村（屯）公交道路建设，今年修通县城至新街景区20千米沿江旅游休闲绿道，择优实施20户以上自然村（屯）道路硬化160千米以上，力争自然村（屯）道路硬化达70%。5. 安居惠民工程。出台农村建房“鼓励盘活闲置宅基地拆旧建新”奖补政策，大力改善困难群众住房条件，改造农村危房2000户，完成棚户区改造1041户，建成保障性住房50套、分配入住323套，完成1343户、4326人易地扶贫搬迁任务。对县城2~3个群众反映强烈的无物业小区开展集中整治，建成平安智能规范小区。6. 社保惠民工程。进一步落实全民参保计划，全力抓好机

关事业单位干部职工养老保险及社会保障卡发行工作，确保全县社保卡持卡人数达 16 万人。实现村级就业社保服务中心行政村全覆盖，使群众足不出村就可以办理就业、社保业务，享受到业务咨询、政策宣传服务。7. 金融惠民工程。加快农村信用信息系统建设，全面推动农村信用“四级联创”①工作，全县实现信用户、信用村、信用乡（镇）创建面 30% 以上。大力推行“农金村办”，加快农村支付综合服务点和 POS 机消费点建设。积极推进政策性农业保险，有效化解农业产业风险。8. 教育惠民工程。加快江东新区中小学和幼儿园建设，提升县城对学生求学的承载能力。投入资金 4000 万元加强乡村中小学校舍维修和教学仪器设备配置，持续提升城乡办学条件，义务教育均衡发展通过自治区级评估验收。全面落实教育惠民政策，安排家庭经济困难大学生生源地信用助学贷款 1300 万元，农村学生营养改善资金 500 万元。9. 文体惠民工程。免费开放县文化馆、图书馆及乡镇文化站，投资 440 万元建设 11 个村级公共服务中心。投入资金 1000 万元启动公共体育场、全民健身中心和体育馆建设，推动全民文体活动蓬勃开展。10. 平安惠民工程。大力推进社会管理工作信息化，年内启用“一张图”可视化指挥调度监控系统。完善天网视频防控网，天网建设从县城向乡村两级延伸覆盖。今年乡镇新增智能卡口 3 个、高清摄像头 200 个，切实提升城乡居民的安全感和满意度。

（八）深化重点领域改革，着力建设活力灌阳

坚持把改革开放贯穿于经济社会发展各领域，把发展基点放在创新上，在创新中赢得后发优势，为经济社会发展提供持续动力。

深化重点领域改革。全面落实自治区加快推进供给侧结构性改革的实施意见，统筹推进“三去一降一补”②五大重点任务。继续深化行政审批制度改革，完善权力清单和责任清单，简政放权。坚持依法治税，强化预算约束与部门预决算公开，全面推行预算支出绩效评价。进一步改革创新统计方法。扎实推进农村土地承包经营权确权登记工作，引导和规范土地经营权有序流转。深化集体林权制度配套改革，完成国有林场改革任务。全面深化医药卫生体制改革，让县级公立医院综合改革成果全民共享。加强国有资产监管和盘活运作，促进国有资产保值增值。继续大力培育各类金融主体，促进小额贷款公司、担保公司、村镇银行加快发展，鼓励发展面向中小企业和农村经营者的融资租赁服务。推进政府性融资担保体系建设，构建新型政银担保合作关系。健全政府和社会资本合作（PPP）工作机制，鼓励和引导民间资本进入社会民生建设等领域。

加大对外开放力度。树立“招大商，大招商”理念，优化招商环境，开展招商引资大行动。立足县情招商，精心策划包装项目，盘存量、引增量，推动传统产业转型升级和培育新型产业壮大。强化能力招商，提升招商引资、引技、引智的精准水平，着力引进一批龙头带动型、补链型的项目和企业。做好乡情招商，充分发挥商会协会作用，鼓励、引导和支持灌阳籍客商回乡投资兴业。找准优势招商，把灌阳优势转化为招商优势、产业优势。优化环境招商，建立健全项目联系跟踪服务机制，提高项目履约率、资金到位率、企业入驻率。

提高创新发展能力。强化创新驱动引领，深入开展产品质量提升工程。按照“政府引导、部门协作、企业主体、社会参与”工作思路，坚持政府引导和市场主体作用相结合、质量管理和技术创新相结合、事前加强服务和事后加强监管相结合等基本原则，围绕优势产业、骨干企业、品牌产品、项目建设、市场环境、行业管理等六个方面切实推进“质量兴县”工程。重点引进一批低耗能、低污染、高附加值的企业，增强经济发展后劲和可持续发展能力。树立科学的人才观，加强人才的引进、教育、培训、使用和管理工作，优化人才服务环境，提高人才使用效益，充分发挥人才优势。

（九）提升依法执政能力，着力建设法治灌阳

打赢脱贫攻坚战、全面建成灌阳小康，政府使

---

① “四级联创”：即农村信用体系建设中的信用户、信用村、信用乡（镇）、信用县创建工作。涉农金融机构对信用户提供“一次核定、随用随贷、余额控制、周转使用”的信贷“绿色通道”，同时享受授信贷款及利率优惠。

② “三去一降一补”：即去产能、去库存、去杠杆、降成本、补短板。

命在肩、责任重大,必须坚持以问题为导向,进一步加强政府自身建设,全面履行好政府职能。

建设法治政府。坚持依法行政、依法履职,把政府工作全面纳入法治轨道,推进政府权限、程序、责任法定化。深化行政执法体制改革,严格规范公正、文明执法,全面落实行政执法责任制。完善“三重一大”①决策程序,坚持执行重大行政决策集体讨论的民主决策制度,推进科学决策、民主决策、依法决策。

提高行政效能。推进“互联网+政务服务”,尽快启用新的政务服务中心。加快电子政务外网建设,建立完善公共资源交易平台、政务数据共享交换平台,加快推进部门间信息互认共享与业务协同,最大限度提高办事效率。强化行政审批事中事后监管,努力做到审批环节少、办事效率高、服务质量好。加大公共机构节能改造,加强办公用房的规范与管理。

强化权力监督。积极推进督查和审计结果公开、权力责任清单公开、决策执行情况公开、行政审批中介服务事项公开,确保权力公开透明运行。自觉接受人大及其常委会的法律监督、工作监督,政协的民主监督,社会的舆论监督,加大人大代表建议、政协委员提案的督办力度。加强政府督查,对责任心缺失、不作为、乱作为的政府部门及工作人员严格执纪问责,以责任追究倒逼责任落实。

持续改进政风。巩固“两学一做”学习教育成果,推进作风建设常态化、长效化。加强干部队伍建设,强化政风政纪督查,着力打造一支信念坚定、为民服务、勤政务实、敢于担当、清正廉洁的高素质干部队伍。贯彻中央八项规定精神,严守“约法三章”底线,加强政府系统党风廉政建设,强化主体责任意识,筑牢拒腐防变的思想防线和制度防线,坚持有腐必反、有贪必肃,切实优化发展环境。

各位代表!回顾2016年,成绩来之不易;展望2017年,前景更加光明。让我们紧密团结在以习近平同志为核心的党中央周围,在上级党委、政府和县委的坚强领导下,以更加昂扬向上的精神迎接挑战,以更加奋发有为的斗志开拓进取,以更加求真务实的作风扎实工作,加快建设宜居宜业宜游、文明和谐幸福新灌阳,以优异的成绩迎接党的十九大胜利召开!

① “三重一大”:即重大问题决策、重要干部任免、重大项目投资决策、大额资金使用。

中国人民政治协商会议灌阳县第八届委员会常务委员会工作报告

——在政协灌阳县第九届委员会第一次会议上

(2016 年 8 月 23 日)

灌阳县政协副主席 唐莉姣

各位委员、同志们:

现在,我受灌阳县政协八届常委会的委托,向大会报告工作,请各位委员审议,并请列席会议的同志提出意见和建议。

五年工作回顾

五年来,在县委的坚强领导下,在县政府的大力支持和各方密切配合下,八届政协常委会坚持以邓小平理论、"三个代表"重要思想和科学发展观为指导,深入学习贯彻十八大和习近平总书记系列重要讲话精神,牢牢把握团结和民主两大主题,切实履行政治协商、民主监督和参政议政三大职能,政协事业呈现出团结民主、求真务实的良好局面,在推动"生态立县、工业强县、农业稳县、文化兴县、旅游旺县"战略的实施和实现"十二五"目标进程中发挥了积极作用,做出了应有的贡献。五年来,主要做了以下工作:

一、围绕中心,服务大局,履职成效全面进步

五年来,政协常委会围绕发展这个第一要务,把握全县经济社会发展这条主线,组织政协委员认真履职,得到了县委、政府的充分肯定和社会各界的广泛认同。

(一)着眼全局,积极建言,政治协商深入推进

每年全体会议期间,委员们认真听取政府工作报告和其他工作报告,围绕我县政治、经济、文化和社会生活中的重大决策和人民群众关注的热点、难点问题积极开展协商讨论,为推动灌阳发展献智出力。2011 年以来,共有 19 位委员在大会上作了发言,44 位委员的材料在大会上交流;每年都选择 2~3 个重点课题深入调研、视察。通过这些活动,提出了许多好的意见和建议,为县委、政府科学决策提供了重要参考和依据,推动了部门工作的落实。

(二)积极探索,认真实践,民主监督有效开展

一是注重专项视察的监督作用。八届政协期间,政协常委会先后组织委员对农业产业结构调整、西山坪、文市工业园区建设、江东新区建设等进行了专项视察。五年来,共组织委员开展视察活动 7 次,参加委员达 100 余人次,有效地推动了相关工作的开展。二是注重提案工作的监督作用。在县政府主要领导的有力支持下,建立了政府领导阅批,政协主席、副主席督办,专委会协办重点提案的办理工作机制,促进了提案办理工作的扎实推进。如《关于在县城主要交通路口建设红绿灯的建议》得到了落实,《关于加强我县公厕建设的建议》得到有关部门的采纳。五年来,共收到政协委员和专门委员会提案 149 件,经提案审查委员会审查立案 144 件,做到件件有回复,提案办理答复率达 100%。三是注重特邀监督员的监督作用。八届政协期间,在县委、政府的重视下,共选派 20 多名政治素质好、工作热情高、具有相关专业特长的委员担任司法机关和政府部门的特邀监督员,对群众关注的难点热点问题进行民主监督。为促进部门和行业转变作风,推进机关效能建设,发挥了积极作用。

(三)深入调研,服务发展,参政议政取得实效

政协常委会紧紧围绕县委、政府的中心工作,认真开展调查研究。先后开展了"森林保护与开发利用""环境保护与工业发展""美丽灌阳·清洁城乡""乡村旅游发展"及"禁毒工作"等工作调研。此外,还结合工作实际,精选课题,有针对性地组织委员外出考察学习 30 多次,形成考察报告 30 多篇,提出了切实可行的意见建议,较好地

发挥了委员参政议政的作用。

二、注重特色，发挥优势，主体意识进一步增强

政协常委会充分发挥政协的优势，推动政协专委会、委员和各界人士主动作为，努力办实事办好事，赢得了社会的广泛赞誉。

（一）委员主体作用充分发挥

政协常委会充分发挥政协委员中企业老板多这一优势，鼓励和组织政协委员开展结对帮扶、捐资助学等扶贫济困活动，为弱势群体和困难群众献爱心、送温暖。周文、吴运祥等政协委员通过各种途径为乡镇“美丽灌阳·清洁城乡”等活动捐款捐物30.78万元，政协常委王再平为我县高考成绩突出的师生捐款7万多元，政协常委韦强及和信集团公司设立了爱心助学基金和“贝侬”奖学金，为我县公益活动捐款4万元。五年来，政协常委会组织委员们共捐款捐物278万元，在委员的实体企业中提供就业岗位3000多人次，125名优秀委员在全体会议上受到了表彰。

（二）社情民意工作进一步加强

政协常委会充分利用政协包容性强、联系面广等优势，充分反映群众、各阶层人士的意见、愿望和要求。八届政协期间，通过召开座谈会、走访委员、开办“灌阳政协”网站、发放调查问卷、开展“三民”工程大走访等多种形式，积极收集来自社会各方面的社情民意。五年来，共收集社情民意信息320多条，为县委、政府及时把握社会动态、科学决策提供了参考。

三、突出主题，加强合作，联谊活动广泛开展

八届政协常委会坚持团结和民主两大主题，充分发挥政协的优势，密切与各党派团体的团结合作，促进了爱国统一战线的巩固和发展。

（一）密切与各民主党派、人民团体和各界人士的联系

政协常委会通过举办各界人士迎春茶话会等活动，邀请各民主党派、人民团体、各界人士代表参加，始终保持与各方面人士的密切联系；每年召开工商联、企业和有关界别委员代表参加的座谈会，听取意见，帮助解决企业发展中存在的问题；重视发挥民族宗教界委员的作用，组织他们在少数民族居住相对集中的区域开展走访、座谈活动，帮助解决实际问题。

（二）加强与各地政协组织的联谊

政协常委会把团结联谊工作作为政协工作的重点之一，坚持“广交朋友，服务灌阳，互相学习，共同进步”的方针，加强与各地政协组织之间的交往联谊。2011年5月，参加了由市政协承办的红军长征沿线政协联谊会，较好地宣传和推介了红军三次过灌阳的历史。五年来，共接待90多批次各地政协考察组。通过这些活动，促进了交流，增进了友谊，突出宣传了我县改革、发展的大好形势。

四、增强活力，改进作风，自身建设稳步推进

为适应新形势、新任务的要求，八届政协常委会扎实推进履职的规范化、制度化和程序化建设，自身建设不断加强。

（一）加强专委会建设

八届政协常委会在县委、政府的关心重视下，不断充实专委会组成人员，完善相关工作制度。各专委会围绕常委会的工作安排积极开展各项活动，主席、副主席按分工主动牵头做好专委会活动。专委会工作得到了进一步加强，工作质量明显提高。

（二）强化界别活动

政协常委会充分发挥主席、副主席指导联系界别工作，专委会联系界别活动等相关工作制度，为界别工作开展提供了良好的运行机制。八届政协期间，举办了“政协委员看世界”主题摄影作品大赛和“你的梦、我的梦、中国梦”历届政协委员书法绘画作品展，获奖作品分别在政协八届三次会议和七次会议期间展出；编辑出版了十一至十三辑《灌阳文史资料》，完成了《灌阳文史资料》一至十三辑的合订本的出版工作，为我县“文化兴县”战略的实施起到了积极的推动作用。

（三）推进机关自身建设

政协机关以深入开展“三严三实”“两学一做”为抓手，以搞好服务、当好参谋为宗旨，扎实推进学习型、服务型机关建设。政协机关干部的思想作风和工作作风有了明显改变，政治意识、大局意识、群众意识明显加强，工作业绩不断提高。

几点工作体会

回顾八届政协工作，我们主要有以下几点体会：

一、坚持中国共产党的领导是政协履职的正确方向

五年来，我们始终坚持和服从县委领导，认真贯彻县委的重大决策，在政治方向和政治原则上与县委保持一致，重大问题及时请示报告，举行重大活动和重要会议邀请县委领导参加，重要工作争取县委支持，重要建议及时报送县委，保证政协始终置于县委的领导之下，保证政协工作始终围绕县委的中心工作开展，保证党的路线、方针、政策和县委的决策部署在政协工作中贯彻落实。

二、团结和民主是政协履职的两大主题

五年来，我们始终把发扬民主、增进团结贯穿于政协的各项工作中，支持党派、团体运用提案、大会发言、反映社情民意等方式建言献策。加强与各党派团体和社会各界人士的合作共事，促进共同基础上的大团结、大联合。协助县委、政府做好协调关系、化解矛盾、维护稳定的工作，为改革、发展、稳定减少阻力、增加助力、形成合力，为维护社会稳定、构建文明和谐幸福新灌阳发挥了积极的作用。

三、围绕中心，服务大局，是政协履职的基本原则

五年来，我们牢固树立“一盘棋、大合唱”的观念，坚持把政协工作融入全县发展大局之中，把政协的工作重点集中到推动发展上去，主动建言献策，自觉践行出力，得到了县委、政府的肯定。

四、主动作为，各方支持，是政协工作活泼生动的源泉

五年来，政协常委会始终紧紧围绕县委、政府中心工作，为县委、政府科学决策、民主决策提供参考和帮助。县委高度重视和支持政协工作，始终把政协工作纳入全局工作通盘考虑，统筹安排。县委、政府主要领导和分管领导多次出席政协全体会议、常委会议和重要活动，面对面与政协委员交流，共商发展大计，形成了“县委重视、政府支持、政协主动、部门配合”的良好局面。

各位委员、同志们，政协八届委员会已经圆满地完成了自己的历史使命。回顾五年来的工作，我们取得了一定的成绩，得到了县委和社会各界的充分肯定。成绩的取得关键在于县委的高度重视和正确领导，在于政府的大力支持和各部门的全力配合，在于政协委员的认真履职。在此，我谨代表县政协八届委员会，对长期以来一直关心、支持政协工作的各位领导、各个单位、各个部门和社会各界人士表示衷心的感谢，并致以崇高的敬意！

在总结成绩的同时，我们也清醒地看到，八届政协工作离县委的要求和人民的期望还有一定差距。专门委员会的基础作用有待进一步发挥，委员主体作用有待进一步激活，社情民意工作有待进一步加强。我们期待新一届政协继承和发扬已有的好经验、好做法、好传统，不断完善制度，强化措施，狠抓落实，争取今后的工作取得更新更好的成绩。

今后工作思路

各位委员，今后的五年是灌阳全面实施经济社会发展第十三个五年规划纲要和打赢脱贫攻坚战的五年。我们要在县委的坚强领导下，突出团结民主两大主题，围绕县委、政府中心工作，切实履行职责，建言献策，服务大局，为把灌阳建设成为宜居宜业宜游、文明和谐幸福新灌阳做出新的贡献。

一、维护核心，团结联合，为构建文明和谐幸福新灌阳汇聚力量

坚持中国共产党的领导，坚决维护党的领导核心地位，既是做好政协工作的原则，也是做好政协工作的保障。政协常委会要充分发挥政协联系广泛，代表性、包容性强，在团结各界、协调关系、维护稳定方面的独特优势，协助县委、政府做好新形势下的群众工作，努力增进社会和谐。要通过界别渠道做好协调关系、凝聚力量的工作，密切与各方面人士的合作，努力为构建文明和谐幸福新灌阳贡献力量。

二、以人为本，关注民生，为加速灌阳发展建言献策

政协常委会要紧紧围绕县十五次党代会确立的目标任务和经济社会发展第十三个五年规划纲要描绘的宏伟蓝图，发挥好政协优势，统筹好全县政协力量，组织委员深入基层、深入群众，紧紧围绕生态建设、产业融合、城乡统筹三条主线，做好富农强工、崇文重教、兴旅美城六篇文章以及群众关心、社会关注的热点问题，广泛深入开展履职活动，力争提出更多更好的意见和建议，为加速灌阳发展献计出力。

三、紧扣中心，开拓创新，为政协工作再上台阶奋发有为

一要全力投身中心工作。政协常委会要带领全县政协委员和政协机关干部，按照“县委想什么，我们做什么；政府干什么，我们帮什么”的原则，自觉服从和服务于县委、政府的中心工作和全县工作大局，在经济社会发展的各个领域当好操作手，争做实干家。

二要进一步重视提案工作。鼓励委员发挥各自的职业专长，深入调查研究，提出有分量、有水平的提案和建议，把政协提案的办理工作与新闻媒体的舆论监督结合起来，扩大提案工作的社会参与面，提高社会各界对提案工作的认知度。

三要加强文史资料征集工作。要准确把握新形势下政协文史资料工作的重点，进一步拓宽征集渠道，要深入挖掘和整理具有灌阳地方特色的文史资源，促进灌阳文化产业的大繁荣；要进一步完善红军长征进灌阳的文史资料，努力促进灌阳红色旅游的大发展。

四要广泛开展联谊工作。要加强与各地政协组织的联系，有计划地组织委员“走出去”，赴沿海发达地区、内地工作先进地区考察学习，进一步解放思想，开阔视野，增长见识，提高委员素质。

四、加强自身建设，为提高政协工作科学化水平尽心尽责

一是加强委员队伍建设。建立健全有关工作制度，加强政协履职的制度化、规范化和程序化建设。

二是认真开展界别活动。以政协专委会为主体，积极开展视察、调研活动，增强界别在政协工作中的活力和在各界群众中的凝聚力。

三是进一步加强专委会工作。加强专委会与党政对口部门和界别小组的联系，搭建委员活动平台，切实增强工作活力和成效，更好地发挥专委会在政协履职中的基础作用。

四是进一步加强政协机关自身建设。以加强机关党建为重点，深入开展“两学一做”学习教育，全面推进机关思想建设、作风建设、制度建设和反腐倡廉建设，努力造就一支政治坚定、作风优良、业务熟练的高素质干部队伍，努力建设学习型、务实型的政协机关。

各位委员、同志们：

我们正处在灌阳加快发展的重要时期，让我们充分发挥优势，在县委的坚强领导下，深入贯彻落实十八大精神和“四个全面”的要求，以实现国民经济和社会发展第十三个五年规划为主题，以提升政协工作服务全局参政议政水平为目标，真抓实干、开拓创新，为建设文明和谐幸福新灌阳做出积极贡献！

中国人民政治协商会议灌阳县第九届委员会常务委员会工作报告

——在政协灌阳县第九届委员会第二次会议上

（2017 年 2 月 13 日）

灌阳县政协副主席 唐莉姣

各位委员，同志们：

我受政协灌阳县第九届委员会常务委员会的委托，向大会报告工作，请各位委员审议，并请列席会议的同志提出意见和建议。

九届一次会议以来工作回顾

九届一次会议以来，常委会在县委的坚强领导下，在县政府的大力支持和各方密切配合下，认真学习贯彻党的十八届三中、四中、五中、六中全会和灌阳县第十五次党代会精神，牢牢把握团结和民主两大主题，紧紧围绕全县工作大局，切实履行政治协商、民主监督、参政议政职能，实现了本届政协工作的良好开局。

一、围绕中心，服务大局，履职工作深入推进

（一）积极建言，政治协商有序进行

九届一次会议期间，委员们认真听取和分组讨论了县政府工作报告，围绕政府工作报告和我县政治、经济、文化、社会发展中的重大决策和人民群众关注的热点、难点问题，开展协商讨论，积极建言，提出 28 条意见和建议。这些意见和建议涵盖了全县经济和社会发展各个方面，对县委、政府科学决策具有重要的意义。政协常委会把这些意见和建议整理后呈报给县委，并按程序转交给县政府及其部门，得到了县委的肯定和县政府及有关部门的高度重视。闭会期间，常委会多次组织政协常委及联络小组组长学习党的十八届六中全会、灌阳县第十五次党代会精神和中央的重大决策，并要求各联络小组组织委员认真学习，要求委员要主动与所在地方和部门的领导和群众沟通交流，协商讨论，多提好的意见和建议。同时，把收集到的群众的意见和建议及时反馈给县委、政府，为推动灌阳发展献智出力。

（二）注重实效，民主监督有力推进

一是注重质量办提案。常委会始终把提案工作作为重要的工作来抓，并召开专题会研究提案办理工作。九届一次会议期间，共收到政协提案 39 件，立案 38 件。为了使群众关心和关注的焦点问题较好地落实，还在 38 件提案中精选出了《关于加快我县农村电子商务发展的建议》《关于我县油茶发展的建议》等 6 个重点提案，由主席和副主席跟踪督办。在提案办理过程中，坚持主要领导负总责，分管领导跟踪抓，提案委具体办的原则，认真办理好提案。做到了件件有落实，事事有回复，提案答复率达 100%，收到了较好的效果，群众比较满意。

二是注重实效搞视察。九届一次会议以来，先后组织部分委员视察了灌阳香炉山养殖有限公司、灌阳日升生态特色农业开发有限公司、广西中原农业发展有限公司等农业项目，听取了这些公司的工作汇报，认真分析了这些公司存在的困难和问题，并协调相关部门解决了一些问题。组织灌阳籍市政协委员视察了兴农汇电子商务公司，以“灌阳的电子商务发展”为专题进行了座谈并以专题报告形式将委员意见和建议呈送市政协。在视察过程中，坚持注重实效，把重点放在解决问题上，使视察的成果得到了较好的落实。

三是主动参与行风监督，拓宽委员履职渠道。始终坚持“在参与中支持，在支持中服务，在服务中监督”的原则，切实发挥民主监督作用。九届一次会议以来，组织委员参与法院公开审理，旁听案件 3 件 20 人次，积极参与县委组织的各项测评和评议活动，切实履行委员民主监督的职责。

(三)服务发展,参政议政有效落实

一是精选课题,认真进行调研。坚持把调查研究作为委员履职的重要形式,形式多样地开展调研活动。九届一次会议以来,围绕我县经济和社会发展的重点和焦点问题,精选了20多个专题,先后组织8个调研小组对这些专题进行调研,形成了《休闲农业与乡村旅游》《稳定我县教师队伍,整体提高办学质量》等10多篇调研报告,从中精选出《休闲农业与乡村旅游》等4篇调研报告在大会发言。在每次调研活动中,调研组都能通过召开座谈会、走访群众等形式广泛听取各方面意见,深入实地进行考察,认真撰写好调研报告,为县委、政府科学决策提供了重要的参考依据。

二是深入各界,拓宽社情民意渠道。充分利用政协包容性强、联系面广等优势,充分反映群众和各界层人士的意见、愿望和诉求。通过召开座谈会、走访委员和委员报送信息等多种形式,积极收集来自社会各方面的社情民意。九届一次会议以来,共收集社情民意信息40多条,其中11条信息报送到市政协网,为县委、政府能及时把握社会动态,拓宽了信息渠道。

二、突出主题,彰显优势,各项工作不断创新

(一)联络联谊工作进一步拓宽

充分发挥人民政协联系广泛这一优势,以增强联谊为纽带,以团结合作为基础,多渠道多形式开展联谊活动,不断加强与上级政协和各兄弟县政协之间的联系。九届一次会议以来,主席和副主席分别带领各委室和部分委员到广东深圳、广西苍梧、金秀等10多个市、县进行了调研学习。同时,接待了区政协机关、桂林市政协机关、梧州市政协、隆安县政协等10个单位。通过“迎进来”“走出去”的形式,加强了与上级及兄弟县政协的联系与沟通,增进了友谊,拓宽了视野。

(二)密切与各民主党派人士的联系

常委会通过举办各界人士迎春茶话会等活动,邀请各民主党派、人民团体、各界人士代表参加,始终保持与各方面人士的密切联系;通过召开工商联、企业和有关界别委员代表参加的座谈会,听取意见,帮助解决企业发展中存在的问题;重视发挥民族宗教界委员的作用,组织他们在少数民族居住相对集中的区域开展走访、座谈活动,帮助解决实际问题。

(三)创新工作,联络小组活动有声开展

常委会十分重视委员联络小组的建设,把联络小组活动作为委员闭会期间履职的重要工作来抓。要求各联络小组围绕“四个一”(即:召开一次会议、进行一次学习、开展一次调研、上交一篇调研报告或信息)每季度开展一次小组活动,并拨出专项资金作为活动经费。九届一次会议以来,各联络小组都开展了2次以上学习和调研活动,形成调研报告8份,报送信息40多条,有力地推动了委员履职活动的开展。

(四)文史工作有新成果

精心组织,认真研究,广泛征集素材,精心编辑出版了《灌阳文史资料》第十四辑,总编印字数达20多万字,对弘扬传统文化、增进各界团结起到了非常重要的作用,为灌阳文化保存下了难得的史料。

三、夯实基础,改进作风,自身建设进一步加强

(一)加强培训,切实提高委员素质

常委会以会议和联络小组开展活动等形式,多方式多层次地举办培训班。一是认真学习贯彻党的十八大精神及习近平总书记系列重要讲话,以提高委员的政治素养;二是学习《政协章程》《中共中央关于加强人民政协工作的意见》等政协重要文件,帮助委员全面地了解政协的性质、特点、职能、权利和义务等基本知识,以提高委员履职意识;三是对如何履职、撰写提案、开展联谊活动、调研和视察等政协知识进行培训,以提高委员的履职能力。

(二)充分发挥专委会平台作用

一是认真落实班子成员分管专委会工作责任制,每位副主席分管联系一个专委会,加强对专委会工作的指导,协调解决专委会工作中遇到的问题。二是建立了专委会走访联系委员机制,各专委会保持与委员及所在单位的联系,为委员更好履职创造条件,并通过调研、视察、联谊等活动,增进委员间的相互了解,帮助委员解决履职中遇到的困难。

（三）推进机关自身建设

政协机关深入开展“三严三实”“两学一做”学习教育，以搞好服务、当好参谋为宗旨，扎实推进学习型、服务型机关建设；认真贯彻中央“八项规定”，严格执行领导干部廉洁自律规定，注重加强廉政建设。通过一系列的活动，机关干部的思想作风和工作作风有了明显的改变，“四种意识”，特别是大局意识、核心意识明显加强，工作业绩不断提高。

各位委员，同志们！九届一次会议以来，县政协常委会做了一些工作，取得了一定成绩。这些成绩的取得，是县委正确领导的结果，是县人大、县政府和社会各方面支持的结果，是全体政协委员和政协工作者努力工作的结果。在此，我代表县政协常委会，对长期以来一直关心支持政协工作的各位领导、各个单位、各个部门和社会各界人士表示衷心的感谢并致以崇高的敬意！

在总结成绩的同时，我们也要清醒地看到存在的问题与不足：政治协商的规范化、制度化、程序化建设还需进一步加强，民主监督的作用还需进一步发挥，建言立论的成果转化还需进一步推动，委员队伍建设还需进一步强化，委员联谊工作与委员调研视察的视野还需进一步拓展。我们真诚希望各位委员和同志们对常委会的工作提出意见和建议，争取今后的工作做得更好。

2017 年工作要点

各位委员，2017 年是我县全面实施经济社会发展第十三个五年规划纲要和打赢脱贫攻坚战的关键性一年。我们要在县委的坚强领导下，突出团结民主两大主题，围绕县委、政府的中心工作，切实履行职责，建言献策，服务大局，为把灌阳建设成为宜居宜业宜游、文明和谐幸福新灌阳做出新的贡献。

一、维护核心，团结联合，为构建文明和谐幸福新灌阳汇聚力量

坚持中国共产党的领导，坚决维护党的领导核心地位，既是做好政协工作的原则，也是做好政协工作的保障。要充分发挥政协联系广泛，代表性、包容性强，在团结各界、协调关系、维护稳定方面的独特优势，协助县委、政府做好新形势下的群众工作，努力增进社会和谐。要通过界别渠道做好协调关系、凝聚力量的工作，密切与各方面人士的合作，努力为构建文明和谐幸福新灌阳贡献力量。

二、积极参与，主动作为，为灌阳经济社会发展履职尽责

（一）认真开展政治协商

经常性组织政协委员就事关全县经济社会发展的重大问题开展协商活动，深入基层、深入一线、深入群众，广泛了解社会各阶层的意见、意愿和诉求，有计划地组织委员针对与群众切身利益密切相关的热点和难点问题进行调研，拓宽渠道，为委员建言献策提供平台。

（二）扎实推进民主监督

强化对委员提案办理落实情况的跟踪督办，使委员提出的意见和建议落实到位。加强对民生保障、招商引资、工业发展、城市建设与管理、脱贫攻坚等工作视察，增强民主监督的实效，有针对性地组织 2~3 次视察活动。

（三）积极做好参政议政

紧紧围绕全县中心工作，加强对生态环境、工业农业、休闲旅游业和招商引资等方面发展情况的调研，多出实招，多办实事。今年，各联络小组要积极组织开展调研活动，每个小组要报送 1~2 个调研报告给县政协，常委会还要围绕全县经济和社会发展的重点工作组织两次以上的调研。

（四）广泛开展联谊活动

加强与工商联、人民团体和社会各界人士的沟通和联系，凝聚合力。加强与市内外、省内外政协组织的联系，保持沟通，增进感情，促进工作交流。加强委员走访工作，更好地发挥主体作用。

三、加强自身建设，全面提升工作科学化水平

（一）加强思想建设

按照懂政协、会协商、善议政的要求，准确把握政协工作的方向和使命，始终把围绕中心、服务大局、促进发展作为履职的第一要务。立足于改革和发展的实际，找准服务经济建设和社会发展的切入点，切实履行好政协的各项职能。积极探索履职的新思路、新方式、新机制，进一步解放思想，着力开拓创新、与时俱进。

（二）加强组织建设

加大创新力度，使常委会工作的内容和形式能够适应新时期、新任务的要求。重视和加强政协专委会建设，使专委会成为委员和各界人士经常聚会的“委员之家”。发挥好委员专长，扩大委员活动参与面，为委员履职创造条件。要切实加强管理，最大限度地激发委员队伍活力。

（三）加强作风建设

大兴求真务实之风，无论是履行主要职能，还是开展各项活动，都要实事求是、从实际出发；大兴民主团结之风，发扬民主，增进团结，真诚相待，相互尊重，密切与各单位和各界人士的联系与沟通，永葆政协工作生机。

各位委员，同志们：

我们正处在灌阳加快发展的重要时期，让我们充分发挥优势，在县委的坚强领导下，深入贯彻落实党的十八大和习近平总书记系列重要讲话精神，牢固树立“四种意识”，按照“四个全面”的要求，以实现国民经济和社会发展第十三个五年规划为主题，以提升政协工作服务全局参政议政水平为目标，为建设宜居宜业宜游、文明和谐幸福新灌阳，开拓创新，扎实奋进，为迎接十九大的召开，再创佳绩！

灌阳县大事记

1 月 10 日，广西壮族自治区、桂林市中华文化促进会组成的湘江战役纪念学习团一行到灌阳县考察红色文化

灌阳县大事记

1月

1日　灌阳县再次下调一般工商业用电价格，不分电压等级每千瓦时分别下调0.0150元，这是继2015年4月份灌阳县降低一般工商业用电价格0.0634元/每千瓦时后，又一次下调工商业用电价格。

同日　灌阳县生育保险费率从工资总额的0.6%降至0.5%。

4日　新圩镇广西星霞农业科技有限公司被评为2015年广西休闲农业与乡村旅游示范点。

5日　县委常委班子"三严三实"专题民主生活会在县政府四楼会议室召开。

6日　桂林市副市长王建毅带领市农业局、发改委、农机局等相关部门领导到灌阳县，就灌阳黄关镇水稻核心示范区、灌阳县水稻生产全程机械示范基地、灌阳县千家洞雪梨黑李产业（核心）示范区、灌阳镇朱安冲新农村等地进行了实地调研。

同日　桂林市政府环保目标责任制工作领导小组第一检查组对灌阳县2015年度环境保护目标责任制完成情况进行检查。

同日　灌阳县委武装工作委员会暨国防动员委员会全体会议在县委三楼会议室召开。

10日　广西壮族自治区和桂林市中华文化促进会组成的湘江战役纪念学习团一行到灌阳县考察红色文化。

12日　自治区新闻出版广电局对灌阳县2015年广播电视无线覆盖工程进行检查验收。至此，灌阳县基本实现广播电视无线发射全覆盖。

同日　由桂林市农业局副局长、市示范区创建办副主任杨水才及市发改委农经科等相关部门领导组成的第二批现代特色农业（核心）示范区考评组到灌阳县，对灌阳县的现代特色农业（核心）示范区进行考评。

13日　灌阳县第十五届人大常委会第三十四次会议在县人大会议室召开。会议一致通过黄小雪、蒙斌挂任灌阳县人民政府副县长。

同日　桂林市直机关工委副主任阎天际、王榕一行到灌阳县检查指导"爱心厨房"项目建设工作。

14日　广西壮族自治区投资促进局副局长张进选等领导到灌阳县开展"送温暖、献爱心"走访慰问活动和调研招商引资工作。

同日　创维集团"善行灌阳·爱心惠民"慈善公益活动启动仪式在县文化大厦举行，为灌阳县捐赠了价值60万元的物资。

18日　2015年度乡镇党委书记抓基层党建工作和履行党风廉政建设主体责任述职评议会在文市镇召开。

19日　中国共产党灌阳县第十四届委员会第十次全体会议在县委三楼会议室召开。会议深入学习贯彻党的十八届五中全会、自治区党委十届六次全会、市委四届六次全会和中央、区市经济工作会议精神，全面总结灌阳县2015年的工作，安排部署了2016年各项工作任务。

25日　县委书记沈荔芳深入全县9个乡镇开展扶贫攻坚专题调研活动，了解9个乡镇精准扶贫各项工作的开展情况，并就如何开展下一步扶贫工作进行研究讨论，听取各乡镇领导班子对扶贫工作的意见和建议。

26日　广西壮族自治区扶贫开发办公室党组成员、广西外资项目管理中心主任成伟光一行到灌阳县就精准扶贫工作进行督查。

27日　县人大常委会主任蒋小林一行到文市镇桂岩村、玉溪村、吉田村看望困难党员和群众。

同日　县政协主席范科君到黄关镇开展春节慰问，为该镇的道德模范、贫困党员和贫困户送去新春的祝福。

同日　省道201线全州至沙子公路新圩至灌阳路段大修工程主体顺利完成。

28日　灌阳县召开2016年各界人士迎春茶话会。沈荔芳、范科君、李春孟、胡天云、周娜、周恒志、赵新春、郑有成、陆健康、唐奕、王峰等县领导和各界人士代表参加会议。

29日　灌阳县沈荔芳、蒋小林、范科君、文

1 月 26 日，自治区扶贫开发办到灌阳县就精准扶贫工作进行督查

申请执行人发放共计 9.5 万元司法救助金。

同日 灌阳县在县政府三楼会议室召开 2016 年农业农村工作会议。

16 日 灌阳县召开第十五届人大常委会第三十六次会议。会议审议表决了县十五届人大五次会议代表优秀建议、承办建议先进单位和 2015 年度乡(镇)人大工作先进单位，审议表决县十五届人大六次会议有关事项，听取和审议县政府《2016 年本级年初预算》。

同日 泰国佛统府学者唐郑隆、Savisa Kong Sit Tang 等，与灌阳县民族局和相关单位领导就灌阳县民族民俗方面进行为期 3 天的考察。

18 日 由县纪委、县委督查室、县政府督查室和县乡村办组成联合督查组，对全县开展“美丽灌阳”乡村建设活动进行为期 2 天的专项督查。

19 日 灌阳县全县春季学期开学工作会议在县教育局七楼会议室召开。全县中小学 24 日开学注册，25 日正式上课。

23 日 灌阳县查处发生在群众身边“四风”和腐败问题专项工作约谈会在县委三楼会议室召开。县委书记沈荔芳，县长陆桂弟，县委常委、纪委书记胡天云以及各乡(镇)的党委书记、乡(镇)长、纪委书记，18 个县直单位主要领导参加会议。会议由胡天云主持。

同日 政协灌阳县第八届委员会第七次会议在县文化大厦召开。大会应出席委员 137 名，实到委员 121 名。

24 日 灌阳县第十五届人民代表大会第六次会议在县文化大厦开幕。此次大会应到代表 177 人，实到代表 169 人。县长陆桂弟代表县人民政府向大会作《政府工作报告》。

同日 广西壮族自治区召开脱贫攻坚精准帮扶动员暨贫困村党组织第一书记培训会议，会议为期 5 天。当天下午，沈荔芳、陆桂弟、蒋小林、范科君等县四家班子领导在各分会场召开全区脱贫

斌、黎大友、杨小平、周恒志、陆健康等县四家班子领导，看望慰问驻灌部队官兵。

30 日 广西壮族自治区副主席、公安厅厅长胡焯到灌阳县开展春节慰问和冬修水利活动。自治区人民政府副秘书长周长青、自治区投资促进局局长杨静华、桂林市副市长仇祖和等领导陪同参加活动。

31 日 县长陆桂弟到灌阳镇和新街镇，对全国劳模、环卫工人、离休干部、贫困户、困难老党员和困难残疾人进行春节慰问活动。

2 月

14 日 县委书记沈荔芳，县委常委、县委办主任周恒志，县委挂职常委、挂职副县长欧阳向利，副县长赵桂花带领县扶贫办、林业局、财政局等相关单位主要领导深入灌阳镇马头村，就脱贫攻坚工作进行调研，并与村民们一同挥锄扬铲修建林区道路，共筑脱贫致富之路。

同日 县长陆桂弟率领县水利、国土等县直相关部门主要领导到联系点新街镇开展慰问活动，并为烈溪村的贫困户送去慰问金和慰问品。

15 日 灌阳县第十五届人民政府召开第五次全体(扩大)会议，讨论、修改、完善和通过提请第十五届人大六次会议审议的《政府工作报告》。

同日 灌阳县人民法院举行国家司法救助金集中发放仪式，集中为 6 件执行案件的生活困难

2月25日，自治区人力资源和社会保障厅到灌阳县调研农民工创业园项目前期建设工作

攻坚精准帮扶动员研讨会，学习讨论和贯彻落实自治区党委书记彭清华的重要讲话精神，进一步动员全县各级各部门深入学习好、领会好、贯彻好中央和自治区领导对脱贫攻坚精准帮扶动员工作的重要指示精神，扎实推进全县脱贫攻坚精准帮扶各项工作。

同日 灌阳县观音阁乡综合幼儿园投入使用。

25日 广西壮族自治区人力资源和社会保障厅农民工工作处处长陈文安一行到灌阳县，就县陈工选矿机械制造有限公司、广西都庞岭木业有限公司“林板一体化”项目、农民工创业园综合服务大楼和维信眼镜制造项目，示范性贫困县农民工创业园申报情况开展调研。

26日 灌阳县公安局破获一起特大入室盗窃名烟名酒案，价值10多万元。

27日 县委中心组学习习近平总书记在党的新闻舆论工作座谈会上的重要讲话精神，会议在县政府四楼会议室召开。沈荔芳、陆桂弟、蒋小林、范科君等县四家班子领导参加会议。会议由县委书记沈荔芳主持。

同日 灌阳县脱贫攻坚大数据平台建设等实施方案工作汇报会议在县政府四楼会议室召开。

29日 灌阳县2016年组织工作暨乡镇换届工作会议在县委三楼会议室召开。会议总结2015年全县组织工作，安排部署2016年各项工作任务，特别是对全县2016年乡镇领导班子换届工作进行动员和部署。

同日 灌阳县全县政法工作会议在文化大厦召开，黎大友、杨小平、周恒志、唐敏、罗永方、陆健康等县领导出席会议。会议由县委常委、县委办主任周恒志主持。

3月

1日 广西壮族自治区水产畜牧兽医局副局长王海吟、自治区渔业处处长罗春业等一行到灌阳县开展水产畜牧业扶贫工作调研暨广西养殖产业脱贫2016年春季行动。县长陆桂弟、县人大副主任唐敏、县水产畜牧兽医局领导参加调研。

同日 灌阳县2016年宣传思想工作会议在县委三楼会议室召开。

2日 中共灌阳县第十四届纪律检查委员会第六次全体会议在县委三楼会议室召开，县委书记沈荔芳，县长陆桂弟，县人大常委会主任蒋小

3月2日，中共灌阳县第十四届纪律检查委员会第六次全体会议在县委三楼会议室召开

林，县政协主席范科君等领导参加会议。

同日 广西壮族自治区投资促进局副局长郑娟一行到灌阳县新街镇江口村开展扶贫开发工作调研暨“兴水利、种好树、优生态、惠民生”主题活动。

同日 灌阳县2016年工业经济暨招商引资工作会议在县委三楼会议室召开。

3日 灌阳县2015年度工作总结表彰大会在文化大厦召开。会上，表彰灌阳高中高三(290班)学生周玲琼、黄国富、翟春梅、侯苏杭为“灌阳见义勇为积极分子”。

同日 灌阳县脱贫攻坚推进会在文化大厦召开。

同日 灌阳县2016年农村农业工作会议在文化大厦召开。

4日 灌阳县开展《中华人民共和国反家暴力法》法制宣传活动。

同日 红三十四师第一〇〇团团长、福建军区参谋长兼独立第八师师长、新中国成立后曾任北京军区副司令员、开国中将韩伟之子韩京京一行到灌阳县水车乡修睦村国家重点文物保护单位——红三十四师烈士墓前进行祭奠。中央电视台纪录频道编导组，县政协副主席郑有成以及县直相关部门负责同志参加祭奠活动。

8日 广西壮族自治区教育厅厅长秦斌，教育厅基建项目处处长陈标智，市教育局局长钟平一行到灌阳县，就教育教学等基础设施建设工作进行调研。

10日 八路军桂林办事处纪念馆、县文物管理所在灌阳第二高级中学联合举办广西各族人民共同抗战系列图片展览活动。八路军桂林办事处纪念馆馆长时建红及县直相关部门主要领导参加活动。

12日 由驻灌阳县“美丽广西”乡村建设(扶贫)工作队、市人社局、新街镇党委、政府主办；桂林市戏曲研究院、桂林市富杰房地产开发有限公司、桂林市金色铭人管理集团、驻新街镇“美丽广西”乡村建设(扶贫)工作分队共同承办的“关爱留守儿童、情系空巢老人、实施精准扶贫”公益演出在新街镇三江村举行。

16日 《灌阳县志(1991—2005)》终审会在桂林市地方志办二楼会议室召开，自治区、市《灌阳县志(1991—2005)》验收委员会专家及灌阳县《灌阳县志(1991—2005)》主要编纂人员参加会议。会上，通过专家打分及表决，《灌阳县志(1991—2005)》通过终审验收。

同日 2016年桂林灌阳千家洞瑶族文化旅游节暨“二月八”农具文化节开幕。

同日 桂林市安监局局长韦文周一行到灌阳县，就灌阳县安监队伍建设和2016年重点工作安排情况进行调研。

17日 广西壮族自治区食品药品监督管理局党组成员、副局长张剑波率督查组到灌阳县，就全县食品检验检测资源整合试点项目实施情况进行督查。

同日 毛泽东主席特型演员、中国红色文化传播中心主席、伟人风采艺术团团长商清瑞参观灌阳县红色文化遗址和古民居。

19日 灌阳县委书记沈荔芳调任来宾市工作，不再担任灌阳县委书记，中共灌阳县委工作由

3月8日，自治区教育厅厅长秦斌(左三)一行到灌阳就教育教学等基础设施建设工作进行调研

县委副书记、县长陆桂弟主持。

20日 桂林市委书记、市人大常委会主任赵乐秦深入灌阳县，就灌凤高速运行、农业核心示范区建设、美丽乡村建设等情况进行调研。

21日 县领导文斌、周娜、赵桂花带领扶贫、发改、财政、住建、农业等部门及有关乡镇的负责人一行到河池、百色、玉林等地考察学习产业扶贫和移民扶贫等工作经验。

22日 灌阳县灌江国家湿地公园申报工作启动会在县政府四楼会议室召开。县长陆桂弟，挂职副县长黄小雪及县直相关单位、乡镇主要领导参加会议。

23日 广西壮族自治区区划办副主任谢显之一行在市农业局副局长邱云等人的陪同下到灌阳县调研小龙生态园、梨李产业核心示范区、"神农稻博园"水稻核心示范区。

24日 广西壮族自治区党委常委、宣传部部长黄道伟带领自治区财政厅、文化厅、宣传部文艺处、文物局等部门人员在桂林市委常委、宣传部部长、副市长陈丽华等领导的陪同下，到灌阳调研红色旅游文化情况。

同日 《广西经济》杂志社社长丁焰辉率调研组一行到灌阳县，就"以决战决胜之势 坚决打赢精准脱贫攻坚战"为主题进行调研。市政府发展研究中心副主任曲庭万，县委挂职常委、挂职副县长欧阳向利一同参加调研。

同日 上午9时56分，文市镇镇区302省道旁边（兽医站对面）一棵老樟树因根朽树空突然倒塌，砸中一辆（桂CWX780）小车、两辆电轮车，砸伤7名群众，其中1人送医院抢救无效死亡。

同日 灌阳县严肃换届纪律警示教育大会及桂林市宣讲团"两部党内法规"宣讲报告会在县文化大厦召开。

25日 2016年桂林市春季旅游扶贫就业专题招聘会在灌阳县红豆杉大酒店举行启动仪式。区旅发委产业促进处处长苏卫东、市旅发委党组成员陈贵根、副调研员陶祖护、副县长袁高明出席。

26日 灌阳县召开2015年度贫困县党政领导班子和领导干部经济社会发展实绩考核工作第六考核组灌阳对接会议。

27日 福建省龙岩市委常委、秘书长严志铭，龙岩市人民政府副市长毛高良一行在桂林市相关领导的陪同下到灌阳县水车乡修睦村的红军三十四师烈士墓和县烈士陵园开展祭奠活动。

同日 由广西壮族自治区政府督查室组成的督查小组到灌阳县，就全县的党政领导班子和领导干部经济社会发展实绩考核工作进行核验。

29日 桂林市"安全教育月"现场会在灌阳县民族中学召开。

同日 灌阳县总工会第十二届全委（扩大）会议在县林业局会议室召开。

30日 桂林市副市长王建毅率市商务局、工信委、农业局、供销社、财政局等市直部门和辖区内的12个县区政府及部分乡镇主要负责人等50多人到灌阳县，考察调研电子商务，并就推进湘南桂北电商合作发展示范区建设展开对接。

31日 团市委副书记张力丹一行到灌阳县就新街镇电商孵化基地、灌阳镇大仁村水果合作社和灌阳镇仁柜村合谷桃园的青年电商创

3月25日，2016年桂林市春季旅游扶贫就业专题招聘会在灌阳县红豆杉大酒店举行启动仪式

业工作进行调研。

同日 全州县委常委、宣传部部长、副县长蒋经灿一行到灌阳县，就红色旅游设施建设新圩酒海井红军纪念园、新圩镇杨柳井全国重点文物保护单位——湘江战役旧址、中国工农红军第三军团第五师指挥所、新圩阻击战陈列馆进行考察。

4月1日，灌阳县查处发生在群众身边的"四风"和腐败问题专项工作现场推进会在文市镇召开

4月

1日 查处发生在群众身边的"四风"和腐败问题专项工作现场推进会在灌阳县文市镇召开。县长陆桂弟，县委常委、纪委书记胡天云等领导参加会议。

同日 灌阳县公安民警、消防、武警官兵到灌阳革命烈士陵园进行清明节扫墓活动，深切缅怀革命先烈。

6日 灌阳县扶贫开发工作专责小组座谈会召开，会议听取各专责小组工作汇报并部署下一步工作。

同日 灌阳农村商业银行举行信贷授信仪式。对6家企业进行授信授牌，其中为广西都庞岭木业有限公司授信1.3亿元、灌阳县供电供水发电公司授信1亿元、桂林灌阳千家洞矿泉水公司授信800万元、灌阳县兴农电子商务有限公司授信200万元、灌阳日升生态特色农业开发有限公司100万元、灌阳县都庞岭瑶乡生态养殖有限公司100万元。

4月17日，灌阳县普降冰雹。图为"鸡蛋雹"

13日 马头风电场首台风机于12时36分成功实现并网发电，从此结束灌阳县能源结构单一的历史，为灌阳增添风电新能源。

同日 南宁天海互联网研究院的专家到灌阳县，在县委三楼会议室召开电子商务进农村人才培训班。

14日 灌阳县"神农稻博园"水稻核心示范区规划座谈会在县农业局三楼会议室召开。

15日 灌阳县是全区14个自治区示范性贫困县农民工创业园建设试点县之一。是日，灌阳县申报创业园获得专家评审全票通过。

17日 10时至11时灌阳县普降冰雹，最大的冰雹出现在西山瑶族乡茶源村，最大冰雹直径约3.5厘米，俗称为"鸡蛋雹"。

19日 灌阳县与桂林南国红豆杉食品有限公司投资的灌阳红豆杉山泉水项目签约仪式在县政府三楼会议室举行。

20日 广西壮族自治区减灾委员会成员、区农业厅副厅长郭绪全率队到灌阳县进行救灾准备

4月20日，自治区减灾委员会成员、区农业厅副厅长郭绪全（左二）到灌阳检查灾前准备工作

28日 灌阳县庆"五一"职工运动会在体育馆举行。县直机关及各乡镇工会工作委员会、系统工会、基层工会的23支代表队参加运动会。

29日 灌阳县"征兵进校园"活动在灌阳高中举行，县委常委、人武部部长黎大友，县委常委、常务副县长李春孟，县人武部政委田应军，以及灌阳高中主要领导、高三年级全体师生参加此次活动。

工作专项督查。县委常委、宣传部长、副县长陈礼兵参加专项督查。

21日 桂林市政协副主席蒋炳穗一行到灌阳县，就新街镇江口村唐景崧故居的保护和利用，挖掘桂林名人故居的历史文化价值，彰显桂林历史文化名城的魅力，助推桂林国际旅游胜地建设进行调研。县政协主席范科君、县政协副主席王峰及新街镇主要领导一同参与调研。

22日 灌阳县历史文化保护和利用工作会议在县政府四楼会议室召开。县长陆桂弟，县委常委、常务副县长李春孟，县委常委、县委办主任周恒志，县人大常委会副主任唐莉姣，副县长袁高明，县政协副主席王峰参加会议。

23日 为"世界读书日"，县委宣传部联合县图书馆、县新华书店在县大市场开展图书捐赠活动。

25日 灌阳县"两学一做"学习教育工作动员会在县文化大厦召开。该学习教育工作正式启动，全县12855名党员将全部参加学习教育。

26日 灵川县委常委、副县长余桂兰一行到灌阳，就灌阳县发展农村电子商务的成功经验进行考察学习。

27日 桂林航天工业学院党委副书记、纪委书记黄文韬一行，就如何做好下一步联系村帮扶工作，到该单位联系的新圩镇潮立村、共耕村和文市镇玉溪村进行走访调研。

5月

1日 灌阳县国税局成功为小规模纳税人代开出第一张增值税专用发票。

3日 灌阳县政协主席范科君带领县交通局、民政局等部门相关负责人到猫儿石村开展调研。

4日 桂林市委常委、纪委书记吕洪安，市纪委副书记韦秋燕一行到灌阳县，就党风廉政建设主体责任、查处发生在群众身边的"四风"和腐败问题专项工作开展调研。

5日 桂林市环保局副局长舒忠常率领的市节能减排考核小组到灌阳县，就2015年度应对气候变化及节能减排工作进行评价考核。

6日 灌阳县在县体育馆举行2016年民兵整组点验大会。来自县应急连和灌阳镇、文市镇应急排的3个分队共205名基干民兵进行集中整顿和点验。桂林警备区后勤部部长李家明参加点验大会。

同日 桂林市旅发委党组成员刘春智与桂林市全域旅游规划调研组到灌阳县召开桂林市全域旅游规划调研座谈会。

10日 桂林市社会福利医院多名专家到灌阳县人民医院门诊大楼二楼开展"精防日"诊疗活动。

11日 广西电视台新闻频道栏目组先后到灌阳县文物管理所、新圩阻击战陈列馆、杨柳井、新圩阻击战战地救护所、酒海井、文市镇桂岩村等地，就录制红色遗迹直播视频进行选点和采访。

同日 灌阳县妇联在黄关镇商家村开展家政培训“大篷车”进村（社区）宣传活动。

12日 桂林市四家班子部分离退休老领导到灌阳县，就工业、农业、旅游业等方面的工作进行调研。

同日 灌阳县领导干部大会在县委三楼会议室召开，桂林市委常委周卫宣布干部任免决定：任命陆桂弟为中共灌阳县委员会书记，提名免去其灌阳县人民政府县长职务；任命卢嵩为中共灌阳县委员会副书记、提名灌阳县人民政府县长候选人，免去其中共兴安县委副书记职务。

13日 广西壮族自治区政协委员、桂林市政协常委、澳门广西桂林联谊会会长叶志和为团长的“桂林学校关爱团”一行，到西山瑶族乡开展学校探访关爱活动。

同日 桂林市水稻生产机械化育插秧现场演示暨农机购置补贴机具展（演）示会在新街镇举行，市农机局局长毛义德、市农机局及各县区农机局有关人员参加会议。

同日 灌阳县灌阳镇三联村儿童家园正式开园。该园为区级示范性“儿童家园”。

14日 灌阳高中2016年自治区“卫生优秀学校”复评工作布置会在灌阳高中办公楼五楼会议室召开。

14日至15日 由灌阳县教育局、团县委、县少工委、县非遗中心、中国人保灌阳支公司联合举办，声乐、器乐、舞蹈比赛，在县文化大厦举行，比赛分少儿组和青年组。

17日 欧美同学会及其成员搜房网CEO莫天全，到灌阳县三联村儿童家园进行捐赠活动。捐赠价值五万元物资。

18日 桂林市政协党组成员、副主席李文升与部分自治区政协委员、市政协委员组成的市政协界别委员小组到灌阳县调研生态农业发展情况。

同日 灌阳县迎接安全生产巡查准备工作会议在县委三楼会议室召开。

19日 灌阳县2016年拟提拔的67名科级领导干部进行任职前廉政法规知识测试在县委三楼会议室举行。

20日 灌阳县委副书记、代理县长卢嵩带领县水利部门领导到水车铁口源水库、水车水库及新圩镇光明村抛水岭水库、月塘水库，就水库涨水情况、防洪堤防洪能力、水库工作人员值班日志等工作进行调研。

24日 灌阳县委书记陆桂弟到新街、黄关、文市、新圩、水车、洞井、西山等乡（镇），看望各乡镇新配备的领导班子，实地调研指导换届选举工作。

同日 灌阳县委宣传部党支部通过开展“穿一套红军服，重走一段长征路，重温一次入党誓词”的方式，开展第一专题“讲政治，有信念”的专题实践教育活动。

25日 桂林市农网验收委员会对灌阳县农网改造升级工程进行全面评估，评定灌阳县2013—2014年农网改造升级项目整体通过竣工验收。

26日 自治区农机局局长黄铭福到灌阳县，就水稻生产全程机械化工作进行调研。桂林市农机局局长毛义德，灌阳县人大常委会副主任、县政府党组成员唐敏参加调研。

同日 灌阳县委书记陆桂弟，县委常委唐奕与县教育局、团县委、灌阳农商行领导到部分小学和幼儿园开展“六一”慰问活动。

27日 灌阳县委宣传部特邀《桂林日报》要闻部主任李宏峰、桂林生活网总监费志刚到灌阳县，就如何做好纸媒体和新媒体等方面进行有针对性的培训。

28日 桂林市委组织部副部长蔡泽军到灌阳县对乡（镇）党委及人大换届选举工作进行调研，代理县长卢嵩，县委常委、组织部部长周娜，以及县直相关部门主要领导一同参与调研。

30日 灌阳县委中心组在县政府四楼会议室召开扩大会议，专题学习研讨“两学一做”，集中学习《中国共产党章程》。县委书记陆桂弟，代理县长卢嵩，县人大常委会主任蒋小林，县政协主席范科君等县四家班子领导参加会议。

同日 灌阳县夕阳红书画诗联协会在县文化大厦举办协会成立十周年活动。

同日 灌阳县农机购置直接补贴在县政务中

心开始集中申请报名，标志着2016年灌阳县农机购置直接补贴工作全面展开。

31日 桂林市委组织部副部长石凤羽带领的审计组一行到灌阳县开展审计工作。

同日 灌阳县人大常委会主任蒋小林与广西百姓家居民服务有限公司董事长熊国龙一行到文市镇达溪小学开展“六一”儿童节关爱活动。

同日 灌阳县爱卫办、县疾控中心、县卫生监督所、县新型农村合作医疗管理中心、县妇幼保健院等多家单位在县城大市场前的小广场联合开展世界“无烟日”主题宣传活动。

同日 在黄关镇联德村的稻田里，由“绿、黄、紫”三种彩色水稻创意种植的造型。一边呈现“幸福抱稻”四个大字，中间部分呈现一个瑶族女子与儿童正欢舞着，另一边呈现袁隆平的自画像，人像的下边是“禾下乘凉梦”五个大字。“幸福抱稻”和“禾下乘凉梦”字体颜色、人物等用的是紫色彩稻，自画像和麦穗则用的是黄色彩稻。

6月

1日 由桂林市委副秘书长刘春燕带队的调研组到灌阳县，就开展市第五次党代会报告起草工作进行深入调研。

同日 灌阳县代理县长卢嵩，县委常委、宣传部长周恒志与县政府办、教育局、妇联、灌阳农商行主要领导一同前往县直二小和县直机关幼儿园进行“六一”慰问活动。

2日 桂林市人大常委会副主任、党组副书记潘永建一行到灌阳县就县乡人大换届选举工作的筹备情况、存在的困难等方面进行调研。

同日 灌阳县代理县长卢嵩对县城路网建设工程及生态移民项目进行实地调研。

3日 灌阳县在县委三楼会议室召开查处发生在群众身边的“四风”和腐败问题专项工作再推进暨警示教育会议。

同日 灌阳县在县政府四楼会议室举办第一期“两学一做”学习教育专题培训班，对县“两学一做”学习教育工作协调小组成员进行了专题培训。

12日 中国农业发展银行桂林分行与灌阳县签署战略合作协议。

13日 桂林市文联党组书记、主席何绍连一行到灌阳县灌阳镇枫树脚、新圩镇杨柳井、新圩阻击战战地救护所、酒海井开展“七一”主题党日系列活动暨纪念红军长征胜利80周年文艺采风活动。

同日 灌阳县在县政府三楼会议室召开广西第三届农民工技能大赛筹备工作会。

15日 由桂林市委督查室、市政府督查室、市新型城镇化示范乡镇建设工作领导小组办公室人员组成的督查组一行到灌阳县文市镇商贸新城、镇区街道、文市公园、汽车站、工业园区等城镇化示范乡镇建设项目情况进行督查。

16日 广西第三届农民工技能大赛灌阳县初赛在县文化大厦举行开幕式。此次大赛设焊工、工具钳工、汽车修理工、砌筑工、钢筋工5个职业(工种)，各乡镇150名农民工参加。

同日 灌阳县直属工委第十五次党员代表会议在县电力公司八楼会议室召开，会议选举产生了出席中国共产党灌阳县第十五次代表大会代表。

同日 灌阳县水车水库水位库容接近警戒水位，于当天中午开闸泄洪。

同日 桂林市民政局班子成员、党员、团员一行到灌阳县，开展“重走长征路”活动。

17日 中央电视台摄制组一行到灌阳县拍摄红色纪录片《为了胜利的彼岸》。

19日 灌阳县“团聚爱·牵手江东”青年交友联谊活动，在灌阳县水岸家园举行。来自全县各级机关、企事业单位及创业青年近100名单身青年男女参加此次活动。

同日 在深圳南山凯宾斯基酒店举行2016年广东广西灌阳商会成立大会。县委常委、统战部部长赵桂花、县人大常委会主任助理袁高明、县政协副主席陆健康、县统战部相关人员，及县工商联、招商局、旅游局主要领导、各兄弟商会、同乡会领导和灌阳籍企业家300多人一同参加庆典。

20日 桂林市农村义务教育学生营养改善计划工作现场会在灌阳县举行，自治区教育厅体卫艺处调研员郑安宁，桂林市教育局副调研员查军才，县委常委、宣传部长、县政府党组成员周恒志出席会议，桂林市雁山区、资源县、龙胜县、恭城县，以及灌阳县分管营养改善计划工作的领导共160余人参加了会议。

同日 灌阳县委组织部组织支部党员到灌阳县红色文化教育基地开展重走长征路“两学一做”活动。

21日 灌阳县在县文化大厦召开2016年脱贫摘帽工作推进大会。

同日 灌阳县在县委三楼会议室召开全县扶贫工作队驻村工作情况交流会。

22日 自治区副主席黄世勇一行到灌阳县，就灌阳县的脱贫摘帽工作前往新街镇、灌阳镇进行调研。桂林市政府党组成员谢灵忠，县委书记陆桂弟，代理县长卢嵩，县委副书记陈礼兵，县人大常委会副主任、县政府党组成员唐敏以及政府办、扶贫办等相关负责人参与调研。

同日 灌阳县委书记陆桂弟到桂林市灌阳县兴农电子商务有限公司和新街镇对电商扶贫、产业扶贫、旅游扶贫和金融扶贫等工作进行调研。

同日 灌阳县在县林业局二楼会议室召开新一轮退耕还林工作推进会。

23日 桂林市纪委组织由《桂林日报》等5家新闻单位组成的市属采访团一行到灌阳县，就进一步宣传灌阳县开展查处发生在群众身边的“四风”和腐败问题专项工作的好经验、好做法进行系列采访。

同日 由灌阳县“两学一做”协调小组组织开展的“保护母亲河　党员在行动”主题活动在全县展开。

24日 中国作协主席团委员、八一电影制片厂副厂长柳建伟，总政治部宣传部艺术局原局长汪守德，中国作协全委、河北省作协党组副书记、副主席王力平等26人到灌阳县，前往文市镇北流村、桂岩村，水车乡同德村，新圩镇龙桥村杨柳井屯，灌阳镇排埠江村枫树脚屯等地开展“重走长征路”采风活动。

24日至25日 自治区投资促进局巡视员曾小华一行到灌阳县开展追寻红色足迹·践行“两学一做”主题党日活动，并就自治区投资促进局联系村的脱贫摘帽工作进行调研。

26日 在北京召开的第三届国土资源节约集约模范县（市）表彰会上，灌阳县被评为国土资源节约集约模范县，还获得1000亩新增建设用地指标的奖励。代理县长卢嵩赴北京参加表彰会。

27日 灌阳县委书记陆桂弟到联系村——灌阳镇马头村、福星村开展结对帮扶工作。同时走访慰问特困老党员，为他们送去党的关怀和问候。

同日 灌阳县人大常委会主任、县政协党组书记蒋小林，县委副书记陈礼兵，县政协调研员魏大政分别到新街镇三江村、永富村、石丰村看望慰问困难党员及老党员。

29日 灌阳县代理县长卢嵩深入黄关镇东阳村、猫儿石村开展结对帮扶工作。

30日 灌阳县代理县长卢嵩调研357国道的规划走向和县城路网扩建。

同日 广西桂林灌阳日升生态特色农业开发有限公司结对帮扶保良村捐助仪式在洞井瑶族乡保良村保良小学举行，县委常委、统战部部长赵桂花，广西桂林灌阳日升生态特色农业开发有限公司法定代表人文逵参加。

同日 福建省委党史研究室原副巡视员刘云刚、福建省新四军研究会会员（红军、新四军、八路军后代）共21人赴灌阳，考察团参观红军长征新圩阻击战旧址，组织祭奠活动。桂林市党史研究室副主任曾富沅陪同参加活动。

同日 灌阳县在县文化大厦举行庆祝建党95周年暨开展“两学一做”学习教育文艺汇演。

7月

1日 桂林市委常委、统战部长王建毅到灌阳县新街镇三江村和飞熊村慰问农村贫困党员，同时调研灌阳县贯彻落实中央、自治区党委关于统一战线一系列重大决策部署情况。

同日 灌阳县代理县长卢嵩在县政府三楼会议室主持召开县政府第48次常务会议，传达学习全国推进简政放权放管结合优化服务改革工作电视电话会议精神和李克强总理重要讲话精神。

2日 自治区党委原副书记、广西桂学研究会会长潘琦带领广西文联、广西桂学研究会到灌阳县，先后前往灌阳镇枫树脚、新圩镇杨柳井、水车乡同德、文市镇北流、桂岩等地开展"重走长征路，共筑中国梦"调研活动。

5日 自治区文明办主任征文一行到灌阳县，就"两学一做"开展"重走红军路"实践活动。

同日 灌阳县建档立卡农村贫困人口因病致贫因病返贫调查工作推进会在县卫计局召开。

6日 中国共产党灌阳县第十四届委员会第十一次全体会议在县委三楼会议室召开。会上，县委副书记陈礼兵宣读桂林市委关于灌阳县召开第十五次党代会有关问题的批复，报告灌阳县第十五次党代会筹备工作情况。会议审议通过《中国共产党灌阳县第十四届委员会工作报告(讨论稿)》《中国共产党灌阳县第十四届纪律检查委员会工作报告(讨论稿)》，表决通过《灌阳县2011—2015年党费收缴、管理和使用情况报告(讨论稿)》，通过《中国共产党灌阳县第十四届委员会第十一次全体会议公报》。

同日 灌阳县脱贫攻坚结对帮扶工作会议在县文化大厦召开。

7日 中国长征精神研究院公布表彰在支持发起文化长征活动和在全国捐立80座长征精神碑活动中涌现出的优秀集体和个人名单，灌阳县委、县人民政府、县史志办荣获弘扬长征精神优秀集体。

同日 当代广西杂志社机关总支部委员会30余人到灌阳县开展重走长征路活动。参观新圩酒海井烈士纪念园、杨柳井中国工农红军第三军团第五师指挥所旧址和新圩阻击战灌阳镇枫树脚等地。

同日 桂林市政府政策规划室主任王荣青一行到灌阳县新圩镇龙桥百草园农业科技有限公司进行调研。

9日 2016年广西灌阳"六月六"尝新节暨第六届雪梨黑李节在灌阳县城江东新区红豆杉广场举行。

11日 灌阳县委中心组在县政府四楼会议室召开扩大会议，专题学习贯彻习近平总书记"七一"重要讲话精神和习近平总书记系列重要讲话精神，学习研讨"两学一做"第二专题。

13日 灌阳县代理县长卢嵩就灌阳县的文化新闻广播体育等工作前往县非遗中心、县文物管理所、灌阳电视台进行实地调研，县委常委、宣传部部长、县政府党组成员周恒志一同调研。

同日 灌阳县农业切块组领导及成员单位主要领导在县政府四楼会议室召开2016年灌阳县雪梨黑李(核心)示范区创建工作推进会。

7月2日，自治区党委原副书记、广西桂学研究会会长潘琦(左五)一行到"九如堂"开展"重走长征路，共筑中国梦"调研活动

14日 自治区国土资源厅党组成员、副厅长谢瑾瑜率调研组到灌阳县调研，市国土资源局党组成员、副局长周江一同调研。调研组实地查看新圩镇新卫村土地整治项目和灌阳镇大仁村生态移民搬迁点。

同日 桂林市政府副秘书长裴军，市公安消防支队副支队长陈丽率督察组在灌阳县政府三楼会议室召开夏季消防工作专项督查工作会议。

同日 桂林市航天工业学院党委书记李幼平一行

7月14日，自治区国土厅副厅长谢瑾瑜（中）到灌阳调研

深入灌阳县调研精准扶贫工作，县委书记陆桂弟，县委副书记陈礼兵，县委常委、副县长谷宝太以及相关单位负责人陪同调研。

16日 中共灌阳县第十五次代表大会在县城文化大厦召开，会期二天。应到会代表231名，出席大会代表224名。大会听取和审议了陆桂弟代表上届县委作题为《求实进取聚合力，克难攻坚谱新篇，为建设宜居宜业宜游、文明和谐幸福新灌阳而奋力拼搏》的工作报告，选举该届县委委员37名、候补委员7名。第一次委员全会选举陆桂弟、卢嵩、陈礼兵、黎大友、李春孟、赵桂花（女）、杨小平、周娜（女）、周恒志、唐奕、闫位勤为县委常委；陆桂弟为县委书记，卢嵩、陈礼兵为县委副书记。

17日 “青年马克思主义者培养工程”（以下简称“青马工程”）全国研究培训基地现场教学点揭牌仪式在灌阳县新圩阻击战陈列馆举行。团市委书记陈文彬，广西师范大学团委书记周海琦，县委副书记陈礼兵及县直相关部门领导，全区72所高校的“青马工程”160余名骨干参加仪式。

18日 灌阳县2016年度征兵工作暨乡（镇）党委书记、民兵营教导员培训大会在县委三楼会议室召开。

19日 灌阳县在县文化大厦举办电商进农村——如何实现精准扶贫与产业联动专题讲座。

同日 灌阳县代理县长卢嵩就灌江一桥拆除、重建工作进行现场调研，县委常委、常务副县长李春孟，县人大常委会主任助理袁高明，副县长蒙斌一同调研。

20日 灌阳县代理县长卢嵩，县委常委、统战部长赵桂花，县委常委、副县长谷宝太，县人大常委会主任助理袁高明以及县发改、财政、扶贫办、旅游、招商、国税主要领导组成灌阳县招商组一同赴广东开展桂粤合作驻点招商大行动，招商组一行到深圳市前海新区召开广东灌阳商会调研座谈会。

同日 灌阳团县委将“1+1”培养计划与大学生暑期“三下乡”社会实践活动相结合，在县委三楼会议室组织召开“筑梦基层炼才干，扶贫攻坚青春行”为主题的暑期志愿者服务活动培训会。

21日 《绝命后卫师》剧组到灌阳县进行《绝命后卫师》的取景拍摄。《绝命后卫师》剧组先后到县烈士陵园、水车乡修睦村红三十四师烈士墓取景拍摄。

22日 灌阳县在县委三楼会议室举行开展查处发生在群众身边的“四风”和腐败问题专项工作总结暨扶贫领域监督执纪问责工作动员会。

23日 南宁铁路局柳州铁路工程建设指挥部指挥长刘昭京、党工委书记周景武，中铁三局、灵川县铁办一行到灌阳县，开展以“弘扬长征精神，推进铁路建设”为主题的红色教育活动。

26日 由《南方日报》《江西日报》《福建日报》《湖南日报》《广西日报》《贵州日报》《云南日报》《四川日报》《甘肃日报》《宁夏日报》《陕西日报》组成的沿线省级党报联盟一行到灌阳县举行“重走长征路”大型采访活动。

27日 桂林市移民局局长李仁山到灌阳县就水库移民工程项目工作进行调研，在县政府四楼会议室召开座谈会。

同日 由桂林市工商联、市财政局、市人社局组成的督查组到灌阳县，就落实民营企业参与扶贫优惠政策在县人大六楼会议室召开联席会议。

同日 灌阳县脱贫攻坚推进会暨脱贫摘帽业务培训会在县文化大厦召开。

28日 由广东省委宣传部、广东省军区政治部、广东省国防教育办公室、广东省旅游局主办的广东省媒体"重走长征路"联合采访团到灌阳县参观采访。采访团先后参观中国工农红军长征瑶苗民族政策确定遗址——文市镇玉溪村、新圩阻击战主战场灌阳镇枫树脚，并进行实地拍摄采访。

同日 灌阳县政协主席、县人大常委会党组书记范科君，县委常委人武部部长黎大友，县政协副主席陆健康等领导看望慰问驻灌部队官兵。

29日 由广西壮族自治区体育局、教育厅、组织部基层办、团区委联合举办的2016年广西万名全民健身志愿者服务百县千乡基层活动灌阳县启动仪式暨培训会在县文新广体局举行。

同日 自治区文化厅副巡视员、文物局副局长谢日万一行到灌阳县调研。谢日万一行先后前往文市镇桂岩村岩口屯、月岭古民居，以及位于水车乡同德村宾家桥屯的红三军团指挥所——九如堂，新圩阻击战战地救护所，新街镇江口村唐景崧故居等地进行调研。

同日 南宁南铁党校中青班的处级干部共58人到灌阳县，开展革命传统教育现场教学，沿线参观灌阳镇枫树脚将军亭、博物馆广场、新圩阻击战陈列馆、杨柳井红五师指挥所旧址、酒海井红军烈士殉难处等地。

30日 北京大学、清华大学、厦门大学和同济大学的博士生、研究生及桂林市2016年"985"选调生计40余人到灌阳，开展"追寻红军足迹，重走长征路"红色之旅实践活动。

8月

1日 灌阳县水车乡新市场、新农村建设拆旧开工仪式在水车乡政府举行。

4日 中央环保督查组信访案件督办会在灌阳县政府四楼会议室召开。

5日 灌阳县在黄关镇联德村召开2016年水稻"三控"施肥技术现场观摩会。广东、广西、江西、海南、浙江和福建等省农技推广部门的领导、专家和代表，国家外国专家局、广东省外国专家局、广西区外国专家局和农业厅的有关部门领导参加现场观摩会。

8日 第八届广西体育节灌阳县分会场暨2016年"全民健身 健康广西"百万群众健身走（跑）活动在灌阳县城江东新区举行。

12日 新华社报道团到灌阳县开展重走长征路活动。

16日 广西电视台的记者来到灌阳县，参观枫树脚新圩阻击战陈列馆、杨柳井红五师指挥所、酒海井烈士纪念碑、三十四师烈士墓、"九如堂"红三军团指挥所、新圩阻击战战地救护所等红色旧址，并对灌阳红色历史进行采访。

同日 灌阳县委常委、宣传部部长、县政府党组成员周恒志带领相关部门负责人到洞井瑶族乡、观音阁乡分别就宣传文化、精神文明建设、古民居保护和开发工作进行实地调研。

17日 灌阳县与阿里巴巴（中国）软件有限公司

7月29日，2016年广西万名全民健身志愿者服务百县千乡基层活动灌阳县启动仪式暨培训会在县文新广体局举行

在灌阳县政府四楼会议室举行合作签约仪式。

同日 桂林市仁济慈善基金会到灌阳县举行捐资助学活动，灌阳县30名贫困大学生获50500元捐助资金，桂林市仁济慈善基金会理事长任树东、秘书长陶耀辉出席捐助活动。

19日 灌阳县第十五届人民政府第六次全体（扩大）会议在县委三楼会议室召开。

21日 灌阳县公车改革取消车辆（第二批）专场拍卖会在县直二小举行，67辆车全部拍完，起拍总价约160万元，成交总价314万元，溢价率超过150%。

22日 灌阳县代理县长卢嵩，县委常委、常务副县长李春孟实地调研兴灌环卫路口至兴灌北市路口段（电力公司至二桥头段）扩建工程建设情况。

同日 灌阳县矿产资源总体规划会议在县政府四楼会议室召开。

23日至24日 政协灌阳县第九届委员会第一次会议在县文化大厦隆重召开，大会选举产生政协灌阳县第九届委员会主席、副主席。选举蒋小林为主席，唐莉姣、陆健康、向国庆、郑有成为副主席。

24日 灌阳县第十六届人民代表大会第一次会议在县文化大厦召开，大会选举产生灌阳县人民政府县长、副县长。选举卢嵩为灌阳县人民政府县长，李春孟、周恒志、秦家德、唐敏、黄小雪、蒋红斌为灌阳县人民政府副县长。

25日 自治区政府副秘书长周长青一行到灌阳县就精准扶贫和信访工作进行调研。

26日 灌阳县与广西百姓乐淘科技有限公司在县政府四楼会议室举行合作签约仪式。

27日 自治区投资促进局局长杨静华一行到灌阳县开展结对帮扶活动。

8月27日，自治区投资促进局局长杨静华（左三）到灌阳县开展入户结对帮扶活动

30日 灌阳县在县文化大夏召开结对帮扶“一帮一联”工作推进暨乡村脱贫攻坚落实平台建设会议。

同日 桂林市总工会党组书记、副主席张强一行到灌阳县，开展重走长征路活动。

9月

1日 唐景崧同胞三翰林研究与开发动员会在灌阳县委三楼会议室召开。广西方志馆原馆长、巡视员、作家、广西大学兼职教授、方志专家文崇礼，自治区地方志办地情信息处调研员、副处长、副编审贾晓霖，桂林市地方志办公室主任徐朝凯等专家、学者参加会议。

同日 桂林市残联理事长李何一行到灌阳县洞井瑶族乡野猪殿村慰问退休教师李祖清。

同日 桂林市地震局局长毛喜才一行到灌阳县就防震减灾工作进行调研。

同日 灌阳县为参合农民在自治区南溪山医院、桂林医学院附属医院、解放军第181医院三家自治区级定点医疗机构住院的新农合患者实施即时结报。

2日 灌阳县长卢嵩，县委常委、常务副县长李春孟实地调研江东新区、县电商办、阿里巴巴

（中国）软件有限公司驻灌阳办公地点、车站搬迁选址等新增城建项目。

同日 2016年西山瑶族乡土地确权工作动员暨技术培训会在乡政府五楼会议室召开。

4日 广西电视台联合湖北、江西等8家省级电视媒体开展的“星火燎原 红耀中国”大型主题宣传报道活动在灌阳县举行。

6日 自治区粮食局党组书记、局长吴宇雄一行到灌阳县就粮食直补订单收购及仓储管理工作进行调研。

7日 桂林市新一轮退耕还林工作督查组到灌阳县，就灌阳县新一轮退耕还林工作的进展情况进行督查。

8日 灌阳县第三次全国农业普查工作会议在县委三楼会议室召开。

9日 灌阳县在县武装部办公楼前举行2016年度新兵入伍批准大会。

同日 由桂林市职工美术协会主办，灌阳县教育局、永福县教育局协办的“灌阳县、永福县、桂林市职工美术协会书画作品展”在灌阳县文化馆举办。

11日至13日 第13届中国—东盟博览会在南宁隆重举行。灌阳县委书记陆桂弟，县长卢嵩，县委常委、常务副县长李春孟，县委常委、统战部部长赵桂花，县委挂职常委、副县长谷宝太等县领导组成代表团参加博览会。11日下午，灌阳县有《灌阳县大广农牧规模养猪场建设项目》《灌阳县千家洞景区、小龙景区旅游开发项目》两个项目签约。灌阳县大广农牧规模养猪场建设项目总投资12000万元，灌阳县千家洞景区、小龙景区旅游开发项目总投资30000万元。12日上午，灌阳县有《华能灌阳都庞岭风电场项目》《灌阳县“直供港澳”生态种养新基地建设项目》两个项目签约，其中华能灌阳都庞岭风电场项目总投资92000万元，灌阳县“直供港澳”生态种养新基地建设项目总投资6000万美元。

12日 桂林市副市长彭代元，副市长、市政协党组成员、市总工会主席罗永东，桂林市秀峰区委书记蒋育亮一行分别到洞井瑶族乡椅山村、新街镇永富村、文市镇联合村进行扶贫工作调研。

14日 桂林市委常委、统战部部长王建毅到灌阳县调研扶贫工作。市委统战部副部长阳行志，市林业局局长彭志明，县委副书记陈礼兵，县委常委、统战部部长赵桂花一同调研。

17日 新华社栏目组一行到灌阳县，在灌阳革命烈士陵园进行现场拍摄。开国中将韩伟之子韩京京到现场接受直播采访。

18日 中央新闻媒体采访团到灌阳开展“重走长征路”采访报道活动。采访团先后前往文市镇玉溪村祠堂、酒海井红军纪念园、红三军团红五师指挥所、新圩阻击战陈列馆等地进行采访。

19日 桂林骏达运输股份有限公司董事长王勇一行到灌阳县就车站搬迁工作在县政府三楼会议室召开座谈会。县委书记陆桂弟，县长卢嵩出席会议。

同日 中共桂林市委员会党校灌阳分校举行成立挂牌仪式，市委党校副校长张柏林，县委书记陆桂弟，县委副书记陈礼兵，县委常委、常务副县长李春孟出席挂牌仪式。

20日 灌阳县委书记陆桂弟到广西都庞岭木业有限公司就刨花板项目进行调研。

同日 灌阳县2016年度社会保险扩面征缴工作会议在县委三楼会议室召开。

同日 广西农村投资集团有限公司董事长廖日裕一行到灌阳县调研。县委书记陆桂弟，县委副书记陈礼兵，县委常委、常务副县长李春孟，副县长黄小雪一同调研。

22日 共青团桂林市委员会书记、党组书记陈文彬一行到灌阳县进行“走进青年、转变作风、改进工作”大宣传大调研活动。

22日至23日 自治区党委宣传部组织中央驻桂媒体和区新闻媒体来灌阳县开展“红军长征胜利80周年”主题采访报道活动。

23日 广西新闻网采访团一行到灌阳开展“长征路上奔小康”网络媒体“走转改”主题采访活动。

24日 中国曲协副主席郭刚一行到灌阳开展“深入生活、扎根人民”曲艺名家新秀“重走长征路”采风创作主题实践活动。

26日 自治区党委督查室主任宁玉琼带领

9月28日，灌阳县在酒海井红军纪念园举行第一批红军烈士遗骸迁葬仪式

自治区扶贫督查组一行到灌阳镇福星村黄关镇顺溪村、洞井瑶族乡督查脱贫攻坚及结对帮扶工作的开展情况。

27日　自治区宗教局综合处处长谢春明一行到灌阳县西山瑶族乡调研宗教工作。

28日　灌阳县在水车乡修睦村隆重举行第一批红军长征灌阳新圩阻击战红军烈士遗骸迁葬仪式，将散葬在水车乡修睦村的红军烈士忠骨集中迁葬于湘江战役·灌阳新圩阻击战酒海井红军纪念园烈士陵中。

29日　灌阳县政协主席蒋小林到西山瑶族乡罗家村就基层党建示范点的建设情况进行调研。

30日　湘江战役·灌阳新圩阻击战红军烈士公祭仪式在灌阳酒海井红军纪念园举行。桂林市副市长兰燕，县四家班子领导，县直机关干部群众等3000余人参加。特邀开国中将韩伟之子韩京京，开国上将李天佑之子、原总参谋部军务部办公室主任李亚滨（大校）参加此次活动。

10月

3日至4日　广西桂商总会常务副会长，重庆智飞生物股份有限公司董事长蒋仁生一行考察千家洞矿泉水生产基地。并就灌阳县的宗教文化及生态旅游、文化保护工作、矿泉水资源开发进行调研。

8日　灌阳县长卢嵩，常务副县长李春孟，县委常委、统战部部长赵桂花到县老年大学、县审计局、县纪委进行调研。

10日　永福县委书记蒋昌桂，县委常委、组织部部长唐毅生，县委常委、纪委书记何涛，县委常委、县委办主任秦传志，副县长、公安局长王树生到灌阳县考察。

11日　新圩阻击战陈列馆开馆仪式在灌阳镇枫树脚新圩阻击战陈列馆门口小广场举行。李天佑之子李亚滨，市委宣传部副部长、市精神文明办主任唐述东，县四家班子领导，县直单位主要领导等参加开馆仪式。

10月3日，广西桂商总会常务副会长，重庆智飞生物股份有限公司董事长蒋仁生（前左三）一行考察千家洞矿泉水生产基地

12日 自治区县级现代特色农业示范区考评组到灌阳县对“神农稻博园”水稻核心示范区和油茶核心示范区进行考评。

13日 灌阳县长卢嵩先后到都庞岭木业有限公司、桂林兄弟木业有限责任公司就安全生产工作进行调研。

14日 灌阳县重点项目联审联批联席会议在县政府四楼会议室召开。

15日 灌阳县人民政府组织县水利局、公安局、林业局、水产畜牧兽医局、文市镇政府等单位依法对文市镇联合村江西渡一非法采砂点进行整治。

15日至16日 自治区林业厅厅长黄显阳一行到灌阳县新街镇飞熊村杉木屯、广西都庞岭木业有限公司进行调研。市林业局局长彭志明，县委书记陆桂弟，副县长唐敏等领导陪同调研。

同日 广西壮族自治区党委书记彭清华到灌阳县就灌阳雪梨、黑李等特色农产品，新街镇江口村、都庞岭木业公司，灌阳县电子商务公共服务中心调研。

18日 灌阳县广西都庞岭木业有限公司举行年产15万立方米刨花板项目竣工投产暨产品推介会。

19日 2016年灌阳县艾滋病防治工作暨第二轮防艾攻坚工程启动会议在县委三楼会议室召开。

20日 广西全区绿肥生产技术培训现场会在黄关镇联德村超级稻示范基地举行。

同日 2016年灌阳县农机安全生产工作会议暨村级农机管理员培训班在县电力公司八楼会议室召开。

21日 自治区副主席张晓钦到灌阳县调研旅游开发建设工作。自治区旅发委主任甘霖、桂林市副市长谢灵忠、县委书记陆桂弟等一同调研。

同日 灌阳县2016年第四季度防范重特大安全事故工作会议在县委三楼会议室召开。

同日 共青团灌阳县委2016年度“青春引擎”培训班开展革命传统教育现场教学，全县各乡镇、村及县直团干部共116人参加。

24日 自治区人民政府副主席、公安厅厅长胡焯，自治区人民政府副秘书长周长青，以及自治区投资促进局、信访局、水利厅、扶贫办等部门领导，到灌阳县新街镇龙炼村开展接访下访和扶贫工作。桂林市副市长、市公安局局长仇祖和，县委书记陆桂弟，副县长、县公安局局长秦家德，副县长唐敏等领导陪同参加。

同日 灌阳县召开2016年度民兵训练开训动员大会，在灌阳县陈工选矿机械制造有限公司召开，县委常委、人武部部长黎大友，县委常委、宣传部部长、副县长周恒志出席会议。

10月15日，自治区林业厅厅长黄显阳（左三）到广西都庞岭木业有限公司调研

25日 广西区党校、行政学院“送教下基层”灌阳县中青年干部培训班在县委党校培训大教室举办。

同日 灌阳县在县文化大厦组织学习贯彻习近平总书记在纪念红军长征胜利80周年大会上的重要讲话。

同日 来宾市委常委、纪委书记沈荔芳率来宾纪检监察系统领导干部到灌阳县重走长征路、开展革命传统教育活动。

同日 桂林市政府督查组肖勇辉一行到灌阳县就严厉打击非法捕捞行为的开

展情况进行督查。

26日 灌阳县脱贫攻坚“双认定”工作推进暨第一书记、工作队员业务培训会议在县文化大厦召开。

27日 灌阳县青年创业扶贫见习基地揭牌仪式在洞井瑶族乡保良村举行。

同日 灌阳县在县政府四楼会议室召开河道综合整治推进会。

28日 由自治区党委组织部组织一处副处长刘剑等相关部门领导组成的抓党建促脱贫攻坚调研督导组到灌阳县开展督导工作。

同日 桂林市警备区参谋长邱敏军率考核组到灌阳，对民兵应急连进行年度训练综合考评。

同日 灌阳县委书记陆桂弟一行查看水车乡江塘村党建示范点、水车新市场拆迁工程现场。

同日 灌阳县“乡村学校少年宫项目建设暨桂剧培训示范基地”在新街镇中心小学广场举行启动仪式。

31日 灌阳县在县扶贫办五楼会议室召开全县贫困村党组织第一书记业务培训暨驻村工作推进会。

11月

2日 桂林市委党校第27期县处级领导干部培训班到灌阳县开展社会实践调研。

同日 灌阳县委书记陆桂弟一行实地查看新街镇飞熊村农村淘宝服务站、果蔬专业合作社。

同日 灌阳县长卢嵩前往黄关镇猫儿石村、东阳村、顺溪村调研扶贫工作。

3日 灌阳县在县政府三楼会议室召开“党旗领航·电商扶贫”我为家乡推品牌主题活动会议。

同日 中共灌阳县委中心组(扩大)学习贯彻党的十八届六中全会精神会议在县委三楼会议室召开。

4日 自治区司法厅党委副书记、副厅长、巡视员卢万兵，自治区财政厅副厅长范世祥，市财政局副局长刘桂峰，市司法局党组书记、局长肖刚等领导组成调研组，到灌阳县调研司法行政系统工作。

同日 灌阳县第三次全国农业普查培训班在县文化大厦举行。

同日 灌阳县政协主席蒋小林带领政协各委室干部职工到新街镇三江村开展扶贫工作。

8日 润民集团董事长黄邦银一行到灌阳县考察，就灌阳县重点项目预选地点进行现场考察。

同日 灌阳县水利电业有限公司职工技能大比武在公司体育馆及城南开关站举行。

8日至9日 桂林市秀峰区委常委、统战部部长陈昭一行携手爱心企业到文市镇大湾村、洞井瑶族乡椅山村开展“扶贫捐资 秋季招工暨农业技术推广活动”。

10日 桂林市政协副主席、市总工会主席罗永东，率市水利、交通、畜牧、农业、民政等相关部门领导，到灌阳县文市镇联合村走访贫困户。

同日 灌阳县第十六届人大常委会第一次会议在县委三楼会议室召开。

11日 灌阳县在桂林灌阳电子商务公共服

11月4日，自治区司法厅党委副书记、副厅长、巡视员卢万兵(右一)，自治区财政厅副厅长范世祥(右二)到文市镇司法所调研

务中心举办灌阳县“党旗领航·电商扶贫”我为家乡推品牌大型主题活动。

同日 灌阳县工商联换届工作暨县工商联执委(扩大)会议在县农业局三楼会议室召开。

14日 桂林市第一书记管理办公室副主任莫小海、任卫东带领考察团到灌阳县对“美丽广西”乡村建设(扶贫)工作队和第一书记自身工作开展情况进行实地考察。

同日 桂林市委第二巡察组专项巡察灌阳县工作动员会在县委三楼会议室召开。

16日 中国长征精神研究院广西分院揭牌仪式在新圩阻击战陈列馆小广场举行。

同日 浙江蓝美科技股份有限公司董事长杨曙方一行到灌阳县就蓝莓种植选点进行考察。

22日 桂林市副市长彭代元到灌阳县文市镇调研新型城镇化示范乡镇建设情况。对文市镇的302省道改扩建工地、商贸城、石材工业园区进行调研。

同日 桂林市委组织部副部长、“两新”党工委书记蔡泽军到灌阳县就基层党建工作重点任务落实情况进行督查。

24日 超级杂交稻重大进展新闻发布会在长沙召开,广西灌阳县“超优千号”再生稻百亩片平均亩产497.6千克,创华南稻区高产纪录;“超优千号”一季再生稻百亩片平均亩产1448.2千克,创下世界高产纪录。

同日 桂林市委常委、副市长、宣传部部长陈丽华带队到灌阳开展党的十八届六中全会精神“理论宣传面对面”活动。

25日 灌阳县法学会成立暨第一次会员代表大会在县委三楼会议室召开。

27日 国家林业局湿地保护管理中心副主任李琰、中国林科院研究员钱法文、中国林科院热带林业研究所研究员廖宝文、北京林业大学教授乌恩一行到灌阳,就灌阳灌江国家湿地公园申报工作前往洞井瑶族乡、观音阁乡、黄关镇、新街镇、灌阳镇进行实地考察评估。

28日 桂林市委副秘书长于建新带领市新型城镇化示范乡镇建设考核验收组到灌阳县文市镇进行现场考核验收。

同日 灌阳县学习贯彻中国共产党广西壮族自治区第十一次代表大会精神会议在县委三楼会议室召开。

同日 灌阳县在县政府三楼会议室召开357国道永安关经水车至灌阳公路工程一阶段施工图设计外业验收会议。

29日 灌阳县长卢嵩,县委常委、统战部部长赵桂花,县人大常委会副主任袁高明,县招商局、工信局、国土局等部门领导及千家洞天然饮料有限公司负责人到重庆智飞生物制品股份有限公司进行考察交流。重庆智睿投资有限公司和桂林灌阳千家洞天然饮料有限公司就灌阳的矿泉水资源开发举行合作签约仪式。

11月27日,国家林业局专家组到灌阳县考察灌江国家湿地公园

30日 广西社会科学院院长、自治区党委宣传部副部长李海荣到灌阳县,就灌阳县红色文化进行调研。

同日 桂林市委宣讲团到灌阳县举行学习贯彻党的十八届六中全会精神宣讲报告会。

同日 由灌阳县委宣传部、县文新广体局主办,桂林市富杰房地产开发有限公司协办、县文化馆承办的桂韵绵长唱灌阳——2016年“水岸家园杯”灌阳县第五届广场舞比赛在灌阳县江东新区红豆杉广场举办。

12 月

1 日 桂林市委常委、市政法委书记赵志军到灌阳县实地调研政法工作。

4 日 全国红办副巡视员王树茂率“重走长征路”红色旅游主题活动首发团进入广西第一站——灌阳。

5 日 灌阳一桥正式拆除重建。

6 日 灌阳县第十五届党代表专题培训班在县扶贫办五楼会议室开课，市委党建办主任周建林，县委常委、组织部部长周娜等领导分别给党代表授课。

7 日 灌阳县整合城镇居民医保和新农合制度工作协调会议在县政府三楼会议室召开。

8 日 自治区国土厅党组成员、副厅长谢瑾瑜一行到灌阳县就 2016 年国土资源管理工作进展情况进行调研。

同日 灌阳县“千县万村百万英才——青年电商培育工程”项目落地仪式在县电子商务公共运营服务中心举行，成为广西“百万英才”项目签约第一个县。

9 日 灌阳县长卢嵩，县委常委、组织部部长周娜，副县长唐敏等领导在桂林国际会展中心参加第十一届广西农交会。

12 日 灌阳县油茶产业示范区、灌阳县神农稻博园水稻产业示范区荣获“广西县级现代特色农业示范区”称号，灌阳县新街镇雪梨产业示范区荣获“广西乡级现代特色农业示范区”称号。

同日 灌阳县在县政府四楼会议室召开自治区核验脱贫摘帽扶贫迎检及产业工作会议。

13 日 自治区文化厅文物保护与考古处调研员吴兵一行到灌阳县开展广西特色名镇名村验收工作。

同日 广西侨商投资企业协会常务理事、桂林侨资企业联合会常务副会长、梧州枫大集团董事长、加拿大广西总商会副会长黄晔华女士一行到灌阳县民族小学开展献爱心捐资助学活动，为民族小学捐赠价值 7 万元的物资。

13 日至 14 日 自治区林业厅厅长黄显阳率办公室、计财处、保护处等处室负责人到灌阳县调研。市林业局局长彭志明、灌阳县委书记陆桂弟、副县长唐敏陪同调研。

14 日 以自治区绩效办专职副主任施汉飞为组长的自治区绩效办调研组到灌阳县调研。

同日 桂林市委统战部副部长阳行志一行到西山瑶族乡高草禅林寺开展调研活动。

15 日 灌阳县在灌阳宝界山举行国电北投灌阳风电有限公司正江岭风电项目开工仪式。县委书记陆桂弟，县政协主席、县风电指挥部指挥长蒋小林，县委常委、县委办主任唐奕，县人大常委会副主任、县风电指挥部常务副指挥长赵新春，副县长、县风电指挥部副指挥长蒋红斌，县政协副主席、县风电指挥部副指挥长向国庆等有关领导参加仪式。

同日 灌阳县长卢嵩到黄关镇督导扶贫核验迎检准备工作。

17 日 自治区脱贫摘帽核验组到灌阳县开展 2016 年扶贫对象脱贫摘帽核查验收工作，在县

12 月 20 日，自治区发改委副主任、医改办主任韩庆东（左三）到灌阳调研医改工作

扶贫办四楼会议室召开核验工作对接会议。

同日 桂林市委党建办主任周建林一行到灌阳县开展基层党建工作专项调研。

19日 灌阳县委书记陆桂弟到文市镇调研新型城镇化示范乡镇建设推进情况，重点了解道路及两旁基础设施建设情况。县委常委、常务副县长李春孟，县委常委、县委办主任唐奕，副县长唐敏等领导一同调研。

同日 桂林市防治艾滋病攻坚工程考核评估检查组到灌阳县，就2016年防治艾滋病攻坚工程工作进行考评，并先后到灌阳镇政府、卫生院、福星村，新圩镇政府、卫生院、桂阳村进行实地考评。

同日 桂林市农业局党组成员、总农艺师刘助生率农业农村工作督查组到灌阳县督查农业农村工作。

20日 自治区发改委副主任、医改办主任韩庆东率自治区医改工作调研组到灌阳县调研医改工作。

同日 灌阳县工商联（总商会）第十二次会员代表大会在灌阳农商行总行五楼会议室召开。会上选举产生灌阳县工商联（总商会）第十二届领导班子，曾有元当选为灌阳县工商联（总商会）第十二届会员代表大会主席（会长）。桂林市工商联副主席梁世辉，县委副书记陈礼兵，县委常委、统战部部长赵桂花，县人大常委会副主任赵新春，副县长蒋红斌，县政协副主席唐莉姣出席会议。

同日 灌阳县在县政府四楼会议室召开2016年防治艾滋病攻坚工程考核评估工作反馈会议。

同日 灌阳县在洞井瑶族乡举行357国道灌阳洞井至灵川潮田公路开工仪式。副县长唐敏，县政协副主席陆健康，广西翔路建设有限公司副总经理易廷友、总工办副主任邓宗萍，洞井至潮田公路建设办负责人邓旭胜等领导参加。

21日 自治区环境保护厅副厅长欧波一行对灌阳县环境问题整治情况进行督察。

22日 自治区安全生产第六督查组到灌阳县开展岁末年初安全生产综合督查工作。

同日 2016年灌阳县乡村建设（扶贫）工作队总结交流座谈会在县扶贫办五楼会议室召开。

26日 灌阳县人大常委会主任范科君深入黄关镇大倚村，就大倚小学、施家屯泥石流地质灾害情况进行调研。

28日 中共灌阳县第十五届委员会第二次全体会议在县委三楼会议室召开，表决通过灌阳县推荐提名广西出席党的十九大代表候选人名单。第十五届县委委员、县委候补委员参加会议。

同日 桂林蓝美农业有限公司投资灌阳蓝莓示范种植项目签约仪式在县政府四楼会议室举行。

29日 灌阳县政协主席蒋小林同驻灌阳县市政协委员及部分县政协委员到桂林灌阳电子商务公共服务中心，就灌阳县电子商务工作进行调研。

12月28日，中共灌阳县第十五届委员会第二次全体会议在县委三楼会议室召开

同日 灌阳县2016年森林火灾应急演练在新街镇西山坪工业园区举行。

同日 西山瑶族乡召开2016年全国第三次农业普查业务培训会及PDA操作培训会。

30日 灌阳县在县委三楼会议室召开2016年度年终绩效考评工作会议。

（盘春梅）

［本辑图片由《今日灌阳》报社提供］

灌阳县概况

乡村晨曦　　吴健伟　2015 年摄

建置沿革

灌阳在夏、商、周属荆州之地，春秋、战国为楚南裔境。秦以楚南置长沙郡，灌阳隶属该郡。

灌阳在西汉文帝前元十二年（前168）前已建县，称观阳县，县治在今新街镇湘溪村雀儿山前一带，隶属西汉刘邦时设置的桂阳郡，该郡隶属长沙国（诸侯国）。汉武帝元鼎六年（前111）分长沙国为零陵郡，观阳县隶零陵郡。

东汉，隶属荆州刺史部零陵郡。三国，隶属吴荆州零陵郡。晋，仍隶属荆州零陵郡。南北朝，隶属湘州零陵郡。隋开皇十年(590)县废，与桃阳（一称洮阳，今全州县）合并为湘源县，隶属湘州零陵郡；大业十三年(617)析湘源复置为县，县名由观阳改称灌阳，县治迁徙今灌阳镇，仍隶属湘州零陵郡。

唐武德七年(624)县废，并入湘源县，隶属江南西道永州；上元二年(675)复置为县，仍隶属江南西道永州。五代十国，后晋天福四年(939)县废，并入清湘县，先隶属永州，后隶属全州。宋乾德二年(964)复置为县，隶属荆湖南路全州。

元，隶属湖广行省全州路。

明，初隶属湖广布政使司永州府；洪武二十八年(1395)征南将军韩观以瑶族滋事，远湖广，近广西，易平瑶乱为由，具奏改隶广西布政使司桂林府。

清，仍隶属广西布政使司桂林府。

民国2年(1913)废府设道，隶属广西省桂林道（后改称漓江道）；民国15年(1926)后废道设行政区，隶属广西省第八行政区。

1949年10月1日成立中华人民共和国。灌阳县于同年11月20日解放，12月12日成立县人民政府，隶属广西省(1958年改称广西壮族自治区)桂林专区。1970年桂林专区改称桂林地区，隶属桂林地区。

1998年10月，桂林地市合并，统称桂林市，灌阳隶属桂林市至今。

地理概况

【位置面积】 灌阳县位于广西壮族自治区东北部，桂林市东北部，地理坐标为北纬25° 10′ 32″至25° 45′ 37″，东经110° 43′ 16″至111° 20′ 13″之间，总面积1835平方千米①，东西最大横距38.6千米，南北最大纵距90千米。北与全州毗邻，西与兴安、灵川交界，南邻恭城，东与湖南省道县、江永县接壤。距桂林市区159千米，距广西壮族自治区首府南宁市627千米。

【地形地貌】 灌阳县地势南高北低，境内地貌复杂多样，属中、低山为主，丘陵、河谷和岩溶地形次之。地形主要是海洋山脉和都庞岭山脉相夹而成的峡谷地形，县内海拔500~1000米居多。

【土壤】 灌阳县土壤成土母岩多为砂岩、页岩、石灰岩和第四纪红土等，土壤以红壤、紫色土为主，土层较厚，有机质含量高，土壤肥沃。

气候概况

气候特点：气温偏高，降水偏多，日照时数偏多。

平均气温18.7℃，比常年偏高0.7℃，年极端最高气温38.9℃（7月25日），年极端最低气温为-1.0℃（2月3日）；年降水量为1797.7毫米，比常年偏多254.8毫米；年日照时数为1380.5小时，比常年偏多111.7小时，其中2月份比历年

①全县土地总面积为国土部门提供的2010年进行第二次土地详查资料

同期偏多58.1小时，偏多程度居历年同期的第三位。

1月、2月、11月、12月出现霜冻天气，初霜期为11月28日，终霜期为2月17日，无霜期283天；年内雨雪天气3天，主要出现在1月和2月；3月和4月出现冰雹，其中4月17日的冰雹影响较为严重，对部分乡镇造成了影响。年内共出现暴雨4场，其中5月份1场，6月份3场，造成了部分乡镇出现洪涝灾害。（王熙军）

土地资源

全县土地总面积1835平方千米，可利用率为85.4%，高出全国土地利用率74%、广西土地利用率71.2%的水平。其中耕地15954公顷(水田占71.4%，旱地占28.6%)，占土地总面积的8.56%；林地87457公顷，占46.94%；园地359公顷，占0.19%；荒山荒地49056公顷，占26.33%；村镇交通用地4373公顷，占2.35%；水域1884公顷，占1.01%；其他土地15881公顷，占8.52%；难于利用土地11335公顷，占6.08%。现在全县土地利用率为55.16%；还有大量的荒山、荒地、水域和部分其他土地可开发利用。（县国土局）

水 资 源

【概况】 灌阳县地处中亚热带季风气候区，雨量充沛，水资源丰富，有河流47条，以集雨面积10平方千米以上河流计，其河网密度0.27千米每平方千米；且容水甚微，自成水系，属长江流域湘江水系。灌江是县境内的主流，自西南发源向东北纵贯县境，21条集雨面积在10平方千米以上的支流呈桂花树叶脉状分布，先后汇入灌江干流。另外，南部地区广布基岩裂隙水，北部石灰岩地区有地下伏流分布；泉、井遍及全县，水资源丰富且水质较好。

2016年，全县年降水量1797.7毫米，折合水量为34.9亿立方米，多年平均降水量29.4亿立方米，比多年平均值偏多18.8%，比上年偏少17.7%；全县地表水资源量32.5亿立方米，折合径流深1770毫米，比多年均值偏多67.5%，比上年偏少17.5%，为丰水年份。水车水库年末蓄水总量为3225万立方米，比年初减少415万立方米。

全县总供水量2.34亿立方米，比上年减少0.09亿立方米，其中地表水供水量2.31亿立方米，占98.7%，地下水供水量0.03亿立方米，占1.3%。全县总用水量2.34亿立方米，其中农业用水量1.92亿立方米，工业用水量0.23亿立方米，生活用水量0.18亿立方米，生态环境用水量0.01亿立方米。

域内灌江属长江流域洞庭湖水系湘江衡阳以上，监测的水功能区水质达标率100%。有规模以上的排污口6处，其中正常运行的有2处，已批复但未建设或未建好的入河排污口有4处。年内，广西三达环境监测有限公司分别于6月2日—21日、10月16日—22日在排污口取水样进行了主要污染指标监测，监测因子包括水量、水温、pH值、化学需氧量(CODcr)、五日生化需氧(BOD5)、氨氮(NH_3-N)、总磷和总氮等。监测结果表明，所监测的排污口排放的污水均达到排放标准，没有出现超排现象，根据水功能区水质监测结果，排污口排水没有造成所在水功能区水质超标。

（县水利局）

【水文】 2016年灌阳县水文站观测全年径流量16.66亿立方米，年平均流量52.7立方米每秒，最大流量846立方米每秒出现在6月16日，最小流量5.77立方米每秒出现在12月12日。年最高水位247.61米出现在6月16日，年最低水位245.09米出现在12月12日，年平均水位245.42米。全年降水量1752.5毫米，全年降水165天，最大一日降水量98.0毫米，出现在5月4日。灌阳县水文站实测2016年降水量及流量表见附表1、表2。

表 1

2016 年灌江灌阳站逐日降水量表

单位：降水量(毫米)

日期＼月份	一月	二月	三月	四月	五月	六月	七月	八月	九月	十月	十一月	十二月
1		1.5					6.5		17.5	0.5	6.5	
2		0.5				45.0	8.5	33.0			0.5	
3				30.0		23.5	14.0	1.5	0.5			
4			2.5		98.0	1.5	16.0		1.0			
5	1.5		3.0	6.0	28.5		4.5		0.5			
6				30.0	7.0							
7	1.0			34.0	15.5	19.0		1.0			4.5	
8	9.5		0.5	22.0	1.5	0.5		2.5			11.5	
9	19.5		26.0	43.0	2.0	0.5		0.5			26.0	
10	6.0		10.0	1.0		7.0		7.0	13.5			
11	0.5		2.0			10.0	24.5		3.5		4.5	
12			4.0	39.5		20.0	0.5	27.0			18.0	4.0
13	1.0		0.5		1.0	33.0	1.0				13.5	1.5
14	9.0			3.5	24.5	80.0	3.0	13.0			3.5	0.5
15				0.5	9.0	49.5		2.0			0.5	
16	8.5		2.5				1.0					
17			21.5	32.5		0.5		4.5				
18					6.5					12.5		
19	0.5		17.5	10.0	22.0					2.0	28.0	4.0
20	0.5		36.5	15.0	1.5					0.5	1.0	38.0
21		11.0	5.0	25.5				34.0		0.5	5.5	12.5
22	1.0	3.5	32.5					10.0			3.5	5.0
23		4.0	1.0	3.5	0.5			1.5		1.0	2.0	
24			1.0	20.0	0.5					12.0	3.5	0.5
25		10.5		6.5	9.5			8.0		7.0	10.0	4.5
26	2.5	1.0		7.5			7.0	5.0		1.0		0.5
27	2.5				1.0			1.0				
28	6.0				9.0							
29	0.5			31.5	1.5							
30	7.5			9.0	0.5	20.0						
31	14.0							2.5		15.5		
月统计 总量	91.5	32.0	166.0	370.5	239.5	310.0	86.5	154.0	36.5	52.5	142.5	71.0
月统计 降水日数	18	7	16	20	19	14	11	17	6	10	17	10
月统计 最大日量	19.5	11.0	36.5	43.0	98.0	80.0	24.5	34.0	17.5	15.5	28.0	38.0

年统计						
年统计	降水量	1752.5		年降水日数	165	
年统计	时段(d)	1	3	7	15	30
年统计	最大降水量	98.0	162.5	200.0	289.5	461.0
年统计	开始日期	5 月—4 日	6 月—13 日	6 月—9 日	6 月—2 日	4 月—6 日

表 2

2016 年灌江灌阳站逐日平均流量表

流量:立方米 / 秒

日期 \ 月份	一月	二月	三月	四月	五月	六月	七月	八月	九月	十月	十一月	十二月
1	48.1	64.0	23.2	32.4	87.3	46.6	53.4	14.8	16.6	9.16	11.3	15.3
2	46.1	51.6	22.4	30.9	70.9	42.4	56.8	14.6	22.8	10.0	12.2	13.1
3	43.4	43.8	21.6	29.2	61.7	394	63.8	89.0	16.9	9.58	10.3	12.9
4	41.5	40.7	21.7	75.4	59.7	285	89.8	66.7	14.9	8.97	9.48	10.7
5	40.2	38.0	21.0	50.4	343	183	86.2	33.1	15.7	8.83	9.03	10.5
6	40.6	34.9	22.0	50.6	283	120	80.7	24.5	15.7	8.70	8.90	9.58
7	39.0	33.3	21.1	180	228	88.6	61.2	23.1	14.1	8.12	8.90	9.65
8	39.0	31.5	20.3	374	248	102	51.1	43.4	12.1	8.27	8.91	9.10
9	45.1	29.9	20.3	178	184	83.1	52.2	39.6	12.7	8.20	10.8	8.03
10	81.0	29.0	27.3	310	129	71.8	53.8	29.8	26.4	8.46	23.0	7.54
11	83.4	28.3	30.2	159	99.8	101	59.8	31.3	46.1	8.22	17.0	7.64
12	64.7	27.2	28.1	147	82.2	123	53.7	36.1	37.8	7.95	13.7	6.98
13	55.1	26.8	29.0	176	72.2	273	44.9	45.1	25.1	8.21	20.3	8.37
14	52.6	26.6	27.0	128	65.3	411	46.3	31.5	20.9	8.79	28.5	10.2
15	59.0	25.5	26.1	120	113	365	48.4	30.1	17.0	8.44	22.8	10.1
16	54.8	24.5	24.5	90.5	92.7	579	40.8	26.6	15.4	8.49	17.6	9.82
17	68.0	24.5	24.5	143	68.7	250	35.9	24.0	14.0	8.61	15.0	9.50
18	61.7	24.4	28.5	189	62.5	159	33.7	22.1	13.8	8.63	12.8	9.56
19	55.0	23.2	26.8	113	67.1	117	30.6	20.1	12.0	9.83	16.7	9.28
20	50.1	23.1	38.2	131	143	94.7	29.0	17.7	11.4	10.6	42.8	10.0
21	46.7	23.1	156	112	112	81.4	27.5	26.0	10.4	10.2	35.8	28.9
22	43.9	25.6	109	175	84.1	70.4	25.6	70.2	9.47	9.35	30.6	23.1
23	39.6	26.3	201	130	71.6	62.1	20.6	32.3	9.16	8.90	29.2	16.9
24	38.6	25.5	128	104	66.3	56.1	15.9	26.5	9.33	9.45	25.1	14.2
25	35.9	24.3	86.0	99.8	59.6	51.8	15.1	23.2	9.14	9.85	25.8	13.2
26	34.8	26.7	65.7	93.3	69.0	60.8	14.5	23.3	9.07	13.0	31.5	14.5
27	35.0	27.4	54.5	81.2	60.0	47.3	14.2	22.6	9.23	11.2	29.4	14.8
28	35.6	25.2	46.9	70.0	59.0	42.8	13.2	20.1	8.95	9.15	24.4	13.5
29	38.1	24.0	42.2	65.3	63.3	40.4	12.4	17.5	9.39	8.90	21.4	12.5
30	35.0		39.5	101	62.1	42.8	12.0	15.5	9.37	8.82	18.7	11.7
31	44.4		36.0		53.0		12.4	14.1		8.62		10.6
月统计 平均	48.3	30.3	47.4	125	107	148	40.5	30.8	15.8	9.15	19.7	12.0
月统计 最大	105	67.2	264	521	674	846	113	128	60.7	14.7	56.5	34.8
月统计 日期	10	1	23	8	5	16	4	3	10	26	20	21
月统计 最小	34.8	20.3	20.3	28.3	50.4	38.8	10.5	12.4	8.42	6.76	8.90	5.77
月统计 日期	25	18	3	3	31	29	30	1	28	15	1	12

年统计	最大流量:846 立方米 / 秒 6 月 16 日		最小流量:5.77 立方米 / 秒 12 月 12 日		平均流量:52.7 立方米 / 秒	
年统计	径流量:16.66	108 立方米	径流模数:55.2	10-3 立方米 / (秒·平方千米)	径流深度:1746.3 毫米	
洪量 108 立方米	最大 1 日:0.5003	3 日:1.171	7 日:1.866	15 日:2.963	30 日:3.958	60 日:7.051
洪量日期	6 月 16 日	6 月 14 日	6 月 12 日	6 月 3 日	5 月 20 日	4 月 20 日
附注	表内流量采用单一线法推求,曲线标准差 4.3%。集水面积:954 平方千米					

(县中心水文站)

【地表水】

河流　灌江。旧称观水、灌水。是湘江一级支流，为县内干河。发源于洞井瑶族乡大竹源村犁子坪，海拔1600米，西南向流经田庄坪，转东向至下水盘洞，间有小盘江注入，后进入观音阁乡石家寨两江口，与鱼条江汇合。历史上把两江口以下河段称灌江，两江口以上河段称大河江。大河江全长29.53千米，总落差1198米，集雨面积67.94平方千米。过两江口后，西有牛江河、东有小河江注入，并向东流至文明村附近，先西纳盘江，后载盘江之水；东北向流入黄关镇境内，东迎正江、陡水，西纳牛湾河水注入；流至新街镇，东有马山江、安乐源江，西有柳林江、娘北江水注入；至灌阳镇仁江村土桥头，东有懈江水汇入，绕县城后折向至三里桥西接沙罗源之水，至官潭龙头石纳大源江水；至水车乡境内东纳秀江、泡江之水，后于水车村再汇西江（旧称苏江）水；后曲折流经文市镇，在马莲村下马头屯流出县境进入全州县，于全州水南村汇入湘江。灌江在全县9个乡、镇中，先后流经洞井瑶族乡、观音阁乡、黄关镇、新街镇、灌阳镇、水车乡、文市镇等7个乡、镇。

灌江全长176.63千米，其中县境内长144.23千米；全流域面积2000.53平方千米，其中县境内流域面积1839.74平方千米。

灌江发源地犁子坪海拔1600米，流至马莲村下马头屯海拔180米；县境内总落差1420米，上游落差大，水势汹涌，纡曲层折，流经黄关后，水量加大，水流稍缓；流至县城以北约3千米处进入峡谷地带，两岸群山陡峭，水流受水车水库控制；出峡谷，水流缓慢。

灌江为沙卵石河床，河宽60米至180米。据测量：文明村河段河床宽108米，桃花村河段64米，新街村河段104米，县城河段120米，水车村河段170米，文市河段160米。县境内河床水深一般为1.2米至2米，最深处水车水库库区达25米。20世纪50年代前，黄关镇下游河段可通木帆船载人运货，旧时货物出入境全凭帆船运输。20世纪60年代后，因修建白水拦江大坝和水车水库拦江大坝，木帆船只能在水库库区内通行。

灌江径流，据县水文站多年观测，其年内分配不均，最高为5月，占全年总流量的19.1%，最低为1月；连续4个最大径流量出现在4月至7月。1968年最大径流量17.6亿立方米，1963年最小径流量6.26亿立方米。灌江县城区河段，多年平均流量67.43立方米每秒，最大流量1810立方米每秒(1983年6月21日)，最小流量3.82立方米每秒(1974年12月1日)。正常年径流总量为11.3亿立方米。历史上洪水最大径流量推算为5220立方米每秒(1871年)。

鱼条江。灌江一级支流。发源于洞井瑶族乡野猪殿村猪婆岭，源地海拔1080米。该江自西向东流经黄竹坪、八工山、唐家，至观音阁乡石家寨村流入灌江。入口高程402米，落差672米。长15.93千米，集雨面积44.2平方千米。多年平均径流总量0.64亿立方米，平均流量2.03立方米每秒；最大流量496立方米每秒，最小流量0.35立方米每秒。

小河江。灌江一级支流。发源于本县境与兴安县交界的兴安岭，源地海拔1530米。自北向东南流经山爬塘、广福坪、蒋家、源头、凹固坪、清塘凹，于水流寨汇入灌江，海拔367米，落差1163米。河长19.88千米，集雨面积32.27平方千米。多年平均流量1.48立方米每秒，最大流量295立方米每秒，最小流量0.26立方米每秒，多年平均径流量0.47亿立方米。

牛江河。灌江一级支流。发源于恭城县栗木镇刘家坪，源地海拔1079米。流经洞井瑶族乡的新浦、木楂塘、杨家、牛江口，于观音阁乡石家寨汇入灌江处，海拔363米，落差716米。全长19.7千米，其中县境内长16.44千米。总集雨面积80.63平方千米，其中县境内44.88平方千米。多年平均流量3.66立方米每秒，最大流量705立方米每秒，最小流量0.63立方米每秒。多年平均径流量1.16亿立方米。主要支流保良河于七里江汇入，米江源在杨家汇入。1958年在其下游建有牛江河引水工程，引用流量0.5立方米每秒。

阴江。灌江一级支流。发源于观音阁乡盘江村汇山口，源地海拔1460米。流经王家漕、架桥岭、庙山坪、石磨岭、大屋场、王家山、廖家铺，于立强村注入灌江，落差1123米。全长12.83千米，集雨量面积17.05平方千米。多年平均径流量0.24亿立方米。多年平均流量0.76立方米每秒，最大流量242立方米每秒，最小流量0.12立方米每秒。

盘江。灌江一级支流。发源于西山瑶族乡，海拔1500米。向东南流经太祖山、赵家湾、黄家、中朋、香厂、下水流寨，至观音阁乡文明村注入灌江，落差1166米，全长15.5千米，集雨面积37.61平方千米。多年平均径流总量0.55亿立方米，平均流量1.74立方米每秒，最大流量490立方米每秒，最小流量0.3立方米每秒。

正江。灌江一级支流。发源于黄关镇正江村白花岭，源地海拔1314米。流经唐家堰、老石桥、官田、老屋场，至联德村小江边屯注入灌江处，海拔285米，落差1029米。河长10.15千米，集雨面积41.62平方千米。多年平均径流量0.51亿立方米，多年平均流量1.63立方米每秒，最大流量510立方米每秒，最小流量0.28立方米每秒。

牛湾河。灌江一级支流，又称西山河。发源于西山瑶族乡大坪村雷王殿，海拔1757米。自西向东南流经正江岭、大坪、大凹桥、李家桥、柑子岭、刘家坪、罗家坪后，于黄关镇沙街注入灌江处，海拔280米，落差1477米。河长30.28千米，集雨面积186.87平方千米。多年平均径流总量2.39亿立方米，多年平均流量7.57立方米每秒，最大流量1115立方米每秒，最小流量1.3立方米每秒。主要支流有盐塘江、南江、砍菜源江。1956年10月开工兴建小牛湾河引水工程，引用流量0.5立方米每秒；1958年10月开工兴建大牛湾河引水工程，设计引用流量2.5立方米每秒。

白沙涧江。灌江一级支流。发源于黄关镇碗厂山，源地海拔1555米。自西向东流经县瓷器厂、石桥头，至下白沙屯汇入灌江。河长10.7千米，集雨面积12.72平方千米。多年平均径流总量0.17亿立方米，平均流量0.54立方米每秒，最大流量135立方米每秒，最小流量0.09立方米每秒。

陡水江。灌江一级支流。发源于黄关镇陡水村竹篙岐，源地海拔1260米。西北曲经芭蕉山、大竹山、饭包山、四溪田、县萤石矿、白面山，至桐子山汇于灌江，总落差989米，集雨面积36.1平方千米。多年平均径流总量0.44亿立方米，平均流量1.41立方米每秒，最大流量320立方米每秒，最小流量0.24立方米每秒。其主要支流有大竹源江，于四溪田汇入陡水江。

柳林江。灌江一级支流。发源于西山瑶族乡西山界，源地海拔1300米。向东南流经李家、柳家、范家、水碧洞，后穿过全沙公路，于栗树屯汇入灌江，总落差1038米。河长13.49千米，集雨面积26.25平方千米。多年平均径流总量0.34亿立方米，多年平均流量1.09立方米每秒，最大流量265立方米每秒，最小流量0.19立方米每秒。

马山江。灌江一级支流。发源于新街镇马山村马山岭，源地海拔1560米。向西北流经水竹坪、桥头上、江头村、岩门前、晓营、龙潭，于江口村老街注入灌江，总落差1305米。河长14.34千米，集雨面积39.04平方千米，多年平均径流总量0.48亿立方米，多年平均流量1.52立方米每秒，最大流量375立方米每秒，最小流量0.26立方米每秒。

安乐源江。灌江一级支流。发源于新街镇判官山，源地海拔1623米。向西北流经三江、叶官、魏家、鲁草塘至江口注入灌江。总落差1368米。河长11.14千米，集雨面积17.88平方千米，多年平均径流总量0.23亿立方米，平均流量0.72立方米每秒，最大流量210立方米每秒，最小流量0.12立方米每秒。主要支流有左江、右江，均从吴家山汇入。

娘北江。灌江一级支流。发源于新街镇娘北村女伯林，源地海拔1410米，向东流经杨家、娘北、王家、茅坪、风坊园、上笕、龙中唐家，至下王家屯汇入灌江，总落差1162米。河长18.32千米，集雨面积47.39平方千米，多年平均径流总量0.61亿立方米，平均流量1.92立方米每秒，最大流量345立方米每秒，最小流量0.31立方米每秒。

解江。灌江一级支流。发源于杉木岭，上游称头道水，源地海拔1280米。自东南向西北流经抱木坪、孙家岭、龙塘、范家、新屋、福星、周上，至桥头上汇入灌江，总落差1034米。河长17.39千米，集雨面积65.52平方千米。多年平均径流总量0.79亿立方米，多年平均流量2.5立方米每秒，最大流量545立方米每秒，最小流量0.43立方米每秒。

沙罗源江。灌江一级支流。发源于雷王殿，源地海拔1757米。向东流经竹坪、杨家、鱼塘、范家、横板桥、社头坪、沙子铺、庙湾、肖家，至三里桥汇入灌江，总落差1518米。河长23.76千米，集雨面积65.02平方千米。多年平均径流总量0.83亿立方米，多年平均流量2.64立方米每秒，最大流量435立方米每秒，最小流量0.46立方米每秒。

大源江。灌江一级支流。发源于分水凹，源地海拔1365米。自西向东流经叶家、马头、两岔江、曾家、廖家、上黄家、黄家铺、阎家、沙子桥、假村庙，至马渡桥龙头石注入灌江，总落差1131米。河长24.5千米，集雨面积102.37平方千米，多年平均径流量1.23亿立方米，平均流量3.91立方米每秒，最大流量750立方米每秒，最小流量0.46立方米每秒。主要支流有苏东村黑岩地下河，于沙子桥汇入。

秀江。灌江一级支流。发源于滑石山，源地海拔2001米。自东向西北流经双江口、秀凤、上王、蒋家坝，至飞江口注入灌江，总落差1661米。江长25.3千米，集雨面积136.38平方千米，多年平均径流总量1.6亿立方米，平均流量5.21立方米每秒，最大流量900立方米每秒，最小流量0.9立方米每秒。主要支流有拾道江、雷家江，均在双江口汇入。

泡江。灌江一级支流。发源于水车乡上泡村新隘子，源地海拔1764米。自东向西北流经老屋场、竹山湾、肖家、杨家湾、湛家、庙后头、桅杆田、蒲竹箐、麻园，于大埠塘汇入灌江，总落差1544米。河长18.75千米，集雨面积49.89平方千米，多年平均径流总量0.61亿立方米，平均流量1.92立方米每秒，最大流量320立方米每秒，最小流量0.33立方米每秒。

西江。灌江一级支流。发源于水车乡大营村癞子山，源地海拔1472米。流经六江源、八工田、对门江、社头岭、景德岭、彭家源，于水车村注入灌江，总落差1267米。河长14.49千米，集雨面积55.58平方千米，多年平均径流总量0.67亿立方米，平均流量2.14立方米每秒，最大流量425立方米每秒，最小流量0.37立方米每秒。

深浦源江。灌江一级支流，又名解放江。发源于新圩镇宝界山东面，源地海拔1936米。向东流经鱼岩、瓦屋边、黄泥田、下棚，于新桥头两江口（海拔343米）与流溪源江汇合后流入全州县两河乡境内。经上刘家、下刘家、新富洞、上宅至全州县两河圩注入灌江。全州县境内段称新富江。深浦源江在县境内落差1593米，河长15.99千米，集雨面积44.74平方千米，多年平均径流总量0.54亿立方米，平均流量1.7立方米每秒，最大流量210立方米每秒，最小流量0.17立方米每秒。

流溪源江。灌江二级支流。源地宝界山，海拔1936米。东北向流经冲古坪、四山背、火烧柴、大桥边、头井石，在两江口与深浦源江汇合处，海拔343米，总落差1593米。河长16.73千米，集雨面积25.75平方千米，多年平均径流总量0.31亿立方米，平均流量1.7立方米每秒，最大流量210立方米每秒，最小流量0.17立方米每秒。1958年在该江上游四山背筑坝引水灌溉农田，1964年开始发挥效益。

山塘　山塘有池塘和山塘2种，旧《灌阳县志》记载全县共有塘44个。据1983年调查，全县共有塘1960个，总面积约3192亩。

池塘。多分布在村庄附近，全县有486个，总面积688亩，主要分布在文市镇的清塘、玉溪、同仁、达溪、王道、会湘，水车乡的江塘、修睦，新圩镇的平田、共耕、潮立，黄关镇的龙吟村。单个池塘面积不大，一般面积在10亩以下。面积在10亩以上的池塘有潮立村立田塘、共耕村链塘、修睦村大塘、江塘村记石塘、大营村村前大塘、瑶上村土塘、清塘村凶吉头塘、合包口塘、同仁村祖山卵井塘、王道村幸福塘。

山塘。全县共有1474个，总面积2504亩，除西山瑶族乡外，其余各乡镇均有分布，以文市镇的文市村、清塘村、同仁村、瑶上村、桂岩村，水车乡的璃碧村、同德村、修睦村、江塘村，新圩镇的新圩村、共耕村、新卫村、和睦村等13个村为多。

【地下水】 县境内因碳酸盐岩广布，断裂发育，地下水资源丰富，有地下河和泉井两种类型，多年平均年总量约3.6亿立方米，目前有三分之一用于灌田、饮水、养鱼。

地下河 自治区水文地质队和解放军00934部队水文地质队调查，县内常年不涸且较大的地下河有如下5条。

皮江水。又名九出九觅。在文市、水车2个乡镇境内。源出都庞岭，流经鸟水、北流、黑绿水、丁岩江、记石、新坪村、上母塘等地，于秀水出口。出水口最小流量0.2立方米每秒。该河忽伏忽现有九处露出地面，灌溉水田面积1080亩。

柿溪水。又名桂岩头坝地下河。源出东山，忽伏忽现经文市镇桂岩、清塘2个村，于磨头汇入灌江。出口处最小流量为0.14立方米每秒，灌田面积约900亩。

唐安水。即黄连桥地下河。源于东山雷公岩，经文市镇王道、老屋弄、大湾、黄连桥、筛子塘等地，在唐安桥汇入灌江。出口处最小流量为0.3立方米每秒，灌溉水田面积1173亩。

岩头坝地下河。又名仙人桥水、响水、富水。源于新圩镇，自平田村流入地下，经响水岩到岩头坝流出，至大坊流入灌江。出口处最小流量0.16立方米每秒，灌溉新圩、和睦、平田、岩头坝、上芝麻湾、联合、达溪等地的水田面积1701亩。

黑岩水。即苏东村黑岩地下河。源于新圩镇大龙村岁子坪，经小龙到苏东村黑岩流出，至沙子桥流入大源江。出口处最小流量为0.27立方米每秒，灌溉水田面积696亩。

泉井 泉。县境内泉水多分布在海洋山、都庞岭一带，其中矿泉水日水量在600吨以上，据国家地矿部、轻工部、卫生部和自治区有关单位鉴定，完全符合国家饮用天然矿泉水标准的有5个泉点，现已开发西山矿泉水和毛竹山矿泉水2个泉点。

西山矿泉水。又名海洋山矿泉水。位于西山瑶族乡。该矿泉水水质为偏硅酸低钠低矿化度类型，含有钾、钙、锶、锌、氢、镁等多种对人体健康有益的元素，很受消费者青睐，1993年12月荣获自治区经济委员会颁发的百花奖。

毛竹山矿泉水。位于灌阳镇福星村毛竹山。其日水量40多立方米，水质基本同西山矿泉水，产品畅销自治区内外。

另在新街镇牛角岭发现1处温泉，水温在30℃至35℃，每小时水量在2立方米以上。其温泉水底间隙性冒气泡、喷水，水无色。但因交通不便，尚未开发。

井。县境内各居民点都有水井，用作人畜饮水。据旧县志记载较有名的井有20口，其中较大的有：

大井眼。位于新街镇新街村湖田洞，正常流量0.01立方米每秒，常有游鱼数百尾浮水面，但打捞不到。此井水除人畜饮用外，还可灌田。

白鳝井。位于水车乡大营村，因此井里不时有白鳝翻澜而得名。其井水冬温夏凉，正常流量0.01立方米每秒。清代时逢淦赋诗赞曰："白鱼跃处石粼粼，四面回环鳝水滨；炎夏愈寒冬愈暖，此间隐酿太和春。"

龙塘井。位于县城南1.5千米立福洞上，可灌田数百亩。

曲水井。位于文市镇勒塘村东北面，正常流量0.02立方米每秒，可灌田数百亩。

（县水利局）

矿产资源

全县矿产资源种类比较丰富，境内发现的有色金属矿有钨、锡、锑、铜、铅、锌、汞、钼等。黑色金属矿有铁、锰、钛等，铁有赤铁矿、褐铁矿、镜铁矿、磁铁矿、菱铁矿等。贵重及稀有金属矿有金、银、铌、钽等。冶金辅助原料矿有石灰石、白云石、硅石、萤石和耐火黏土，石灰石和白云石分布面积约占全县总面积的三分之一。建筑材料矿有大理石、花岗岩、紫红色砂岩、石膏和沙、石、粘土，建筑石料用大理石、花岗石已大量开采利用，成为县内优势矿种。化工原料矿有硫铁矿、毒砂、磷灰石、钾长石和重晶石。其他非金属矿有陶土、瓷土、煤、水晶、冰洲石、热泉、矿泉等。境内地下水及矿泉水资源丰富,可利用水量达1亿多立方米。矿泉水含有多种对人体有益的微量元素,分布于西山瑶族乡李家桥和灌阳镇毛竹山一带,正开发利用的有两处。

(县国土局)

动物、植物资源

【概况】 灌阳县境地处都庞岭及海洋山脉之中,有适宜各种动植物生长的自然条件。境内山多林密,水草丰盛,植物种类繁多,也为野生动物繁衍栖息提供了良好的环境。

【植物资源】 灌阳县地带性植被属中亚热带常绿阔叶林,经过几十年造林经营活动,目前已无原生植被群落,取而代之的是天然次生林和人工林。主要乔木树种有:马尾松、杉木、国外松、苦楝、相思树、荷木、火力楠和栎类等;主要经济树种为黑李、奈李、油茶、油桐、长枣、柑橘、梨等;主要竹类有毛竹、撑篙竹;常见灌木有桃金娘、盐肤木、柃木、乌饭树、鼠刺、野牡丹、杜娟等;常见草本植物有铁芒萁、画眉草、黄茅、纤毛鸭嘴草、金茅、乌毛蕨、五节芒等。国家一级保护植物有红豆杉、银杏、资源冷杉、南方红豆杉、钟萼木、香果树6种;国家二级保护植物有福建柏、长苞铁杉、香樟、花榈木、白豆杉等16种。

生活在千家洞保护区的国家濒危物种——藏酋猴　　县千家洞管理局　提供

生活在千家洞保护区的国家濒危物种——黄腹角雉　　县千家洞管理局　提供

【动物资源】 县内野生动物比较丰富,属国家一级保护野生动物有:黄腹角雉、林麝、白颈长尾雉等。属国家二级保护野生动物有:大鲵(娃娃鱼)、虎纹蛙、藏酋猴、穿山甲、猕猴、水獭、小灵猫、大灵猫、水鹿、鬣羚、苏门羚、獐、普通狂鸟、黑头鹃隼、鸢、松雀鹰、雀鹰、白鹇、红腹角雉、红腹锦鸡、勺鸡、草鸮、斑头鸺留鸟、短耳鸮、雕鸮(猫头鹰)。属广西重点保护野生动物有:黑眶蟾蜍、沼水蛙、泽陆蛙、棘腹蛙(山蚂拐)、棘胸蛙、斑腿泛树蛙、小弧斑姬蛙、饰纹姬蛙、花姬蛙、乌龟、平胸龟、变色树晰、百花锦蛇、三索锦蛇、趸鼠蛇、滑鼠蛇、金环蛇、银环蛇、眼镜蛇、眼镜王蛇、五步蛇、池鹭、灰胸竹鸡(野鸡)、斑颈雉、黄脚三趾鹑、白胸苦恶鸟、杜鹃(布谷鸟)、乌鹃四声杜鹃、大杜鹃、白胸翡翠、蓝翡翠、三宝鸟、戴胜、大拟啄木鸟、蓝喉啄木鸟、白鹊鸰、树鹨、赤红山椒鸟、灰喉山椒鸟、粉红山椒鸟、白头鹎(白头翁)、红耳鹎、白喉红臀鹎、绿翅短脚鸭、红嘴蓝鹊、灰树鹊、松鸦、大嘴乌鸦、乌鸫、红尾伯劳、棕背伯劳、黑枕黄鹂、黑卷尾、灰卷尾、发冠卷尾、八哥、棕颈钩嘴鹛、诬眉、黑脸噪鹛、白颊噪鹛、黑喉噪鹛、红嘴相思鸟、银耳相思鸟、黄眉柳莺、黄腰柳莺、长尾缝叶莺、纯蓝仙鹟、大山雀、红头长尾山雀、凤头鸡、寿带、树鼩、赤腹松鼠、珀氏长吻松鼠、鼯鼠类(飞虎)、豪猪、帚尾豪猪、中华竹鼠(竹老鼠)、华南兔、貉、青鼬、黄鼬(黄鼠狼)、猪獾(聋猪)、鼬獾、果子狸、食蟹獴、红颊獴、豹猫、赤鹿、小麂等。

(县林业局)

人　口

全县有常住人口总户数105143户，总人口296360人，比2015年增加1882户，增加2149人，平均每户3人；年平均人口295285.5人，总人口增长率为7.28‰。总人口中男性158749人，女性137611人，性别比例为115∶100。总人口中0~17岁以下为62161人，占20.97%，比2015年减少1300人；18~34岁为70006人，占23.62%，比2015年减少2096人；35~59岁为106761人，占326.02%，比2015年减少506人；60岁以上为57432人，占19.37%，比2015年增加2439人。本年度出生登记3804人，其中男性1975人，女性1829人，出生率12.88‰。死亡登记1359人，其中男性927人，女性432人，死亡率4.6‰；人口自然增长率为8.28‰。迁入共计1230人，其中省内迁入613人，省外迁入617人，迁入率为4.17‰；迁出1526人，其中迁往省内993人，迁往省外533人，迁出率5.17‰。总迁移率为9.34‰。人口机械增长率为–1.00‰。

（县公安局）

行政区划

灌阳县设灌阳镇、黄关镇、文市镇、新街镇、新圩镇5个镇，观音阁乡、水车乡2个乡和洞井瑶族乡、西山瑶族乡2个瑶族乡。乡镇下设3个社区居民委员会、138个村民委员会。

灌阳镇　辖城北、城中、城南3个社区居民委员会，城关、胡家、莫家、鹤龙、上王、秀风、长坪、大仁、福星、文化、三联、仁江、车田、仁柜、仁狮、仁义、雷坪、仁合、鱼塘、马头、翻身、大源、徐源、苏东、仁渡、排埠江26个村民委员会。

黄关镇　辖黄关、中秀、唐官、李官、东阳、兴秀、大竹山、陡水、联德、正江、猫儿石、大倚、商家、顺溪、龙吟15个村民委员会。

新街镇　辖新街、永富、马山、三树、车头、葛洞、烈溪、龙云、龙炼、邓家、龙中、虎坊、石丰、坪涧、娘北、飞熊、上莆、三江、叶官、江口、青箱21个村民委员会。

文市镇　辖文市、西就、瑶上、吉田、吉头、月岭、玉溪、清塘、桂岩、勒塘、集全、北流、同仁、王道、陈家坪、大湾、昭仪、会湘、马莲、达溪、联合21个村民委员会。

新圩镇　辖新圩村、桂阳、平田、新卫、光明、和睦、共耕、国豪、解放、合力、大龙、小龙、潮立、龙塘、龙桥、洪水箐16个村民委员会。

观音阁乡　辖桃花、自振、文明、大井塘、立强、盘江6个村民委员会。

水车乡　辖水车、修睦、璃碧、伍家、官庄、合成、下泡、上泡、三皇、德里、大营、东流、江塘、同德14个村民委员会。

洞井瑶族乡　辖洞井、太和、石家寨、保良、野猪殿、大竹源、小河江、椅山、桂平岩9个村民委员会。

西山瑶族乡　辖罗家、鹰嘴、李家、小源、南江、茶源、盐塘、下洞、北江、大坪10个村民委员会。

（县民政局）

2016年政治机构、直属事业单位、党派团体和部分自治区直属单位及领导

中国共产党灌阳委员会

县委书记：沈荔芳（任至3月）
　　陆桂弟（5月任职）
县委副书记：陆桂弟（任至5月）
　　文　斌（任至5月）
　　卢　嵩（5月任职）
　　陈礼兵（5月任职）
县委常委、县人武部部长：黎大友
县委常委、常务副县长：李春孟
县委常委、宣传部部长、副县长：陈礼兵（任至5月）
　　周恒志（5月任职）

县委常委、县纪委书记：胡天云（任至5月）
闫位勤（5月任职）
县委常委、政法委书记：杨小平
县委常委、组织部部长：周 娜
县委常委、县委办主任：周恒志（任至5月）
唐 奕（5月任职）
县委常委、统战部部长：赵新春（任至5月）
赵桂花（5月任职）
县委常委、副县长（挂职）：欧阳向利（任至3月）
谷宝太（3月任职）

县委工作部门

县委办公室

县委常委、办公室主任：周恒志（任至5月）
唐 奕（5月任职）
副主任：余明耀（县绩效办主任）
蒋汉周（县委督查室主任，任至5月）
罗 豪（县委保密办主任，县国家保密局局长）
王 瑾 文海勇
县委保密办副主任、保密局副局长：
陆吉保（5月任职）
县委督查室副主任：刘湖广（5月任职）

县委纪委、监察局

县委常委、纪委书记：胡天云（任至5月）
闫位勤（5月任职）
纪委副书记：蒋晓华（兼监察局局长）
谢能喜（任至5月）
蒋修忠（5月任职）
纪委常委、监察局副局长：王启忠（5月任职）
范润芳
纪委常委：吕加科（任至5月）
陈明德（5月任职）
文勇兵（5月任职）
监察局副局长：易海玉
蒋修忠（任至5月）

县委组织部

县委常委、组织部部长：周 娜
副部长：刘大东 盘顺喜
蒋邦奎（兼职） 刘慧云（兼职）
戴桂兰（任至5月）

县委宣传部

县委常委、副县长、宣传部部长：陈礼兵（任至5月）
周恒志（5月任职）
副部长：唐泽化（5月任职）
黄永瑞（任至5月）
副部长、外宣办主任：唐琳春
社科联主席：谢明义
副主席：邓安运
文明办主任：伍凌锋

县委政法委

县委常委、政法委书记：杨小平
副书记：吴高军 钟德政
县维稳办
主 任：吴高军（兼）
副主任：王海军（5月任职）
县综治办
主 任：钟德政（兼）
副主任：陆 剑（5月任职）
县国安办
副主任：文庆丰（5月任职）
县610办
副主任：陈红梅

县委统战部

县委常委、统战部部长：赵新春（任至5月）
赵桂花（5月任职）
副部长：唐龙进
贺小秋
副部长兼县民宗局局长：袁 文
台办主任：蒋 进（5月任职）
侨办主任：范汝年（5月任职）
侨台办主任：范汝年（任至5月）

县绩效办

主 任：余明耀
副主任：唐 军（5月任至12月）
刘先德（5月任职）

县信访局
局　长:罗向春(任至6月)
王波进(6月任职)
副局长:刘祖勇
王波进(5月任至6月)
罗　鲜(挂职,8月任职)

县编委办
主　任:邓业荣
副主任:文歧权　陆亚玲
事业单位登记管理局局长:范文义

县机要局
局　长:时宝先
副局长:邓源娟

县老干部局
局　长:刘慧云
副局长:李　健　袁　明(任至5月)
曾念友(5月任职)

县直属机关工作委员会
书　记:袁李宁(任至5月)
韩文忠(5月任职)
副书记:曾念友(任至5月)
范丽林
童先明(5月任职)
委　员:刘先发(纪工委书记)
吴桂针(任至5月)

县委党校
校　长:文　斌(兼,任至5月)
陈礼兵(兼,5月任职)
常务副校长:刘海东
副校长:唐金妮　邓敦党
校务委员:黄艳红

灌阳县人民代表大会常务委员会

主　任:蒋小林(任至8月)
范科君(5月任党组书记,8月任职)
副主任:王　峰(5月任党组副书记,8月任职)
袁高明(5月任主任助理,8月任职)
赵新春(5月任党组成员,8月任职)
陈春虹(5月任党组成员,8月任职)
宾怀贵(任至5月)
向国庆(任至5月)
唐莉姣(任至5月)
唐　敏(任至5月)

人大常委会办公室
主　任:陈国栋(任至5月)
唐爱明(5月任职)
副主任:卢丽梅　戴青云

代表联络工委
主　任:唐廷勇
副主任:雷唤雨

教科文卫法工委
主　任:刘艳娟

财经委
主　任:范见远(5月任职)
副主任:范见远(任至5月)
吕灌群(5月任职)

灌阳县人民政府

县　长:陆桂弟(任至5月)
卢　嵩[5月任副县长(代理县长),8月任职]
县委常委、常务副县长:李春孟
县委常委、宣传部部长、副县长:陈礼兵(任至5月)
周恒志(5月任职)
县委常委、副县长(挂职):欧阳向利(任至3月)
谷宝太(3月任职)
副县长(挂职):黄小雪(1月至8月)
蒙　斌(1月任职)
副县长:罗永方(任至5月)
秦家德(5月任县政府党组成员,8月任职)

唐　敏(5月任县政府党组成员,8月任职)
黄小雪(8月任职)
蒋红斌(5月任县长助理,8月任职)
覃自仁(任至5月)
袁高明(任至8月)
赵桂花(任至5月)

县政府办
主　任:黄水华
副主任:罗前学　伍传海　莫家斌
王小华(任至5月)
卿熙安(任至5月)
陆冬妹(任至5月,8月挂职)
黄永逵(任至5月)
吕　军(5月任职)
蒋兴旺(8月挂职)
文泽荣(8月挂职)
戴培全(11月挂职)

县政府督查室
主　任:王小华(任至5月)
副主任:陆增书(任至12月)

县法制办
主　任:伍传海

县政府工作部门

县发展和改革局
党组书记、局长:傅超香(5月任职)
党组副书记、局长:范东华(任至5月)
党组副书记、副局长:童富军(任至5月)
党组成员、纪检组长:熊经忠(任至5月)
党组成员、副局长:宾传曦(任至5月)
陆　发(5月任职)
蒋　仁
党组成员:雷荣华
副局长:熊经忠(5月任职)

县财政局
党组书记、局长:文新祥
党组成员、纪检组长:黄光辉
党组成员、副局长:戴小芳(任至5月)
李静勇
吕加标(5月任职)
党组成员:黄东平(任至5月)

县农业局
党组书记、局长:蒋碧娟
党组副书记、县水果生产办公室主任:文先发
党组成员、纪检组长:王东明(任至5月)
党组成员、副局长:唐冬梅
卢奇东(任至5月)
周　兴(任至5月)
童富军(5月任职)
副局长:邓双雄(5月任职)
党组成员、县水果生产办公室副主任:
谢彦忠(任至5月)
范芳春(任至5月)
唐慧生(5月任职)
何运晟(5月任职)
党组成员、县农业区划委员会办公室副主任:
陈桂斌

县社会主义新农村建设领导小组办公室
主　任:王礼平
副主任:盘晓峰

县林业局
党组书记、局长:韩文忠(任至5月)
谢能喜(5月任职)
党组副书记、副局长:文珍林(兼森林公安局局长)
党组副书记、能源办主任:戴培亮
党组成员、纪检组长:舒恒通
党组成员、能源办副主任:艾先德
党组成员、副局长:曾念学(5月任职)
孙　宏(任至5月)
史伟明(任至5月)
党组成员:何运晟(任至5月)
许祖阳(任至5月)
唐　军(任至5月)

县水产畜牧兽医局
党组副书记、局长:龙晓红
党组成员、纪检组长:陈万明
党组成员、副局长:熊章新(任至5月)
范文军
副局长:邹必鸿(任至5月)

县国土资源局
党组书记、局长:杨国政
党组成员、纪检组长:蒋　涛
党组成员、副局长:王　斌
陈团结
唐　健
党组成员:邓春凤

县科技局
党组书记、局长:罗前学
党组成员、纪检组长:范富荣
党组成员:王红波(任至5月)
副局长:韦　川

县环境保护局
党组书记、局长:时治富
党组成员、纪检组长:贺　政(任至6月)
蒋雪生(7月任职)
党组成员、副局长:文卫红　唐银涛
党组成员:蒋雪生(任至7月)

县教育局
党组书记、局长:雷祖文
党组副书记、副局长:袁红波
党组成员、纪检组长:莫筱琴(任至12月)
党组成员、县纪委派驻教育局纪检组组长:
蒋　勇(12月任职)
党组成员、副局长:戴树元(任至5月)
孙建林
於忠于(任至12月)
党组成员:文德斌(任至5月)

县文新广体局
党组书记、局长:黄永瑞(任至5月)
陈国栋(5月任职)
党组副书记、副局长:何凯成(任至12月)
党组成员、纪检组长:蒋人春
党组成员、副局长:袁高生　唐红梅
文齐友
文其发(任至12月)
蒋　勇(任至12月)
党组成员:王思嘉(任至12月)
文　馨(任至5月)
王游明(任至5月)

《今日灌阳》报社
社　长:蒋人轲

县卫生和计划生育局
党组书记、局长:蒋廷军(任至5月)
蒋增进(5月任职)
党组副书记、副局长:许旭阳
党组成员、纪检组长:伍兴春(任至5月)
闫星映(5月任职)
党组成员、副局长:陈　勇　谢世政　邓世英
党组成员:陆继平(任至5月)
王小军(任至12月)
计生协会专职副会长:文其发(12月任职)

县交通运输局
党组书记、局长:刘　相
党组副书记、副局长:熊俊文
党组成员、纪检组长:时继红
党组成员、副局长:蒋增生
党组成员:叶景红(任至5月)
交通战备办公室主任:李　鑫(5月任职)

县公安局
副县长、局党委书记、局长:罗永方(任至5月)
秦家德(5月任职)
局党委副书记、政委:秦家德(任至5月)
龚厚清(8月任职)
党委委员、副政委:郑有远(任至6月)
党委委员、纪委书记:唐广政

党委委员:邹建华(任至1月)
何春联　蒋联峰
孙东红(县交警大队大队长)
党委委员、副局长:王良熙(任至6月)
刘　炜(任至1月)
周　浩
邓国玉

党组成员:蒋小平(任至5月)

县审计局
党组书记、局长:谢爱民
党组成员、纪检组长:冯　杰
党组成员:蒋爱辉(任至12月)
党组成员、副局长:刘晓红　熊光齐

县司法局
党组书记、局长:伍灵保
党组副书记、副局长:陈咸灌(任至5月)
党组成员、纪检组长:蒋　明
党组成员、副局长:唐志云　文神贵
党组成员:徐中权(任至12月)
俸珍英(任至12月)

县调处办
主　任:邓德新
副主任:范默静(任至5月)

县移民局
县移民局:(5月成立党组)
党组书记:秦满发(5月任至6月)
局　长:秦满发(任至6月)
党组书记、局长:罗向春(6月任职)
党组成员、纪检组长:戴小芳(5月任职)
党组成员:尹晓亚(5月任职)
副局长:尹晓亚
党组成员、副局长:蒋石生(5月任职)

县旅游局
局　长:文丢云

县工信商贸局
党组书记、局长:梁　赟
党组副书记、副局长:蒋茂文
党组成员、纪检组长:范中成
党组成员、副局长:蒋雄军
周玉梅(任至5月)
谢海龙(6月任职)

县工商质监局
党委书记、局长:唐　斐(6月任职)
党委副书记、副局长:熊鹏飞(6月任职)
党委委员、纪委书记:何有兰(6月任职)
党委委员、副局长:蒋明晖(6月任职)
文　爽(6月任职)

县工商局
党委书记、局长:唐　斐(任至6月)
党委委员、纪检组长:何有兰(任至6月)
党委委员、副局长:尹开展(任至6月)
蒋明晖(任至6月)
文泽荣(任至5月)

县质监局
党组书记、局长:熊鹏飞(任至6月)
党组成员、纪检组长:唐艳云(任至6月)
党组成员、副局长:文　鑫(任至6月)
史贤德(任至6月)
文　爽(任至6月)

县扶贫办
主　任:黄卫民
党组成员、纪检组长:王继凯(任至5月)
袁　明(5月任职)
党组成员、副主任:杨隆庆
戴鸾英(任至5月)
党组成员:蒋迎春(任至5月)
副主任:俸珍文(5月任职)
副主任(挂职):范菊红(8月任职)
唐大荣(8月任职)
谢潇钧(5月任职)

刘毅飞(11月任职)
陆娟娟(11月任至12月)

县民族局
局　长:袁　文
副局长:蒋晓玲

县招商局
党组书记、局长:唐运玉
党组成员、纪检组长:郑春梅(5月任职)
副局长:王松元　时红秀

县市容管理局
党组书记、局长:於永新
党组成员、纪检组长:毛　萍
党组成员、副局长:周竹生　蒋述贵

县食品药品监督管理局
党组书记、局长:邓海生
党组副书记、副局长:黄　方(任至6月)
吴鸾珍(6月任职)
党组成员、纪检组长:文　辉
副局长:王晓东
蒋爱辉(12月任职)

县粮食局
党组书记、局长:兰政书
党组成员、纪检组长:袁　智(任至5月)
副局长:黄新明

县供销社
党组书记、主任:何嗣喜(任至6月)
蒋亚强(6月任职)
党组成员、纪检组长:邓海琼
副主任:卿垂志　魏　勇

县房改办
主　任:刘晓玉
副主任:熊国旭　唐有英

县住房和城乡建设局
党组书记、局长:唐爱明(任至5月)
王飞雄(5月任职)
党组副书记、副局长:王德鹏
党组成员、纪检组长:唐全喜(任至5月)
伍兴春(5月任职)
党组成员:戴培根(任至5月)
陆荣辉(任至5月,5月任市场管理服务中心主任)
党组成员、副局长:吕建国
文武军(任至5月)
王定兵(任至5月,兼市场管理服务中心主任、人防办主任)
文　毅(5月任职,兼人防办主任)
孙　宏(5月任职,兼综合执法局局长)

县物价局
局　长:曹湘柱(县发改局党组成员兼)

县人力资源和社会保障局
党组书记、局长:蒋邦奎
党组副书记、副局长:袁　展
梁　融(任至1月)
党组成员、纪检组组长:郑　琳(5月任职)
党组成员、副局长:蒋海龙
陆开明(任至5月)
史伟明(5月任职)
党组成员:陈发谊(任至1月)

县统计局
党组书记、局长:郑秋明
党组副书记、副局长:廖一江
党组成员、纪检组长:兰秋萍(任至12月)
徐中权(12月任职)
党组成员、副局长:蒋　勇
吴天喜(任至12月)

县安全生产监督管理局
党组书记、局长:雷　解(任至5月)
卿熙安(5月任职)
党组成员、纪检组长:唐兴东
副局长:宋德兴
谢海龙(任至5月)
文　刚(5月任职)

县水利局
局　长:蒋红斌(任至5月)
党组书记:蒋亚强(任至6月)
党组书记、局长:郑　娟(局长5月任职,党组书记6月任职)
党组成员、纪检组长:梁尚斌
党组成员:李学斌(任至5月)
党组成员、副局长、防汛办主任:邓革胜
党组成员、副局长、水车水库管理处主任:朱桂军

县民政局
党组书记、局长:王良益
党组副书记、副局长:蒋石生(任至5月)
党组成员、纪检组长:唐荣明(任至5月)
周晓莉(5月任职)
党组成员:陈云天(任至5月)
党组成员、副局长:吕　辉
粟继群(任至5月)
吕加科(5月任职)

县老龄委员会办公室
主　任:蒋志芳
副主任:翟丽娟　戴红清

县政府直属事业单位

县机关事务管理局
党组书记、局长:唐泽化(任至5月)
王小华(5月任职)
党组成员、纪检组长:王红波(5月任职)
党组成员、副局长:范汝东
李远勇
党组成员:廖宏军(任至5月)
刘先德(任至5月)
孙湘玲(任至5月)

县农业机械化管理局
党组书记、局长:戴大林
党组成员、纪检组长:尹基明
党组成员:唐连生(任至5月)
党组成员、副局长:吕　波(任至5月)
唐慧生(任至5月)
宾传曦(5月任职)
邓源学(5月任职)

县档案局
党组书记、局长:唐秀琼(任至5月)
陆进发(5月任职)
党组成员、纪检组长:翟德文(5月任职)
党组成员、副局长:周玉梅(5月任职)
副局长:沈　忠

县史志办
主　任:熊国红(任至6月)
副主任:史秋莹
文春玲(5月任职)

法院·检察院

县人民法院
党组书记、院长:黄　强(任至5月)
刘红星(5月任职)
党组副书记:唐晓禹(任至1月)
王继勇
党组成员、纪检组长:何　盛(任至1月)
王　云(1月任职)
党组成员、副院长:盘仙姝(任至12月)
邓云江　王茂生
党组成员:何　盛
谢良豪(执行局局长)

县人民检察院

党组书记、检察长：秦奕明（任至5月）

罗小军（5月任职）

党组副书记：邓珍庆（任至1月）

党组成员、纪检组长：梁拥政（任至12月）

陆增书（12月任职）

党组成员：蒋永福（任至1月）

党组成员、副检察长：蒋智勇　戴拥军

梁拥政

党组成员、反贪污贿赂局局长：文元军

党组成员、政工科长：何　鹏

军警·武警

县人民武装部

部　长：黎大友

政　委：田应军（任至6月）

副部长：蒋安平

县消防大队

大队长：宋　超（任至12月）

杨　彬（12月任职）

教导员：李华军

县武警中队

队　长：熊定昌

指导员：赵　铭

中国人民政治协商会议灌阳县委员会

主　席：范科君（任至8月）

蒋小林（8月任职）

副主席：陆健康　郑有成

唐　奕（任至5月）

王　峰（任至8月）

唐莉姣（5月任党组副书记，8月任职）

向国庆（5月任主席助理，8月任职）

办公室

主　任：黄晓艳

副主任：蒋济锋

王熙涛（任至5月）

盘树华（8月挂职）

提案和社会法制委员会

主　任：刘艳娟（任至8月）

秦满发（8月任职）

副主任：时祖龙

教文卫体委员会

主　任：戴　琮

副主任：戴维来（任至8月）

胡艳辉（8月任职）

经济科技联谊和委员联络委员会

主　任：时建生

人民团体

县总工会

县人大常委会副主任、县总工会主席：

赵新春

党组书记、常务副主席：唐爱娟

党组成员、纪检组长：於晓文

党组成员、副主席：范立新

中国共产主义青年团灌阳县委员会

书　记：刘　群（任至4月）

副书记：何明捷（5月主持工作）

邓亚婷

县妇联

主　席：蒋小芬（任至5月）

袁玉华（5月任职）

副主席：蒋雪艳

孙湘玲（5月任职）

县妇儿工委办主任：范汝琰（5月任职）

县残联

理事长：胡志姣

党组副书记、副理事长：谢潇钧

党组成员：黄光雪（任至5月）

县科协
主　席:邓根云(任至6月)
陶云琳(6月任职)
副主席:王思嘉(12月任职)

县工商联
主　席:曾有元
党组书记:贺小秋
副主席:蒋峦姣(任至5月)
蒋林海(5月任职,任至12月)
曾扬帆(6月任职)

中央及自治区直属单位

县国家税务局
局　长:梁　聪
党组成员、纪检组长:范来顺
副局长:蒋晓春　何嗣斌
何承明(任至4月)
袁晓海(5月任职)

县地方税务局
党组书记、局长:全昌映
党组成员、副局长:刘训忠
熊灵明　陈华兵
党组成员、纪检组长:蒋林豆

广西桂林千家洞国家级自然保护区管理局
局　长:李增华
副局长:李远征　易　雷

县公路管理局
局　长:马权华
总支书记:梁艳芳
灌阳路政执法大队大队长:蒋戈亮
副局长:唐咸富　刘　凯
文　静(9月任职)

桂林市住房公积金管理中心灌阳县管理部
副主任:邵先会(任至5月)
黄少华(6月任职)

县水利电业有限公司
党委书记、总经理:陈燕春
副总经理:范兰平　伍友顺
谢冬林
党委副书记:唐少谦

县气象局
局　长:王熙军
副局长:赵玉红　卿跃文

县中心水文站
站　长:刘春杰(任至9月)
秦明周(9月任职)

县烟草专卖局
局长(经理):蒋政忠
副经理:唐　旭
副局长:丁立化

金融·保险·通信

中国人民银行灌阳县支行
行　长:王熙进
副行长:赵绍庆

中国农业银行灌阳县支行
党委书记、行长:李祖明
党委委员、副行长:王义华
唐　斌　黄　文

灌阳农村商业银行股份有限公司
董事长:王登富
行　长:文思婕
监事长:蒋志永
副行长:董　钢　史伟民

桂林国民村镇银行灌阳支行
行　长:张　力
副行长:蒋运林　周艳萍　甄凌云

中国人民财产保险股份有限公司灌阳支公司
副经理(主持工作):李革娟

中国人寿保险股份有限公司灌阳支公司
经　理:苏双胜
副经理:唐庆林

中国邮政集团公司灌阳县分公司
总经理:穆　洪
副总经理:陈　杰

中国移动通信集团广西有限公司灌阳分公司
总经理:苏　琦(任至8月)
　　　蒋林松(8月任职)
副总经理:刘　海(5月任职)
综合部经理:陆秋玉

中国联合网络通信有限公司灌阳分公司
总经理:吴海荣

中国电信股份有限公司灌阳分公司
副总经理:王熙辉(主持全面工作)
　　　　唐　利

广西广电网络灌阳分公司
总经理:蒋晓明
副总经理:吴建伟

各乡镇党委、人大、政府

洞井瑶族乡
党委书记:王飞雄(任至5月)
　　　　戴桂兰(5月任职)
党委副书记、乡长:袁玉华(任至5月)
　　　　　　　邓润生(5月任职)
党委副书记、人大主席:卿熙念(任至5月)
　　　　　　　　　王熙涛(5月任职)
党委副书记(挂职):罗　晖(任至5月)
　　　　　　　　黄艳红(6月任至11月)
　　　　　　　　范默静(11月任职)
党委委员、纪委书记:郑　琳(任至5月)
　　　　　　　　谢　超(5月任职)
党委委员:卿志军(任至5月)
　　　　唐培友(挂职至5月)
　　　　胡作昊(5月任职)
　　　　文泽荣(5月任职)
党委委员、副乡长:袁山权(任至5月)
　　　　　　　胡作昊(任至5月)
　　　　　　　包海洲(任至5月)
　　　　　　　胡作林(5月任职)
　　　　　　　蒋丽萍(5月任职)
党委委员、武装部部长:刘顺文(任至5月)
　　　　　　　　　谭善武(5月任职)
人大副主席:翟德文(任至5月)
　　　　　包海洲(5月任职)

观音阁乡
党委书记:蒋舒羽(任至4月)
　　　　蒋邦立(4月任职)
党委副书记、乡长:蒋邦立(任至4月)
　　　　　　　刘　群(4月任职)
党委副书记、人大主席:唐盼文(任至4月)
　　　　　　　　　李永红(4月任职)
党委副书记(挂职):赵　海(6月任职)
党委委员、纪委书记:王玉秀(任至12月)
　　　　　　　　陆娟娟(12月任职)
党委委员:唐　军(任至4月)
　　　　伍凌峰(任至6月)
　　　　范　钰(4月任职)
　　　　陆娟娟(4月任至12月)
党委委员、副乡长:谢　超(任至4月)
　　　　　　　胡　龙(任至4月)
　　　　　　　蒋红富(任至4月)
　　　　　　　黄光胜(4月任职)
　　　　　　　范先文(4月任职)
　　　　　　　时诒峰(4月任职)
党委委员、武装部部长:蒋连珍(任至4月)
　　　　　　　　　邓振顺(4月任职)

人大副主席:黄光胜(任至 4 月)
文歧政(4 月任职)

西山瑶族乡

党委书记:蒋增进(任至 5 月)
陈芙蓉(5 月任职)
党委副书记、乡长:梁拥民
党委副书记、人大主席:邓润生(任至 5 月)
王明生(5 月任职)
党委副书记(挂职):黄海波(6 月任职)
纪委书记:唐茂辉(任至 5 月)
文　馨(5 月任职)
党委委员:盘度春(任至 5 月)
赵　星(5 月任职)
范菊红(5 月任职)
蒋雪生(挂职至 5 月)
党委委员、副乡长:陈令仙(任至 5 月)
范茂忠(任至 5 月)
王明生(任至 5 月)
邓　兴(5 月任职)
熊章新(5 月任职)
副乡长:周玲安(任至 5 月)
党委委员、武装部部长:蒋　委
人大副主席:李夏平(任至 5 月)
王　琦(5 月任职)

黄关镇

党委书记:杨小龙(任至 5 月)
陈红华(5 月任职)
党委副书记、镇长:陈芙蓉(任至 5 月)
卿熙念(5 月任职)
党委副书记、人大主席:文　毅(任至 5 月)
周　兴(5 月任职)
党委副书记(挂职):文春玲(6 月任至 11 月)
李永伟(11 月任职)
党委委员、纪委书记:文　刚(任至 5 月)
周爱军(5 月任职)
党委委员:蒋兴旺(挂职至 5 月)
周爱军(任至 5 月)
蒋邦秋(5 月任职)
罗　鲜(5 月任职)
党委委员、副镇长:郑春梅(任至 5 月)
戴培根(5 月任职)
陈令仙(5 月任职)
党委委员、武装部部长:邓源学(任至 5 月)
王　翔(5 月任职)
副镇长:蒋佳云(5 月任职)
蒋静如(5 月任职)
人大副主席:刘湖广(任至 5 月)
蒋峦姣(5 月任职)

新街镇

党委书记:何　涛(任至 5 月)
蒋汉周(5 月任职)
党委副书记、镇长:田　丰
党委副书记、人大主席:吕加标(任至 5 月)
唐盼文(5 月任职)
党委副书记(挂职):宾传曦(6 月任至 11 月)
苑守瑞(11 月任职)
党委委员、纪委书记:王玉秀(12 月任职)
陈明德(任至 5 月)
袁山权(5 月任至 12 月)
党委委员:陆冬妹(5 月任职)
文奇前(5 月任职)
党委委员、副镇长:黄　凌
罗治祥(任至 5 月)
王波进(任至 5 月)
蒋秀云(5 月任职)
副镇长:范　钰(任至 5 月)
邹状初(5 月任职)
文武军(5 月任职)
党委委员、武装部部长:陆吉保(任至 5 月)
刘顺文(5 月任职)
人大副主席:罗　鲜(任至 5 月)
卿垂德(7 月任职)

灌阳镇

党委书记:傅超香(任至 5 月)

时大海（5月任职）
党委副书记、镇长：陈红华（任至5月）
周　围（5月任职）
党委副书记、人大主席：周　围（任至5月）
林　斌（5月任职）
党委副书记（挂职）：曾念友（6月任职）
党委委员、纪委书记：阎星映（任至5月）
苏　平（5月任职）
党委委员：陆　发（任至5月）
王宝发（任至5月）
唐大荣（5月任职）
梁婷婷（5月任职）
党委委员、副镇长：戴强明
唐仁发（5月任职）
李永红（任至4月）
党委委员、武装部部长：蒋连珍（5月任职）
文庆丰（任至5月）
副镇长：王宝发　於　洋
人大副主席：梁婷婷（任至5月）
吴桂针（5月任职）

新圩镇
党委书记：王　龙（5月任职）
郑　娟（任至5月）
党委副书记、镇长：赵　飞（5月任职）
王双发（任至5月）
党委副书记、人大主席：唐智祥（5月任职）
蒋　进（任至5月）
副书记（挂职）：文　爽（6月任职）
明　军（任至3月）
党委委员、纪委书记：刘训习（5月任职）
苏　平（任至5月）
党委委员：郑　伟
胡　龙（5月任职）
党委委员、副镇长：文　利
范芳春（5月任职）
刘毅飞（任至5月）
副镇长：邓双雄（任至5月）
卿耀华（5月任职）

周玲安（5月任职）
党委委员、武装部部长：李蒙发（5月任职）
唐　淮（任至5月）
人大副主席：李夏平（5月任职）
周晓莉（任至5月）

水车乡
党委书记：王　龙（任至5月）
王双华（5月任职）
党委副书记、乡长：赵　飞（任至5月）
陆航灯（5月任职）
党委副书记、人大主席：蒋琼芳
党委副书记（挂职）：李　鑫（6月任职）
党委委员、纪委书记：刘训习（任至5月）
吕莫君（5月任职）
党委委员：蒋秀云（任至5月）
盘树华
时　飞（5月任职）
党委委员、副乡长：范汝琰（任至5月）
文奇前（任至5月）
唐　淮（5月任职）
卢奇东（5月任职）
党委委员、武装部部长：李　鑫（任至5月）
唐　军（5月任职）
副乡长：唐培梅（5月任职）
盘树华（任至5月）
人大副主席：蒋佳云（任至5月）
陆继平（5月任职）

文市镇
党委书记：时大海（任至5月）
杨小龙（5月任职）
党委副书记、镇长：陆进发（任至5月）
文衍明（5月任职）
党委副书记、人大主席：文衍明（任至5月）
黄永逵（5月任职）
党委副书记（挂职）：赖永宏（任至5月）
朱　伟（任至5月）
全　超

文齐友（5月任职）
党委委员、纪委书记：蒋小忠（任至5月）
王游明（5月任职）
党委委员：林　斌（任至5月）
盘度春（5月任职）
刘毅飞（5月任职）
蒋小平（挂职至5月）
党委委员、副镇长：王海军（任至5月）
唐仁发（任至5月）
文春玲（任至5月）
卿志军（5月任职）
黄东平（5月任职）
党委委员、武装部部长：邓志权
副镇长：俸珍文（任至5月）
王超洋（5月任职）
邹必鸿（5月任职）
人大副主席：陆　剑（任至5月）
蒋凤萍（5月任职）

中国共产党灌阳县委员会

7月16日，中国共产党灌阳县第十五次代表大会在县文化大厦召开　刘召龙　摄

重要会议

【中国共产党灌阳县第十四届委员会第十次全体会议】 2016年1月19日，中国共产党灌阳县第十四届委员会第十次全体会议在县委三楼会议室召开。出席这次全会的有，县委委员29人，候补委员1人。县纪律检查委员会委员和有关方面负责同志列席了会议。县第十四次党代会代表中部分基层同志也列席了会议。全会深入学习了十八届五中全会精神、自治区党委十届六次全会及市委四届六次全会精神，听取和讨论沈荔芳受县委常委会委托作的工作报告，审议通过《中共灌阳县委员会关于制定国民经济和社会发展第十三个五年规划的建议》《中共灌阳县委员会关于坚决打赢"十三五"脱贫攻坚战的决定》。陆桂弟、文斌分别就《建议(讨论稿)》《决定(讨论稿)》向全会作说明。

【中国共产党灌阳县第十五届委员会第一次会议】 2016年7月17日，中国共产党灌阳县第十五届委员会第一次全体会议在县委三楼会议室召开。出席会议的有县委委员37人，候补委员7人。县纪律检查委员会委员列席会议。会议分别由陆桂弟和卢嵩主持，陆桂弟作重要讲话。全会选举中共灌阳县第十五届委员会常务委员会委员、书记、副书记；批准中共灌阳县第十五届纪律检查委员会第一次全体会议选举产生的书记、副书记、常务委员会委员。

（县委办）

7月6日，中国共产党灌阳县第十四届委员会第十一次全会在县委三楼会议室召开　范汝敏　摄

重要决策

【《关于坚决打赢"十三五"脱贫攻坚战的决定》】 2016年1月22日，中共灌阳县委办公室印发《关于坚决打赢"十三五"脱贫攻坚战的决定》(以下简称《决定》)，提出坚决打赢"十三五"脱贫攻坚战，坚持精准扶贫、精准脱贫基本方略，切实把脱贫攻坚作为最大的政治责任、最大的民生工程、最大的发展机遇，以"攻坚五年、圆梦小康"为主题，全力推进脱贫攻坚"七个一批""十大行动"，坚持全党动员、全民参与，举全县之力，坚决打赢脱贫攻坚战，确保灌阳县贫困地区、贫困人口与全县同步实现小康社会。

《决定》明确，到2019年确保灌阳县摘帽，到2020年确保灌阳县现行标准下的39768名农村贫困人口实现脱贫、65个贫困村脱贫摘帽。

《决定》提出，要坚持党的领导，实行分级负责；坚持政府主导，实施合力攻坚；坚持精准扶贫，实行分类指导；坚持生态保护，实现绿色发展等为基本原则。

《决定》明确，通过精准识别、建档立卡到村到户到人；精准实施"七个一批"脱贫攻坚；全力推进脱贫攻坚"十大行动"；切实加强对脱贫攻坚战的领导四项工作举措，确保完成脱贫任务。

【《关于建立健全县委、乡镇党委和县直单位党组(党委)抓基层党建工作责任制的实施意见》】 2016年8月25日，中共灌阳县委员会印发《关于建立健全县委、乡镇党委和县直单位党组(党委)抓基层党建工作责任制的实施意见》(以下简称《意见》),提出建立责任明晰、领导有力、运转有序、保障到位的工作机制,促进基层党组织的创造力、凝聚力和战斗力,形成党(工)委(党组)抓、书记抓、有关部门抓,一级抓一级、层层抓落实的基层党建工作格局,做到一心一意谋发展,聚精会神抓党建,为加快实现全县"五县"战略目标提供坚强的组织保障。

7月11日,县委中心组召开扩大会议专题学习贯彻习近平总书记"七一"重要讲话精神　陈张军　摄

《意见》提出,坚持党要管党、从严治党;坚持分类指导、整体推进;坚持与时俱进、开拓创新;坚持统筹兼顾、务求实效等为主要原则。

《意见》明确,县委对全县基层党建工作负总责,乡(镇)党委和县直单位党组(党委)对本乡镇本单位基层党建工作负总责;县委、乡(镇)党委和县直单位党组(党委)书记是抓基层党建工作的第一责任人;县委、乡(镇)党委和县直单位党组(党委)班子其他成员是抓基层党建工作的具体责任人,县委专职副书记、乡(镇)党委专职委员和县直党组(党委)分管领导要以主要精力协助书记抓好基层党建工作;县委组织部对全县基层党建工作负直接责任,乡(镇)党委和县直单位党组(党委)组织(人事)部门对本乡镇本单位基层党建工作负直接责任。

(县委办)

组织工作

【概况】 2016年,在市委组织部的悉心指导和县委的正确领导下,县委组织部坚持以党的十八大、十八届三中、四中、五中、六中全会和习总书记系列重要讲话精神为指导,以开展"两学一做"学习教育和县乡换届工作为契机,紧紧围绕县委中心工作,切实加强领导班子、干部队伍、基层党建、人才队伍和自身建设,不断推动组织工作在改革中前进、在继承中创新,扎实推进全面从严治党各项任务,不断提高组织工作水平,为打赢扶贫攻坚战,建设宜居宜业宜游、文明和谐幸福新灌阳提供坚强的组织保证。

【"两学一做"学习教育活动】 2016年,县委通过充分调研、征求意见,结合实际出台《灌阳县"两学一做"学习教育实施方案》。同时,成立由县委副书记担任组长的学习教育工作协调小组,组建综合组、宣传组、督导组等内设工作机构,开展2期协调小组内设机构人员培训。坚持"书记抓书记",带动基层党组织书记抓牢学习教育责任。推动党员领导干部上讲台,给基层党员上党课,组织"宣讲团",通过集中宣讲、文艺下乡、知识竞赛等形式,到92个基层党组织宣讲"两学一做""习总书记七一重要讲话精神"等,覆盖人数达6000人次。带头开展向"全区优秀共产党员"袁开政同志学习的活动,引领全县党员学习先进、弘扬先进。结合纪念建党95周年,县委策划组织"两优一先"评选表彰活动、"以知促行、知行合一,争做合格党员"主题演讲比赛、践行"四讲四有"文艺汇演、"保护母亲河·党员在行动""七一"慰问困难党员、"党旗领航·电商扶贫"等活动,让党员参与其中,带动群众参与到全县经济社会发展大局中。

【干部监督】 年内，不断完善干部监督机制，实现县乡和其他领域全覆盖。严格按照《关于加强干部选拔任用工作监督的意见》（中组发〔2014〕3号）及《领导干部报告个人有关事项报告规定》等文件要求，着眼于加强干部作风建设，积极探索、大胆实践，健全了干部选拔任用监督制度，切实解决干部“用得好”的问题。同时，健全干部日常监督管理制度，突出解决干部“管得好”的问题，努力建立起了干部使用有依据、干部监督有办法、干部管理有制度、不胜任现职要调整、不遵规守纪要追究的相互衔接、相互配套的干部管理办法。加强制度建设、加强查处力度，对全县科级领导干部，增强干部选拔任用监督工作规范性，切实保障干部选拔任用监督工作。

【乡镇领导班子配备】 2016年是县乡换届年，县委组织部稳步推进，选优配强乡镇领导班子。一是深入开展综合分析研判，为稳妥做好换届人事安排打下坚实基础。二是合理设置领导职位，根据自治区党委关于乡镇换届有关文件，政府班子职数可在上次换届基础上增加1名，结合9个乡镇领导班子建设情况和实际工作需要，对5个大乡镇配备6名政府班子成员，2个中乡镇配备5名政府班子成员，2个小乡镇配备4名政府班子成员。三是选优配强党政正职，着力选拔政治素质过硬、能够驾驭全局、善于抓班子带队伍，公道正派、胸襟开阔、严于律己的优秀干部担任党政正职；新任乡镇党委书记人选9名，其中不同乡镇交流的书记3人，乡镇长重用为书记人选4人，县直综合部门提拔交流2名；乡镇党政正职人选通过县委全委会票决。四是下大力选好配强“三类人员”，为认真落实上级有关乡镇换届关于从“三类人员”中选拔乡镇领导班子成员的要求，确定“三类人员”进入乡镇领导班子人选10人，其中事业人员8人，大学生村官1人，村（社区）两委干部1名，确保每个乡镇中的“三类人员”配备不少于1人。五是进一步优化乡镇领导班子结构，坚持老中青相结合的梯次配备，合理安排使用各年龄段的优秀干部，积极选拔女干部、少数民族干部、党外干部，改善领导班子专业、知识结构。换届配备乡镇班子102名，其中女干部17名，少数民族干部11名，非党干部7名，平均年龄37.63岁，研究生学历2名，大学学历76名，大专学历24名。

【干部教育工作】 年内，干部教育工作坚持贯彻党的十八大、十八届三中、四中、五中全会和习总书记系列重要讲话精神为重点，以能力建设为导向，开展了大规模干部培训。一是加强副科级干部能力素质提升，举办了灌阳县中青年干部培训班，培训人员70多人次。二是依托远程教育网络，举办“干部学习大讲坛”3期，培训干部400多人次。三是协助抓好区、市组织部培训工作。截至11月，共有5名副处以上领导干部、8名乡科级领导参加了上级培训。四是进一步完善了干部教育的培训登记制度。在6月份将全县科级干部的《在职干部全员培训登记证书》进行了核对，验审，并盖章确认。

7月15日，县委组织部部长周娜（右三）到灌阳镇排埠江村调研

县委组织部　提供

【县乡党委换届】 2016年,县委组织部围绕配强党委班子,顺利完成县乡党委换届。认真落实全国和全区市县乡换届工作会议精神,2月份正式启动县乡换届,并按照组织到位、宣传到位、程序到位的要求,严格规范操作程序,严肃换届纪律要求,认真抓好各阶段各环节工作,县乡党委换届工作有序推进,成功选举产生新一届县乡党委和纪委领导班子,两级党委班子得到进一步优化升级。全县依法依规推选出县委委员37名、县委候补委员7名、县纪委委员23名、市党代表19名。9个乡镇党委依法依规推选出乡镇党代表949名、乡镇党委委员84名、乡镇纪委委员47名。

【党建示范点建设】 2016年,县委组织部继续坚持拉高标准打造示范,集中力量创建品牌,安排专项资金270万元,撬动整合项目资金4000多万元,围绕建强村级班子、夯实村级阵地、规范村级管理、发挥党员作用、发展村级经济、改善村容环境和打造党建亮点7大目标任务,把党建示范点建设与新农村建设、扶贫产业发展、红色旅游资源开发、古村落保护、生态乡村建设和优秀文化传承等工作有机结合,通过每个季度召开1次基层党建工作述职评议现场会,着力打造了9个基层党建示范点。2016年,9个乡镇的创建点都在加大建设力度,有5个点的建设工作已经接近尾声,总体质量比2015年明显上升了一个档次。同时,在县直几个党(工)委重点打造2个机关企事业单位党建示范点,力争基层党建示范点的全覆盖,从而有效起到其示范带动作用。

【"两新"组织建设】 年内加强"两新"组织建设,扩大组织覆盖率。从县工商质监局择优调入了2名年轻干部,充实工委软实力,通过县财政争取到"两新"党建工作经费11万元,落实了新建"两新"党组织2000元/个,党组织书记1000元/年,党员活动经费100元/人的工作经费。同时紧抓重点领域,扩大组织覆盖。灌阳县是全区首批"全国电子商务进农村示范县",得益于政策引导,先后出现了一批从事互联网业务的非公企业。党工委抓住互联网非公企业这一重点领域,加强联系沟通、政策宣传,着重在本地一些发展后劲强、脱贫贡献大、社会反响好的电商企业中成立党组织,把电商企业负责人培养成党员,加强党的工作力量。先后在广西桂林灌阳日升生态特色农业开发有限公司、好兄弟传媒有限公司、兴农电子商务有限公司成立了首批电商企业党支部,3家电商企业在党组织引领下,积极投身于"电商扶贫"行动中,在全县发挥了较好地示范带头作用,得到《广西日报》《桂林日报》等媒体宣传报道。

【干部人事档案专项审核工作】 年内,全面核查、从严从实,规范管理干部档案。一是从严核查被提拔干部档案真实性、完整性,做到"凡提必审",认真填写干部任前档案审核专用的《干部基本信息审核表》,充分发挥干部人事档案的基础性作用,为干部日常任免、考察、调资、办理退休、检察院、纪委查办案件等工作中,准确、及时地提供相关依据,共查阅档案227人次。二是严审细甄,全面把控干部人事档案专项审核。努力做好干部人事档案"六防"工作,确保档案的万无一失。完成

12月25日,县委组织部部长周娜(右二)到观音阁乡大井塘村上党课

县委组织部　提供

干部人事档案专项审核工作，做好签字和归档，目前共收集归档材料463份。三是认真落实县以下机关公务员职务与职级并行制度。全年完成61名由正科级晋升为副处职级（含1993年工资套改人员），31名由副科级晋升为正科职级人员（含1993年工资套改人员）的审批工作。

【换届选举宣传】 年内，活用远教，做好换届选举宣传，助力"两学一做"学习教育。充分利用远程教育平台、党建网站、电视栏目等方式，及时向广大群众宣传换届选举的基本知识，把宣传教育贯穿换届选举工作全过程，营造良好的政治氛围，确保选举工作顺利进行。充分利用运用远程教育平台、党建网站、电视栏目、手机信息系统等传媒手段，深入系统地宣传"两学一做"具体内容和习近平总书记系列重要讲话精神，推动全面从严治党向基层延伸，巩固拓展党的群众路线教育实践活动和"三严三实"专题教育成果。还对全县123个远程教育终端站点全部进行设备升级，全部更换成新一代机顶盒，并组织专业技术人员全程跟踪设备安装调试，有效保障设备的更换质量。围绕全县的中心工作，制作了《弘扬长征精神 打赢脱贫攻坚战》《搭建好平台 助圆创业梦》等汇报专题片，为农民工创业园等项目的成功争取发挥了重要作用。

（文泽清）

9月30日，酒海井红军纪念园落成仪式暨红军烈士公祭仪式在酒海井红军纪念园举行 县委宣传部 提供

宣传思想工作

【概况】 中共灌阳县委宣传部是主管全县意识形态方面的县委工作部门，内设4个职能股室：办公室、理论教育股、宣传股、新闻股、灌阳县精神文明建设委员会办公室（挂牌机构）、灌阳县对外宣传办公室（县人民政府新闻办公室）（挂牌机构）、灌阳县文学艺术界联合会（挂牌机构）。2016年，灌阳县委宣传部制定落实全县宣传思想的任务和措施，指导全县宣传、新闻、文化教育系统各单位和各级党委宣传工作，在方针政策和宣传业务上指导《今日灌阳》报社、县文新广体局的工作，规划、部署全局性的思想政治工作任务和群众性社会主义精神文明建设工作，研究和改进群众思想教育工作，指导全县德育工作，负责全县对外宣传工作的组织、指导、协调，配合县政府有关部门指导、协调宣传文化系统的事业建设和发展。

【理论工作】 2016年，着重从"深入学习习近平总书记系列重要讲话"精神，科学把握"四个全面战略布局""深入学习马克思主义政治经济学，深刻领会创新、协调、绿色、开放、共享的发展理念""加强党史国史学习，进一步增强道路自信、理论自信、制度自信、文化自信""深入学习《中国共产党章程》增强维护党规党纪的自觉性坚定性"等4个方面为重点，制定了全县理论学习方案，并认真组织实施。充分发挥县委中心组学习的龙头作用，县委书记主持学习会，亲自授课，带头深入村屯和企业开展调研活动。县委中心组围绕习总书记在党的新闻舆论工作座谈会上的讲话、"两学一做"的"四讲四有"、习近平总书记的“七一”重要讲话精神、学习贯彻十八届六中全会精神、自治区第十一次党代会精神等主题进行了专题学习。

围绕“两学一做”“全面从严治党”“十八届六中全会等重大主题,利用专题讲座、微信、报纸等载体,宣传阐释党的最新路线、方针、政策。县委理论中心组成员在深入基层调查研究的基础上积极撰写的理论文章、调研报告,在《今日桂林》等有关党报党刊和理论刊物发表3篇。县理论宣讲小组成员走进各单位、各乡镇、各村屯通过开展了80余期“理论政策面对面”活动,做到形式多样,使理论宣传大众化、通俗化。同时认真组织开展了爱国主义读书活动、社会主义核心价值体系宣传教育、感恩教育等系列活动以及桂林百姓大舞台文艺演出,有效地宣传了党的理论、方针政策。

11月桂林“百姓大舞台”走进灌阳　　县委宣传部　提供

【对外宣传】 年内,围绕市委、市政府、县委、政府的中心工作,积极加强与中央、自治区、市主流媒体合作,及时组织新闻工作者深入全县各行业进行深入采访,通过消息、通讯、图片、专题报道等形式,反映灌阳县在各个领域取得的新成绩、新突破、新经验、新风采。据不完全统计,1—11月份,在市级以上主流媒体共刊发文章390多篇。向市调研科、区调研处报送舆情信息以及宣传信息202篇,被采用4篇;网络媒体的宣传报道200多篇。广播电视外宣有新突破,市电视台新闻采用102条,区电视台采用13条,进一步提升灌阳的知名度和影响力,据统计,《灌阳新闻》播发稿件833条;制作电视专题节目4部,深得广大电视观众的喜爱,收视率进一步提高,圆满完成县委、政府交给的各项宣传任务。配合广西电视台做好酒海井红军纪念园开园、新圩阻击战陈列馆开馆、文市桂岩村纪念活动、《红军过广西》等直播活动,并配合央视《国宝》等节目进行专题拍摄。

【社会宣传】 2016年,利用各种媒体资源,讲好灌阳故事,传播灌阳声音,提升灌阳形象,在《今日灌阳》报纸和今日灌阳微信平台上开设了“红军长征胜利80周年”“国学知识”“两学一做”专题教育党课专栏,宣传灌阳县积极响应国家号召,全面推进法治建设,全面从严治党的决心;扎实开展了“三下乡”、第二十一个“4·23世界读书日”宣传活动暨第九届“读书月”赠书活动、“扫黄打非”、安全生产宣传、食品安全宣传、防艾宣传、“习近平总书记近年来关心广西改革发展的重要指示精神”宣传、“讲文明、树新风”社会主义核心价值观公益广告片等一系列社会宣传和服务活动;认真做好了春节、“二月八”农具文化节、端午节、雪梨黑李节等传统节日的策划和宣传工作。

【纪念红军长征胜利80周年系列活动】 2016年是红军长征胜利80周年。县委宣传部把准时间节点,精心策划《灌阳县纪念红军长征胜利80周年活动实施方案》,成功举办四大主题纪念活动:9月28日在酒海井红军纪念园举行灌阳县第一批红军烈士遗骸迁葬仪式;9月30日在酒海井红军纪念园隆重举行国家公祭活动,广西电视台对此进行了现场直播报道;10月10日、11日结合广西大型专题报道《红军长征过广西》的拍摄,在文市镇桂岩村、新圩阻击战陈列馆举办纪念活动，同时邀请李亚滨、韩京京等红军后代20多人参与纪念活动，为灌阳的红色文化宣传写下浓墨重彩的一笔。通过一系列纪念活动，灌阳掀起一波又一波红色文化宣传的高潮，多次被新华网、腾讯网等媒体推为头条新闻。

千人桂剧广场舞　　县委宣传部　提供

【精神文明建设】 2016年，坚持把核心价值观建设作为精神文明建设的核心任务，让核心价值观“24”字深入人心、家喻户晓。根据上级要求，结合灌阳县实际，从“突出统一效果、树立精品意识、安全环保节俭”等方面工作进行了安排和部署。建成了灌阳高中，红旗中学，县直一小、二小、三小5个青少年核心价值观主题教育基地。持续推动公益广告进各类媒体、进车站车体、进围墙围挡、进公园广场、进酒店商超、进学校医院、进景点景区、进窗口单位、进社区街巷、进农村农家等“十进”活动，在县城周围和各乡镇主次交通干道、人流密集地创作主题公益广告墙绘和宣传牌，使社会主义核心价值观入脑入心。充分利用春节、“二月八”农具文化节、“六月六”雪梨黑李节、国庆节等重大节庆活动，进行歌舞、戏曲、小品等形式多样、通俗易懂的形象生动，使广大群众对核心价值观乐于接受、方便记忆。号召全县各级党委理论中心组学习、组织灌阳“理论政策面对面”宣讲团在全县广大农村地区、社区、学校巡回宣讲等，使核心价值观覆盖到县城各个角落。同时，在全县范围内广泛开展了做好“讲文明树新风”公益广告征集活动，其中4幅优秀公益广告被县文明办采用。

【道德引擎】 坚持推荐和宣传“身边好人”活动。春节期间，开展了慰问帮扶道德模范活动。2016年，灌阳县向上推荐了陆亚莲、易顺姣、戈其忠、刘继忠等20多人先进事迹。其中，易顺姣、刘继忠入围2016年中国好人榜，刘继忠是荣登11月份中国好人榜(2016年1月—11月份唯一一人)，他们的先进事迹被《广西日报》《桂林日报》《桂林晚报》等市内外媒体进行采访报道，产生了积极的反响。充分利用本地媒体大力宣传报道好人好事，号召全县人民学习道德模范先进事迹，以道德

2016年，理论小广场宣讲活动　　县委宣传部　提供

模范的作用和精神引领全县人民价值导向,弘扬良好的社会风气。认真组织开展道德讲堂。2016年,全县共举办了7期道德讲堂;同时结合文明校园创建活动,以12所乡村学校少年宫为重点,开展了道德讲堂进校园活动,进一步提升了灌阳县人民群众的文明素质,为灌阳县公民思想道德建设凝聚正能量。

【志愿服务活动】 结合“两学一做”活动,围绕“学雷锋月”“国际志愿者日”主题,全县广大党员干部做志愿服务的先行者,帮扶困难群众。组织和引导全县各行业志愿者大力开展了关爱留守儿童、贫困学生志愿服务行动、普法志愿者和法律服务志愿者下基层、返乡大学生暑期志愿服务活动、艾滋病防治宣传志愿服务等活动,产生了良好的社会响应,唱响了“我为人人、人人为我”的主旋律。

【未成年人思想道德建设工作】 深化“我的中国梦”主题实践活动,大力开展征文、演讲、主题班会、微视频征集、爱国主义等主题教育活动,进一步推进核心价值观贯穿融入中小学教育全过程,核心价值观正朝着“内化为未成年人精神追求,外化为自觉行动”方向发展。一年来,全县12所乡村学校少年宫结合创建“文明校园”活动,大力开展了洒扫应对、认星争优、日行一善和清明祭英烈、学习和争做美德少年、童心向党等系列主题活动;其中在文市高小承办了“做一个有道德的人”主题活动;县红旗中学少年宫作品《我最喜爱的校园活动》成功入选全国文明校园优秀作品;建成了全县未成年人桂剧培训基地。县文明委成员单位,区市文明单位,利用“六一”等节点,积极为联系村、少年宫开展未成年人办好事实事活动,进一步营造全社会关心支持未成年人思想道德建设工作的良好氛围。

【群众性精神文明创建】 结合全县“美丽灌阳”乡村建设和党建示范点建设工作,2016年,全县创建文明卫生村9个:其中洞井瑶族乡太和村凹平屯、观音阁乡桃花村桥头屯、新街镇三江村皇牛榜屯、灌阳镇排埠江村铺上屯等4个市级文明卫生村和西山瑶族乡罗家村定栏桥、黄关镇联德村杨家屯、新圩镇和睦村王家井屯、水车乡修睦村沙子埠新村、文市镇瑶上村瑶上屯等5个县级文明卫生村以及洞井瑶族乡1个市级文明示范乡。2016年,申报了洞井桂平岩村桂平岩屯、西山李家村上江口屯、灌阳镇大仁村朱安冲屯、水车乡修睦村蒋家屯门口、黄关镇联德村杨家屯、文市镇桂岩村等“十星级文明户”评选示范村(屯)。

(县委宣传部办公室)

【《今日灌阳》报社】《今日灌阳》报社于2009年12月29日成立,办报经费列入县财政预算,由县人民政府全额拨付,工作人员6名。该报定位为县委机关报,由县委、县人民政府主办,县委宣传部代管,负责出版发行《今日灌阳》报。2010年1月开始,面向全县党政机关、群团组织、企事业单位、行政村(社区)及个人免费发行。2016年,《今日灌阳》为全彩16开4或8版;全年共计48期,共208个版面,100多万字,每期发行10000份。宣传报道了党和国家的路线、方针、政策,详细跟踪、记录和宣传县委、县政府的重大决策及主要活动情况;灌阳“两会”精神和“三严三实”专题教育开展情况,各级领导的工作动态,各乡镇、县直各部门的建设发展情况;县内“二月八”民俗文化节、“六月六”雪梨黑李节等大型活动;江东新区、特色产业园区、社会主义新农村等经济社会发展成就;文市镇月岭村、洞井乡洞井村、新街镇江口村等传统村落的开发和保护情况;县内独特的桂剧文化、瑶族文化、茶食文化、农具文化等民俗文化艺术发展成就;李祖清、周发发、易顺娇等先进人物事迹。

全年报社记者积极在《广西日报》《桂林日报》《桂林晚报》等报刊发表新闻稿件240余篇。

(唐显才)

统一战线工作

【概况】 2016年,在县委、政府的正确领导下,在市委统战部、市民宗委的帮助指导下，县委统战部认真学习贯彻党的十八届三中、四中、五中全会、自治区党委、市委统战工作会议以及县委八届五次会议精神，坚持以邓小平理论、“三个代表”重要思想、科学发展观为指导，全面贯彻落实党的统战、民族宗教政策。牢牢把握“共同团结奋斗、共同繁荣发展”、牢牢抓住依法管理、确保稳定这根主线，深入调查研究，依法管理宗教事务，切实帮助民族乡经济和社会各项事业的发展，为灌阳县民族团结、宗教稳定、经济发展、社会进步发挥了积极的作用。

6月30日，广西灌阳日升生态特色农业开发有限公司捐助保良村小学22万余元　　县委统战部　提供

【统战招商工作】 按照全县“工业强县”战略，充分利用统战部门联系广泛的特点，特别是由统战部部长担任灌阳县招商引资工作组组长以来，发挥统战部的独特优势，拓宽发展渠道，积极开展招商引资工作，采取“走出去、请进来”的方式，招大引强，使更多的知名企业落户灌阳，实现招商引资新突破。据统计，2016年县内资到位资金任务21亿元人民币，外资到位资金任务400万美元。1—11月份，全县在建项目35个，总投资35.32亿元，新签项目8个，总投资额为249800万元；在建项目本年累计到位资金20.25亿元，完成任务的96.43%；按照自治区外资全口径统计，外资完成420万美元，完成任务的105%。

【非党人士工作】 2016年，举办为期5天的“灌阳县党外干部培训班”，邀请市委统战部领导和县委领导及著名教授进行授课，培训党外代表人士150多人。广大党外干部以这次学习为契机，在学习中加强了个人修养，提高了工作能力。2016年，共派遣输送6批次党外干部到桂林市委跟班学习与培训。

【非公经济统战工作】 年内，以促进非公有制经济健康发展和非公有制经济人士健康成长为目标，引导广大非公有制经济人士增强对中国特色社会主义的信念、对党和政府的信任、对自身企业发展的信心；积极搭建政企平台，为非公企业排忧解难，为企业发展创造条件，推动经济统战为全县经济社会发展服务。继续开展“服务非公有制经济发展”活动，以“着眼两个提升，促进两个健康”为主线，着力提升非公有制企业科学发展水平、提升非公有制企业员工队伍素质，促进非公有制经济健康发展和非公有制经济人士健康成长。通过统战资源配置，帮助企业破解难题，积极引导非公有制企业转变发展观念，创新发展模式，挖掘发展潜力，提升生产经营能力，增强企业活力。积极引导统一战线成员为保障和改善民生作贡献吸收更多的民营企业、商会参与“光彩事业”和社会主义新农村建设，引导非公有制企业开展扶贫助学和“助农安康”活动，引导民营企业“致富思源”，增强社会责任感，为促进就业、支持公益事业多做实事；发动商会帮扶社会主义新农村建设，开展“千企扶千村”活动，大力宣传非公有制企业和非公有制经济人士热心公益事业的先进事迹，努力健全工作机构，形成高效率的工作机制。按全县“工业强县”的思路，充分利用统战部门联系广泛的特点，拓宽发展渠道。发挥商(协)会的作用，采取“走出去、请进来”

的方式，招大引强，使更多的知名企业落户灌阳，实现招商引资新突破。

【对台及海外统战工作】 2016年，通过多渠道牵线搭桥，加强与灌阳籍优秀华人华侨联系，鼓励其回家创业，用各种方法引导留学人员为本地经济社会发展服务；通过正确的引导，让侨资进入灌阳支持教育、卫生等方面建设；加强海外统战工作，构建和谐海内外同胞关系。全县有侨胞、台胞300多人，平时注重走访慰问，帮助他们解决生产生活方面遇到的困难。灌阳县委统战部在春节、中秋、国庆期间开展情暖“三胞”“三属”慰问活动，为他们送上县委、政府的亲切关怀。

（县委统战部办公室）

党校工作

【概况】 中共灌阳县委党校是中共灌阳县委的一个重要部门，其主要工作职责是轮训副科级以下党员领导干部，培训中青年领导干部，协同组织人事部门对学员在校期间进行考核考察，围绕国内外出现的新情况、新问题以及全县的热点难点问题开展调查研究，为县委、政府决策提供参考，宣传马克思列宁主义、毛泽东思想、邓小平理论、“三个代表”重要思想、科学发展观以及党的各项路线、方针、政策。2016年学校有办公室、科研室、教务处和总务信息处4个内设机构，在编在岗干部职工18人。

【中共桂林市委员会党校灌阳分校挂牌】 年内，按照《广西壮族自治区党委办公厅关于印发〈全区县级党校设置调整方案〉的通知》（桂办发〔2016〕18号）和《中共桂林市委员会印发〈关于加强和改进新形势下党校工作的实施意见〉的通知》（市发〔2016〕17号）文件要求，为更好地整合县级党校资源，优化办学布局，提升办学效率和质量，改革县级党校运行体制，发挥党校系统整体优势，将灌阳县委党校确定为桂林市委党校分校，继续保留县级党校的牌子。灌阳县委党校于2016年9月19日增挂“中共桂林市委员会党校灌阳分校”牌子，设为市委党校分校，所属资产保持权属关系不变，人员编制、隶属关系、行政级别、财政供给渠道和工作职能不变。

【干部教育培训】 2016年，县委党校干部教育培训工作始终围绕县委、政府中心工作部署，丰富培训内容，创新培训方式，党校干部教育培训的主阵地作用进一步凸现。县委与县直属工委、团委、组织部等举办入党积极分子培训班、全县村（社区）党组织书记培训班、全县团干培训班、中青年干部培训班等培训人数达390余人；宣讲贯彻落实习近平“七一”讲话精神宣讲课4场次；受邀为县直工委、县人社局、县水利电业有限公司等单位上党课10场次，培训人数达2000多人次。县委党校在发挥党员干部教育主阵地作用的同时，充分利用灌阳县丰富的红色资源广泛开展党性教育，与兴安党校联合为南方电网中层以上干部办班6期250人次；独立承接南铁党校中青班和广

9月19日，桂林市委党校灌阳分校挂牌仪式在县委党校举行

县委党校　提供

西中小学党建教育管理干部培训班的党性专题培训170人次。此外，为自治区投资促进局、广西师大计算机学院、桂林市发改委、住建局等40多家单位2300多人次开展红色主题党性教育，培训范围进一步扩大，培训质量进一步提高，灌阳县红色党性教育知名度进一步提升。

10月21日，南铁党校中青班在灌阳开展党性专题培训

县委党校　提供

【师资队伍建设】 2016年，为提高教师队伍素质和能力，县委党校先后选派8人次外出培训，其中选派1人到自治区党校进行为期一月的培训学习；选派2人分别到国家干部学院、厦门大学参加市委党校组织的骨干教师培训班培训学习；选派5人到市委党校进行为期5天培训学习，通过外出培训学习，师资队伍的教学素质和能力得到了进一步增强和提高。在2016年桂林市党校系统精品课评选活动中灌阳县委党校课题《学习习近平关于保障和改善民生的最重要论述》获县级组优秀奖。

【思想政治建设】 年内，注重加强政治学习，深入开展“两学一做”专题教育活动。学党章、学党纪党规和习近平总书记系列重要讲话精神，深入开展“四讲四有”讨论，争做合格党员。积极开展学习报告会、座谈会等多种活动，推动党员干部不断深化对党章、党纪、党规的理解和把握，增强贯彻落实的主动性、坚定性。同时，着力抓好党支部建设，在认真做好“三会一课”常规工作的基础上，积极开展学习型支部创建活动，做到理论学习掌握先人一步，专题教育活动开展快人一着，主题实践活动务实创新，党组织的凝聚力、战斗力明显增强。

【教学科研工作】 按照“稳定数量，提高质量，改善服务，扩大影响”的要求，围绕县委、政府的中心工作，着眼于服务县域经济社会发展大局，立足县情，加大调研力度，提高科研咨政水平，科研咨政工作取得了较好的成绩。报送县委的《灌阳县“湘江战役”红色历史遗址的保护与开发》为县委、政府决策提供了参考；在市委党校举办的党校系统“以‘五大理念’引领桂林‘十三五’发展”征文活动中有3篇调研报告获奖，其中《整合红色旅游资源助推精准扶贫之探究》一文获二等

9月19日，灌阳县村（社区）党组织书记培训班在县委党校举办

县委党校　提供

3 月 16 日，《灌阳县志(1991—2005)》终审会在桂林市地方志办公室会议室召开　　秋　莹　摄

奖，《关于贫困山区县发展特色农业的思考》《打造灌阳特色文化促进旅游产业发展》两文获佳作奖。县委党校自主开发的《传承红色基因，加强党性教育——新圩阻击战的时代价值》被桂林市委党校 2016—2017 年度重点课题立项。撰写《百岁老人黄正武的回忆》《灌江沧沧》2 篇红色专题文章在《桂林日报》发表，为县委、县政府、县委宣传部、县电视台等部门报送信息 18 篇。

（胡海源）

党史地方志工作

【概况】 灌阳县史志办是县财政全额拨款的参照公务员法管理的正科级单位，是党史、地方志二合一单位，主要负责收集、研究灌阳县史志资料，为党政领导决策提供参考依据；编纂《灌阳县志》及灌阳县地方党史书籍；指导编写部门志；为上级业务部门提供资料。核定编制 5 名，实有人数 5 名。2016 年，在县委、政府的正确领导下，坚持以史鉴今、资政育人，全县地方志、党史工作有了较好的发展。年内，获得了中国长征精神研究院颁发的“弘扬长征精神优秀集体”荣誉称号。

【《灌阳县志(1991—2005)》通过终审验收】 2016 年 3 月 16 日《灌阳县志(1991—2005)》终审会在桂林市地方志办公室会议室召开。《灌阳县志》审查验收委员会对《灌阳县志》送审稿经分审、统稿、复审和总审等程序，进行了审查验收。《灌阳县志》审查验收委员会认为《灌阳县志》送审稿按照存真求实的原则，较系统地记述了灌阳县 1991—2005 年改革开放和社会经济发展变迁的历史，能够结合三级综合评稿意见进行修改和补充，评议阶段提出的修改意见大部分已作改正，文稿质量有明显提高；部分篇章节体例得当，资料丰富，内容翔实，语言流畅。但在资料准确性、完备性，人物入志，记述行文，插图等方面，需要进一步核实、补充、修改和完善。

【党史资料征集】 2016 年是红军长征胜利 80 周年，为了缅怀革命先烈，弘扬爱国主义精神，在县

4 月 26 日，县史料收集小组在全州县清水关调查收集资料　　秋　莹　摄

7月30日，县史志办干部为高校学生讲解红色历史　　刘　婷　摄

委宣传部的统一部署下，从4月份开始，县史志办与相关单位一起组织16人队伍，分5个小组，深入村屯对红军在灌阳的史料作进一步的收集整理。经过一个多月的走访，取得阶段性的成果：走访村屯64个，笔录材料153页，现场照片765张，发现有价值线索113个，其中可整理的人物故事42个，确认的红军散葬点43处，其他遗迹、遗址22处，文物线索10个。同时，按区市党史研究室的要求，完成《灌阳机要交通概况(1948—1949年)》调研报告1篇。

【党史宣教工作】 2016年，县史志办在红军长征胜利80周年这种有重大纪念意义的年份，充分发挥部门优势，积极开展党史宣教工作。先后接待四川省党史研究室、福建新四军研究会、赣州市党史研究室、南宁市党史研究室、红二代等区内外团体及个人90余批次，为中央电视台、广西电视台、江苏卫视、北京卫视、《江西日报》等新闻媒体讲解灌阳红色历史，弘扬革命精神，传承红色基因。

【年鉴工作】 1—6月份，分条分块对《灌阳年鉴(2014—2015)》进行校对，并进一步收集、整理、补充相关材料。同时还制订《灌阳年鉴(2016)》实施方案及框架结构，8月份下达编纂通知，10月底完成《灌阳年鉴(2016)》初稿并送出版社。完成《广西年鉴》《桂林市年鉴》灌阳县部分资料的组稿工作，并按时上报区、市。

【地方志理论研究】 年内，组织全办认真学习地方志理论知识，积极探索地方志理论研究，地方志理论研究得到进一步加强，报送的论文《如何做好年鉴资料的收集工作》获桂林市地方志理论研讨会论文二等奖。

【红色旅游开发】 年内，县史志办积极为灌阳红色旅游开发工作献策出力，拟定新圩阻击战陈列馆陈列大纲，参与酒海井红军纪念园的建设等等，充分发挥史志部门“资政”作用。

【《灌阳县大事记》编纂】 年内，编辑《灌阳县大事记》12期，每月对全县范围内发生的大事、要事进行收集、整理、编辑，并送四家班子领导、县直单位、各乡镇。

（秋　莹）

绩效管理与考评工作

【概况】 2016年，灌阳县绩效管理与考评工作在市绩效办的精心指导和县委、政府的正确领导下，紧紧围绕上级下达的各项指标任务和全县年初既定的目标任务，全力以赴攻坚克难，不断推进绩效管理创新，积极探索开展绩效管理与考评的有效途径和方法，着力构建科学的绩效管理体制、考核体系及结果运用机制，不断推动绩效考评向纵深延伸，使绩效考评成为推动工作落实的强力抓手，充分发挥了绩效考评“风向标”和“指挥棒”的作用，有效地激发全县上下的工作积极性，促进广大干部作风的转变，营造主动干事创业的良好氛围，确保全县各项重点工作的顺利推进，绩效任务得到有效落实，为促进全县经济社会事业发展做出了积极贡献。

【自评迎考工作】 2016年，县委政府高度重视，将绩效管理与考评工作纳入重要议事议程。多次召开县委常委会议、县四家班子领导会议、县政府常务会议，专题研究部署全县自评迎考工作。9月30日召开县政府常务会，对自评迎考指标二次分解专题研究，并对自治区年中核验四个实施进度较慢的指标，提出具体推进措施。11月18日召开四家班子联席会议，就全县自评迎考难点指标作专题研究和布置。县委常委会、县四家班子领导会议和县绩效考评领导小组会议定期或不定期听取绩效工作的情况汇报，及时了解掌握全县绩效管理与考评工作的开展情况、重点工作及重大项目进展情况，为各项指标任务的推进解决实际问题。县委常委会、县四家班子领导会议在研究全县重点工作时，都要求绩效办人员列席会议，使县绩效办能够及时掌握工作推进情况，在推进绩效管理工作时更能有的放矢。

同时细化指标任务，落实工作责任。自评迎考指标任务下达后，组织协调63个自评迎考牵头单位，及时制定《2016年度绩效目标表》《2016年度自评迎考指标二次分解情况及绩效进度表》，将年度任务分解到具体单位，并明确责任人、完成标准和时限。实施绩效考评“一把手”工程，层层传导压力，要求各单位、各部门“一把手”负总责、亲自抓，分管领导具体抓、抓落实，确保各项指标任务全部分解到单位、落实到个人，初步建立起逐级分解、层层负责、纵向到底、横向到边的目标责任体系，各项工作在落实过程中做到环节不漏、标准不降，促进全县绩效管理与考评工作的常态化和制度化。对照上级下达的各项考评指标任务和评分细则，在加强与市绩效办沟通联系的同时，组织、协调、督促县直各牵头(责任)单位积极主动地与上级主管部门进行充分而有效的沟通，彻底弄清弄懂考评任务、考评标准和时间节点，避免出现任务漏项、工作错位等失误。针对个别进度慢、完成较困难的指标，县绩效办督促和协助有关责任单位分析原因、查找症结、强化措施、加快进度，确保各项指标任务的顺利落实。同时，县绩效办逐一到各自评迎考责任单位，开展专项绩效辅导和指标释疑工作，协调责任单位呈报考评信息、完善绩效台账，做好对上信息汇报、对下信息交流的桥梁工作。在2015年度开展的对全县绩效考评社会评价工作中，共收集到社会公众的意见建议31条。针对这些意见和建议，及时组织相关单位，在深入调查、广泛听取群众意见的基础上，研究制定整改方案，落实整改措施，明确责任人，着力在解决突出问题上下功夫。制定、下发了《灌阳县2016年度绩效考评公众评议意见和建议整改方案》，督促各责任单位按要求进行整改，每月28日前上报整改进度，并通过政府门户网站、灌阳电视台《今日灌阳》报刊、微信平台、公示专栏等渠道进行公示。

规范监管机制，强化责任落实。落实了指标

12月14日，灌阳县召开2016年度区、市自评迎考难点指标推进会

县绩效办　提供

12月15日，自治区绩效办副主任施汉飞（左二）核验绩效考核指标完成情况　　县绩效办　提供

的责任县领导，实行县领导牵头落实指标责任制度和县领导联系重大项目责任制度，特别是对重大项目和一些困难大、矛盾多的工作，采取“一个项目、一名领导、一个班子、一个目标、一抓到底”的工作机制来推动项目绩效目标的落实。整合县绩效办、县纪委监察局、县委督查室、县政府督查室、重大项目督查办等监督力量，按照“每个项目现场必到、每个工程环节必查、每月工作进度必督”的要求，对重点项目、重点工作实行“一月一督查一汇报一通报”制度，及时查找问题，提出推进意见。在每月督查的基础上，重点在10月、11月对63个责任单位进行了全面督导。多次召开协调会议，组织有关单位全方位查漏补缺，解决各种困难和问题，强化了对考核指标的过程监控。特别是对完成有困难的指标，县绩效考评领导小组及时召开推进会，组织各责任单位认真研究，采取有效措施，切实加快指标的实施进度。11月1日绩效考评领导小组领导组织召开区、市自评迎考难点指标推进会，11月30日召开全县2016年度自评迎考推进会，要求各责任单位全力以赴、采取措施，确保年度目标任务顺利完成。

【工作开展情况】 年内，全县秉承“总结经验、完善办法、注重实效、稳妥推进”的工作思路，按照“目标制定、过程管理、科学考核、结果运用”四位一体的工作模式开展对县直单位和乡镇的绩效管理与考评工作，把“以实效为标准、以实绩论英雄”的思想贯穿始终，推动县委、政府各项目标任务完成。根据年初确定的目标任务，结合上年度自评迎考指标，及时制定了各项考评办法，并于4月底下达《灌阳县2016年绩效管理与考评工作方案》及各项考评细则，便于各单位各部门提早开展工作，为各项指标任务的落实赢得了实施时间，保证区、市指标顺利推进。在对各乡镇、县直各单位考评的基础上，把考评对象延伸到6个重点工作协调机构和138个行政村（社区），对江东新区指挥部、瑶族古镇指挥部、风电指挥部、乡村办、城镇化办、杨柳井红色旅游新村建设指挥部实施重点工作考评，县本级考评范围更全面。按照奖优、治庸、罚劣的原则，实施自评迎考与县本级考评结果挂钩，制定了2016年奖惩规定，实施“一通报”“四结合”（即对绩效考评结果进行通报，与单位评先评优和绩效奖励相结合、与干部选拔任用相结合、与改进工作相结合、与行政问责相结合），强化绩效考评结果运用环节，全力营造工作成效好坏由绩效考评数据“说话”，凭数据看成绩，以业绩论英雄的浓厚氛围。

（县绩效办）

信访工作

【概况】 2016年，灌阳县信访工作围绕全县经济发展大局，求真务实、开拓创新，认真学习贯彻习近平总书记重要指示精神，坚持依法办事，不断创新工作机制，积极推进逐级依法信访，按照“四个到位”的要求，积极推动“事要解决”，努力强化源头预防，切实解决群众诉求。

7月1日，县信访局到文市镇清塘村上党课　　县信访局　提供

【群众来信来访】 2016年，全县信访案件涉军类访件逐步规范、涉法转访类件得到有效引导、涉及征地类件合理化解、涉及建设类件就地解决、涉及教育医疗社保类件大幅下降、涉及“农林水三大纠纷”件稳步调处，但新的涉及扶贫类件有所增长。全年共受理群众来信来访139件873人次，与去年同期163件891人次同比下降了14.7%和2%。其中初访70批434人次、重访69件329人次、集体访28件560人次、进京非访7批7人次。征地拆迁类6件，涉军群体类4件，民办、代课教师类16件，人事、劳资纠纷类12件，非法集资类2件，离退职村干、原兽医、村医类2件，山林水事纠纷类6件，企业改制类4件，民生、扶贫类30件，反映村干部违规、违纪类4件，违规采矿、采砂类6件，其他类20件，涉法涉诉类27件。

【信访积案化解工作】 2016年，中央联席办交办灌阳县信访积案4件。县信访局按照“属地管理、分级负责”和“谁主管、谁负责”的原则，对每一件信访积案明确化解工作责任主体，提出化解要求，按照“五个一”和“六包”的要求，因案施策，在6月底办理完毕。

【领导接访工作】 2016年，县委、政府高度重视信访维稳工作，完善了领导接访制度，及时更新县领导安排，使约访、下访常态化，变群众上访为领导约访、下访，变坐堂接访为上访接访，了解群众诉求。除每月15日安排2名县领导到信访局接访外，还定期不定期约访重点人员。参加接访县领导12批28人次，接待来访群众50批162人次，县领导阅批信访件24件。

【网络建设】 年内，通过三级服务网络的建立和完善，使信访触角横向到边，纵向到底，确保信访问题发现得早、化解得了、稳控得住。一是健全“村乡县”三级联动机制，加强源头网络建设，村、社区设立146个综治干部，乡镇定员定编13名信访助理，县级部门健全信访首问责任，做到预警无死角；二是加大网络建设，全县9个乡镇、相关县直部门均开通了“网上信访信息系统”，畅通信访渠道、减少信访成本、增强办理透明度，全年共办理59件。

（蒋　言）

老干部工作

【概况】 2016年，全县有离休干部21人（行政事业18人，改制企业3人），其中代管1人；享受厅级待遇1人；副处以上退休干部45人（其中原四家班子退休23人）。2016年，灌阳县老干部工作认真贯彻落实区、市老干部工作会议精神，紧紧围绕全县工作大局，以落实离退休老干部的“两个待遇”为重点，充分发挥“两个阵地”的作用，进一步激发广大老同志爱党爱国、支持拥护改革的热情和责任。

【老干部政治待遇落实】 年内，组织老干部学习习总书记的系列讲话，扎实推进“正能量”活动。

5月12日，桂林市四家班子离退休老领导一行到灌阳县参观考察

县老干局　提供

采取集中与自学学习的方式，组织离退休干部认真学习贯彻《习近平总书记等中央领导同志在“双先”表彰大会上重要讲话精神宣传提纲》和《为党的事业增添正能量活动宣传提纲》。4月15日上午，县老干局组织老同志们在县老干部活动中心集中学习，深刻领会“正能量”理念和“正能量”活动的重大意义、扎实推进“正能量”活动深入开展，号召广大离退休干部向先进典型学习，取得了良好的效果。全年发放宣传册50本、宣传资料300多份，订阅了党报党刊和《学习参考》《老年知音》《中国老年》《中办通讯》等杂志。通过学习，使老干部对全国离退休干部“双先”表彰大会精神有了更进一步的理解，对中央老干部新政策有了更进一步的把握。进一步明确自身的优势所在，以及树立如何为党的事业增添正能量的价值取向，为灌阳的改革发展稳定贡献自己的一份力量。

组织开展网上正能量活动，在离退休干部中组建10余名老干部网络宣传队伍，关注订阅共产党员微信及广西老干部微信等。组织离退休老干部代表参加县里的经济工作会、人代会、政协会等大型会议，召开各种类型的座谈会。在春节期间，县领导带领有关部门人员对全体离退休干部进行了走访慰问，给他们送去党和政府的温暖。

【离休干部生活待遇落实】2016年，县老干局对离休干部离休费逐月发放，离休干部津贴补贴、健康疗养费、护理费、遗孀生活费及政策性补贴发放到位。离休干部医药费按医保政策规定及调整离休干部医疗保障待遇的标准报销，无拖欠离休干部医药费现象。局工作人员每人联系2~3名离休干部，经常深入老干部家中，及时了解老干部的思想情况和家庭生活情况。就离休干部的津贴、补贴问题，面对面交流，耐心疏导教育，做深入细致的思想政治工作，使老干部的思想稳定，有效促进了社会和谐。落实“四访一善后”制度。做到重要节日全面访、老干部生日当日访、家有困难及时访、生病住院入院访、老干部逝世帮善后。4

2月2日，灌阳县离退休干部春节团拜会在灌阳宾馆举行

县老干局　提供

6 月 7 日，自治区老干部局到灌阳县调研　　县老干局　提供

月 21 日至 25 日，组织离退休干部到县人民医院进行了健康体检。9 月 23 日上午，县人民医院医师莫义华、贺宏应县老年大学邀请，作了老年人养生保健、常见病的预防等知识讲座，县老年大学学员及离退休干部 100 余人聆听了此次讲座。同时对企业离休干部的政治、生活待遇落实情况进行调研，对全体离休干部的就医、护理和生活困难情况进行了调研并发放调查问卷。

【"两个阵地"建设】 年内，一是加强离退休干部活动阵地建设。经常开展丰富多彩的活动，目前是天天有活动，月月有赛事，重大节日有安排，各项文体活动开展得红红火火。二是抓好老年大学工作，加强老年人文化建设。近年来，老年大学越办越规范，2016 年仍然开设了书法、音乐、乐器、舞蹈、拳剑、电脑等专业课程，设置时事政治、法律法规等公共科目，入学人数在 290 人以上。学校把"学""乐""为"三者有机结合起来，校内文体活动、校外社会公益活动都安排得多姿多彩。

【关心下一代工作】 年内，一是加强未成年人思想道德建设。清明节期间，组织学生开展"缅怀先烈、报效祖国、圆梦中华"主题实践活动，祭扫烈士墓。4 月 1 日上午，灌阳县关工委组织老干部局、团县委、妇联等成员单位、县老年大学、县直属机关第二小学、县直属机关幼儿园共一千余名师生到县革命烈士陵园开展清明祭扫活动。二是认真开展"六一"慰问活动。积极开展"3 元计划·爱心工程"助学活动，5 月 31 日至 6 月 2 日，县关工委及县委老干部局有关领导到各乡（镇）进行慰问，并给全县 18 名贫困学生送上了 1.8 万元慰问金。三是"爱心厨房"设备已全部投入使用。

（谢红梅）

机构编制工作

【概况】 2016 年，灌阳县编制委在县委、县人民政府的正确领导下，在上级业务部门的指导下，根据上级文件及机构编制工作会议精神，扎实做好机构编制管理工作、行政审批制度改革工作、乡镇"七所合一"工作、政府部门权力清单制度、事业单位登记管理等工作，并取得了一定的成绩。

【机构编制管理】 年内，根据上级相关文件要求、《中共灌阳县委办公室 灌阳县人民政府办公室关于印发〈灌阳县控编减编工作方案〉的通知》（办发〔2015〕2 号）和《关于办理出入编业务有关事项的通知》，制定全县《关于办理出入编业务有关事项的通知》，并提交县编委会讨论通过，严格按照财政供养人员"只减不增"原则控制编制总量、按"撤一建一"原则严格控制机构设置、加强编制使用管理、严格机构编制集中统一管理、强化部门协调配合等措施开展控编减编工作。

【行政审批制度改革】 2016 年，根据《广西壮族自治区人民政府关于取消和调整一批行政许可事项的决定》（桂政发〔2016〕75号）文件精神印发了《灌阳县人民政府关于取消和调整一批行政许可事项的决定》（灌政发〔2017〕2号）文件，全县取消了26项行政审批事项，调整了188项行政审批事项。根据《国务院关于第三批取消中央指定地方实施行政许可事项的决定》（国发〔2017〕7号）印发了《灌阳县人民政府关于取消一批行政许可事项的决定》（灌政发〔2017〕6号）文件，取消了11项行政审批事项。各单位已按要求做好取消工作及事中事后监管措施和调整方案，并报县审改办备案，同时到县政务服务中心进行取消和调整工作。根据《广西壮族自治区人民政府关于印发行政许可事项目录的通知》（桂政发〔2016〕76号）和《广西壮族自治区行政许可事项目录》要求，印发了《灌阳县人民政府关于调整行政许可事项目录的通知》（灌政发〔2017〕7号）文件，确定灌阳县行政许可事项共265项，并在政府门户网站设置了专栏向社会公布，接受社会监督。

【政府部门权力清单制度】 2016年在去年的基础上，县人民政府组织有关部门，全面清理调整行政职权，对县发改局等33个部门（单位）的权力清单和县发改局等39个部门（单位）的责任清单进行审定，梳理出县级权力事项3802项，明确县发改局等33个部门（单位）县级保留权力事项3175项，各部门共性权力事项10项。明确县发改局等39个部门（单位）主要职责478项，具体工作事项1589项，部门间职责边界事项103项，部门公共服务事项103项，建立事中事后监管制度363项。通过与相关单位对接，并在政府门户网站上征求意见，法制办出具意见书，于2016年6月30日县人民政府常务会研究讨论，并以《灌阳县人民政府关于公布县人民政府部门权力清单和责任清单的通知》（灌政发〔2016〕13号）文件形式，在灌阳县人民政府门户网站上向社会公布，接受社会监督。11月23日在县委三楼会议室召开推行乡镇权责清单制度工作会议，对乡镇权责清单工作作了统一部署和安排，各乡镇于11月30日前将初稿上交县审改办集中审核修改，12月20日前向社会公布，接受社会监督。

【乡镇"七所合一"改革】 2016年，灌阳县按照《中共桂林市委办公室 桂林市人民政府办公室关于印发〈桂林市乡镇"四所合一"改革工作实施方案〉的通知》（市办发〔2016〕24号）文件以及上级会议精神要求，在完成各乡镇国土规建环保安监站（综合行政执法队）机构组建工作的基础上，同时明确了"七所合一"改革工作成员单位的主要职责，11月23日在县委三楼会议室召开了灌阳县推行乡镇权责清单制度工作暨"七所合一"工作布置会，要求各相关部门务必按照上级的统一部署和要求，对照各自的职责要求，狠抓落实，确保各项工作落到实处。会后各相关部门按照会议的布置和要求，在2015年度的基础上，进一步落实"六个有"，即有机构、有班子、有队伍、有场所、有制度、有保障，参照自治区印发的工作指南，按照规定将部门职权下放，及时与乡镇签订职权委托书，并指导和帮助乡镇制定出台工作制度、办事流程、操作规范、执法程序等工作，圆满完

11月23日，灌阳县推行乡镇权责清单制度工作动员培训暨"七所合一"工作布置会在县委三楼会议室召开　　县编办　提供

成各项改革工作任务。

【事业单位登记管理】 2016年,灌阳县根据《关于开展事业单位法人2015年度报告公示工作的通知》(市事登通〔2016〕1号)和《关于开展事业单位法人2015年度报告公示工作的通知》(灌事登通〔2016〕1号)文件精神,对灌阳县事业单位登记管理局核准登记(备案),领取了《事业单位法人证书》的事业单位法人进行年度报告。并将事业单位报送的上一年度的年度报告在"灌阳县政府门户网站"上公示。全县年检公示321家事业单位,完成率100%,年检纸质材料已归档;根据《国务院关于批转发展改革委等部门法人和其他组织统一社会信用代码制度建设总体方案的通知》(国发〔2015〕33号)要求,下发了《关于实施灌阳县事业单位法人统一社会信用代码制度的通知》(灌编办〔2016〕2号),实施事业单位法人统一社会信用代码制度,结合设立登记、变更登记和证书补领等业务,为办理事业法人证书的事业单位换发新的事业单位法人证书。

(县编办)

县直属机关工委

【概况】 2016年,县直工委下辖120个基层党组织,其中党总支8个,党支部112个。共有党员2804名,其中预备党员25名;女党员795名,占28.35%;离退休党员986名,占35.16%。在县委的正确领导下,县直工委全面贯彻落实党的十八大和十八届四中、五中、六中全会精神,扎实开展"两学一做"学习教育,坚持党要管党、全面从严治党,围绕服务中心、建设队伍两大任务,加强党的思想、组织、作风、反腐倡廉和制度建设,着力把思想建设和制度管党相结合,充分发挥党组织的战斗堡垒作用和党员先锋模范作用,全面提高基层党建工作科学化水平,为全县经济社会发展作出了积极贡献。

【党建工作】 2016年3月30日,在县委党校组织召开县直机关党建工作会议,县直机关党(总)支部书记(副书记)125人参加会议,全面总结2015年机关党建工作,安排部署了2016年工作,会议同时表彰奖励了18个2015年度"五个好"先进党组织、24名优秀党务工作者和117名优秀共产党员。

【灌阳县县直机关第十五次党代会】 按照有关规定,组织各支部推选产生参加县直机关十五次党代会代表和出席中共灌阳县十五次党代会代表预选人员,于2016年6月16日在县水利电业公司召开灌阳县县直机关第十五次党代会,选举产生64名出席中共灌阳县委十五次党代会代表。县委常委挂职副县长谷宝太、县人大常委会副主任陈春虹等领导亲临会议并作重要讲话。

【基础工作】 年内,认真履行职责,机关党建工作明显。一是指导县直各支部进行换届选举,严格

3月30日,灌阳县直属机关党建工作会议在县委党校会议室召开

县直工委 提供

审核把关,配强支部书记和支委委员。共对46个支部进行了换届选举,审批任命支部书记和委员59名,新成立3个支部。二是严把党员入口关,积极保质发展新党员。按照发展党员"坚持标准、保证质量、优化结构、发挥作用"十六字方针,严把党员入口关,积极保质发展新党员,重点从青年知识分子中培养和发展党员,2016年共审批发展新党员24名、审核讨论预备党员按期转正19名。三是加强党费核定收缴和党员信息系统的维护和管理。共对120个支部的党费收缴基数进行了核定并督促各支部按时交纳党费;为330余名党员的转移办理了《党员组织关系介绍信》。

4月20日,灌阳县直属工委入党积极分子培训班在县委党校举行
县直工委　提供

【结对共建活动】 2016年,县直工委共组建8个机关支部与8个困难企业结对子,并督促指导其开展好各项活动。"六一"国际儿童节,与黄关政府、妇联、团委到龙吟村小学开展了"六一"慰问活动。"七一"前后对"党内关爱扶助金"帮扶求助对象进行了调查核实,6月底前发放党内扶助金57500元、慰问困难党员48名;发放留存党费慰问金25700元慰问困难党员、老党员66名。

【武装工作】 召开了2016年县直机关民兵整组工作会议。由县医院、县林业局等17个单位组建一支由信息支援、军需物质保障、地面油料保障、情报侦察、民兵装备维修、医疗救护、卫生防疫、气象水文、工程抢修九个分队和一个通信连队组成的基干民兵专业分队,规模达336人,作为战时担负支援保障作战、参战任务,平时根据需要担负应急专业救援等的国防后备力量。同时做好直招士官和征兵工作。

(宁　韬)

灌阳县人民代表大会

8月23日，灌阳县第十六届人民代表大会第一次会议在县文化大厦召开

《今日灌阳》报社　提供

概　述

2016年，县人大常委会下设办公室、代表联络工委、教科文卫法工委、财政经济工作委员会4个委室；机关编制数为13人，其中行政编制数11人，工勤编制数2人，有在职人员26人。7月，灌阳县人大进行换届选举，共选举产生183名县人大代表；8月，灌阳县人大常委会进行换届选举，共选举人大常委会组成人员25名，其中人大常委会主任1名，副主任4名，委员20名。

重要会议

【灌阳县第十五届人民代表大会第六次会议】 2月23日至25日在县文化大厦召开。会议的主要议程有：一、听取和审议县人民政府工作报告；二、审查和批准灌阳县国民经济和社会发展第十三个五年规划纲要；三、审查和批准灌阳县2015年国民经济和社会发展计划执行情况与2016年国民经济和社会发展计划草案的报告，批准2016年国民经济和社会发展计划；四、审查和批准灌阳县全县与县本级2015年预算执行情况和2016年预算草案的报告，批准县本级2016年预算；五、听取和审议县人大常委会工作报告；六、听取和审议县人民法院工作报告；七、听取和审议县人民检察院工作报告；八、审议县十五届人大五次会议代表建议、批评和意见办理情况的报告。

2月24日，灌阳县第十五届人民代表大会第六次会议在县文化大厦开幕

《今日灌阳》 提供

【人大常委会议】 2016年，灌阳县第十五届人大常委会议共召开7次，第十六届人大常委会议共召开2次。

第三十四次会议　1月13日，灌阳县常务委员会召开，决定黄小雪挂任灌阳县人民政府副县长，蒙斌挂任灌阳县人民政府副县长；以及对王茂生等21人进行人事任免。同意1人辞去桂林市第四届人大代表职务，同意1人恢复县十五届人民代表大会代表职务，决定暂时停止2人执行灌阳县第十五届人民代表大会代表资格。

第三十五次会议　1月22日，灌阳县常务委员会召开，对凌洪广等4人进行人事任免。

第三十六次会议　2月16日，灌阳县常务委员会召开，对范树生等代表提出的5件建议和县政府办等4个单位评为县十五届人大五次会议的代表优秀建议和承办建议先进单位予以表彰。

第三十七次会议　5月16日，灌阳县第十五届人民代表大会常务委员会接受陆桂弟辞去灌阳县人民政府县长职务，决定卢嵩任灌阳县人民政府副县长，代理县长职务；谷宝太挂任灌阳县人民政府副县长；并对唐爱明等11人进行人事任免。

第三十八次会议　5月31日，灌阳县第十五届人民代表大会常务委员会对刘红星等7人进行人事任免。会议审议表决通过灌阳县人民代表大会换届选举工作实施方案；灌阳县人大常委会关于全县9个乡镇人大代表名额的决定；灌阳县人大常委会关于2016年县、乡两级人民代表大会换届选举的决定;灌阳县选举委员会组成人员及其办公室人员;各乡镇选举委员会组成人员。

第三十九次会议 6月28日,灌阳县十五届人民代表大会常务委员会召开第三十九次会议,对刘艳娟等3人进行人事任免,并对县选举委员会组成人员进行调整。

第四十次会议 8月11日,灌阳县第十五届人民代表大会常务委员会第四十次会议决定:灌阳县第十六届人民代表大会第一次会议于2016年8月23日至25日在县城召开及会议议程。

十六届一次会议 11月10日,灌阳县十六届人民代表大会常务委员会召开第一次会议,表决通过调整代表资格审查委员会,并对黄水华等25人进行人事任免。会议听取和审议《关于自治区财政厅批复我县2015年财政年终决算情况的报告》《灌阳县2015年度县本级财政预算执行和其他财政收支情况的审计报告》;以及听取县公安局工作汇报。

十六届二次会议 12月16日,灌阳县十六届人民代表大会常务委员会召开第二次会议,对陈秋香等3人进行人事任免。会议审议表决通过县十六届人大常委会有关议事规则和制度;听取《灌阳县县本级2016年度预算调整方案的报告》,审议同意县人民政府提出的《灌阳县县本级2016年度预算调整方案》,批准县本级2016年度财政收支预算调整。

重要工作

【任免国家机关工作人员】 2016年,灌阳县人大常委会依法任免国家机关工作人员88人(次)。其中,任免灌阳县人大机构负责人5人(次),灌阳县人民政府组成人员47人(次),灌阳县人民法院工作人员25人(次),灌阳县人民检察院工作人员11人(次)。

【人大代表议案和建议办理】 2016年2月,灌阳县第十五届六次会议和8月灌阳县第十六届一次会议期间,两次大会共收到代表对各方面工作提出的建议、批评和意见112件。经认真审查、研究,代表议案、建议、批评和意见分两次依法交由县人民政府有关部门和组织研究办理。年末,代表议案、建议、批评和意见均按法定时限办理完毕并进行了答复,代表对办理结果基本满意。

【调研工作】 2016年,县人大常委会先后听取和审议了2016年县本级财政年初预算、2015年县本级财政预算执行和其他财政收支情况的审计报告、2016年上半年县本级财政预算执行情况及预算调整报告,审查批准了2015年县本级财政决算。2016年常委会紧紧围绕县委重要决策确定年度工作要点,综合运用调研、视察、工作审议、执法检查等监督方式,督促和支持"一府两院"高效有序地开展工作。2016年,县人大常委会组织代表对精准扶贫情况进行调研,听取县法院、县公安局工作专项报告。

【执法检查】 2016年,县人大常委会先后组织和配合上级人大开展了对《中华人民共和国安全生产法》《中华人民共和国预算法》《中华人民共和国水法》《广西壮族自治区古树名木保护条例》《广西壮族自治区非物质文化遗产保护条例》等法律法规的执法检查,促进和推动了法律法规在全县的贯彻实施。县人大常委会还支持司法机关开展各项司法实践活动,先后6次组织县人大代表60多人次旁听县人民法院开庭审理,促进司法公正。

【与各级人大的联系与指导】 2016年,县人大常委会采取召开乡镇人大工作座谈会、邀请人大主席列席人大常委会等形式加强对乡镇人大主席的培训,不断提高乡镇人大主席的业务水平和履职能力。坚持常委会领导联系乡镇人大工作制度,积极指导乡镇人大依法开好人代会和开展好闭会期间各项工作。

【信访工作】 2016年,县人大常委会坚持畅通信访渠道,以化解矛盾为重点,妥善解决群众来信来访中反应和要求解决的问题。全年共接待人民群众来信来访 112 批(次)308 人(次),对群众关注的"热点"和"难点"问题进行跟踪督办。

【信息工作】 充分利用各级人大报刊、各种新闻媒体和各类舆论阵地,对县人大常委会和代表依法履职的做法和经验进行宣传报道。2016 年共撰写调研报告 20 篇,在各级媒体刊载宣传稿件 66 篇,被国家级刊物采用 1 条,省级刊物采用 5 条,市级刊物采用 26 条。

【代表走访】 2016 年,县人大常委会先后对 134 名农村县人大代表进行走访,听取基层人大代表对县人大常委会及"一府两院"各方面工作的意见和建议,共收集到代表们提出的意见和建议 48 条,涉及精准扶贫、环保、卫生、城乡清洁、城建、农业、水利、国土资源、交通、公安、司法、信访、文化、旅游、教育、食品药品安全、民政 17 个方面的工作,常委会将代表们的意见和建议及时向县委作了书面汇报,并要求县人民政府督促相关部门认真抓好落实。

(县人大办)

灌阳县人民政府

3月3日,全县农村工作会议在县文化大厦召开　　王　珊　摄

重要会议

【灌阳县第十五届人民政府第五次全体(扩大)会议】 2月5日在县委三楼会议室召开。会议由县长陆桂弟主持。县委常委、常务副县长李春孟就《政府工作报告》起草过程和主要内容作了说明。参会人员讨论和提出修改完善意见,《政府工作报告》在全会上讨论通过。

【灌阳县第十五届人民政府第六次全体(扩大)会议】 8月19日在县委三楼会议室召开。会议由代理县长卢嵩主持。会议审议通过2016年《政府工作报告》(政府全会审议稿),并回顾总结"十二五"的工作。

【灌阳县第十五届人民政府常务会议】 2016年,灌阳县第十五届人民政府常务会议共召开6次。

第四十四次常务会议 1月14日召开。会议讨论县政府领导分工,研究讨论关于宗地编号为2015029、2015030、2015035的三宗土地出让方案问题,关于县食药监管局办公楼降价拍卖问题,关于文市镇王道村文化服务中心综合楼财政性项目工程变更问题,关于县计生服务大楼财政性项目工程变更问题,关于县伍家湾至老屋坪水泥砼路面财政性项目工程变更问题,关于《灌阳县国民经济和社会发展十三五规划建议》《灌阳县国民经济和社会发展第十三个五年规划纲要(初稿)》和《灌阳县国民经济和社会发展十三五规划重大项目(初稿)》问题,关于文市镇库区移民后期扶持项目实施初步规划设计问题,人事任免问题等8项议题。

第四十五次常务会议 2月14日召开。会议研究讨论关于审议2016年《政府工作报告(征求意见稿)》问题,关于审议2016年财政预算方案问题,关于提高村干部报酬、村级办公经费和落实服务群众专项经费纳入财政预算问题,关于在全县范围内禁止种植桉树问题,关于灌阳县公务用车制度改革实施方案问题等5项议题。

第四十六次常务会议 4月6日召开。会议研究讨论关于《灌阳县县城地下管线综合规划》《灌阳县县城公共厕所专项规划》问题,关于新街镇控制性详细规划问题,关于桂林灌阳南国红豆杉山泉水项目投资开发协议问题,关于使用整县推进高标准基本农田土地整治重大工程项目财政投资评审核减资金增加变更工程问题,关于灌阳县钟合投资有限责任公司成立子公司问题,有关人事任免问题等6项议题。

第四十七次常务会议 6月12日召开。会议研究讨论关于与中国农业发展银行桂林分行战略合作及融资信贷问题,关于千家洞景区、小龙景区旅游项目开发建设问题,关于文市镇302省道兽医站对面大樟树倾倒致人伤亡事故调查定性问题,关于灌阳县渣土集中专项整治管理实施方案问题,关于灌阳县城市道路内停车管理办法问题,关于讨论灌阳县专利申请管理办法问题,关于

2月15日,灌阳县第十五届人民政府第五次全体(扩大)会议在县委三楼会议室召开 王 珊 摄

县党政机关差旅费管理办法，明确实（见）习、工作锻炼、选送学习等工作人员相关补助费用范围及标准，县党政机关差旅管理办法补充规定问题等7项议题。

第四十八次常务会议 7月1日召开。会议研究讨论关于灌阳县人民政府部门权力清单和责任清单审定问题，关于拨付非财政拨款企事业单位实行计划生育人员退休后增加待遇问题，关于水车乡撤乡建镇问题，关于文市镇新农贸市场招租问题，关于灌阳县财政投资评审管理暂行办法问题，关于审批灌阳县县城地下管线综合规划、县城公共厕所专项规划问题，关于县城区域内357国道规划走向问题，关于学习贯彻李克强总理重要讲话精神、《桂林市纪委关于实践运用监督执纪"四种形态"的指导意见》《广西壮族自治区贫困县党政领导班子和领导干部经济社会发展实绩考核办法（修订）》（征求意见稿）和市委、市政府主要领导批示精神问题，人事任免问题等9项议题。

第四十九次常务会议 8月5日召开。会议研究讨论关于审议《政府工作报告》（征求意见稿）问题，关于调整机关事业单位工作人员及离退休人员艰苦边远地区津贴标准问题，关于开展全县政策性水稻统保问题，关于灌阳镇财政所等要求发放乡镇工作补贴问题，关于粮食系统1998年12月底前离退休人员待遇转入财政全额发放问题，关于调整信访津贴标准问题，关于教育局机关事业人员享受10%教护津贴工资问题，关于增加公安协警及文职人员问题，关于调整灌阳宾馆规划进行招商问题，关于灌阳县村镇垃圾处理设施建设工作实施方案问题，关于江东义地上等项目供地问题，关于灌阳县易地搬迁工程实施计划及江东安置点问题，关于划拨土地用于文市镇交警中队执法服务站问题，关于成立灌阳县岭海农村投资有限公司问题，关于文市镇新农贸市场招租事宜问题，关于学习贯彻桂纪发〔2016〕2号文件和《中国共产党问责条例》问题等16项议题。

【**灌阳县第十六届人民政府常务会议**】 2016年间，灌阳县第十六届人民政府常务会议共召开5次。

第一次常务会议 9月9日召开。会议研究讨论关于县城饮用水源上移及水源保护问题，神农稻博园项目用地及征地经费问题，划拨新街镇卫生院医技和计生综合楼建设用地问题，全县电商村级布点、资金使用计划调整、产业园规划设计等事项，事业单位岗位设置有关问题等5项议题。

第二次常务会议 9月30日召开。会议研究讨论关于拨付文市石材加工工业园、江东新区及瑶族千家洞古镇项目公共配套基础设施建设资金问题，关于解决县人民检察院依法赔偿金问题，关于加强农村公路建设问题，关于灌阳县本级拟清理规范行政审批中介服务事项目录审定问题，灌阳县县级公立医院综合改革问题，灌阳宾馆、文化大厦及扶贫大厦宗地城市综合体开发问题等6项议题。

第三次常务会议 10月26日召开。会议研究讨论关于2016年精准扶贫脱贫摘帽村农民专业合作组织发展产业扶持、扶贫基础设施项目管理、扶贫开发和经济社会发展实绩考核问题，关于易地扶贫搬迁补助方案问题，关于国家重点生态功能区产业准入负面清单问题，关于增加灌阳县实施城乡建设用地增减挂钩工程经费问题，关于编号为2015029、2015030、2016003的三宗地块国有建设用地使用权出让方案问题等5项议题。

第四次常务会议 12月1日召开。会议研究讨论关于调整机关事业单位工作人员基本工资、增加机关事业单位离休人员离休费及整合城乡居民基本医疗保险问题，关于乡镇扶贫工作专项经费、扶贫村干部绩效奖励金及扶贫户小额保险问题，关于新街江口村、文市月岭村、洞井椅山村旅游扶贫规划问题，关于调整2016年财政预算问题，关于全县河道采砂规划问题，关于灌阳县木材加工厂安置房项目建设问题等6项议题。

第五次常务会议 12月23日召开。会议研究讨论关于河道采砂、制砂权出让问题，关于对灌阳县城总体规划（2011—2030）进行修编问题，关于研究灌阳县2016年农村危房改造建档立卡贫困户补助标准实施方案问题，关于明确灌阳宾馆、文化大厦及扶贫大厦综合体招商项目建设用地商业住宅比例问题，关于划拨国有土地使用权用于县妇幼保健院业务用房问题，关于划拨国有土地使用权用于县人社局教学实训基地建设问题，关于酒海井红军纪念园和县城防洪堤绿化问题，关于乡镇政府部门权责清单审定问题，关于成立灌阳县江路园农村投资公司问题等9项议题。

（县政府办）

重要政务

【概况】 2016年，县人民政府坚持创新、协调、绿色、开放、共享发展理念，围绕脱贫攻坚和“富农强工、崇文重教、兴旅美城”六篇文章，突出生态建设、产业融合、城乡统筹三条主线。全年生产总值完成74.3亿元，增长6.6%；固定资产投资完成64.1亿元，增长18.5%；财政收入3.6亿元，增长6.5%；社会消费品零售总额18.5亿元，增长10.8%；城镇居民人均可支配收入28172元，增长6.9%；农村居民人均可支配收入8995元，增长9.6%。

【农业经济】 年内，发展以粮、果、药、茶为重点的特色生态种植，粮食总产量达17万吨，超级稻一季加再生稻百亩片平均亩产1448.2千克，创下世界高产纪录，超级稻以最高亩产978.5千克，连续7年创广西之最，荣获第九届袁隆平科技奖。加快创建现代特色农业核心示范区，千家洞雪梨黑李产业示范区获自治区级示范区、灌阳油茶产业示范区和“神农稻博园”水稻示范区荣获市级示范区称号，辐射带动全县水果、油茶和水稻产业发展，完成水果改扩种2.5万亩，发展林下经济41万亩。全县新增108个农业专业合作社，灌阳县恒牛生态科技有限公司等7家企业获评自治区级生态养殖星级企业，新增2家无公害产品产地认证养殖企业，2家养殖场获得自治区级“菜篮子”工程项目。农业基础设施进一步夯实，完成渠道防渗85.2千米，整治加固小型病险水库及塘坝9座，涉及9个乡镇的整县推进土地整治16个子项目全部通过验收。

【工业经济】 全年实现工业总产值112亿元，首次突破百亿大关。出台实施各项稳增长措施，冶炼、石材、选矿机械设备制造等传统产业稳步发展，马头风电、石英砂板、千家洞矿泉水、广西都庞岭林板一体化等新项目竣工投产。以产城互动试点园区建设为契机，积极创建A类工业园区，投入资金1亿元加强园区基础设施和配套设施建设，西山坪工业园和文市工业园产城互动项目稳步推进，农民工创业园5家入园企业已竣工投产。扎实做好企业服务工作，协助工业企业贷款1.9亿元，助推贵达易地搬迁技改、发鑫锰业搬迁、石材整合、毕生药业等项目实施，增添全县工业发展动力。

【服务产业】 实施“旅游+”战略，推动旅游产业转型升级。优化整合旅游资源，大力推进酒海井红军纪念园、杨柳井红色旅游新村、唐景崧故居等特色旅游项目建设，实施重点景区景点旅游厕所、星级农家乐、停车场等建设。积极发展农业生态旅游，成功举办千家洞瑶族文化旅游暨“二月八”农具文化节、第六届千家洞“六月六”尝新暨雪梨黑李节和盘江生态旅游越野登山节等活动，提升灌阳的知名度和影响力。全域旅游发展格局和旅游标准化建设取得新进展，全年累计接待游客49万人次，实现旅游收入5.3亿元。加快推进电子商务进农村，培育引进阿里巴巴、兴农汇和百姓乐淘等电商企业6家，建立覆盖县乡村三级电商网络体系和仓储物流体系，实现电商服务贫困村全覆盖，促进就业创业近万人。成功申报国家电信普遍服务试点项目，县乡村电讯信息服务100%覆盖。

【项目建设】 建立健全重大项目联审联批协调推进工作机制，及时梳理并协调解决项目建设难题，持续扩大有效投资。正江岭风电场、一桥拆除重建、洞大公路改扩建等一系列重大项目顺利实施，灌平高速公路成功签约，357国道永安关经水车至灌阳段前期工作稳步推进。全县107个重点项目累计完成投资15亿元，向上争取各类财政资金16.8亿元；通过农发行融资3亿元、农行融资1.72亿元、国开行融资0.7亿元；储备投资1000万元以上项目30个，向外引进项目投资30亿元，其中新引进深圳润民、浙江蓝美、重庆智飞、香港雅高等上市大企业入灌，厚植了新兴产业发展基础。

【生态环境】 以保护灌江为重点，强力推进灌江流域环境综合治理，开展打击非法采砂、非法采矿、非法捕捞等专项整治行动，有效遏制了环境违法行为。灌江国家湿地公园（试点）顺利通过自治区及国家层面竞争性评审批复。深入推进“三化”工程，村屯绿化达标率75%，农村自来水普及率77%，行政村道路硬化率100%。投入4100万元完成自治区级绿化示范建设点183个、一般村屯绿化780个，完成植树造林1.3万亩。以环境倒逼机制推动产业转型升级，加快城乡污水及垃圾处理设施建设，开展了砖厂、燃煤锅炉专项整治活动，关停了36家有环保问题企业，立案查处19家环境违法企业。县城环境空气质量优良率达90%，荣获“全国国土资源节约集约模范县”称号，被国务院新增纳入国家重点生态功能区。文市镇新型城镇化示范乡镇建设顺利通过市级验收，黄关镇百镇示范工程、水车撤乡建镇工作稳步推进，灌阳、新圩、新街等乡镇沿省道环境综合整治成效明显。完成13个新农村示范点建设，孔家村等5个村被列入2016年第二批中央财政支持传统村落建设项目，江口村被列为广西特色文化名村，排埠江等15个村屯被列入广西乡土特色示范项目。

【教育事业】 实施教育优先发展战略，投入1.3亿元推进县乡村三级学校标准化建设，新建、改扩建学校6所，促进义务教育事业均衡发展。高考再创佳绩，本科上线741人，其中重点大学169人，一本上线率排全市第二、全区第六。全面落实教育惠民政策，发放教育惠民资金2186万元，惠及35420人次。积极开展文化下乡活动，新建村级公共服务中心7个。加大“非遗”名录的保护和传承，积极做好红军长征历史遗迹遗址的保护维修，加大唐景崧同胞三翰林研究与开发力度。

【精准扶贫】 坚持以脱贫攻坚统领全局，全年完成11个贫困村、7378名贫困人口脱贫摘帽，超额完成年度脱贫任务。建立完善精准扶贫结对帮扶工作机制，精准实施脱贫攻坚“七个一批”“十大行动”。全县2586名干部与11004户贫困户结对，多渠道筹集各类扶贫资金1.8亿元，发放扶贫小额信贷1.38亿元，投入产业扶贫资金2300万元。稳步推进易地扶贫搬迁项目，贫困村水、电、路等基础设施条件不断改善，完成20户以上通自然村（屯）道路硬化136千米。实施健康精准扶贫，对贫困人口参加“新农合”的个人缴纳部分补助60%。

【行政事业】 行政审批制度改革向纵深推进，全面落实审批事项“接、放、管”工作，保留权力事项3175项，取消审批事项16项，清理规范中介服务

7月24日，灌阳县联合执法组对灌阳镇秀凤村违法采沙进行打击

刘 婷 摄

9月9日,县长卢嵩(右四)慰问黄关贫困户　　刘婷摄

事项9项。实施“六证合一、一照一码”工商登记制度改革,全面推行行政审批职能、审批事项和审批人员三集中,办事效率大幅提升。积极探索乡镇“七所合一”改革,完成县、乡(镇)两级综合执法队组建挂牌。农村土地承包经营权确权登记工作稳步推进,不动产登记局挂牌成立,公车改革顺利推进。

【社会事业】 持续保障和改善民生,全年财政民生支出14亿元,占公共财政预算支出的73%,其中为民办实事十大工程44个投入5.8亿元。完善就业创业政策和社保体系,大力推进大众创新、万众创业,新增农村劳动力转移就业4359人,城镇就业2720人,城镇登记失业率为3.2%。强化精准帮扶救助,发放城乡居民社会养老金、低保和救助金等4860万元,分配入住保障性住房316套,完成农村危房改造1700户,发放各项强农惠农资金610万元。卫生事业稳步发展,县级公立医院综合改革作为桂林经验推广,城乡居民基本医疗保险制度整合工作顺利完成,农业人口参合率达99.9%。开展平安灌阳创建工作,新增、改造治安卡口及高清探头380余个,完善“一村一警务助理”网格化管理,逐步构建城乡一体化的科技防控网络,全年侦破查处各类案件388起。切实加强信访工作,矛盾纠纷调解成功率达96.6%,群众安全感和满意度大幅提升。

【政府建设】 全面推进依法行政,努力建设法治政府。认真执行县人大及其常委会的决议和决定,自觉接受人大、政协和社会监督,人大代表建议和政协委员提案办结率100%。实行政府法律顾问制度,制定完善并严格执行《政府运行规则》。不断完善政务公开平台建设,行政权力运行更加规范透明。扎实开展“两学一做”学习教育,全面贯彻落实中央八项规定精神和国务院“约法三章”,严格控制“三公”经费,紧扣“六项纪律”,驰而不息纠正“四风”,查处各类违规违纪人员172人,给予党政纪处分165人,党风廉政建设和反腐败工作取得新成效。

(县政府办)

为民办实事

【概况】 2016年,灌阳县积极落实《桂林市人民政府办公室关于做好2016年为民办实事工作的通知》(市政办〔2016〕26号)文件精神,加强组织领导、强化任务分解、明确工作责任、加大跟踪督办,全力推进项目实施,全县为民办实事工作取得了较好的成效,全县全年实施为民办实事十大工程共44项,分别是区级层面38项、市级层面4项、县级层面2项,主要由18个县直单位牵头负责,9个乡镇和有关单位具体实施。计划总投资91415.9万元,其中全年计划投资58759万元,已全部完成。

【社保惠民项目】 2016年,完成社保惠民项目9个,其中城乡居民基本养老保险项目为年满60周岁的参保城乡居民发放基本养老金,完成征缴续保率90%、待遇发放率100%;城乡居民最低生活保障项目为全县城市低保对象4101人、农村低保对象19459人发放低保金;农村住房政策性保险项目完成全县64100户农村居民房屋参保工作;重度残疾人护理补贴项目为全县5060名重度残疾人发放护理补贴,发放护理补贴163万元;农村部分计划生育家庭项目为1572户农村计划生育家庭发放奖励扶助金;农村部分计划生育家庭项目(55~59周岁)为991户农村计划生育家庭发放奖励扶助金;计划生育特别扶助家庭项目为22户农村计划生育家庭发放特别扶助金。

【健康惠民项目】 2016年,完成健康惠民项目3个,其中新型农村合作医疗项目新农合参合率达99.98%,完成新农合政策范围内住院费用报账291608人次,报销资金8652.19万元;基本公共卫生服务项目投入资金1090.5万元,全面实施11项基本公共卫生服务,为城乡居民免费提供电子档案、慢病管理、预防接种、儿童妇女保健、重度精神病管理、老年人保健、卫生协管、传染病管理等服务;艾滋病防治项目投入资金135.6万元,防治艾滋病攻坚工程成果明显,进一步优化防治工作机制,完善基层防治网络,强化综合防治措施,提高整体防治能力,继续降低新发感率和死亡率,提高艾滋病病毒感染者和病人生存质量,确保艾滋病疫情不反复,不反弹,全面实现遏制与防治艾滋病"十三五"行动计划各项指标要求。

【教育惠民项目】 2016年,完成教育惠民项目6个,其中扩大农村学前教育资源项目投资60万元,开工建设黄关镇第二中心幼儿园,总投资516万元,建设规模3240平方米;农村义务教育学生营养改善计划按国家和自治区规定,对试点地区农村义务教育阶段学生进行补助,补助标准按照每人每天4元,每年按照200天计算;农村义务教育学校建设(即2016年农村中小学校舍维修改造项目)总投资691万元,新建水车乡夏云小学教学综合楼、文市镇文市中学学生宿舍楼、观音阁初级中学教学综合楼,建筑总规模3800平方米,2016年度投资130万元;农村义务教育学校建设(即2016年度全面改善贫困地区义务教育薄弱学校基本办学条件项目)年度投资130万元,新建总投资955万元灌阳镇大仁寄宿制小学教学楼3栋;农村义务教育阶段家庭经济困难寄宿生生活补助项目对全县符合条件的农村义务教育阶段家庭经济困难的寄宿生给予生活费补助,共资助12796人(次),发放资助金额733.6万元;普通高中学生免学费项目对就读于公办普通高中的库区移民子女和在国家扶贫开发重点县就读普通高中学生免除学费,共资助人数155人(次),发放资助金额7.8万元;中等职业教育学生免学费项目按中等职业教育免费政策规定,为符合条件的中等职业学校在校生免除学费,共资助人数1011人,发放资助金额75.8万元。

【水利惠民项目】 2016年,完成水利惠民项目2个,其中水库移民新村建设工程总投资87万元,对水车乡合成村1组、2组以及搬迁户3个水库移民新村的旧房改造4户,住房外墙装饰102户;"美丽广西·生态乡村"饮水净化工程完成新圩镇龙桥村杨柳井、灌阳镇大仁村朱安冲屯、洞井瑶族乡洞井村洞井屯"饮水净化"示范项目。

【安居惠民工程】 年内,完成农村危房改造项目1700户危房改造任务。

【农补惠民项目】 2016年,完成农补惠民项目2个,其中农业支持保护补贴项目对全县种粮农民发放农业支持保护补贴,全部发放到位;农机具购置补贴项目对全县新购置农机具按规定发放购置补贴,已完成补贴农机具1813台(套),补贴资金502万元,超额完成年度任务。

【生态惠民项目】 2016年,完成生态惠民项目11个,其中森林生态效益补偿项目对55.23万亩自治区级以上生态公益林实施森林生态效益补偿,完成补偿基金兑现87%;"美丽广西·生态乡村"村屯绿化工程重点实施自治区下达的自治区级绿化示范村37个、一般村屯780个的建设;农村生活垃圾乡镇片区处理中心建设项目投资500万元,建成观音阁、洞井、西山、水车、文市5个乡镇垃圾片区处理中心,完成任务100%;村级垃圾处理设施建设项目投资400万元,建设10个行政村的垃圾处理项目;文市镇污水处理项目完成建设文市镇污水处理工程,年底,该项目已完成立项、环评、可研、征地、修好厂区围墙,结合书记工程改造,铺设新市场路、文灌路、西就路、滨江东路等路段污水管网14.5千米;新街镇污水处理项目完成新建新街镇污水处理工程,年底,该项目已完成立项、环评、地质灾害评估、选址意见、征地和可研批复、设计、预算等前期工作;新圩镇污水处理项目完成立项、征地等前期工作;第一期整县推进高标准基本农田土地整治项目投资5629.1万元;生态乡村示范村建设项目按照道路硬化、饮水净化、村屯绿化、村屯亮化、环境洁化美化、特色产业化、管理制度民主化完成13个生态乡村示范村建设;旅游厕所建设提升项目总投资72万元,完成西山瑶族乡高山草原公厕、下赤岩旅游厕所和灌阳县绿色生态公园旅游厕所建设;一事一议财政奖补项目完成村级公益事业建设一事一议财政奖补项目273个,其中普惠制项目196个、特惠制项目77个,完成任务100%。

【文化惠民项目】 2016年,完成文化惠民项目5个,其中村级公共服务中心示范项目总投资287万元,完成7个村级公共服务中心建设;公共文化基础设施场所免费开放项目(文化馆免费开放)按要求免费开放文化馆,并落实专人负责;公共文化基础设施场所免费开放项目(图书馆免费开放)按要求免费开放图书馆,并落实专人负责;广播电视村村通工程项目总投资30.6万元,完成乡镇无线发射台站;儿童家园创建项目在全县创建“儿童家园”10所,完成任务100%。

【扶贫惠民项目】 2016年,完成扶贫惠民项目5个,其中支持贫困地区基础设施建设项目总投资833万元,完成任务100%;支持贫困地区产业开发项目总投资1048万元,完成任务100%;支持贫困地区村屯绿化项目总投资144万元,完成任务100%;“十三五”贫困村整村推进基础设施建设项目总投资401万元,完成任务100%;“十三五”贫困村整村推进产业开发项目总投资216万元,完成任务100%。

【交通惠民项目】 年内完成交通惠民项目1个,其中通建制村公路建设项目总投资542万元,完成双河口至大坪9.7千米公路建设。

(县政府办)

新农村建设

【概况】 2016年,县新农村工作以创新工作机制,狠抓工作落实,不断加大投入力度,大力推进新农村生态乡村示范村项目建设,新农村工作建设要素由硬件建设转向生态建设,项目名称更改“生态乡村示范村”。全县生态乡村示范村项目共完成资金投入2340万元,占全年投资任务的103.6%,全县建成13个生态乡村示范村,其中洞

文市镇瑶上村一角　　县新农办　提供

整洁漂亮的桂平岩村一角　　县新农办　提供

井瑶族乡1个，观音阁乡1个，西山瑶族乡2个，黄关镇1个，新街镇2个，灌阳镇2个，新圩镇1个，水车乡1个，文市镇2个。

【生态乡村旅游】 2016年，全县各乡镇充分发挥主观能动性，大胆创新创造，全力整合资金加大投入，着力突出生态和乡村旅游特色，其中灌阳镇、黄关镇、新街镇、新圩镇、文市镇等镇发挥生态优势，项目资金优势，进一步融入特色文化资源，项目建设的整体效果和社会反响良好；洞井瑶族乡、水车乡、西山瑶族乡、观音阁乡等乡镇依托民俗民族文化，紧抓生态建设和乡村旅游要素，建设形式灵活多样，项目建设有特色。

【整合项目】 县新农办积极协调林业、市容、农业、交通等相关部门，重点整合产业开发、"一事一议"、安全饮水等涉农、支农资金和项目，优先安排到新农村建设村（屯）。特别是各乡镇把党建示范点、生态乡村示范点、新农村示范点"三点合一"，项目资金捆绑使用，再加上"一事一议"、危改等项目资金，全年生态乡村示范村项目，市、县两级财政直接投入430万元，整合各类资金400余万元。

【新村项目】 各乡镇建设的新村项目点，在路、水、新能源、外墙装饰、产业发展等方面，全年投资60万元。县新农办重抓住节点，突出重点，打造亮点的工作思路，重点布局县"五段公路"沿线、景区景点节点、产业产区重点等区域，组织各乡镇积极向市新农办申报2016年新农村点建设项目，共申报建设点13个。

（县新农办）

机关事务管理

【概况】 2016年，县机关事务管理局内设秘书股、财务股、综合管理股、保卫股4个股室。主要负责县委办、人大办、政府办、政协办工作经费管理、工资发放、政府大院水电维修改造、车辆停放管理、基础设施建设、环卫及绿化美化、机关保卫、

12月7日，灌阳县2016年公共机构节能业务培训大会在县委三楼会议室召开　　县机关事务局　提供

县级会议接待保障及餐饮服务，县级公共机构节能监督管理等工作。

3月4日，县机关事务局到灌阳镇鱼塘村慰问

县机关事务局　提供

【财务管理】 年内，加强财务管理，严格实行预算及决算制度。一是加强财务监督和管理，严格按照财经纪律和财务制度进行审核，确保资金合理使用；二是严格执行财政预算决算管理，按照轻重缓急、节约的原则，合理安排好工作经费，确保机关单位资金正常运转；三是加强财务软件建设，按照有关规定，规范使用财务软件，努力提高工作效率和业务水平；四是按时做好每月的工资审核，确保工资按时准确发放；五是制定《灌阳县四家班子领导工作经费规范使用若干规定》，进一步规范专项工作经费的管理。

【综合事务管理】 2016年，县机关事务局加强政府大院美化、绿化和水电管理工作，积极营造和谐的办公环境。一是开展大院环境卫生集中整治，共开展了4次大规模的集中清理行动，累计共清理违规停放物品0.5吨，废旧报废车辆6辆；二是完成重大节日大院布置，营造重大活动和重要节日的浓厚氛围；三是定期对各种观赏类植物修剪、整形、美化和病虫害防治，改造草坪200平方米，适时给草坪修剪、施肥和清除杂草；四是实施大院“三化”（绿化、美化、亮化）建设，大院环境卫生实现常态化、市场化管理；五是加强对国有资产的管理，确保增值增效，对大院部分办公楼进行内外翻新和补漏作业；六是做好大院水电设备维修管理工作，共完成维修任务325人次，确保水、电的安全、正常运行。

3月3日，机关事务局干部职工清扫政府大院

县机关事务局　提供

【安全保卫】 年内，一是做好大院群众信访疏导和综治维稳工作，全年共疏导群众上访1256次、近6852人次；二是做好各种应急预案的拟定和演练工作，共修订应急预案2个，组织4次针对性的预案演练；三是强化大院车辆管理制度化和规范化，为更好地实施车辆出入、停放凭证制度，累计办理及更换车辆出入证600余张；四是对大院“天网”工

程进行维修维护，实现大院办公区域的全覆盖；六是加强安全消防管理，健全大院消防安全管理制度和定时巡查管理制度，举行4次消防安全演练，及时淘汰和更新消防器材，实现全年无安全消防责任事故。

【公共机构节能】 2016年，圆满完成公共机构节能工作目标任务。一是组织开展"节能宣传周"活动。制定并下发了《关于2016年全县公共机构节能宣传周活动安排的通知》，组织开展主题为"节能领跑 绿色发展"的节能宣传周活动，全县公共机构共制作出版主题宣传专栏36个，制作大型横幅、条幅标语70余条，发放宣传资料和倡议书2000余份，摄制宣传图片198幅，分发节能倡议书500多份；二是认真做好"十三五"节能规划、节水型公共机构示范单位创建、建筑改造、合同能源管理项目、节能灯具改造、公共机构废旧商品的回收利用及新能源汽车的推广运用等工作；三是全县各用能单位综合能耗折算为标准煤为233.55万千克，用水总量113.4万吨，用电总量676.23万千瓦时，公务用车用汽油126.84万升，柴油总量2.26万升，同比2015年度全县人均综合能耗下降15.48%，单位建筑面积综合能耗下降3.39%，人均水耗下降10.27%，全县全年公共机构人均综合能耗、人均水耗、单位建筑面积能耗各项指标均按年初市局下达的节能目标要求，圆满完成节能目标任务。

3月8日，桂林市节水评价验收组到灌阳验收节水型单位

县机关事务局 提供

（王 博）

档案工作

【概况】 2016年，县档案工作以"三个体系"（建立覆盖人民群众的档案资源体系；建立方便人民群众的档案利用体系；确保档案安全保管的档案安全体系）建设为目标，做好政府信息和档案资源利用服务工作，加强档案法制宣传，抓好村级档案建设，切实履行档案行政管理和保管利用职能，促进了档案事业的稳步发展。全县有综合档案馆1个，上等级档案室25个，档案馆建筑面积934平方米，有库房5个，馆库面积250平方米，展览室1个，接待查阅室兼政府信息公开查阅室1个，档案馆馆藏档案共89个全宗，计30943卷，资料6796册，照片2878张，馆藏档案按历史时期分为：解放前档案208卷，解放后档案30735卷。

【档案利用服务】 充分利用馆藏档案资料和政府信息公开查阅场所开展档案信息资源服务，档案人员践行服务承诺，认真做到"五个不让"（不让布置的工作在这里延误，不让需要办理的事项在这里积压，不让各种差错在这里发生，不让来办事的群众在这里受到冷落，不让灌阳发展的形象在这里受损）。全年接待查阅档案资料586多人（次），调卷712多卷，复印利用951多份。主要是利用阶级档案为年满60周岁以上的农村老人更正年龄，为退伍军人查档提供档案依据。

12月26日，市档案局到灌阳县档案局考核档案馆综合建设工作
县档案局　提供

【档案法制宣传】 2016年6月9日，组织开展全国第一个“国际档案日”系列宣传活动。围绕“档案与民生”活动主题，开办“国际档案日”宣传专栏，县档案馆简介及档案查询、利用方法，档案人员服务承诺等。张贴《档案知识普及》《档案与民生》等宣传挂图。向公众发放《广西壮族自治区档案管理条例》《广西档案》等宣传资料122份，提供咨询108人次。

【档案信息化建设】 加强档案信息化建设工作，档案馆派出3人到市局参加档案扫描培训，新增扫描仪1台，路由器1台，落实专人负责管理，聘请2名专业人员长期负责扫描和目录录入工作。全年完成档案电子目录案卷级165条，文件级3120多条。完成纸质档案全文扫描37万多页。

【档案业务监督指导】 年内组织档案人员参加区、市档案业务培训，抓好乡镇、县直机关、企事业单位的档案监督指导工作，对相关单位进行业务指导，整理接收县委组织部等单位档案156卷，并入库上架。

（县档案局）

中国人民政治协商会议灌阳县委员会

8月23日，县政协九届一次会议在县文化大厦召开　　县政协办　提供

概　　述

政协灌阳县第九届委员会于2016年8月组建,委员会委员人数为160名,比上届增加26名。新一届政协委员由社会各界人士构成,主要包括县各民主党派、无党派人士、人民团体、少数民族代表和各界爱国人士。委员的具体安排情况是:中共党员65名,占40.6%;非中共党员95名,占59.3%;各类专业技术员29名,占18.1%;生产一线(含先进模范人物)67名,占41.9%;少数民族18名,占11.2%;妇女41名,占25.6%;大专学历以上112名,占70%;上届委员41名,占25.6%,新委员119名,占74.3%。非中共委员、妇女委员、少数民族委员的比例均高于上一届。新一届县政协委员会,在新老衔接、党内外比例、年龄知识等方面更趋合理。可以说新一届政协聚集了全县各行各业、方方面面的精英,委员素质优良,结构优化,具有广泛的代表性和先进性。

政协灌阳县第九届委员会共设9个界别(中共界别、工青妇界别、工商联界别、农林科技界别、经济界别、教文体界别、医卫界别、台侨民族宗教界别、特邀界别),与上届有所不同,但各界别的人数作了适当调整,更趋平衡合理。

为便于委员会中和会后开展各种履职活动,委员按照界别、区域特点,划分了8个全会期间委员讨论小组和闭会后17个委员活动小组,并明确召集人。各位委员在本次会议期间按照讨论分组的安排参加本次会议期间的讨论及其他各项活动,闭会以后将按照委员活动小组的划分开展各项活动。

重要会议

【2016年迎春茶话会】 1月28日上午在县委三楼会议室召开,全县各族各界人士91人参加会议。会议由县政协主席范科君主持,县人民政府常务副县长文斌通报了2015年全县经济社会发展情况,与会各界人士对灌阳县经济社会各个方面发表自己的意见,并提出了许多合理建议。县委书记沈荔芳作重要讲话,对全县下一步工作进行安排部署。

【县政协八届十一次常委会议】 2月16日在县政协会议室举行。县政协主席范科君主持会议。副主席郑有成、陆健康、唐奕,秘书长黄晓艳及县政协常委出席会议;调研员魏大政列席会议。县人民政府副县长袁高明应邀参加会议。会上,副县长袁高明代表县人民政府,对县政协提交的《灌阳县乡村旅游调研报告》的落实情况进行通报。与会人员协商通过关于召开政协灌阳县第八届委员会第七次会议的相关事项。

【县政协八届七次会议】 2月23日至24日在县

2月16日,县政协第八届委员会第十一次常委会在政协会议室召开

县政协办　提供

文化大厦举行。23日下午召开开幕会，县政协副主席郑有成代表县政协第八届委员会常务委员会作工作报告，副主席唐奕代表县政协第八届委员会常务委员会作八届六次会议以来提案工作情况的报告，政府口、经贸口、计科口、文市镇等政协联络组作大会口头发言。县委书记沈荔芳作重要讲话。24日上午，与会人员列席灌阳县第十五届人民代表大会第五次会议，听取《县人民政府工作报告》及其他报告。24日上午，听取并审议县政协八届七次会议提案审查报告，通过八届七次会议相关决议，大会胜利闭幕。

【县政协八届十二次常委会议】 7月15日在县政协会议室举行。县政协主席范科君主持会议。政协党组书记蒋小林，副主席郑有成、王峰，县政协常委出席会议。与会人员协商通过政协灌阳县第九届委员会委员名单，部分县政协委员进行任免；研究通过政协机关秦满发等人的任免。

【县政协八届十三次常委会议】 8月11日在县政协会议室举行。县政协主席范科君主持会议。副主席郑有成、陆健康，秘书长黄晓艳及县政协常委出席会议。与会人员协商通过关于召开政协灌阳县第九届委员会第一次会议的相关事项。

【县政协九届一次会议】 8月23日至24日在县文化大厦举行。22日下午召开开幕会，县政协副主席唐莉姣代表县政协第八届委员会常务委员会作工作报告，副主席郑有成代表县政协第八届委员会常务委员会作八届七次会议以来提案工作情况的报告。县委书记陆桂弟作重要讲话。23日下午，选举蒋小林为主席，唐莉姣、陆健康、向国庆、郑有成为副主席，黄晓艳为秘书长，以及政协灌阳县第九届委员会领导班子。24日上午，与会人员列席了灌阳县第十五届人民代表大会第五次会议，听取《县人民政府工作报告》及其他报告。会议通过九届一次会议相关决议，大会胜利闭幕。

重要工作

【参政议政】 2月23日，在政协八届七次会议上，政府口、经贸口、计科口、文市镇等政协联络组围绕精准脱贫、电子商务、农村空心村管理、新型城镇化建设等工作进行专题发言；2月24日，在委员分组讨论中，参会委员对全县经济社会发展提出合理的建议和意见56条。8月24日，在政协九届一次会议委员分组讨论中，参会委员对全县经济社会发展提出合理的建议和意见28条。通过参政议政活动促进协商议政水平的不断提高。

【提案工作】 县政协八届七次会议期间共收到委员提案39件，经审查后，立案39件，九届一次会议收到提案39件，立案38件，所有提案均于当年办复完毕，办复率100%。一是拓宽渠道，认真做好提案征集工作。二是通过遴选重点提案、召开重点提案督办会、实行主席跟踪督办等方式，促进提案办理和落实。如：《关于加强河道管理，兴修水利的建议》在县委、政府的部署下强力推进。在治理河道采砂方面，全县关停采砂点61个，拆除拦沙坝84座，捣毁采砂、抽砂机械27台，切割、拖走挖沙船36条，运沙船52条，行政拘留5人，批捕3人，处罚金额累计9000元；在打击电鱼、毒鱼方面，全县累计开展专项行动492次，出动执法人员1900多人次，收缴大型电鱼机1台，收缴非法电鱼工具25台（套），暂扣小车1辆，查获非法电力捕鱼案件3起处理非法电鱼人员3人次，罚款1000元，收缴细网非法捕捞工具一批，电鱼竹排一条，收缴地笼共6400余米。

【专题调研】 10月至12月，县政协组织3批12人赴深圳等区内外10多个市县进行学习考察并形成调研报告。《发挥非公经济政协委员作用，做好招商引资工作》《建好政协民主平台，发挥政协人才作用》等调研报告被市政协网采用。12月29日，灌阳县政协主席蒋小林率领驻灌阳县市政协委员及部分县政协委员开展电子商务专题调研活动，实地考察桂林灌阳电子商务公共服务中心。政协委员们先后参观特色农产品展示厅、灌阳县电子商务公共服务中心管理办公室、百姓乐淘灌阳分公司、电商创业孵化中心、灌阳县兴农汇电子商务有限公司、广西二维码中心灌阳分中心、灌阳县电子商务人才培训中心。随后，灌阳县委常委、统战部部长赵桂花主持召开座谈会，会议听取电商扶贫和电商进村等相关工作情况的汇报，并就全县电子商务项目发展进行讨论交流。

【联谊联络工作】 加强与社会各界的沟通联系，1月28日召开了迎春茶话会，倾听各界人士对灌阳县经济社会发展的意见和建议。9月21日上午在县政协会议室召开了联络组工作会议，对各联络组开展调研、撰写发言材料和提案等工作进行安排和布置。密切与各级政协的联系合作，做好区内外各级政协领导来灌阳调研视察的服务工作，一年来共接待自治区政协第十四党支部、桂林市政协及南宁市横县政协、百色市隆安县政协等来灌阳调研考察共计12次。

【界别活动】 县政协为界别工作开展提供了良好的运行机制，积极动员企业界开展捐资助学和“献爱心”活动，帮助困难群众解决实际问题。“六一”儿童节前期，组织爱心企业到各乡镇偏远小学开展捐资助学活动，爱心企业们为小朋友精心准备了价值8.6万元的学习用品、体育用品、电风扇及教师的办公桌椅。联合创维集团广西分公司和县文华电器商城举办“善行灌阳·扶贫惠民”公益活动，公益活动捐赠了价值20610元的实物及惠券，预计补贴总金额为60万元。

【教文卫体工作】 一年来，县政协认真收集整理“三亲”史料，编辑出版了《灌阳文史资料(第十四辑)》，该辑收录了23篇共18万多字的史料。

（县政协办公室）

纪检·监察

5月4日，市委常委、纪委书记吕洪安（前右三）在文市镇桂岩村调研查处发生在群众身边的“四风”和腐败问题专项工作开展情况　　县纪委　提供

【概况】 2016年，中共灌阳县纪律检查委员会、监察局设有办公室、党风政风监督室(县人民政府纠正行业不正之风办公室)、信访室、第一纪检监察室、第二纪检监察室、案件审理室(案件申诉复查工作办公室)。年内，县纪委监察局坚决贯彻执行上级党委、纪委关于党风廉政建设和反腐败工作的相关要求，采取有力措施，不断推进全县党风廉政建设和反腐败工作的深入开展。

6月3日，灌阳县查处发生在群众身边的"四风"和腐败问题专项工作再推进会暨警示教育大会在县委三楼会议室召开　　县纪委　提供

【落实从严治党主体责任】 一是以上率下，扛稳主体责任。县委自觉担起全面从严治党主体责任，强化各级党委(党组)推进党风廉政建设的责任担当；出台《关于落实党风廉政建设主体责任的实施意见》，厘清党委(党组)、书记及其他成员主体责任。二是传导压力，抓牢监督责任。县委出台约谈制度，约谈乡镇党委、涉农县直单位主要领导，督促落实主体责任；县纪委监察局专门听取各乡镇纪委书记、县直纪检组长履职情况汇报，督促落实监督责任。

【惩治腐败】 年内，一是重点查处十八大之后不收敛、不收手，问题反映集中、群众反映强烈，现在重要岗位且可能还要提拔的党员干部。全年共受理信访件202件，处置问题线索197件，立案172件，同比增长320%，结案165件，给予党政纪处分165人，涉及乡科级干部30人，一般干部42人。二是坚决查处发生在群众身边的"四风"和腐败问题。书写永久性标语、电视滚动播放2000多条(次)、发放各类宣传资料3万多份，在全县各乡镇、村委设置"坐诊台"150多个，接待群众2000多人(次)。专项工作期间，共收到群众反映问题的信访举报172件，立案101件，党政纪处分90人，问责处理35人。三是持续开展扶贫领域监督执纪问责工作，立案查处扶贫领域案件85件，党政纪处分72人；排查扶贫项目466项涉及资金25.6亿元。

5月19日，县纪委党支部召开"两学一做"学习教育动员会
县纪委　提供

【严明党纪】 一是严查违反政治纪律和组织纪律行为。年内查处瞒报个人重大事项、篡改个人档案、对抗组织调查等行为，共查处违反组织纪律行为2人。加大对重大决策部署执行情况的监督检查力度，重点查处在环境保护、行政执法等方面失职渎职行为17人，确保了政令畅通。二是严肃换届纪律。组织观看衡阳、南充违反换届纪律案件警示录，学习准则、条例和严肃换届纪律文件选编，宣传换届纪律“九条禁令”，成立了9个换届风气巡回督查组，对县乡换届风气进行全程督查。选举会议期间，还派出12个现场督导组全程与代表委员同吃、同住、同酝酿，实现全程监督，杜绝非组织行为。严把“党风廉政建设意见回复关”，共出具廉政鉴定264份。

8月8日，县委常委、纪委书记闫位勤（中）在观音阁乡大井塘村宣讲《中国共产党问责条例》 县纪委 提供

【巩固深化八项规定】 2016年，县纪检监察工作把准时间节点，守住重要年节假期，紧盯隐形“四风”，将专项整治与综合治理相结合，临时检查与经常性监督相结合，实现专项治理向常态化、全面治理转变。全年全县查处违反中央八项规定精神问题7起，处理7人，确保八项规定精神植根于全县广大党员干部心中。

7月22日，灌阳县查处发生在群众身边的“四风”和腐败问题专项工作总结暨扶贫领域监督执纪问责工作动员会在县委三楼会议室召开 县纪委 提供

【监督执纪】 年内，县纪检监察工作根据市纪委《关于实践运用监督执纪“四种形态”的指导意见》，全面落实监督执纪“四种形态”。全年谈话函询686人，党政纪轻处分和组织处理153人，党纪重处分和重大职务调整27人。同时，坚持严管与厚爱相结合，对受纪律处分的党员干部进行回访谈心教育，以组织的关怀激发他们干事创业的激情。

【党风廉政教育】 一是强化纪律意识，推行党政一把手上廉洁党课、领导干部任前廉政谈话和廉政考试制度，围绕廉洁自律准则、纪律处分条例、问责条例、监督条例等党规党纪开展巡回宣讲10场次，进一步增强党员干部党章党纪党规意识。二是强化宣传引导，下发新修订的《中国共产党廉洁自律准则》《中国共产党纪律处分条例》3000余册、《中国共产党问责条例》3000余册供全县党员干部学习。全年在《党风廉政教材》等区、市级以上党报党刊发表文章6篇，广西纪检监察网用稿20篇，市明镜网用稿53篇，排全市前列。三是强化震慑，点名通报典型案例12期17起。

【深化“三转”】 2016年，一是强化“三转”聚焦主业，县级纪检监察机关参与议事协调机构由78个削减为15个，削减率达81%，对不符合“三转”要求的16个县直单位进行通报。二是选优配强干部队伍，抓好县乡两级纪委换届，加大纪检干部调整力度，提拔重用纪检干部5名，9个乡镇纪委书记全部调整，新一届县纪委班子平均年龄为42岁。三是加强日常教育和管理，认真开展“两学一做”学习教育，培育纪检监察干部队伍忠诚、干净、担当的政治品格。严格内部监督和管理，出台纪检监察系统内部监督管理暂行办法、领导干部约谈办法等制度，把严格监督管理贯彻于日常工作的各个环节。

（唐茂辉）

人民团体

3 月 31 日，县残联在扶贫基地为残疾人发放仔猪　　县残联　提供

灌阳县总工会

【概况】 2016年,全县工会工作围绕“组织起来、切实维权、协调关系、构建和谐”为主线,开展维权机制建设、困难职工帮扶、基层工会建设和建功立业等工作。全县工会组织数达445个,职工总数达12669人,会员总数达12643人,入会率达99. 8%;组织全县9个乡镇工会工作委员会过度为乡镇工会联合会。

【基层工会组织建设】 按照“扩大工会覆盖面,增强工会组织凝聚力”的工作要求,继续开展组建和发展会员工作。新建工会组织22家,发展新会员929人,深入开展“工会组织亮牌子、工会主席亮身份、职工之家亮品牌”的“三亮”活动,落实会员“四权”,大力推进工会工作站和“职工之家”建设,进一步加强乡镇(街道)工会规范化、标准化建设。

【维权工作】 2016年,深入推进工资集体协商的开展,共签订工资协议517家,覆盖职工9961人,聘请工资集体协商专职指导员1名,建立健全以县人事劳动和社会保障局、县总工会和县工信局为成员单位的劳动关系三方协调会议制度,完善以职代会为载体的厂务公开制度,保障职工的知情权、参与权,畅通利益诉求渠道,全县非公有制企业实行厂务公开达98%,已建立职代会达98%。开展维护职工权益法规和政策的宣传,为基层、为企业送政策、送法律、送知识。

【职工帮扶】 2016年“两节”期间,共筹集发放“送温暖”慰问款53多万元,慰问特困职工418户、困难职工330户,发放慰问金30.8万元,免费为2443名农民工赠送意外伤害保险,送保金额达2.443万元,积极开展夏季送清凉活动,筹集资金4.7万元,走访慰问部分企业、“职工爱心驿站”、建设工地等在高温作业的农民工、一线职工、执勤交警等1500余人。深入开展金秋助学活动,对11名建档困难职工的学子进行资助,发放助学金2.1万元。4月,在新圩镇举行电子商务培训班1期,培训下岗职工、农民工50余人。深入开展困难职工精准识别建档立卡工作,共识别建档立卡困难职工80户,向每户困难职工发放慰问金1000元,共计发放慰问金8万元。

【职工互助保障活动】 2016年,县总工会组织85个单位参加职工医疗互助保障活动,参保人数达3538人,超额完成了桂林市总工会下达的工作任务,帮助9名职工获医疗和身故补助8.28万元。

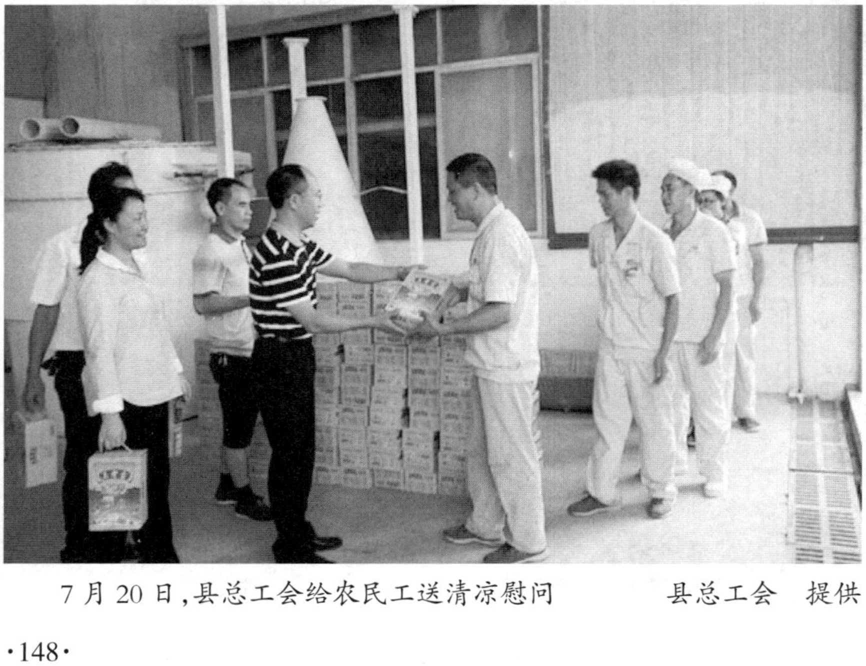

7月20日,县总工会给农民工送清凉慰问　　县总工会　提供

【服务职工活动】 在滨江路建成了“职工爱心驿站”服务场所1个,在职工爱心驿站配备了电扇、饮水机、微波炉、沙发、茶具、椅子等设施设备,为一线环卫工等困难群体提供休息、饮水、热饭、驱寒避暑、帮扶救济等服务,使职工爱心驿站真正成为关爱职工的窗口、体现爱心的港湾。开展暑期农民工子女亲情活动。

【职工文体活动】 2016年,

9月29日，县总工会到水车乡同德村调研　　县总工会　提供

信来访和劳模待遇以及病逝劳模家属的慰问工作，慰问了全国劳动模范、自治区劳动模范、桂林市劳动模范42人，发放慰问金19.5万元，为27位劳模（其中全国劳模2人，区劳模25人）提供免费体检服务。

【自身建设】 积极完成县委、政府的各项工作任务，召开了县总工会十二届五次、六次全委（扩大）会议，与联系村（水车乡同德村）开展“结对共建”活动，积极做好城乡清洁工作，加大工会宣传报道力度，统筹推进工会各项工作。

（县总工会）

开展职工喜闻乐见的文体活动，活跃职工生活。举办了庆“五一”职工运动会，比赛项目有男子、女子拔河赛，男子、女子乒乓球比赛，男子中国象棋比赛，参赛职工达400余人。

【劳动竞赛活动】 全年，总工会广泛开展劳动竞赛活动，积极组织职工参加“桂林市职工技能状元”大赛，6月16日，联合县人社局等单位举办了“广西第三届农民工技能大赛灌阳初赛”，来自全县9个乡镇推荐的近200名农民工代表参加了汽车修理工、钢筋工、砌筑工、电焊工、工具钳工5个项目的比赛，为促进全县农民工技术技能的提高，进一步拓宽就业渠道发挥了积极的作用。桂林骏达运输股份有限公司灌阳汽车总站荣获本年度桂林市“安康杯”竞赛活动优胜单位。

【劳模管理】 2016年，认真组织开展劳动模范推荐评选和宣传工作，不断推进劳模规范化管理工作，加快建立劳模电子档案工作，推进劳模档案工作的信息化、网络化建设，继续做好劳模来

共青团灌阳县委员会

【概况】 2016年，共青团灌阳县委员会（简称团县委）下辖12个基层团委，其中乡镇团委9个，学校团委3个；县直团工委2个。全县有团总支

10月20日，团县委在县委党校举办2016年“青春引擎”团干部培训

团县委　提供

10个,团支部224个;28岁以下青年35241名,其中团员8679名,团青比例为24.6%;专职团干11名,其中乡镇团委书记9名,团县委机关干部2名;年内共发展团员1192名。共青团灌阳县委员会团结和带领全县各级团组织全面贯彻党的十八大、十八届三中、四中、五中全会及习近平总书记系列重要讲话精神,紧紧围绕县委中心工作,牢牢抓住"以青少年为主体,以开展活动为载体,以志愿服务为前提,以增强综合素质为目标"的工作主线,团结带领广大团员青年与时俱进,开拓创新,努力构建"凝聚青年、服务大局、当好桥梁、从严治团"四维工作格局,为"十三五"开好局起好步和助力全县脱贫攻坚谱写新篇章。

【青年扶贫行动】 2016年,团县委举办了青年电商创业论坛,促成"千县万村 百万英才"农村创业青年电商培育项目落地灌阳,得到自治区党委书记彭清华的肯定。在"党旗领航电商扶贫"的带领下,灌阳县成立电商团工委,高举团旗,助力脱贫攻坚,以电商团工委为平台,对青年进行知识扶贫、信息扶贫、产业扶贫。在洞井瑶族乡保良村日升生态有限责任公司挂牌成立灌阳县创业扶贫见习基地,为创业青年参与扶贫活动提供阵地依托。"一对一"精准联系贫困户10户。为全县的贫困青年进行创业指导和帮助青年进行创业资金申请。加强与社会公益组织的联系,为12户贫困儿童联系到社会爱心人士"一对一"资助,为5所山区学校600多名困难儿童送去物资及现金慰问,总价值32000元。

【青少年才艺赛】 深化"我的中国梦"主题教育实践活动。"五四"期间,与县教育局联合举办"向上向善立品德 有才有艺展风采"青少年才艺大赛,来自全县各学校、各机关企事业单位、各专业艺术培训机构选送近200个节目参赛,经过为期一个月的初赛、复赛、决赛,评选出少儿组、青年组,声乐、器乐、舞蹈、书法、美术五类才艺中的一、二、三等奖各十名,优胜奖15名,优秀教师指导奖8名。

【红色文化教育】 与广西师范大学对接,促成"青年马克思主义者培养"全国研究培训基地红色文化现场教学点落户灌阳,全区100多所高校学生会主席到灌阳接受"新圩阻击战"红色文化现场教学。2016年灌阳县"青春引擎"培训班,在县委党校的积极配合协助下,全县150多名团干部进行了"穿红军服、吃红军餐、学红军精神"革命传统教育体验。

【表彰先进树典型】 承接"桂林市创业创富好青年表彰大会暨青春创业大讲堂"活动,灌阳县戴克增、邓桂姣2名农村创业青年被评为桂林市创业创富好青年。创业青年孙志琴获得国家高级农业技术指导员证书,他的禾亚生态农业有限公司所在村屯,被选为灌阳县第一批电商村示范创建试点。团县委积极联系阿里巴巴农村淘宝工作,积极打造全县青年电商创业平台,淘宝店主李晓寒接受自治区党委书记彭清华的询问并得到肯定。认真做好灌阳县"五四"和

12月8日,灌阳县"千县万村百万英才——青年电商培育工程"项目落地仪式在县电子商务公共运营服务中心举行　　团县委　提供

11 月 11 日，在电子产业园召开 2016 年青年电商企业论坛会

团县委　提供

“六一”等评先工作，评选出县级优秀共青团员、团干、“五四”红旗团委、少先队先进集体和个人等先进典型共 259 个。积极选送自治区、桂林市先进典型，县直机关幼儿园何敏同志荣获“广西优秀共青团员”荣誉称号，72 个集体和个人分别荣获桂林市五四红旗团委（支部）、优秀团干、优秀团员、优秀少先队组织、优秀少先队员等市级荣誉称号。

【青年志愿者服务】 以“小手拉大手”志愿服务活动为切入点，充分发挥青少年在宣传教育和影响带动家庭乃至整个社会的特殊作用，组织普法志愿者开展一系列法制宣传、禁毒讲座进校园、进农村活动，通过上法制课、发放宣传资料、悬挂横幅等形式，引导青少年增强法律意识和自我防范意识，组织青年志愿者在灌阳县“二月八”农具文化节、“六月六”雪梨黑李节、“双11”灌阳县“我为家乡推品牌”主题活动等大型节庆活动中进行宣传服务；联合县“两学一做”协调小组办公室开展“保护母亲河 党员在行动”主题党日活动；联合多所高校的灌阳籍大学生开展暑期志愿服务家乡活动，在暑期共推荐 39 名优秀返乡大学生到机关单位志愿服务一个月，同时也为青年大学生搭建起了成长锻炼平台，起到了双赢的效果。

【青少年活动】 主办“团聚爱·牵手江东”青年交友联谊活动，为全县单身青年搭建交友平台，解决社会各界普遍关注的单身青年婚恋问题，来自全县各级机关、企事业单位及创业青年近 100 名单身男女青年参加活动。开展团干部与人大代表“面对面”活动 3 场次。暑假期间，开展以关爱留守儿童为重点的大、中学生“1+1”基层培养计划，组织 45 名大、中学生到户籍所在地乡镇直属团支部、村团支部挂职锻炼，以志愿服务、走访调查、宣传教育相结合的方式，积极转变作风，落实改革。

【节日慰问】 全县共青团系统为 600 多名贫困留守儿童送去价值近 3 万元的文体用品。资助新圩

6 月 19 日，团县委在红豆杉国际大酒店二楼会议室举办青年交友联谊活动

团县委　提供

镇小龙村小学篮球架安装费2000元。西山瑶族乡团委开展了“让爱撑起一片蓝天，为生命接力”爱心捐款活动，为盐塘村10岁白血病女孩谢玖艳筹集医药费。共青团系统还积极争取社会各界人士的关爱，春节前夕彰泰集团为观音阁乡大井塘小学捐赠文体、生活用品等物资15000多元。

（共青团灌阳县委员会）

灌阳县妇女联合会

【概况】 2016年，灌阳县妇女联合会（以下简称县妇联）现有在职干部7名，均为行政编制，内设县妇儿工委办公室。乡（镇）妇联9个，村妇代会138个，全县共有专（兼）职妇女干部152人。县妇联全面推进妇联组织和妇联工作改革创新为重点，面向基层、面向群众，持续实施“巾帼四大行动”（巾帼建功行动、巾帼维权行动、巾帼关爱行动、巾帼成才行动）和“两个规划”，各项工作均取得了新发展；荣获“广西维护妇女儿童权益”先进集体奖、“桂林市维护妇女儿童权益”先进集体奖、“广西妇女宣传舆论阵地建设进步”三等奖、“广西妇女宣传舆论阵地建设完成任务”二等奖等荣誉称号、易顺姣家庭荣获广西“最美家庭”称号，并代表桂林市参加了颁奖仪式。

【巾帼脱贫行动】

扶贫小额信贷工作　依托“妇女之家”平台，依靠基层骨干妇女的力量，向贫困妇女及群众宣传扶贫贷款政策，帮助妇女理清脱贫思路、选对项目，对有贷款意愿、并具备一定条件的妇女积极推荐申贷，协助做好贫困妇女建档立卡工作，于5月底完成了评级授信工作，全县评级授信人数9697人。

结对帮扶走访工作　为切实改善贫困户的生产生活条件，增强贫困户自我发展能力，县妇联全体干部深入到洞井瑶族乡太和村开展结对帮扶走访活动，与贫困群众进行座谈，面对面仔细了解结对帮扶户家庭成员、年龄、身体状况、家庭收入来源、产业发展、子女就业就学等情况及生产生活中遇到的困难及其需求，向他们宣传党和政府的扶贫政策，共同探讨脱贫致富办法、制定扶贫计划，鼓励她们要积极乐观面对眼前的困难，树立脱贫信心。

春风送岗位行动　3月16日，联合县人力资源和社会保障局、县总工会、县扶贫办、团县委在灌阳县体育馆举办广西桂林灌阳县2016年“春风行动”现场招聘会，共发放了宣传资料5万余份，接待创业咨询人数2万余人次，为广大农村劳动者、城镇失业人员提供就业岗位4882个，提供免费服务人数8762人，介绍女性就业人数3120人，100多名女性报名参加了职业技能培训、创业项目培训，为广大妇女提供广阔的创业平台。

9月28日，县妇联在灌阳镇三联村开展家政培训“大篷车”进村宣传活动

县妇联　提供

家政培训“大篷车”进村（社区）活动　县妇联在全县9个贫困村开展家政培训“大篷车”进村（社区）宣传活动，向妇女们讲解家政政策、家政就业形势、家政先进脱贫事例等内容，鼓励大

家积极报名参加各种家政技能培训，引导农村妇女自谋职业、自主创业、灵活就业，更好地适应社会新形势下的就业需要，同时发放家政技能培训创业就业宣传资料3000多份。

9月19日，灌阳县妇联在灌阳县电力公司8楼会议室举办妇女电商扶贫培训　县妇联　提供

“产业到家·牵手妈妈”巾帼脱贫活动　充分发挥巾帼科技示范基地示范引领作用，3月份，区级巾帼示范基地—黄关镇兴秀村大坪山油茶种植示范基地负责人蒋晓凤出资120万元从湖南购回60万株优质油茶苗发放给黄关顺溪、猫儿石、陡水、大竹山和文市镇王道等5个贫困村的800多户农户，并向村民们承诺将给予3年的种植技术指导和无偿提供肥料，3年后油茶树挂果和丰产时还将按当年的市场价回收油茶果，帮助贫困户脱贫致富找到新路子。4月份，黄关镇玉芳养殖有限责任公司巾帼示范基地总经理张玉芳精心挑选了100头仔猪对黄关镇顺溪村、西山瑶族乡茶源村100名残疾贫困户进行扶持，还在发放仔猪之前请猪场里的技术员为帮扶对象们进行技术培训，让贫困户们掌握养猪的基本技能。

实施巾帼电子商务创业行动　5月18日，县妇联到新街镇妇女电商创业基地开展调研，鼓励参加电商创业的妇女通过电子商务平台，推广销售农副产品，同时赠送该基地电脑1台，拓宽妇女创业就业空间，帮助更多的妇女脱贫致富。

【关爱妇女儿童工作】

“儿童家园”创建工作　县妇联把“儿童家园”的创建作为关爱留守儿童、脱贫攻坚的重要方式，每个“儿童家园”均按2万元的标准，在椅山村、顺溪村、商家村、江口村、石丰村、福星村、三联村、解放村、三皇村、吉头村等行政村创建了10所“儿童家园”，为农村留守儿童提供了一个课外学习娱乐的场所。

5月13日，灌阳县灌阳镇三联村区级示范性“儿童家园”开园　县妇联　提供

关爱慰问活动　在春节、“三八”期间，走访慰问贫困妇女唐福英、王熙嫒、易顺姣，两癌妇女胡学英、王元桂、蒋小姣、何春艳等，为她们送去牛奶、水果、大米等慰问品及300元慰问金；8月

下旬为西山瑶族乡四胞胎姐弟送去2000元的助学金，帮他们圆了大学梦；10月28日，与桂林安厦房地产公司到黄关镇商家村小学开展巾帼扶贫助学公益活动，为留守儿童及乡村小学送去慰问品（金）共计8000多元；12月2日，联合桂林市轩辕嘉雪爱心之家协会到黄关镇东阳小学进行轩辕嘉雪—希望书屋捐赠仪式，为东阳小学送去500册图书及体育用品一批，价值14800元。

10月28日，桂林市妇联副主席覃丽（后左一）一行携桂林安厦房地产公司到灌阳县黄关镇商家小学开展巾帼扶贫助学活动。 县妇联 提供

【巾帼维权行动】 全年县妇联组织开展形式多样的反家庭暴力法宣传活动，一是以广播、电视、会议、网络、报纸等为媒介进行宣传。二是开展进村（社区）进行宣传，3月4日，灌阳县妇联协同桂林市中级人民法院、灌阳县人民法院在县大市场小广场开展了“反家庭暴力法”法制宣传活动，向广大市民朋友讲解反家暴法的相关知识，发放反家庭暴力宣传资料2000余份，制作宣传展板6块；3月7日—8日，深入到灌阳镇福星村、水车乡水车村夏云屯，组织两个村的妇女开展庆“三八”反家暴宣传文艺演出和开展游园活动；9月28日，灌阳县妇联与县司法局在灌阳镇三联村开展“七五”普法法制宣传进村屯活动。三是与县检察院联合创建“妇女儿童维权岗”活动，切实维护妇女儿童的合法权益，对失足妇女儿童进行教育与帮助。四是利用“二月八”、乡（镇）圩日等节日，组织巾帼志愿者发放《中华人民共和国妇女权益保障法》《防艾知识小册》《中华人民共和国未成年人保护法》等宣传资料8000余份，咨询服务300余人次。五是利用妇联信访窗口、12338妇女维权服务热线推动解决家庭暴力、女童受性侵等维权重点难点问题，共受理来信来访46件，办结46件。

3月4日，县妇联与桂林市中级人民法院、灌阳县人民法院在灌阳县大市场开展“反家庭暴力法”宣传活动 县妇联 提供

【“两癌”贫困妇女救助】 为切实关爱农村患“两癌”（宫颈癌、乳腺癌）贫困妇女，县乡妇联深入到9个乡（镇）走访调查，积极收集和填报患“两癌”妇女信息表，为农村贫困“两癌”患病妇女争取到4万元救助金，同时注重加强妇女健康知识的宣传普及。

11 月 2 日，县妇联聘请周海萍老师在文市镇寄宿制小学开展“争做合格家长，培育合格人才”家庭教育大培训　　县妇联　提供

【寻找“最美家庭”活动】 县妇联以“寻找最美家庭”活动为载体，深入实施和谐家庭创建工程，通过家庭和谐促进社会和谐。根据自治区妇联《关于 2016 年继续深入开展全区寻找“最美家庭”活动的通知》文件精神，要求各乡镇妇联以“妇女之家”为平台，在全县积极开展寻找“最美家庭”活动，并在“三八”期间对好媳妇易顺姣、五好文明家庭胡万春在灌阳电视台进行了专题报道。

【家教知识讲座】 11 月份，县妇联聘请县直一小的周海萍老师，先后到水车乡矮山脚寄宿制学校、文市镇小学、新圩镇小学，开展“争做合格家长，培养合格人才”为主题的家庭教育知识讲座 3 次。

【特色活动】

庆“六一”系列活动　“六一”期间，县妇联到新街镇三江村、西山瑶族乡罗家村、洞井瑶族乡太和村小学进行慰问，为孩子们送去图书、书包、体育用品等节日礼物；5 月 31 日，到新街镇龙中村富瑞坪“儿童家园”组织留守儿童及其监护人开展庆“六一”游园活动，发放了小闹钟、玩具、学习用品等礼物。

茶食文化活动　加大全县茶食文化建设，3 月 16 日灌阳县“二月八”农具文化节当天组织 12 名妇女在县体育场进行了油茶、茱萸茶展示，印制 2000 多份介绍灌阳油茶、茱萸茶由来的宣传资料，更好地宣传、推介灌阳油茶、茱萸茶。

12 月 2 日，桂林轩辕嘉雪爱心之家协会志愿者到灌阳县黄关镇东阳小学举行“轩辕嘉雪——第六十五个希望书屋捐赠仪式”

县妇联　提供

巾帼志愿服务“六送”活动　5 月 11 日，到观音阁乡走访慰问巾帼科技示范基地邓桂姣，同时为基地送去扶持资金 1000 元；5 月 12 日，到黄关镇商家村开展防治艾滋病宣传活动，进行面对面防艾宣传，发放防艾宣传资料 200 多份。

【“妇女之家”建设】 县妇联组织全县广大妇女积极开展“清洁乡村 · 美化庭院”、寻找“最美家庭”活动，丰富农村业余文化生活，以“巾帼文艺队”为平台，积极宣传党的方针政策，为水车乡夏云屯、观音阁乡桃花村两个“五星妇女之家”送去音响、图书、服装等文体活动用品。

【基层组织建设】 在9月19日，县妇联与县委组织部在县水利电业有限公司八楼会议室联合举办全县村（社区）妇代会主任、县乡妇联干部培训班1期，参加培训共150多人。

（县妇联）

县科学技术协会

【概况】 灌阳县科学技术协会（以下简称县科协）设学会部、科普部、办公室。全县9个乡（镇）都设有科协并配备了专职科协主席，有县级学会12个，农村专业技术协会44个，科普示范户76户，科普示范基地15个。以《全民科学素质行动计划纲要》为指导，以实施中国科协提出的“基层科普行动计划”为突破口，整合全县科普资源，采取科普宣传、科技培训、科技推广、科技咨询、下乡指导、“科普一条街”等形式，全面推进农村科学技术普及工作。年内，灌阳县科协推荐的灌阳县养猪协会被广西科协和财政厅评为“科普惠农兴村计划”先进集体。

12月28日，县科协联合广西科协和桂林市科协到灌阳县直属机关第一小学开展“科学素质行动月月行”活动现场　　县科协　提供

【科普宣传】 2016年，县科协与有关部门配合，在全县各乡镇积极开展“科普一条街”宣传活动。借传统的农历“二月八”农具文化节时机，配合有关部门在县城开展了“科普一条街”宣传服务活动，此次活动科协展出宣传展板（宣传画）6块（幅），接待咨询群众1000多人次，无偿发放种植、养殖、节能等技术资料5000多份；与县科技局等部门配合，扎实开展了“五月科技活动月”活动，在科技活动月中，共展出各种展板16块次，举办科技培训班3期，200多名村干部、科普示范户、农村种养专业户接受了科技培训，无偿印发资料2.3万多份，接受群众咨询1.1万多人次。

【十月科普大行动】 2016年11月9日，由县科协牵头，组织“十月科普大行动”组委会各成员单位的专家和技术人员，在新圩镇开展丰富多彩的灌阳县“十月科普大行动”启动活动。“全国科普日”和“十月科普大行动”期间，共开展“科普一条街”活动9次，下乡村举办雪梨、黑李、脐橙、水稻、生猪养殖等培训班8期、科技人员下乡进行实地技术指导211人次，展出展板55块，无偿发放科技资料5万多份，接待群众咨询3000多人次，受益群众5万多人次。

【“五个一”科技培训】 2016年，灌阳县科协紧紧围绕本县特色产品灌阳雪梨、黑李、脐橙、水稻丰产栽培技术，生猪养殖技术等，采取集中培训与个人自学相结合、课堂培训与现场培训相结合方式开展各类科技培训工作，全年共举办培训班36期2034人。其中，县科协举办农村适用技术培训班4期，培训专业技术协会骨干、村干208人；灌阳县新街镇蔬菜种植示范基地举办农村适用技术培训班9期，培训蔬菜种植农户以及业务联系510人，灌阳县黄关镇超级稻高产科普示范基地举办农村适用技术培训班20期，培训水稻协会会员、周边水稻种植农户以及业务联系人1316人。

县科协工作人员演示科普展具给学生们体验　　县科协　提供

【日常科普工作】 年内，县科协以科普宣传栏、《科普大篷车》进校园为平台，开展经常性科普服务。在全县、各乡（镇）、村都建有科普专栏，并适时更新科普宣传的内容，使广大群众接受到经常性的科普教育。充分利用《科普大篷车》的作用，与广西科协和桂林市科协协作，在县中小学开展《科普大篷车》进校园活动。2016年10月26日，县科协联合桂林市科协，到灌阳县红旗中学开展“科普大篷车校园行”活动；12月28日，县科协联合广西科协和桂林市科协，到灌阳县直属机关第一小学开展了“科学素质行动月月行”科普活动。

【“农超对接”成果交流展】 2016年12月2日至4日，在广西科技馆参加了一年一度的广西“科普惠农兴村计划”优质农产品“农超对接”成果交流展销会。在展销会上，灌阳县科协展出的灌阳脐橙、灌阳百香果、灌阳香菇、灌阳胎菊茶、灌阳蜂蜜、灌阳红薯干、灌阳红薯粉等名特优农产品，深受参观的顾客喜爱。

（县科协）

县科协工作人员在五月科技活动月科普宣传中发放科技资料

县科协　提供

灌阳县工商业联合会

【概况】 2016年，县工商业联合会（总商会）行政编制4名，机关在职人员4人。设党组书记1人（县委统战部副部长兼职），主席1人，专职副主席2人。年内，县工商业联合会坚持工商联宗旨，紧紧围绕县委、政府的中心工作，关心社会公益事业，积极开展各类有针对性的服务活动，为民营企业开展法律咨询、技能培训、企业家座谈会等，协调解决企业生产经营中的实际困难和问题。同时，引导会员企业积极扶贫济困，为人民群众送温暖，积极开展“民企进贫困村帮扶”活动，积极参加社会主义新农村建设。

12月,灌阳县工商业联合会(总商会)第十二次会员代表大会在县农商行总行五楼会议室召开　　县工商联　提供

【组织建设】 2016年,全县工商联乡镇商会分会9个,商会、行业协会7个,全年发展新会员45名,全县会员总数达到1020名。

【参政议政】 2016年,全县工商联会员在全县人大、政协会议和各种座谈会中共提出建议或意见16条。

【公益事业】 促进非公有制经济人士健康成长,做好"双思"教育,引导非公经济人士爱国、敬业、诚信、守法、贡献,教育他们自觉承担社会责任,热心公益事业和光彩事业。自觉把企业的发展与国家、区、市、县的发展结合起来,把个人富裕与国富民强结合起来,把建功立业与县跨越发展结合起来。一是在"六一"儿童节前期,组织兴农汇、广西灌阳批发零售商品行业协会、桂林·灌阳小水电协会、桂林瑞峰石英砂公司、灌阳日升生态特色农业开发有限公司、广西桂林都庞岭林业有限公司等爱心企业到各乡镇偏远小学开展捐资助学活动,爱心企业为小朋友精心准备了价值8.6万元的学习用品、体育用品、电风扇及教师的办公桌椅。二是联合创维集团广西分公司和县文华电器商城举办了"善行灌阳·扶贫惠民"的公益活动,为贯彻落实党中央关于"需要社会各界人士伸出援助之手,用实实在在的行动,为贫困家庭奉献一份爱心"和全国工商联发起的"万企扶万村"的指示精神,动员全社会力量奉献爱心,帮助贫困家庭解决困难,让更多贫困家庭共享社会发展成果,公益活动捐赠了价值20610元的实物捐赠(包括创维电视32寸9台,食用油90壶,大米90袋)及惠券捐赠,发放面值400元/300元惠民存折各一张,预计补贴总金额为60万元。三是在重阳节期间,组织灌阳县批发零售商品行业协会的会员到灌阳县光荣敬老院、黄关镇大坪山敬老院看望慰问老人,赠送价值1.5万元的食

"六一"儿童节,县工商联在黄关镇中秀小学开展慰问活动
县工商联　提供

品、日用品。四是在11月19日，与东莞市春润事业投资有限公司举办了2016年首届桂林灌阳盘江生态旅游登山嘉年华活动，并在盘江小学开展捐资助学活动，分别为孩子们送去价值1万元的物质及3万元的学习用品。

重阳节，县委和县工商联在黄关镇大坪山敬老院开展慰问活动

县工商联　提供

【支教助学】 2016年，组织会员为洞井瑶族乡小学捐赠价值5000多元的教学设备，为黄关镇贫困学生捐赠价值近8万元的生活费。号召非公有制经济人士及商品批发零售行业协会通过开展“思源感恩　扶贫济困”行动，到全县部分村小慰问贫困留守儿童128人，给每个学生送去价值200元的学习用品。全县会员、企业共资助贫困大学生4多万元，46个企业对32个行政村进行帮扶，落实项目30个，落实资金30多万元，在农村危房改造、新农村建设、休闲活动场所等基础设施建设及解决群众就业等方面，全方位开展帮扶。

【资金筹资】 县工商联充分发挥自身优势，积极开展招商引资工作，千方百计引资金，想方设法找项目。“二月八”农具节是灌阳县节庆旅游中的一个重要节日，县工商联作为资金筹措组成员单位，在县委常委、统战部部长赵桂花的带领下，与其他单位领导一起，积极筹措办会资金，2016年达50多万元，为节庆活动的成功举办提供了资金和物质上的保证。

12月19日，县工商联在县委三楼会议室召开知识产权人才培训会

县工商联　提供

【培训教育】 县工商联开展“两学一做”学习教育，根据非公企业党员实际召开“两学一做”学习教育动员会议3次，传达市、区开展“两学一做”学习教育的总体要求以及做出部署安排，按时下发学习资料到每位党员手中，并通过微信、QQ群、电子邮件等方式发布各类学习信息资料，制定学习教育方案及学习计划，要求各乡镇商会相应制定学习计划，将学习教育落实到位。

（县工商联）

灌阳县残疾人联合会

【概况】 2016年,县残联以改善残疾人生产生活为重点,全面加快推进全县残疾人康复、教育、就业、扶贫、社会保障、维权、重点项目等各项工作协调发展,经过大家的努力,各项工作进展顺利。

【康复工作】 县残联紧紧围绕残疾人"人人享有康复服务"目标,开展康复服务工作。全年共完成贫困白内障复明手术69例、低视力家长培训4名、盲人定向行走训练2名、聋儿社区康复训练6名、聋儿家长培训12名、肢残社区康复93名、智残儿童社区康复6名、康复专业技术人员在职培训5名、社区康复协调员培训141名;为残疾人提供社区康复服务156名;完成残疾人辅助器具供应服务549件,为双下肢残疾人捐赠轮椅253辆。

【教育工作】 县残联认真贯彻落实《残疾人教育条例》,实施"阳光助学计划",积极鼓励和帮助盲、聋、智力残疾人上学,开展"国家彩票公益金助学项目",认真做好残疾学生高考指导服务工作,为2名残疾高考生争取助学金。

5月11日,县残联工作人员接待残疾人　　县残联　提供

【就业工作】 2016年,在残疾人就业援助月活动中,1月至2月组织工作人员深入各乡镇,开展残疾人就业走访普查工作,摸清全县范围内需要就业援助的对象底数,对新增的符合条件的就业困难残疾人进行登记认定,做到排查到人、实名登记、信息入库,全年走访残疾人登记失业人员家庭户47户。

【扶贫工作】 2016年,对农村贫困残疾人采取建基地、结对子、送种猪、送肥料、教技术的扶持办法,以及单位包村和干部帮、带、扶的措施,全年共扶持农村贫困残疾人561人,开展残疾人实用技术培训班3期、培训残疾人239人次。

【社会保障工作】 把全县符合条件的6100名重度残疾人全部纳入最低生活保障,10698名持证残疾人参加了新型农村合作医疗,1232名残疾人参加了社会保险,2198名残疾人接受了社会救助,为72名下肢残疾人发放机动轮椅车燃油补贴(每人每年260元),为92户城镇贫困残疾人个体工商户和灵活就业人员参加基本养老保险的残疾人发放了社会养老保险补贴,为10名精神病患者发放了住院补贴。

【维权工作】 全年共印发残疾人法律援助资料6130多份,接待残疾人来访231人次。

【组织建设】 对县人民政府残疾人工作委员会成员进行了调整,修订了成员单位工作职责,对9个乡(镇)残联专职委员、138个村、3个社区的残协委员进行了业务培训。

【宣传文体工作】 为感召社会各界人士对残疾人的重视和支持,"全国助残日"、元旦、春节期间,县残联组织开展了一系列宣传和助残活动，全年共走访慰问残疾人600多人次，赠送慰问金（慰问品）6万多元，印制《残疾人康复知识手册》10000份，出各种宣传专栏6期、电视宣传6次、向上级报刊投稿18篇。残疾人运动员文衎杰在2016年全国聋人四项锦标赛中获4金1银，为灌阳残疾人做了很好的表率。

3月31日，县残联在黄关顺溪村开展残疾人实用技术培训

县残联　提供

【残疾人数据动态更新工作】2016年，县残联共动用县、乡（镇）、村（社区）工作人员282人，走访村（社区）141个。全县共完成登记对象底册预采集10891名，除已故（已注销）残疾人283人，实际分配调查登记对象10891人，已完成调查登记填表10596人（其中：入户调查填表10295人、电话调查填表301人）。未能登记填表的有297人（其中：查无此人1人，已搬迁3人，空挂户2人，外出8人，已死亡283人）。灌阳县入户调查率为97.16%，电话调查率为0.62%，达到入户率高于90%，电话调查率低于10%的指标要求，圆满完成本年度残疾人基本服务状况和需求信息数据动态更新工作。

5月11日，县残联开展“助残日”活动　　县残联　提供

【重点项目】

重度残疾人护理补贴和困难残疾人生活补贴　根据《广西壮族自治区人民政府办公厅关于印发广西壮族自治区困难残疾人生活补贴和重度残疾人护理补贴实施办法的通知》（桂政办发〔2015〕120号）和《灌阳县人民政府办公室关于印发灌阳县困难残疾人生活补贴和重度残疾人护理补贴实施方案的通知》（灌政办发〔2016〕17号）文件精神，认真抓好重度残疾人护理补贴和困难残疾人生活补贴审核工作。本年度已将符合条件的困难残疾人生活补贴和重度残疾人护理补贴申请表格13400人全部审核。

残疾人康复中心项目　该项目已向自治区发改委、自治区残联争取列入“十三五”期间残疾人服务体系专项建设规划项目，该项目建设面积5000平方米，总投资1000万元。

阳光助残扶贫基地项目　2016年，县残联在黄关镇顺溪村建立"阳光助残扶贫基地",按照《广西阳光助残扶贫基地管理暂行办法》的要求,分散辐射扶持100户残疾人家庭饲养肉猪,免费为他们举办培训班,免费为他们发放种苗、饲料及提供跟踪服务,促进残疾人发展养殖业,增加收入,脱贫致富。

农村基层党组织助残扶贫工程—广西"党员扶残温暖同行(二期)"项目 该项目由县残联与县委组织部、县财政局共同组织实施,投资13.8万元,每户扶持资金1000元,扶持138户贫困残疾人家庭发展种养业、加工业。

"阳光家园计划"项目 灌阳县争取自治区补助17万元、县财政配套5万元,为250名处于就业年龄段的18~60岁的精神、智力及重度残疾人提供托养服务。

"七彩梦行动计划"项目 全年完成"七彩梦"助听器康复救助筛查6人、受助对象2人,人工耳蜗康复救助筛查4人、受助对象1人,肢残儿童矫治手术筛查9人、救助对象6人,脑瘫儿童康复救助筛查7人、救助对象7人,孤独症儿童康复救助筛查4人、救助对象2人;完成彩票基金智障儿童康复救助筛查4人、救助对象2人,贫困精神病患者住院救助10人、救助重度残疾人辅具10件、低视力助视器39件、矫形器6例、彩票基金髋离断或膝离断假肢装配3例,"七彩梦"0~6岁儿童矫形器6例、轮椅3辆、助行器4件、站立架3件、坐姿椅2件。

贫困残疾人家庭无障碍改造项目 2016年,向自治区争取补助12万元,落实40户贫困残疾人家庭无障碍改造对象。

【"两学一做"和"精准扶贫"】 县残联成立了"两学一做"和"精准扶贫"工作领导小组,由主任科员秦山标专门负责西山瑶族乡茶源村的精准扶贫工作。在党组书记、理事长胡志姣的带领下,认真组织了"学党章党规、学系列讲话、做合格党员"等专题党课学习,共集中学习6次,领导班子成员分别进行了专题讲课。

(县残联)

法　　治

2月29日，全县政法工作会议在县文化大厦召开　　　　县委政法委　提供

政法委及综治

【概况】 2016年，全县社会治安综合治理工作坚持以科学发展观为指导，全面贯彻落实党的十八大、十八届三中、四中、五中、六中全会、习总书记系列重要讲话及中央、区、市政法工作会议精神，把维护社会大局稳定作为基本任务，把促进社会公平正义作为核心价值追求，把保障人民安居乐业作为根本目标，坚持严格执法公正司法，不断加强和改进政法工作，维护人民群众切身利益，为全县经济社会又好又快发展创造安全稳定的社会环境、公平正义的法治环境、优质高效的服务环境。

【打击违法犯罪】 年内，坚持严打方针不动摇，深入推进“神剑一号”（即危爆物品管理及打击涉枪涉爆违法犯罪）和“神剑二号”（即打击盗抢骗+X）专项行动，加大对“两抢一盗”等多发性侵财犯罪、毒品犯罪等违法犯罪的打击力度。

全年，县公安局共立案各类刑事案件349起，与上年同期436起相比下降20%；破获204起，破案率达58.5%；其中破获涉毒刑事案件21起，破获千克目标案件1起；破获侵财类案件119起；命案发6起破6起，破案率达100%；逮捕直诉131人，移送起诉160人，抓获网上逃犯24名，打掉各类犯罪团伙14个48人。依法查处治安案件341起，打击处理违法人员523人，其中行政拘留421人。全县刑事案件破案数同比上升21%，起诉犯罪嫌疑人同比上升59.3%，起诉侵财类同比上升23.4%，逮捕同比上升11.6%，抓捕网上逃犯同比上升24.6%。县检察院共受理侦查机关提请批准逮捕114件150人，其中批捕99件124人；受理侦查机关移送审查起诉案件156件182人，经审查，依法向法院提起公诉135件153人；立查职务犯罪案件16件16人。县法院共受理各类案件1295件，审（执）结1148件，其中受理刑事案件147件，审结144件，结案率98%。

【矛盾纠纷排查调处】 2016年，全县开展“大排查、大调解”专项活动，每月组织矛盾纠纷排查和分析会1次以上，在重大节日期间做好专项排查摸底工作。加强人民调解员培训工作，完善培训制度，每个乡（镇）每季度至少举办培训班一期以上。落实人民调解工作“以案定补”制度，经认真审核，年内对1603件符合标准的人民调解案件，发给人民调解员调处纠纷误工补贴13.1万元。全年共评选出先进人民调解委员会18个，优秀人民调解员34名进行表彰奖励，其中先进人民调解委员会每个奖励1000元，优秀人民调解员每人奖励400元。加大矛盾纠纷排查调解力度，全县各级人民调解组织共排查受理民间纠纷4720件，调处成功4560件，调解成功率96.6%。

11月11日，灌阳县政法系统学习贯彻党的十八届六中全会精神暨集中开展执法司法作风廉洁警示教育活动动员会（动员部署）在县委三楼会议室召开　　县委政法委　提供

【社会治安重点地区和突出问题排查整治】 2016年，各乡镇、各职能部门每月定期开展排查，定期将排查结果上报县综治办汇总。适时对宾馆、网吧、娱乐场所、“灰色发廊”、农村聚众赌博点等

重点场所开展集中排查和整治活动，组织开展打击赌博违法犯罪、打击查处“黄赌毒”违法犯罪、净化社会治安环境大整治、打击两抢一盗侵财类犯罪等一系列专项行动，共查处涉黄涉赌案件 71 起，缴获赌博游戏机 58 台，治安拘留 142 人。组织公安、教育、消防、交警、城管、工商、卫生等部门对学校及幼儿园周边开展社会治安集中整治 3 次，排查安全隐患 20 处，整治 6 处。

【治安技防和人防工作】 年内，全面推动对旅馆、寄递、网吧和娱乐服务场所等重点行业、场所的治安管理信息系统、视频监控系统建设及联网应用。增加社会治安“天网”工程投入，实现了“村村通”天网视频监控工作目标，并对原有标清监控探头进行高清改造，在已建联网摄像头 1246 个基础上，新增摄像头 800 余个，逐步构建城乡一体化的科技防控网络，进一步提升社会治安技术防控能力。加强县城治安巡逻。积极推进城区复合型警务机制改革，在重点部位设置固定或流动警务室，建立多时段、多层次、点线面兼顾的街面巡逻防控网，做到“白天有警车，夜间有警灯”，有效地预防和减少治安刑事案件的发生。加强反恐工作。调整充实县反恐组织力量，加大演练，全年组织开展演练 2 次，反恐巡逻 2 次，公安民警应急处置工作效率不断提高。

【社会稳定风险评估制度】 年内，将风险评估作为重大决策、重大事项的前置程序，按照“谁决策、谁评估、谁负责”的原则，坚持科学评估、民主决策。年内分别对灌阳县文市镇污水处理厂及管网配套工程、灌阳县公共体育场等项目进行了风险评估，防止群访、集访和越级上访的发生，从源头上减少了大量不稳定因素。

【执法监督工作】

执法监督 注重建章立制，严格惩处机制，切实堵住执法不规范的漏洞，保证执法行为的严谨、规范。检察机关依法履行诉讼监督职责，不断加强侦查监督，立案监督 6 件 6 人；书面纠正公安机关违法 2 件。注重运用抗诉手段加强对刑事审判和民事行政审判等问题进行监督，刑事审判监督方面，纠正漏诉 11 件 13 人；立查民事执行监督案件 7 件，发出执行监督检察建议 6 份。加强监管活动和刑罚执行监督，加强对看守所的安全检查，书面监督纠正监管活动违法数为 37 件，同比上升 130%；书面监督纠正监外执行履行职责不当 17 件，同比上升 133%；采纳释放或变更强制措施建议数为 18 件，同比上升 50%。

执法司法公开 法院充分运用媒体特别是网络沟通平台、手机信息平台以及微博、微信等新媒体资源，主动发声、敢于发声、正面发声，新开通

【网格化服务管理建设】 2016 年，加大综治工作网格化和信息化建设，建成县级中心 1 个、乡镇中心 9 个、村（社区）工作站 141 个，配备网格员 168 名，其中农村网格员 138 名（参照脱产村干部副职待遇，每人每月 900 元）；同时整合资源，将村里的“九大员”整合成村综治办主任。开通综治 E 通电脑168和手机账户共185个。实现综治平安工作信息及时上报，信息互通，效率提高。

11 月 25 日，灌阳县法学会成立暨第一次会员代表大会在县委三楼会议室召开

县委政法委 提供

“今日头条”灌阳法院官方头条号;继续加强公众微信号建设,积极推送法院动态、审判信息、司法拍卖、“老赖”曝光等群众关切的信息,回复群众咨询40余次,实现与群众的良性互动;开展法制宣传进企业、进学校、进社区等活动10次,发放宣传资料5000余份。开展公检法开放日活动,接受社会各界监督。充分利用各报刊媒体、门户网站、专刊载体,积极宣传政法单位的重大工作部署、工作进展情况,不断扩大公共认知度和社会影响力。

案件评查　落实案件纠错机制,加强执法监督,规范管理,提高执法司法公信力。落实每月一评查一反馈的常态化案件评查机制,政法各部门根据自身实际,明确评查案件的范围、方法和重点,县公安局评查案件35件,县检察院评查案件2件,县法院评查案件70件。

执行难问题攻坚　完善执行指挥中心各项机制,加强外部联动,法院内部联动实现立案、审判、执行诉讼无缝对接,执行效率明显提高。加大强制措施和惩戒措施的运用力度,采取司法拘留3人,限制高消费57人,移送公安机关追究刑事责任2人,并通过网站、微信及县文化大厦滚动显示屏公布失信被执行人名单108名,促使6名被执行人主动履行义务。

涉法涉诉信访工作　加大对涉法涉诉信访改革政策法规的宣传,在全县政法工作会议上组织学习了中央关于《涉法涉诉信访改革》和《关于创新群众工作方法解决信访突出问题》两个文件精神,印发2000份学习资料发送到县直各部门、各乡镇及各村干手中。在全县集中开展处理涉法涉诉信访和信访积案问题专项治理,成立领导小组,主动将涉法涉诉信访问题引入到政法部门,力求通过司法程序解决问题,及时化解、妥善处置影响社会稳定的矛盾纠纷,切实维护广大人民群众的合法权益,共接待涉法涉诉信访案件27件。

司法救助　把刑事被害人救助资金、特困执行救助资金、涉法涉诉信访救助资金,列入县级财政预算,全力解决刑事受害人的实际困难,为经济困难的、涉及民生等56件案件的当事人办理减、免、缓交诉讼费等共计50万余元;开展司法救助案件30余件,发放司法救助金30万元。司法局办理法律援助案件269件。

【普法宣传教育】 2016年,采取传统宣传与新型媒体相结合等多种方式,不断加大宣传投入,扩大宣传范围,提升群众对法律法规的知晓率。将法律法规知识编成小品、法制文艺晚会、歌舞、三句半、女声独唱、彩调剧等文艺节目的形式进行巡演。开展法治文化论文、法制民歌征集活动,征集作品50余篇。全年共举办法制培训班3期,开展政法综治宣传月1次,开展法制宣传活动216场;新建法治文化宣传长栏1个,在村(社区)建立法制宣传专栏53个,新建25块LED平安建设宣传屏,新增200块永久性法制平安宣传牌。编印《常用法律知识读本》、普法挂历、普法民歌10万多份,免费发放到全县的每个农户、企业、乡村、机关、单位、学校、社区、景区;发放《全国青少年普法教育读本》3000余册,开展了普法课堂、童眼观法、童言说法、模

12月27日,县委常委、政法委书记杨小平(左三)到新圩镇督查网格化建设　　县委政法委　提供

拟法庭、全县青少年法律知识竞赛、青少年法制演讲比赛等活动。

（陆　剑　蒋维敏）

法治政府建设

【概况】 2016年，灌阳县人民政府法制办公室围绕中心、服务大局，充分发挥参谋、助手和法律顾问作用。不断加强自身建设，开拓创新，踏实工作，全面履行职责，切实做好各项政府法治工作。

【行政复议】 扎实推进行政复议规范化建设，完善行政复议配套制度，规范办案流程，统一办案尺度，加大行政复议纠错力度，增强行政复议的权威和公信力。年内全县办结行政复议案件7件，其中作出行政复议决定的1件，1件正在处理中；通过大量的走访、勘查现场、组织调解，申请人撤回复议申请的5件；办理市政府复议县级行政案件3件，审查、复核“三大纠纷”案件6件，接待群众来信来访150多人次。

【法治教育培训及法制宣传】 2016年，制定领导干部学法制度和年度学法计划，举办政府领导班子法治专题讲座。同时，以灌阳县中青年干部培训班为平台，举办领导干部法治专题讲座，将依法行政、严格执法等方面的法律知识列入必学内容，不断提高运用法治思维和法治方式推动工作的能力。全县组织行政执法单位共有123人报名参加了全区行政执法资格（续职）培训考试，91人取得了行政执法资格。按照《2016年桂林市法治政府建设专项考评指标评分细则》的要求，要加大政府法制工作宣传力度，全县被区市依法行政办采用信息6条，其中被区依法行政办采用3条。

【政府法律事务】 围绕县委、政府中心工作，主动为全县的招商引资、经济建设等重点工作提供法律咨询服务，充分发挥参谋助手作用，依法保障重点工作顺利推进。办理经济、民事合同份数14份；受县政府委托代理行政诉讼案件3起，组织政府法律顾问办理有关涉法事务12起，其中先后对《桂林灌阳南国红豆杉山泉水项目投资开发协议》《灌阳县秀海园大酒店地产出让合同》《灌阳县旅游投资合作开发协议》《灌阳县人民政府与广西百姓乐淘科技有限公司合作协议》等重大涉法事务出具审核意见，为县政府依法科学决策把好法律关，确保重大决策的合法性。继续加强重大行政决策合法性审查工作。对于县委、政府做出的重大行政决策及每一次报送政府常务会议集体讨论决定的重大行政决策事项进行合法性审查，未经合法性审查或经审查不合法的，不得提交会议讨论。

政府法律顾问制度　按照自治区政府关于全面建立政府法律顾问制度的规定要求，全县成立法律顾问室，建立政府法律顾问制度，确定专职政府法律顾问7名，聘请政府法律顾问4名、政府法律顾问助理1名。

【行政执法监督】 2016年，按照自治区法制办公室《关于开展全区行政执法人员专项清理工作》的要求，对全县具有行政执法权的行政机关、法

2016年，县法制办荣获全市法制系统先进单位　　县法制办　提供

律法规授权的组织和依照法律法规规章的规定受委托行使行政执法权的单位中，已经取得“广西壮族自治区行政执法证”或者国务院部委统一颁发的执法证件的行政执法人员进行了全面清理。经清理，收回退休、转岗、没有具体从事执法工作以及其他没有在职在岗等人员的执法证件34个。协助县审改办做好权力清单和责任清单工作。完成了对县级政府部门和依法承担行政职能的事业单位的权力清理、责任清单进行了全面清理调整。扎实开展行政执法公示制度工作，全县已全面实施行政执法公示制度。

（县法制办）

公　安

【概况】 2016年，灌阳县公安局以维护社会大局稳定、促进社会公平正义、保障人民安居乐业、严格执法公正司法为总要求，全力提升群众安全感和满意度，立足公安主责，扎实开展各项公安业务工作，为全县经济社会发展和人民群众安居乐业创造安全稳定的社会环境。县局内设17个队室和9个乡镇派出所，实有民警168人。截止到11月22日，全县共立涉枪涉爆刑事案件35起，破获34起；逮捕（直诉）33人，缴获枪支52支、子弹103发；收缴炸药96千克、雷管56发。逮捕（含直诉）犯罪嫌疑人133人，起诉侵财犯罪嫌疑人36人，打击涉恶团伙犯罪2个，抓获外省市或历年逃犯18人，采集机主通讯录434人，DNA样本采集602份。逮捕起诉毒品犯罪嫌疑人15人，破获公安部目标案件1起；查处吸毒违法人员262人，强戒执行率为82.6%；行政处罚、刑事处罚人员尿检率达100%。新建“天网”视频监控探头67个，完成市局下达任务数16个的418%。将消防安全“网格化”管理纳入综治e平台，全县9个乡镇消防安全网格全部实现规范化管理。350兆数字集群(PDT)系统已完成建设；流动人口信息手机APP采集系统已经推广应用；“微察”系统完成培训工作。

【“神剑”专项行动】 年内，县公安局扎实开展“神剑一号”（即危爆物品管理及打击涉枪涉爆违法犯罪）专项行动、“神剑二号”（即打击盗抢骗+X）专项行动，严厉打击辖区内的盗抢骗毒、黑恶势力等违法犯罪行为。“神剑一号”行动中，共破获涉枪爆案件35起，缴获枪支52支，抓获涉案人员35人，逮捕起诉33人，抓获涉枪爆逃犯3人，破获涉枪爆积案1起。打击“盗抢骗毒”中，1—11月份共破获侵财类案件109起，逮捕起诉36人；破获涉毒刑事案件21起，破获千克目标案件1起，逮捕起诉15人；查处吸毒人员294人，强制隔离戒毒28人；缴获各类毒品4039.48克，其中冰毒4033.67克、麻古5.81克。尤其是2016年破获了价值达20余万元的灌阳县城名烟名酒入室盗窃案，成功打掉了一个流窜作案的犯罪团伙，抓获犯罪嫌疑人5名；又成功破获了县城系列入室盗窃案，破获入室盗窃案38起，协破桂林市区系列盗窃案10余起。协助黑龙

6月6日，自治区公安厅党委副书记、副厅长许建忠（右二）到灌阳县调研　　范汝敏　摄

江警方破获了特大跨省贩卖毒品案,协助禁毒支队破获了“米姐”等人特大贩卖毒品案,缴获冰毒4千克。扫黄禁赌中,共查处各类治安案件309起,打击处理违法人员495人,其中行政拘留402人。查处涉黄涉赌治安案件71起、行政拘留涉黄涉赌违法人员142人,收缴赌博游戏机58台。打黑除恶中,共破获13类涉恶案件31起,逮捕涉恶犯罪嫌疑人员24人,打掉涉恶团伙2个。

3月14日下午,灌阳警方将一名在山中走失三天三夜的78岁老人成功搜救下山　　县公安局　提供

【案件侦破工作】 1至11月份,全县共立刑事案件317起,与上年同期407起相比下降22%;破获198起,破案率达62.5%,逮捕直诉120人,移送起诉144人,抓获网上逃犯22名,打掉各类犯罪团伙14个48人。全县刑事案件破案数同比上升20.7%,起诉犯罪嫌疑人同比上升63.6%,起诉侵财类同比上升19.4%,逮捕同比上升26.3%,抓捕网上逃犯同比上升22.2%。全年共发生命案6起破6起,均在短时间内侦破,确保实现了“命案必破”的工作目标。

2月2日,桂林市公安局党委委员、副局长黄光年(右二)到灌阳县慰问基层民警　　县公安局　提供

【社会稳定工作】 年内,县公安局妥善处置影响经济社会发展的突出问题,特别是在打击非法采砂以及处理马头山风电场、江东开发新区等重点建设项目问题上,民警在关键时刻总是冲锋在前,不遗余力地做好现场保卫、法律宣传、重点人员稳控、矛盾疏导等工作,保障了这些重大问题的妥善解决。圆满完成了县“两会”、县乡人大代表换届选举、县第15届党代会、桂林市“两会一节”、纪念红军长征胜利80周年等大事、喜事各项安全保卫任务。围绕征地拆迁、劳资纠纷等重点领域,围绕复转军人、下岗职工、上访老户等重点群体,组织民警深入村屯、社区、单位开展经常性、滚动性的矛盾纠纷排查活动。在县委、政府的统一领导下,积极配合协调有关部门,及时化解处置,确保了将各类矛盾纠纷第一时间化解在初始阶段,消除在萌芽状态。

【街面巡逻防控网】 积极探索交巡合一警务工作机制,针对交警在路面巡逻、维护街面交通秩序等执法过程

9 月 29 日，灌阳县"红袖标"工作推进会在县公安局三楼会议室召开　　县委政法委　提供

中与巡警巡逻存在很多共同点的特点，年内将交警上路巡逻以及维护街面交通秩序的警力与巡警大队警力进行整合，在重点时段、路段进行巡逻，形成"白天见警察，晚上见警灯"的高压震慑氛围，提高了见警率、管事率，街面"两抢"等可防性案件大幅下降，与 2015 年同期相比下降 23.8%。

【天网视频防控网】 年内，全面推动对旅馆、寄递、网吧和娱乐服务场所等重点行业、场所的治安管理信息系统、视频监控系统建设及联网应用。同时积极争取党委政府支持和各部门共同配合，其他力量共同参与，实现了"村村通"天网视频监控工作目标，在已建联网摄像头 1246 个基础上，新增摄像头 800 余个，逐步构建城乡一体化的科技防控网络。

【农村群防群治】 2016 年，以农村派出所改革为抓手，在新街镇、灌阳镇组建了"红袖标"业务治安巡防队，经过公安机关培训后佩戴"红袖标"在辖区地段开展治安巡逻和矛盾纠纷化解工作，两个辖区总案同比下降 23. 8%。

【"平安灌阳"网上警务工作室】 年内，创建"平安灌阳"网上警务工作室。通过该警务室，不仅大力传递了公安正能量，而且不断接到公民的求助、提供违法犯罪线索，从而拉近了警民之间的距离，群众满意度也随之提升。全年"平安灌阳"共发稿 206 条，共有 197856 人次的网友浏览量。网上警务工作室共接到举报违法犯罪线索 16 条，破获刑事案件 7 起，查处"黄赌毒"违法人员 43 人。

【便民服务】 2016 年，针对全县公安业务实际，消防、交管、户籍等窗口单位民警采取延时、错时、弹性、预约等工作机制，为群众办理各项业务提供了极大便利。同时面向群众开通了短信评警业务，并做到每月通报评警情况，极大提高了民警服务态度和质量，有效评警回复率达 99.6%。尤其是高考期间，为丢失身份证的考生开辟办证"绿色通道"，快速办理了全区第一张考生身份证，得到了社会各界的高度肯定和赞扬。灌阳县公安局出入境大队成为全县及桂林市公安系统唯一获得"2015 年度广西三八红旗集体"的单位。

【干警教育培训】 年内，县公安局强化干警"轮训轮值、战训合一"教育培训模式，着眼于实战，制定和丰富相关集训内容，通过集中轮训、岗位培训、考核达标、合格上岗等举措，增添民警的压力感、紧迫感，锻造一支"来之能战、战之能胜"的公安队伍。全局民警分批次在县党校内参加了为期 30 天的大轮训，在培训的同时，参加街面巡逻、治安清查、应急处突等警务活动，在实战中提升了民警的整体素质。

（蒋晓元）

检　察

【概况】 2016 年，灌阳县人民检察院内设办公室、纪检组、政工科、反贪污贿赂局、反渎职浸权局、公诉科、侦查监督科、民事行政检察科、控告申诉检察科、监所检察科、司法警察大队、案件管理中心、职务犯罪预防局、文市检察室、黄关检察室、人民监督员办公室等16个部门,共有检察干警41名。

1月5日,区检察院检察长崔智友(左三)到灌阳县检察院办案区检查工作

县检察院 提供

【职务犯罪查办】 全年,共立查贪污贿赂犯罪案件11件11人,移送审查起诉11件11人,其余案件均已侦查终结。所查办的案件均依照法律程序办理,做到适用法律正确,程序合法,法律文书完备、规范。立查渎职犯罪案件2件2人,其中移送审查起诉2件2人,均作有罪判决。

【打击刑事犯罪】 年内,共受理侦查机关提请批准逮捕119件149人,审结119件149人,批准逮捕103件124人,不(予)捕16件25人,审结率100%;立案监督6件6人;书面纠正公安机关违法2件。受理侦查机关移送审查起诉案件156件182人,其中受理未成年案件6件7人;经审查,向同级法院提起公诉135件153人,不起诉案件15件15人,报送市院4件4人,纠正漏诉11件13人,法院开庭审理并作出判决128件143人。

【诉讼监督】 年内,对公安机关应当立案而不立案和不应当立案而立案等问题依法监督,共向公安机关发出说明不立案理由通知书6份,公安机关主动立案6件6人,其中一件立案监督的案件被桂林市人民检察院评为"全市优秀刑事立案监督案件"。对侦查过程中违反法定程序等行为提出纠正违法2件2人,纠正漏捕2人,建议公安撤回案件1件,纠正漏诉漏罪11件13人;书面监督纠正监管活动违法数为37件,同比上升130%;书面监督纠正监外执行履行职责不当17件,同比上升133%;采纳释放或变更强制措施建议数为18件,同比上升50%。每日做好检察日志和检察台账,按时上报报表和上级院要求上报的各种材料,做到准确、细致、认真,确保数据和材料真实、全面。监所检察科干警每月到县看守所驻所检察22天以上,在元旦、

11月23日,县检察院学习十八届六中全会精神会议在六楼会议室召开

县检察院 提供

春节、“五一”、国庆等重大节日都能够坚持驻所，每个工作日都要进入监管场所进行巡查。按要求和在押人员进行谈话。认真做好出入所检察工作和在押人员羁押期限监督工作，防止发生超期羁押。2016年共收押185人，出所171人，其中送监狱服刑8批次共计45人，未发生超期羁押案件。采取当面说理、书面说理、邀请人民监督员说理等“三段式说理”方式及时处理群众信访，化解社会矛盾。共接待群众来信来访20人次，通过信访“三段式”释法说理，答复群众信访20人次，信访答复满意率达96%，检察长接待日接待来访群众12次，批办案件12件，受理民事执行监督案件10件，受理举报线索6件，开展国家司法救助10件10人，发放救助金额4.6万元。年内，受理、录入公安机关移送的刑事案件227件264人，其中移送批捕的案件119件149人，移送公诉的案件158件184人；审查接受、保管、移送涉案证物101件、涉案财物152.32万元；接待律师阅卷14次14人。发布案件程序性信息326件，重要案件信息34条，法律文书118份。

【职务犯罪预防】 年内，开展职务犯罪预防宣传、上警示教育课共19次，出版职务犯罪预防宣传栏3期，撰写案例分析15件，预防调查6次，向有关单位提出检察建议5份，行贿档案查询1500余次。

（蒋运雄）

10月，县检察院为受害人发放司法救助金　　县检察院　提供

法　院

【概况】 2016年，灌阳县人民法院共受理案件1295件，审结1261件，同比分别上升10.86%、12.89%，荣获全市法院绩效考评工作二等奖，其中阳光司法工作、涉诉信访工作、党风廉政、安保与法警等多项工作居全市法院前列，先后获得自治区、市、县表彰奖励29人次。

【审判工作】 年内，县法院依法惩治刑事犯罪，审结刑事案件144件，判处罪犯167人，其中审结故意伤害、放火案23件，审结“两抢一盗”案30件，维护社会公共安全；保持对毒品严打高压态势，依法审结涉毒案15件；严厉打击污染环境、非法采砂等破坏生态环境的犯罪行为，审结涉环境资源犯罪案13件；妥善审理未成年犯罪案7件8人，适用非监禁刑2人。

妥善化解民商事纠纷，审结民商事案件738件，标的额3.4亿元，其中合同纠纷案256件，涉案标的2.03亿元，维护了市场正常交易秩序；积极探索家事审判改革，促进婚姻家庭关系的稳定，审结婚姻家庭纠纷、继承纠纷等家事审判案259件。加大调解力度，全年调解案件285件，撤诉133件，调撤率为56.64%，位居全市法院前列。深化诉调对接，搭建多元化纠纷解决机制，通过新成立的金融巡回法庭和交通事故调解室引导协调处理纠纷100件。

监督依法行政，坚持以保护行政相对人合法权益与促进行政主体依法行政、解决行政争议为目标，努力构建和谐行政关系。支持行政机关依法行政，坚持合法性审查标准，审结行政案件17件，其中驳回原告起诉12

件,不予受理3件。

【执行工作】 2016年,县法院将解决执行难工作作为"一把手工程",采取措施创新工作机制,加大执行力度,执行工作取得阶段性成效。一是主动向县委、政府主要领导汇报基本解决执行难工作,逐步形成"党委领导、法院主办、各有关部门联动参与"的执行工作新模式。二是与县国土、房产管理部门签订"点对点"协议,并建立通过"网络专线"进行查询和反馈的工作模式,提升办案效率。先后两次开展执行清理月活动,共清理案件164件,执行到位标的4008.64万元。开展集中拘留老赖"春雷行动",出动五个执行实施小组,成功拘留8名失信被执行人,其中3人自动履行债务后解除拘留。三是加大执行曝光力度,在被执行人所在村镇张贴执行公告,在县广播电视台、"今日灌阳"微信、官方微信、"灌阳好兄弟"微信等公众平台公布失信被执行人206名,限制高消费206人,让其一处失信处处不便,让众多被执行人切身感受到了曝光威力和舆论压力,成功促使20余名失信被执行人自动履行债务。全年结案363件,结案标的2.37亿元。

12月1日,市委常委、政法委书记赵志军(左一)到灌阳县法院调研

县法院 提供

【便民服务】 年内,县法院不断完善便民机制,实行诉讼引导、立案审查、立案调解、信访接待、快捷缴费等"一站式"服务;常态化开展网上立案、午间立案、上门立案和巡回审判,方便群众诉讼,网上立案3件,巡回审判98次;积极落实司法救助工作,为困难当事人减、免、缓交诉讼费54.58万元;成立司法救助委员会,为20名符合救助条件的当事人发放国家司法救助金32万元,彰显司法人文关怀;关爱未成年被告人,做好教育引导,开展未成年罪犯案件回访帮教活动3次18人。

3月23日,灌阳县人民陪审员座谈会在县法院视频会议室召开

县法院 提供

【法制宣传】 年内,举办"反家暴""远离毒品"等法制宣传活动5次,开展法律进社区、进校园、进企业活动5次。新开通了灌阳县人民法院"今日头条"号,与官方微博、微信、网站及时推送法院信息。网上公开裁判文书1005份,微博直播庭审15件,召开新闻发布会1次。

【队伍建设】 年内,为推进审判方式改革创新,县法院对适用小额诉讼程序的案件实行表格式裁判文书，提高了审判效率，减轻当事人诉累。为推进员额制改革，县法院精心组织首批法官入额遴选工作，公开公平遴选了22名法官入额，占总编制数的32%。首批入额法官形成了以中青年法官为主干，年龄和学历结构更趋合理的精英法官队伍。积极开展执法司法廉洁作风警示教育活动，构建廉政建设体系，提高干警廉政自律和职业责任意识。坚持抓党建带队伍促审判，开展“两学一做”学习教育活动与干警综合能力提升培训，通过上党课、专题业务培训、民主生活会等一系列措施，努力建设一支过硬的法院队伍。县法院连续保持了18年“零违法、零违纪”的良好局面。

12月4日，国家宪法日暨全国法制宣传日活动现场

县司法局　提供

【社会监督】 2016年，县法院主动接受县人大及其常委会以及县政协的监督，不断改进法院工作；坚持重大工作部署、重点工作、重要事项向人大报告；不断加强日常联络工作，坚持每年对全县9个乡镇的人大代表、政协委员进行走访，召开座谈会听取意见和建议，2016年共收到和办理人大代表、政协委员意见建议25件。邀请人大代表、政协委员视察法院、旁听庭审、阳光评议案件以及现场监督执行100人次，开展“公众开放日”活动5次；自觉接受检察机关和社会各界的监督，共同维护司法公正。

（县法院）

3月7日，桂林市中院、灌阳县法院、灌阳县妇联联合开展反家庭暴力法制宣传活动

县法院　提供

司法行政

【概况】 2016年，灌阳县司法局贯彻党的十八大、十八届三中、四中、五中、六中全会精神以及习近平总书记的系列重要讲话精神，落实区、市司法行政工作会议和全区司法行政队伍建设会议精神，发挥职能作用，坚持把上级的决策部署与灌阳的实际相结合，狠抓各项工作措施的落实，为推进法治灌阳进程，建设和谐幸福新灌阳做出积极贡献。灌阳县司法局被中华全国人民调解员协会评为“人民调解宣传工作先进集体”、被中共灌阳县委员会评为年度“脱贫攻

坚先进后盾单位”。12月1日，桂林市司法局授予西山瑶族乡人民调解委员会、新街镇龙炼村人民调解委员会为“桂林市先进人民调解委员会”；灌阳镇司法所、文市镇司法所被评为“桂林市先进司法所”。

11月4日，自治区财政厅副厅长范世祥（右四）、自治区司法厅党委副书记、副厅长、巡视员卢万兵（右三）等到灌阳参观酒海井红军纪念园　　县司法局　提供

【法制宣传教育】 2016年是“七五”普法开局之年，县里及时组织召开全县“六五”普法总结暨“七五”普法动员会议。切实开展“法律七进”活动：通过开展“法律进机关”活动，提高依法管理和服务社会水平；开展“法律进乡村”活动，促进社会主义新农村建设；开展“法律进社区”活动，促进和谐社区建设；开展“法律进学校”活动，推进青少年学生的法律素质教育；开展“法律进企业”活动，推进企业依法经营、诚信经营；开展“法律进单位”活动，提高法制化管理水平；开展“法律进景区”活动，提高广大人民群众的法律素质。创新法制宣传形式，利用手机平台发送宣传信息，共发送短信息15万多条；印制法治建设宣传标语4000多条，在各单位、乡镇、村（社区）办公楼主要楼道进行张贴；组织依法治县重点成员单位筹集资金10多万元，制作了200块永久性法制平安宣传牌，树立在群众出行的重要路口、人口集中的自然村屯，全县138个村委每个村都建立了永久性的法制平安宣传牌；编印并无偿赠送《农民工和青少年常用法律知识读本》2万多册。年内，全县共开展法制宣传活动216场，印发宣传资料13.6万份，受教育群众12.8万人次。

5月12日，灌阳县司法行政和党风廉政建设反腐败工作暨“两学一做”学习教育工作动员会在县司法局会议室召开　　县司法局　提供

【人民调解工作】 切实开展“大排查、大调解”专项活动，年内共排查受理各类民间纠纷4720件，调处成功4560件，调解成功率96.6%。

加强人民调解员培训工作，年内全县共举办人民调解员培训班34期，培训1600多人次。加强人民调解工作规范化建设，投入资金2万多元共印制了3万多份人民调解案件登记本、人民调解协议书、问话笔录、档案袋等，发给全县各级人民调解组织使用。落实灌阳县人民政府办公室《关于印发灌阳县人民调解工作经费保障和奖励办法的通知》（灌政办〔2013〕117号）文件“以案定补”制度，兑现人民调解员调解案件误工补贴。经认真审核，全年共有1603件符合补贴标准的人民调解案件，发放调处纠纷误工补贴共计13.1万元。全年共评选出先进人民调解委员会18个、优秀人民调解员34名并给予表彰奖励。

【法律援助】 2016年，积极开展“法律援助进万村”活动，做好行政村法律援助联络员建档和培训宣传工作，在全县138个行政村落实了法律援助联络员154人，并登记造册，建立档案。降低法律援助门槛，为经济困难群众免费提供法律帮助，做到应援尽援。同时抓好法律援助案件质量管理，规范法律援助案件卷宗材料。分管领导亲自把关审核法律援助案件，督促检查法律援助工作，跟踪法律援助办案进度，确保办案质量。全年共办理法律援助案件269件。

【公证法律服务】 年内，开展公证法律服务，为全县经济社会发展提供优质法律保障服务，开展法律论证、法律咨询、公证提存服务，预防和减少矛盾纠纷的发生，利用公证人独立的第三人身份，宣传解释法律和政策，化解矛盾纠纷，引导当事人依法解决诉求。全年共办理各类公证290件。

【律师、基层法律服务者的教育管理】 2016年，县司法局加强律师、基层法律服务者的教育管理，在律师和基层法律服务工作者中开展理想信念教育，在代理重大敏感案件、群体事件中恪守职业道德操守，引导事件合理解决，不挑起事端、不激化矛盾，确保法律的正确实施。全年共办理各类诉讼案件326件，非诉法律事务代理863件，没有律师和基层法律服务工作者发生违法事件。

【特殊人员教育和管理】 每月集中组织社区矫正对象进行1次法制集中教育，进行1次公益劳动活动，按时听取社区矫正对象的思想汇报，加强对社区矫正对象犯罪心理和行为的矫正，积极对其开展法制教育，加强日常监督管理。年内共接受监狱、法院委托对26名拟适用社区矫正的罪犯和嫌疑人进行社会调查评估。

（谭旺欣）

调解处理土地山林水利纠纷

【概况】 2016年，调解处理土地山林水利纠纷领导小组办公室（简称处纠办），在县政府办公室挂牌，设行政编制为4名，其中主任1名，副主任1名；有在职人员3名，办公场地设在县老防疫站四楼。年内，县调处办贯彻落实科学发展观，开展“两学一做”活动，扎实推进查处发生在群众身边的“四风”和腐败问题专项工作，切实转变机关工作作风，努力提高办事效率，紧紧围绕改革、发展和稳定的大局，始终把维护社会稳定放在工作的首位，有效地维护全县社会政治稳定。

【工作情况】 全县全年共有“三大纠纷”案件26件，其中土地纠纷7件、山林纠纷19件，已结案的有26件，其中调解处理结案22件，裁决处理结案4件。每月及时向市调处办报送本县的三大纠纷排查数据；认真审阅县林业、国土职能部门送阅的三大纠纷案卷材料，审阅移送4件案件；12次分别对9个乡镇和3个业务主管部门进行了督查，全县没有因“三大纠纷”引发群体性纠纷械斗和集体非正常上访事件。

（范见团）

军　　事

11 月 30 日，广西军区肖运洪司令员（前左四）到县人武部检查指导工作

县人武部　提供

灌阳县人民武装部

【概况】 2016年,灌阳县人民武装部(简称县人武部)坚持习近平总书记系列重要讲话精神为指导,紧紧围绕学习贯彻十八大和十八届六中全会精神这个大局,紧扣国防和军队建设主题主线,按照"举旗铸魂、突出中心、夯实基础、确保安全"的思路,狠抓各项工作的落实。

【党管武装工作】 严格落实党管武装工作制度。认真落实双重领导,双向兼职,党委议军,国防动员委员会例会、现场办公、武委会第一书记向警备区述职、乡镇分管武装工作的领导向县武装部述职、过军事日活动等制度。年内,作为县委书记、人武部党委第一书记的陆桂弟先后3次到人武部现场办公,4次参加县人武部党委会。部领导经常向地方党委、政府请示汇报工作,人武部全面建设得到了地方党委、政府的大力支持,困扰军事全面发展的瓶颈问题得到了妥善解决。

【思想政治建设】 县人武部始终按照理论武装、指导实践、推动工作的要求,认真学习领会习主席系列重要讲话精神。年初,专门召开党委会,对年内工作特点及规划进行讨论分析,制定单位和个人年度理论学习计划。积极组织干部职工参加"两学一做"专题教育活动和传达学习十八届六中全会精神的授课辅导,收听收看习主席在建党95周年大会和纪念红军长征胜利80周年大会上的讲话。做到每次理论学习授课都进行一次学习体会交流,并指定人员重点发言,做到学以致用,联系实际,以任务为牵引,将理论学习成果转化为能力和战斗力。专题召开党委会,研究细化本级实施方案,采取召开会议、党小组会和干部职工大会等形式,层层进行思想发动,并围绕"上级要求是什么、差距问题有哪些、自己应该怎么办"广泛开展大讨论。认真落实肃清影响推进反腐部署会精神,先后3次召开全体干部职工大会,深入分析郭徐案件的严重性质、重大危害、恶劣影响和深刻教训。

【拥政爱民】 2016年,出动民兵预备役人员80人次参加搜寻红军在灌阳牺牲烈士遗骨,组织干部职工参加酒海井红军纪念园开园和新圩阻击战红军烈士遗骨迁葬等纪念活动,与新街镇龙炼小学结对子,进行捐资助学,积极参加地方精准扶贫,进一步密切军民关系。

【征兵工作】 全县征兵工作自6月至9月,历时3个月,通过组织准备和宣传发动、政审体检、复查定兵和新兵起运五个阶段,圆满完成征集任务。在征兵过程中,全县通过网上报名,各乡镇初检、县总检部审核,批准入伍若干名入伍新兵中,大学文化程度占43%,高中、中专文化程度占53%,初中文化程度占4%。

【后勤工作】 年内,编制并协调落实年度经费预算,对工作用车进行维修保养,对办公楼门窗、墙面进行整治,对仓库安防设备进行改造。

(县人武部)

1月6日,灌阳县委武装工作委员会暨国防动员委员会全体会议在县委三楼会议室召开　　陈张军　摄

9月9日，灌阳县新兵入伍批准大会在县人武部召开

县人武部　提供

武警灌阳县中队

【概况】 2016年，灌阳县武警中队，坚持以新《纲要》为统揽，按照“增强创新理念，打造特色亮点，狠抓软件建设，争创先进中队”的思路，以提高战斗力标准为着力点强化军事训练，以抓好经常性基础性工作落实为基本点，着力抓好工作标准和官兵日常养成，以抓好安全工作为落脚点，高标准实现“两个确保”。

【政治工作】 年内，县武警中队针对“改革强军主题教育”和安全预防主题教育，结合灌阳县武警中队官兵思想实际，深抓官兵思想教育。主题教育采用大课与小课结合的方式，在支队上大课的基础上，县武警中队利用每周的政治教育时间进行小课辅导，坚持课上学习和课外讨论相结合，围绕“体制改革为什么、职能使命是什么、履职尽责干什么”开展讨论，人人谈认识、写体会、表决心，深化官兵对“能打仗、打胜仗”的正确认识，提升官兵听党指挥、能打胜仗、作风优良的思想觉悟。并对老兵退伍后，执勤站岗人员紧张、任务重、压力大、标准高的严峻形势，进行形势任务、战备和“四反”教育，增强教育针对性，稳定官兵思想，灵活运用政治教育“六步法”，使官兵在教育中学到知识，增强见识，切实搞好理论知识转化，筑牢官兵思想根基。同时突出抓好经常性教育和战斗精神教育，采取黑板报，报纸杂志，一月一书，请进来、走出去等方法，增强教育效果。运用“三互”“双四一”、党员“两学一做”等活动，开展“安全工作为了谁，出了问题害了谁，严格管理依靠谁”讨论交流、撰写心得体会等形式，提升官兵思想认识。利用驻地红色资源，在清明节、长征胜利八十周年等时机，组织官兵到驻地烈士陵园缅怀革命先烈，祭扫革命烈士陵园，9月份，中队圆满完成新圩阻击战烈士遗骨

1月29日，灌阳县四家班子领导到县武警中队进行春节慰问

县武警中队　提供

迁葬仪式。

8月1日，驻地群众向县武警中队赠送锦旗　　县武警中队　提供

【军事管理】 年内，结合支队开展安全隐患排查治理，严格落实《武警部队八个方面安全基本工作规范》，强化中队依法管理、依法指导、依法办事的意识，通过组织对共同条令、保密条例和安全工作规定等经常性法规制度，强化正规意识，加大对部队的管理教育力度，做到部队按条令条例运行，官兵以条令条例规范言行，坚持依法从严治警，不断提高正规化建设水平。始终牢固树立安全发展的理念，把安全工作作为重中之重来抓，做到时时讲安全，处处讲安全，人人讲安全。4月份，结合支队《学规范、用规范、保安全》活动方案和“支队安全隐患排查治理活动”，组织官兵扎实开好安全管理专项教育整顿，按照八个方面重点排查内容，逐人、逐事、逐条、逐项、逐部位，清理排查和整改落实。并投入3万余元对中队下水道进行改造、对厨房等设施进行全面整修，有效消除了自身安全隐患。7月份，按照支队“百日安全竞赛活动”方案，召开支委会研究制定中队方案。以大项活动为载体确保内部安全稳定，按照安全工作“八个规范”内容，灌阳县武警中队结合总队、支队开展群众性创安活动、安全隐患排查、执勤安全隐患专项检查、枪弹安全专项检查、安全工作大检查、技术保密检查、百日安全竞赛、枪弹管理专项整顿教育活动为契机，以士官“四比四看”为载体，推动士官骨干参与的积极性，仔细排查身边的安全隐患，确保中队安全和官兵自身安全，党支部一班人通过拉安全条幅、签订安全责任书和保密承诺书、张贴安全漫画、粘贴安全警示标语、印发安全知识手册、观看安全警示教育片等配合活动；投入5000多元对营房老线路、窗户安装锁扣等设施进行改造，投入3000多元进行电脑维修保养，申请专项经费6万多元安装营房避雷设施等。

4月8日，县武警中队组织应急班出动演练　　县武警中队　提供

【“四比四看”活动】 2016年，县武警中队通过开展“四比四看”活动，进一步提高士官队伍素质，强化部队管控力度。灌阳县武警中队针对当前士官队伍能力素质良莠不齐，个别士官事业心责任感不强、自身形象不好等问题，坚持从训、管、用三个方面入手，狠抓士官队伍建设，开展士官队伍训练、严格奖惩等多种措施，调动士官队伍参与部队建设的积极

性和主动性，并结合《桂林市支队加强士官队伍管理十项措施》制定了中队军事训练奖惩措施，中队实施每周一小评，月底总评的办法，评选每月之星，在士官之间营造“比、学、赶、超”浓厚氛围，进一步加强对士官队伍的能力素质提升，从而带动中队各项管理向正规化发展。

9月28日，县武警中队官兵参加红军长征灌阳新圩阻击战烈士遗骨迁葬仪式　　县武警中队　提供

【执勤战备】 一是紧贴任务抓能力。在春节、全国“两会”“3·14”战备敏感期、“五一”、中秋、十月份东盟博览会和国庆期间，每天出动7名官兵对灌阳县人口密集区和重要街道进行武装巡逻，在执行任务中提升官兵执勤能力。二是双拥共建势态良好。在双拥、共建方面成果显著，应地方政府要求担负酒海井烈士遗骨迁葬仪式、酒海井红军烈士公祭仪式、清明节烈士陵园献花圈，以及重大节日、特殊时期担负城市武装巡逻等临时勤务。

【风气建设教育】 2016年，灌阳县武警中队党支部在研究推荐参加武警院校招生考试1人、技术学兵1人、选送参加预提指挥士官集训2人、推荐士官选取3人、推荐入党2人，以及战士每月“争红星”的评比、优秀士官、优秀士兵、执勤“三手”评选上支部坚持做到了推荐名额、条件、程序和结果“四公开”，自觉接受群众的监督。

【后勤建设】 年内，一是加强经费管理。从落实制度入手，在经费的使用上做到支部研究，科学计划，合理开支，勤俭持家。在财务管理中，坚持花小钱办大事，严格落实财务规定，做到先研究后开支，先请示后办事，经费开支坚持双主官联签，杜绝私借公款、错账差款、虚报冒领等现象。二是科学调剂伙食抓质量。认真抓好五项制度落实，落实定点采购制度，签订采购协议，确保原材料的质量；坚持每日实物验收制度，杜绝“跑冒滴漏”等不良现象的发生。严格落实经济民主制度，充分发挥民主，县武警中队定期召开军人大会征集官兵改进伙食的意见建议，尽最大努力满足不同地域的饮食习惯，结合官兵喜好和驻地菜品供应的情况，及时调整蔬菜、肉蛋等副食采购计划，要求炊事员每三日菜谱不重样，严格落实“1126”①“6211”②伙食标准和伙食科学搭配标准不断创新菜品花样。三是抓好农副业生产管理。县武警中队充分利用菜地资源，认真规划，科学管理，在现有菜地的基础上，调动官兵的参与热情。另外，在中队后山空地饲养猪5头、鸡100只。四是搞好卫勤保障。开展每月一课卫生教育，教育官兵养成良好的卫生习惯，确保官兵的身体健康；针对秋冬季节交替实际，中队主官督促卫生员购买常用感冒用药，确保官兵小病不出中队就能治好。五是后勤建设保障设施稳步提升。持续加强推进“四配套”设施建设，完成食品冷藏柜购置和餐具消毒柜更新，投入6万余元完成反恐运兵车车库建设。

（灌阳县武警中队）

① 1126：一个鸡蛋、一杯牛奶、两种主食、六个小菜

② 6211：六个主菜、两种主食、一个水果、一道汤

灌阳县消防大队

【概况】 2016年，灌阳消防大队以习近平主席“努力建设一支听党指挥、能打胜仗、作风优良的人民军队”总要求为统领，团结奋斗，攻坚克难，全力打造现代化消防铁军、构筑社会消防安全“防火墙”，确保了火灾形势和队伍的双稳定。圆满完成重大节日、会议活动安保任务。全年，县消防大队共接警出动46起（其中火警32起，抢险救援14起），出动车辆90辆（次），出动警力630人（次），抢救被困人员16人，疏散被困人员97人，抢救财产价值691.8万元，受伤0人，死亡0人，直接经济损失320.3万元，保护财产852.3万元，与去年同期相比，火灾起数上升21.5%，受伤人数持平，死亡人数持平，直接财产损失上升12.7%。

【队伍建设】 2016年，县消防大队坚持以科学发展观为指导，全面落实中央和上级纪委关于反腐倡廉建设的一系列决策部署，以开展“廉政消防”建设为载体，紧紧围绕廉洁自律各项规定，通过开展专题廉政教育活动、召开廉政分析会、撰写心得体会、开展群众满意度调查、签订廉政责任状和助廉倡议书等形式，不断增强官兵抵御廉政风险和自身拒腐防变能力；同时建设完成大队荣誉室和警营廉政文化长廊，广泛开展廉政文化进警营、进家庭、进官兵思想、进工作岗位等“四进”活动，有效杜绝各类违法违纪事件的发生。

【训练排查】 2016年，县消防大队对全县60家重点单位及重大火灾隐患区域进行“六熟悉”调研，开展高层、地下空间等高难复杂场所实战演练70余次，完善和更新灭火救援预案60个，开展防护装备调查测试，真正做到了底数清、情况明。定期开展辖区水源调查测试，对区域内天然水源进行调研排查，因地制宜设置消防取水点并标牌标识，并维护市政消防栓。

【开展消防安全专项行动】 县消防大队针对火灾事故发展态势，深入开展各项消防安全专项整治工作，组织开展电动车停放消防安全整治、出租屋、中小旅馆消防安全整治、夏季消防安全大检查、高层建筑专项整治、消防控制室达标建设、易燃易爆危化品场所消防安全专项整治、2016年今冬明春火灾防控等13项消防安全专项治理活动，在每次专项行动里，县分管领导都亲自开会部署，带队检查，并积极协调各部门开展联合行动，对发现的隐患，积极采取法律手段督促整改，形成消防工作由政府领导、部门齐抓共管的良好局面。同时，对排查出来的重大火灾隐患和区域性火灾隐患，及时提请政府挂牌督办，并召集相关监管部门开会提出整改意见、制定整改方案，并限期督促整改到位。据统计，消防大队全年以来共检查单位1564家，发现隐患1870处，整改隐患1857处，下发责令改正通知书861份，处罚42家，罚款

12月24日，县消防大队在县城全友家私店进行重点单位防火检查
县消防大队　提供

310500元,查封12家,三停16家,拘留5人。

【消防宣传】 年内,县消防大队一是利用每周半天时间深入到机关、企业、农村、社区、学校、家庭、网站开展消防宣传"七进"工作,广泛宣传消防安全常识。二是多措并举抓好日常消防宣传。消防大队对重点单位、沿街社会单位利用户外大型广告、LED显示屏、横幅、展板开展消防宣传。消防大队与县电视台签订互助合同,凡是消防大队执行灭火、抢险救援任务,电视台将随警拍摄并进行播放。在平日和重大节日节点,在热播剧中插播消防公益广告和消防公益字幕。三是利用新兴媒介大力开展消防宣传。消防大队继续利用腾讯官方微信,在日常开展工作的时候吸纳社会单位群众关注官方微信,定期在微信中向"粉丝"发布消防安全小常识。此外,消防大队利用短信平台,在重要节点向灌阳县地方党政领导、乡镇消防网格员、社会单位责任人、管理人推送消防短信。

(县公安消防大队)

12月24日,县消防大队在文市发放消防宣传单　县消防大队　提供

人民防空

【概况】 2016年,灌阳县人民防空工作贯彻"长期准备,重点建设,平战结合"的方针,贯彻与经济建设协调发展,与城市建设相结合的原则,积极探索人防机关"准军事化"建设的新途径,不断加强人防机关建设,建立健全各项规章制度,使人防工作有法可依,有章可循,实现各项工作制度化、规范化、法制化。人防设置独立的办公场所,配备基本的办公设施,专门落实3名编制3名工作员,完成全县9个乡镇的挂牌及1个疏散基地建设,新街镇石丰村人口疏散接收基地挂牌建设。

9月18日,县直二小进行防空演练　刘　婷　摄

【人防宣传】 2016年,征订《中国人民防空》杂志10份,利用灌阳县传统节日"二月八"和"5·12"防灾减灾日在大市场小广场开展人防宣传活动,发放宣传单,发放300多人次。制作宣传横

5月12日，县人防办在县城开展人防宣传活动　　曹文娟　摄

幅1幅，宣传板3块，参观群众达650多人次。年内县防空办积极联合教育，对2016年初一学生发放了人防教材2500多本，在红旗中学、民族中学及其他各乡镇中学对中学生进行人防知识教育，使广大学生了解现代化战争空袭条件下城市人民防空的基本知识；掌握在遭受核武器、化学武器、生物武器袭击及平时核事故条件下防护的基本方法。对中学生进行人防知识教育，增强广大学生的国防观念和防空意识，同时，也是开展爱国主义教育最有效的方法。并于3月份组织全县初一学生进行人防知识考试，为人防事业的发展打下良好的基础。

【防空试鸣和疏散演练】 2016年，在县住建局、灌阳秀海园宾馆安装了2台固定防空警报器，警报音响覆盖率达95%以上。但随着城市的发展，已不能完全覆盖现有的城区，县防空办在本年新增2台电声警报器，并对已有的2台电动警报器进行升级。除了增加警报器外，还要加强对防空警报的维护和管理，定期进行检查。县人防办于9月18日10时30分进行了防空试鸣和疏散演练，本县2台警报器准时无误发出了防空警报信号，同时，红旗中学、民族中学、县直二小按计划完成了疏散演练规定的内容。试鸣期间，学校井然有序，居民生活秩序安定，车站、码头过往旅客情绪稳定，企事业单位没有因试鸣而造成任何不良影响。

【人防易地建设收费】 不断完善县城规划区内民用建筑项目的审批管理和审批要求，实行"阳光操作"，增强办事公开透明度。对人防易地建设费做到应收必收，全年共收取易地建设费约109万元，完成人防易地建设审批件数17件，每件都进行了网上审批，网上公布，有效地从源头上预防审批腐败。

（县人民防空办公室）

城乡建设·环境保护

12月29日，县委书记陆桂弟（中）到文市镇调研城镇建设工作　　　县住建局　提供

城乡建设

【概况】 2016年,县住建局切实履行部门职责,着力抓好保障性安居工程工作,精心组织重点项目和城镇基础配套设施建设,突出重点,狠抓落实,实现城乡规划一体化,产业布局一体化,基础设施建设一体化,社会服务一体化,社会管理一体化,党建工作一体化,生态建设一体化。提升城市综合竞争力,实现以城代乡,以工促农,城乡联动,协调发展的重要战略。完成固定投资8亿元,占年计划的100%;完成向上争取资金1.6亿元,占年计划的73.3%。

【保障性住房建设】 2016年,灌阳县基本建成保障性住房任务共246套。完成2014年观音阁乡政府公租房建设项目,新建14套公租房,总投资65万元,建设住房面积480平方米,累计完成投资62.5万元。完成2014年工业园区公租房项目,新建20套公租房,总投资65万元,建设住房面积1000平方米。

2016年,灌阳县分配入住保障性住房任务共316套。分配入住的项目,黄关镇卫生院公租房7套、新圩镇卫生院公租房32套、水车乡卫生院公租房27套、文市镇卫生院公租房58套、西山瑶族乡卫生院公租房19套、灌阳县民族中学教师公租房30套、灌阳县第二高级中学教师公租房30套。

2016年,灌阳县新增廉租住房租赁补贴发放任务为40户。全县正在实施保障的户数为459户,计划年底前完成新增40户发放任务。

【危房改造建设】 2016年,自治区下达总任务数1700户,其中包含2016年脱贫摘帽户268户,中央下达补助资金1295.91万元,自治区下达补助资金1284.19万元,共计下达补助资金2580万元,全年危改任务可完成数为1668户,其中有32户脱贫摘帽户不能完成。

【重点项目】 2016年,瑶族古镇旅游开发项目总投资6.5亿元,累计完成投资6.67亿元,全年完成投资450万元;和信·云水瑶建设项目总投资2.94亿元,累计完成投资2.39亿元,全年完成投资680万元;“水岸家园”建设项目总投资6.02亿元,累计完成投资5.347亿元,全年完成投资3643万元;灌阳县创业大厦建设项目总投资4524万元,累计完成投资3980万元。红豆杉国际大酒店建设项目总投资6309万元,累计完成投资11784万元,全年完成投资1400万元。

8月22日,县长卢嵩(左三)、常务副县长李春孟(左四)调研兴灌路、环卫路扩建情况　　县住建局　提供

【黄关镇自治区城镇建设百镇示范工程】 2016年,新市场道路硬化已完成规划,完成投入200万元,建成新市场沿路长0.6千米(宽2米),完成总工程66%。完成省道两边路长0.8千米,宽2.5米铺设,投入资金60万元;黄关镇沙洲坪公园建设项目,资金投入100万元,完成征地工作,公园正在规划设计,已开工建设;集镇排水排污设施建设项目,完成资金投入100万元,新建污水管网

0.8千米,修建相关配套实施30余处;集镇垃圾中转站及配套建设项目,完成资金投入100万元,配备垃圾清运设备40万元;黄关镇滨江路完成改建扩建道路长0.6千米,宽9米,总投入280万元。

【滨江西路北段】 建设市政道路0.35千米,计划总投资400万元(含基础设施工程及征地费用),已完成0.35千米污水管网铺设,已完成路基建设,正在敷设沥青路面,已完成投资370万元。

【灌阳县古村落保护工程】 计划总投资5000万元,年内完成江口村民居修缮样板房、生态河堤建设、旧广场改造等项目前期工作,全年完成投资450万元,年底完成竣工验收。完成第4批富瑞坪等11个传统村落材料制作及申报工作。

【灌阳县少数民族乡建设】 主要建设内容为少数民族乡基础设施建设和公共服务设施建设。2014年洞井瑶族乡、西山瑶族乡已通过自治区竞争性评选,计划每个乡补助资金600万元。2015年、2016年每年各补助300万元,县级按1∶1配套每个乡镇600万元,两个少数民族乡共计划投资2890万元。2015年、2016年补助资金已到位,西山瑶族乡建设的项目有集镇房屋瑶族风情改造、红豆杉文化广场基础设施建设等;洞井瑶族乡建设的项目有集镇道路硬化扩宽、集镇区排污管网及其下水管道建设、集镇区民族风情街塑造工程、椅山瑶山农家乐等。

(县住建局)

市容管理

【概况】 2016年,县市容局内设人秘股、财务股、法制股;下设城市管理监察大队、市政公用事业管理站、环境卫生管理站3个二层机构,在职干部职工34人(局机关11人、城管大队9人、市政公用事业管理站6人、环境卫生管理站8人),其中:女性11人,党员20人,大学本科12人,大专16人,中专6人。年内,以建设成为生态宜居县城为目标,充分发挥市容局的职能作用,不断创新工作方法,改进工作作风,加强市容队伍建设,强化市容环卫管理,推进市政基础设施建设,努力建立健全长效的市容环卫管理机制,在整治"五乱",提升县域形象,营造洁净环境。

【市容管理】 年内,继续深入开展城市环境卫生秩序综合整治工作,并将每星期三定为整治日,全体城管队员上街对"五乱"现象进行整治。有针对性地对城乡接合部、"城中村"等薄弱环节的"脏、乱、差"现象进行综合整治。共教育劝导群众违章占道、乱摆乱卖5333人次,查处违章行为4569件,办结率为100%,通过整治,"五乱"现象得到有效遏制,整个县城环境井然有序。

10月14日,自治区住建厅城建处检查灌阳县污水处理设施建设情况

县市容局　提供

【市政管理】 年内,抓好市政道路、排水、路灯设施的养护,确保市政设施安全运行。投资300万元对滨江路损坏的大理石防护栏进

7月10日，灌江西路路面修补　　县市容局　提供

行加固1800米，修补损坏大理石人行道10150平方米，道路完好率维持在95%以上。投资680万元对县城小街巷进行雨污分流改造。对县城范围内400多个雨污井进行清淤，及时更换各种被盗、破损的检查井、雨水井盖80个。投资65万元对台山公园步道、护栏进行维修，新铺台阶、道路0.5千米。投资400万元完成对灌江路、滨江路及小街巷实施LED路灯改造，维修县城及乡镇故障路灯1060盏次，清洗灯杆灯具2200杆（盏），城区亮灯率保持在95%以上。

【环卫工作】 年内，继续推行“夜间作业、白天保洁”模式，道路和公共场所每天早上7:00前完成普扫，6:00—22:00保洁；道路作业后路面达到“六无”“五净”标准。晴天对一级道路冲洒水每天4次以上，路面冲洗每周1次以上，并做到路面冲洗、洒水作业时鸣报信号。投资120万元在体育场公厕和滨江路南门口新建60平方米的公厕2座，对县城8座公厕全部安排专人管理。规范垃圾处理费征收工作，严格执行相关文件规定的收费标准，加大收费透明度，不收人情费，杜绝野蛮收费。共收取垃圾处理费60万元。

【园林绿化】 年内，加强对公共绿地、广场、公园的清扫保洁和管护力度，对县城绿化树进行病虫害消杀、施肥、除草和修剪。投资200万元新种麒麟山荷木30000棵，路树、景观树400棵、绿化带200平方米，对灌江路、滨江路、土桥头及城北大道的绿化带进行有计划的改造。

【规划编制】 2016年，在县城建设整体规划上，围绕增强城市功能布局目标，从规划入手抓建设，充分发挥规划编制在城市建设和管理中的龙头作用，编制完成了《灌阳县县城公共厕所专项规划(2015—2030)》《灌阳县县城地下管线综合规划(2015—2030)》。县政府同意实施规划，并于2016年7月报区住建厅备案。

【城镇生活垃圾处理设施项目建设】 2016年，共

10月26日，灌阳县庆祝第二十届广西环卫工人节文艺晚会
县市容局　提供

9月26日，台山公园装上了新护栏

县市容局　提供

清运垃圾17773吨，无害化填埋处理垃圾17773吨，县域生活垃圾无害化处理率达100%。按"村收镇运县处理"要求，将城北、新街、新圩、黄关中转站垃圾收集后统一转运到大竹凹垃圾场进行无害化填埋处理。在灌阳县大竹凹修建生活垃圾卫生填埋场1个，占地230亩（水平面面积），总库容62.7万立方米，日处理生活垃圾60吨，项目总投资7160万元。

【农村垃圾专项治理项目】 在观音阁、洞井、西山、水车、文市5个乡镇垃圾片区集中处理中心及10个（已整合成4个）村级垃圾处理项目计划投资2300万元，全部完成招投标，正在开工建设，共完成投资800万元。

【城镇污水处理设施项目建设】 2016年，文市镇污水处理工程已完成立项、环评、可研、征地等前期工作，建设地点选址在文市镇文市村唐家田屯，厂区于9月开工建设，铺好进厂管网，完成投资3000万元。新街镇污水处理工程已完成立项、环评、地质灾害评估、选址意见、征地、可研等前期工作，厂区于10月开工建设，建设敷设配套管网4千米，完成投资400万元。新圩镇污水处理工程已完成立项、征地等前期工作，厂区于11月开工建设，铺好进厂道路，平整好厂区场地，完成投资160万元。

【县城管道燃气项目】 按照全县燃气专项规划要求，已完成土地测绘、环评、水保批复等前期工作，出台初步方案。县城燃气主管已铺好，江东及云水瑶小区已入户800户，6月份在江东建好临时瓶组站，8月份江东新区通气，完成投资800万元。

（县市容管理局）

环境保护

【概况】 2016年，灌阳县环保局实施生态环境大建设，加大环境监察执法力度，狠抓污染治理，水污染防治，推进生态环境保护工作，全县环境质量总体持续保持优良水平，地表水（文市断面）水质良好，饮用水源水质达标100%，县城区域环境噪声均达到功能区标准。

【环境监测】 2016年，县环保局按照监测技术规范对县城居民饮用水源61项、地表水水质的26项和县城环境质量进行监测。县城居民饮用水源水质均达到《地表水环境质量标准》Ⅱ类标准，地表水水质均达到《地表水环境质量标准》Ⅲ类标准。县城空气自动监测站于7月份正式建成投入使用，7月至12月底，优良天数160天，优良率87%，PM10、PM2.5平均浓度分别为50微克/立方米、37微克/立方米，均在控制指标内。县城区域环境噪声通过加大宣传和加强监管工作，分贝率达到功能区的要求，没有出现噪声污染。

【环境监管】 2016年，县环保局审批项目22个，重大项目均办理环评审批手续。开展环保违规项目清理整改工作，282家环保违规项目完成整改；开展非法采矿、采砂、捕鱼"三大"整治活动；全面整治破坏生态环境的违法行为，刑事立案1起、刑

7月22日，灌阳县环境保护工作布置会议在县委四楼会议室召开

县环保局　提供

拘5人，追责不作为、乱作为国家工作人员16人；制定网格化管理工作方案，严格实行网格化管理；开展企业环境信用评价工作，抽查排污单位达标排放等情况，及时向社会公布环保“黄牌”“绿牌”企业名单。全县共查处危害环境行为案件总计30起，罚款金额58.9万元，处罚力度、数量为历年之最。

【污染防治】 在砖厂综合整治方面，制定《灌阳县砖厂综合整治工作方案》，联合开展专项整治行动，对灌阳镇、黄关镇、新街镇、文市镇和水车乡等9家砖厂下发《责令改正违法行为决定书》。全年共整治砖厂19家。在燃煤小锅炉整治方面，制定《灌阳县大气污染防治燃煤小锅炉整治工作实施方案》，开展全县燃煤小锅炉整治，按期完成整治任务。对辖区范围内的8台燃煤小锅炉下达关停通知书，有10台燃煤小锅炉进行整改，其中3台改电，7台改生物颗粒。在控制道路、施工工地扬尘方面，全县共有3台洒水车和一台高压冲洗车负责对县城道路进行洒水和清洗，查处渣土违规运输行为12起，对92起渣土撒漏情形责令清扫。在禁止露天焚烧方面，开展生态乡村建设，加强对城镇垃圾处理工作的管理，加快农村垃圾处理设施建设步伐，全面禁止露天焚烧，共清运垃圾17773吨，无害化填埋处理垃圾17773吨，县城生活垃圾无害化处理率达100%，投资70万元购买垃圾清运车三台及垃圾铁桶500个。同时，与县精神文明办等部门联合，利用广播电视、微信、报纸等媒体发出不放、少放烟花爆竹的倡议书，提倡文明过节、倡导绿色生活。

【水污染防治】 2016年，县环保局加快城镇污水处理设施建设，黄关污水处理厂投入试运营，运行正常；文市镇污水处理工程完成立项、环评、可研、征地等前期工作，完成投资3000万元；新街镇污水处理工程完成立项、环评、地质灾害评估、选址意见、征地、可研等前期工作，完成投资400万元；新圩镇污水处理工程完成立项、征地等前期工作，完成投资160万元。加强防治畜禽养殖污染与地下水污染工作，开展辖区范围内规模化畜禽养殖场摸底排查，现有规模化养殖场12家全部完成了环评审批或备案手续并配套建设了污染防治措施。拟定《灌阳县畜禽养殖禁养区和限养区划分方案》，并向相关职能部门征求了划分意见；聘请桂林地质环境监测站对灌阳县8个地下水集中式饮用水源地地质环境和5个废弃矿井（矿山）地质环境开展调查工作。

【生态建设】 开展区级生态乡镇申报工作中，新圩镇获得自治区生态乡镇命名。新街镇永富村，灌阳镇大仁村、福星村、苏东村、排埠江村等5个行政村开展了农村环境综合整治工作；新街江口村、水车官庄村等2个村开展了传统村落污水治理工作，项目总投资1550万元，所有项目完成建设，通过市级验收。

【环境宣教】 2016年6月5日，县环保局开展了庆祝第45个世界环境日主题宣传活动，现场发放环保购物袋、视力图表、毛巾、围裙、隔热垫等环保用品500余份，倡导居民群众自觉参与到环保行动中；开展环境宣教工作进学校活动，印制环境宣传画4000份分发到全县中小学，举行中小学生环境小报、绘画等比赛活动。

（蒋颖欢）

房改工作

【概况】 2016年，灌阳县房改办在推进住房制度改革、加快保障性住房建设、强化住房资金管理等工作的同时，主要完成市里下达的城市棚户区改造项目建设任务，严格审核公有住房上市交易、集资房产权核定，完善公有住房信息化录入和加强公有住房售后维修管理等工作。

【城市棚户区改造项目】 2016年，完成城市棚户区改造任务：一是完成2014年续建项目100套的竣工任务；二是督促2015年城市棚户区改造项目——灌阳县江东新区二期安置房405套进行主体施工。11月底，完成2014年城市棚户区续建项目总投资2376万元，100套城市棚户区改造房屋完成主体和外墙装修；2015年405套城市棚户区改造项目有56套正在进行主体施工。

【公有住房上市交易及集资房产权登记】 办理房地产交易及权属登记，全年共办理房改房上市交易审批48户，产权面积4320平方米，评估房产价值近950万元。

【维修资金拨付】 加强对单位住房资金的管理，共回拨住房维修资金27700元，解决3个单位房改房维修问题。

【公有住房信息化管理】 全年共录入公有住房个人住房档案信息2192户，录人全额集资房个人住房档案信息441户。

（唐桂珍）

住房公积金管理

【概况】 桂林市住房公积金管理中心灌阳县管理部（以下简称灌阳县管理部）是市中心派驻灌阳县的办事机构。2016年，灌阳县管理部紧紧围绕中心年初拟订的各项指标计划，以效能建设为牵引，以服务群众为主线，不断改进工作效能、提升服务水平，较好地完成了各项工作任务。

【公积金新政】 根据广西区“促经济、稳增长”的要求，全面落实公积金新政。一方面放宽公积金支取条件，支持装修提取、异地购房提取、租房提取，鼓励职工住房消费，拉动经济增长；另一方面简化公积金贷款手续，缩短贷款业务办理时限，既方便了贷款职工，也有利于房企去库存，回笼资金，促进房地产市场良性发展，为助力灌阳县国民经济增长、保障民生做出了应有贡献。

7月14日，灌阳县棚户区项目——江东新区二期安置房开工建设

县房改办　提供

【住房公积金各项业绩】 2016年，缴存单位307个，缴存职

灌阳县住房公积金管理部办公场地　　县住房公积金管理部　提供

工 6475 人。全年新增缴存职工 169 人,归集资金 9555 万元,提取公积金 5592 万元,发放贷款 160 户,4899 万元。累计发放贷款 3.9 亿元,2400 户职工通过公积金解决了住房问题。

【效能建设】 为提高办事效率,树立良好窗口形象,管理部经常组织职工学习业务知识,吃透政策精神,严格按照上级政策和中心对外公布的办结时限,按时保质地完成承办的各类业务;不断改进服务作风,防止出现“门难进”“脸难看”、办事拖延推诿的现象。

【法治教育】 在开展业务学习的同时,管理部人员自觉参加法制教育、警示教育、廉政教育,以来宾和柳州两起公积金中心工作人员利用职务之便骗取公积金的案件为反面典型,树立正确的价值观、权力观,筑牢拒腐防变的思想道德防线,自觉抵制不法行为,做到遵纪守法,廉洁自律。

（县住房公积金管理部）

交通运输

11 月 28 日，县长卢嵩（右二）到一桥调研　　　　三红琴　摄

交通运输

【概况】 2016年,灌阳县交通运输局下属机构公路所、航管所、交通运输执法大队(参公)、货运服务站等4个事业单位,干部职工总人数55人。公路管养里程640千米,营运载货汽车685辆,营运载客汽车195辆,圩渡客船17艘,公路货运量266万吨,公路客运量344万人,水路客运量8.73万人。

【交通基础设施建设】 2016年建设项目19个,竣工11个,完成总投资4325万,新增公路里程55.339千米。2016年5月开工的仁渡至靠狮山四级公路,投资186万元,2016年11月竣工,总长3.1千米,经验收评定质量优良(合格)。罗家坪至小源四级公路7.2千米,投资420万元,2016年4月开工,2016年12月竣工验收,被评为优良(合格)工程。

【公路养护】 2016年,全县公路养护里程731千米。其中,县公路局管养91千米,年末好路率85%,全县公路绿化450千米,绿化率61.5%。

【公路、水路运输】 2016年,全县有营运汽车880辆,其中:营运货车685辆,营运客车195辆(不包含出租车42辆)。全年完成货运量266万吨和货物周转量47008万吨千米,完成客运量344万人和周转量22203万人千米。

2016年,全县拥有客圩船17艘,总载客量444人,完成客运量8.73万人和客运周转量157.14万人千米,比上年增长2.7%。有渡口7个,渡船7艘,载客量138人。7艘渡船都是标准化渡船。

【交通安全】 2016年,灌阳县交通运输局围绕年内开展的"百日安全""春运""安全生产月""安全生产年""打击安全生产非法违法行为""平安交通""三个波次整治行动""整治超限超载专项行动""岁末年初安全生产大检查"等专项整治活动,采取张贴宣传标语,共悬挂宣传横幅、挂图、印发资料3000余份。全年组织安全检查共计26车/次,检查人员120人/次。

【交通运输执法】 2016年1月4日,灌阳县交通运输执法大队在县文化大厦路段依法检查非法营运车辆。出动执法车1辆,执法人员6人次。7月19日,灌阳县交通运输执法大队联合灌阳县灌阳镇政府,出动执法车2辆,挖掘机1台,执法人员16人次。对绕城公路两侧公路用地范围内的沙石、土堆、柴堆、垃圾堆等违法堆放行为进行了彻底清除。较好地维护了公路路产路权,提升了公路通行通畅力,保障了公路安全畅通。9月12日,灌阳县交通运输执法大队联合县交警大队,出动执法车2辆,执法人员11人次,对全县专线班车展开

11月2日,灌阳县库区船舶年检　　县交通局　提供

9月12日，交通运输执法队、县交警大队联合执法 县交通局 提供

专项整治活动。

（县交通局）

公　　路

【概况】 灌阳县公路管理局隶属于桂林公路管理局，属于事业单位。局机关设：养护与工程管理科、办公室、财务科、国有资产与安全管理科、政工科，基层设灌阳养护站，办公地址位于灌阳镇灌江北路169号。2016年，县公路管理局的养护工程主要是省道201线（全州至沙子）K52+000–K57+000及K59+000–K64+000段沥青路面大修工程和省道201线全州至沙子公路K46–K52、K57–K59路段沥青路面大修工程两个项目。

路况指标：优等路12千米，良等路61千米，中等路7.98千米，次等路10千米，优良路率80.24%。

【养护生产】 年内，县公路局主要完成了对省道302线K10–K23.6段路面灌缝8500米，省道201线K98+400–K105+950段、省道302线K0+146至K8+500段3厘米罩面共计22766.04平方米，“二油二料”处治路面病害6850.32平方米，“一油一料”处治路面病害312.19平方米，修复路面零星坑槽630平方米，修复面积超出市局下达的全年小修工程计划的41%，完成砌体修复382.2立方米，超额完成市局下达的砌体修复任务102.2立方米。按照《桂林公路管理局关于省道201线K100+000–K100+110路段塌方清理工程设计预算的批复》（桂林路养函〔2016〕132号）的要求，完成水毁修复工程（工程编号：2016–水毁抢险–10）的施工任务。2016年，共清理省道201线K53+200、K97+300、K100+050等多处零星塌方累计1000余立方米，修复波形护栏131米，确保公路的安全性和通行能力。

【养护工程】 省道201线（全州至沙子）K52+000–K57+000及K59+000–K64+000段沥青路面大修工程9月27日召开交工验收会议，该工程顺利交工。

9月13日，桂林公路管理局“道德讲堂”灌阳专场在县电力公司九楼召开

文莲丽　摄

灌阳公路管理局养护职工在修补路面　　蒋正芳　摄

省道201线全州至沙子公路K46-K52、K57-K59路段沥青路面大修工程施工图设计及预算批复(批复预算金额为1119.8677万元),8月26日招投标工作顺利完成。9月9日,与施工单位签订了施工协议(合同金额为975.1679万元),9月20日,该工程正式开工。年内,该项目完成工作量为405.82万元。

【桥梁养护】 全局管养公路桥梁进行细致排查,不留死角。对全局19座公路桥梁进行全面排查,重点对公路四、五类桥梁、定期检查确定存在安全隐患的桥梁进行排查,对桥梁状况及存在的问题进行现场登记造册,对桥梁各个结构部位及存在的病害进行拍摄存档,完善桥梁档案卡。

【路政执法】 2016年,查处路产赔偿案件7起,收取赔补偿款2.11万元,路政案件查处率100%。办理公益性许可案件一起,许可年审2起,收取赔(补)偿款3.94万元。年度预期金额15万元,收取赔(补)偿款总额是6.05万元。清理非交通标志牌28块,清理堆积物119处868立方米。

【国有资产管理】 2016年,完成全区行政事业单位国有资产清查工作,资产清查时清查出的资产盘盈15件,其中:盘盈土地11处,名义价值11元,面积40601.09平方米;盘盈房屋4处,名义价值4元,面积2439.7平方米。盘亏资产5件,其中:房屋盘亏1处,资产原值564396.72元;车辆盘亏2辆,资产原值305000元;机械设备盘亏1件,资产原值36500元;收费站调拨资产电气设备盘亏1件,资产原值5530元。

(县公路局)

工业·信息产业

12月15日，自治区工信委到灌阳文市调研石材产业　　胡　蓉　摄

工　业

【概况】 2016年,面对国内外复杂多变的经济形势,灌阳县围绕全县"十三五"规划的战略目标,按照"工业强县"的发展思路,以"转方式、调结构、上规模、提质量、促融合、增效益"为总体目标,着力培育规模企业,坚持结构调整和发展方式转变并行、扩张总量和提升质量并举、改造传统产业和发展新兴产业并进,抢抓产城互动示范园区机遇,积极实施园区提质上档工程,全面推进以选矿及选矿机械设备制造为主的选矿机械设备制造园,以木材深加工为主的西山坪木材园,以锰铁合金、中碳锰为主的文市锰业循环经济产业园,以大理石、花岗岩加工为主的文市石材园,以科技创新、劳动密集型企业为主的农民工创业园,以食品深加工、瑶医瑶药加工为主的食品药品园6大特色产业园区建设,大力提升电力、矿冶加工、农林产品加工、建材、选矿机械设备制造等5大传统优势产业,引进新型科技产业,实现产业集群、集聚、集约发展,形成了具有地方特色的工业经济。

全年全县完成工业总产值112.0076亿元,同比增长10.5%;完成工业增加值33.0595亿元,同比增长7.2%;其中:规模工业总产值106.0635亿元,同比增长11%;完成规模工业增加值30.7756亿元,同比增长7.4%,工业主导地位进一步增强,三次产业比重为24.7∶50.5∶24.8,工业对全县经济增长的贡献率达到76.4%。

【工业投资与技术改造】 2016年,灌阳县进一步加大工业和技术改造工作力度,全县完成工业固定资产投资37.09亿元,同比增长6.6%,其中:完成技改投资30.31亿元,同比增长14%。

【节能减排】 2016年,规模以上万元工业增加值能耗同比下降10.42%,重点耗能企业节约能源1695.54吨标准煤,完成市下达的节能工作任务。

淘汰或改造落后产能。积极开展大气污染防治工作,对全县18家燃煤锅炉进行整治,2016年已全部完成改造或关闭,其中7家企业改造燃烧生物颗粒、3家企业改造用电、8家企业进行停厂关闭。

积极争取节能技术改造财政奖励资金,依法依规淘汰落后和过剩产能,2016年向上争取自治区节能技术改造财政奖励资金共计68万元。

实施节能监察。对全县8家重点耗能企业进行能耗限额、能源利用状况报告的监察,力争控制单位产品能耗均在国家限额范围内。

【信息化推进】 以创建桂林市国家两化深度融合试验区和桂林市国家信息消费试点城市建设为契机,积极引导企业转变传统营销观念,大力开展网上营销和信息化项目。

深入实施工业化与信息化融合,在传统工业产品中嵌入信息技术,推动信息技术综合集成到不同种类的多样产品中,向数字化、智能化、网络化发展,实现企业信息化与工业化深度融合。

【企业帮扶】 制定印发《关于为重点工业企业提供直通

10月18日,广西都庞岭木业有限公司举行年产15万立方米刨花板项目竣工投产暨产品推介会　　胡　蓉　摄

车服务的意见》和《领导联系重点企业和项目实施方案》,完善了重点企业直通车服务工作流程,实现无障碍直通车服务,主要领导定期走访和定点联系企业,开展全程服务、前置服务、预约服务、现场办公、并联办公等直通车服务工作,进一步加强和改善对工业企业的服务,优化工业发展环境。

8 月 30 日,市工信委副主任韩俊(右三)到灌阳调研工业经济运行情况　　县工信局　提供

县工信局不断创新工作机制,转变工作方式,不断推进企业服务体系建设。建立了领导班子联系重点企业、重点项目制度,每位班子成员经常深入企业、项目开展协调服务,合理引导企业发展,扶持企业做大做强,为企业发展创造了良好的环境。同时想方设法为企业向上争取资金,拓宽融资渠道,解决企业资金短缺。2016 年向上争取各类资金共 3864 万元,协助工业企业贷款 1.97 亿元。

【企业改制】 2016 年,完成了县机械厂、钢厂、冶金总厂、林化厂改制前期调查摸底工作,将县机械厂、钢厂、冶金总厂、瓷器厂住房建设按棚户区改造通过县住建局上报区住建厅。面对社会维稳压力,县工信局及时组织开展摸排、处置,全力维护社会稳定,及时处置桂林梁华生物科技有限公司、县机械厂、县瓷器厂、原文市煤厂、原县水泥厂、原百货公司等企业和部分项目建设中的影响社会稳定问题。

【安全生产】 2016 年底,全县完成规模工业企业安全生产标准化达标创建 11 家。同时,进一步加大了安全生产的监督和检查力度,开展粉尘防爆安全生产专项整治、人员密集场所门窗设置影响逃生灭火障碍物专项整治、汛期安全生产大检查、安全隐患大检查大整治等活动。全年工业企业无重特大安全事故发生。

【重大项目】 2016 年,实施重大工业项目 7 个,其中新开 1 个、续建 3 个、前期 3 个,投资总额 25.26 亿元,全年计划投资 2.4 亿元,实际完成投资 2.4 亿元。其中列入市重点项目 2 个、区重点项目 2 个。

1. 灌阳县文市石材加工综合整治建设项目。项目采用先进、适用、成熟的工艺与设备,整合组建境内现有石材加工企业,建设一个大中型石材研发、加工、流通综合企业,引进桂林华鑫房地产开发有限公司投资打造该项目,项目计划总投资 36000 万元,2015 年已完成投资 24000 万元,2016 年完成投资 10000 万元。年产 500 万平方米精加工大理石板材、花岗石板材,规划面积 850 亩,分三期建设,一期开发 150 亩,二期开发 400 亩,三期开发 300 亩。

2. 灌阳县贵达冶炼厂易地搬迁技改项目。区市重点项目,项目位于灌阳县工业集中区文市片区内,占地 258 亩,项目总投资 20000 万元,2015 年计划完成投资 8000 万元,计划建设年产 1 万吨精锡加工生产线一条。项目拟对现有粗锡生产线进行异地技改,在现有粗锡工艺的基础上增加精锡电解工艺及炉渣回收处理工艺,以高品位锡精矿为原料,通过磁电选脱钨及回转窑焙烧等炼前处理,配料后采用电炉熔炼,最后采用先进的湿法电解精炼工艺生产高纯锡锭,产品锡含量达 99.95% 以上。

3. 广西国有大桂山林场灌阳林业循环经济示范项目。广西国有大桂山林场灌阳林业循环经济示范项目位于灌阳县西山坪工业集中区,距县城2千米,交通便利,占地300亩。此项目集木材深加工和营造林于一体,项目计划总投资4.5亿元,其中木材深加工项目资产投资2亿元,原料林基地投资2.5亿元,拟建15万立方米刨花板生产线、5万立方米细木工板生产线及20万亩原料林基地。于2016年10月建成投产,预计2017年下半年进入规模企业,建成后可实现销售收入3.5亿元,利税4600万元,提供就业岗位600余个。该项目的实施,将大大整合灌阳县及周边林业资源,有利于林业的产业化和扩大再生产,可推动灌阳及周边地区农村经济结构的调整,带动产业格局和产业布局的改变,促进地方经济发展,增加农民收入,实现森林保护、发展、利用与农户增收同步发展,提高整体生活水平,有利于构建和谐社会,社会效益显著。作为大桂山林场林产工业发展的重要组成部分,将成为建设上规模、各项设施配套齐全的旗帜型林业循环经济项目,同时,也将拟建成为桂林市最大的林业循环经济示范项目。

【园区建设】 灌阳县工业集中区于2009年4月通过自治区评审认定为自治区B类工业集中区,总体规划面积1060.79公顷。其中西山坪工业区规划面积363.23公顷,文市工业区规划面积617.56公顷,食品药品加工园面积80公顷,目前建成面积达350公顷,已入园企业108家,建成投产88家。

全县按照“一区多园”的模式打造工业集中区,全面推进灌阳选矿机械设备制造园、西山坪木材加工园、灌阳县新型科技创业园、文市锰业循环经济产业园、灌阳县文市石材园、灌阳县食品药品园六大特色产业园区建设,通过特色产业园区的打造,带动重大项目的建设,全面推进园区工业经济增长,2016年园区工业总产值完成103亿元、规模工业总产值完成68亿元,工业项目投资完成14亿元,基础设施投资完成1.006亿元。新增入园企业2家,总数达到108家。完成农民工创业园申报,并申报成功,获自治区补助资金500万元,土地指标20公顷。完善基础设施建设,完成农民工创业园门楼建设,引企入园成效明显,共引入企业6家,在园务工农民工已达600余人。以被列入全区首批30个产城互动发展试点园区为契机,围绕“产业园区化、园区城镇化、产城一体化”的建设目标,强力推进园区基础设施建设,提质上档步伐明显加快。

【规模企业】 2016年,全县共有工业企业1034家,其中规模企业29家(当年新增规模工业企业3家)。全县产值超亿元的企业21家,纳税超千万元的企业2家。

(县工信商贸局)

中国邮政集团公司灌阳县分公司

【概况】 中国邮政集团公司广西壮族自治区灌阳县分公司,2016年,机构设有综合办公室、市场经营部,县城生产班组为客户部、综合班、邮政营业班、发行投递班,下设分支机构有县城胜利路营业所、城南营业所、观音阁邮电所、洞井邮电所、西山邮电所、黄关邮政支局、新街邮电所、新圩邮电所、文市邮电所、水车邮电所等10个邮政支局(所)。2016年,灌阳县分公司共有从业人数为85人,其中正式合同工51人,劳务派遣员工34人。10个邮政营业网点担负着全县的邮政通信生产任务和普遍服务的义务。全县有邮路19条,邮路总长度1022千米。

【代理金融】 截至2016年11月,储蓄个人存款累计达8.54亿元,市场占比达到15.6%,全年净增8412万元,同比净增长9332万元。保险及其他中间业务保持稳定发展,全年累计完成保费1931.9万元,完成收入50万元。

【代理速递业务】 2016年,灌阳县成功建设并投入使用41个村邮乐购店,全年实现土特产快包揽收收入11.15万元。公司员工集思广益,努力拓展土特产寄递造包,累计收寄黑李寄递2341件,实收入11.1万元。

(唐兴好)

中国电信股份有限公司灌阳分公司

【概况】 中国电信股份有限公司灌阳分公司(简称灌阳分公司),设有一室二部四支局,即办公室、客户部、网络部、政企支局、黄关中心支局、文市中心支局,其中黄关中心支局下辖新街镇、黄关镇、西山瑶族乡、观音阁乡、洞井瑶族乡等5个电信所,文市中心支局下辖新圩镇、文市镇、水车乡3个电信所。

【市场经营】 2016年,灌阳分公司发展4G智能机用户1631户,占天翼手机用户数22.24%;发展宽带用户数2623户(其中光宽带2171户、ADSL452户),政企专线光纤77条,IPTV用户数3192户,固定电话1022户。

【渠道建设】 2016年新建社会渠道网点5个,其中高效能厅8个,灌阳社会渠道网点合计31个,其中县城厅店8个,乡镇厅店22个。

【通信建设】 完成光宽带FTTH建设项目17个,提供FTTH端口容量5072线;完成政企光纤项目建设10个;乡镇传统设备全部退网,实现全光网覆盖。C网建设方面:今年新开通4G基站101个,3G基站10个,2016年基站总数216个(其中4G基站205个,3G基站10个,2G基站1个)。

(县电信公司)

中国移动通信集团广西有限公司灌阳分公司

【概况】 中国移动通信集团广西有限公司灌阳分公司(以下简称:灌阳分公司)负责经营灌阳县所有中国移动通信业务,2016年有员工49人,自营营业厅3个,自建他营营业厅6个。

市场运营　全年运营收入(计费值)完成7000万,同比增幅15.81%,客户规模达11.96万,日均通话客户份额为77.42%,同比2015年年底提升2.49PP;月均十万客户投诉率控制在150以内。

工程网络建设　2G\3G\4G基站完好率月均指标99.65%,4G驻留比由7.39%提升到96.78%,装机及时率由年初的65%提升到了2016年的98%以上。

【建设维护】 2016年,灌阳分公司在县域内拥有基站总数:2G站点142个,3G站点31个,4G(含微站)160个,全县大部分区域均有移动信号覆盖。2016年,处理线路安全隐患13个段落,因洪灾、村民建房、市政工程建设等原因共迁改线路17处,管道修复1个段落。

县电信公司技术员为用户安装宽带　　刘召龙　摄

【精准扶贫】 在精准扶贫实际工作中,灌阳分公司党员以“两学一做”学习教育指导精准扶贫,以精准扶贫检验“两学一做”学习教育成果。通过走访入户,及时了解掌握帮扶村的动态信息和村民的个人信息,面对面地向贫困户关于脱贫攻坚的一系列决策部署,积极宣传致富能人的创业经历和致富经验,帮助贫困户了解经济发展形势,让贫困户进一步解放思想、转变观念，克服“等、靠、要”的依赖思想，增强他们自力更生的信心，为今后的驻村帮扶工作顺利开展打下坚实基础。

（县移动公司）

中国联合网络通信有限公司灌阳县分公司

【概况】 中国联合网络通信有限公司灌阳县分公司(简称联通灌阳县分公司)，前身为中国联合网络通信桂林分公司灌阳经营部，联通灌阳县分公司成立于2000年7月。2016年，联通灌阳县分公司有员工20人，自营营业厅1个，自建他营营业厅3家，乡镇自管厅4个，社会代理渠道18个，二三级代办和缴费网点30多个。建成GSM基站93个，直放站3个，WCDMA基站61个，4G基站41个；2G网络覆盖率达90%，3G、4G网络覆盖了县城、乡镇政府所在地，工业园区和部分村屯；宽带网络覆盖了县城、县城周边村、重点乡镇。联通灌阳县分公司从最初一个小经营部发展成年营业收入超1000万元的县级分公司。

【网络建设】 抓好“天上一张网，地上一张网”的建设工作，网络覆盖从无到有，营业网点从少到多，2008年以来，联通灌阳县分公司主抓2\3\4G基站及小区的网络建设，使网络覆盖区域扩大了8倍，为扩大覆盖效果，联通灌阳县分公司2G基站选址定在高海拔山头，而3\4G而以小山坡或楼面为主，在确保网络覆盖的同时，联通灌阳县分公司加大网点建设，通过招募社会代理方式，建成了涵盖所有乡镇驻地及重要村屯的营业网点，方便用户；如今随着4G牌照的发放，联通灌阳县分公司在4G网络建设，4G应用体验方面加大资金投入，拓宽灌阳的4G网络。

（联通灌阳县分公司）

广电网络

【概况】 2016年以来，在区公司和市公司的正确领导下，广电网络灌阳分公司按照区公司的经营方针和工作思路，高标准、严要求地做好了各项工作，各项经营指标取得了新进展。据统计，截止到12月31日，完成现金流收入788.82万元，完成总任务的109.56%，同比增长13.82%，完成权责总收入653.05万元，完成总任务的100.39%，同比增长9.86%。

【基础业务】 2016年，城网基础业务收入149.44万元，完成比例为93.52%，同比减少1.52%；农网基础业务收入79.42万元，完成比例为72.2%，同比减少10.76%。

【增值业务】 2016年，增值业务总收入424.2万元，完成比例为111.42%，同比增长19.94%。其中：宽带产品收入30.17万元，完成比例为150.85%，同比增长179.87%；专网收入118.14万元，完成比例为85.16%，同比减少16.72%；付费节目及高清互动7.77万元，完成比例为259%，同比增加208.37%；硬件销售267.68万元，完成比例122.23%，同比增长45.71%。

（广电网络公司）

1月7日，移动灌阳分公司召开2016年工作会 移动灌阳分公司 提供

农　　业

11 月 5 日,2016 年灌阳县水稻绿色高产高效示范测产验收在黄关镇联德村进行

县农业局　提供

概　　述

2016年，全县农业工作以全面贯彻落实中央农业工作会议精神，围绕年初制定的各项工作目标，以增加农民收入为核心，以科技创新为手段，以发展特色产业和项目实施为重点，推进全县农业经济平稳快速发展，保持农村社会总体稳定。

粮食　全年完成播种面积41.89万亩，其中水稻29.03万亩(早稻13.32万亩、中稻2.91万亩、晚稻12.8万亩)，玉米3.44万亩，红薯5.51万亩，豆类2.4万亩，其他1.51万亩，占全年任务的103.5%。实现粮食产量17.01万吨，占任务的103.4%。

经济作物　完成经济作物播种面积21.2万亩，其中蔬菜14.9万亩，占任务的100%，蔬菜总产预计达18.8万吨，占任务的101%。经济作物总产值5.4亿元。

水果　全县完成水果改扩种面积1万亩，占桂林市下达任务的100%；水果种植总面积达23.5万亩，水果产量达36.8万吨，比上年增长10.1%，占全年任务36.5万吨的101%；水果总产值达8.2亿元。

8月20日，自治区农业厅组织科研、统计、推广等相关专家对灌阳县粮食绿色高产高效创建项目进行现场测产验收　　县农业局　提供

农业示范区建设

【超级稻示范样板建设】 年内，落实超级稻示范样板点15个(14个百亩示范点，1个万亩示范垌)，面积13000多亩，每个乡镇建立1个以上高产示范点。其中黄关镇联德村连片1000亩为区级超级稻超高产攻关示范点，8月5日召开了全国水稻“三控”施肥技术现场观摩会。8月20日、11月5日自治区农业厅组织科研、统计、推广等相关专家进行现场测产验收，最高亩产达978.5千克，连续七年刷新广西单产纪录。再生稻以最高亩产527.8千克，再创历史新高。再生稻百亩片平均亩产497.6千克，创华南稻区高产纪录；一季加再生稻百亩片平均亩产1448.2千克，创华南稻区一季加再生稻高产纪录，也创下世界高产纪录。灌阳县超级杂交稻超高产攻关项目组荣获第九届袁隆平农业科技奖。在绿色高产创建项目建设上，争取项目资金300万元，在黄关镇建立了3039亩核心示范区，新街镇、灌阳镇、新圩镇、文市镇、水车乡、西山瑶族乡共建示范区12537亩。在示范区做到了6个全面，即：全面种植绿肥、全面精确定量施肥、全面推广水气平衡栽培技术、全面实施病虫害绿色防控技术、全面推广“超级稻+再生稻+绿肥”种植模式、全面推广富硒栽培。全县全年水稻生产绿色高产高效面积26万亩，平均亩产482.9千克，比项目实施前一年增产4.1%，节本增效150多元。

【千家洞雪梨、黑李特色农业示范区建设】 项目总投资2300万元，示范区按照“四区一长廊”的空间布局，分为“绿色水果标准化示范区、新农村与乡村旅游区、瑶族文化展示区、经营组织化销售区”以及“自驾、徒步、观光长廊”。通过升级打造,形成产加销、产加游的一体化生产格局,实现五大提升和一个新亮点的目标。11 月 19 日,广西现代特色农业(核心)示范区考评组对灌阳县千家洞雪梨黑李产业(核心)示范区工作开展情况进行考评验收。

【“神农稻博园”水稻产业示范区建设】 示范区投资 1200 万元,建设 10 个主题功能区,即:“神农画梦”示范种植区,园林景区,“超级稻 + 再生稻”高产攻关区,绿色防控区,新品种、新成果展示区,良种繁育区,测土配方施肥区,富硒水稻区,全程机械化生产示范区,生态循环农业示范区。其中园林景区是以河洲古灰窑为中心建立园林景观及游客集散中心,主要有主题门楼、耕史变迁、天下米食、科普宣传、丰收稻趣、古窑观景、亲水步道、游客集散等园林景观,是一个集农业示范、农耕体验、科普教育、旅游观光、休闲娱乐为一体的现代水稻产业示范基地。该示范区 2016 年被自治区授予广西县级现代农业核心示范区。

【“放心菜”工程】 2016 年,继续实施县城大市场蔬菜检测工作,并按照工作机制,实行检测工作常态化。全年开展了以县城大市场为中心,覆盖全县蔬菜销售点的蔬菜质量安全检测。共检测蔬菜品种 45 个,抽检蔬菜样品 12765 个,抽检合格率达 100%。同时,为确保蔬菜的全程质量安全,乡镇流动检测站检测蔬菜品种 40 个,抽检样品 4425 个,抽检合格率达 100%;蔬菜农药残留例行检测,共抽检样品 1199 个,检测合格率 99.9%。确保了全县蔬菜从生产到餐桌的安全,使民众真正吃上“放心菜”。

【水果、蔬菜水肥一体化标准园建设】 年内,一是在洞井瑶族乡、新街镇、灌阳镇等乡镇创建水果或蔬菜水肥一体化标准园 9 个,总面积达 200 亩;二是在观音阁乡、水车乡、灌阳镇、新圩镇创建食用菌、反季节蔬菜等经济作物大棚示范点,总面积达 200 亩。

(蒋卫红　谭善林)

粮食生产

【概况】 全县全年粮食播种面积 41.89 万亩,比上年增加 0.59 万亩;总产 25.93 万吨,比上年增产 0.76 万吨;单产 619 千克。其中稻谷种植面积 29.03 万亩,比上年增加 0.23 万亩,总产 13.69 万吨,单产 467.8 千克。早稻播种面积 13.32 万亩,中稻播种面积 2.91 万亩,晚稻播种面积 12.8 万亩,再生稻 2.13 万亩。玉米 3.44 万亩,比上年减少 0.11 万亩,总产 1.32 万吨;红薯 5.51 万亩,比上年增加 0.01 万亩,总产 10.25 万吨(鲜);豆类 2.4 万亩,比上年增加 0.11 万亩,总产 0.39 万吨。

10 月 12 日,自治区县级现代特色农业示范区考评组到灌阳,就“神农稻博园”水稻核心示范区创建工作进行考评　　县农业局　提供

【水稻绿色高产高效创建】 项目实施区域包括了灌阳镇、新街镇、黄关镇、文市镇、新圩镇、水车乡、西山瑶族乡共7个乡镇的26万多亩水稻田。在黄关镇建立一个3000亩以上的核心示范区,在新街镇、灌阳镇、新圩镇、文市镇、水车乡建立一个2000亩以上的示范区、在西山瑶族乡建立一个1000亩以上的示范区。示范区总面积15576亩,辐射带动7个乡镇245770亩稻田。其中黄关镇以联德村为中心,建立一个3000亩的"灌阳神龙稻博园",共设置"神农画梦"水稻种植示范区、"超级稻+再生稻"高产攻关区、新品种展示区、绿色防控区、测土配方施肥区、富硒栽培示范区、全程机械化示范区、稻+灯+鱼生态模式示范区。西山瑶族乡、新街镇、新圩镇的示范区以主推"稻、灯、鱼""超级稻+甜玉米+油菜"等栽培模式为主;灌阳镇、文市镇、水车乡示范区以主推"富硒优质米""一季超级稻+再生稻+绿肥"为主。经农业局组织技术人员进行田间测产和调查统计,15576亩示范区,平均亩产稻553千克,245770辐射区平均亩产478.5千克,项目区加权平均亩产482.9千克,比实施前平均亩产463.7千克增产19.2千克,增长4.1%。

【技术培训】 根据栽培传统和资源禀赋,推广实施了"双季优质稻+绿肥""一季超级稻+再生稻+绿肥""超级稻+甜玉米+油菜""稻、灯、鱼""富硒优质米"等绿色高产高效新模式。其中"超级稻+再生稻"新模式与双季相比,由于产量相当,节省了晚稻的耕种环节,减少了化肥、农药的使用量,提高稻米品质,每亩节本增收1134元,全年种植面积达2.13万亩。推广应用了水气平衡栽培、"三定"栽培、"三控"施肥、超级稻+再生稻一体化栽培、冬种绿肥与测土配方等创新施肥技术,其中以"冬种绿肥、测土配方、三控施肥"为核心内容的创新施肥技术在全县得到普及推广,亩均增产稻谷9.9千克,增幅2.9%,亩减少合施肥量0.7千克,亩均增产节支33元。引导种植能人,按照"政府主导、农户自愿"的原则,开展土地流转,并通过整合资源,在种子、技术指导、物化补贴等服务上优先倾斜大户,促进粮食生产向规模化、产业化发展。全县共培植100亩以上粮食种植大户26户,流转土地面积1.8万亩。其中有"全国种粮大户"2户,"全区种粮大户"6户。共成立了水稻、红薯、食用菌、水果、蔬菜等各种专业合作组织93家,年生产、销售农产品5529吨以上。年内,共组织开办各类培训班910多期,发放技术资料20万余份,技术咨询服务3万多人次,培训农民6.65万人次,占年计划任务的100%,确保全县138个行政村无科技死角,科技培训覆盖率100%。

8月5日,2016年水稻"三控"施肥技术现场观摩会在灌阳县黄关镇联德村召开
县农业局　提供

【耕地地力保护补贴项目】 中央为将惠农政策真正落实到实处,年内开始对农村"三项补贴"进行改革,实施耕地地力保护补贴项目。项目严格按照自治区有关文件精神组织实施,全面覆盖全县9个乡镇,补贴面积177098.52亩,耕地地力保护补贴金额2632万元,每亩补贴148.62元。各乡镇按照核实面积及时将补贴资金通过"一折通"发放到种植农户手中。

【油菜生产示范样板】 油菜

既能产油，又能产鲜菜苔，还能在旅游景点作鲜花观赏。年内结合“全国休闲农业与乡村旅游示范县”建设，在小龙村、苏东村、排埠江、月岭村各建立了一个油菜示范样板。同时灌阳还是桂林油菜综合试验站的协作实施县，据统计全县油菜种植面积 2.1 万亩。

【食用菌生产】 全县全年共建立食用菌示范样板 16 户，其中规模较大的点有：观音阁乡桂林民盛生态有限公司种植黑木耳 10 万平方米；文市镇瑶上村智能化草菇生产基地，实现了草菇的周年化生产；新街龙中示范点种植口福菇、鸡腿菇面积 2 万多平方米；黄关镇唐官村示范点，种植平菇示面积 5600 多平方米；新圩镇龙桥示范点，种植灵芝 5000 多平方米；灌阳镇仁江村示范点，种植香菇 4000 多平方米，种金针菇 8000 多平方米。通过建立示范样板，辐射带动全县食用菌生产面积达 50 多万平方米，全年鲜产食用菌 2500 多吨。

【富硒农产品开发和推广】 完成全县 19 万亩稻田土壤硒含量检测工作，采集土壤样品 630 个，建立灌阳县耕地土壤硒含量数据库，在黄关镇联德村建立超级稻 500 亩稻谷富硒栽培示范区。

【耕地保护与土壤有机质提升】 建立绿肥示范面积 4 万亩，亩产鲜绿肥 4415 千克，总产鲜绿肥 17660 万千克；鲜红花草化验含氮 0.30%、含五氧化二磷 0.08%、含氧化钾 0.23%，共为 4 万亩水田土壤提供氮 53 万千克，五氧化二磷 14 万千克，氧化钾 41 万千克，合计为 108 万千克，按化肥纯养分氮 5 元 / 千克、五氧化二磷 7.0 元 / 千克、氧化钾 7 元 / 千克折算，鲜绿肥直接效益达 650 万元。

【农作物加肥微灌园技术推广】 建立加肥微灌园累计达到 12000 亩，据测产验收，雪梨加肥微灌平均亩产 4000 千克，比对照园平均亩产雪梨 3500 千克增产雪梨 500 千克，增幅达到 14.3%；蔬菜加肥微灌园平均亩产辣椒 2200 千克，比对照园平均亩产辣椒 1900 千克、亩增产蔬菜 300 千克，增幅达到 15.8%。由于采用加肥滴灌技术，平均每亩节约化肥纯量 7.2 千克，共节约化肥纯量 8.6 万千克，每亩节约成本 40 元，12000 亩共节约成本 48 万元。每亩节约施肥人工 10.5 个，大大减轻了劳动强度。

【沃土工程、中低产田改造】 整合发改、土管、农发、水利交通等耕地质量整理、交通条件改善等项目力量，搞好中低产田改造和沃土工程。全年完成沃土工程 6 万亩，其中水田沃土工程 4.0 万亩，在上年平均亩产 440 千克的基础上，今年亩产 470 千克，增产 30 千克，增长 6.8%，共增产 180 万千克；雪梨果园 2 万亩，在上年平均亩产 2500 千克的基础上，今年亩产 3000 千克、增产 500 千克，增长 20%，共增产 1000 万千克。

【病虫测报】 年内，发布《病虫情报》19 期，其中水稻 8 期、果树 7 期、蔬菜 2 期，综合趋势分析 2 期，每期上报区、市植保站、通过 118 信息系统向县四家班子领导和各乡镇政府汇报，发送邮件给县农业局领导，局直属站、乡镇农技推广站、种植大户、生产制种企业以及 138 个村委会和部分农户以及农资经营单位或个人，发放病虫情报资料 5500 多

12 月 16 日，灌阳县水稻绿色高产高效创建高产竞赛表彰会在黄关镇联德村召开

县农业局　提供

份，并通过手机短信平台的形式发送13000多条到县、乡人大代表、农业技术人员、村两委干部、农业企业、种植大户。全年预报准确率达96%。完成填报“五天一报表”46份、信息卡6份、统计表、大田普查表、汇总表58份及时上报区、市植保站。同时还开展“植保信息进农家活动”，在农作物生长关键时节发送病虫情报短信16期，为农民及时药物防治提供了有效技术依据，确保了全县水稻、水果、蔬菜无重大病虫害发生，降低了农业灾害损失。

【病虫防治】 全年建立植保机防队56个，发放电动喷雾器150台，机动喷雾机10台，召开机防队人员培训班4期，参加人数200人，统防统治面积79万亩次，其中水稻统防统治病虫36万多亩次，建立水稻重大病虫害统防统治示范点16个，面积5000亩；水果统防统治面积41万亩次，建立水果统防统治示范点3个面积3000亩；经作统防统治面积2万亩次。推广农作物病虫害绿色防控和农药减量控害技术，共推广绿色防控面积2万亩，安装太阳能杀虫灯130台，电源式杀虫灯100台，安插黄板10000张，安装害蛾诱捕器5000个，果蝇诱捕器10000个。推广农药减量控害技术20万亩，减少化学农药用量(有效成分)9万吨。

【产地检疫】 全县杂交水稻制种繁育单位申报产地检疫后，到现场核准，并在种苗生长过程中，于分蘖期、抽穗期、成熟期深入杂交水稻制种指导病虫防治工作，对分布水车乡、灌阳镇、黄关镇、新街镇共6个种子公司共3540亩水稻制种进行了产地检疫，对合格种苗及时申办了产地检疫编号，签发产地检疫合格证25批次，签证合格种子84.5万千克。

【农村土地承包经营权确权颁证试点工作】 农村土地确权工作是县委、政府重大改革项目实施内容之一，县委、政府高度重视，以县农业局人员为骨干负责办公室日常工作，长期专门负责在试点乡镇协调、指导试点工作。同时，各乡镇抽调乡、村、组干部500多人，组成以乡镇班子成员为副组长的117个工作组，每组组长亲自带队进村入户开展工作。协调公司组成的25个内业组专职进行内业、外业工作，确保工作质量和进度。12月30日止，5个乡镇清理土地承包档案2205卷；已开展调查土地承包方58107户，村民小组数2113个，行政村数117个；已完成权属调查的村民小组数1893个，行政村数87个；已完成地块测量面积157521亩，地块数224369块，整村完成的96个；完成二轮审核公示的村民小组1582个，行政村92个，完善土地承包合同43975份，占全县总农户数的62%。顺利通过年终绩效考评，得到了市绩效改革办领导的肯定。

【一事一议财政奖补项目建设工作】 贯彻落实《关于2016年村级公益事业建设一事一议财政奖补申报工作有关事项的通知》(桂财农村〔2015〕29号)和《关于做好2016年村级公益事业建设一事一议财政奖补工作的通知》(桂财农村〔2015〕42号)文件精神，科学制定方案，积极探索创新，完善监管措施，按照“及早准备、规范管理、阳光操作、强化考核、保障质量”的要求，组织实施村级公益事业建设一事一议财政奖补工作。全年完成项目建设273个，完成投资2349.44万元，覆盖129个行政村，受益人数97380人。建成村内小型水利设施项目22个，投资154.43万元，其中水渠5.26千米，村民安全饮水管线8.8千米，水坝3座；修建、硬化村屯道路项目168个，投资1118.74万元，其中硬化道路50.01千米，新建道路6.75千米；桥涵项目3个，投资18.67万元，维修改建2座小型桥梁；村容美化亮化项目52个，投资509.65万元，其中安装太阳能路灯681盏，植树132株，绿化350平方米，其他3个；村内公共活动场所场地项目17个，投资309.96万元、6340平方米；其他公共设施项目11个，投资237.98万元。重点解决了农村生产生活最急需、群众愿望最迫切的村内基础设施问题，村民的生产生活条件明显提高。

【农业经营主体参与土地流转发展适度规模经营工作】 为加快现代农业发展，实现安全农业、健康农业、品牌农业、产业化农业，引导专业大户、家庭农场、农民合作社参与土地流转，发展多种形式的适度规模经营。在确保不损害农民权益、不改变土地用途、不破坏农业综合生产能力前提下，引导农村土地承包经营权有序流转，土地流转工作有了新的进展，据统计：全县租赁50亩以上的合作社、家庭农场、企业、个人等经营主体有197户，流转面积35427亩。

【农民负担监督管理工作】 开展强农惠落实调查，农村中小学义务教育“两免一补”的部分学生参与了保险，但都是自愿行为；严格执行桂政办发〔2003〕126号文件关于公费征订报刊费限额标准，相关的部门和单位都实行自愿订阅党报党刊及科技资料；县财政局、粮食局、农机局、水产畜牧兽医局、林业局、教育局、卫生局、国土资源局等8个部门的惠农兑现按要求发放到位。涉农收费县工信局、县工商局、县公安局、县环保局、县安监局、县建设局、县国土资源局、县人事劳动和社会保障局、县交通局、县教育局、县卫生计生局、县民政局、县农业局、县农机局、县林业局、县水产畜牧兽医局、县广电局、县水利局等18个单位的收费能严格执行收费标准收费及专款专用。

【新型农业经营主体培育工作】 2016年，立足全县粮食、水果、经作、养殖等产业，引导一批善经营、会管理、懂技术、有奉献精神的经济能人和村干部创新经营方式，培育新型主体，取得了显著成果，全县在工商部门注册登记的农民专业合作社265家，家庭农场18家，农业产业化重点龙头企业9家，市级示范合作4家，为“三农”经济发展注入了新的活力。

【农产品展销工作】 组织有关企业参加区内外各种展销会，宣传灌阳优势农产品和品牌建设新成果。广西桂林天然食品股份有限公司负责营养米、广西桂林思源生态农业科技开发有限责任公司负责“百德唐”纯山茶籽油系列产品，以及灌阳鲜红薯列系、脐橙、香芋、雪萝卜、葛根、紫萝卜、红辣椒、罗汉果等产品深受广大消费者喜爱。通过农产品展销会，展出灌阳名特优农产品的特色风采，扩大灌阳农产品销售市场，提升了灌阳特色农产品的社会影响力和市场竞争力，促进了灌阳农业特色产业及相关产业升级与壮大。

【水稻新品种】 抓好全年水稻新品种观察比较试验项目，制定了科学严密的实施方案。项目选在交通便利、灌溉设施完备、土壤肥力均衡的黄关镇联德村进行，展示面积50.5亩，展示品种30个，都是中、迟熟品种，每个品种小区展示面积100平方米，大区展示每块田种1个品种。所有展示品种分熟期统一播种期和移栽期，统一施用同一品牌化肥和相同的施肥时间施肥数量，统一防病治虫。

（陈爱平　文进军　罗　标　唐康元　唐定发）

经济作物生产

【概况】 全县全年经济作物种植面积21.8万亩，比上年增加0.5万亩，增长2.35%。经济作物总产25.95万吨，比上年增加0.63万吨，增长2.45%，其中：蔬菜15万亩（含复种数），比上年增加0.2万亩，总产20.61万吨，比上年增加0.29万吨；西香瓜1.7万亩，比上年增加0.1万亩，总产3.315万吨，比上年增加0.195万吨；中草药2万亩，与上年持平，总产0.45万吨，与上年持平；其他经济作物3.1万亩，比上年增加0.2万亩，总产1.574万吨，比上年增加0.144万吨。全县的经济作物销路畅通，播种面积、产量、效益稳中有升，全年实现经济作物总产值5.36亿元，同比增长6.61%。

【特色经济作物种植】 年内，全县共完成经济作物种植面积21.8万亩，完成计划任务的100%，其中蔬菜15万亩，西香瓜1.7万亩，中草药2万亩，其他经济作物3.1万亩。据统计，全县20亩以上经作种植大户发展迅速，从上年的69户增加到82户，面积0.55万亩，其中蔬菜46户，中药材15户，西瓜7户，百香果14户。100亩以上的19户，

12月9日，灌阳县参加在桂林市国际会展中心举行的第11届广西名特优农产品交易会　　县农业局　提供

其中蔬菜10户。各种植示范户通过科学种植和管理，产品质量好，价格稳中有升，效益较好。频显的蔬菜示范户亮点包括洞井瑶族乡椅山村种植以辣椒、茄子、苦瓜为主的蔬菜示范点300亩，观音阁乡文明村种植叶芥菜示范点100亩，黄关镇李官村种植槟榔芋示范点500亩，新街镇飞熊村种植红叶莴笋示范点200亩，水车乡大营村种植豌豆苗示范点200亩。

【经济作物“三避”技术应用】　年内，经济作物“三避”技术应用面积6万亩，较上年增加0.1万亩，其中：早春小拱棚育苗0.47万亩，地膜覆盖4.98万亩，遮阳网覆盖0.25万亩，其他（棚栽等）0.3万亩。

【规范蔬菜无公害生产】　农产品质量安全关系到千家万户，关系到农产品的市场竞争力和企业的生存。立春以来，县农业局根据上级部署，继续组织实施“无公害食品行动计划”和“食品放心工程”，加强无公害农产品生产基地监管工作，推广无公害蔬菜标准化生产，提高蔬菜产品质量。全年无公害蔬菜生产面积14.8万亩，占蔬菜总面积的98.7%；全县20亩以上的蔬菜种植大户有46户，面积0.26万亩，其中100亩以上的种植大户有10户，面积0.12万亩。推广蔬菜新品种20个，“三避”集成技术应用5.9万亩，营养杯育苗栽培3.6万亩，嫁接育苗栽培1.2万亩。推广蔬菜“清洁田园”、病虫害绿色防控技术，全县在蔬菜上应用太阳能杀虫灯18台，悬挂性诱捕器5000多个，覆盖面积1万多亩，有效地防治了蛾类、蚜虫等害虫的危害；应用“农业防治+生物防治+高效低毒农药”等多技术模式，覆盖面积达15万亩，减少了农药的施用量，改善了生态环境。

【新品种、新技术示范与推广】　为确保全县经济作物生产势头强、后劲足，年内着力抓好经作新品种、新技术的试验示范和推广。一是开展区域试验。根据农业局的安排，如期开展“豇豆新品种大棚夏栽品比试验”“外销型莲藕新品种引进试种观察试验”和“大棚秋延后辣椒新品种比较试验”等；二是注重经作种植新技术的推广应用。在以优良品种为龙头，推进良种化的基础上，全年引进蔬菜新品种20多个，在各乡（镇）、村蔬菜基地种植，取得良好的示范效果。同时，在洞井瑶族乡椅山村蔬菜基地，采用设施农业，实施标准化生产技术、“三避”技术、滴灌节水技术及绿色防控技术等，基地经济效益初步显现，节本增效明显，农业环境得到了改善，农民蔬菜生产意识进一步增强；三是围绕科技增效抓业主大户种植示范。年内全县20亩以上经作种植大户82户，面积0.55万亩，其中蔬菜46户，中药材15户，西瓜7户，百香果14户。频显的示范亮点，100亩以上的种植大户有19户，其中蔬菜10户。

【间套种推广】　年内，立体种植重点推广“幼果园间套种西瓜、红瓜子、花生、豆类、菊花及红辣椒”和“西红柿、辣椒、玉米及木薯间套种红薯”等模式，通过抓示范，以点带面，促进农作物间套种技术的推广应用。据统计，全县共完成农作物间套种技术推广面积12.5万亩，其中幼果园套种西瓜、红瓜子、花生、豆类、菊花和红辣椒4.6万亩，西红柿和辣椒套种红薯1.8万亩，玉米套种红薯和大豆3.2万亩，木薯套种红薯0.3万亩，其他间套种模式2.6万亩，既可充分利用大田的空间和光热资源，又可以抑制杂草生长，实现土地叠加利用、叠加产出，促进农业增产农民增收。

【农产品质量安全】 依据《农、畜、水产品污染监测技术规范》，组织实施了稻米重金属污染风险排查项目工作，采集稻米样品500个，样本检测化验3000项次。对全县水稻生产环境进行客观的分析，为耕地资源的合理利用和可持续开发提供依据。

（谢彦超　蒋亚军）

农业执法

【概况】 坚持“着力治本、标本兼治、打防结合、综合治理”原则，以加强源头治理和市场整顿为重点，以加大查办力度和强化服务指导为手段，开展农资打假专项治理活动，严厉打击制售假冒伪劣农资行为，进一步整顿和规范农资市场秩序。

【农业法律法规宣传】 12月4日，县农业行政综合执法大队组织举办“12·4”农业法制宣传现场会；组织开展了“放心农资下乡进村宣传周”活动，全年共举办了2场优质农资暨识假辨假推介会，现场开展农业法律咨询、农业技术咨询、真假农资鉴别，有效促进了农业法律法规的宣传普及。

【农资打假】 以农业部农资打假电视电话会议精神为指导，根据区市农资打假工作会议部署，采取有力措施，扎扎实实开展了以规范种子、肥料市场为重点的春季打假行动，以规范农药、卫生杀虫剂市场为重点的夏季打假行动，全年共出动执法车160辆次，出动执法人员900人次，检查生产经营单位1600个(次)，整顿市场160个(次)，查获假劣农资100千克。

【农业执法】 年内，县农业行政综合执法大队查处农资案件40起，立案40件，结案40件；接受群众来信来访6人次，受理举报投诉案件2起；调解处理各类农业生产事故2起，挽回直接经济损失6万多元。

【人员培训】 全年共组织执法人员、农资生产、经营企业人员及农业示范大户法律法规学习培训2批(次)，受训人数达190人次。参加区农业厅法规处组织的两期农业行政执法人员培训班，参加培训人员4人(次)。

（卿　澈）

水果生产

【概况】 全县水果总面积23.92万亩，投产面积21.15万亩，其中新增投产面积1万亩；水果总产量36.85万吨，比上年增长5.53%；全年水果总产值7.54亿元，比上年增长7.66%；农民人均水果收入达2884.4元。总面积中李类8.76万亩，投产7.92万亩，产量9.81万吨，增长9.54%；梨4.81万亩，投产4.39万亩，产量9.16万吨；柑桔类5.88万亩，投产4.82万亩，产量12.86万吨，增长5.9%，其中脐橙2.3万亩，投产2.05万亩，产量4.61万吨，增长29.29%；桃1.9万亩，投产1.6万亩，产量1.19万吨。

【优势水果品种种植】 全年改种扩种优质水果11485亩，实际新增水果面积4805亩。新种水果中柑桔类4061亩，梨2325亩，李3133亩，桃1870亩，其他水果96亩。新种的果树通过加强管理成活率达95%以上，生长旻好。

【标准园示范建设】 自灌阳获得“广西无公害水果生产示范基地县”荣誉称号以来，全县水果生产以无公害标准园示范建设为突破口，主推节本增效、生态栽培、健身控病栽培技术及杀虫灯、果实套袋等病虫害绿色防控技术，同时规范高效低毒低残留农药的使用，宣传推广应用农家肥提高水果品质、降低生产成本技术，确保水果业提质增效，确保农产品质量安全，有效保护农业生态环境。年内全县共建立县级水果无公害标准化示范园2个，面积2500亩，即新街镇江口1000亩雪梨场、灌阳镇大仁村1500亩雪梨黑李场；建立9个乡镇级水果无公害标准化高产栽培示范园，总面积1438亩。

【技术培训】 采取多种形式，以质量、安全和效益为中心，与支农惠农行动和政策相配合，宣传推广普及科学种果技术，并根据不同农事关键季节到各示范点开展现场技术指导，抓好水果生产实用技术的培训与推广普及工作，全面提升果农素质。全年县级以上培训12期次，主要培训县、乡技术人员及种果大户，培训1165人次，发放技术资料4000多份；各乡镇及水果重点村培训42期次，培训对象为村技术员、种果示范户及全体果农，共培训3536人次，发放技术资料1万份。通过技术培训和指导，使科学种果技术进村入户，果农素质得到较大提高，水果实用技术覆盖率达95%以上，应用面积90%以上。

【创建现代农业示范区】 重点抓好《灌阳县千家洞雪梨黑李产业（核心）示范区》建设，同时抓好新街镇江口村、新圩镇小龙村生态果园建设，主推病虫害绿色防控、统防统治、水果富硒栽培、测土配方施肥、水肥一体化、等高种植与生物篱、雪梨花芽嫁接等先进实用无公害水果生产技术，发展休闲农业，建成了以灌阳镇大仁村为核心区的特色鲜明的灌阳现代农业示范区，并获得区级现代农业示范区四星级称号，打造了赏花采果、品农家乐美味的特色基地。

【科学试验】 2016年依托特色作物试验站——灌阳梨李试验站这个平台，开展各项果树科学试验。

引种观察试验　一是继续开展518、清香、鄂梨2号、新翠冠及种等梨子新品种试验；二是幸运李和前卫红李新品种试验；三是祁东脆枣、山东金丝小枣、沾化冬枣、苹果枣、蜂蜜罐10号、六月鲜、妈妈枣、辣椒枣等枣子新品种试验。同时继续观察克里曼丁桔、W·默科特、红太阳、沙糖桔、沃柑等柑桔新品种及猕猴桃、葡萄、火龙果、白香果、樱桃等新品种在灌阳种植的表现。开展梨树“双臂顺行式”整形修剪棚架式栽培新技术试验示范工作。在新圩和睦村开展黑李避雨栽培试验，研究黑李细菌性穿孔病的防治，获得了较好的防治效果。

在灌阳镇长坪村及新圩镇和睦村两个点开展黑李重度更新后综合防治细菌性穿孔病的试验研究，取得了较好的效果。在灌阳镇大仁村和水车乡璃碧村设两个点开展了梨炭疽病药剂防治试验。在灌阳镇大仁村、长坪村开展了梨液体授粉试验和奈李疏果套袋试验。

【水果流通】 依托无公害水果产品认证、“中国绿色生态农业示范县”“中国绿色生态雪梨之乡”“中国绿色生态黑李之乡”“中华名果—灌阳黑李”“中国国家地理标志产品—灌阳雪梨”等品牌和“千家峒”“都庞岭”“麒麟山”等水果商标，对水果生产的产前、产中、产后进行全方位监督，狠抓水果产品质量安全，同时通过多种渠道和形式大力宣传推介，利用互联网发布水果信息，并迈出了水果电子商务第一步，为全县水果走向全国乃至全世界开辟了新的现代化途径。由于品质优良，特色鲜明，品牌响亮，年内水果销路十分畅通，价格坚挺，其中灌阳特色水果雪梨产地销售价为3~4元/千克，黑李8~10元/千克。

【苗圃建设】 继续抓好苗木生产规范化管理，共建立水果苗圃3个，面积35亩，出圃优质梨、李、桃和柑橘类苗木60万株，为下年水果改扩种和水果生产健康持续发展提供苗木保障。

（王立新）

农业科技

【概况】 以新型职业农民培育工程、基层农技推广补助项目等农业科技项目为平台，围绕“水稻、水果、蔬菜”三大产业，开展针对性强、务实有效的专业技能培训，切实抓好科技人员、科技示范户、新型职业农民培训工作，提高了农技人员服务水平和农民科技意识，促进了农业科技的推广普及，加快了科技成果的转化和应用。全年共开展各类培训班730期，培训农户66000余人次。

【新型职业农民培育】 以种植大户、家庭农场主、农民合作社骨干等农村实用人才为重点，开展农业生产技能、农业政策和农产品质量安全等相关知识培训，提高广大农民的生产能力和经营水平，全县共培育生产经营型新型职业农民276人。

【科技示范户培育】 在连续实施基层农技推广补助项目的基础上，不断调整和完善，通过对上年度工作完成情况的考核，对技术指导员及科技示范户加以调整和补充，全县全年共培育科技示范户280户，选派县、乡两级技术指导员43人，采取进村入户培训指导方式，围绕水稻、水果、蔬菜3大主导产业，积极推广18个主导品种及12项主推技术。全年共开展现场培训、指导390余场次，技术咨询服务2.6万人次，发放技术明白纸3.9万余份。

【试验示范基地建设】 与区内农业科研院所和国家现代农业产业技术体系广西产业创新团队联合，加强农业科技试验示范基地建设。全县12个试验示范基地围绕主导产业、主推品种和主推技术共开展各类试验48个，组织科技示范户、新型职业农民等观摩、培训48期。

（胡祖标）

畜牧水产业

【概况】 2016年，灌阳县畜牧水产工作围绕生猪、牛羊、家禽、水产四大支柱产业，坚持稳中求进总基调，不断转变生产方式，大力推进畜禽标准化养殖发展，使养殖业呈现出运行平稳、后劲增强的良好态势。全县全年生猪出栏36.87万头，比上年同比增长6.87%；家禽出栏212.91万羽，同比增长3.62%；牛出栏11508头，同比增长13.63%；羊出栏7546头，同比增长6.3%；水产品总产量5590吨，同比增长7.99%。

【生态养殖示范点】 年内，从养殖栏舍改造和微生物利用两方面深入推进生态养殖，建立灌阳县恒牛生态养殖有限公司微生物利用示范点，示范点通过在饲喂环节、粪污处理过程添加益生菌等微生物，达到缓解恶臭的效果；在灌阳镇新光明养殖有限公司建立高架床养殖示范点，示范点通过栏舍改造，引入自动供料、供水系统，解决环保问题，实现生态养殖。

3月，区畜牧水产局巡视员王海吟（右三）到灌阳调研

县畜牧水产局　提供

【稻田生态养殖】 与市水产技术推广站专家合作，探索适合灌阳的渔业产业发展模式，引进台湾泥鳅新品种在全县示范推广，在新圩蒋七连养殖场开展稻田养鱼示

范试点项目，该项目以养殖台湾泥鳅为主，示范面积达35亩，建设内容为：加高加固田埂、开挖鱼沟鱼窝，建好排水口，安装防逃设施等。经过科学饲喂，9月份进行渔粮测产，鱼类亩产达65千克，水稻亩产为350千克，按鱼40元/千克计，水稻2.92元/千克计，每亩农民增收3622元；在灌阳水车神龙源农民专业合作社建立稻田养鱼示范基地，养殖面积达500亩，完成100亩稻田改造工程。

【水产畜牧产品质量安全】 年内，与全县32家养殖场、5家兽药经营企业、屠宰场分别签订了《规范生产、销售、使用“瘦肉精”等禁用化合物》等责任状，落实了各企业主体责任。在养殖和屠宰环节共对100份样品进行了“瘦肉精”检测、20份猪肉进行兽药残留检测，桂林市局对灌阳5个家禽场抽取禽肉、蛋等送自治区进行残留检测，均未检出阳性样品；按照年初计划，加强对兽药经营企业、养殖场在销售、使用环节的监管，按要求严格执行休药期制度，整顿和规范经营秩序。全年共出动执法人员276人次，检查相关单位55家，印发宣传资料1000多份，开展培训2期，培训养殖户200多人次。

【重大动物疫病防控】 2016年，贯彻落实区、市春季、秋季重大动物疫病防控工作指示精神，全县猪存栏26.89万头，应免23.96万头，实免23.96万头，免疫率100%；牛羊存栏6.749万头，应免5.898万头，实免5.898万头，免疫率100%；家禽存栏89.942万羽，应免81.418万羽，实免81.418万羽，免疫率100%，真正做到应免尽免，不留空挡。

【技能竞赛】 9月，组织代表队参加桂林市防疫职业技能竞赛，竞赛分理论考试和现场操作2个环节，其中现场操作评分包括速度分和技术分，现场操作包括猪瘟免疫注射与前腔静脉采血、鸡翅静脉采血、鸡心脏采血、鸡体解剖与采样4个项目，灌阳代表队获得团体总分第二名；个人奖项方面，队员文志明获得总分第一名和鸡体解剖与采样单项第三名，王红梅获得鸡翅静脉采血第三名的好成绩。

【养殖服务】 2016年，在养殖技术服务方面，结合“二月八”农具文化节“6月全国食品安全宣传周”“科技宣传周”“科普宣传日”等时机，依托基层农技推广、退耕还林、农村党员大培训等项目组织局技术骨干到农村开展养殖行业信息、政策、技术宣传，全年累计举办水产养殖、生猪标准化养殖、动物疫病防治、草食动物养殖和牛人工授精技术等各种养殖专业技术培训班10期，共培训养殖户和技术骨干1400多人次，为广大养殖场(户)提供畜牧水产技术资料和信息两万份，提供科技咨询服务上万人次，为养殖户解决技术疑难上百件。

在招商引资服务方面，通过“亲商、爱商、扶商”，与老板沟通交心，使他们放心把资金投入灌阳，与广东大广农牧集团公司签订协议，投资1.5亿元，在水车乡、新街镇2个乡镇打造能繁母猪存栏5000头以上养殖示范基地，年内新街镇养殖示范基地已建成，存栏母猪达320头；与深圳润民集团达成初步协议，在新圩光明村投资大型养殖场，

6月6日，县水产畜牧兽医局在灌江组织“放鱼日”同步增殖放流活动
县畜牧水产局 提供

总投资1亿元,占地面积达3100亩。

在养殖保险服务方面,根据自治区财政厅《关于开展2016年政策性农业保险工作的通知》文件精神,将能繁母猪、育肥猪列入政策性保险范畴,全县能繁母猪投保8000头,育肥猪投保40000头,推动政策性农业保险工作纵深发展。

在项目带动服务方面,完成固定资产投资1000万元,占计划任务的100%;向上争取资金完成1206万元,占计划任务的100.5%;石漠化综合治理项目:完成栏舍建设2700平方米、种草52亩、投资152万元、完成计划任务的100%;南方现代草地建设项目:完成改良草地3000亩,人工种草400亩,建灌溉沟渠1200米,新建栏舍2000平方米,购买铡草机2台、完成计划任务的90%。

在网络书屋服务方面,与中国知网合作,开通养殖业科技网络书屋,利用先进的网络技术,让养殖户登陆科技网络书屋平台,共享在线养殖期刊、视频、论文等资源,与在线专家即时讨论解决养殖生产环节难题,更好为养殖生产服务。

【"规模化、标准化、产业化"三化建设】 年内,坚持把发展标准化规模养殖作为建设现代畜牧业的着力点,抓好监督管理,合理引导畜禽养殖场按照"畜禽良种化、养殖设施化、管理规范化、防疫制度化、粪污无害化"的五化要求,因地制宜开展标准化示范场创建活动,全年共组织3家养殖企业申报自治区级标准化示范场。完成全县9个乡镇生猪产业转型升级情况排查登记,对养殖场的畜禽种类、养殖规模、当前存栏数等基础数据进行详细统计,通过摸底调查,了解乡镇生猪养殖数量规模,为下一步产业转型升级奠定坚实基础。并对新建猪场推广高架网床养殖等清洁养殖模式,已经建成或投产的畜禽规模场实施设施提升工程,重点推广生猪高架网床、自动饲喂、水帘控温设施、互联网生产管理系统等,灌阳镇新光明养殖有限公司已完成自动化养殖设施改造升级。

【养殖发展环境优化】 2016年,县畜牧水产局继续优化养殖发展环境。在治污方面,制定了养殖业禁养区规划,对于新建、扩建、改建畜禽规模养殖场执行畜禽养殖户环境影响评价,要求畜禽养殖户规划建设,粪污污染防治设施要与主题工程同时施工,对全县32家已取得动物防疫条件合格证的规模养殖场是否完成环评手续进行统计,未通过环评要求进行整改;抓好农村环境综合整治,重点是整治水产畜禽养殖污染排放的治理和污染防治等,做好天明、志得共2个规模养殖场排放达标整改工作任务。

在治害方面:一是加强死亡禽畜无害化处置工作,及时清理江河水域漂浮动物尸体,净化水源,杜绝疫病流行传播,确保全县畜牧业健康发展及保护群众生命财产安全;二是对全县规模养殖场发放了病死畜禽无害化处理告知书,并签订病死动物无害化处理承诺书28份;对病死动物无害化处理相关知识进行宣传,设立了举报电话,接受群众和社会监督;三是对全县规模养殖场及兽医站、动物卫生监督所监管人员进行病死动物无害化处理及监管知识培训。

在治渔方面,制定了《灌阳县整治非法捕捞专项行动实施方案》,按照"全县统一领导、乡镇政府负责、部门指导协调、各方联合行动、社会广泛参与"的工作机制,各乡镇、县公安、县渔政等部门通力协作,在各自水域开展整治非法捕捞专项行动,全县全年累计开展专项整治行动492余次,共出动执法人员1900多人次,收缴电鱼机21台,缴获违法网具28套,地笼66张;通过微信《今日灌阳》报社、灌阳电视台等新闻媒体进行宣传,微信共报道整治非法捕捞行动文章6篇、阅读点击率达14368次、点赞641个,打击了非法捕捞行为,起到了震慑作用,达到了整治效果。

在治宰方面:一是对屠宰、出县境的动物依法开展检疫,按有关规程严格检疫,规范检疫程序,严禁病死动物及其产品上市,1—10月在养殖环节中无害化处理353头,屠场环节无害化处理15头,实行了县城屠宰产品电子出证工作。1—10月份,全县共检疫生猪29.81万头,牛0.84万头;生猪屠宰检疫率达100%,动物产地检疫率100%,病害动物及其产品无害化处理率100%。二是坚持"内管外查"的工作方针,严把生猪检验、检疫关，多次组织由县动监所执法队凌晨3点出动，打击“私屠滥宰”行为，规范市场经营秩序，维护公共食品安全，1—10月份共出动执法人员262人次，车辆45辆次，办理案件4起，处理猪肉134.8千克，检查中未发现私屠滥宰现象，私屠滥宰等违法行为得到有效遏制。

【无公害产品产地认证】 组织养殖场参加畜禽无公害产地认证创建，年内新增2家无公害产品产地认证养殖企业，分别为灌阳县天明生态养殖有限公司和灌阳县揽胜养殖有限公司，全年共有5家养殖企业通过无公害产地认证，养殖产品安全迈上新台阶。

【“增殖放流”活动】 举办6月6日全国“放鱼日”同步增殖放流活动，共放生各种鱼苗2万多尾，放生品种主要为当地原有品种，以青、草、鲢、鳙四大家鱼为主。通过增殖放流活动，改善灌江水生生物资源结构，保护灌江水资源生态平衡。

【生态养殖技术培训】 年内，邀请广西化工研究院精细化工研究所所长、广西饲料添加剂研究开发中心主任李德昌教授进行生态养殖授课一期，结合科研经验就生态养殖的应用意义、生态养殖领域国内国外前沿技术和微生态制剂最新产品等知识进行讲解，重点阐述了微生态制剂在动物消化系统通过改善宿主微生态平衡，从而达到缓解养殖粪便恶臭的效果，可以减少不使用或少使用抗生素、激素、兽药、化学消毒剂等投入品，从而使生产出来的畜禽渔业产品健康、安全、无残留、无污染，实现养殖产品的绿色化、有机化；全县有养殖猪、牛、羊等大户近80名代表参加培训。

（黄白丽）

农业机械化

【概况】 2016年，灌阳县农业机械化工作以促进农业增效、农民增收为目的，重点抓好项目工作，加强农机安全监理、农机新技术及新机具推广、农机质量监督和农机技术人员培训。通过政策引导、向上争取项目、强化管理、创新机制等综合措施，稳步推进平安农机建设、农机化服务体系建设，提升农机服务水平，农机化事业得到健康发展。全县拥有各类农业机械2.36万台（农机总动力达35.28万千瓦），其中大中拖23台，手扶拖拉机1161台，耕整机3886台，插秧机112台，收割机150台，大型粮食烘干机17台；9个乡（镇）已经成立了19个农机专业合作社。全年共投入农业生产机械达4.86万台次，水稻机耕面积54万亩，水稻机插8.1万亩，水稻机收38.4万亩，农机作业总值达3.2亿元；落实农机购置补贴资金536.97万元，完成第一批资金320万元的167.8%，其中中央补贴资金502.63万元，区补贴资金34.34万元；荣获年度全区农机化工作先进单位、全区水稻生产全程机械化工作先进单位、桂林市农机化工作先进单位等荣誉称号。

4月14日，自治区推广总站站长陈世凡（左五）到灌阳检查工厂化育秧工作

县农机局　提供

【农机安全监理】 以贯彻习近平总书记安全生产重要讲话精神为契机，开展“安全生产基层基础年”和继续深化“平安农机”各项工作，集中开展“打非治违”专项行动，坚持“以人为本、预防为主，安全第一”的方针，继续开展“创建平安农机，推进新农村建设”活动，开展“为民服务 创新争优”的示范窗口创建活动，到乡镇、村屯开展形式多样的宣传活动，认真排查、整改农机安全隐患，坚持文明执法和严格执法，实行普法和执法相结合，有效预防农机事故。落实农机安全生产工作目标管理，制定全县农机安全生产工作计划，完善农机事故应急预案体制，层层签订农机安全生产目标管理责任，明确工作职责目标，增强工作的责任感和紧迫感；完善健全监管机构，随着村级农机管理员的落实，县、乡、村三级联动的农机安全监管网络。按照“政府负责、农机主管、部门协作、社会参与、上下联动、齐抓共管”的农机安全监理工作机制，形成了齐抓共管的良好格局，全年无重特大农机事故发生。

5月13日，桂林市水稻机械化育插秧技术现场演示会灌阳现场
县农机局 提供

【农机安全大检查、大整治专项行动】 年内，成立专项行动领导小组，组织监理执法人员对全县农机合作社、农机大户进行督促检查，对辖区内的农田场院、石场工地、乡村道路进行全面检查，重点打击农业机械无牌无证、无证驾驶、未检验作业等违法行为，排查事故隐患，提高“三率”水平。年内，出动执法车辆150台次，出动执法人员450人次，检查拖拉机900台次，纠正违规违章行为200起。查处无证驾驶15人次，强制培训15人次，查处违法载客拖拉机25台次，暂扣拖拉机3台，处罚机手60人次，拆除载客装置25台，受教育机手、群众5000余人次。

【拖拉机入户、年检】 2016年，一是在各乡（镇）主要街口和重点村张贴拖拉机年检通知；二是在各乡（镇）农业服务中心的配合下将年检书面通知分别送到应检拖拉机驾驶员手中；三是在本县电视台滚动播出拖拉机年检信息；四是群发手机短信5000多条，督促及时参检。全年共完成拖拉机年检750台；新车入户25台，与拖拉机手签订农机安全生产责任状750份，以年检促安全，做到从源头上消除农机安全隐患。

【农机推广】 把农机推广工作和农机购置补贴工作紧密结合起来，以“二月八”农具文化节为契机，着力打造“农机购置补贴政策宣传、农机产品推介、农机演示推广、农机操作培训”平台，成功举办现代农机具展示活动，全年共推广各种新机具达1813台（套），其中微耕机772台，联合收割机4台，碾米机343台，水稻插秧机8台，秧盘播种成套设备2套等机具。以水稻生产农机化投入为重点，深入乡镇、村屯开展水稻生产农机作业服务组织发动，动员机手积极投入春耕生产；举办农业机械操作技能、维护保养技术及操作安全主题知识讲座6次，培训人员1000多人次；加强农机专业合作社组织的建设和管理，发挥合作社在水稻生产作业服务和新机具推广应用等方面的带头作用；抓水稻机耕、机插、植保等水稻生产全程机械化示范、技术培训，推广应用水稻生产全程机械化

5月13日，桂林市水稻机械化育插秧技术现场演示会灌阳现场

县农机局　提供

技术，提高农机作业率，提升作业服务水平。全年共投入农业生产机械达4.86万台次，水稻机耕面积54万亩，水稻机插8.1万亩，水稻机收38.4万亩，组织“三下乡”服务780人次，维护检修农机具5098台次。

【农机购置补贴实施】 年内，全县共争取中央和区财政农机购置补贴资金630万元，完成农机购置补贴资金536.97万元，完成第一批资金320万元的167.8%，其中中央补贴资金502.63万元，区补贴资金34.34万元；受益户数1538户，补贴机具数量1813台，带动农民投入1500多万元。农机装备结构得到进一步优化，农业机械化逐步向低耗、高效、高性能、大中型发展。为切实贯彻落实国家农机购置补贴政策，实施好农机购置补贴工作：一是成立由县分管领导牵头，纪检监察、财政、农业、工商、农机等部门负责人参加的县农机购置补贴工作领导小组，组成多部门联合对补贴政策实施进行监管；二是通过网络、会议、发宣传单、走村入户口头宣传等各种灵活多样形式广泛宣传农机购置补贴政策，通过各种形式发放宣传单共5000多份，让广大农民和社会各界了解政策、熟悉政策，将农机购置补贴的内容、程序、资金规模、补贴机具的种类、执行的进度、投诉电话等向社会公开，同时督促经销商对所售补贴机具的型号、配置、价格等在门店上墙公示，让农民清楚了解所要购买机具情况；三是严格按照公开、公平、公正的原则，公正确认受益对象，全县统一在县政务中心办理农机购置补贴申请，对申请购机补贴的农户进行认真审核，对确定购机者的名单、购置机型和补贴金额，在政务网站、乡镇或村务公开栏中公布，自觉接受群众监督；四是开展优质服务，增加补贴工作群众满意度。认真热情地解答农民咨询的有关购机、投诉等问题，及时受理购机申请，积极做好供货、提货、运输等环节的协调工作。日常注意为农民捕捉农机新技术、新机具应用信息，因地制宜地做

5月26日，自治区农机局到灌阳调研　　县农机局　提供

好适用性、经济性调研论证，热情为农民提供技术咨询、产品推介等服务。

【农机产品质量监督与管理】 以购置补贴农机具为重点，开展农机产品售后质量监督工作。按照农业部、区、市的要求，开展农机产品补贴机具的质量调查，确保补贴机具的产品质量和售后服务水平。加强与技术监督部门、工商行政管理部门和其他相关部门的协调与配合，定期开展农机打假专项检查，集中开展假冒伪劣农机产品大检查8次，出动执法检查人员40人次，出动检查车辆8台次，切实维护广大农民和农机手及农机生产、销售企业的合法权益。同时，还通过开展送科技下乡、农机市场专项整治、农机现场演示会等活动，开展技术培训和操作培训，推介优质机具。向广大农民和农机手宣传相关政策和法律法规知识，免费发放技术资料3600多份，引导农民正确选购和使用农业机械，提高维权意识。

【农机培训】 以农业机械化实用新技术、新机具，农业机械化实用机具和实用技术，节水灌溉技术等农机化前沿技术为主要内容，抓住联合收获技术、深耕深松等机械化旱作农业技术的主要技术和环节，开展技能培训，并结合促进农民致富，广泛开展农村党员培训。全年共培训各类农业机械化技术培训446人次，其中拖拉机驾驶员45人次，完成收入5.6万元，其他培训401人次（挖掘机培训班二期72人次，农村党员培训班二期，85人次，农机服务人员培训6期，244人次）。

【水稻种植机械化示范项目建设】 实施农业部水稻生产全程机械化示范项目，在灌阳镇、新街镇、黄关镇等地按“五统一”（即机耕、标准化育秧、机插、机植保、机收）工艺路线，建设了3个水稻生产全程机械化示范点，示范面积为20000亩。该示范项目的实施，较好地促进了农机和农艺深度融合，逐步解决了水稻机械化育插秧“瓶颈”问题，提高全县水稻生产机械化水平，促进了农机服务组织的发展，具有较好的经济效益、社会效益和生态效益。

（县农机局）

气象工作

【概况】 2016年，灌阳县气象局认真贯彻落实党的十八大、十八届五中、六中全会和习近平总书记系列重要讲话精神，全国、全区、全市气象局长会议精神和上级的决策部署，主动适应经济发展新常态，坚持以提高气象事业发展质量和效益为中心，以改革创新促发展为主题，以提质增效强能力为主线，以服务需求为引领发展，狠抓改革攻坚，突出创新驱动，强化法治建设，落实从严治党各项规定，切实抓好“三个年”建设，积极推进气象现代化和各项工作，获得了桂林市气象部门优秀达标单位和“四星级台站”称号。

10月20日，全县安全生产工作会议在县水利电业有限公司会议室召开　　县农机局　提供

【气象服务】 年内，县气象局强化为农气象服务，保障

3月26日，气象信息员到县气象局学习了解气象设施和气象探测环境保护知识　　县气象局　提供

粮食安全。一是强化关键农时及重大农业气象灾害监测预警服务，开展了春播期、汛期等气象服务。二是继续与农业、畜牧、林业、农机、水利等涉农部门加强会商沟通，按照联合下发的关于开展直通式服务的方案做好农业气象服务工作方案的通知，通过短信平台等向种植大户等新型农业经营主体开展了“直通式”气象服务，结合全县农业生产布局，开展水果等特色农业气象服务。三是继续加强对农村预警信息发布体系的运行维护，保证了设备正常运行。

加强公众服务和城镇气象服务。每天制作播放电视天气预报，手机气象短信，气象预警信息实现城市常住人口和临时流动人口的气象服务基本覆盖。利用多种方式及时发布气象预警信息，预警大喇叭覆盖了所有行政村，所有的预警信号都通过手机短信和预警大喇叭等向公众进行发布。城镇天气预报到乡镇，并通过电视和气象预警显示屏发布，实现了城市常住人口和临时流动人口的气象服务基本覆盖。组织修订完善乡镇气象灾害应急预案，风险预警服务体系进一步完善。

加强气象决策服务、开展重大活动气象保障和专业气象服务。通过气象服务信息、专项气象服务、重大气象专报、气象短信等为党政部门、领导和有关部门提供决策服务，修订了《灌阳县气象局重大气象信息报告党政主要负责人的规定实施细则》，认真做好重大活动和突发事件气象保障服务，针对6次暴雨过程，1次雨雪冰冻天气过程，启动重大气象信息报告党政主要负责人流程7次，共开展重大气象专报7次；针对春耕春播、“二月八”、清明节、端午节、高(中)考、国庆、两会等重要农副期及各种节日和重要活动，开展春耕春播3次、特色农业服务5期、专项预报16期。同时针对交通、旅游、保险、电力、森林防火等部门有针对地开展专业气象服务，效果明显。

加强应对气候变化和生态文明气象服务。一是扎实做好人工影响天气工作，减轻气象灾害损

3月30日，灌阳高中学生到县气象局现场了解气象设施和气象探测环境保护知识　　县气象局　提供

洞井瑶族乡椅山村建立的人工影响天气标准作业站

县气象局　提供

开展县级暴雨洪涝灾害风险普查,加强气象灾害风险管理,对灾害风险信息库进行补充完善。二是加强气象宣传,利用“二月八”“3·23”“5·12”、安全生产月、法制宣传月、科普宣传月等开展气象灾害防御知识宣传,提高公众防灾减灾意识和避险、自救、互助能力。

努力提升气象灾害应急水平。一是加强应急响应工作,全年启动重大气象灾害应急响应 8 次,特别是对年内出现的几次大暴雨和寒潮天气过程,均提前预报,准确预警,主动服务,受到了领导和群众的广泛好评。二是组织开展了业务、人影等应急演练,提高气象灾害应急处置能力。三是切实做好重大突发事件气象应急保障工作,做好了人员和物质准备。四是开展气象灾情调查和隐患排查,发现问题及时整改。五是加强部门间信息共享和应急联动机制。

失。作业方案年初通过了县政府审批并印发,6 名作业人员全部进行了岗前培训,2016 年根据天气形势适时组织开展了人工影响天气作业 3 次,发射增雨火箭弹 11 枚,有效缓解了全县旱情。二是按上级要求开展气候可行性论证服务;三是按要求开展了雾和霾预警预报。

改进气象服务方式,扩大预警信息覆盖面。一是下基层接地气,下乡进村开展公共气象服务需求调研,为改进气象服务手段,丰富气象服务产品,拓展气象服务领域提供参考。二是改进气象服务方式,加强业务平台和县级气象预警信息发布体系运行管理,完善突发事件预警信息发布机制,农村气象预警大喇叭运行稳定,正常使用率在 80% 以上。

【气象防灾减灾】 强化气象防灾减灾体制建设。“政府主导、部门联动、社会参与”的气象防灾减灾机制进一步完善,气象防灾减灾工作纳入了政府的绩效考评体系。覆盖城乡的气象灾害防御组织体系和服务体系进一步完善,全县所有乡镇建立了气象信息服务站,气象信息员覆盖了所有行政村,所有行政村安装气象预警大喇叭。细化气象防灾减灾工作的县政府绩效考评方法。乡镇气象信息服务站运行正常,气象信息员认真履责。

进一步强化气象灾害防御能力。一是继续

【气象现代化建设】 2016 年,开展“项目建设年”——以项目建设带动发展。灌阳县气象局综合业务值班用房建设,围墙维修建设均已竣工,建成了洞井瑶族乡椅山村人工影响天气标准作业站。

【气象社会管理和安全生产】 年内,一是强化基本公共气象服务和气象社会管理职能,按照上级要求,进一步规范气象行政审批事项和服务流程,并在灌阳县政府网站公布。编制了单位权力清单和责任清单;二是加强气象探测环境保护,对违犯气象探测环境保护的行为进行及时报告并依法查处;三是强化安全生产工作,认真做好气象保障服务,开展安全生产大检查,加强防雷安全管理,检查重点向教育主管部门通报了学校防雷安全检查的情况,开展风电场、易燃易爆场所的防雷检测。

（县气象局）

扶贫工作

【概况】 灌阳县共有65个贫困村，贫困人口11004户40930人，贫困发生率15.83%，是自治区级扶贫开发工作重点县之一。按照自治区的统一部署，8月份以来，全县对照“八有一超”“十一有一低于”标准开展了脱贫摘帽认定工作。全年已完成洞井瑶族乡椅山村，黄关镇顺溪村、商家村，新街镇石丰村、江口村、龙炼村、三树村，灌阳镇福星村、三联村，新圩镇解放村，水车乡三皇村11个预脱贫村及其他符合脱贫条件的贫困户“双认定”工作10800人，占贫困总人口26.39%，已圆满完成区、市下达的脱贫计划任务。

【产业开发扶贫】 立足本地资源禀赋、产业基础，因地制宜发展特色优势产业。制定了《灌阳县人民政府关于脱贫攻坚特色种养业培育实施方案》，按照“一带一核两园三区”空间格局，把贫困村的产业发展纳入县、乡(镇)产业发展总体规划，做好产业布局。重点发展特色种养、乡村旅游、产品加工等产业，以示范建设带动贫困村产业发展，做强经济。全县投入产业扶持资金2346.7万元，项目覆盖了全部贫困村及90%以上的贫困户。2016年，全县新增砂糖桔、百香果、生态畜牧养殖等特色优势产业，继续发展“南橙、北李、中雪梨”、超级稻等优势产业，有效覆盖了全年预脱贫的11个贫困村和贫困户及明后两年脱贫出列的贫困村贫困户。

【易地扶贫搬迁】 制定了《灌阳县人民政府关于脱贫攻坚移民搬迁实施方案》。“十三五”期间，全县易地扶贫搬迁安置总任务为2944户9486人(其中建档立卡贫困户2686户8653人)，年内搬迁任务为654户2314人(其中建档立卡贫困户595户2099人)。坚持把移民搬迁与小城镇建设、劳务输转、中心村建设和产业园区建设结合起来。搬迁安置方式主要采用分散安置和县城及乡镇建设集中安置点安置。到11月底，全县已完成投资8200万元，占年度计划总投资的53.47%；竣工259户(套)，占计划的39.6%；搬迁380人，占计划的16.42%。

【基础建设】 制定了《灌阳县人民政府关于脱贫攻坚交通基础设施建设实施方案》。改善基础设施是发展经济、脱贫致富的核心支撑。全年全县共投入基础设施建设资金3722.2万元，实施项目220个，其中新建砂石屯路13条7.01千米，维修屯路17条2千米，升级硬化屯路172条106.41千米，新建、维修小水利18处。整合土地整治、小农水、安全饮水等涉农项目向贫困村倾斜，共整合投入资金超亿元。

9月26日，自治区党委督查室主任宁玉琼(左一)现场查看福星村脱贫攻坚数据材料　　县扶贫办　提供

【技能扶贫】 对全县贫困户子女建档立卡，建立到户、到人的教育精准扶贫动态管理信息系统。年内精准实施“雨露计划”，做到了早准备早宣

11 月 1 日，自治区基层办在新街镇江口村检查帮扶手册填写情况

县扶贫办　提供

传，项目计划资金 192 万元，确保实现应补尽补，不漏一人，全县有 158 名学生申请了普通高校本科学历教育补助，中、高等职业学历教育学生申请 231 人，“两后生”中期就业技能培训学员申请 147 人，短期技能培训学员申请 108 人，农民实用技术培训 507 人。

【金融扶贫】 全县严格执行《灌阳县人民政府关于脱贫攻坚贫困户小额信贷实施方案》，严格审核贷款对象，严格授信工作流程，扎实推进扶贫小额信贷工作。截至 11 月 29 日，9 个乡镇 138 个村累计发放小额信用贷款 3301 户，放贷金额 13252 万元，其中 2138 户贫困户贷款用于种果树、大棚蔬菜，养鸡、鸭、牛等，贷款金额 9638.8 万元，其中 1163 户用于建材、百货、副食品加工等经营增收项目，贷款金额 3613.2 万元。

【电商扶贫】 制定了《灌阳县人民政府关于脱贫攻坚农村电商发展实施方案》，加快全国电子商务进农村综合示范县建设，推动农民专业合作社、种养大户、农产品生产流通企业向电子商务企业发展，引导鼓励贫困户积极参与，对贫困家庭开设网店给予网络资费补助、小额信贷等支持，打造一批“互联网 + 扶贫”示范企业（社）、示范村、示范园区。大力培育兴农汇等本地电商企业，截至 11 月底，全县已建成并投入运营电商村级服务点 165 个（其中农村淘宝 28 个，百姓乐淘 14 个，兴农汇 83 个，邮乐购 40 个）；乡（镇）服务站 9 个；仓储物流中心 3 个，共计占地 4600 平方米（其中菜鸟物流占地 1000 平方米，兴农快线仓储物流占地 3000 平方米，百姓乐淘仓储物流占地 600 平方米）；乡（镇）物流中转站 18 个，村级物流收发点 149 个，完成线上销售额 5500 万元。

9 月 26 日，自治区督查组考察洞井瑶族乡椅山村脐橙种植基地

县扶贫办　提供

【社会扶贫】 自治区、市、县、乡（镇）实行党政机关领导及有关单位扶贫联系点制度，分赴全县 65 个贫困村挂点扶贫，为贫困村想办法、出点子、找路子，做好事、办实

事，发挥了重要的作用。此外，县里倡导各人民团体、社会组织、民营企业和广大民众积极参与扶贫开发，针对特殊困难地区和群众脱贫致富的要求，通过定点帮扶、结对帮扶、实施专项扶贫工程、参与具体扶贫活动等多种形式，支持产业发展，援建基础设施，发展教育卫生，改善生产生活条件，开展生态环境建设。重视扶持困难学生，发动企业及各界人士捐资助学。

（县扶贫办）

11月30日，自治区农业厅到灌阳督查产业扶贫工作

县扶贫办　提供

林业·水利

3月2日,千家洞保护区野外巡护　　　　千家洞管理局　提供

林　业

【概况】 2016年，全县完成植树造林866.6公顷，占任务的108.3%，全民义务植树48万株。完成石漠化监测调查工作，全县共设置石漠化监测点88个，石漠化综合治理项目中完成人工造林0.15万亩，封山育林0.76万亩。完成自治区级示范村屯绿化37个，一般村屯绿化780个，占任务的100%。完成新一轮退耕还林5000亩，兑现补助资金400万元，占任务的100%。完成良种油茶造林5000亩，至年底，全县共有油茶面积6.6万亩。2016年，全县森林覆盖率74.59%，活立木总蓄积量为931万立方米。

【植树造林】 2016年，全县完成植树造林面积866.6公顷。其中迹地更新133.3公顷，荒山造林400公顷，退耕还林333.3公顷；完成全民义务植树48万株。

【森林防火工作】 2016年，全县进一步落实行政领导负责制，提高全民森林防火意识。全年发送手机短信20万条、组织森林防火安全教育授课120节，发放森林防火知识读本5.5万本。出动宣传车辆200辆次，发放宣传资料10万份，书写临时宣传标语1200条，宣传墙报4期，与县气象局联合发布火险气象预警信息。完成县专业、半专业森林消防队员培训，培训乡镇指挥员28人，专业、半专业队员296人；抓好防火林带的种抚育管护，新建防火视频监控3套。完成森林防火数据库更新升级工作和森林防火通讯站维护；完成石漠化综合治理工程新圩森林防火项目建设。全年共发生森林火灾47起，过火面积达323公顷，没有发生重特大森林火灾和人员伤亡事故。

【生态公益林保护】 2016年，全县建立健全公益林四级管护体系，公益林管护面积55.23万亩，管护率100%，合同签订率96%；完成生态公益林补偿资金731.46万元。

【项目用地审批】 严格项目用地审核报批工作，全年共报批项目15个，审批用地135.8公顷，其中重大项目有正江岭风电项目、新圩农产品交易市场项目、永安关经水车至灌阳公路项目(357国道)。

【林产工业发展】 全县严格林业企业审批管理，全年规模林业企业控制在100家以内。规范林产工业档案管理，加强木材集、调材数据统计上报；强化安全生产管理，经常进行安全生产检查。发展高新林产工业，自治区龙头企业都庞岭木业顺利建成投产。

【农村能源建设】 全年完成揽胜养殖场沼气工程，建设规模1200立方米；完成大井塘村沼气集中供气工程建设，实现供气260户；新能源综合试点示范项目完成太阳能路灯31盏；完成灌阳

2016年，千家洞保护区防火林带维护　　千家洞保护区　提供

镇垃圾沼气化处理工程,建设120立方米池容及附属设施的沼气池一座;建成沼气安全管理使用宣传画栏40幅。

【打击涉林违法犯罪】 开展严厉打击非法占用林地等涉林违法犯罪行动取得显著成效。全年共破刑事案件17起,抓获犯罪嫌疑人19人,其中刑事拘留5人,逮捕4人,取保候审13人;查处林业行政案件44起,查扣木材140.3立方米,罚款13.9万元。

【野生动植物保护】 全年开展打击非法捕猎、贩卖野生动物专项行动,共收缴捕鸟网7张、捕猎夹500多个,放生白鹭3只和猪獾1只,放生蛇类蛙类多批。开展野生动植物保护宣传活动,发放宣传资料11000多份,宣传手册6000多册;加强对全县13家驯养繁殖单位疫源疫病的监测防控,审核办理野生动物驯养繁殖证3本。年内,开展全区第二次古树名木调查工作,已完成外业调查工作。

【山林纠纷调处】 全年共调处积案12件,其中下达处理决定7件,送县调处办、法制办审查决定3件,主持当事人达成调解协议2件。全年新增案件11件,其中下达处理决定2件,送县调处办、法制办审查决定7件。应对市政府复议7件,应对上级法院诉讼案件6件。年内,调处风电场征地纠纷3件,受理涉及山林权属纠纷的信访案件4件。

【林权制度改革】 全县林权制度改革工作成效显著,全年发展林下经济面积41万亩,完成林下经济产值5.5亿元;林权抵押贷款登记211笔,新增贷款2856.5万元,林权抵押贷款余额1.3亿元。通过县财政扶持,完成政策性森林保险面积202.54万亩,实现政策性森林保险面积全覆盖,林权流转工作得到稳步推进,全年变更林权登记10本,面积1132亩。

【灌江国家湿地公园通过评审】 2016年12月,灌江国家湿地公园总体规划通过国家林业局专家评审,正式获得试点建设资格。

【大坪山油茶基地被评为区级示范园】 2016年,黄关大坪山油茶基地通过广西壮族自治区林业厅评审,被评为自治区“油茶高产高效示范园”。

(县林业局)

水利水电

【概况】 2016年,县水利水电工作贯彻党的十八届五中全会精神,落实县委、政府的决策部署,结合全县水利工作实际,全力推进水利项目建设,抓好防汛抗旱工作,加强水利管理工作,深化改革,推进全县水利水电事业协调发展。全年完成水利水电固定资产投资18200万元,占年度目标任务的100.11%。

【项目资金】 全年坚持“项目兴水”目标,抢抓政

8月5日,县水利局开展采砂执法　　县水利局 提供

策机遇，把握县内水利工作得到区、市水利部门高度重视的机遇，紧盯中小河流治理、水库除险加固、农村饮水安全、中央财政小型农田水利、水土保持等国家投资的建设项目内容，积极主动争取资金。全年向上争取资金11361万元，完成目标任务的100.01%。

12月13日，市农水站到杨柳井检查人饮项目　　县水利局　提供

【项目储备】 2016年，围绕“十三五”规划水利目标和国家水利政策资金投向，精心策划加强项目储备，全年完成1000万元以上储备项目5个，项目投资11100万元，办结5个服务项目工作。对灌阳县福利中心老年护慰楼生态建设项目水土保持方案报告表、2015年农网改造升级工程新增35千瓦及以下项目生态建设项目水土保持方案报告表、关于印发110千瓦湾岩双T南胡Ⅰ、Ⅱ回线路工程水土保持设施验收鉴定书的函、灌阳县人民法院诉讼服务中心水土保持方案报告表、灌阳县兴发变至胡家变110千伏线路改造工程水土保持方案报告表、灌阳县水车乡城中村改造项目水土保持方案报告表、灌阳县黄关镇棚户区改造建设工程项目水土保持方案报告表进行了审批。

【重点项目建设】 一是抓好农村饮水安全提质增效工程建设，全年完成投资90万元，完工7处，解决1125人（贫困人口）的饮水困难。二是做好中小河流治理项目，计划投资6500万元实施灌阳河灌阳镇官潭至峡口河段、灌阳镇福星村河段、水车乡伍家湾至官庄老村河段、新街镇江口段等4个河道整治工程；2016年完成投资620.5万元，项目前期工作全部完成，新街镇江口段、水车乡伍家湾至官庄老村河段、灌阳镇福星村河段已开工，新街镇江口段河道整治工程完成护岸3.5千米。三是推进第五批2015年中央财政小型农田水利重点县建设。至年底完成投资2600万元，主体工程完工。灌区的农田灌溉条件得到很大的改善，推动农村经济发展。四是推进新建小（二）型水库建设。计划新建小龙、幸福塘、长坝塘、班田水库、社公塘等五座水库。2016年末，已完成长坝

8月10日，水利部水保中心带队调研灌阳县水土保持项目实施情况
县水利局　提供

塘、社公塘、班田水库可研报告初稿,完成土地预审、节能登记工作、环评、规划选址等前期工作。五是水土保持工作有续推进。截至 12 月底完成投资 1033 万元。懈江小流域综合治理工程已完工,完成综合治理面积 24.03 平方千米。

【防汛抗旱】 2016 年,汛期水情总体属于正常偏丰年份,部分主要河流发生较大洪水。全县防汛抗旱工作坚持“以防为主,安全第一”的工作原则,牢固树立防大汛、抢大险的思想意识,早行动、抓主动,确保各项防汛抗旱工作落到实处。一是认真做好汛前检查,汛前县防办组织对全县河道、水库等度汛工程进行拉网式大检查,针对检查中发现的问题及时安排整改;二是召开全县防汛工作会议,对防汛工作进行全面安排部署,落实了以行政首长负责制为核心的各项防汛责任制,充实调整了县防汛抗旱指挥部;三是修编、完善各种应急预案,提高处理突发事件能力;四是加强防汛抗旱物资储备和防汛抗旱队伍建设;五是汛期坚持 24 小时值班制度,做到下情上报及时准确,上情下达执行有力。由于措施有力,年内全县无重大险情发生,防汛减灾工作取得阶段性胜利。

【水政执法】 2016 年,全县水政执法不断创新工作机制,加大水政执法力度,坚持依法行政和依法治水,加大法律法规宣传力度,增强了广大群众人与自然和谐相处的理念。同时不断加大水政执法力度,县水利局水政人员联合各乡镇开展河道采砂整治行动,共开展采砂巡查活动 78 次,与各乡镇联合下发《责令停止水事违法行为通知书》58 份,制止非法采砂行为 21 起、取消违法采砂点 15 个。

【水资源管理与保护】 按照全区实行严格水资源管理制度。2016 年,全县用水总量控制目标为 2.45 亿立方米,实际用水总量为 2.34 亿立方米,低于年度控制目标。全县万元地区生产总值用水量 313 立方米,降幅高于控制目标。全县万元工业增加值用水量 68 立方米,降幅高于控制目标。全县农田灌溉水有效利用系数控制目标为 0.495,高于年度控制目标。

2016 年,灌阳县切实加强县内水资源保护,落实严格的水资源管理制度,全面贯彻取水许可、水资源有偿使用、建设项目水资源论证制度,规范水资源行政许可审批,做好取水许可台账录入工作。强化水能资源管理,确保水电有序开发。全面落实生产建设项目水土保持各项制度,预防和减少水土流失。同时,坚持水资源开发利用与节约保护并重,积极开展节水型社会建设,加强城乡居民生活饮用水水源地水资源保护。以清洁的水资源、良好的水生态、优美的水环境服务县域经济社会跨越发展。

(胡　容)

水文工作

【概况】 灌阳水文站始建于 1961 年,位于灌阳县灌阳镇卿家村的灌江左岸,是长江流域洞庭湖区湘江水系湘江的一级支流——灌江的主要控制站。站址上距河源 82 千米,下距湘江河口 79 千米,

7 月 8 日,桂林市水电行业协会第二次代表大会在灌阳县召开

曹文娟　摄

集水面积954平方千米。承担灌江的水文监测任务，主要测验项目有水位、流量、比降、降水量、水质监测等。2016年5月，根据自治区水利厅《关于自治区水文水资源局水文测站改革有关问题的批复》，灌阳县中心水文站正式成立，由原灌阳水文站组建而成，共有正式在编人员5人，是灌阳县域水文行业管理机构，下辖灌阳水文站，文市镇、观音阁乡文明村、西山瑶族乡3个水位站，27个遥测雨量站。其中灌阳水文站为国家基本水文站，观音阁乡、西山瑶族乡、黄关镇、西山瑶族乡大坪村、新街镇三江村、洞井瑶族乡太和村小盘洞屯为国家基本雨量站。

【设施维修】 2016年2月，完成了汛前各项维修保养工作，清理沉沙池，给测流缆道上油及调整缆道循环索，校核了水尺零点高程，进行了大断面河底高程测量及基本水准点的校核，每月原始资料按时入库等基本工作任务。同时，对灌阳辖区内的基本雨量站和大部分中小河流雨量站检查维护了一遍。10月初—11月底对部分水文设施进行了汛后维修，完成了缆道上油、循环索调整维护、水位台沉砂池清淤、对文市镇、西山瑶族乡、观音阁乡文明村中小河流水位站基本水准点校测等一系列工作。

【水文监测】 2016年，灌阳县辖区内降水量主要集中在4—6月，其中最大日降雨量为正江站5月4日157毫米。2016年由于受厄尔尼诺气候的影响，灌江河段灌阳水文站出现5场洪水，其中3次超警，其中年最高水位247.61米(6月16日)相应流量835立方米/秒属正常洪水，最低水位为245.13米(10月15日)相应流量为6.3立方米/秒。

【水情服务】 2016年主汛期期间，灌阳中心水文站参照《桂林市水文局水情预警预报发布管理办法》，制定《灌阳水文站水情预警预报发布管理办法》为当地政府及防汛办发布了10次超警水位，分别为7次蓝色预警和3次黄色预警，同时利用桂林市水文局短信平台，为当地防汛成员及市局领导发送水情短信41次无一错漏，突出“预测—预警—预报”服务主线，大力推行“一张纸”专报和“一键式”短信快报，及时将预警信息报送地方党委政府并向社会发布，为防汛抗洪部署赢得先机，及时完成了水情报汛服务工作。

【水文服务】 5月11日，中心水文站安排技术人员与水车水库管理处一起完成了对水库大坝东、西干渠流量监测工作，积极加强与地方联系，拓展了水文公共服务平台。同时，中心水文站在5月份，积极配合灌阳县人民政府完成了申报国家湿地公园的工作任务。

(县中心水文站)

水库移民

【概况】 2016年，灌阳县水库移民工作管理局坚持“改善移民生活、发展库区经济、维护两区稳定”的指导思想，以科学发展为主题，以促进移民安稳致富

11月10日，市移民局到水车乡合成村查看为民办实事工程

县移民局　提供

和全县库区、安置区跨越发展为目标,深入推进移民后扶工作,各项工作稳步推进。

7月28日,水车乡合成村苗源屯道路硬化施工现场　县移民局　提供

【基础设施建设工程】 在完成上年任务的基础上,继续实施完善水库移民基础设施建设工程,切实解决库区和移民安置区村屯道路及新村建设等基础建设问题。年内3个新村建设及苗源村屯道路、绿化项目工作全部完成。

【库区移民扶持】 根据自治区移民局按照水库移民后扶人口比例分配项目资金的政策,在全县移民后期扶持人数少的情况下,全年落实为民办实事项目3个,争取资金87万元;"美丽广西·生态乡村"水库移民村屯道路硬化项目1个,争取资金41万元;"美丽广西·生态乡村"水库移民村屯绿化示范点项目3个,争取资金36万元。全年共争取上级项目资金164万元,保证了县内库区移民扶持工作的持续发展。

【项目实施】 2016年,全县共建设村屯道路项目1个,硬化村屯道路1.16千米;水库移民村屯绿化示范点3个,种植红豆杉630株,八月桂、罗汉松275株;为民办实事项目3个,旧房改造4户,住房外墙装饰102户。全年共完成项目投资164万元,水库移民的交通出行环境和水库移民的生活条件得到进一步改善。

【后期扶持】 县水库移民工作管理局严格执行后扶资金管理使用办法,严格落实"专户管理""县级报账""资金直达"等制度。规范资金审批拨付程序,落实稽查、审计等各项制度,从项目申报、计划分配到项目实施各个环节,实行全过程跟踪管理,确保建设资金真正用于规划项目,确保工程安全、资金安全和干部安全。原迁移民人口动态管理是确保移民直补政策公正和移民项目规划计划准确的重要手段。在上年就提前酝酿原迁移民全面核查工作,在各镇村自查自报的基础上,年内及时更新了原迁移民人口管理数据库,确保原迁移民后期扶持资金发放的准确性、严肃性,全年共发放移民后期扶持资金132.9万元;对自然减员的原迁移民后期扶持资金,按政策规定及时纳入大中型水库移民扶持项目规划。

【水库移民教育培训工程】 年内,对水库移民分批分期进行了思想教育和生产技能的培训。全年办培训班1期,受训人数25人。同时,配合教育部门做好就读普通高中和中等职业学校的学生给予资助。

(秦　燕)

广西千家洞国家级自然保护区

【概况】 广西千家洞国家级自然保护区前身为国营灌阳县都庞岭林场,2006年2月晋升为国家级自然保护区。保护区总面积12231公顷,属森林生态系统类型自然保护区,主要保护对象:一是亚热带原生性常绿阔叶林森林生态系统;二是南岭山地的生物基因,尤其是国家保护的野生动植物物种基因;三是水源涵养林。2011年10月,桂林市机构编制委员会批准成立广西桂林千家洞国家级自然保护区管理局，为桂林市林业局管理的副处级参公事业单位，内设办公室、财务科、保护管理科、经营管理科、科研宣教科、森林防火科6个机构和沙岗管理站、八道水管理站、雷家江管理站等保护站点。

【日常管护】 2016年，保护区加强森林资源保护管理，按时开展固定巡护路线的巡护工作，年内完成远程巡护、联合检查8次，捣毁违法活动窝棚1个，收缴一批兽夹兽套等捕猎工具，有效制止非法猎捕、盗伐林木行为，保护管理工作取得明显成效。同时，严格开展专项整治工作，开展了打击非法占用林地、破坏陆生野生动物资源等专项行动；配合县人民政府及相关职能部门对保护区周边河道取沙行为进行全面清理整顿。坚持抓好森林防火工作，采取悬挂横幅、群发短信、竖立防火永久性宣传牌、发放宣传资料和召开座谈会等方式加强森林防火宣传，提高公众森林防火意识。做好生物防火林带抚育管理，建立森林防火微波监控系统，完善扑火机具配置，修订森林防火工作措施及应急预案，确保森林火情及时有效处置。

【基础设施建设】 2016年，保护区完成综合业务用房及其附属配套设施、森林防火视频监控系统建设并投入使用，维护林区道路5千米，硬化道路2.5千米。保护区旅游基础设施道路建设工程全面完成。

【野生动植物保护】 年内，依托“爱鸟周”“世界野生动植物日”“保护野生动植物宣传月”等平台，开展多种形式的保护野生动植物宣传教育活动，发送短信1万条，发放宣传资料2000份，悬挂宣传横幅9条，进社区张贴标语200多条，营造共同保护野生动植物的良好社会氛围。坚持开展陆生野生动物疫源疫病和林业有害生物防控工作，严格防范疫病传播和林业有害生物的危害。

【科研调查】 2016年，保护区积极开展科研调查，完成了全国第二次陆生野生动物资源调查的专项区域调查工作，通过自治区林业厅组织的广西区内动物专家组检查验收。协助山东聊城大学专家开展土壤微生物调查取样、中国科学院植物研究所和中国科学院成都生物研究所开展野外考察等工作。

【队伍建设】 年内，保护区切实加强队伍建设，坚持开展思想政治教育和业务培训工作。为提升保护管理能力，举办了保护区“五化”建设、森林防火等业务知识培训班，组织科室站负责人到猫儿山保护区进行能力建设考察学习，提升了保护管理人员素质。同时，完善各种规章制度，强化科学管理，以提高管理队伍综合素质，促进保护区建设和发展。

【社区共建，联防联管】 年内，保护区深入周边社区宣传、讲解保护区相关法律、法规和政策，召开村干部、村民小组长、群众代表座谈会，发放资料600余份，共同商讨开展社区共建工作的途径和办法，促进林区和谐稳定，加强联防联管，形成共管合力，切实做好森林资源保护工作，维护区域生态安全。

（蒋拥华）

7月13日，千家洞保护区林业有害生物普查　千家洞管理局　提供

商　　业

11月11日，首届灌阳县2016年双十一"党旗领航·电商扶贫"我为家乡推品牌主题活动在灌阳电子商务公共服务中心举办　　刘召龙　摄

集市贸易

【概况】 2016年,灌阳县市场服务中心管辖水车、文市、新卫、新圩、城关、新街、黄关、观音阁、西山、洞井10个农贸市场。县城大市场为私营股份制市场。关于集市形式有两种:一是圩日赶集。每逢圩日,四周居民上市出售和购买物品,汇合成集。较大的圩镇日日圩,小圩镇几日一圩;一般是早晨集市,近午散集亦有中午散集的,较大的圩镇则为整天集;二是节日集。关于以传统的"八月十五"中秋节、春节、国庆、元旦、观音阁圩日的"九月初一"庙会为圩,尤以农历"二月八"最为热闹。2016年"二月八",全国各地的客商纷涌而来,达十万多人。专业市场。随着农村经济的发展,各乡镇形成了季节性的专业市场,如文市黑李、奈李水果市场;新圩的和睦黑李水果市场;灌阳县城雪梨一条街。

【农贸市场改造升级】 灌阳县农贸市场多建于20世纪80—90年代,多为砖瓦结构,由于建造时间早,布局不合理,年久失修,存在很大安全隐患,现行的农贸市场与经济发展不相适应,2011年、2012年分别对新街、新圩的农贸市场进行改造,2012年全面完成黄关农贸市场的全拆全建工作,对市场内的摊位等进行完善,提升了功能设施,提高了人气,同时缓解了黄关街道车堵人难行的现状。加强市场的安全管理,开展市场安全隐患大整治。2015年文市镇旧市场改造,新建总建筑面积2万平方米的旅游商业街,总投资4800万元,2016年项目已基本建成。

【市场安全管理】 认真贯彻落实《市场物业管理规定》和《市场消防管理规定》,增强管理人员的消防安全意识和应急能力,实施安全监督管理,把市场物业管理与市场安全生产检查相结合,对各物业管理所进行定期、不定期的安全生产检查,特别是抓好"五一"、中秋节、国庆节及秋冬防火集中的安全生产专项检查及消防安全专项检查工作,同时对各市场的消防设施、设备是否到位、是否完好、是否通过年检等情况进行核查、登记,以保证市场消防设施配备齐全,随时可用,创造一个良好的消防安全环境,消除市场内的安全隐患。

(县市场服务管理中心)

商　务

【概况】 2016年,灌阳县完成社会消费品零售总额18.52亿元,同比增长10.8%。批零餐住方面:批发业4.68亿元,同比增长10.0%;零售业17.78亿元,同比增长10.3%;住宿业0.30亿元,同比增长11.4%;餐饮业3.09亿元,同比增长13.13%。

"二月八"热闹的滨江路　　王　珊　摄

【成品油行业管理】 2016年,县工信商贸局共对全县加油站进行安全生产监督检查17次,出动人员151人次,及时有效地消除了加油站存

7月9日,县工信局参与党旗领航·电商扶贫"七一红色购物季"活动

县工信局 提供

15次,累计106人次;其他执法21次,累计151人次。共计进行商务执法104次,累计出动执法人员595人次,有效地维护了市场秩序和稳定。

【限上企业】 2016年,全县在原有基础上新培育发展了1家"四上"企业(桂林市灌阳县兴农电子商务有限公司),退出了2家(灌阳鑫茂汽车销售有限公司、灌阳县愉快电器有限公司),全县商贸流通限上企业总数为10家。其中,批发企业1家(灌阳群盛贸易有限责任公司),零售企业及大个体8家(灌阳源意商贸有限公司、灌阳县新华书店、灌阳县鸿运汽车销售服务有限公司、桂林市灌阳县兴农电子商务有限公司、灌阳县家家福超市、灌阳县黄关镇怡家超市、灌阳毕生医药有限公司、灌阳县文华电器经营部),住宿餐饮企业1家(灌阳县红豆杉大酒店)。

在的一些安全隐患;对16家加油站签订了安全生产目标管理责任书,围绕灌阳县成品油需求量的实际,重点检查各加油站,严查无证无照经营成品油行为,规范灌阳县成品油市场。协同工商质监加大成品油检查力度,确保成品油产品质量和防止无合法来源油品在灌阳县销售。同时对合法企业进行了尾气回收装置改造督察及年审工作。强化了灌阳县成品油市场监测、监管制度,使灌阳县成品油市场健康有序发展。

【商务执法】 2016年,随着商务行政执法领域的不断发展,县工信商贸局在行政执法过程中,始终贯彻落实以人为本的行政执法观,坚持服务与管理并重,定期或不定期开展执法检查,严厉打击各种违法行为,规范和维护冻肉品类和成品油市场秩序。2016年,进行流通领域食品安全执法44次,累计158人次;零售商促销执法7次,累计29人次;成品油市场执法17次,累计151人次;单用途商业预付卡执法

【对外贸易】 2016年,县工信商贸局通过积极指

11月22日,市商务局到灌阳进行对外贸易调研工作

县工信局 提供

7月23日，县工信局执法人员对加油站尾气回收装置安装情况进行专项检查　县工信局　提供

导引领，新发展2家企业进行对外贸易经营者备案登记，取得对外贸易资质，全县外贸企业由3家发展到5家（灌阳县兴农电子商务有限公司、桂林灌阳华兴冶炼有限公司、灌阳县桂灌石材有限责任公司、桂林灌阳亚东选矿设备制造有限公司、灌阳县贵达有色金属有限公司），外贸队伍进一步壮大，为灌阳县外贸进出口实现零的突破奠定了坚实基础。

【电子商务进农村】 2016年“电子商务进农村”项目完成各项基础设施建设，完成对县、乡、村三级服务站点；三级物流体系；培训体系、品牌培育打造体系的初步验收工作。9个乡镇服务站、106个村级服务点全部运营，为灌阳县农产品上行创造了极大便利。

【品牌培育】 2016年，推行社会办节、协会办节新模式，成功举办“二月八”农具文化节，受到社会各界的广泛赞扬和好评，同时增添了品牌商机并创造出良好的社会效益和企业经济效益。

（县工信局）

烟草专卖

【概况】 2016年，灌阳县烟草局（营销部）共销售卷烟7606箱，完成7750箱任务的98.1%，较2015年8724箱减少了1118箱，增幅-12.8%；卷烟销售累计单箱金额21593元，完成23370元任务的88.7%，较2015年21593元减少了2652元，增长率-12.3%。

【推进卷烟打假破网工作】 2016年，县烟草局盘活现有人员，成立县局稽查大队，进一步强化稽查力量，同时注重内外协同、综合治理，坚持政府主导，积极联合公安、工商、交通、邮政、物流等部门，扎实开展“百日行动”“雷霆行动”“国门利剑”及重点节假日等专项市场整治行动，坚决打击假私非烟和无证经营行为。在2016年专卖科的季度考核中，灌阳县暗地经营无证户数、低价销售的持证户同比都有较大幅度减少，辖区卷烟市场环境得到进一步规范。1—12月份共查处各类涉烟案件61起，案值42.8万元，同比增长23%；其中1万元以上案件6起；查扣假非烟53.1万支，同比增长238%，有力打击了涉烟违法犯罪行为。

【运用专卖“APCD+E”市场监管模式】 县烟草局按照烟草零售市场检查指引，通过市、县两级的培训，使用“APCD”工作法信息平台建立重点监管对象档案，借助移动终端APP来开展市场监管工作，切实提升了市场监管实效及信息化管理水平。2016年以来，在桂林烟草专卖APCD工作法信息平台共产生预警148822条，其中列入走访计划1233条，通过“APCD”工作法查获案件18起。

【依法行政】 2016年，县烟草局共受理申请办证32份，准予新办30户，不予办证12户，变更0户，停业80户，歇业4户，补办0户，复业

12户，延续1551户。全县辖区共有持证户1452户(其中停业46户)，食杂店1371户，便利店12户，超市11户，商场0户，烟酒商店5户，娱乐服务类23户，其他类30户。县烟草局建立健全了受理、审核发放、变更等管理制度，在受理新办证申请过程中，坚持从实际出发与从严把关相结合的原则，严格执行由“申请人填报、市管员出具初步意见、实地核查、主管部门审批”的申办流程，做好零售许可证的发放工作，实行行政许可公示制度，接受社会群众的监督。同时完善各种申办基础资料，以备后查。于12月中旬召开合理化布局听证会，对《灌阳县烟草制品零售点合理布局规划》进行修改，通过新的《灌阳县烟草制品零售点合理布局规划》，使得县烟草局卷烟零售点布局更趋于合理化、科学化，为提升该局烟草专卖管理和服务水平，规范烟草市场经济秩序奠定更加坚实的基础。

（县烟草局）

12月6日，县供销社领办成立黄牛寨合作社联合社

县供销社　提供

县供销合作社联合社

【概况】 灌阳县供销合作社联合社(以下简称“灌阳县供销社”)是参照公务员管理的事业单位，核定事业编制9人。全县供销系统共有基层社8个，直属企业3个，共有职工172人，实际从业人员69人，离退休职工103人。2016年有在编人员10人，设主任1人，副主任2人，纪检组长1人，下设办公室、财会审计股和综合业务股。

【综合业绩】 2016年，全系统实现销售总额46500万元，同比增长14%；购进总额38700万元；消费品零售额15000万元，消费品零售额同比增长14%；售给农民农资商品16000万元，同比增长7%；完成农副产品收购额8700万元，同比增长16%；所有者权益2444万元，同比增长1.45%，实现利润35万元；

10月，洞井保良村综合服务社挂牌成立　　县供销社　提供

新领办农民专业合作社 3 个;领办农民专业合作社联合社 1 个;完成项目投资 2140 万元。

12 月 16 日,灌阳县供销电子商务有限公司成立　县供销社　提供

【为农服务网络体系建设】 2016 年,新领办灌阳县成伟水果产销专业合作社、胡氏李类种植专业合作社、灌阳县富民紫甘薯 / 红心萝卜种植专业合作社 3 个农民专业合作社,领办成立黄牛寨种养专业合作社联合社,挂牌成立了灌阳县供销电子商务有限公司,新建黄关综合服务社 1 个,新建洞井瑶族乡保良村综合服务站 1 个。

【新网工程建设】 推进“灌阳县振合文市日用消费品配送中心”项目建设。拟建设安置职工住宅楼两栋、综合超市、展示展销、配套商务酒店一栋、配置日用消费品配送信息系统。项目建筑用地面积 2768.9 平方米,总建筑面积 9396.5 平方米,该项目投资总额 2600 万元,已完成第一期工程投资 160.2 万元,第二期计划投资 997.4 万元,已完成投资 447.5 万元。通过龙头企业 + 配送中心 + 综合超市 + 农家店经营,促进了农副产品、日用消费品销售,加速农村现代流通网络建设。

【春耕农资商品组织供应】 2016 年,完成农业生产资料购进 9987 吨,完成销售 6660 吨,其中销售化肥 1100 吨,销售农药 31 吨,销售农膜 29 吨。化肥销售中,主要尿素、磷肥、钾肥、复合肥,分别销售 950 吨、1800 吨、1900 吨、850 吨、1100 吨。

（邓世英）

粮油贸易

9 月 6 日,自治区粮食局党组书记、局长吴宇雄(左四)一行到灌阳就粮食直补订单收购及仓储管理工作进行调研　刘　婷　摄

【概况】 2016 年,灌阳县粮食局在县委、政府和区、市粮食局的正确领导下,紧紧围绕全县经济社会发展的中心工作,按照“守住管好天下粮仓,做好‘广积粮、积好粮、好积粮’三篇文章”的总要求,严格落实中央“八项规定”,狠抓机关效能建设,认真履行粮食行政管理职能,加强粮食流通监督检查,维护粮食市场秩序,确保自治区和地方储备粮食管理安全。

【直补订单】 2016年，全县自治区和县级储备粮订单粮食收购任务为普通早籼稻8500吨。具体任务分为：黄关镇2220吨、新街镇4600吨、灌阳镇1292吨、水车乡388吨。截至9月30日，全县四个粮站共收购早籼稻8500吨占总任务的100%，收购工作任务圆满完成。

9月，新街镇粮农将卖出的粮食送往仓库　　刘　婷　摄

【粮食贸易】 2016年，共销售、出库自治区储备粮2744吨，销售金额为643万元，县级储备粮轮换销售1680吨，实现销售收入398万元。

【粮食保管与安全】 2016年，县粮食局对宏泰公司的4个储粮点进行全面检查，做到"有仓必查、有粮必查，查必彻底，不留死角"保管的粮食均达到"一符四无"粮食标准。

【争取项目及资金】 2016年，向上争取到农户科学储粮专项投资实施2500套。资金分别按中央补助投资、地方财政配套、农户自筹30%、50%、20%方式筹集，农户只需出资90元即可购买价值450元的新型彩钢板粮仓一套，县有关储粮户可享受财政补贴资金90万元。7月底，在新街粮站生产的2500套新型彩钢板粮仓，农户全部购置完毕。

（县粮食局）

水利电业

【概况】 灌阳县水利电业有限公司成立于2003年11月29日，注册资金2255万元，拥有总资产38939.85万元，是广西水利电业集团有限公司的控股公司。公司内下设7个职能部室、下辖9个乡镇供电营业所，15座变电站，变电总容量为44.325兆千伏安，其中110千伏电站4座，35千伏变电站11座。灌阳县水利电业有限公司作为灌阳县唯一的供电法人，属中型企业，负责经营趸购电量、城乡电网建设和改造、水电开发经营、发供电工程施工安装、设备及材料配件销售，技术服务咨询等业务；主要供电区域为灌阳县行政区域，实行全额包销小水电电量，供电来

9月，新街镇粮站工作人员收购粮食　　刘　婷　摄

9月7日，自治区物价局领导到县水利电业有限公司调研

县水利电业有限公司　提供

源有桂供、本县小水电、国家电网公司(湖南电网)。2016年获得"自治区和谐企业""诚信纳税大户""先进单位"等荣誉称号。

【经济指标完成情况】 2016年，全年累计供电量为89535万千瓦时历史新高；全年累计完成售电85579万千瓦时；公司网损率为4.42%；应收电费4.76亿元；全年共完成营业收入37629.84万元；累计完成投资2568.68万元；资产保值增值率：公司资产保值增值率为106%；经济增加值(EVA)：77万元。

【安全管理】 2016年，灌阳县水利电业有限公司落实各项安全管理制度，狠抓安全检查，对线路设备的安全隐患及时进行维修整改，实现了安全事故为零和伤亡事故为零的管理目标。

【供电服务】 2016年，灌阳县水利电业有限公司全力完成上年农网升级改造工程建设任务，提高供电服务质量，为有效改善公司网架，解决因家电下乡、人民生活水平日益增长，促使用电负荷日益增长而导致供电线路线径偏小、电压偏低的突出矛盾提供有力的保障。

（文晓萍）

旅 游 业

3 月 25 日，桂林市春季旅游扶贫就业专题招聘会现场　　县旅游局　提供

概　　述

2016年，全县主要景区有千家洞景区、新圩阻击战旧址、月岭古民居、小龙自治区特色旅游名村、唐景崧故居、文市石林群落、千家洞国家级自然保护区、太子山原始森林、高草禅林寺等。县内有千家洞旅游有限责任公司、月岭古民居旅游有限责任公司，全县共接待游客53.02万人次，同比增长23.1%，全县完成旅游综合总收入5.21亿元，同比增长14.8%。12月19日，《关于印发全国红色旅游经典景区名录的通知》（发改社会〔2016〕2662号）公布，灌阳县《湘江战役灌阳新圩阻击战旧址》列入全国红色旅游经典景区名录。

旅游行政管理

【机构】 2016年，灌阳县旅游局属行政单位，行政编制4名，其中局长1名，科员3名。实有行政编制工作人员3名，其中局长1名，科员2名。

【旅游执法大队】 属县旅游局下属机构，全额拨款事业单位参公管理，事业编制4名。实有事业编制工作人员4名。

旅游景区

【千家洞（黑岩）景区】 位于县城北部7.5千米处的苏东村和小龙村之间。千家洞（黑岩）景区占地5.7万平方米，是集溶洞游览、酒店住宿、餐饮、瑶族保健、娱乐等为一体的休闲景区。目前景区投入资金1.2亿元，完成一期工程的80%建设项目，在旅游、住宿、餐饮、娱乐等方面形成初步接待能力，有按四星级标准建的客房186间，一栋7860平方米综合大楼，并拥有可同时接待500人用餐的大型餐厅，以及相关的娱乐和活动设施。景区瑶族的文化内涵丰富，建筑、服饰、饮食、生产、生活习惯有浓郁的瑶寨风格。景区溶洞长度在20千米以上，为特大型岩洞洞穴，溶洞地下河贯通全洞，常年4个流量，洞内空气清新，四季恒温18℃。溶洞内石笋、石柱、石幔、石梯田、石晶针、石花、鹅管、边石坝、吊石柱，以及钙华、石盾结构完整，地质形态保存完好，具有典型的岩溶地貌特征。洞内泛舟，游江、览景、听瀑、寻幽浑然一体，奇幻天成。

【千家洞国家级自然保护区】 位于县城东南18千米，总面积125平方千米，属国家级自然保护区，保护区内有丰富的动植物资源，属国家重点保护的二级珍贵植物有福建柏，三级保护的有长苞铁杉、南方铁杉、红豆杉、白豆杉等；国家二级保护的珍稀野生动物有小灵猫、猕猴、穿山甲、锦鸡、水鹿、大鲵等。2006年2月，批准为国家级自然保护区。这里是天然氧吧，充满神秘，是徒步探险的上佳之地。

旅游景点

【月岭古民居】 位于县城北部30千米的文市镇月岭村，已有700多年的历史，祖居为唐氏家族。月岭古民居始建于明末清初，属典型的湘南式民居。其中六大院是保存最为完整，其庭院各立门楼，依次名为“翠德堂”“宏远堂”“继美堂”“多福堂”“文明堂”“锡嘏堂”。每院由六幢组成，每幢均为上下两座结构，前设中门、天井和大堂，后有小堂和天井，配有住房、厨房、客房、仓库和专供唱戏用的戏楼，为官府庭院式。每院内均有水井、花园，全村及各院围墙道路均用石围石砌，是目前广西区内保存较为完整的古民宅群落。月岭古民居三面环山，背依灌江，其周围分布的人文景观主要有建于

文市月岭村“孝义可风”贞孝牌坊、“步月亭”及“文昌阁”

文市镇政府　提供

清道光年间的“孝义可风”贞孝牌坊，清乾隆年间的“步月亭”和“文昌阁”，清宣统年间的“百岁亭”以及“催官塔”“将军庙”“古石寨”“唐孔林墓”等古建筑，月岭古建筑工艺精湛，雕刻精美。自然景观有“步月仙桥”“步月岩”“白驹岩”“沙江晚渡”“古井旋螺”“上井石泉”“双发井”等。月岭村文化历史悠久，宋末时期就建有剧团，清初逐渐演变成为具有一定影响的桂剧团，是广西桂剧的创始地。2007 年获得广西农业旅游示范点，2013 年 9 月获得第二批中国传统村落，2014 年 3 月获得第六批中国历史文化名村。

【文市石林】 位于县城北部 30 千米处，省道 20164 线（桂林至零陵）贯穿而过，是由典型的喀斯特溶岩侵蚀而成，占地面积约 5 平方千米。文市石林奇石罗列，众峰林立，形态峻峭，具典型的剑状岩溶地貌和复杂的发育历史，可与云南的路南石林相媲美。2012 年被批准为广西地质公园。已修建了生态停车场和 AA 旅游厕所，景区开发建设正在进一步规划设计中。

【唐景崧故居】 位于中国传统村落、自治区特色文化名村新街镇江口村，距镇政府驻地约 1 千米，为清朝抗法、御倭名臣唐景崧（1841—1903）出生地。唐景崧故居始建于清康熙年间，占地面积 410 平方米，为砖木穿斗式结构，饰小青瓦、蓝灰墙，分上、下两座，设有前庭、正庭、厢房、天井等，梁、枋、门楣等均雕刻有人物故事、龙凤花草虫鱼，两边墙体均以蓝灰粉刷，墙体山头，饰以双龙、太极八卦等图案。屋前宽阔、幽静，并有一口古井和茂密的竹林。清澈的灌江水从门前流过，该故居建筑雄伟，工艺精细，是县内唯一的一座保存较完整的名人故居，具有一定的历史、艺术、研究价值。

【太子山原始森林】 太子山位于洞井瑶族乡保良、野猪殿村一带，属海洋山自然保护区腹地，距县城 55 千米，离桂林市中心 60 千米。该景区原始森林覆盖面积 8 万多亩，山环水绕，古木参天，有珍稀的南方铁杉、银杉等 20 多个名贵树种和

气势磅礴的文市石林

50多种珍禽走兽，景区内空气清新、鸟语花香，附近村落风俗古朴，极具特色，有美丽动听的民间传说和传统的瑶族风情。

【灌江小三峡】 灌江是湘江的一支流，为灌阳县内最大的河流，灌江三峡起于灌阳镇境内官潭，止于水车水库大坝，全长15.7千米，流域面积1441平方千米，其两岸山峦重叠，山峰峡峙，高耸蔽日，绿水青山。灌江穿峡而过，河水清流透明，鱼、虾戏水随处可见，美不胜收。各种名胜古迹如“龙岗拥秀”“石匮归樵”“双犬嬉戏”等形貌应有尽有。还可领略多处灌阳的民俗风情。在炎热的夏季，三峡区内的气温仍保持在20℃~24℃之间，最适宜乘船游览，避暑休闲。

【高草禅林寺】 禅林寺位于西山瑶族乡北1千米，建于清代，“文化大革命”中被毁。1978年后，原僧侣和各地善念人士筹资重建，恢复传教活动，是全县佛教第一大寺院。每逢农历二月十九日“观音生日”、六月十九日“观音得道”、九月十九日“观音坐莲台”，这三大节日成千上万信众到寺祈福、朝贺，也有不少游客前来观光游览。

【云台寺】 云台寺位于黄关镇西北5千米处，建于唐代，规模宏大，原为县内的宏伟景观，建有龛佛四十八座，俗名四十八座脚奄。清朝后期到民国，寺庙一再被废，解放后，仅剩一片废墟。2005年，开始重建云台寺。云台寺供奉的神像是“寿佛爷”，佛名全真大师，相传农历二月初八是全真禅师的生日。于是每逢二月初八，远近村民来此赶集，梵香化纸，求神拜佛，形成盛大的庙会。二月初八正值农村春耕春播前夕，人们在烧香拜佛的同时，购买农具产品，为备耕作准备，久而久之，供奉神灵的庙会逐步演变成今天灌阳最旺盛的民间节庆——农具节。

【大正禅寺（九龙岩）】 大正禅寺位于县城西7.5千米的新街镇石丰村平顶山下，始建年代不考，乾隆三年，应参和尚重扩禅正寺，置田地若干亩，现有碑记。大正禅寺后方有一天然岩洞——九龙岩，此岩门不高，可容二人并肩而入，进洞后清风习习，令人心旷神怡。越数步往左爬上石阶，内有一台地，宽约90平方米，纵横卧着九条石龙，其身长2至3米，或盘或伸，体态圆圆，鳞甲片片，手触摸之，滑润冰凉，使人心畏，九条龙体，同一方向，往外延伸，形成九龙共首，真是天工巧设，天下奇观。近年来此观光、烧香拜佛的游客络绎不绝，成为集自然景观、人文景观于一体的旅游胜地。

【清凉寺】 清凉寺位于灌阳镇福星村华山脚，始建年代不考，1993年恢复寺观，修建了上殿、三圣殿。

【大仁村生态园】 位于县城东南方1.5千米，包括米珠山新村、白竹坪新村，经过几年的建设，新村发生了巨大的变化，村容整洁、规划有序、村道硬化、环境美化，居民有文明卫生的好习惯。2003年8月，米珠山新村为桂林市旅游局首批向社会推荐的八个农家乐之一，定点挂牌接待户12户，2004年，被评为自治区文明卫生村。白竹坪获全市“十佳魅力社会主义新农村、十佳旅游示范村”。新村为灌阳雪梨和西瓜的主产地，长年绿树成荫，瓜果飘香。每年初春举办一届民间梨花会。活动期间有斗牛、斗鸡、武术表演、舞狮表演、山歌对唱擂台赛等传统文化活动项目。现正在建设现代农业核心示范区。

【小龙特色旅游名村】 小龙村位于灌阳县新圩镇西南方向，距县城11千米，有旅游专用公路直达省道201线，是千家洞（黑岩）AAAA级景区腾龙洞的入口，小龙村资源类型多样、体量丰富，集“山—群山环绕”“水—泉溪潺潺”“林—古木成林”“田—多彩洞田”“村—李生村落”“舍—湘式故居”“农—农耕文化”“俗—民俗风情”等于一身，融入“奇趣和清新、浑厚与雅致”为一体，是镶嵌在千家洞的一颗生态明珠，名副其实的“世外桃源”，被授予中国最美休闲山村、中国特色景观名村、自治区特色旅游名村等多项美誉。

灌阳县四星级农家乐——小龙生态农庄　　县旅游局　提供

灌阳新圩阻击战旧址景区（全国红色旅游经典景区名录）

【新圩阻击战主战场遗址】 1934年11月26日，红三军团命令红五师星夜赶到新圩，阻击灌阳方向桂军第15军的24师，第7军的44师及一个直属独立团，以保证红军左翼安全，掩护红军大部队过湘江。红五师师长李天佑、政委钟赤兵率领十四团、十五团及军委炮兵营把阻击阵地选择在杨柳井附近的水口山、枫树脚、板桥铺一带。红十五团在公路左侧(往灌阳县城方向)，占住钟山、打锣山、坦复、定复一带，红十四团在右侧的霞上坪、判官山、打矿山、马鞍山一线，师指挥所设在杨柳井一民房里；红星炮兵营设在十五团左后侧附近山头，战地救护所设在和睦村下立湾屯。战斗从28日早晨开始打响，到30日阻击阵地被攻占，历时三天三夜。新圩阻击战是湘江战役打得最艰苦、最悲壮的一次战斗，红五师、红六师十八团和三十四师等在灌阳牺牲6000多人，确保中央红军渡过湘江。2006年5月，该战场遗址被确定为国家级文物保护单位。其中心点枫树脚屯完成了新圩阻击战陈列馆(已开馆)、大型主题雕塑、风貌改造，石浮雕群、景观雕塑、观景亭、停车场、广场、农家乐等设施建设和村屯的绿化、美化以及治安亭、产品展示亭、雕塑护栏等附属设施建设，成为县内红色旅游的核心景区之一。

【酒海井红军纪念园】 酒海井红军纪念园位于

灌阳新圩阻击战陈列馆一瞥　　县旅游局　提供

灌阳县新圩镇和睦村，全沙公路路旁，距灌阳县城18千米处，占地面积3500平方米，建于2004年10月。1934年11月，为掩护中央红军抢渡湘江，中央军委炮兵营、红五师第十四十五团及红六师十八团受命在灌阳镇排埠江、新圩一带阻击国民党两个师和一个独立团的疯狂进攻，浴血奋战三天三夜，完成了阻击任务。由于战斗形势紧迫，撤退时，来不及将设在新圩下立湾临时救护所里的100多个重伤员转移，被敌人残忍地活活丢到酒海井里，全部壮烈牺牲。2006年5月25日该处被批准为国家级文物保护单位。2014年9月对酒海井原有的红军纪念园进行规划扩建，拟将散葬于县境内80多年的红军遗骨安葬到酒海井红军纪念园。通过自筹资金和积极向上级民政部门申请立项，修建灌阳县酒海井红军纪念园。该项目规划用地面积150亩，预计总投资8000万元。园区共分六个功能区，分别为主墓区，纪念广场区、入口管理服务区、纪念场馆区、纪念公园区、(主墓后)山地瞻仰区。具体项目有纪念广场、红军帽、纪念塔、纪念馆、红军雕塑、烈士英名录及附属设施等。2016年，项目一期主墓区建设已竣工，正在进行二期纪念广场以及绿化工程建设，完善景区功能，是全县爱国主义和革命传统教育基地。

【红五师指挥所旧址】 1934年11月27至28日，新圩阻击战红五师指挥所设在新圩龙桥村杨柳井屯的一民房里。2015年，县政府请专家对指挥所遗址进行了修缮，还将在杨柳井村建设新圩阻击战纪念广场、杨柳井水景区、步行街、停车场等功能区，进行民居改造、雕塑以及相关配套设施建设。2016年，规划用地面积为110亩左右，拟预算投入5000万元。2016年完成了规划和征地工作，其中相关道路建设、广场、雕塑、老年养护中心、景观湖、景观亭及整个项目区的地下排水管网建设正在建设中。

【新圩阻击战战地救护所】 位于灌阳县新圩镇下立湾屯，为该屯蒋氏祠堂，始建于清道光四年，砖木结构小青瓦，外墙饰精美的蜈蚣墙体，坐北朝南，宽12米，长19米，总面积230平方米，整个建筑工艺考究，保存完整。1934年11月底为保证军委纵队和红军主力顺利通过灌阳，抢渡湘江，突破敌人第四道封锁线，红三军团第五师奉命在新圩布防，把该处作为战地救护所。2006年5月25日批准为国家级文物保护单位。该旧址完成了修缮，下一步将做好下立湾红色景观小品，情景再现浮雕等项目。

【红三、红五军团指挥部旧址(九如堂)】 位于灌阳县水车乡同德村宾家桥屯，为该村远岗公字九如的私宅，始建于清光绪年间，分上下两座，内设天井和厢房，砖木结构，饰小青瓦并配有勾头瓦当，外墙饰马头墙，前门外八字形装饰，两边墙体均书写“九如堂”三字，坐北朝南，总面积289.9平方米，现保存完整。1934年11月红三军团由湖南经雷口关到水车，经先头部队侦察，把当时村最大的“九如堂”选为指挥部，红三军团长彭德怀

九如堂　　　　水车乡政府　提供

在此坐镇指挥。随后入关的红五军团亦将此处作为指挥部。2006年5月25日被批准为国家级文物保护单位。2016年，该旧址完成了修缮，下一步将做好恢复当时面貌，周边古民居修缮保护，红色景观小品建设等。

【水车红三十四师烈士墓】 位于水车乡修睦村。1934年11月，红军长征过灌阳，红军实施新圩阻击战掩护中央红军渡过湘江，红五军团三十四师奉命到新圩接防，并在水车乡水车村灌江上架设便桥渡江，遭到敌机轰炸，当即牺牲了200多人，后来，附近村民收敛牺牲的红军战士遗骸，合葬一墓。每年清明，村民自发用传统的方式，烧香化纸，给红军烈士扫墓。1990年水车乡矮山脚中学组织师生将两座墓进行修整。2010年9月，红三十四师福建籍后裔及党史系统联合灌阳县民政、党史部门对水车修睦红军烈士墓进行修葺，现已成为灌阳县爱国主义教育基地。

【红军亭】 红军亭位于文市镇政府旁的灌江两岸，始建于清代，是红六军团西征过灌阳时在文市镇抢渡灌江的渡江点和战斗地点。东亭基脚为大四方石料，护有岸坡、阶梯、水埠，亭内地面铺以长形、方形石料，盖小青瓦，为木石结构，亭高5.2米，宽3.4米，造型、装饰古雅，富有地方特点，具有爱国主义和革命传统教育的作用。2006年5月25日被批准为国家级文物保护单位。

旅游行业管理

【旅游监管服务】 以全面贯彻落实《旅游法》为契机，进一步强化旅游市场秩序和旅游服务质量的监督管理，深入开展旅游景区的标准化建设，强化旅游安全设施建设投入和应急管理，努力营造安全、放心的旅游环境。严格按照旅游投诉统一受理工作方案要求，及时处理旅游投诉案件，切实维护游客和旅游经营者合法权益，不断提升游客满意度。

旅游开发与建设

【唐景崧故居开发】 2016年，完成投资670万元。主要有防洪堤建设、龙潭温泉山庄护堤及基础设施建设、水埠头，拦水坝，滨江步道铺砖，厕所围栏、亭子、厕所、石桥改建、滨江步道美化、亮化、老街修复、停车场建设、戏台建设等。

【红色旅游开发】 2016年，枫树脚红色文化旅游项目完成投资720万元，主要有门楼建设和陈列馆内部装修；酒海井红军纪念园项目投资1200万元完成红军纪念园主墓冢建设。杨柳井红色旅游新村项目完成投资2010万元，主要有广场基建、养老中心建设、主题雕塑、人工湖、道路建设，民居改造和修复水井等。

【旅游基础设施建设】 2016年，修建了西山瑶族乡高山草原公厕(AA)、水车下赤岩旅游厕所(AA)、灌阳县绿色生态公园(AA)，大仁村米珠山槐树脚旅游厕所(AA)、江口村大草坪旅游公厕(AA)；修建了杨柳井红色旅游新村景观亭，水车桃园道路(2千米)亭子、停车场等，不断提高县公共服务水平。

【星级农家乐创建】 小龙生态农庄、九龙泉生态

2016年修建的水车乡官庄村下赤岩桃花基地旅游厕所(AA)　　县旅游局　提供

餐馆获得四星级农家乐称号，椅山鹅餐馆获得三星级农家乐称号，提升了乡村旅游产品的竞争力，提高了农家乐旅游服务质量，促进农家乐健康发展。

【推进旅游扶贫】 积极向区、市争取旅游扶贫示范村及扶贫村项目，全年，争取旅游扶贫示范村2个（月岭村、江口村），旅游扶贫村3个（秀凤村、椅山村、会湘村）。月岭村、江口村、椅山村3个旅游扶贫村已完成旅游扶贫规划编制，并按照规划推进扶贫工作。承办2016桂林市春季旅游扶贫就业专题招聘会，共组织了40多家区内企业参加，提供700多个就业岗位，为灌阳县贫困人员择业提供了平台。

【2016年桂林市春季旅游扶贫就业专题招聘会】 3月25日，由桂林市旅游发展委员会主办、灌阳县人民政府协办的主题为“旅游扶贫 奉献爱心”2016桂林市春季旅游扶贫就业专题招聘会在县城江东红豆杉国际大酒店举行，桂林金龙珠大酒店、桂湖饭店、台联酒店以及穿山景区、两江四湖景区、乐满地休闲世界等共40家旅游企业参加活动，提供就业岗位710个，动员了全市首批29个旅游扶贫村的贫困农户700多人参加，灌阳县内建档立卡贫困人员600多人到招聘会现场求职。为全市旅游企业和应聘人员供需双方搭建起一个面对面、零距离的对接平台。

2016年，首届桂林盘江生态旅游越野登山嘉年华活动　刘召龙　摄

旅游节庆活动

【桂林灌阳千家洞瑶族文化旅游节暨“二月八”农具文化节】 2016年3月15日至17日在灌阳县城举行，本次活动由灌阳县旅游协会、桂林灌阳中天文化艺术传播有限公司联合举办。主要活动内容有寿福爷巡街，高手在民间——民间技艺现场展示，山地自行车健身体验活动、赏万亩梨园、“梨园”唱梨园、民间演桂剧（三处）、摄影比赛、奇石文化展、油茶、荚油茶体验等旅游活动；农机、农具展销一条街、苗木花卉和农副产品一条街、商品展销一条街，“春风万里行”农村劳动力转移就业现场招聘会，参加活动的人数达10万余人。

【“六月六”雪梨黑李节】 2016年7月9日至10日在县城江东新区红豆杉广场、滨江东路一桥至二桥段、灌阳镇大仁村雪梨黑李现代特色农业核心示范区举办了“六月六”雪梨黑李节。活动内容有传统草鞋现场编织表演，挑李、搬大西瓜接力赛，吃梨比赛，稻草创意编织比赛，雪梨、黑李王争霸赛，雪梨、黑李食王争霸赛，挑梨子比赛，徒手捉鸭活动，稻田摸鱼活动，游园活动，桂剧片段流动表演，航模表演，特色农产品展销一条街，山地自行车健身体验活动等。

【首届桂林盘江生态旅游越野登山嘉年华活动】 东莞春润实业投资有限公司、桂林春润生态旅游开发科技有限公司、灌阳旅游协会、灌阳县商会联合举办，于2016年11月19日在观音阁乡盘江村、自振村等地举行。

（文王鸾　黄新明）

财政·金融

5月1日，灌阳县“营改增”第一张票在县国地税联合办税厅开出　　县地税局　提供

财　　政

【概况】 2016年，县财政局下设办公室、预算股、综合股、文教行政股、社会保障股、农村财政财务管理股、农业财务股、农业综合开发办公室、统计评价会计管理股、企业财务股、债务管理股、政府采购办、经济建设股、监督检查办公室、国库股、国有资产管理股等16个内设机构；局所属事业单位有灌阳县财政局国库支付中心和灌阳县财政局信息中心、灌阳县资金管理局、灌阳县财政投资评审中心；有工作人员45人。

【财政收入】 全县全年完成财政收入36240万元，占年初预算的103.4%，同比增长6.5%。其中：国税部门完成收入10662万元，占任务的96.9%，同比增长16.9%；地税部门完成收入12321万元，占任务的82.2%，同比下降17.6%；财政部门完成收入13257万元，占任务的146.6%，同比增长33.2%。

【财政支出】 全县全年完成财政支出190937万元，占调整预算的162.2%，增长13.6%。在支出安排上，仍坚持“保民生、保重点”的原则，不断优化财政支出结构。针对本县财政收支矛盾突出，历年累计赤字过大这一现状，在财政支出管理方面一是压缩历年预算，集中财力保重点。年初编制预算时，坚持“量财办事”的原则，全年各单位向县政府申请追加支出的报告为498份，请求追加资金42147万元；二是保障重点支出。安排1072万元补发2016年增资工资及增加离退休费，安排1210万元兑现了机关单位公车改革后公务交通补贴，这些刚性支出的增长，加重了全县的财政压力，通过增收节支、科学调度，确保了各项工资政策的全面落实；安排12483万元，推进城乡基础建设攻坚战，主要用于文市镇新型城镇化建设、滨江西路及兴灌路改扩建工程、江东新区基础设施建设；安排800万元，用于“美丽乡村”建设，促进了“美丽乡村”工作的常态化管理。安排3499万元用于172个20户以上通自然村屯道路硬化。安排11340万元，落实全县绿色发展战略，主要用于区级绿化示范点建设、一般村屯绿化、植树造林、推进城乡污水及垃圾处理设施建设；安排2240万元用于支持全县的企业发展。对农林水、教育、社会保障、医疗卫生等民生支出，按上级要求，县财政给予全额配套。

【财政管理】 2016年开始在县直预算单位全面推行部门预算改革。6月印发了《灌阳县2016年部门预算编制指南》，县财政局组织完成了各项培训工作；国库集中支付改革，达到“横向到边，纵向到底”，覆盖面延伸到九个乡镇。所有的财政性资金，所有的预算单位全部纳入国库集中支付管理；全面推行公务卡消费管理，要求全部预算单位、9个乡镇全年要有公务卡刷卡记录，电子账务管理。全县100%以上的单位开始使用财务软件记账，会计基础工作得到规范，会计信息质量得到提高；政府非税收缴管理。全县89个

8月12日，灌阳县公车取消车辆专场拍卖会在县直二小举行
王　珊　摄

12 月 26 日，县财政局 2016 年度总结大会在局五楼会议室召开　　县财政局　提供

执收单位，962 个收费项目纳入政府非税收入管理系统进行管理；全县非税收入共完成 13257 万元，同比增加 3303 万元。

【上级财政补助】 根据本县财政收入总量小、可支配财力低这一现状，在完成好各项基础数据上报的同时，积极向上级财政部门汇报本县的实际困难，争取上级财政部门在一般性转移支付补助政策上对灌阳县有所倾斜，解决本县的实际困难。全年共向上争取各类转移支付补助资金 38377 万元，比上年增加 6114 万元，增长 19%。

【财政管理制度改革】 将各项工作任务分解落实。对财政收入任务，分解到财税 3 局和 9 个乡镇；对需保障的重点支出，列入年初预算；对项目资金的争取、财政支出的监管等工作，分别落实到局各股室。继续推进财政管理制度的改革，落实岗位责任制。

【财政监督】 年内，在专项资金管理方面，对专项资金的拨付和使用坚持“预算管理专款专用”“先审批再使用”“谁支出谁负责”的原则，提高了资金使用效益。年内，县监督办共审核、监督财政性专项资金项目 177 个，监督项目资金 78096.89 万元；开展会计监督检查，重点对民族局资金、移民局资金的使用情况进行了检查，并对这两项资金在使用过程中存在的问题作出处理决定。完善动态监控管理制度，规范各单位支出行为，禁止从零余额账号向单位实有资金账户划拨资金，禁止在零余额账户中大额提现。

在政府采购方面，全年完成政府采购项目 131 个，财政性资金采购预算 24028 万元，实际采购金额 22876 万元，节约采购资金 1152 万元，节约率 4.8%。

（范汝浩）

国家税务

【概况】 2016 年，灌阳县国家税务局内设 8 个职能股（室）：办公室、人事教育股、监察室、政策法规股、征收管理股、收入核算股、纳税服务股、税源管理股，1 个事业单位（信息中心），1 个直属机构（稽查局），2 个派出机构（灌阳税务分局、黄关税务分局），有在职人员 55 人，其中党员 50 人，大专以上学历 54 人。主要负责灌阳县增值税、消费税、企业所得税、储蓄存款利息所得个人所得税、车辆购置税等税种的征收管理工作。辖区管户 3150 户，其中企业纳税人 766 户（其中一般纳税人 241 户），个体纳税人 2384 户。

遵循年初设定的工作主线，深化组织税收收入工作，推进法治税收建设、税收征管基础建设、纳税服务工作等三大重点领域的工作，打赢营改增试点工作战役，推进国税地税征管体制改革，开展便民办税，提升各项税收管理工作水平，充分发挥好税收职能，较好地服务地方经济的发展。

【税收收入】 年内，始终坚持组织收入原则，开展税收分析预测，加强对重点税源、中小企业和低税负企业的监控管理，综合运用征管稽查手段堵漏增收，统筹安排免抵调库资源，及时向上级部门

1 月 19 日，县国税局联合地税局在灌阳大市场开展税法宣传活动
县国税局　提供

和当地党委政府汇报经济税收形势，从而实现国税收入与经济协调增长。与此同时，建立收入质量考核机制，科学考核组织收入工作，努力提高收入质量。全年共组织总局口径税收收入 11648 万元，同比增收 1530 万元，增幅 15.13%，其中增值税完成 9930 万元，同比增收 2404 万元，增幅 31.95%；消费税完成 8 万元，同比增收 2 万元，增长 33.34%；国内企业所得税完成 980 万元，同比减收 608 万元，减少 38.29%；个人所得税（储蓄）完成 0.3 万元，同比减收 0.2 万元，减少 40%；车辆购置税完成 730 万元，同比减收 268 万元，减少 26.86%，其他收入完成 435 万元，同比增收 294 万元，增长 208.51%。组织地方口径税收收入 10918 万元，同比增收 1799 万元，增幅 19.73%，完成政府调整任务数的 103.98%。

【服务举措优化】 年内，贯彻落实《国地税合作规范》精神，按照“创新协调绿色开放共享”的发展理念，采取“搭建一个平台、共建一个方案、实行三个统一”工作举措，使国地税合作不断焕发生机。自成立国地税联合办税服务厅后，纳税人进一家门即可办结两家事，有效解决了纳税人办税“多头跑”等问题，极大地节约了纳税人的办税时间和办税成本，纳税人满意度不断提高。联合办税后，税务部门人力成本节约 30% 以上，办公费用下降 40% 以上，办税效率提高了 50% 以上。国地税合作还有效缓解了国、地税人员较少、年龄偏大、条件有限等实际困难，进一步整合了基层征管资源，增强了基层征管力量，提高了基层征管效率，统一了执法标准，加大了执法透明度，降低了基层征管风险，灌阳县国、地税个体管理分局利用合署办公，依托《灌阳县定期定额户联合定税实施方案》，推进定期定额户联合定税工作，在协同开展双定户的定额核定方面，灌阳县国地税局调增个体户双定定额 456 户，追缴欠税 78 万元，追缴税款占总欠税的 70%。

【税收执法】 2016 年，贯彻“坚持组织收入原则，抓好风险应对、抓好税种管理、抓好税务稽查，实现税收收入量增质优”的组织收入工作思路，抓紧抓好组织收入工作，开展税源调查。石材行业作为灌阳的重要产业之一，但一直存在纳税意识淡薄、欠税现象严重、税收环境恶劣、日常监管难度大，征管成本高、税收执法风险大等问题，年内采取多项举措，积极打造该行业综合治税平台，该行业共入库国税税收 122.26 万元，同比增长 148.76%，增收 71.02 万元。

【“营改增”试点】 5 月 1 起，全面推开“营改增”试点工作，顺利接管 520 户营改增试点纳税人，营改增各项工作情况平稳，顺利完成“开好票，申报好”。截止 11 月底，累计入库改征增值税 2117 万元，较上年同期增长 555.42%。加强“营改增”的政策宣传和业务培训工作，利用报刊、短信、电视媒体等手段进行了立体式全方位的宣传，发放宣传资料超 3100 份，短信推送逾 4300 条，在《今日灌阳》等报刊刊发 4 期宣传专版，联系灌阳县电视台发布营改增信息。组织营改增业务培训 6 期，培训人数达 600 多人次，培训对象主要是营改增纳税人和国地税税务干部。

【绩效管理】 发挥绩效的“指挥棒”“紧箍咒”和

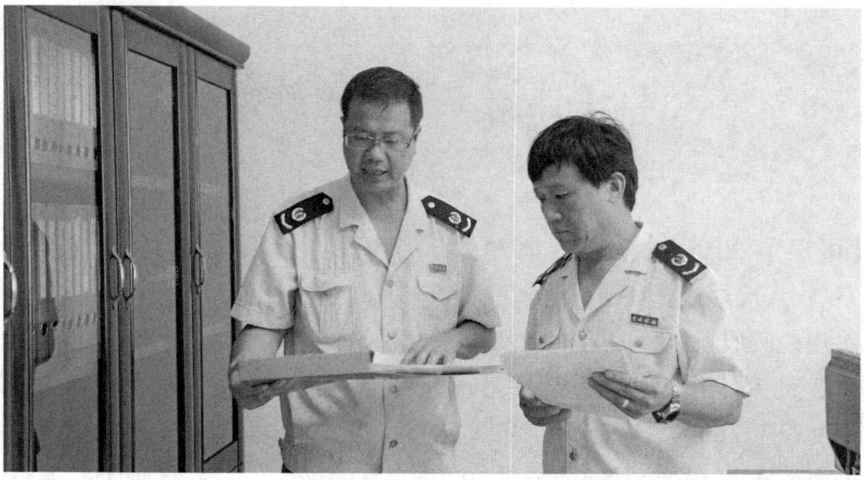

6月24日，灌阳县国税局局长梁聪(左)与灌阳县地税局局长全昌映(右)在检查国地税合作建设情况　　县地税局　提供

"风向标"作用，激励先进，鞭策后进，形成推动创先争优的强劲合力。年初制定下发了绩效管理制度办法和指标体系，后期优化三次，共有共性指标20个，个性指标128个，又接连出台了绩效考评结果运用办法和绩效考评会议管理办法，将税收工作与绩效管理融为一体，为全面打造绩效品牌奠定了基础。截至11月底，局绩效考评总分1000.35，列全市第十一名。

【便民办税】 2016年，县国税局多措并举，继续深化便民办税工作。强化纳税申报宣传培训，提前印制好各类申报表单填写样表，制作申报操作指南小卡片，辅导申报"二维码"、一次性告知"二维码"等方式，将涉税事项办理指引及流程主动、一次性告知纳税人，让纳税人明白办税。特别是营改增后，小规模纳税人采取按季申报，纳税人大批量致电或到办税服务厅咨询申报及开票事项，县局能及时系统地做好解释辅导，发挥好预审岗、咨询岗作用，强化现场辅导和现场审核，帮助纳税人正确填写表单，快速办理相关业务。同时，跟纳税人做好有关政策的解读，让纳税人明明白白办税。

一是提高办税效率，在营改增后，为确保纳税人首次申报顺利，办税服务厅设置首次申报专窗及营改增申报辅导专区、营改增业务绿色通道，方便营改增纳税人顺畅办理申报业务；二是探索"一窗式"服务，加强对窗口人员的业务培训，根据窗口业务量变化情况，适时调整窗口业务办理类型和服务人员，提高办税效率，缩短纳税人办税等候时间；三是做好导税工作，导税员做好办税服务厅上门纳税人的引导、辅导和协助工作；四是做好A、B、C级纳税人取消认证的宣传和辅导工作。除利用办税服务厅电子显示屏循环播放取消认证公告及操作流程、注意事项，纳税服务股人员联合政策法规股亲自下企业辅导纳税人取消认证操作。

国、地税联合办税服务厅自5月1日运行以来，纳税人进一家门，办两家事，避免纳税人两头跑、多次跑的现象，极大地方便了纳税人。

表3　**2016年灌阳县国家税务局税收收入统计**

单位：万元

项目	累计完成数	2015年同期数	比2015年同期+-(%)
一、税收合计	11648	10118	15.13
(一)国内增值税	9930	7526	31.95
(二)国内消费税	8	6	33.34
(三)国内企业所得税	980	1588	-38.29
(四)个人所得税(储蓄)	0.3	0.5	-40
(五)车辆购置税	730	998	26.86
二、其他收入合计	435	141	208.51

(雷　禹)

地方税务

【概况】 2016年,灌阳县地方税务局内设办公室、收入规划核算和财务管理股、人事股、监察室、法规税政股、征管和科技发展股、征收服务股等7个股室,8个派出机构。灌阳县地方税务局共有干部职工71人,其中公务员55人,工勤人员7人,助征员9人。全局管辖纳税户4070户,其中企事业1094户、个体2976户。全年共组织各项收入13286万元,完成市局全年任务进度的125.34%,剔除"营改增"因素,比去年同期增收2173万元,增长19.55%。

【"营改增"工作】 2016年实现全面"营改增",此项工作时间紧、任务重、要求高,县地税局全体人员攻坚克难,对全部纳税户数据进行清理,加班加点4个多月,齐心协力,全力奋战"营改增"攻坚战,于5月1日成功开出"营改增"后第一张增值税票,顺利实现全面"营改增"。"营改增"过程中,采取了多项措施确保顺利全面实现"营改增"。深化培训,深度合作,灌阳县国地税局多次联合开展纳税辅导培训,对纳税人的营改增基础知识、国地税申报流程、计税方法和纳税申报进行培训,让纳税人"进一家门,听两家课",实现全县营改增纳税人业务培训全覆盖。加大宣传力度,综合运用办税厅公告栏、税企QQ群、微信群以及电话热线、短信等方式对"营改增"纳税人进行网上申报的宣传,积极引导纳税人适应新税制,有效降低税负,让纳税人充分享受改革红利。优化纳税服务,提升服务质量。增设"营改增"专窗、绿色通道,提供"面对面"指导服务,强化对纳税申报的辅导,推行"一窗式"服务、延时服务、首问责任制等,做好"营改增"涉税业务的指引和协调,实现办税服务资源整合优化,提升办税服务质效。

"营改增"后,地税部门主体税种缺失,税源匮乏,税收倍减,地税工作难度大大增加。面对种种困难,灌阳县地税局不等不靠,积极作为,重振队伍,转变征管方式,认真贯彻落实《国地税合作规范》3.0版,对合作事项进行分解加强落实,按照3.0标准,立足于纳税人的实际需求,深度融合,精耕细作,推动征管体制改革深入开展,在总局《国地税合作工作规范》中51项合作清单中,涉及县级层面的共有43项,全年灌阳县国地税合作开展共有39项,其余合作项目没有合作基础,全面实现了国地税深入合作。统一打好营改增攻坚战,两局共同组成3个联合核查小组,对营改增纳税人进行实地核查。重点对无法联系的营改增户、报验户开展联合核查确认。联合开展税收分析及调查,对营改增税收数据进行认真分析,重点分析建筑业、房地产业营改增后税收增减情况,统计分析营改增后税收优惠幅度,撰写营改增税收分析并向县政府作了专题汇报。做好委托"双代"工作,协同做好设备的配置、代开人员的培训及操作测试,确保所有代开人员熟练掌握增值税发票开具及税款代征业务。统一开展税收宣传培训,利用税收宣传月活动、

6月24日,灌阳县国地税局联合办税厅挂牌,局长全昌映(左一)接受县电视台采访　　县地税局　提供

“12·4”宪法宣传日活动，联合开展企业研究开发费用加计扣除税收优惠政策培训，企业事业单位共计25名财务人员参加了培训，解答机关事业单位财务人员、纳税人提出的税收热点问题10多人次。通过广告、短信、电视宣传报道、发放宣传手册、宣传卡片、制作宣传专栏等形式共同发声，大力宣传营改增相关政策和知识。国地税局共同组织针对纳税人的培训辅导，全年参加培训人员达400余人次，内容涉及增值税、企业所得税、个人所得税等多个税种，使其能够全面掌握国税、地税两家办税业务。统一开展纳税信用等级评定，全年两局联合开展了纳税信用等级评定，对全县符合条件的纳税人进行了评定，共评定出36户A级纳税人。在此基础上，及时将A级纳税人信息传递给当地银行，金融机构参考纳税人信用等级状况，为有贷款需求13户A级纳税人发放贷款超8600万元，缓解了小微企业融资难问题，促进纳税人诚信自律，提高税法遵从度，有效推进了税银互动。统一设立联合办公室，为方便两局工作深入开展，在地税局设立了国地税联合办公室，由双方各派一名局领导联合进驻，两局征管股人员负责日常工作。自8月1日起，地税局个体税收管理人员全部搬至国税局二楼办公，进一步方便了纳税人办税，实现了共享个体工商户涉税信息、定额核定信息，协同开展定额核定和调整的工作目标。统一与协税护税单位签订代征税款协议，方便纳税户办理涉税业务，并实现零的突破。灌阳县国地税合作成为全区国地税合作示范点，为灌阳县地方税收增设了一道保障。

8月4日，桂林市地税局在灌阳县国地税联合办税厅调研

县地税局　提供

【纳税服务】 年内，不断完善联合办税厅的各项建设，贯彻落实各项税收优惠政策，特别是房地产交易环节契税优惠政策及“营改增”税收政策。国地税联合下企业，通过微信、公告栏、办税大厅电子显示屏等多种方式进行税收政策宣传。设立了“落实房地产交易营业税、契税税收优惠政策咨询”和“营改增”税收政策咨询专窗，解答解读有关的政策问题，努力为纳税人提供便捷的纳税服务，保证办税服务场所秩序有条不紊，促进房地产交易环节税收优惠政策及5月1日“营改增”后“双代”工作的正常开展。办税厅全年共征收地税13286万元，地税部门代开增值税普通发票479份、增值税专用票81份、代开增值税152.35万元。推进国地税合作，方便纳税人。推行“一人双机”系统，共同推进管理服务创新，发挥国税、地税各自优势，推动服务深度融合、执法适度整合、信息高度聚合，让纳税人感到“进一家门、办两家事”的便利，享有更加优质、便捷、统一的纳税服务。纳税人到综合窗口办理涉税业务办理完所有业务，有效防止了税款流失。简化涉税资料报送。对涉税事项进行全面梳理，进一步简化、优化办税流程、简并涉税资料，缩短办结时限。切实转变完全依靠纳税人报送涉税资料的工作方式，按照“必要”和“有效”的原则，简化纳税人报送的涉税资料，实现“一次报送，多次使用”。凡大集中系统中已有的涉税信息，不再要求纳税人重复报送，同时简化对纳税人申请代开发票的资料报送要求，实实在在方便纳税人办事。

10 月 20 日，灌阳县国地税联席会议在县地税局会议室召开
县地税局　提供

【税种监管】 5 月全面实现"营改增"，营业税退出历史舞台，企业所得税、个人所得税等收入有增有减。全年三大税种总额为 4891 万元，占总收入的 36%，企业所得税分别减收 41.79%，个人所得税增收 60.28%。其他税种方面，耕地占用税增收 247.92%，契税增收 125.14%；土地增值税减收 74.68%，减收 1120 万元。

【依法治税】 明确纳税评估工作主要任务和目标，采取积极有效措施，开展重点行业、重点税源纳税评估工作，纳税评估各环节衔接有序、配合有制，实现了内部各部门之间税务管理信息的共享程度和综合利用水平以及内部管理合力的明显提升，纳税评估工作取得实效。全年开展了全县行政事业单位工资薪金代扣代缴纳税评估、电力行业纳税评估及重点项目纳税评估等工作，通过纳税评估共组织入库税收收入 387 万元，超额完成全年纳税评估收入任务，提升了税收征管质效。严格贯彻落实各项税收优惠政策，充分发挥税收调节作用，扶持当地民生和民营经济发展。严格贯彻落实财政部、国家税务总局及区人民政府制定的各项税收优惠政策规定，确保各项政策落到实处。共受理 2 户企业享受西部大开发所得税税收优惠，累计减免企业所得税 189.21 万元；受理 1 户企业享受文化体制改革税收优惠，累计减免税额 17.98 万元；受理 1 户企业享受企业所得税加计扣除税收优惠，累计减免税额 4.02 万元；受理 3 户企业享受耕地占用税税收优惠，累计减免税额 43.22 万元；受理 5 户个体户享受残疾人减免税收优惠，减免税额 10.04 万元；起征点 3 万元以下的全年共优惠 300 万元；对年应纳税所得额不超过 30 万元（含 30 万元）的小型微利企业，累计减免企业所得税 21.49 万元。

【税收征管】 规范重点税源管理，实行重大项目管理台账制度，加强信息采集、纳税服务辅导与培训，落实专人负责，开展纳税评估，加强税源管理，切实提高征管效率和质量。重点税源管户共 57 户，入库税款占全县地税收入比重超 60%，全年共组织重点税源企业与重大项目税收收入 7596 万元，剔除"营改增"因素增收 415 万元，增加 4.18%。

（郑荣林）

中国人民银行灌阳县支行

【概况】 2016 年，内设综合业务办公室、会计国库股 2 个机构；干部职工 14 人，大专学历以上 13 人。全辖区各类存款总额 723280 万元，较上年增加 84038 万元，增幅 13.15%。个人存款存款 584268 万元，占存款总额的 80.78%；单位存款 39929 万元，占存款总额的 5.52%；其余为财政性存款。全辖区各项贷款总额为 429365 万元，较上年增加 55037 万元，增幅 14.7%，按贷款种类划分：短期贷款 118486 万元，占贷款总额的 27.6%；中长期贷款 310829 万元，占贷款总额的 72.4%。2016 年，辖区内各金融机构中间业务收入总额 1143.09 万元，较 2015 年同期减少 72.01

万元，减幅达5.93%。辖区内4家保险机构保费收入总额9323.38万元，较上年增加1301.28万元，增幅达16.22%；保险理赔总额5729万元，较上年增加1161.31万元，增幅达25.42%。

7月5日，灌阳县首笔扶贫再贷款签约发放仪式在中国人民银行灌阳县支行三楼会议室举行　　中国人民银行灌阳支行　提供

【货币政策落实】　年内，围绕人民银行中心工作，增强窗口指导有效性，保证货币政策得到贯彻落实，服务地方经济金融健康发展，提高金融支持地方经济发展水平，注重信贷资金的合理引导，增加重点领域的金融支持；立足县辖实际，制定了《2016年度人民银行灌阳县支行货币信贷工作指导意见》《灌阳县法人金融机构合意贷款投放计划》等方案措施，引导辖区金融机构加大了对“三农”“民生信贷”和“惠民工程”“小微企业”等重点领域的信贷投入，大力支持县域经济的发展。

【金融管理服务】　2016年，发挥其金融稳定协调的作用一是调整了灌阳县金融稳定协调工作领导小组，按季召开金融稳定工作联席会，不断强化与监管机构和政府经济综合部门的工作协调，进一步完善例会交流和信息共享制度；二是抓管理重点，重视“回头看”的环节，程序合规，依法执政，形成涵盖非现场报告、现场检查等在内的全流程管理，同时监督督促金融机构将问题整改到位，提升金融机构经营规范性；三是进一步加强金融执法检查工作，对辖区农行、村镇银行和农村商业银行等金融机构开展了现场执法检查，检查内容涉及被检查单位执行存款准备金、金融市场、金融统计、个人征信、人民币银行结算账户、反洗钱、人民币收付和反假货币以及国库管理规定的情况等。

【金融服务机制】　2016年，继续稳步推进“信用工程”建设工作，按照“政府主导、人行牵头、银行参与”的原则，到12月末，全县建立的信用乡镇有3个，信用村有35个；加强农村信用体系的建设，组织召开农村信用体系建设工作协调会议，督促指导金融机构积极参与农村信用体系建设工作，全年企业机构信用代码证累计已办理181户；着力改善农村支付结算体系，全县138个行政村中设立了138个助农服务网点，其中惠农支付服务点94个，覆

4月29日，灌阳县金融工会联合会揭牌成立暨第一次会员代表大会在灌阳农村商业银行五楼会议室召开　　中国人民银行灌阳支行　提供

盖率达100%；金融机构在县城、乡镇共开通跨行功能的受理终端1180个，ATM机75个，POS机1105台，促进了农村支付环境的极大改善；加强国库业务创新，推进TCBS全国行库横向联网系统运行，努力为地方政府、财税、金融机构和企业提供优质快捷的服务；加强金融消费权益保护，切实推进金融维权意识，截至11月，共接到2起金融消费者权益保护投诉，涉及反假及存款纠纷，经调解，圆满解决消费者投诉问题。

【内部管理】 2016年，结合总行“依法治行、法治央行”建设、“两学一做”专题教育和广州分行、南宁中支“两个责任落实年”活动等，加强支行的内部制度建设和风险管理，在全行组织开展干部职工“法制、制度、纪律教育学习月”活动、非法集资排查、重要岗位风险排查，加大对全行的内控与风险管理。一是建立健全相关责任机制和工作制度。上半年，县支行结合“三严三实”专题教育及“两学一做”专题教育，党组班子针对纠“四风”和落实中央八项规定情况，认真研讨和修改岗位廉政风险责任分解方案，并要求把岗位责任落实到岗到人；二是进一步强化内部管理，增强员工内部管理意识。在制度梳理和修订方面，加大对制度“管事、管权、管人”修订完善，修订了原有制度7项，新制订制度1项，理清支行工作思路，增强了干部职工的内部控制意识；三是建立应急预案和处置防范措施，提高干部职工处置突发事件的能力。年内，修订完善应急管理预案16项，内控制度和应急管理预案覆盖了支行行政办公、党建、廉政建设、法律事务、综合治理与后勤保障、支付结算、征信管理、金融统计、反洗钱、经理国库等业务的各个方面；四是针对各股室具体业务，各股室在自己的业务范围内细化和量化各业务制度、操作流程和风险管理措施。

【金融宣传】 年内，重点加强金融知识宣传普及工作，深化金融普法教育，提升基层央行形象。利用“二月八”农具节、“3·15”消费者权益保护日、“六月六”雪梨黑李节、九月金融知识普及月等，开展支付结算、银行卡、征信、反洗钱、人民币反假、金融消保、金融诈骗与非法集资等金融知识普及宣传，采用多种传统宣传方式相结合加大宣传的范围，银行网点自主宣传与辖区内商业银行联合宣传相结合，媒体宣传与实地宣传共推进，在电视媒体、微信平台上轮番播放金融知识，举办“进圩日”“进社区”“进学校”等活动，营造浓厚的金融知识普及氛围。

【机构改革】 年内，一是根据实际情况，选择合适的改革模式，有针对性地提出职能调整的意见与建议，在总行的统一方针原则的指导下，因地制宜稳步推进；二是加大政策的支持力度，周全考虑机构改革带来的问题及需要解决的问题；三是优化队伍结构，加强员工思想教育，提高员工素质；四是以人为本，充分考虑支行干部职工的意愿，做到公平、公正、合理，努力创造一个公平合理的改革环境，解决干部职工的后顾之忧。

（谢燕婷）

农业银行灌阳县支行

【概况】 2016年，中国农业银行灌阳县支行内设部室：综合管理部、运营财会部、风险管理部、公司业务部、个人金融部5个部门；下设营业网点：营业室、胜利路支行、红旗支行、灌江路分理处、黄关分理处、文市支行等6个网点。在上级行党委的正确领导和灌阳县政府的大力帮扶下，牢固树立“创新、协调、绿色、开放、共享”五大发展理念，坚持以党建为统领，突出抓好“三大”宣战，做好金融扶贫服务工作，服务三农的能力得到增强。

【存款业务】 年末存款余额为17.63亿元，其中储蓄存款余额为12.85亿元，对公存款余额为4.78亿元。

【信贷业务】 年末贷款余额为8.67亿元，比年初增长1.05亿元，其中按揭贷款增加670万元，农村个人生产经营贷款增加1500万元，公司类贷款较上年增加8330万元。

6月6日，农行灌阳县支行举办“小小银行家”主题活动

农行灌阳县支行　提供

【零售业务】 全年零售业务发展较好，信用卡客户新增、信用卡分期交易、个贷中间业务收入、IC借记卡发卡、自主理财、贵金属收入、个人理财签约客户数、私人银行签约、个人加权贵宾客户数均完成全年计划。

【经营效益】 年末实现拨备后利润2352万元，人均创利28万元；年内实现中间业务收入775万元，全年无重大操作风险和责任事故、案件的发生。

【银政关系】 融洽银政关系，财政性存款的份额增加。年末对公存款余额4.43亿元，其中财政局存款1.8亿元，比年初增加9217万元。年内，通过加强与各部委办局的沟通，努力提高柜台服务质量，抓好单位账户的开户工作，客户满意度进一步提升；部分单位工资代发由他行转入中国农业银行灌阳县支行，或在支行开立账户并拨款进账。

【业务发展】 一是以理财产品为突破，锁定灌阳县三江源、兴灌投资有限公司，日均余额超1.5亿元，是灌阳支行对公存款的主要增长点；二是加大对公账户的营销，成功营销灌阳县辖内唯一的自治区示范性高中——灌阳高中落户农行，实现对公账户、代发工资、学生卡（除信贷业务以外）等一揽子金融服务；三是加强与县扶贫办及县人社局合作，成功签订两个合作协议，全年累计发放扶贫、贴息贷款1020万元，对农民工创业及金融扶贫工作起到了有力的支撑作用。

【营销策略】 实施全员营销策略，推动零售产品的营销，确保业务全面发展。年初，制定了全员营销活动方案，根据不同的岗位，确定不同的营销计划，个人得分纳入年度考核占比20%，开展了《零售业务营销竞赛活动》《网点零售业务“短腿”指标分配到人》及在全行开展“我学我用我营销”掌上银行等活动，将信用卡、信用卡分期、贵金属销售、代理保险等个人主动营销的产品，通过指标

7月7日，农行灌阳县支行金融扶贫服务中心开业

农行灌阳县支行　提供

的细化管理，有力促进零售业务的发展。一是支行与财保公司合作，代理车辆保险业务，年内营销车辆保险约320余台；二是借助公务员购车的有利时机，发动全行人员营销汽车分期，办理信用卡分期金额约1400万元；三是大力营销贵金属，营销任务分解到人，营销奖励力度加大，年内实现贵金属销售收入18.2万元，为中间业务持续增收拓宽渠道。

12月24日，农行灌阳县支行为客户讲解宣传产品

农行灌阳县支行　提供

【理财业务】 借助理财产品优势，积极营销，实现理财业务收入的平稳增长。年内，在大厅张贴理财专栏，加大柜台营销力度，在《今日灌阳》对农行理财产品进行宣传报道。全行累计销售理财产品15.19亿元，个人理财产品日均余额约9324万元。

【服务效能】 根据桂林分行个人贵宾客户维护方案的总体要求，结合支行实际，制定《灌阳县支行个人核心客户维护提升方案》，明确维护目标和考核措施，实行名单制管理，将客户落实到人，并与年度考核挂钩，有效促进了员工对客户维护的积极性，服务质量和效能全面提升，为支行经营发展打牢了基础。

（农行灌阳县支行）

广西灌阳农村商业银行股份有限公司

【概况】 2016年，广西灌阳农村商业银行股份有限公司（简称灌阳农商行）内设办公室、财务会计部、安全保卫部、人力资源部、资产风险管理部、法律合规部、稽核审计部、市场开发部、电子银行部、信贷管理部、监察室、统计信息部、党委办公室、营业部等14个机构，下设洞井支行、观音阁支行、西山支行、黄关支行、新街支行、城东支行、城中支行、灌阳镇支行、城北支行、滨江支行、新圩支行、水车支行、文市支行、正街分理处、新中分理处共16个营业网点，在职员工186人。年内，灌阳农商行贯彻落实中央、自治区经济工作会议精神和自治区联社工作会议精神，坚持解放思想、勇于创新、稳健发展，围绕全县经济社会发展目标，

8月31日，农行灌阳县支行走进灌阳县高级中学进行金融知识宣传

农行灌阳县支行　提供

严格按照工作方针，秉承立足当地，服务“三农”的市场定位，积极适应经济下行和同业竞争加剧的新常态，采取各项有效措施，强管理、促服务，奋力开创各项工作，在业务发展和管理上实现新提升，有力地支持了地方经济的发展，为全县经济发展作出了积极应有的贡献。

5月23日，中国共产党广西灌阳农村商业银行第一次党员代表大会在灌阳农商行总行五楼大会议室召开　　县农商行　提供

【经营情况】 全年全行各项存款余额达43.62亿元，较年初增长4.87亿元，增幅12.57%；各项贷款余额达32.40亿元，比年初净增4.41亿元，增幅15.76%；存款、贷款总量和增量均继续保持全县同业第一。资本充足率11.07%，拨备覆盖率155.02%，流动性比率34.12%，拨贷比为4.31%，存贷比为74.28%，各项监管指标达标。

【存款业绩】 截至12月底，全行各项存款余额43.62亿元，较年初增长4.87亿元，增幅12.57%。总量和增量市场份额在全县4家金融机构中占比分别为57%和58%，继续保持全县4家同业第一位。

【贷款业绩】 创新完善信贷产品，精细信贷服务，发挥支持县域和“三农”金融主力军作用。截至年末各项贷款余额达32.40亿元，比年初净增4.41亿元，增幅15.76%；贷款存量增量市场份额占比分别为76%、84%，贷款总量和增量继续保持全县同业第一，其中：涉农贷款余额30.86亿元，比年初净增4.3亿元，增幅16.18%，占比95.27%；小微企业贷款余额11.9亿元，比年初净增1.38亿元，增幅13.17%，占比36.74%。

【监管业绩】 全年存贷比为74.28%，资本充足率11.07%，拨备覆盖率155.02%，流动性比率34.12%，拨贷比为4.31%，不良贷款率为2.78%，各项监管指标达标。

4月20日，灌阳农村商业银行杯“我与征信”主题征文比赛颁奖仪式在灌阳高中举行　　中国人民银行灌阳支行　提供

【为实体经济注入新的活力】 严格执行银监部门小微企业贷款“三个不低于”要求，坚持“小额、流动、分散、本土”的定位，向诚实守信的小微企业公开承诺不抽贷、不压贷，为符合条件的企业办理续贷手续，推动木材、石材等支柱产业转型升级；探索与政府部门、产业协会、龙头企业等客户信息资源方合作，共同搭建融资服务平台。依

据工商、税务等部门“大数据”平台研发“税易贷”等信贷产品，为灌阳县实体经济注入新的活力。

【信贷管理服务】 设立“四个中心”，年初设立了“小微企业贷款中心”“个体工商户贷款中心”“公务员消费贷款中心”“住房按揭贷款中心”，为客户带来更专业，更精细的金融服务，年末累计发放小微企业贷款6.19亿元，个体工商户贷款30039万元，公务员消费贷款2923万元，住房按揭贷款3845万元。在确保风险可控的前提下，制定和完善了《公务员消费贷款管理办法》《个体工商户贷款管理办法》《农户小额信用贷款管理办法》《种养殖专户贷款管理办法》等信贷管理办法，推出了“企业贷”“税易贷”“个人贷”“工薪贷”“工商贷”“农户贷”“扶贫贷——合作社(公司)+贫困户”等信贷产品，进一步拓宽贷款渠道和增加信贷产品。

【金融扶贫】 把扶贫小额信用贷款作为增加农民收入的基础，加快脱贫致富步伐，全面建设小康社会、构建和谐社会的一项重要措施来抓，以培育主导产业、区域连片开发为重点，创新工作机制，规范管理办法，努力提高扶贫到户贷款贴息使用效益。一是评级授信工作成效。全县建档立卡贫困户人口共40945人，总户数为10992户，剔除低保户1328户，应评级授信贫困户数为9664户，授信金额2.66亿元；二是开展扶贫小额信用贷款业务，提高金融扶贫的精准度，截至年末，贫困户贷款共3439户，贷款余额1.36亿元；2016年拟脱贫贫困户2787户，已发放774户，金额3064万元，占比40%；三是重点加大对管理规范、操作合规的家庭农场、专业大户、农民合作社、扶贫产业化龙头企业等经营组织的支持力度，提高农业金融服务集约化水平。如对兴农汇电子商务有限公司授信200万元，对日升生态特色农业公司授信100万元，对都庞岭瑶乡生态养殖授信100万元等，共带动约200户贫困户脱贫。

【普惠金融和城乡信用环境建设】 截至年末，新增桂盛卡2.44万张，存量12.7万张；新增电子银行有效户5400户，存量达1.68万户；新增桂盛通商户48户，存量达238户；便民服务点覆盖全县138个行政村，覆盖率达100%；切实打通普惠金融“最后一公里”，使农民客户足不出村，即可办理小额存取款、查询、转账等金融业务；今年创建信用乡镇1个，使信用乡镇达3个，分别为：洞井瑶族乡、新街镇、黄关镇，创建信用村5个，使信用村创建达35个，全县创建三农金融服务室36个。

【清收盘活】 截至年末，现金清收不良贷款3586万元，办理续贷金额1120万元，接收抵债资产金额150万元，核销呆账金额368万元。一是加强与法院的沟通协调，提高执法力度。年初，与法院召开联席座谈会，商讨部署不良清收和诚信建设工作。配合法院采取简易诉讼方式催收，达到立案快、审结快、执行快的目标。截至年末，通过联合执法走访调解借款户62户，发送执行通知书等法律文书26份，涉及贷款本金356万元，已收回不良贷款43笔328万

6月30日，灌阳农商行开展“重走长征路，缅怀革命先烈”活动

县农商行　提供

11 月 4 日，灌阳农商行组织中层干部前往桂林监狱开展警示教育活动　　县农商行　提供

元。同时，将胜诉未执行的借款人纳入失信被执行人名单，并在县电视台、公众微信平台上对第一批 32 名失信借款人进行公布，开展强制执行月活动，配合法院执行局对银行申请执行而客户拒不履行的进行拘传，强制执行后有 45 户归还贷款本息 85 万元，43 户金额 273 万元办理了转贷手续。二是向县委政府汇报，加大存量抵债资产处置力度，跟进政府招商引资，强力盘活抵债资产。三是成立清收领导小组，制定清收方案。总行成立 5 个工作小组，班子领导带头亲自抓，对 50 万元以上不良贷款建立一户一策台账，包片包点带领部室对大额不良贷款采取有力措施进行清收，实行风险金挂钩考核，并对全行员工及领导班子不良压降进行重点考核。

（王智佳）

桂林国民村镇银行灌阳支行

【概况】 桂林国民村镇银行灌阳支行（以下简称灌阳支行）成立于 2011 年，设 3 部门 1 支行，分别为营业部、业务发展部、综合管理部、灌阳胜利支行。2016 年末在职员工 24 人，大专学历 14 人，本科及以上学历 10 人，拥有会计从业证 9 人，银行从业资格证 10 人。本着"阳光经营，创新服务，快乐成长，做老百姓的银行"的经营理念，以服务"三农"和中小微企业为抓手，紧密结合灌阳县的经济实际，扎实推进"支农、支小"工作。以党的十八大精神为指引，全面贯彻中央经济、金融工作会议精神，以强化激励措施为手段，紧紧抓住业务发展机遇，加快业务发展，不断完善内控，防范金融风险，各项工作取得了一定成绩。

【经营情况】 截至 12 月底各项存款余额 18090 万元，各项贷款余额 12975 万元。

【贷款特色产品】 坚持"支农支小"的经营理念，信贷投向主要以支持小微企业、农户生产经营为主，结合县域农业特色经济相继开发了"农户贷""支农贷""三农贷""方便贷"等产品体系，用实际行动支农惠农。

【风险管理】 完善授信制度体系，把好风险入口关，加强重点领域风险管控，做好风险预警能力建设，推动风险管理责任认定，增强全员合规意识，配合完成"两个加强、两个遏制"专项检查，严格控制金融风险。

【助力企业团购活动】 7 月 31 日，灌阳支行借力合作企业团购活动，帮助企业解决现金收付麻烦、结算渠道单一不方便等困难，并深入开展"方便贷"、房屋装修"业主贷"宣传及现场业务办理活动。支行工作人员根据拟订方案，分工明确，准备充分，业务现场进行得井然有序。经统计，支行员工共为整个团购活动办理了 250 多笔业务，涉及金额 25.1 万元。此次团购代收费、业务宣传活动，进一步彰显了服务便捷、服务可靠、服务灵活等优势，为各项主要业务宣传奠定了良好的基础，也为银行优质服务常态化扩宽了渠道、打开了市场。

【客户答谢活动】 2月20日，举办了“感恩老客户，礼遇新客户”新春游园活动。活动以抽奖和小游戏相结合，为客户营造惊喜、开心的节日氛围。整个活动持续时间长达4个小时，吸引了新老客户500多人参加，有效扩大了灌阳支行在老百姓当中的美誉度，积分送礼存款计划是2016年灌阳支行工作重点之一，本次游园活动重点围绕一次性把积分送礼、新系统上线、贷款新品种等金融服务向客户进行了宣传，达到了效果，客户得到实惠，有效践行了“做老百姓的银行”的经营理念。

（蒋　波）

人寿保险

【概况】 2016年，灌阳县人寿保险公司坚持以市场为导向，以客户为中心，持续推进各类特色服务。公司总保费市场份额达到了98.9%，全年实现保费收入5223万元，较上年同期增长2%；其中包括长期险首年保费1987万元，10年期以上期交803万元，同比增长84%，短期险保费647万元，同比增长40%，业务结构进一步优化。

【责任保险】 年内，实现独生子女爱心保险保费收入30.01万元，为6002户独生子女家庭送去了保险保障，投保家庭成员因病住院或者意外死亡获得理赔123人次(其中死亡11人)，给付金额37.74万元，赔付率为156.83%。投保家庭成员因病住院或者意外死亡获得理赔102人次(其中死亡7人)，给付金额24.06万元，赔付率为80.19%。

【社会责任】 灌阳支公司辖内管理干部职工及代理营销人员共计300人，共上交税款820606.50元，纳税额及同比增长比例在当地产寿险公司中均名列前茅。

【诚信服务】 组织开展“少儿艺术节”“牵手国寿健康同行”、健步走活动、各种VIP主题、关注广西分公司微信平台“关注有礼”等客户服务活动。年内，共处理各种赔款给付合计1702件(人次)，给付金额499.78万元，寿险死伤给付(含医疗)金额152.26万元，短期健康险(含意外)赔款347.51万元；短期赔款1585件(人次)。

（灌阳县人寿保险公司）

财产保险

【概况】 2016年灌阳县财产保险公司共收入保费2348.6万元，完成计划126.8%，实际完成利润637.2万元，综合赔付率38.3%。

【业务工作】 2016年，灌阳县财产保险工作坚持在竞争中求生存、促发展，做好地方政府主要领导工作；公司经理室多次向县委、政府主要领导汇报工作，积极参与地方政府主持的各项活动；服务更加人性化、亲密化，年初对县属各大系统骨干进行了多次回访。年初将全年的业务全部清分到个人，将上级公司下达的各项指示层层分解，月月盘点，月月落实，有效地保证了对计划落实情况进行监控和调整，严格内部管控，以理赔和承保为切入口，全面提高公司整体服务水平。根据上级公司有关竞赛要求，积极配合开展如意行、关爱无忧、家财险等劳动竞赛，从而营造了一种健康活泼、你追我赶，团结奋进的业务发展氛围。

同时把稳固车险，拓展新车险市场作为业务工作的重中之重，在抓业务数量的基础上，坚决丢弃屡保屡亏的“垃圾业务”；以确保业务及时回笼。要求各业务部门提前公关，提前续保，一旦出现脱保，马上在公司公布，其他人可参与竞争，尽力巩固原有业务，减少业务量流失，保证了车险市场分额占有率；和交警部门、汽车二网销售商建立合作关系，积极挖掘新业务把握市场主动；已失业务不放弃，不但对当年业务做到清晰明了，还把往年丢失的业务列出明细，并分解到有关部门争取续保转回。

（范秋霞）

经济管理与监督

11 月 29 日，县安监局组织开展灌阳县建筑工地安全生产大检查　　县安监局　提供

宏观经济管理与调控

【概况】 2016年,全县完成生产总值74.69亿元,同比增长6.6%;完成全社会固定资产投资64.08亿元,同比增长18.5%;实现社会消费品零售总额18.5亿元,同比增长10.8%;实现城镇居民可支配收入28172元,同比增长6.9%;实现农民人均现金收入8995元,同比增长9.6%;实现财政收入3.62亿元,同比增长6.5%。县发改局围绕全县经济社会发展总体目标,履行部门职能,各项工作均取得了新的进展,扎实做好了全县"十三五"规划纲要编制、年度计划编制、经济运行监测分析工作、狠抓投资和项目工作,全年争取的上级资金达9320万元。

【全县重大项目推进】 一是制定和印发项目工作实施方案。代拟的《灌阳县2016年县四家班子领导跟踪服务推进重大项目工作方案》《灌阳县2016年投资和重点项目建设实施方案》由县委办印发,明确了全年推进的107项县重点项目及50项县领导跟踪服务推进的重大项目。二是重大项目进展顺利。国电马头风电场项目于4月并网发电,桂林永安关经水车至灌阳县公路完成项目全部前期工作;灌阳至平乐高速公路、灌阳县一桥改建建设项目、洞大公路提级改造前期工作顺利推进。全年全县推进重点项目107个,年度计划投资28.15亿元,其中:新开工项目42个,年度计划投资12.18亿元,续建项目45个,年度计划投资15.97亿元,前期项目20个。1—11月,实际完成投资9.9亿元,占年度计划投资的62%。

【固定资产投资】 一是分解落实全县投资任务。代拟《关于下达2016年投资和向上争取资金任务的通知》由县重大办印发了《灌阳县重大项目建设管理办公室关于下达灌阳县2016年固定资产投资各月目标任务的通知》(县重大办发〔2016〕1号)《灌阳县重大项目建设管理办公室关于再次分解下达灌阳县2016年6—12月各乡镇固定资产投资目标任务的通知》(县重大办发〔2016〕4号),及时将全年的固定资产投资目标任务下达到各部门、各乡镇。二是加大了对固定资产投资工作的协调及督查。据初步统计,1–10月全县固定资产投资完成51.46亿元,占市下达全年任务63.5亿元的81%。

【易地扶贫搬迁工程】 县发改局作为灌阳县扶贫开发工作移民搬迁专责小组牵头单位,认真履职,组织专责小组各成员单位积极开展工作。按照区、市有关易地扶贫搬迁文件要求,全县"十三五"期间,易地扶贫搬迁安置总任务为2944户、9486人,其中建档立卡贫困户2686户、8653人。计划在2016年至2018年分三年实施,2019、2020年进行搬迁扫尾工作。根据广西壮族自治区发展和改革委员会《关于广西易地扶贫搬迁工程2016年实施计划的通知》(桂发改地区〔2016〕462号),年内灌阳易地扶贫搬迁总规模为654户2314人,其中建档立卡贫困对象595户2099人。计划总投资15168万元,其中中央预算内易地搬迁补助资金1679.2万元,扶贫发展资金210.4万元,市、县本级财政配套资金231.4万元,融资资金10075.2万元,群众自筹资金2972万元。为推进新型城镇建设,全县在制定2016年易地扶贫搬迁计划时只考虑在县城及乡镇建设集中安置点。两个集中安置点已落实启动,其中:县城集中安置点已落实土地50亩,已完成项目规划设计,项目建成后可以安置620户2480人,年底完成171套建设任务;西山瑶族乡安置点已建成安置房50套。其他集中安置点由于占用基本农田,没有完成征地工作,导致项目无法推进。为确保完成全年目标任务,全县已及时调整工作思路,尚未落实集中安置点项目用地的乡镇主要采取分散安置方式,全县分散安置413户已有210户开工建设。年底全县共有220户780人能够搬迁入住,搬迁入住率达30%以上。

【风电项目建设】

马头风电场项目 2016年完成投资3000万

元，累计完成投资 4.95 亿元，首批风机于 4 月 13 日成功并网运行，吊装好风机机组 12 台，累计吊装 22 台，发电 22 台。

正江岭风电场项目　项目已列入 2016 年自治区层面统筹推进的新开工重大项目，项目于 2015 年 8 月 20 日获自治区发改委核准。2016 年内，该项目林地指标区林业厅已批复，正在申报土地指标。

茶湾风电场项目　该项目 2016 年内进行可研报告的编制，预计 2017 年完成核准。

【2017 年中央预算内投资计划申报】 县发改局通过与上级发改部门联系，积极衔接，2016 年内已上报全县申请 2017 年中央预算内资金支持项目 28 项，总投资 1632062 万元，其中申报争取上级投资 510223 万元。其中，灌阳县图书馆、灌阳县文化馆、灌阳文市石林及月岭古民居景区、灌阳县文市镇月岭村（名村项目）等项目初步纳入国家“十三五”期间文化旅游和自然遗产保护利用设施建设规划项目储备库。

【监管工作】

做好项目前期工作，把好项目入口关　一是做好项目审批、备案、核准工作。对于属县发改局办理的项目前期手续及时给予办理；对于需上级发改部门办理的，县发改局配合相关单位和部门做好转报工作。2016 年内共批复项目建议书 25 个、可研报告 8 个、初步设计 36 个；转报审批及请求上级解决 28 件。二是对前期手续不完备就开工建设的，严格按规定要求项目业主进行补办。三是对于不符合国家产业政策的项目，一律不予办理相关手续，严把项目入口关。

项目监督管理　加大对重点项目和国家投资项目的督查查力度，积极配合上级发改部门组织的各项督查、检查工作。严格按项目建设进度提出拨付资金建议，及时上报信息至市主管部门和县政府，认真履行项目建设月报制。对未按时开工的项目业主进行督促，并按照市发改委通知规定，要求项目业主倒排工期，制定项目开工实施方案，对项目进展情况进行日报制，确保项目早日开工建设。

实施县四家班子领导联系项目制度　为进一步推进全县重点项目建设工作，全年筛选了 50 个重大项目报县委、政府列入了县四家班子领导联系项目。县四家班子领导联系项目，提高了项目业主推进项目建设的责任意识，同时也为协调重大项目建设中的矛盾、纠纷和加强项目建设的服务、管理提供了更好的保障，为确保项目按质、按时完成奠定了基础。

（县发改局）

物价管理

【概况】 2016 年，灌阳县物价局履行价格管理职能，加强价格监管，开展了市场价格监督检查、餐饮行业价格行为专项整治和药品市场价格专项检查工作；平价商店建设工作健康发展；价格监测工作逐步完善；收费（价格）事前事中事后监管制度进一步健全；依规取消了 9 项经营服务性收费。年内，共受理来人举报价格案件 6 件，电话举报 10 件，咨询 6 件；接受执法执纪部门、其他部门委托，办理各类价格认证（鉴证）案件 45 件，鉴证总金额 100 余万元。

【价格管理】

价格监测　年内，对全县价格监测网点重新进行了布局，安排专人及时采集各监测网点的主要副食品和生活必需品价格，同时密切注意市场价格动态。全年除猪肉价格依然高位运行外，其他粮油、米面、活鸡等农副产品价格基本保持平稳。从监测的 22 个居民基本生活消费品品种价格来看，与上年同期相比价格上涨的有猪肉、蔬菜类共 9 个品种（规格），其他居民消费价格保持在合理区间，也没有出现囤积居奇、哄抬物价的情况发生，春节、清明、端午节等重大节假日期间商品价格保持稳定，没有大起大落情况发生。

平价商店建设　一是要求平价商店继续根据《灌阳县农副产品平价商店建设工作实施方

案》有关规定,在低于市场平均销售价格的基础上,合理确定农副产品销售价格,据统计,全县平价商店经营的油、肉、禽、蛋类,其销售价格比市场均价低8%左右,蔬菜类销售价格比市场均价低20%以上;二是建立台账报告制度,要求经营者使用统一的平价农副产品台账,并如实记录,每月将相关资料上报;三是安排专人认真做好价格监测工作,坚持每月对平价商店经营的品种和价格进行四次以上的现场监测,发现问题及时处理;四是根据平价商店经营品种、销售情况,采取以奖代补的方式实行日常运营补贴,全年共支付运营补贴6万元。

【收费管理】 一是按上级文件要求加强行政事业性收费事前事中事后监管,制定和完善了事前事中事后监管制度,安排专人对各收费单位上年度的收费情况进行统计分析,并按要求上报市物价局;二是根据自治区物价局下发的《关于取消部分经营服务性收费项目的通知》(桂价费〔2016〕45号)精神,从4月25日起,全县取消以下9项经营服务性收费:燃气综合治理服务费、房地产权属档案查询服务费、房地产网络信息服务费、城建工程竣工档案整理综合技术服务费、征地劳务费、道路运输驾驶员继续教育培训收费、地震安全性评价收费、部分气象防雷服务收费(包括防雷技术评价、雷击风险评估、雷电灾害调查鉴定以及新建、改建、扩建建(构)筑物防雷装置检测收费)、农用机动车二号保养维修费。通过取消这些经营服务性收费,给相关企业和个人带来实实在在的便利和实惠,每年可减轻企业和个人负担100余万元。

【价格认证】 2016年,价格认证中心共接受执法执纪部门、其他部门委托,办理各类价格认证(鉴证)案件45件,鉴证总金额100万余元。

【价格监督检查】

市场价格监督检查　在春节和清明节等重大节假日期间,安排人员加强市场价格检查和巡查,对县城及部分乡镇分片分段进行检查,检查的主要内容是明码标价行为和价格欺诈行为,另外落实好值班人员值守"12358"举报投诉电话,并按要求做好价格监测和材料上报工作。

餐饮行业价格行为专项整治　从5月1日起,共安排价格执法人员8人参加了专项整治行动,分别对千家洞景区、米珠山生态园及县城城区的餐饮行业进行了检查。首先进行了宣传发动,要求所有饭店先开展自查自纠,正确执行与之相关的价格政策;其次对明码标价不完善,价格行为不规范的经营者进行提醒告诫,共发放《价格政策提醒告诫书》40余份,督促经营者及时改正,守法诚信经营。

商品房销售明码标价专项检查　分别开展了商品房价格政策宣传工作,并发放《价格政策提醒告诫书》,同时与县房管部门联合开展检查,对部分商家明码标价不规范问题进行了纠正。

药品市场价格专项检查　按照上级要求,向各医疗机构和药品经营者发出了《价格政策提醒告诫函》,并加大重点检查和巡查力度,对药品销售商、医疗机构药品销售情况进行检查。从检查情况看,全县药品市场价格平稳,未出现乱涨价和不正当价格行为。

教育收费检查　物价部门与县纪委一道开展了春、秋季中小学开学收费及减免政策执行情况检查,重点检查了幼儿园收费、义务教育阶段减免政策执行情况和高中阶段的收费情况,纠正了个别学校公示不规范和收费开票不规范等问题。

价格举报　坚持正常工作时间开通"12358"价格举报呼叫系统,及时妥善处理群众网上举报咨询,年内共办理网上投诉咨询11起,共受理来人来访价格举报6件,电话举报10件,咨询6件。对群众来信来访及时组织力量进行调查处理,并在规定时间内办结反馈,对群众不明白的价格收费问题,都给予耐心的解释,尽量使群众满意。

【价格调节基金征收】 从2月1日起,全面停止征收价格调节基金,为认真做好价格调节基金停征工作,物价部门与县自来水公司、县水利电业公司加强沟通，分别按要求停征了向县供水公司、各小水电站等行业开征的价格调节基金，仅此一项减轻各用水户及相关企业负担160余万元。

（邓海生　卿树碧）

工商质监

【概况】 灌阳县工商行政管理和质量技术监督局为灌阳县人民政府工作部门，根据《桂林市机构编制委员会关于调整灌阳县人民政府工作部门设置的批复》（市编〔2016〕21号）和《灌阳县人民政府办公室关于印发灌阳县工商行政管理和质量技术监督局(灌政办〔2016〕54号)，6月30日，原灌阳县工商行政管理局和灌阳县质量技术监督局两局合并为灌阳县工商行政管理和质量技术监督局，主要职责内设机构和人员编制规定的通知》主管全县传销、反不正当竞争、商标广告管理、登记注册、质量发展股、标准计量股、计量、认证认可、特种设备等监管工作。全局内设办公室、法规与行政执法督察股、企业与个体私营经济监督管理股、市场与合同规范管理股、反不正当竞争执法与商标广告监督管理股、消费者权益保护股、质量发展股、标准计量股、特种设备安全监察股、法规监督股、人事股、财务股等12个职能股室。派出机构有洞井工商行政管理和质量技术监督所、观音阁工商行政管理和质量技术监督所、黄关工商行政管理和质量技术监督所、新街工商行政管理和质量技术监督所、城关工商行政管理和质量技术监督所、新圩工商行政管理和质量技术监督所、水车工商行政管理和质量技术监督所、文市工商行政管理和质量技术监督所8个工商质监所，车船营业登记管理所1个专管所，下设2个全额拨款事业单位：计量检定测试所、产品质量检验所。局机关现有在职在编公务员54人，工勤5人；2个下设事业单位现共有在职在编事业人员13人。2001年6月成立中共灌阳县工商行政管理局委员会，现有党员88人。

【企业、个体私营经济监督管理】 截至11月底，全县共有内资企业189户，注册资本50697万元；私营企业955户，注册资本321253万元；个体工商户5602户，从业人员8367人，注册资本54693万元；农民专业合作社348户，出资额40397万元，成员3181人。

【消费者权益保护】 围绕“新消费　我做主”年主题，开展“12315”活动。倡导诚信经商，开展“争创消费维权诚信单位”活动，共5户获得“消费者维权诚信单位”，创建“诚信经营　放心消费”示范店1个；有针对性地开展新《中华人民共和国消费者权益保护法》教育引导培训1次，培训人员16人次；继续推进“一会二站”和“12315”“五进”规范化建设工作，在县城新设1个消费维权

表4　　商事改革以来登记情况表

序号	项　目	2016年6月30日		2014年3月1日后增加数		增长	
		户数（户）	注册资金（万元）	户数（户）	注册资金（万元）	户数	注册资金
1	合计	7094	467040	2638	304321	59.20%	187.02%
2	内资企业	189	50697	0	32461	0.00%	178.01%
3	私营企业	955	321253	275	212179	40.44%	194.53%
4	个体工商户	5602	54693	2157	29065	62.61%	113.41%
5	农民专业合作社	348	40397	207	30616	146.81%	313.02%

1月27日，县安监局、公安局、工商局等联合检查组检查春节烟花爆竹市场　　县工商质监局　提供

服务站，在乡镇新设3个消费维权服务站。接受各种电话咨询398次，受理消费投诉3起，调解成功1次，未调解成功2次，受理消费者举报7起，诉转案7件，罚款5万元人民币，为消费者挽回经济损失2.06万元。

【农资市场管理】 成立了“红盾护农”领导小组，共出动执法人员263人次，车辆86台次，发放宣传材料1200余份。共检查种子、农药、农膜、化肥经营户173户，查处农资违法案件56起，取缔无照经营户26户，罚款入库8.39万元。2016年抽检化肥7个批次、农药2个批次。悬挂宣传横幅6余条，印制散发了500多份化肥农药简易鉴别方法宣传单，在农村发放、张贴；并在各工商所门口以板报形式发布了3期农资消费警示，引导农民提高识假、辨假的能力。同时，该局执法人员组织各所对辖区的102户农资经营户督促其建立健全“两账两票一卡一书”，签订了“农资商品经营责任书”。落实对农资经营户监管的“五项制度”，指导辖区农资经营企业开展“六统一”连锁经营工作。对其经营行为予以规范，加强了农资市场的严格管理，有力地打击了一些坑农、害农的违法行为，维护了广大农民群众的根本利益。

【商标管理】 全年共注册商标198支，推荐以下2家企业的三枚注册商标参加创建“广西著名商标”的评选，即桂林兄弟木业有限责任公司的注册商标“金色雨林”、广西桂林市灌阳县瑶源粮油有限责任公司的注册商标“瑶源”。严查商标侵权违法行为，共出动执法人员90人次，执法车辆18台次，检查各类经营户88户，共查处商标侵权案件6件，处罚款0.94万元。重点开展查处商标侵权违法行为，共出动执法人员95人次，执法车辆28台次，检查各类经营户84户。共查处商标案件24件，罚款3.97万。其中纸类侵权3件，罚款0.4万、酒类侵权4件，罚款0.95万、润滑油侵权3件，罚款1.5万、食品侵权1件，罚款0.2万、其他侵权7件，罚款1.1万。

4月13日，执法人员整治农资市场　　县工商质监局　提供

【广告管理】 全年登记户外广告18户，涉及墙体、布横幅、展示牌等40余块，内容横跨房地产、酒类、医疗、电信等多种行业。积极配合环境综合治理工作，规范广告发布行为。取缔省道沿线违法广告15块，净化乡镇广告标语50条，集中整治县城内广告发布栏、公共信息栏、电子银幕展板12处，制作发布公益广告8次。开展固定形式印刷品广告、虚假违法广告、计划生育药械市场广告等专项治理行动9次，出动执法人员76人次，执法车辆13台次，责令整改经营户93户，查处违法发布广告3起，处罚款0.7万元。

10月13日，工商质监局对全县的红砖进行检测

县工商质监局 提供

【特种设备安全监管】 对全县范围内的电梯、锅炉、起重机械等特种设备进行安全监察，确保全县特种设备安全事故的发生。对涉及计量、质量、特种设备、标准化等的各类生产经营单位，开展日常监督、定期监督抽检及农资、建材等专项打假工作。发现安全隐患和违规行为的，下达安全监察指令书，督促使用单位和个人及时消除了安全隐患。开展了春节、“五一”、中秋、国庆及电梯安全专项整治活动，深化了锅炉、气瓶、压力管道、压力容器的整治和管理。共出动执法人员176人次，检查特种设备使用单位130多家共270多台件，其中检查电梯101台、起重机械160多台，其中督促60余家石材企业改造了66台不符合要求的起重机械，责令停用电梯1台，督促更换老旧电梯1台。此外，在县政府的统一组织下，对近70多台不符合安全要求的石材生产企业在用的起重机械进行了断电处理。

5月16日，县安监局、公安局、工商局等单位执法人员在新圩镇和睦村销毁一批非法烟花爆竹

县工商质监局 提供

【地理标志产品培育】 开展国家地理标志保护产品申报工作，制定“灌阳红薯粉”国家地理标志保护产品培育方案，开展了一系列国家地理标志保护产品申报前期准备工作，已向广西区质监局提交申报初审材料。

【质量强县】 按照上级文件精神认真制订好年度工作计划，明确工作重点，将工作目标任务分解到相关责任单位，

10月20日,县工商质监局在威海机动车检验中心检查
县工商质监局　提供

在各成员单位的积极配合和大力支持下,全县产品质量、工程质量、服务质量、生态质量得到明显提高。

（唐辉泉）

审　计

【概况】 灌阳县审计局人员编制17人,在编17人;设有办公室、法规股、财政金融审计股、行政企业事业审计股、经济责任审计股、政府投资审计中心。全年完成审计项目13个,查出主要问题金额31714万元,其中应上缴财政金额209万元,应调账处理金额31303万元;已缴财政金额197万元,促进财政增收节支289万元,调账处理金额31303万元,提出规范性管理意见和建议37条。

【财政审计】 全年共完成财政审计项目6个,查出主要问题金额30550万元,提出审计意见和建议18条。财政审计以预算执行为主线,重点关注国库集中支付管理、财政存量资金、"三公"经费支出情况等方面,加强对财政资金分配、使用和管理情况的监督。提升预算执行审计的影响力,注重从体制、机制、制度层面分析原因,提出改进建议,维护公共财政安全。

【固定资产投资审计】 全年共完成政府投资项目审计100个,送审总金额26505万元,审定金额25070万元,核减工程造价1435万元,核减率5.4%。

【经济责任审计】 根据县委组织部委托,县审计局对4名领导干部进行经济责任审计,现已完成5名(含上年续审项目4个)。审计查出主要问题金额405万元,提出审计意见和建议13条。审计重点关注领导干部任职期间执行上级经济法规和政策、资金使用管理、单位内控管理、遵守各项廉洁规定等情况。对审计发现的问题,分别向被审计单位提出了加强现金支出管理、严控三公经费支出规模、规范财务原始凭证等切实有效的审计建议,进一步促进领导权力规范运行,清廉作为。

6月21日,桂林市审计局局长姜兴和(右三)一行到灌阳调研
县审计局　提供

【专项资金审计】 全年共完成专项调查审计2个，分别开展了全县城乡低保资金收支存及管理情况和2016年“美丽广西·生态乡村”财政专项资金审计调查。查出主要问题金额759万元，提出审计意见和建议6条。审计反映了专项资金的基本使用情况，揭示了专项资金使用存在的问题，客观事实地提出了审计意见，确保专项资金使用的规范性、科学性。根据审计发现问题，县民政局共清理取消不符合享受低保政策人员1776户2193人，每月节约低保资金41万元。

【队伍建设】 加强对审计干部职工的教育和管理，组织参加各类业务培训，鼓励参加审计专业职称考试，促进全面锻炼、进步和成长。全年累计选派业务骨干参加上级审计机关举办的各类业务知识培训班11人(次)。

（冯 杰 唐小迪）

统 计

【概况】 统计局内设办公室、国民经济综合核算股、工业能源和固定资产投资统计股、农村服务业和贸易外经统计股、人口社会和科技统计股5个股室，下设农村社会经济调查队、普查中心两个二层机构，共14人。

【“四大工程”建设】 统计“四大工程”，即统一的基本单位名录中的法定调查单位，按照企业一套表制度规定的调查内容，采用统一的数据采集处理软件，将原始数据通过互联网直接报送全国统一的数据中心。扎实抓好调查单位名录库更新、维护、确认工作，建立真实完整、及时更新的基本单位名录库；进一步完善联网直报设备配置、软硬件建设环境、网络维护管理及运行等工作，扎实做好企业统计人员业务培训工作。全年年报做到了培训100%，上报100%，直报100%。

【城乡住户调查一体化改革】 城乡住户调查一体化是完善住户调查工作制度的一项重大改革。年内，严格按照新的住户调查方案，组织实施城乡住户调查一体化工作，加强对记账户的业务指导和调查数据的审核评估，确保调查数据质量。

【常规统计】 圆满完成了上年年报和2016年定期报表，及时发布上年统计公报、2016年统计信息月报，及时为县委、政府提供主要经济指标数据和相关统计信息，为县委、政府科学决策提供依据，当好县委、政府领导的参谋，极力发挥好统计的参谋助手作用。

【统计基层基础建设】 加强基层基础建设，夯实数据质量。一是强化县统计机构工作规范化建设。严格落实《县级统计机构统计工作规范(试行)及其考核评价办法》，制定实施细节，加强检查监督；二是强化乡镇统计基础建设、强化乡镇统计站管理，提高源头数据质量；三是强化数据质量控制。

1月14日，灌阳县劳动工资年报会在县委三楼会议室召开

县统计局 提供

【服务业统计改革试点】 成立了服务业统计改革试点工作领导小组，领导重视、组织机构健全；召开了服务业统计改革试点工作动员大会。根据《桂林市服务业统计改革试点工作实施方案和综合报表制度》，已完成《灌阳县服务业统计改革试点实施细则》的编制，落实服务业统计改革试点工作经费；依据三经普名录库筛选符合准重点服务业企业和大个体名录库及单位清查情况。

12月9日，灌阳县第三次全国农业普查宣传工作会议在县委三楼会议室召开　　文莲丽　摄

【“四上”企业培育】 加大“四上”企业培育工作力度，全年全县“四上”企业和服务业重点企业的发展、培育、管理监督及申报进库工作取得好成效。

【法制建设】 贯彻落实《中华人民共和国统计法》和《统计违法违纪行为处分规定》，健全执法队伍，加强执法人员培训、规范统计执法行为。以提升统计数据质量为主题，利用各种普查、统计检查、统计信息网开展了形式多样的统计普法宣传，扎实推进统计普法工作。针对部分行业、单位对统计工作不重视、不配合的实际，认真组织开展统计执法大检查，用法律武器改善统计工作环境和秩序，提高统计数据质量。加大督查力度，积极指导和培训基层统计人员，做好统计基础工作。

【统计服务】 强化对经济运行态势的分析和预测，开展各项专项调查，提高统计服务水平，围绕县委、政府对经济工作的总体要求，运用统计调查的权威性和统计资料的权威性，对经济发展敏感指标进行专题调查研究和分析，撰写各类统计分析、统计信息，为领导科学决策提供统计信息服务。

【大型国情国力调查】 第三次全国经济普查是一项重大的国情国力调查。年内，做好第三次全国经济普查工作后期资料研发工作，利用经济普查资料对全县第二、三产业的发展规模、结构和效益以及各类企业和单位能源消费等情况开展系统的分析研究，为县委、政府及有关部门制定政策规划提供依据，建立健全覆盖国民经济各个行业的基本单位名录库及其数据系统，在规定时间内完成分析和信息、公报，为社会各界提供信息服务。2016年是第三次全国农业普查启动之年。第一，成立专门调查领导小组，领导小组下设办公室；第二，根据工作需要，从其他单位抽调6名业务骨干配合工作，及时调配调查指导员和调查工作人员；第三，组织多次培训会议，布置落实工作任务；第四，及时解决人口抽样调查工作实际问题，帮助解决调查经费、交通工具、办公用房等；第五，按要求开展调查摸底登记、审核、录入、上报等相关工作。

（伍先龙　蒋亚东）

国土资源

【概况】 2016年，灌阳县国土资源局设办公室、财务统计股、耕地规划保护股、政策法规处纠股、地籍测绘股及矿产地质环境保护股共6个职能股室，下设国土资源执法监察大队、土地储备交易中心、地产开发总公司及不动产登记中心4个直属事业单位。在职人员45人。

【项目用地报批】 上报市国土局的项目共8个（含上年上报今年修改材料项目），面积93.96公顷，其中新增建设用地43.81公顷，分别为灌阳镇大箐口水利设施建设项目8.41公顷；洞井风情一条街项目3.03公顷；新街镇江口特色旅游建设项目0.92公顷；文市石材园38.67公顷；文市污水处理厂及管网配套项目0.9公顷；灌阳镇大仁村扶贫搬迁工程19.5公顷；灌阳县农民工创业园项目19.8公顷；新圩杨柳井苗木交易市场3.26公顷；自治区统筹推进的项目主要有2个：灌阳至平乐高速公路，拟将报批面积约430公顷；拟将报批永安关经水车至灌阳357国道，面积86.59公顷。

【土地供应】

历年报批用地没有供地土地出让 经统计，2009年以来，全县共批准新增建设用地461.17公顷，已经供地329.14公顷，没有供地的存量土地已达132.02公顷。全县年内共出让此类存量土地1宗，面积3公顷，收取土地出让金4107万元，拟定方案进入招拍挂程序的4宗，面积15公顷。

收回储备、闲置及低效利用土地出让 通过成立低效用地处置办公室，集中开展闲置和低效利用土地清理工作。对全县布局分散、投资规模较小的用地项目进行调查摸排，推进投资强度大、厂房集中、环境保护水平高的企业搬迁入园，开展产城互动，提升用地水平和效益。全年共依法收回国有土地3宗，面积2公顷，已全部拟定出让方案进入招拍挂程序。通过以上两个方面，全县全年共出让土地3公顷，收取土地出让金额4107万元，已拟定出让方案进入招拍挂程序的4宗，面积15公顷。

【农村建房】 年内整理两个批次的农村建房明细表及汇总表请各乡（镇）国土所核对后，交局审批办审核。审核后报县人民政府，已批准两个批次的居民建房，批文号为灌政函〔2016〕50号和灌政函〔2016〕51号。其中耕地、未利用地一个批次，涉及92个村委共545户，面积5.42公顷；农村宅基地（拆旧、村内空闲地）一个批次，涉及64个村委共267户，面积2.31公顷。

【土地整治工程】 整县推进高标准基本农田土地整治重大工程，2015年初开工建设，到2016年已全部完成16个子项目工程建设任务，其中有6个子项目完成县级初步验收。

【土地利用规划调整】 一是完成土地利用总体规划的修改以及上报工作。在上年全年规划调整的基础上，由于又增加了约60公顷新增用地规模，使灌阳的2014—2020年的新增建设用地规模达到583公顷（城镇工矿用地指标366公顷，交通能源水利及其他指标217公顷），其中2014年、2015年已使用新增建设用地74.23公顷，还有478.77公顷的新增建设用地规模。对土地利用总体规划进行了重新布局，列举全县未来5年内急需实施的重大项目115个，并重新梳理上图，并上报区厅审核。

二是做好全县急需用地以及重点项目的调规工作，全年共开展并完成重点项目调规7个，总面积约37.3公顷，包括灌阳县江东大仁村易地扶贫搬迁项目、洞井古民居建设项目（灌阳县公路局燃气公司搬迁）、新圩镇杨柳井红色旅游项目、灌阳县酒海井旅游基础设施项目、灌阳县正江岭风电项目、西山矿泉水项目（西山饮水安全工作）、千家洞矿泉水项目。

三是永久基本农田划定工作，在规划调整完善确定之前，根据区厅的要求又开展了一轮基本农田划定工作。此次基本农田划定已将列入此次规划调整完善的项目所占基本农田全部调出，并在城镇周边新划入基本农田衣6.92公顷，经举证划出现状基本农田4.67公顷，灌阳县城镇周边基本农田划入划出后，基本农田地类结构得到优化集中连片程度，耕地质量等级均有所提高。

【行政审批】 预审了建设项目用地10宗，其中市级预审3宗，县级预审7宗；审批了农村宅基用地1095户，面积102908.59平方米；审批了6宗矿产资源开采权，其中采矿权新立登记审批3宗，采矿权延续登记审批1宗，采矿权变更登记审批2宗；审批了285宗土地登记业务，其中土地初始登记268宗，土地他项权利登记17宗；完成采矿权矿产资源开发利用年度检查23个；完成全县全年17个重大项目中的4个项目的建设用地报批材料。

【执法工作】

国土资源巡查　坚持实地巡查，每周下乡巡查两天以上，发现违法行为及时制止，把各类土地违法行为消除在萌芽状态，减少群众损失，降低执法成本。

土地违法违规查处整改　全县违法用地8宗，立案查处5宗，涉及土地面积15.60亩(其中耕地面积8.41亩)，全部结案；立案率100%，已经结案5宗，结案率100%，涉及土地面积15.60亩(其中耕地面积8.41亩)。应罚款12.56万元，落实罚款12.56万元，占应罚款的100%；应没收违法建筑物0.416万平方米，落实没收违法建筑物0.416万平方米，占应没收违法建筑物的100%。年内全县违法占用耕地面积占新增建设用地占用耕地总面积的比例为3%，没有达到15%的问责比例。

土地矿产违法整治　一是3月份落实了灌阳镇苏东村第4村民小组陶建军违法违规建房占地的专项行动方案。扎实做好上级交办的灌阳县千家洞自然保护区电站调查及打击山体、河道非法采砂工作。8月20日，对灌阳镇沙罗源非法采砂进行了专项整治。二是灌阳县千家洞自然保护区内有灌阳县汇源水电站、县艾家湾水电有限责任公司、县沙岗电站、县道江河水电站，4座电站的相关情况由于受县、市、区、部领导的严重关注。通过走访电站、县直各部门、县千家洞自然保护局收集材料，并细心查阅，电站基本情况及国土局在4座电站中的职责任务调查清楚，并向上级汇报。三是灌阳镇千家洞自然保护区边缘非法采砂比较严重，尤其是河道内乱挖乱采现象突出，一定程度上破坏了千家洞自然保护区的生态环境。制定了专项整治行动实施方案、灌阳县国土资源局开展矿产资源非法采矿综合整治通知，多次实地找当事人发放通知和县人民政府公告，耐心做好当事人的法律法规宣传工作。最后，灌阳镇千家洞自然保护区边缘非法采砂已全部停止开采，现场采砂机械等搬离了部分。四是通过打击灌阳镇徐源村风柳岩沙场非法占地采砂专项行动、打击灌阳镇靠狮山沙场、灌阳镇沙子桥沙场非法占地采砂专项行动、打击灌阳镇刘祖标沙场非法占地采砂专项行动、打击新街镇非法占地采砂专项行动四次专项行动，在严厉打击了违法采砂、采矿行为的同时，规范了全县辖区内的矿业秩序。

土地矿产卫片工作　一是土地图斑核查。全县共下发图斑总数196个，总面积1100.3亩，其中耕地面积283亩。经核实，新增建设用地图斑110个，不变更图斑86个。二是实地核查。新增建设用地110个图斑中，总面积225.18亩，其中耕地面积120.79亩。经过实地核实，具体情况如下：经核查，合法图斑105个，面积209.53亩(耕地面积112.38亩)，具体情况如下：①企业用地6个，面积24.8亩(耕地面积8.16亩)；②农村居民建房79个，面积112.68亩(耕地面积77.36亩)；③设施农用地2个，面积3.02亩(耕地面积0.52亩)；④水利设施用地1个，面积4.21亩；⑤临时用地17个，面积64.82亩(耕地面积21.18亩)。违法图斑5个，面积15.65亩(耕地面积8.41亩)，全部属于小企业用地。三是违法违规查处整改。全县违法用地8宗，立案查处5宗，涉及土地面积15.60亩(其中耕地面积8.41亩)，全部结案；立案率100%，已经结案5宗，结案率100%，涉及土地面积15.60亩(其中耕地面积8.41亩)。应罚款12.56万元，落实罚款12.56万元，占应罚款的100%；应没收违法建筑物0.416万平方米，落实没收违法建筑物0.416万平方米，占应没收违法建筑物的100%；2016年内全县违法占用耕地面积占新增建设用地占用耕地总面积的比例为3%，没有达到15%的问责比例。全县矿产图斑3个，分别为灌阳镇、黄关镇、水车乡，经实地核查，灌阳镇1个为违法图斑，已整改到位并已复绿；黄关镇1个为废弃图斑，属实地伪变化图斑；水车乡1个为合法图斑。

地质灾害防治　灌阳与其他相邻县同样为喀斯特地貌，潜在的地质灾害隐患较大。灾种主要表现为地陷、滑坡、泥石流和危岩崩塌等。日常采取的地质灾害防治措施为预防和治理相结合。预防以巡查、排查隐患点为主，通过设立监测员、设立警示牌、发放明白卡，应急演练和宣传培训等方式建立群策群防体系和预警预报网络信息，提升防灾、排灾、抗灾、救灾的能力和水平。全县共有重大地质灾害隐患点17处，其中列入自治区巡查的隐患点2个，分别位于黄关镇大倚村大凹屯石山脚和灌阳镇仁渡村官塘石壁子；列入市级巡查的隐患点2个，分别位于灌阳县麒麟山和观音阁乡桃花村街后山监测点；其余13个为县级重点巡查点。除洞井瑶族乡、新圩镇、文市镇外的其他6个乡镇均有隐患点，不同程度地发生滑坡、地陷等自然灾害。县国土系统成立了地质应急分队，平时加强值守，遇黄色预警以上警报，须靠前指挥或现场巡查排查。年内县财政安排应急灾害治理资金10万元，较往年少20万元，难以完成民生所托，仅4月8日西山鹰嘴山一次滑坡就需应急治理资金3万多元。

【不动产登记】 根据自治区国土厅对不动产登记工作要求，全县在5月31日前，停发旧证颁发新证，经过一段时间的磨合，以及召开部分急需发证、办理抵押业务、转贷业务的业主协调会，逐步进入正常化。

【信访处纠】 一是做好日常来信来访及信访信息网络管理系统应用工作。二是将新圩镇平田村、新街镇新街村、灌阳镇大仁村和胡家村、灌阳镇仁渡村4起土地权属纠纷处理材料报送县调处办审阅。文市镇瑶上村土地权属纠纷处理材料本已做好，因当事人一方提出申请要求对其中一重要证据进行司法鉴定而需延期办理。三是成立了新圩镇酒海井红军纪念园信访案件专项工作组，清理了全县涉嫌违法批地文件，纠正了违规行为。

【国土创收】 全年预计可为县财政创收1.2亿元，完成7551万元，其中：土地出让已完成5333万元，矿产资源类已收取70万元，在耕地占补指标方面，经多方协调，在市局使用灌阳提供的耕地占补收储指标时，拿回耕地开垦成本收入共3370万元（因为是收储指标，可以不提供开垦成本）。已完成了县委、政府2016年下达的6000万的绩效任务。

【节约集约利用】 成立了创建活动领导小组，选取白竹坪、朱安冲、杨柳井等地块为现场参检地点，大力宣传倡导节约集约用地，打造城市上山、村庄上山的挖地腾地模式，创新“梨园变公园、农房变宾馆、农民变老板”的乡村农家乐旅游用地管理模式，大力推进低效用地处置变废为宝，在参加自治区级评选中，被评为全区第二名，在参加全国的评比当中，已高票通过，于6月12日在国土资源部网站进行公示。7月初从北京领回了《国土资源节约集约模范县》的荣誉牌匾，而且将获得1000亩用地指标的奖励。

（县国土局）

食品药品监督管理

【概况】 坚持以“最严谨的标准、最严格的监管、最严厉的处罚、最严肃的问责”为工作方针，开展食品药品安全整顿、食品安全检查及日常监管工作，牢固树立以人为本，执政为民的理念，按照“抓监管、保安全、惠民生、促发展”的工作思路，以保障公众饮食用药安全为目标，完成各项目标任务。

【学习培训】 2016年，是新《食品安全法》和《食品经营许可证管理办法》全面实施的第一年，对全县1200多家食品经营户进行了培训，4月联合县卫计局对全县医疗机构负责人进行医疗机构药品、器械监管法律法规知识培训，总共培训400余人。全县培训覆盖率达80%。

开展“3·15”维权日、“5·25”全国护肤日宣传、食品安全宣传周广场宣传活动，继续推进食品药品安全知识“四进”宣传活动，通过设置宣传牌、发放宣传资料、现场解答等方式，累计发放宣传资料10000余份，接受现场咨询380多人次，受教群众1800余人。同时创新宣传载体，举办了中小学生食品药品安全知识竞赛，通过各项宣传活动的开展，进一步密切联系群众，提升了该局在食品药品监管工作中的影响。

修改完善了《县食药监局新闻宣传管理办法》，编制印发了2期《简报》，在《雄基广告》上连续刊登了10期食品药品宣传知识，并将省、市局报送信息任务分解至各股室，共向省、市、县等各类媒体投稿120多篇，利用手机短信发布食品药品安全消费警示信息10万条。

【监督体系建设】 完善食品药品安全社会监督体系建设，发挥新闻媒体和人大代表、政协委员监督作用，邀请参与食品药品安全专项整治和督查调研活动；进一步畅通举报投诉渠道，开通了“12331”举报投诉电话，出台了食品药品安全举报奖励办法。

【市场准入】 严格依法许可，按照“谁许可，谁负责”的原则，从“受理、审核、现场核查、许可”等环节层层把关，凡不符合“食品经营许可证管理办法”要求的，坚决不予许可，切实提高企业经营准入门槛。全年共受理食品经营许可126户，发放“食品经营许可证”118户，不予许可8户；同时坚持许可信息公示制度，通过局门户网站，对办理《食品经营许可证》的工作流程、受理材料、证号等进行公示，广泛接受社会监督。

【专项整治】

节假日和重点领域专项整治　为切实加强节日期间食品安全监管，净化全县食品市场，有效消除食品安全隐患，保障市民节日期间消费安全，在元旦、春节、“二月八”“三月三”、清明、“五一”“六一”等重要节假日对大市场、北门市场等重点领域加大检查力度，开展专项检查。

流通领域食品抽检和快速检测工作　针对集贸市场、商场超市等人流量集中的食品市场对食品开展抽检和快速检测，全年抽检100多个品种，240个批次，开展快速检测460个品种。

生产环节食品安全监管　全县共有获得食品生产许可证企业16户，食品生产许可证16张，产品涉及酒类、大米、食用植物油、饮用桶装水、代用茶鲜湿米粉、蜂蜜、干米粉等，为了从源头上杜绝食品安全事故的发生，制定方案，对生产企业加强检查，组织了对饮用水、鲜湿米粉、食用植物油等专项检查，并定期对上述产品进行抽检，全年共完成区抽监督抽检16批次：粮食加工品种6批次、食用油3批次、蜂蜜1批次、代用茶2批次、桶装饮用水4批次，送往桂林市药检所检验；完成市抽监督抽检（小作坊白酒）55批次，送往桂林市产品质量监督所检验，全部合格；对县城内的三家小油坊每月进行一次快速检测，共检测18批次，均合格；对辖区内16家食品生产企业开展信用等级评定工作，评定为A级

6月20日，县食品药品监督局监管执法人员在街头发放宣传资料

县食品药品监督局　提供

有8家，C级3家，B级5家，并张贴在食品生产企业内的公示栏处；食品生产企业、小作坊的日常巡查，共出动检查人员526次，检查食品生产企业16家；小作坊140家，并做好食品生产企业日常检查台账和小作坊日常检查台账。动员小作坊正规化，新增2家小作坊备案，并做好档案登记。

【食品检验检测中心建设】 室内办公设备和实验仪器设备全部采购完成，组织检测中心3名工作人员参加桂林市食品药品检验所进行了为期3个月学习培训。

（唐诚义）

安全生产监督

【概况】 贯彻落实习近平总书记、李克强总理等中央领导同志关于安全生产的指示批示及省、市安全生产工作会议精神，强化“红线”意识和“底线”思维，开展检查督查、专项整治、宣传教育和事故防控，全力督促责任落实、能力提升和隐患整改等工作，全县安全生产形势持续稳定，未发生安全生产事故。

【打非治违专项整治】 按照“全覆盖、零容忍、严执法、重实效”的总体要求，集中打击、整治一批表现突出的非法违法、违规违章行为。县里组织安监、公安、消防、交警、交通、工商、国土、乡镇政府等部门、单位对道路交通、非煤矿山、烟花爆竹、危险化学品、水利河道采砂等重点行业领域联合开展“打非治违”专项行动，全年共开展联合行动6次，出动执法人员180人次，下达各类文书25份，打击违法经营企业（点）21个，纠正违规行为237起，停产、停业5家，移送司法机关1家。

【隐患大检查大整治】 开展隐患排查工作，将排查出来的牛江口木村加工厂警示标志陈旧、立强村大桥护栏护栏损坏严重、盐塘电站母线破损老化、消防设备过期等65项重大安全隐患分别列入年内县、乡、村三级重点监督整改对象。按照要求，各整改责任单位和督办责任单位针对存在的安全隐患进行了认真的整改，年底65项全部完成安全事故隐患整改。

【宣传教育培训】 6月16日，县安委会组织安监、公安、交通、农机、住建、旅游、国土等31个单位在县大市场道路两旁开展了围绕以“强化安全发展观念，提升全民安全素质”为主题开展的咨询日活动，活动共设置咨询台28个，展示展板31块，发放安全宣传资料2.5万余份，接待群众咨询3000余人次。在县城和各乡镇主要街道、建筑工地、厂矿企业、车站等人员密集场所，出动各类宣传车19车次，悬挂横幅75条、宣传标语100余条，发出群发安全生产提示短信55000条；组织各乡镇、县安委会各成员单位观看警示教育片。

1月26日，县安监局组织开展烟花爆竹打非治违专项工作整治行动

县安监局　提供

【安全生产监管】

道路交通　针对节日特点，交通部门及时制定了专项检查方案，并由主要领导带队重点检查客运站和

货物运输公司相关情况,根据企业性质,突出检查重点。在路面执法方面,共出动人数289人次,出动执法车辆72台次,全年共下发执法文书149份,其中现场检查记录139份、现场处理措施决定书3份,责令限期整改指令书2份、整改复查意见书5份。共查处各类违规违章38起;在运输企业方面,检查运输企业5家,排除一般安全隐患7处。

6月20日,县安监局在县城大市场开展安全生产月咨询日活动

县安监局 提供

危险化学品及烟花爆竹　一是对危险化学品经营企业进行为期一周的专项检查,对企业存在的问题和安全隐患提出建议,并督促企业落实整改,共出动执法人员280人次,下发现场检查记录154份,责令限期整改指令书7份,整改复查意见书7份,排查出安全隐患17项,完成隐患整改17项,完成整改率为100%;二是联合公安部门,对全县烟花爆竹生产企业、批发企业和零售经营点开展地毯式的联合执法。严厉打击私炮、非法储存和非法代销等非法违法行为,督促经营单位严格落实各项安全管理措施,做好烟花爆竹销售管理台账,确保烟花爆竹经营安全。年内,检查烟花爆竹生产(批发)企业、零售经营点74家(次);发现并整改隐患10处,下发整改指令书5份,已复查的企业合格率为100%。

建筑施工　共出动执法人员87人次,出动执法车辆36台(次),检查在建工程项目33项次,现场整改15起,责令施工单位限期整改15项,下停工通知书11份,整改通知书20份,共排除安全隐患21处,隐患整改21项,整改率100%。

消防安全　县公安消防部门多次联合派出所、安监、工商、文新广体等部门组织开展隐患排查工作,对全县的商场、超市等人员密集型场所进行检查,对各类严重消防违法行为,一律从重处罚,该罚的罚、该拘的拘、该封的封、该停的停,实行"零容忍"。年内,共出动检查人员492人次,检查单位252个,发现火灾隐患32处,提出整改意见32条,责令整改单位16家,完成隐患整改30项,整改率为93%。

3月18日,县安监局在局二楼会议室进行安全生产执法监察业务培训

县安监局 提供

旅游安全　旅游部门组织开展旅游安全检查工

作，重点检查旅游包车、设备安全等，共组织开展了3次安全生产大检查，出动检查人员11人次，发现存在安全隐患2项，全部下发整改通知书要求限期整改。

9月6日，市安监局到灌阳检查非煤矿山工作　　县安监局　提供

非煤矿山　对全县非煤矿山企业开展全面的排查，共检查非煤矿山36家次，出动执法人员108人次，发现隐患13项，全部完成整改。

特种设备　组织开展了元旦、春节特种设备安全生产大检查。主要检查列入重点监控范围的锅炉、压力容器、起重器械、大型游乐设施以及人员密集场所的电梯等特种设备。岁末年初期间，共检查大型游设施使用单位14家，出动执法人员52人次，下发整改指令书5份，排查出隐患7项，全部完成整改。

冶金冶炼行业　结合“安全生产月”活动，对全县冶金冶炼行业开展了一次全面的大检查，对行业内存在的共性问题提出了整改意见，督促企业做好安全生产标准化达标建设。

（唐双凤）

7月28日，灌阳县第三季度防范重特大生产安全事故工作会议在县委三楼会议室召开　　县安监局　提供

招商引资

【概况】　全县全年在建项目38个，总投资49.3亿元，累计到位资金22.14亿元，完成任务的105.4%；按照自治区外资全口径统计，外资完成420万美元，完成任务的105%。新签项目8个，总投资额为249800万元，分别是华能灌阳都盘岭风电场项目，灌阳县“直供港澳”生态种养新基地建设项目，灌阳县大广农牧规模养猪场建设项目，灌阳县千家洞景区、小龙景区旅游开发项目，桂林灌阳南国红豆杉木山泉水项目，灌阳县灌阳镇三联村规模养牛场建设项目，灌阳宾馆、文化大厦、扶贫大厦整体综合开发，智睿投资与千家洞天然有限公司合作投资的千家洞山泉水项目。

【主要工作】

借助商会，以商招商　利用各级商会平台，通过参加广东商会、广西商会活动，加强联系，利用商会招商资源，及时掌握重大招商信息，共达成两个招商项目，分别是投资 3 亿元的灌阳宾馆商业综合体开发项目和观音阁盘江村越野车赛民宿项目。

瞄准龙头，精准招商　结合全县产业发展，在重点区域内对相关产业进行认真梳理，找准产业龙头，锁定招商目标，实施针对性招商。通过收集对方资料，分析对方需求，找准互补性，再结合企业实际制作专业招商方案、项目书等，建立长效跟踪服务机制，确保项目不因跟踪服务不到位而流失。年内，通过与香港润民集团、重庆智飞生物制药集团精准对接，在第十三届中国－东盟博览会上签署了灌阳县“直供港澳”生态种养项目合同，与重庆智睿投资集团签订达成灌阳矿泉水开发协议。

搭建平台，网络招商　利用互联网+，完善好招商网络建设，并建立专门的招商微信公众号，适时更新项目库，发布招商信息，取得了较好的效果。

走出请进，以会招商　着重策划组织了参加第十三届中国－东盟博览会灌阳专场项目推介会、赴广东异地驻点招商活动、参加 2016 广西县域投资合作信息发布会灌阳项目推介等重大招商引资活动，利用各种项目推介会，邀请各类客商参加，有针对性地宣传推介灌阳。很多客商通过参加灌阳的推介会了解灌阳后，组织专门队伍来灌考察项目，其中签约并实施的项目有惠州东旭塑料有限公司投资 6400 万元的规模养牛及生态休闲项目，广东大广农牧集团公司投资 1.5 亿元的规模养母猪 1.2 万头的养殖项目；签订投资协议的有深圳前海中盛健康产品发展有限公司；有投资意向的项目是润春实业有限公司投资 1000 万元的观音阁盘江村越野车赛车道民宿项目、中山市科意德电子厂有意向投资 6000 万元腊木种植及深加工项目、珠海力邦投资有限公司有意向投资 6800 万元的休闲娱乐山庄（主要是大型狩猎及儿童娱乐中心）、深圳市鸿维达科技有限公司有意向投资 2000 万元的高端机械制造项目。

主动服务，以诚招商　本着精诚、高效、公正的原则，创新服务招商手段，优化服务质量，提升服务水平，营造“亲商、安商、富商”良好氛围，吸引更多的外商前来投资兴业。对洽谈的重点项目，开展“保姆式”服务，对大项目、好项目，实行特事特办；对在建和新建项目安排专人负责，搞好跟踪服务，促其按照预定建设目标，如期建成投产。

落实政策，绩效招商　贯彻实施《广西招商引资激励暂行办法》，调动全县一切积极因素，促进外来投资扩量提质。梳理各类招商引资优惠政策，对各类优惠政策统筹实施。按照有关规定，加大对符合条件的重点项目在财税、信贷、用地、人才等方面的支持力度，统筹发挥各类产业发展基金的引导作用，对符合条件的重点项目给予扶持，带动社会资本扩大有效投资。争取自治区、桂林市的支持政策，提高全县对外来投资的吸引力。

（周　芬）

9 月 12 日，在第十三届中国－东盟博览会上，灌阳县举行投资合作项目洽谈会

县招商局　提供

文化·广播电视·体育·卫生

11 月 8 日,国家文物局到灌阳调研革命文物保护情况　　文莲丽　摄

文　化

【概况】 灌阳县文新广体局是县人民政府工作部门,内设办公室、财务股、政策法规股(行政审批办公室)、公共文化服务股、市场管理股、反非法与出版物股、体育管理股7个机构,下属文化市场综合执法大队、文化馆、图书馆、文物管理所、非物质文化遗产保护传承中心、广播电视台、广电技术中心、业余体校、电影发行放映公司9个二层机构。局机关在职人员18人,其中局领导班子4人、非领导职务12人、科员2人;二层机构在职人员80人,其中文化市场综合执法大队7人、文化馆9人、图书馆8人、文物管理所8人、非物质文化遗产保护传承中心17人、广播电视台15人、广电技术中心3人、水上运动学校6人、电影发行放映公司9人。

【农村文化基础设施建设】 实施文化惠民工程,向上争取资金175万元,总投资287万元建成了新街镇新街村、灌阳镇朱安冲村、灌阳镇排埠江村、新圩镇新圩村、文市镇西就村、水车乡三皇村等7个村级公共服务中心。9月,协同桂林市图书馆对9个乡镇的农家书屋管理员和乡镇文化站站长进行了全员业务培训,同时,完成了61个农家书屋的补充更新工作,进一步规范和加强了对农家书屋的管理。

【文化活动】 县文化馆、图书馆开展了"送春联下乡活动""楹联征集评比活动",举办了"七一"党员书法展、"红九月"教师书画展、"永福·灌阳"书画联展、"长征胜利80周年"书画展和"梨花节"摄影大赛、"二月八"九县一区群文摄影展、第五届广场舞比赛。开办音乐、舞蹈、曲艺、书法美术摄影、器乐、小品戏曲等各类艺术培训班20期,培训各类学员1500多人次,辅导节目200个。邀请桂林市艺术研究所的老师到灌阳进行"三区艺术人才"戏剧创作培训。组织创作人员抓好艺术精品创作,现代桂剧《渡口》、音乐《红军走过的地方》《湘江祭》参加桂林市第37届漓江之声文艺汇演,分别荣获二等、三等和优秀奖。年内,《桂韵绵长唱灌阳》千人广场舞表演获得成功,对灌阳桂剧事业的传承和创新起到了促进作用。

【知识工程】 利用4.23"世界读书日",送书下乡1500余册,科技资料1000多份;与县直一小、二小、文市镇桂岩小学联合主办了"崇德向善、奋发向上"读书活动讲故事比赛,活动日当天赠送图书2000册,光盘300张,发放科技资料2000份;举办灌阳县直中小学生庆"六一"少儿书画现场比赛等。

【文化市场管理】 采取日常检查与专项检查相结合的方式,对全县范围内所有网吧、歌舞厅、游戏室、出版物市场、演出市场等公共文化娱乐场所进行检查,全年共出动执法人员900多人次,完成检查300余次,查处"黑网吧"1家,网吧停业整顿1家,警告4家,确保了文化市场的和谐与稳

11月10日,桂林市戏曲学院到新街镇龙炼村开展"精准扶贫·文化惠民"文艺汇演

县文新广体局　提供

10月21日，县委常委、宣传部长、副县长周恒志(左一)向市文新广局局长李滨(中)介绍酒海井红军纪念园总体规划　县文新广体局　提供

定。完成了2016年度全县电影放映单位、电影发行单位、出版物经营单位、音像制品经营单位和印刷企业的年审、换证工作。年内，根据上级“扫黄打非”部门的统一部署，开展“清源2016”“净网2016”“秋风2016”“固边2016”和“护苗2016”五大专项行动，共查处违法违规案件6起，收缴非法出版物200本(册)，并对侵权盗版及非法出版物进行了集中销毁。中、高考期间，对歌舞、游戏娱乐场所进行了监管，为全县考生营造良好的考试环境。

【文物博物】 利用纪念“红军长征胜利八十周年”的契机，向上争取项目资金，对红军长征过灌阳的历史遗存进行保护维修，实施了“湘江战役旧址”保护修缮工程(二期)，投资1200万元对红三十四师宿营地水车乡山燕头屯、伍家湾屯、夏云屯等地的30个单体文物古建筑进行了全面维修。争取了“湘江战役旧址”保护修缮工程(三期)资金1322万元，计划对红军宿营地、新圩镇和睦村下立湾屯等地的27个单体文物古建筑进行维修。“湘江战役旧址”保护修缮工程(四期)的勘察设计及立项工作全面进行。争取到自治区文物局下拨资金120万元，对“升平天国”遗址和“洞井村唐氏宗祠”进行了维修，年内工程进度完成60%。同时，发挥博物馆“宣传窗口”和“教育基地”作用，全年共接待中央电视台、广西卫视、广东、江西及桂林电视台等地的媒体和区内外各级领导嘉宾上千人次，并配合央视《国宝》、广西电视台《红军过广西》等节目进行专题拍摄。

【文艺演出、创作】 开展送戏下乡和举办各类节庆晚会30余场次，完成灌阳县2016年“金猴贺岁迎新春”大型文艺晚会、“二月八”农具文化节、桂林灌阳千家洞“六月六”尝新节暨第六届雪梨黑李节开幕式演出任务，策划组织了“两学一做”文艺汇演活动。“不忘初心、继续前行——灌阳县学习宣传贯彻习近平总书记“七一”重要讲话精神之我们在行动”专题巡回演出获得好评；配合

11月14日，新街镇江口村举办桂剧演出　刘婷　摄

广西电视台完成了国家公祭日、文市镇桂岩村纪念红军长征胜利80周年活动、新圩阻击战陈列馆开馆仪式等系列活动的直播工作;在2016年第六届桂林国际山水文化旅游节艺术巡游——"生态灌阳"方阵的彩排暨现场评分活动中,获得三等奖和优秀组织奖;完成"桂林百姓大舞台"走进灌阳专题文艺演出,获得好评。

【非遗名录申报】 4月26日,组织县级非遗名录——黄关镇竹编技艺,代表灌阳县赴桂林参加桂林市非物质文化遗产项目活态展示活动,得到好评。争取到自治区级非遗名录——灌阳瑶族油茶技艺传习基地、展示中心项目;完成广西地方戏曲剧种普查工作,组织收集整理非遗项目10个。

(文衍高)

广播电视

【新闻宣传】 灌阳电视台加大新闻策划力度,实施精品工程,科学、合理地设置栏目内容,增强了《灌阳新闻》的节目容量,从10月8日开始,《灌阳新闻》栏目改变了以往一、三、五首播,二、四、六重播的模式,实行周一到周五日播出制,对当天采访的重大活动、重要事件新闻当天播出,收到较好的社会反响。在组织县内上稿的同时,密切与上级电视台、电台联系,全年上送桂林市电视台新闻130多条,上自治区电视台新闻15条;上送桂林市广播电台新闻80多条、自治区广播电台新闻4条,中央广播电台新闻3条。

9月29日,市文新广局到灌阳对电视台安全播出工作进行指导

县文新广体局 提供

【"村村通"工程建设】 向上争取资金80多万元,完成水车乡无线发射台站建设任务。

【农村公益电影】 加强对县电影公司的管理,开展灌阳县农村公益电影一村一月一场电影的放映工作。县电影公司组建6个放映组到全县138个行政村放映电影,完成下乡放映电影1656场,受益观众10万多人次。

【无线转播台维护】 对县城台山、西山、洞井、黄关、新圩、文市广播电视天线发射台进行经常性维护。特别加强了无线发射设施的安全运行工作,确保了以城区为中心周围20千米范围内能收听收看到较高质量的电视节目。

(文衍高)

体　育

【群众体育】 2016年以《全民健身计划纲要》为指导,以"我锻炼,我健康,我快乐"为理念,以免费开放体育场馆为平台,开展丰富多彩的全民健身活动。年内,在元旦、春节、"三八"妇女节、"五一""五四"、端午节、"七一"、8月8日全民健身日、国庆等重大节日,举办了篮球、气排球、乒乓球、赛龙船、门球、拔河、广场舞等内容的大型体育项目比赛。全年举办县级大型体育比赛8次,系统赛11次,直接参与体育竞赛人员8000

6月23日，县文新广体局参加2016年广西万人气排球赛

县文新广体局　提供

余人次。全县经常参加体育锻炼人数15万人，占全县总人口51%。各乡镇共组织体育比赛35次，参加比赛人员2000余人次。

【竞技体育】

少数民族运动会取得历史最好成绩　10月18—21日，在龙胜县举行的桂林市第三届少数民族运动会上，灌阳代表团取得历史最好成绩。代表团共54人参加，有29名运动员参加了四个体育项目的比赛，梁任宏获陀螺竞赛冠军；刘倩婷、陆艳菲、蒋超君获女子三人板鞋60米第二名和100米第四名；盘春平、莫国铭、刘诚、刘倩婷、陆艳菲、蒋超君获男女2×100米板鞋接力竞速第五名。团体获优秀组织奖和体育道德风尚奖。

多项体育比赛获得良好成绩　8月6日，在南宁举行的广西传统体育项目学校联赛田径比赛，灌阳县直一小代表队(田径)取得男子团体总分第二名、女子团体总分第四名，个人获3个第一名，2个第二名，3个第三名，总计21人次进入前六名。10月27日—30日，在资源县举行的“中国体育彩票杯”第七届桂林市大众篮球赛，灌阳获第四名。在广西柳州举行的2015—2016全国大众跆拳道总决赛广西选拔赛，灌阳获团体竞技第二名。

【体育基础设施】　灌阳体育馆升级改造工作全面完成，年内，投入200万元完成了体育馆天面雨篷、地面塑胶全部更新，新装座位3000个，其中移动式座位560个，加装电子显示屏2块。各社区、各乡镇体育设施建设成效显著，其中投资500万元占地15亩的文市镇健身休闲小广场建成并投入使用。新建村级水泥篮球场5个，县体育健身中心进入规划建设。

【体育产业】　通过引导群众形成科学健身的理念，全社会参加健身锻炼的人数逐年增加，体育场馆得到充分利用。年内，新增电彩销售网点2个，组织户外集中销售即开型体育彩票活动4次，全年体彩销量突破200万元。投资15万元购买体质监测设备一套，完成360人国民体质监测工作。县内体育产业专项调查数据的采集工作顺利完成。

（文衍高）

爱国卫生

【除“四害”活动】　组织开展以春秋季除“四害”为重点的爱国卫生活动，改善了城乡环境卫生面貌。年内，投入经费7.5万元，先后开展了春夏季和秋冬季两次大规模的除“四害”工作，聘请有资质的消杀公司对县城、各乡镇农贸市场、县城主干道公公厕、垃圾桶等人流密集的公共场所进行6次卫生消杀和控制，全县鼠、蚊、蝇、蟑“四害”的密度降低。全年在县内三合元广告报纸上刊登防蚊灭蚊知识2期，发行量2.6万份，印发灭蚊宣传海报1万多份。

【健康教育】　9月，灌阳县被选为2016年中央补助广西健康素养促行动项目监测县，灌阳镇、新街镇、文市镇3镇中龙云村、飞熊村、仁义村、胡家村、莫家村、西就村、吉头村、勒塘村、同仁村等9个行政村为具体监测点，年底完成健康素养和中医文化素养监测工作并上报自治区疾控中心。年内，全县创建文明卫生乡镇1个，文明卫生村4个，自治区级卫生村3个，争取到上级项目资金11万元。

（范先文）

卫　　生

【概况】 2016年，全县有各级医疗卫生机构15家，其中二级综合医院1家，中医医院1家，妇幼保健院1家，疾病预防控制中心1家，卫生监督所1家，乡镇卫生院9家（中心卫生院3家），乡镇计生办、计划生育服务所各9家，诊所、卫生室、医务室共318家；有卫生工作人员1469人，其中执业医师298人，执业助理医师114人，注册护士389人，药剂人员49人，检验人员45人，其他147人，乡村医生427人；医疗机构床位共996张。

【实施国家基本药物制度】 全县3家公立医院、9个乡镇卫生院和138个村卫生室全部实施国家基本药物制度，实现县、乡、村基本药物全覆盖。为确保药品质量，基本药物全部实行区级网上集中招标采购，统一配送，执行药品零差率销售政策，切断以药养医途径；落实多渠道补偿政策，强化基药采购和使用的管理，同时加强对临床医生基本药物知识的培训和药品安全监管，转变用药观念和用药习惯，规范基本药物的临床使用。基本药物的实施，在很大程度上减轻群众看病就医负担。

4月25日，2016年乡村医生签约服务启动会在县卫计局会议室召开

县卫计局　提供

【医药卫生体制改革】 进一步推进县级公立医院综合改革各项工作，按照政事分开、管办分开、医药分开、营利性和非营利性分开的要求，将公平可及、群众受益作为改革出发点和立足点，坚持保基本、强基层、建机制的基本原则，坚持公立医院公益性质，以破除以药补医机制为关键环节，注重改革的系统性、整体性和协同性，统筹推进医疗、医保、医药改革，在县级公立医院管理体制、补偿机制、价格机制、药品采购、人事编制、收入分配、医保制度、监管机制等方面作出了初步改革。

【乡村卫生服务一体化】 按“三制、四有、五统一”的标准，全县138所村卫生室在管理上实现了一体化，做到了看病有登记，用药有处方，收费有发票，转诊有记录。严格执行相关政策，落实村医待遇。

【基本医疗服务体系建设】 重点建设项目有：县妇幼保健院业务用房，总投资为1368万元，其中，中央补助资金630万元，自治区补助126万元，地方配套资金612万元；项目是新建一栋8层的业务用房，配套给排水等基础设施。洞井瑶族乡卫生院综合楼，项目总投资约212万元。完成水车乡卫生院、新街镇中心卫生院业务用房建设前期工作。年内，灌阳县中医院门诊住院综合楼建设项目完成并通过竣工验收。

【中医药事业】 推进县级中医医

5月28日，灌阳县卫计系统政务信息公开工作会议在县卫计局会议室召开　　县卫计局　提供

院能力建设和中医馆建设，中医药特色优势得到发挥，中医药服务能力得到提升。年内，投入35万元对全县9个乡镇卫生院开展了中医科标准化建设；投入65.91万元为88个村卫生所（室）配备了健康一体机；组织基层医疗卫生机构人员参加中医药适宜技术推广培训，推进宣传贯彻《中华人民共和国中医药法》工作，依法扶持和规范中医药事业发展。

【基本公共卫生服务】 2016年，全县206724人建立了健康档案，建档率86.8%，其中完成电子健康档案206724份，规范化电子建档率为86.8%；高血压建档15102人，糖尿病人建档4744人，重性精神病人建档966人；为适龄儿童建立预防接种证3654人，建卡率100%，免费疫苗接种63582剂次，接种率99.63%。全县全年无突发公共卫生事件，无甲类传染病发生；登记并报告辖区内乙、丙类传染病640例。全年有产妇3339人，建立《保健手册》3339人，建册率100%，孕产妇系统管理率96.46%，住院分娩率100%，产后访视率98.42%；共有0~6岁儿童22776人，累计建立《保健手册》21267人，建册率93.37%，0~3岁儿童系统管理人数9192人，系管率93.2%。全年新生儿活产数3361人，访视3327人，访视率98.98%。全年开展学校卫生巡查323次，生活饮用水巡查36次。

12月1日，灌阳县开展预防艾滋病宣传活动　　县卫计局　提供

【重大妇幼公共卫生项目】 实施母婴健康"一免二补"幸福工程和地中海贫血防治等项目。全年农村孕产妇住院分娩补助3102人，补助发放率102.61%；免费增补叶酸3984人，叶酸发放率98.37%；完成地贫基因单阳初筛5670人次；免费婚前检查2894人，婚检率99.04%；孕期艾滋病抗体筛查2574人。

【艾滋病攻坚工程】 完善和健全防治艾滋病管理体系，开展艾滋病宣传教育工作。按要求开展艾滋病检测和母婴阻断工作，共检测在押人员、孕产妇、新婚夫妇等各类人群14168人次；组织人员开展干预工作，共发放安全套20160只，宣传资料

县卫计局开展“反家庭暴力、创幸福家庭”宣传活动

县卫计局 提供

2016份，并对部分人员进行了检测，未发现HIV阳性。落实“四免一关怀”政策，将艾滋病患者及其家庭纳入城乡低保救助范围，致孤老人实行五保供养，致孤儿童实行专项救助，无监护人的孤儿和愿意进福利院的致孤老人入住福利院，出资资助艾滋病患者及家庭成员参加新型农村合作医疗和城镇医疗保险，将艾滋病患者严重机会感染者纳入大病救助。年内，县民政部门累计为艾滋病病人和艾滋病感染者及家属办理了低保139人，县人民医院抗病毒治疗点累计收治艾滋病人106人。

【突发公共卫生事件应急处理】

重大传染病防控　在县内部分学校、托幼机构开展以手足口病、肠道传染病为重点的传染病防控工作检查；在全县托幼机构、学校建立呼吸道传染病的晨检制度，并强化医疗机构肠道门诊管理，落实各项防治措施，各类传染病得到有效控制；巩固和强化结核病防治工作。

卫生应急　组织有关医疗卫生单位开展手足口病、H7N9禽流感疫情防治知识培训，提高全县卫生系统对疫情的预防、救治和规范有效处置能力；完成“二月八”农具文化节等重大节日活动接待和高考期间的医疗保障任务。

【红十字会、系统工会】

红十字会　为弘扬“人道、博爱、奉献”的红十字会精神，县红十字会开展“红十字博爱送万家活动”，到村屯慰问困难群众2次，慰问金额22750元；6月26日，县红十字会在县文化大厦前开展红十字日宣传活动，发放宣传资料6100多份；全年共有997人参加无偿献血，无偿献血38900毫升，同时开展捐献造血干细胞活动，完成造血干细胞采样14例。

系统工会　卫计系统工会开展爱岗敬业、岗位建功活动和帮扶送温暖活动。年内，获“2016年灌阳县系统工会工作考评二等奖”“2016年度先进基层工会”，基层工会获“先进基层工会”3个，“先进基层工会小组”2个，“先进女工委”2个，系统内荣获优秀工会工作者5人、优秀工会积极分子16人。

（范先文）

计　生

【概况】 全年全县出生人口3222人，人口自然增长率5.06‰；政策外多孩率2.23%；全员数据库信息准确率、变更及时率均96.1%；流动人口免费技术服务率100%；计划生育奖励扶助政策落实率100%。全年完成免费孕前优生健康检查1400对夫妇，完成率为100%。

【“两非”专项治理】 灌阳县成立集中整治“两非”行动领导小组，制定下发了《灌阳县2016年综合治理出生人口性别比开展打击“两非”专项活动实施方案》，明确相关部门的工作职责。县人口与计划生育领导小组先后召开计生、卫生、公安、工商、药监等部门参加的联席会议，并于3月、6月、9月、11月份在全县范围内开展了4次打击“两非”专项治理活动，检查59家单位，其中医院5家、计生服务所9家、卫生院9家、药品店15家、个体诊所11家、村卫生室10家，未发现实施“两非”行为。计生、卫生部门密切联系，认真落实出生实名登记工作，登记率为96%。

【计生协会】 做好小额贴息贷款工作，共有88户计生家庭获得小额贴息贷款扶助，累计发放贴息金215343元，县财政配套资金12万元；开展诚信计生—生育关怀公益金扶救助工作，救助1户，公益金扶助金额6000元；落实农村计划生育家庭爱心保险工作，全县共有6002户计生家庭获得财政补助免费参保，参保费200100元，理赔75户，理赔金额240240.98元，赔付率为80.05%；对200户独生子女户、双女户和特别困难的计划生育家庭户进行慰问，慰问金额4万元。

【计生惠民】 全县共落实广西农村计划生育家庭奖励扶助对象995人，国家奖扶对象1581人，国家特别扶助对象23人，兑现率100%；为105名农村独生子女、双女结扎户女儿考生办理了中、高考加分证明；兑现独生子女保健费15.744万元，兑现率100%；帮助农村独生子女、双女结扎户家庭交纳新型农村合作医疗参合费200.595万元，代缴率100%；落实新增80名非财政拨款企事业单位实行计划生育人员退休时增加5%的工资的优惠政策。在全面落实上级奖励扶助政策外，优先优惠诚信计生家庭，对农村诚信计生独生子女、双女结扎户等，在新型农村合作医疗报账时提高10%的报账比例，补助金额14万元。年内，通过整合资源，完善利益导向机制，诚信计生得到巩固提升。全县有诚信小组2204个，参与率93.3%。

【依法行政】

实施两孩政策 2016年，全面实施两孩生育政策，全县加强政策宣传，共印发《中华人民共和国人口和计划生育法》、新修订的《广西壮族自治区人口和计划生育条例》《实施全面两孩政策问答》宣传资料3万份；组织宣传服务车和计生干部深入村居发放计生宣传册，宣传解读新政策，正确指导基层实施全面两孩政策。3月9日，县卫生和计划生育局组织各乡镇计生办负责人、政策法规负责人、办理生育服务证负责人及卫生和计划生育局全体干部职工召开了改革生育服务证制度暨计划生育基层业务工作培训会，提高依法行政能力。

规范办证流程 在乡、镇、村(居)服务窗口、宣传栏等宣传阵地公开办证流程，将办理证件的依据、条件、程序、时限、及需提交的证明材料全部公开。对申请办理全面两孩生育的所需材料实行一次性告知，对符合生育条件的对象在严格执行政策的前提下简化办事流程，方便群众办证，为前来咨询或办理全面两孩生育证件的群众提供最优质服务。全县全年共发放一孩生育登记996份，二孩生育登记1217份，三孩及以上30份；再生育申请受理70份，审批发证69份。

【流动人口服务管理】 推进流动人口基本公共卫生计生服务均等化工作，提升流动人口计划生育服务管理水平，增强流动人口的健康素养和自我保健意识，实施《灌阳县流动人口健康教育

3月14日，县卫计局开展全面两孩政策宣传 县卫计局 提供

与健康促进工作实施方案》。开展卫生应急“进社区、进农村”活动，开设疾病预防、卫生应急等知识健康教育讲座。按照深化医药卫生体制改革的总体要求，以促进未成年人的身心健康为出发点，制定《关于做好农村留守儿童健康关爱工作的通知》，开展以“关怀关爱留守儿童、留守妇女和留守老人”为主题的宣传服务活动，走访慰问流动人口“三留守”人员354户。

5月31日，县卫计局在县城发放健康宣传资料

县卫计局 提供

【队伍建设】 全年举办各类培训班26期，参加培训人数达2213人，提高卫生计生队伍整体素质。同时狠抓作风建设，组织开展了“双评”活动和“下评上”活动，以提高群众对卫生计生工作的满意度。

（范先文）

教　　育

9月9日，全县教育工作会议在县文化大厦召开　　刘召龙　摄

概　述

【学校数和学生数】 2016年，全县有各级各类中小学、幼儿园220所，在校学生3.56万人。其中：幼儿园43所，在园幼儿0.79万人；小学165所，在校学生1.75万人；初中10所，在校学生0.71万人；普通高中2所，在校学生0.31万人；中等职业学校1所，在校学生0.065万人；特殊教育学校0所。

【教师数和师生比】 年内，有专任教师2190人，其中幼儿园专任教师306人（公办幼儿园专任教师22人），师生比为1∶25.8；小学专任教师1081人，师生比为1∶16.19；初中专任教师570人，师生比为1∶12.5；高中专任教师233人，师生比为1∶13.3；中等职业技术学校专任教师42人，师生比为1∶15.48。

【每万人口在校学生】 年内，灌阳县幼儿园每万人口在校学生为37人；小学为17人；初中为41人；普通高中为94人；中等职业技术学校为452人。

【基础教育普及程度】 学前教育三年毛入园率99.7%，九年义务教育巩固率88.9%，高中阶段教育毛入学率95.8%。

【基本办学条件】 占地面积及生均情况：小学校园面积420527平方米，生均24.03平方米，校舍面积163678平方米，生均9.35平方米；普通初中校园面积244441平方米，生均34.43平方米，校舍面积117441平方米，生均16.54平方米；普通高中校园面积131197平方米，生均42.32平方米，校舍面积87205平方米，生均28.13平方米；中等职业技术学校校园面积50500平方米，生均77.69平方米，校舍面积24840平方米，生均38.22平方米。

【义务教育普及程度】 小学适龄儿童入学率为83.2%；初中阶段毛入学率为100%；小学生年辍学率为0；普通初中年辍学率为3%；小学毕业生升学率为100%；普通初中毕业生升学率为82.1%。

【教育经费的收入与支出】 全年教育经费总收入37036.6万元，比上年多7607.7万元，增长25.85%。其中财政拨款收入34012万元，比上年多7385万元，增长27.74%；预算外资金收入2687.9万元，比上年多2558.1万元，比上年增长1987.1%。教育经费总支出36359.4万元，比上年增长32.24%。其中财政拨款支出33380.8万元，比上比上年增长25.31%；预算外资金支出3418万元，比上年增长21.99%。总支出中，人员经费支出15465.1万元，公用经费支出4898.7万元，基建支出0万元，其他支出2461万元。

1月15日，市教育局到灌阳县山区小学慰问山区教师和留守儿童

县教育局　提供

【高考、中考】 2016年，全县本科上线741人，上线率66%，其中重点大学（一本）上线169人，上线率15%，比去年提高0.5个

1月15日，自治区示范性普通高中复查评估专家组对灌阳县高级中学进行复查评估　　县教育局　提供

百分点，重点大学上线率和万人口上线人数均居桂林市12县前列，生源地万人口一本率为8.09，在桂林市十二县中排列第二名，在全区72个县(市)中排第六名；学科成绩有重大突破，高考理科平均分首次进入12县前三名，所有学科均进入12县前6名，其中理综、物理列第一，生物列第二名。灌阳高中高考成绩再创历史新高，全校609人参加高考，一本上线人数达166人，超额完成市教育局下达给学校任务目标数68人，一本上线率达27.3%，比去年提高1.5个百分点；600分以上学生达到13人，创历史新高。灌阳二高在生源素质较差的情况下，一本上线3人，其中理科最高分达到603分，首次突破600分大关；本科上线177人，超额完成市教育局下达给学校任务目标数31人。桂林市2016年高考总结表彰会上，县教育局教研室、灌阳二高被评为“桂林市2016年普通高中教育教学质量管理先进单位”。

学前教育

【贯彻落实《3~6岁儿童学习与发展指南》】 学前教育工作注重加强幼儿园管理，促进办园质量提高，以贯彻落实《3~6岁儿童学习与发展指南》为契机，推进学前教育科学发展。依托灌阳县直属机关幼儿园市级二类园的资源优势，通过开展半日活动的开放、教学观摩研讨、结对帮扶普惠性幼儿园等多种交流活动，充分发挥县级示范幼儿园示范辐射作用，引领全县幼儿教师专业水平的提高，带动各类幼儿园提高管理水平和保教质量。

【教师思想政治教育和业务培训】 把提高幼儿教师素质放在工作的首位，要求在学习《幼儿园教育指导纲要(试行)》《3~6岁儿童学习与发展指南》等理论的基础上，联系实际，改善教师的“教”与幼儿“学”的方式。按上级要求组织了多名骨干教师参加了2016年“国培计划”。5月，根据桂林市第七届幼儿园中青年教师优质课竞赛通知的要求，全县在县直属机关幼儿园召开灌阳片区选拔赛评委培训会。根据竞赛日程安排，分四个片区举行选拔赛，公开、公平分别选出公办园3名、民办园5名优秀教师参加县级选拔赛，比赛科目涵盖语言、艺术两个领域，授课内容涉及幼儿园小中大班各年龄段。选出排名公办园和民办园第一名代表灌阳参加桂林市第七届幼儿园中青年教师优质课竞赛，并在2016年“桂林市第七届幼儿园中青年教师优质课竞赛”中分别获得市级一等奖和二等奖。

【幼儿园保育和膳食研究工作】 为推进全县幼儿园保育和膳食研究工作，提高幼儿园保育员、厨师的专业技能与专业素养，11月20日，在灌阳镇中心幼儿园举行了全县2016年幼儿园保育、膳食研究工作推进会暨幼儿保育、营养膳食烹饪比赛。全县共有34所公民办幼儿园的厨师和保育员参加了比赛。

【幼儿园安全管理】 学期开学初，联合县公路局、县交警大队、县食品药品监督局、县工商局等相关部门对全县各级各类幼儿园进行拉网式安全排查。对园舍、设施设备、教玩具、幼儿园室内外活动场所、消防设施、幼儿接送车等进行检查并提出整改意见。对学校周边道路交通标志、标线、交通信号灯等交通安全设施进行排查，掌握辖区内学校周边道路状况、交通流量、校车和交通安全设施等基本情况。各幼儿园还经常对幼儿开展形式多样的安全宣传教育及安全演练，提高了幼儿安全的意识。

【规范乡镇中心幼儿园建设】 全县 9 个乡镇共建有 13 个乡镇中心幼儿园，积极探索学前教育办园模式，围绕公益性、普惠性、低收费、高质量的办园目标，对部分乡镇中心幼儿园和改扩建幼儿园实施“公建民营”办园模式，部分乡镇中心幼儿园和改扩建幼儿园实施双轨办园模式。

德育工作

【主题思想教育】 主题思想教育活动系列化，具体化、经常化，2 月的“学雷锋树新风”活动；3 月的”“安全教育月”活动；4 月的“中学生日常行为规范”活动；5 月的“革命传统教育”、青年才艺大赛；6 月的“禁毒知识教育”，7 月的重走长征路；9 月的尊师重教，10 月的国庆红歌比赛，12 月的元旦文艺演出。

【德育专项活动】 清明前后，组织共青团员、县少先队员，举行了“缅怀革命先烈，传承优良传统”清明节祭扫革命烈士墓主题教育活动；三月份组织各学校开展以“学习雷锋榜样，弘扬雷锋精神”为主题的学雷锋活动；通过“读书月、读书日”活动的开展，提高了学生的思想觉悟和文化底蕴，构建了有特色的书香校园文化；“六一”期间，评选表彰了 30 名灌阳县十佳美德少年、十佳学习能手、十佳优秀特长生；“七一”党建活动，组织学校师生重走长征路，重温入党誓词，牢记历史使命和责任担当；教师节开展尊师重教，关心学生成长，营造良好教学氛围；社会主义核心价值观的教育，开办各种专栏，书写永久性标语，利用班会、团少队活动进行前途理想教育，将个人命运融入国家命运之中；配合团县委开展了“红领巾心向党”主题教育活动。

教育项目

【概况】 2016 年，灌阳县教育项目向上争取资金 9316.86 万元，完成县任务指标的 103.5%；固定资产投资 10020 万元，完成县任务指标的 100.2%。

【学前教育项目】 投资 600 万元，建设规模 3320 平方米的 2015 年学前教育奖补项目（新圩镇中心幼儿园和新街镇邓家中心幼儿园）；投资 516 万元，建设规模 2500 平方米的 2016 年学前教育奖补项目（黄关镇第二中心幼儿园）。

5 月 23 日，灌阳县举行青少年才艺大赛　　刘召龙　摄

11月8日,清华大学博士生导师唐黎明教授(左)到母校灌阳县高级中学讲学　　县教育局　提供

【储备项目】 建立健全了投资2.75亿元的桂林市2017年教育专项工程储备项目库、投资4.5亿元的2017—2019年中央预算内投资三年滚动计划项目库和“十三五”中央预算内投资计划、第三期学前教育三年行动计划,并进一步完善了投资1.6亿元的“薄改”项目库。此外,24所学校的114035本图书、9所学校的教学仪器、6个乡镇及以上义务教育学校“宽带网络校校通”顺利通过验收;7所网络电脑教室投入使用;36所“改薄”项目学校仪器、图书采购到位,60个班的“班班通”设备配备完成并投入正常使用。

【维改项目】 投资827万元,建设规模4870平方米的2015年第一批农村义务教育学校校舍维修改造建设后尾项目;投资449万元,建设规模2340平方米的2015年第二批农村中小学校舍维修改造资金后尾项目;投资691万元,建设规模3800平方米的2016年第一批农村义务教育学校校舍维修改造建设项目。

【薄改项目】 投资886万元,建设规模5220平方米的2015年第一批农村义务教育薄弱学校改造计划建设后尾项目;投资637万元,建设规模3750平方米的2015年第二批农村义务教育薄弱学校改造计划建设后尾项目;投资955万元,建设规模5620平方米的2016年第一批农村义务教育薄弱学校改造计划建设项目;投资488万元的2016年第二批农村义务教育薄弱学校改造计划建设项目。总投资1250万元(中央1000万元、地方配套250万元),建筑面积6400平方米的2016年义务教育学校建设中央基建投资项目(灌阳县灌阳镇初级中学三栋教学楼)进行规划设计。

教师交流

采取“走出去、请进来”的办法,一方面分学科组织教师到桂林清风实验学校、岑溪实验学校、玉林市、蒙山县、桂林十七中和恭城城厢中学等地学习高效课堂创设的先进经验,参加各类县、市级

6月6日,灌阳县2016年高考考前培训工作会议在灌阳高中科技大楼报告厅召开　　曹文娟　摄

教研活动，组织各层次的骨干教师和教学管理人员外出学习。另一方面积极争取相关专家来县内指导。2—4月，邀请相阳科学应考教育集团高考九个学科的专家分别到灌阳县高级中学作学科教学专题讲座。5月，邀请桂林市教科所阳志清所长带领市教科所专家到县进行高考备考冲刺阶段专题指导，组织中考七个学科的特级教师、优秀教师来灌阳进行2016年中考复习备考指导，组织全县课改实验学校的领导和骨干教师40余人到桂林市清风实验学校参加“智慧·创新·融合”学校课改专项研讨活动。年内，还邀请了山东学景教育集团秦敬元，徐会晓、张兆科、张宏玉等十余位专家分别到县里的十余所实验学校就课堂流程再深化、导学案编制再提升、小组作用再提高、教科研活动自主化、抓好课堂实效、构建课改推进管理体系、课改氛围的营造、课改核心技术再学习等方面作具体指导。高考的九个学科和中考的七个学科分别开展复习交流研讨活动。

中等职业教育

【概况】 中等职业教育本着“以市场为机制，以就业为导向，以能力为本位，以学生为中心”的办学宗旨，加强基础能力建设，强化内部管理，提高办学水平，积极进行县级中专的综合改革。灌阳县中等职业技术学校固定资产6000万元，占地面积76亩，校舍面积24840平方米，有多媒体专用教室20间，计算机室2间（220台计算机），工艺美术实训室6个。现有教职工42人，其中行政人员4人，专任教师33人，后勤人员5人，教职工中有本科及以上学历34人。开设有工艺美术、运动训练、计算机应用、电子技术应用等四大专业。有教学班12个，全日制在校学生653人。

【招生工作】 “十二五”期间，学校每年都超额完成了市里下达的招送生任务，2016县职校招收全日制新生306人，非全日制招生174人。

【职业教育发展】 一是以提升质量为核心，创新人才培养模式，推动内涵发展。二是以拓宽生源为突破，注重市场导向，招生、就业、培训齐头并进。三是以创建和谐校园为目标，整体联动，实现各方协调有序。四是以作风建设为重点，夯实人才基础，推动队伍建设上台阶。

继续教育

通过组织全县教师参加各级各类培训，不断提高教师的业务能力和水平。年内，组织参加了桂林市中小学教育科研课题个人课题结合专项培训、桂林市教育科学“十三五”规划2016年教师个人课题负责人培训班、桂林市中小学（幼儿园）教师教育教学理论培训暨骨干教师培养工程集中研修、桂林市中小学班主任培训、教务主

12月13日，县委书记陆桂弟与黄晔华女士共同为“枫华书屋”图书室揭牌

县教育局　提供

任培训、桂林市中小学骨干教师培训、高中新课程改革培训、桂林市中小学科研主任培训、桂林市中小学心理教师培训、远程的"国培计划"以及本县组织的特岗教师培训等各种培训，培训达1200多人次。

教师队伍建设

全年公开招聘特岗教师90名；事业单位公开招聘教师21名；选调县直中小学教师23名。树立良好的用人导向，及时调整、配齐配强初中领导班子；加强学校管理；乡镇补贴、全县教师年终绩效奖（工作经费）、校长岗位津贴、乡村教师补贴、高中考质量奖落实到位；岗位设置补岗、绩效工资等工作有序实施。年内，81名教师荣获区、市、县荣誉称号；416名教师参加不同层次培训。

教育资助

【学生资助】 全县全年共有35420人（次）贫困学生得到资助，共发放资助金2185.804万元。其中：(1)农村义务教育阶段家庭经济困难寄宿生生活补助，资助人数12796人（次），资助金额733.65万元。(2)普通高中库区移民学生免学费资助项目，资助人数为155人，资助金额7.819万元。(3)农村义务教育学生营养改善计划资助项目，资助学生16418人，资助金额：1047.26万元。(4)中职免学费资助项目，资助人数1011人，资助金额75.825万元。(5)普通高中国家助学金项目，资助人数2138人，资助金额240.75万元。(6)建档立卡家庭经济困难学生和非建档立卡的家庭经济困难残疾学生、农村低保户家庭学生、农村特困救助供养学生就读普通高中免除学杂费项目，资助人数706人，资助金额56.8万元。(7)学前教育资助项目，资助人数1594人，资助金额99.3万元金额。(8)中等职业教育国家助学金资助项目，资助人数为153人，资助金额15.3万元。(9)中职奖学金项目，资助人数12人，资助金额2.4万元。(10)2016年贫困大学新生路费资助项目，资助人数403人，资助金额23.3万元。

2016年，广西高等学校毕业生到灌阳县基层工作，有73名学生申报广西高等学校毕业生学费和国家助学贷款补偿项目，资助金额145.44万元。

【生源地助学贷款】 全县共受理1932人贫困大学生助学贷款，贷款金额1320.7万元。有824人偿还助学贷款本金和利息，还款金额211.7万元。

【贫困教师资助】 全县有30名贫困教师（包括7名贫困幼儿教师）享受资助，共发放资助金额30万元。

【宣传资助政策】 为确保资助政策顺利实施，全县开展了学生演讲、学生征文等活动，并发放了宣

6月20日，桂林市农村义务教育学生营养改善计划现场会在灌阳县召开　　曹文娟　摄

传海报和宣传手册3000多份,力争做到惠民政策家喻户晓。年内,上送桂林市资助演讲征文9篇,共获一等奖2篇,二等奖3篇、三等奖4篇,1人参加市里资助演讲比赛获三等奖。

【资助学生认定】 各学校在确定资助学生名单时,按照政策规定的程序,由本人写出申请,村委会(社区)、乡镇民政部门签意见盖章,学校通过家访、找学生谈话等形式调查了解后确定初审名单,然后进行公示,经公示无异议后,才成为受助对象。所有的资助金的发放全部由灌阳县学生资助管理办公室统一由银行发放。为保证信息统计工作及时准确,县资助工作使用了学生资助管理系统。

(李发伦　李向阳)

科学技术·防震减灾

12月27日,灌阳县科技特派员培训会召开　　县科技局　提供

科学技术

【概况】 根据《中共灌阳县委员会、灌阳县人民政府关于印发〈灌阳县人民政府职能转变和机构改革的实施意见〉和〈灌阳县人民政府机构设置〉》（灌发〔2014〕10号）文件精神，灌阳县科学技术局在县人民政府办公室挂牌（名称为科学技术知识产权局），为县人民政府办公室的工作机构，是全县科技工作、地震工作和知识产权工作的行政主管部门，核定行政编制6名。二层机构2个：灌阳县科技情报研究所（增挂灌阳县生产力促进中心牌子）、灌阳县科技开发中心，核定事业编制分别为4名、2名。

【科技扶贫项目】 2016年，对照《2017年度桂林市科学研究与技术开发计划项目申报指南》，围绕贫困县科技特派员产业示范等课题，向上申报市级科技计划项目3个。年内，获得区科技厅下达科技项目1个，获得项目资金190万元，该项目的实施提高了县内知识产权创造、运用、管理和保护的水平，促进全县经济社会的协调发展。

【科技项目验收】 年内，完成区科技厅下达的“知识产权示范县试点建设”“李官村科普示范村”“现代农业产业科技示范县”“科技进步示范县——灌阳县”“灌阳县红薯高效生产集成技术示范”等五个区级科技项目验收工作。

【高新技术企业培育】 在县内继续实施筛选出符合高新技术企业指标的企业列为高新技术企业重点培育对象，积极引导与大学、科研院所走“产学研”相结合的道路，帮助联系申报国家级重点科技项目和寻求与国际间的科技合作，为申报高新技术企业提供有利条件。

【高产杏鲍菇培育成功】 桂林百草园农业科技有限公司（灌阳）与广西农科院微生物研究所发明人陆荣生签订“杏鲍菇高产栽培方法及其培养基”（专利号为ZL.201410213075.8）的技术转让（专利权）合同，并将杏鲍菇培养基的配方和栽培工艺进行成果转化，成功培育出高产杏鲍菇。

【科技特派员工作】 2016年，区、市两级从各科研院校选派20名贫困县科技特派员，县内结合本县区域产业特色，选派20名行业专家为贫困村科技特派员，对口为灌阳县种养大户和专业合作社、协会服务。科技特派员围绕红枣、雪梨、黑李、超级稻等特色农业产业，采取科技咨询、现场指导等方式为贫困村提供多层次、全方位的科技服务。

【科普工作】 充分发挥科普联组长单位的作用，加大了宣传力度。组织县科普联成员单位，开展

3月30日，县科技局在新街镇江口村进行雪梨高产栽培技术培训　　县科技局　提供

7月7日,灌阳镇长坪村引进新品种(海狸鼠)　　县科技局　提供

“科技下乡活动”和“五月科技活动周”,直接面向“三农”的科普大型宣传活动6场次,发放宣传手册、资料共1.8万册;利用“农村新视界”每天定时定期播放科技视频,在全县营造“学科学、用科学、爱科学”的良好氛围,提高全县人民的科技意识和科技素质。

知识产权

2016年,灌阳县加强与学、科研院所和专利申请中介机构的合作,专门聘请专利专家到灌阳县鸿运机械厂、贵达有色金属有限公司、桂林天然食品公司等企业指导挖掘创新点,撰写专利申报书,加大对新工艺、新技术的研究开发,协助企业申报发明专利,企业自主研发能力明显提高。2016年,全县全年专利申请量为87件,其中发明专利申请量为70件,超额完成全年目标任务数;实用新型申请量7件;外观设计申请量10件。万人发明专利拥有量达到1.05件。

防震减灾

【地震专项资金】 2016年落实防震减灾工作专项经费5万元,经费主要用于防震减灾应急工作、地震宏观观测、防震减灾科普教育基地设施更新、科普宣传等支出。

【编制应急预案】 完善了全县地震应急数据,全县九个乡(镇)制定了乡(镇)地震应急预案,并在11月底全部完成了地震应急预案编制工作任务。各预案落实了乡(镇)应对地震突发事件的工作机构和事务安排,明确了地震灾害分级及对应的响应机制,以引导各部门建立健全地震应急防范措施。

【地震监测】 县内相对固定的地震前兆宏观观测点共有5个,有观测人员5个,观测点运行正常。年内,配合自治区局开展地震基本台的建设工作,明确了地震基本台的配套资金,确定了网址等前期准备工作。地震基本台的建设将更加有利于推进灌阳县的地震监测工作。

【防震减灾宣传】 利用“二月八”农具文化节、科技活动周、“5·12”防灾减灾日、十月科普大行动等重大节庆日积极开展防震减灾科普知识专题宣传教育,在县城主要街道悬挂防震减灾横幅6条,共展出图文并茂的技术宣传展板10块,无偿发放宣传材料6000余份,接待咨询群众80多人次。

7月3日,县科技局向贫困村赠送生产设备
县科技局　提供

利用“三下乡”活动、乡镇圩日分别到各乡镇以集中宣传的形式向群众发放科普宣传资料2.3万余份。开展“五百工程”，全年完成防震减灾宣传进机关单位、学校、医院、企业和农村村屯的防震减灾宣传任务。

【地震应急与演练】 1—12月，在全县中小学校开展了地震应急疏散演练活动，提升了全县中小学应急避险能力。

（蒋彩丽）

5月12日，县科技局开展防震减灾宣传　　县科技局　提供

社会生活

9 月 30 日,酒海井红军纪念园落成仪式暨烈士公祭活动在新圩酒海井举行

县民政局　提供

人力资源和社会保障

【概况】 2016年,县人力资源和社会保障局围绕全县改革发展稳定大局,按照"1234"工作思路,即坚持"民生为本、人才优先"一条主线,实施"技能扶贫"与"人才强县"两个战略,不断完善"社会保障、和谐劳动关系和城乡公共服务"三大体系,努力推进"机关事业单位人事制度、工资收入分配制度、机关事业单位养老保险制度和基层公务员职务职级并行制度"四项改革。以科学发展观为指导,以构建和谐社会为目标,以开展"两学一做"学习教育工作和扶贫领域监督执纪问责工作为契机,紧扣全年工作任务目标,采取积极有效措施,强化服务,狠抓落实。

【就业再就业】

就业指标　全年全县城镇新增就业人数2720人,完成全年任务2700人的100.74%,城镇失业人员再就业人数421人,完成全年任务420人的100.24%,就业困难对象再就业人数130人,完成全年任务130人的100%,城镇登记失业率为3.15%,控制在年度任务4.5%以内,农村劳动力转移就业新增人数4359人,完成全年任务4350人的100.21%。

专项就业服务活动　全年共举办各类现场招聘会3场,为62家用人单位提供招聘用工服务,提供就业岗位7856个,通过市场接受免费就业服务的各类人员8762人。特别是利用传统的"二月八"农具文化节举办的"广西灌阳县'春风行动'农村劳动力转移就业现场招聘会",共邀请了县内外47家企业进场,提供就业岗位4882个,涉及生产、制造、服务产业等,招聘会当天超过3000多人次入场,1386人进行了求职登记,496人达成就业意向。

职业技能培训　组织开展了挖掘机驾驶员、焊工、保育员、维修电工4期5个就业技能培训班,共计209人,取得职业资格证书209人;开展创业培训4期4个班共计120人,取得创业培训合格证书111人,专门针对建档立卡贫困户开展技能培训3期3个班共计107人,就业技能培训和创业培训共投入就业补助资金27.5万元。

贫困县农民工创业园　年初,根据上级文件精神,向上级人社部门申报贫困县农民工创业园项目,3月灌阳被自治区确定为示范性贫困县农民工创业园项目建设试点县,同时下拨了500万元的专项补助资金和20公顷用地指标,年内已修建好创业园的大门、引进入园企业3家。

农民工创业担保贷款　上年和是年自治区下达到灌阳的农民工创业担保资金共386.54万元。县里出台了《灌阳县农民工创业担保贷款实施细则》,就业服务中心与农行、农商行、邮政银行和国民村镇银行签订了创业担保贷款协议,鼓励农民工创业就业,为实现"万众创新、大众创业"奠定了良好基础。共收到500多人贷款申请,实现放贷数为101笔,放款1010万元。

3月17日,广西灌阳县2016年"春风行动"现场招聘会在县体育馆举行
陈张军　摄

贫困家庭"两后生"职业技能培训　与结对院校对接,商讨研究结对帮扶的方

式，动员组织全县建档立卡贫困家庭中未继续升学的初、高中毕业生（简称“两后生”）参加“两后生”职业培训专项计划。全县共有218名“两后生”报名参加培训，县“两后生”赴结对帮扶院校参加职业培训人数145人（其中赴广西商业技师学院131人，赴桂林技师学院11人，赴桂林市第二技工学校3人），是桂林市三个贫困县中，组织“两后生”参加培训最多、工作开展最好的县。

12月7日，灌阳县城镇居民医保和新农合整合工作会在县政府四楼会议室召开　　刘婷 摄

农村劳动力资源调查　制定了农村劳动力资源调查实施方案，对相关人员进行了业务培训，共向全县138个行政村发出《广西农村劳动力资源调查登记表》共计16.5万份，共收回115900份调查表，录入系统115900份。

【社会保险】

组建社会保险事业局　年内，整合社保4个经办机构成立了新的社会保险事业局，社会保险“五险合一”，实现了业务统一经办和标准化服务管理；同时，社会保险“五险合一”信息化管理正式上线运行，实现了社保缴费、社会保险待遇发放由合作银行联网直接代收代发服务，基本医疗保险异地就医直接结算开通运行。灌阳与桂林市本级所有定点医疗机构、市外35家定点医疗机构以及已上线的9个县实现了医保网络互联互通，职工医保门诊住院实现了直接结算服务。

城镇居民医保和新农合整合　根据《广西壮族自治区整合城乡居民基本医疗保险制度工作方案》和《桂林市整合城乡居民基本医疗保险制度工作方案》，县里制定并印发《灌阳县整合城乡居民基本医疗保险制度工作方案》，召开了协调会议。

企业职工养老保险　年度任务是参保人数7220人，基金征收6300万元。全年完成参保人数8338人，基金征收7004.8万元，分别完成年任务的115.8%和111.2%。

城镇医疗保险　年度任务是参保人数29725人，基金征收（不含城镇居民）2677万元。全年完成参保人数29728人，其中城镇职工15621人，基金征收3395万元，分别完成年度任务100%和126.8%。

失业保险　年度任务是参保人数4900人，基金征收230万元。全年参保人数4902人，基金征收331万元，分别完成年度任务101.31%和143.9%。

工伤保险　年度任务是参保人数9850人，基金征收160万元，全年完成参保人数9856人，基金征收171万元，分别完成年度任务100%和106.87%。

生育保险　年度任务参保人数6162人，基金征收51万元。全年参保人数6165人，基金征收163万元，分别完成年度任务100%和319.6%。

城乡居民社会养老保险　全县全年应参保人数135276人，16~59周岁农村居民应参保缴费人数93768人。截至12月底，续保人数86711人，基金征缴总额1032万元，年满60周岁应领取养老金人数42160人，发放养老金总金额4621万元。按规定及时、足额发放中央补助3275万元，区财政补助1243万元，县级财政补助资金270万元，发放率达100%。

【劳动仲裁和劳动监察】 以贯彻落实《中华人民共和国劳动合同法》和《中华人民共和国劳动争议调解仲裁法》为抓手，组织开展劳动合同清理、农民工工资支付、社会保险缴费等劳动监察执法活动，加大劳动争议调解仲裁力度，切实保障劳动者的合法权益，及时审理劳动争议案件，促进了劳动关系的和谐稳定。一是开展农民工工资支付情况专项大检查。做好农民工工资清欠工作，共受理38起农民工工资投诉，结案38件，结案率100%，追回被拖欠工资328.68万元，涉及劳动者人数258人；二是开展劳动用工备案与监察年审工作，共检查用人单位91家，补签劳动合同30余份；三是做好工伤认定工作，共受理16件工伤认定申请案件，认定工伤13件，另3件正在调查处理当中；四是开展清理人力资源市场秩序专项行动，联合县工商局组成11人的专项行动小组，有针对性地对辖区内90多家各类用人单位进行专项清理整顿，未发现有违反就业管理相关规定的行政违法案件；五是开展劳动人事争议仲裁案件的受理处理工作，共受理仲裁案件32件，其中撤回申请2件，调解20件，裁决10件，终局裁决3件，涉及农民工33人，涉案金额152万元，经审核材料不予受理案件7件。

【人事人才工作】

增人计划管理 根据全县人才队伍建设需要，新增人员优先用于满足引进急需紧缺人才的需求。通过考试面向社会公开、公平、公正招录人才。2016年内公开招考的公务员39名，其中武装干事1名，录用政法干警2名，录用村委成员1名，录用选调生10名；公开招考事业单位21名，直接面试招聘26名(其中，乡镇技术人员5名，乡镇医务人员21名)。

公务员职务与职级并行工作 按照公务员职务与职级并行的文件精神，做好了全县科级以下干部的职务与职级并行工作，对全县符合晋升条件的334名公务员和参公事业单位人员共进行了相应职级任免，对14名符合条件职级晋升人员进行资格审核。

干部职工工资变动和办理退休工作 一是年初实施了工资软件的应用，对全县机关事业单位在职人员5044人和离退休人员2724人，进行入库登记，从此结束了灌阳一直以来人工审核工资所带来的不便，工作效率得到了较大提高。二是审核全县事业单位在职人员3358人2015年下半年的奖励性绩效工资，办理死亡干部职工56人抚恤金遗属生活困难补助；办理机关事业单位人员退休209人，退休人员房屋修缮费、安家费86人，办理新录用机关事业单位人员工资164人，办理事业单位岗位设置、人员调动、减员、机关职务与职级并行等工资1013人次。三是按照有关文件精神完成了全县2677人退休人员调整机关事业单位退休人员养老金，对全县5068人进行了机关事业单位工作人员基本工资标准调整工作，办理艰苦地区性津贴调标7768人(其中：在职人员5044人，退休人员2724人)，办理机关事业单位晋级晋档(晋薪级)6274人次，接待咨询工资政策及有关问题700余人次。

职称工作 一是根据区市职改办关于2016年度关于事业单位专业技术人员职称评定有关规定，组织全县58人申报区市评审副高级以上职称(其中1人申报正高职称)；组织176人申报市各系列中级职称评审。二是根据市人社局关于全市职业资格高级技师、技师、高级工、中级工、初级考评工作的有关规定，组织全县58人参加考评，其中技师16人、高级工10人、中级工9人、初级工3人。三是根据国家和自治区中长期人才发展规划纲要精神，以及国家、自治区人社部门的要求，在全县范围内开展事业单位专业技术人员公需科目继续教育网络培训，共3768人报名参加培训，全部通过考试取得合格证书。四是7月25日报请县人民政府，并经县人民政府第十六次常务会议研究同意，对全县37名由于受岗位设置机构比例限制获得副高职称三年以上的专业技术人员直接聘至七级；对49名已聘任至七级、六级岗位且距法定退休年龄不足5年的专业技术人员晋升一个级别的岗位工资；对12名事业单位取得技师且符合聘任条件的工人直接聘任至相应的岗位并兑现技师工资，一定程度上缓解了灌阳职称久评未聘的难题。

干部流动和按期转正定级 全年共办理干

部调动手续199人，其中调出县外27人，外县调入12人，办理干部（工人）辞职8人（自动离职1人），对44名干部进行考核和任免，为新招录的公务员办理转正定级手续29人次，接待大中专毕业生报到849人次，同时全部进行信息录入并做好跟踪回访，接收各类流动人员档案及大中专毕业生档案1000份，转递档案280多份，协助区市及县级各部门公务员及事业单位人员招聘考核150人次，为近70名大中专毕业生办理转正定职手续。

【信访维稳工作】 坚持把维护社会稳定放在首位，认真抓紧抓实。针对一些信访突出问题，严格落实领导责任制，集体研究，认真分析，落实解决方案，有效解决了企业军转干部、乡镇补贴、企业改制人员、工资福利待遇、农民工工资拖欠及企业未按政策为职工缴纳社会保险等一系列重大信访问题，尽量做到不越级上访，维护了全县的稳定。对群众反映的问题符合政策的，立即解决；不符合政策的，认真做好解释和答复工作，争取当事人的理解和支持，做到件件有落实、事事有回音。

（翟开文）

民　　政

【概况】 2016年，县民政工作坚持"民政为民，民政爱民"的工作宗旨，不断加大民政扶贫领域监督执纪问责工作力度，积极构筑城乡社会救助体系，切实抓好保障基本民生、创新社会治理、支持国防和军队建设、强化社会服务等各项工作，深入推进全县民政事业改革发展。年内，发放城市低保金1350.34万元，农村低保金3017.16万元，五保供养金1052.02万元，城乡医疗救助金746.09万元，临时救助金10.02万元。投资1000多万元完成了酒海井红军纪念园项目一期工程建设。同时，完善减灾救助机制，做好优抚安置双拥工作，完善了孤儿救助和流浪乞讨人员救助管理机制，依法开展好收养登记工作，对县内社会组织加大了培育发展力度。

3月17日，灌阳县召开全县民政工作会议　　县民政局　提供

【救灾救济工作】 一是建立健全自然灾害救助应急预案。年内深入乡镇村屯排查灾情，共采购救灾物资139.5万元，发放救灾粮款40多万元，发放棉被2352床，棉衣2100件，夹克衣裤2500套。二是继续开展农村农房政策性保险工作。全县参保农村居民户数64100户，共需交保费73万元，其中县级负担18.22万元，县财政及时拨付到位，并为163户因灾倒损房户办理保险理赔款58.13万元。三是做好因灾倒房恢复重建及损房维修工作，确保灾民按时入住新居。四是加大防灾减灾宣传力度，深入开展综合减灾示范社区创建活动，全面提高应对自然灾害的防范能力。

【城乡低保工作】

审核审批　严格规范审核审批程序，落实好乡镇人民政府对低保工作审核主体责任，严把审批程序关，全面推行入户调查、民主评议、张榜公示等工作制度，切实完善申请、调查、评议、公示、审核、审批、发放等工作程序，做到公开、公平、公正，程序完备合法，确定的对象都符合低保条件。全年共发放城市低保金1350.34万元，农村低保金3017.16万元。

专项整治 年内，启动低保救助专项整治及“精准救助年”活动。利用相关部门共享的社会救助家庭经济状况核对信息平台，对全县所有在享低保对象开展了“大排查、大清理、大整治”活动，严肃查处“人情保”“错保”等违规违纪问题，全年共清退低保对象4745户6594人（其中农村低保4376户5990人，城镇低保369户604人）。

动态管理 坚持低保动态管理原则，严格按程序审核审批，并强化“五关两公示”环节，即严把群众申请关、入户调查关、民主评议关、公示监督关、审核确认关，强化审核结果公示以及审批结果公示。及时纠正低保审核审批程序偏差。另外全面推进低保无纸化审批改革，不断推进低保对象管理的信息化、规范化、科学化。同时，开展好农村低保与扶贫开发政策有效衔接工作，按照“低保政策兜底一批”的脱贫攻坚目标，立足“应保尽保、应退尽退”原则，全面推进全县扶贫攻坚农村低保兜底工作。对不属于建档立卡贫困人口的低保对象，全部进行复核复审。2016年，全县扶贫对象中已纳入农村低保人数为9939人，农村低保总人数达19846人，全县低保对象中贫困人口的重合率为50.08%，完成了自治区下达全县重合率49%的目标任务。

【优抚安置双拥工作】 一是维护优抚对象合法权益，落实各项优抚政策，及时调整提高了“三属”、残疾军人、老复员军人、带病回乡，以及参战涉核等人员抚恤补助标准，2016年，全县共有优抚对象2016人，发放抚恤和生活补助1200多万元，为180名现役军人发放义务兵优待金200.16万元，为34名入伍大学生发放一次性鼓励金16.2万元。二是继续完善优抚对象信息数据库，做好残疾军人证、烈士证明书换证工作，完成享受抚恤和生活补助优抚对象未扫描身份证录入工作。三是做好退役士兵技能培训和安置工作，共培训退伍军人75人，开支培训补助经费13万元，共接收退役士兵85人，并发放好自主就业补助金90多万元，共接收转业士官3人并全部进行了安置。四是做好涉军信访维稳工作，帮助优抚对象解决生产生活中的实际困难和问题，变上访为下访，促进了社会和谐稳定。五是积极开展双拥共建活动，不断提高全县军民国防双拥意识，认真抓好对各部队的节日走访慰问工作，把县委、政府的温暖送达到每个驻灌部队官兵，促进了军政军民关系的和谐融洽。

6月30日，桂林市民政局长古保华（左二）到灌阳县调研酒海井红军纪念园项目建设 县民政局 提供

【基层政权建设】 积极推进基层政权和社区建设，村民自治和城乡社区建设取得新成效。年内，完成建国以来村干部任职年限审核扫尾工作。积极开展村务公开和民主管理，实现管理制

10 月 26 日，自治区民政厅到灌阳镇开展民政综合业务督查　　县民政局　提供

度化、规范化和程序化。加强村务监督委员会对村务的监督工作，完善了村务监督委员会机构，建立健全了乡镇党委指导、纪委联系的指导联系工作机制，每个村村务监督委员会都选有 3 人以上的成员，并按照标准落实办公场所、牌子、印章、档案柜等硬件设施。

【社会福利和社会事务管理工作】 一是加强社会福利机构建设管理，积极探索福利机构公建民营和医养结合模式，加强民政福利机构防寒保暖及消防安全措施，提高了供养对象的供养水平和服务质量。二是大力实施新圩杨柳井老年护慰楼项目建设，推进养老服务社会化工作，扶持壮大黄关大坪山养老院等民办养老机构。三是做好重度残疾人护理补贴和困难残疾人生活补贴发放，全县有重度残疾人 5060 人，发放重度护理补贴资金 296 万元；困难残疾人 4512 人，发放困难残疾人生活补贴资金 280 万元。四是加强孤儿生活保障专项资金管理使用，全县有孤儿 46 人，发放孤儿基本生活保障资金共计 33.1 万元。五是推进婚姻登记规范化建设，共办理婚姻登记 2724 对，其中结婚登记 1860 对，离婚登记 299 对，补发登记 565 对，婚姻登记合格率达 100%。六是依法开展好收养登记工作，收养登记做到依法收养、注重审核把关，积极推行政务公开。

12 月 4 日，灌阳县民政局开展法制宣传日活动　　县民政局　提供

【民间组织和区划地名工作】 加大社会组织培育发展力度，做好社会团体和民办非企业单位日常登记管理和清理整顿年检工作，年内登记的新成立社团 12 个，注销 1 个，至年末，全县共有依法登记的社团 84 个。完成行政区域界线联合检查任务，开展平安边界创建活动。年内，开展第二次全国地名普查工作，县民政局组织协调有关单位和乡镇进行培训，完成项目采购合同、资料收集、编制地名调查目录和信息采集等工作任务，进入到实地踏勘验证的工作阶段。通过搜集《灌

阳县志》《地名词典》、县志办资料，实地走访调取各成员单位提交的词条信息目录，共计调取词条数 5606 条，其中行政区域类 10 条，非行政区域类 463 条，居民点类 1847 条，单位类 1191 条，水利、电力、通信设施 458 条，陆地地形 863 条，陆地水系 41 条，交通运输类 481 条，纪念地、旅游景点 90 条，建筑物类 20 条，群众自治组织 142 条。

（蒋良才）

民族事务

【概况】 2016 年，灌阳县民族工作紧密围绕新时期民族工作主题，开展民族政策和法律法规宣传、民族关系监测、民族文化挖掘保护和传承工作，为民族地区少数民族群众办好事实事，开创了全县民族工作新局面。

【民族政策法规宣传】 县民族事务管理部门通过网站、重大节庆、宣传月活动、下乡、入寨等多种形式开展党的民族政策宣传教育活动，印发民族政策法规和有关民族知识等宣传资料 3100 多份，分发放到乡镇和县直有关单位及参加活动的群众手中，有效地提高了广大干部、群众对党的民族政策和法律法规意识。

2016 年，县民族小学开展民族文化进校园活动　县民族局　提供

【民族关系监测评价处置机制工作】 2016 年，灌阳县认真做好民族关系监测评价处置机制工作，进一步完善了少数民族社团信息资料库，少数民族知名人士信息资料库和少数民族党政干部信息资料库；民族事务管理部门经常走访少数民族知名人士，与他们交友谈心，确保民族信息畅通。积极完善“四项制度”，建立与各少数民族社团、少数民族知名人士之间交流沟通联谊制度；民族关系信息收集加工和汇总上报制度；民族关系监测评价制度；涉及民族关系群众事件和民族矛盾纠纷处置制度，确保民族团结、社会稳定。

【争取民族项目资金】 全年向上争取少数民族发展资金项目 12 个，资金 158 万元，为民族乡村新建民族旅游公路 1 条，1.5 千米，硬化道路 8 条，3.3 千米。实施少数民族特色村寨保护与发展项目两个。做好为民营企业服务工作，为少数民族特需商品定点生产企业桂林兄弟木业争取贴息贷款 8200 万元，全年可贴息金额 267.49 万元。

【民族文化挖掘保护】 一是将瑶族建筑元素融入乡镇沿省道的城乡风貌改造、新农村建设项目中。二是县民族事务管理部门积极配合县人民政府办好“二月八”千家洞瑶族文化旅游节，为“二月八”民族技艺一条街活动，谋划项目和人员，使一条街活动办出了特色；瑶学会组建了一支业余千家洞民族歌舞队，在“二月八”巡街游行活动中表演了古朴的瑶族长鼓舞，深受广大观众欢迎。三是积极开展民族文化进校园活动，瑶学会为县民族小学开展“三月三”民族文化进校园活动进行指导，手把手地教师生跳瑶族长鼓舞等舞蹈，使该校“三月三”民族文化进校园活动办出了特色，深受师生家长好评，指导该小学对校园进行了民族化改造，增添民族气氛；为民族中学争取了五万元项目资金，建设了民族特色文化长廊，购置瑶族服饰40多套、瑶族长鼓、长号、牛角号等瑶文化道具一批和传统民族体育器材一批，组织开展了系列民族文化进校园活动，增加各民族融合与团结。四是实施好洞井、保良个两少数民族特色村寨保护与发展项目。

（包桂文）

城乡居民生活

【城乡居民收入】 全县在岗职工年平均工资62743元，增长16.67%，城镇居民人均可支配收入28172元，增长6.9%，农民人均纯收入8995元，增长9.6%。全县享受城乡最低生活保障人数23769人，占总人口8.0%，发放低保金4419.9万元；发放城乡医疗救助金746.8万元，救助7391人次。农村五保供养对象2863人，发放五保金1052万元。城镇新增就业人数2720人，城镇登记失业率为3.2%。参加城乡居民社会养老保险人数86711人，占总人口29.3%，发放养老保险金4621万元。城乡居民年末储蓄存款余额58.4亿元。社会消费品零售总额18.5亿元。

（县统计局）

老龄工作

【概况】 2016年，灌阳县老龄工作坚持以人为本，坚持科学发展观和“党政主导、社会参与、全民关怀”的老龄工作方针，围绕“五个老有”的工作目标，进一步提高老年人生活质量，坚持与时俱进，开拓创新，扎实稳妥有效地开展各项老龄工作，全县初步形成敬老、养老、助老的社会氛围。至年底，全县有老龄人口57432人，其中60~79岁50264人，80~99岁7145人，100岁以上老年人口数23人。

【基层老年协会】 全县共创建老年协会159个，138个行政村都有老年协会并挂牌，落实了老年活动场所，其中有27个为全区示范性基层老年协会，2016年城中社区老年协会荣获“敬老文明号”先进单位称号，文市镇桂岩村老年协会和灌阳镇鹤龙村老年协会分别获得“二星级”和“三星级”老年协会荣誉称号，并通过了区、市的检查验收。在县老龄办的指导和协调下，全县各老协经常开展书画比赛、文艺演出、外出参加门球比赛等活动。每逢节庆日，各老协都组织开展下棋、打牌、钓鱼、文艺表演等活动，充实和丰富了老年人的生活，实现了老有所乐、老有所为的目标。同时，各老协还组织对协会中生病或家庭比较困难的会员进行慰问，对有去世会员组织人员吊唁，促进了社会的稳定和谐。

【维护老年人合法权益】

发放高龄津贴 根据《灌阳县高龄老年人生活津贴发放工作实施方案》（灌政办〔2014〕63号），以年龄段划分为A、B、C三个类别，按类别确定津贴标准，具体标准：A类：100周岁以上老年人每人每月300元；B类：90（含90）~99周岁每人每月100元；C类：80（含80）~89周岁每人每月30元。2016年全县共7052位80周岁以上的高龄老人享受到高龄津贴补助，发放金额共计414万元。

办理老年优待证 县老龄工作重点为全县60岁以上的老年人办理老年人“优待证”，积极做好宣传发动工作，在县城各街道宣传栏内张贴宣传单，同时利用老年协会，老年大学等老年人相对集中的地方进行宣传。并通过各乡镇民政办发放宣传资料，让更多的老年人了解“广西老年优待证”的更新及办理手续。2016年末，全年累计办理老年优待证1265张，其中红卡684张，绿卡581张。

老年优待维权 县老龄办急老年人之所急，想老年人之所想，认真耐心做好老年人来电、来访工作，搭建与老年人沟通的桥梁。针对老年人心理安全系数降低的情况，接待工作中注重做到热情接待，耐心倾听，详细讲解，多方调和处理老年人的诉求，并协调解决有关居民社保、大病救助以

及邻里纠纷、儿女赡养等问题，且对全县23位百岁老人分别进行了走访、慰问。

3月7日，县老龄办入村慰问老人　　县老龄办　提供

【老年文体活动】

敬老评优　根据《关于开展第二届“敬老文明号”创建活动的通知》（市老龄委〔2014〕4号）要求，县老龄工作积极开展“敬老文明号”创建活动。制定创建工作方案，开展以敬老、爱老、助老为主题的“敬老文明号”创建和评选“敬老爱老助老模范人物”活动，营造为老龄人服务的良好社会环境。

“敬老月”活动　每年的金秋十月为全国“敬老月”，县老龄办结合本县实际，制定方案，发动机关、各乡镇民政办及各老协组织扎实地开展“敬老月”活动，深入开展老年人维权教育，增强全社会依法维护老年人合法权益的意识，营造良好的社会氛围；弘扬尊老敬老、爱老助老的优良传统，广泛组织和动员社会、单位和家庭成员为老年人办实事、做好事、献爱心，让老年人共享经济社会发展成果，安享幸福晚年生活。

（廖海春）

乡　　镇

黄关镇集镇一瞥　　　　黄关镇政府　提供

洞井瑶族乡

【概况】 洞井瑶族乡位于灌阳县南端，东与观音阁乡相邻，南与恭城瑶族自治县栗木镇交界，西与灵川县大境瑶族乡接壤，北与兴安县漠川乡相连。乡政府所在地距县城48千米，距桂林市96千米。全乡辖桂平岩、椅山、洞井、太和、石家寨、保良、野猪殿、大竹源、小河江9个行政村140个自然村112个村民小组140个自然屯，总人口9358人，瑶族人口占总人口的39%。全乡总面积207.42平方千米，其中集镇面积0.3平方千米，有耕地1.2万亩，林地30万亩，森林覆盖率达86%，属海洋山自然保护区，是灌江的源头。

【经济总指标】 全年全乡总产值1.88亿元，同比增长6.8%；预计完成固定资产投资3.1亿元；预计完成财政收入213万元；全乡人均纯收入预计达6930元，同比增长10%。

【农业】 2016年，全乡完成农作物播种面积2376公顷，其中粮食播种面积1454公顷，粮食产量预计达12391吨，水果产量预计达7998吨。发展特色优势产业，抓好椅山、桂平岩、保良等村1200亩砂糖橘、650亩无公害蔬菜、300亩马蹄、300亩生姜、200亩猕猴桃和130亩芋头种植。打造保良生态特色农业休闲示范园和椅山生态脐橙基地。发展壮大生猪、土鸡等特色养殖产业，全年预计实现生猪出栏1.27万头，同比增长15.5%，家禽出笼9.65万羽，同比增长57.2%。积极引导建立洞井、桂平岩和太和村3个农村淘宝服务点，新增3个合作社。

【工业】 2016年，全乡坚持在“保护+发展”的原则上，先保护，再发展，继续做好“山、水”两篇文章，巩固发展水电企业和竹木加工企业，全年新建木材加工厂2家。加大企业设备更新和技术改造力度，全年预计完成技改投入7780万元。

【文化·教育·卫生】 2016年，全乡投资30万元建成保良村村级公共服务中心。建设完善全乡9个村的农家书屋，参加“二月八”“六月六”等节庆活动。顺利实施全乡小学生营养改善计划，米、菜均按县试点要求执行统一配送。认真开展药品卫生监督管理、“艾滋病”综合防控工作，9个行政村基本完成乡村卫生服务一体化管理工作。全乡新婚13对，死亡45人，人口自然增长率为2.3‰。全乡落实各种节育措施的已婚育龄妇女984人，综合节育率80.2%。

【综治维稳】 全年无重大安全生产和食品药品安全事故发生。加强社会治安防控体系建设，严厉打击“黄赌毒”“两抢一盗”等违法犯罪，平安洞井、法治洞井建设深入推进。狠抓信访调纠、人民调解工作，群众合理诉求得到较好解决。乡工会、团委和妇联等群团工作有序推进。“七五”普法工作顺利开展，公民法制意识不断增强，全乡社会和谐稳定。

12月20日，国道357灌阳洞井至潮田公路开工仪式

洞井瑶族乡政府　提供

【基础设施建设】 2016年,全乡引进老板投资建设一江两岸民族风情商业旅游街项目。大力推进古民居修缮、绿化工程、园林工程、巷街改造和小江疏浚等工作,完成古民居门楼建设。全年完成投资120万元。整合党建示范点、新农村建设和生态乡村建设等各项目资金,投入80万元重点打造了桂平岩村高标准党建示范点。完善集镇和村屯路网、管网、电网等基础设施,投资30万元完成雷公山桥梁建设,洞大公路提级改造已开始现场测量。投入86.2万元顺利完成15个"一事一议"财政奖补项目。总投资250万元的环保型垃圾处理项目已经开工建设。

【新农村建设】 2016年,桂平岩党建示范点结合新农村进行重点打造,整合投入各类资金80多万元。对村办公楼进行了装修,配好党员活动室、党代表工作室、综治中心、网格化服务管理中心、农家书屋等。新修建了标志性建筑和2座长廊式凉亭,以"爱莲说"为载体,结合周氏家训打造了廉政文化长廊,修建了1120平方米的文化小广场,配套了体育设施和健身器材。

【惠民工程】 2016年,全乡组织40名村民参加县级组织的春季旅游扶贫招聘会。完成97户住房困难群众危房改造任务。全年共发放救济粮款6.7万元,棉被衣物700件套,医疗救助款7.3万元,五保金46.5万元,农村低保金108.9万元,城镇低保金12.4万元。

【脱贫攻坚】 2016年,全乡完成对建档立卡贫困户因病致贫、因病返贫的情况调查,完成了全乡和9个村的脱贫攻坚作战图。组织全体干部职工和各结对帮扶单位做好结对帮扶。完成对536户贫困户的小额贷款评级授信,授信额度达1816万元。安排区、市、县财政专项扶贫资金和融资资金1771.6万元,投入715.4万元完成贫困村基础设施建设项目21个,投入98.8万元财政资金实施了产业扶贫项目。做好了移民搬迁摸底和宣传动员工作,完成易地扶贫搬迁40户140人。举办专题技能培训4期,培训贫困人口200人次。实现184户701人脱贫、椅山村脱贫摘帽。

(包海洲　蒋大川)

观音阁乡

【概况】 观音阁乡位于灌阳县南部,地处灌江上游,东邻黄关镇,南与恭城县交界,西与洞井瑶族乡毗邻,北与兴安县接壤,乡人民政府所在地距县城41千米。全乡总面积128.77平方千米,下辖6个村委会,77个村民小组,99个自然屯,3349户,9341人。有耕地面积8079亩,其中水田6927亩,林地面积18.93万亩,用材林面积达8.56万亩。

【经济指标】 2016年,全乡实现工业总产值4.47亿元,全社会固定资产投资完成3.1亿元。

7月21日,观音阁乡举行第十六届人民代表大会第一次会议

观音阁乡政府　提供

【生态产业】 全乡以“一江两园三线”为重点，以正在申报的灌江湿地公园为主轴，加强湿地公园生态长廊建设，整合利用资源，着力打造生态特色农业品牌，推进特色种植生产基地（大井塘的砂糖橘和百香果种植基地、立强的脐橙和生态蔬菜基地、桃花的铁皮石斛基地和罗汉果基地、自振的百香果基地和金香芋种植基地、盘江高山生姜种植基地、文明的马蹄基地），形成农业产业园，新农村建设，休闲乡村旅游共同发展格局。

【示范创建】 2016年因村制宜建设组织阵地，严格按照“三美四栏六有”的标准并结合新农村建设，着力打造桃花村党建示范村。

【招商引资】 年内，全乡依托龙头企业和农村电子商务的带动搭建招商引资平台，全面推进新型绿色生态农业强乡建设。按照“公司＋农户＋基地”和“土地流转”相结合，通过“互联网＋”的运作，实现群众增收和公司发展“双赢”的目标。

【基础设施建设】 2016年，以打造“智慧灌阳”为统一目标，依托“整村推进”土地整治、新农村项目建设、“一事一议”等项目，推进骨干水源、饮水安全、农田灌溉、防洪、水能资源开发和中小河流治理工程建设，基础设施建设全面提升。

【脱贫攻坚】 2016年，全乡全体干部职工和各结对单位与428户贫困户结对，实现贫困村干部驻村帮扶全覆盖。投入50.4万元完成2个贫困村基础设施建设项目，投入6万元完成1个非贫困村基础设施建设项目。抓好小额信贷扶贫，完成小额信用贷款126户、放贷金额331万元。打造集规模化、集约化、品牌化、标准化于一体的特色农业示范点，推动民营资本投入，支持龙头企业就业创业，鼓励贫困户以土地入股的形式加入农民专业合作社共同发展特色种养业，有大井塘村的砂糖桔和百香果种植基地、立强村的脐橙和生态蔬菜基地、桃花村的铁皮石斛基地和罗汉果基地、自振村的百香果基地和金香芋种植基地、盘江村的高山生姜种植基地、文明的马蹄基地，使其成为农产品基地，实现农民增收。通过齐抓共管，全镇实现36户163人脱贫。

（刘　群　张　奕）

西山瑶族乡

【概况】 西山瑶族乡位于灌阳县西部的海洋山脉腹地，平均海拔在500米以上，西与兴安县交界，北与全州县接壤，毗邻县内的观音阁乡、黄关镇、新街镇、灌阳镇，总面积188.02平方千米，辖10个行政村，140个村民小组，总人口13141人，其中瑶族人口占41.6%，是灌阳县瑶族人口主要聚集地之一。该乡山清水秀，古木林立，风光崎丽，古有民谣云：“西山多福地，仙境盐田源；五马口朝天，二牛颠倒颠，狮子坐水口，御笔点青天”，是休

12月27日，罗家村罗家坪屯灵芝菌基地一角

西山瑶族乡政府　提供

闲度假、旅游观光的好去处。2016年，全乡固定资产投资完成5.8亿元，增长8.3%，其中工业总产值1.34亿元，增长22.3%；财政收入完成872.6万元，增长36.8%；农民人均收入稳步增长。

【工业】 实现工业总产值1.52亿元，增长6.2%；完成全社会固定资产投资5.2亿元，招商引资0.6亿元，年内引进500万元以上的生产性项目1个。积极服务企业，加大招商引资项目对外的宣传力度，继续做好现有企业的服务工作，重点抓好马头山风电项目第二期工作，做好茶湾风电场项目、正江岭风电场项目和南方红豆杉矿泉水项目的征地、规划等前期服务工作。

【农业】 2016年，全乡始终把发展农业生产、农村经济摆在首位。不断加强农业基础设施建设，优化农业产业结构，积极引导承包土地向种养大户、农民合作社、农业龙头企业流转，增加农户财产性收入，实现了农业和农村经济持续健康发展。新扩建连片100亩以上特色经济作物种植示范点10个，毛竹、松杉种植面积5.2万余亩，“三木”药材近2万亩；粮食产量13740吨，同比增长82.59%；水果总产量206吨，同比增长14.44%；蔬菜播种面积594公顷，同比增长12.22%；肉类总产量1004吨，同比增长11.53%；水产品总产量165吨，同比增长5.34%。

【社会事业】 全面落实上级惠民政策。全年实现五保供养56人，完成低保新增、调整32人的申报工作，救助服务智力、精神、残疾人266名，发放大病救助53人，受灾群众生活救济731人，发放救灾大米5500千克。全乡社会治安稳定，无重大治安刑事案件发生。共排查矛盾纠纷85起，调处85起；提供法律援助36起；对5名刑释解教人员开展回访帮教，辖区矫正率达100%。重点加强小水电、木材加工厂、农用载客、食品药品安全等重点安全隐患的排查和监管。成立防汛抗灾工作领导小组及制定应急预案。全乡10个村开展诚信计生，其中10个村2007人续签了诚信计生承诺书；全年新出生152人，符合政策生育率92.8%，出生率为11.3‰。全年入学率达到100%，营养餐惠及每一位学生。全年全乡新农合参保人数为1.19万人，全部完成任务参保任务。

【基础设施建设】 2016年，全乡顺利实施一事一议项目15个，总投资达634万元，完成村屯道路硬化3.06千米，基础设施进一步完善。在原有的基础上升级巩固打造符合实际的南江邓家屯、李家上江口瑶乡特色新农村。

【生态乡村】 持续推进城乡清洁工程，大力整治城乡环境。建立专业保洁队伍，健全“美丽西山·生态瑶乡”长效管理机制，将工作纳入全乡干部职工年度绩效考核中，在各村屯制定村规民约，着力将西山打造成和谐生态瑶乡。成立综合执法大队，重点对非法采砂、电鱼等破坏生态环境的行为进行严厉打击。全年完成西山综合商贸城第一期建设，完成135户危房改造工作，有力地推动了城乡风貌改造；全面改善乡村道路网体系，完成了乡村公路改扩建及村屯道路维修硬化工程60余千米；不断巩固和扩建城市排污系统，建设街道雨污管道2千米。

【精准扶贫】 2016年，精准识别建档立卡贫困户425户1487人。其中：一般贫困户718人；有劳动能力的扶贫低保户167户，655人，低保兜底（含45分以下贫困户）107户，331人；40分以上纳入低保人数240人；残疾人206人，技能劳动力3人，丧失劳动力163人，妇女426人。2016年脱贫贫困户35户159人。

（西山瑶族乡政府）

黄关镇

【概况】 2016年，黄关镇位于广西桂林市灌阳县中南部，处湘桂边界两省（区）三县六乡镇结合部，东依都庞岭，西连海洋山与西山为邻，南与观音阁接壤，北与新街毗邻。黄关镇总面积206.12平方千米，辖15个村委会，445个村民小组，居住着汉、瑶、苗、壮、侗等民族，全镇总人口45940人，镇区人口突破1.2万人。

【经济总指标】 全镇完成财政收入1563万元，增长42.7%；农业总产值5.38亿元，增长6%；工业总产值5.1亿元，增长6%；固定资产投资5.01亿元，增长0.3%。

【农业】 2016年，“神农稻博园”水稻核心示范区和油茶核心示范区，分别被授予市级、县级核心示范区，超级稻最高亩产达978.5千克，连续七年刷新广西单产最高纪录，荣获袁隆平农业科技奖，举办了全区绿肥生产技术现场培训班；油茶核心示范区2000多亩油茶年产值达到900万元。2016年，通过土地流转10亩以上连片共7952亩，50亩以上连片共6860亩，形成了以超级稻、油茶、百香果、香芋、马蹄、雪梨等为主体的生态农业种植链。

【工业】 2016年，全镇民营企业达670多家，带动劳动力转移就业1.2万多人，其中投资1200万元以上的企业8家。

联德村神农稻博园一角　黄关镇政府　提供

【基础设施】 2016年，整合项目23个，涵盖集镇基础设施、公共服务设施等多个领域，大力推进新型城镇化示范乡镇项目建设，计划总投资2.288亿元，所有建设项目已累计完成项目投资3560万元，占总投资的15.56%。其中垃圾中转站已竣工验收，污水处理厂厂区已经完成建设并投入试运营，房屋立面改造、第二中心幼儿园、垃圾焚烧炉等12个项目正在紧张建设中，公共停车场、汽车站、农贸市场建设等9个项目正在争取项目资金。商贸新城项目计划总投资1.5亿元，已完成征地238.42亩，完成投资3000万元。完成冬修水利项目4个，新建李官、联德等村文化活动室、完成危房改造254座。新农村建设不断加强，投入80万元完成联德村杨家屯、罗家坪2个新农村点建设。

【生态建设】 2016年，分别在陡水、商家、龙吟等村新建微型垃圾焚烧池6座，新建正江村村口垃圾中转站，改建中秀村垃圾焚烧炉，沿村沿路新增垃圾桶200个。全面开展环境综合整治行动，组织工作人员集中治理10余次，标注永久性宣传标语百余条，走访并发放宣传资料10万余份。商家村荣获2016年度“美丽桂林”乡村建设活动示范村称号，中秀村南岗岭屯保洁员伍利龙多次荣获荣获乡村建设活动模范保洁员。高度重视生态环境保护，积极配合县有关部门工作，成功申报灌江国家湿地公园试点。建立健全生态文明建设责任追究机制，对各类环境违法行为出重拳、“零容忍”。依法开展打击非法采砂、非法捕捞、非法采矿专项整治行动，生态环境质量稳步提升。

【民生工程】 民生工程始终把保障和改善民生作为一切工作的出发点和落脚点，2016年完成了城乡居民养老保险的代扣代缴工作，落实好辖区内劳动力资源调查和录入工作，共发放基础养老金金额776万元。对全镇已享受低保户及新申请低保户进行全面排查核实，系统化新增录入农村低保户697户，因家庭经济好转或死亡等原因取消低保户268户。统筹城乡义务教育一体化发展,教育质量和学生成绩稳步提高。切实加大食品药品安全监管整治力度,食品药品安全保障水平不断提升。公共医疗卫生服务水平日臻改善,计生服务政策全面落实。工会、共青团、妇女儿童、民兵预备役、气象、银行、通讯等各项事业得到长足发展。

【和谐社会】 黄关镇充分围绕以“平安黄关,法治黄关”为重点,全面推进安全生产监管力度,稳步建成法治黄关防控体系。一方面,认真贯彻落实安全生产责任制,加强安全生产监管领域执法和隐患排查治理力度,集中开展部分重点隐患行业安全生产大检查大整治。2016年,全镇安全生产形势稳定向好,未发生较大及以上事故。另一方面,严抓社会治安防控体系建设,全面开展“打非治违”专项行动。加强镇村两级综治网格化管理,全面完成视频监控平台建设,实现视频监控全覆盖,人防技防体系建设初步形成。2016年,查处治安案件42起,其中侵财案件14起,伤害案件3起;破获刑事案件24起;抓获网上逃犯3人。全面开展普法活动,进一步加强法制宣传教育力度;抓好信访工作,加强群众纠纷调解力度,接待群众来信来访39件,化解群众矛盾102起,有效化解部分疑难问题,维护社会稳定。

【依法行政】 始终坚持依法行政,不断提升政府形象。一是切实推进法治体制落地生根。强化行政依法决策,建立健全重大决策集体讨论制度和政府法律顾问制度,落实重大行政决策终身责任追究制及责任倒查机制,加强对政府内部权力的制约。自觉接受镇人大的法律监督和广大群众的公众监督,重视司法、舆论效应,提高依法行政水平。二是切实转变政府职能。探索制定行政权力清单、责任清单和负面清单,做到法无授权不可为、法定职责必须为。全面推行政务公开,加强政务中心平台建设,创新和完善政务公开制度体系,让权力在阳光下运行。班子领导坚持带头执行政府管理制度、周一至周四值班住夜制度、节假日值班制度等38条规章制度,严格督查干部“走读”和上下班执行情况,坚决纠正不作为、乱作为,坚决惩处失职、渎职行为。办事效率明显提高,干部形象明显好转。三是切实加强廉政建设。为巩固和发展党的群众路线教育实践活动成果,持之以恒纠正“四风”,降低行政成本,完成党政机关公务用车制度改革,创办“廉政食堂”,确保“三公”经费只减不增,把更多的物力、财力用在群众最迫切需要解决的问题上。

【脱贫攻坚】 坚持脱贫攻坚统领全局,整合优势资源合力脱贫。建立完善精准扶贫结对帮扶工作机制,精准实施脱贫攻坚“七个一批”“十大行动”,黄关镇扶贫工作走在全县前列,产业扶贫做法得到上级充分肯定。投入产业扶持资金280.74万元,增强贫困村屯、贫困家庭发展后劲;大力实施易地扶贫搬迁工程,惠及贫困群众74户;抓好小额信贷扶贫.完成发放小额信用贷款396户、金额1717万元;投入资金497.5万元用于顺溪、商家等7个扶贫村及部分非贫困村的道路硬化,累计20.03千米,贫困村基础设施条件不断改善;实施健康精准扶贫,对贫困人口参加新农合的个人缴纳部分补助60%,有效缓解因病致贫返贫问题。通过齐抓共管,全镇完成2个贫困村1261名贫困人口脱贫摘帽,超额完成全年扶贫任务。

（刘　仪）

新街镇

【概况】 新街镇位于灌阳县中部,东与湖南省江永县交界,南、北、西分别与县内的黄关镇、灌阳镇、西山瑶族乡接壤。灌江自南向北从中部穿过,省道201线贯穿全镇,镇人民政府所在地离县城12千米。辖21个行政村,244个自然屯,455个村民小组,现居住着汉、壮、瑶、回、彝等民族,总人口44094人,全镇总面积167.35平方千米,耕地面积4.08万亩。

新街镇特色农产品展销　　新街镇政府　提供

【计划生育】 2016年,全镇出生人口459人,政策内人420,符合政策生育率为91.5%。人口自然增长率为4.9‰。

【社会保障】 2016年,全镇新农保参保人员24900人,其中缴费人数16072人,60岁以上参保人员7411人,发放养老金人数7411人,发放金额800多万元;新增城镇就业岗位600个,困难就业16人,失业再就业45人,农村劳动力转移800人。加强民政优抚工作,发放救灾大米1.8万千克。

【工业】 2016年,全镇依托西山坪工业园区,围绕"工贸强镇"工作目标,精准发力,发挥企业稳增长主力军作用。全年社会固定资产投资10亿元;工业固定资产投资8.32亿元,同比增长6.7%;工业总产值完成36.62元,其中规模工业总产值完成35.02亿元,同比增长13%;招商引资完成3.4亿元。

【农业】 2016年,粮食生产全镇完成粮食播种面积8.298万亩,完成粮食产量3.89万吨。新增江口等村6.1万亩"超级稻+再生稻",全镇土地流转达1.4万亩,今年新增土地流转3000亩。水果生产完成石丰、龙炼等村360亩葡萄、710亩百香果种植,新增特色产业黑老虎种植40亩。养殖业年内有规模以上生猪2.3万头、牛7000头、羊200头、养鸭4万羽;新增龙云等规模以上养鸭4000多羽;新增邓家、葛洞养羊110头。林业种植新增石丰油茶种植示范点2730亩。

【生态乡村】 2016年,全镇深入开展"村屯绿化""饮水净化""道路硬化"和"美丽灌阳·生态乡村"等专项行动,初步建立起一个完备的垃圾处理体系,健全和完善农村环境卫生管理的长效机制和农村保洁长效机制。同时,多次开展非法采砂、非法采矿、非法捕捞专项整治行动,出动140人次,关停和整改非法采砂点14处,罚款9000元,收取押金10万元。

11月16日,新街镇三家班子领导到江口村走访贫困户

新街镇政府　提供

【脱贫攻坚】 2016年，全镇积极发展产业扶贫，加大移民搬迁力度，夯实村屯基础设施，推进旅游扶贫产业，支持职业技能培训，加强教育扶持，引入电商平台的模式进行产品销售，推出“党员特派员+”“午谈夜访”等工作机制，共完成贫困户脱贫摘帽663户，2563人，其中整村脱贫摘帽的贫困村4个，393户，1509人。

（新街镇政府）

灌阳镇

【概况】 灌阳镇位于灌阳县中部，是全县政治、经济、文化中心，东与湖南省道县、江永县相邻，南与新街镇接壤，西与西山瑶族乡、全州县交界，北与新圩镇、水车乡相连，总面积406.07平方千米，辖26个村委会、3个社区，386个自然屯，421个村民小组，总人口75821人，其中农业人口49483人，非农业人口26338人。

【农业】 2016年，全镇水稻播种面积4.9万亩，其中超级稻种植面积3.1万亩，占水稻播种面积的63.3%，旱地粮食作物播种面积1.75万亩。水果扩种面积1761亩，蔬菜播种面积2.91万亩。完成上王村连片200亩早、晚稻品种高产栽培示范点1个，完成上王村上陆家屯连片50亩“超级稻+再生稻”示范点1个，完成上王村连片50亩左右的水稻富硒示范点1个，完成仁合村蓝莓种植基地1个，完成秀凤、仁江、三联、福星、仁渡村连片土地流转种植砂糖橘示范点5个，其中三联村、仁江村土地流转达400亩以上；新建年出栏100头肉牛场2个，扩建年出栏200头以上肉猪场3个，新建存栏50只羊场3个，扩建年出笼3000羽家禽养殖场3个，完成肉猪出栏7.6万头，家禽出笼42万羽，完成肉类总产量64.35万吨，水产品总产量860吨。

【工业】 2016年，已发电电站21家，冶炼企业2家，建材业53家（其中石材厂41家），农产品加工企业42家，机械制造业57家。实现：总产值57.32亿元，同比增长8.16%；工业总产值55.01亿元，同比增长8.11%，完成年任务数的105.13%，实交税金0.599亿元，同比增长3.42%；利润总额2.77亿元，同比增长6.77%；营业收入57.62亿元，同比增长7.51%；工业固定资产投资完成7.58亿元，同比递减7.42%，完成年任务数的102.71%。在抓投入上项目情况：全镇在建项目20个，续建项目3个，完成投入1.93亿元，技改项目15个，完成投入53.02万元，固定资产投资总共完成7.58亿元，完成年任务的102.71%。

【计划生育】 2016年，全镇出生1018人，出生率为13.72‰，其中一孩314人，二孩642人，三孩62人（计外40人），政策外多孩率为3.9%，男女性别比为102，全镇共死亡439人，死亡率为5.9‰。共做四种手术170例，其中放环164例，女扎2例，取环3例，人流引产1例，数据库信息准确率、变更及时率为96.2%。全镇流入人口为181人，持证验证率为95%；流出人口2233人，其中已婚育龄妇女693人，办证率为95%。

灌阳镇大力发展特种养殖 灌阳镇政府 提供

【社会保障】 2016年,全镇城乡居民养老保险续缴费人数17431人,缴纳金额221万元,全镇参保率90%,领取待遇人数7874人,发放率100%,发放金额905.4万元;1752人办理企业退休人员认证,新增退休人员70人,办理死亡人员手续22例;农村转移就业800人,城镇新增就业人数720人,失业人员再就业180人,就业困难人员再就业38人。全年发放优抚款265.5万元,农村五保供养197.9万元,城乡医疗救助152.5万元,高龄补贴80.3万元,城镇最低生活保障金983万元,农村最低生活保障624.7万元,重度残疾补助71.4万元,困难残疾补助62.7万元。2016年全镇完成危房改造指标335户。

【农村低保整顿】 2016年,全镇对群众反映强烈的"人情保""骗保""错保",以及多房有车、有劳动能力、子女领取财政工资等违规享受低保进行了全面清查,共清退违规享受低保待遇户2422户。

【脱贫攻坚】 2016年,累计引进扶贫项目资金698万元,为贫困户发放产业补助金488.27万元,投资130万元兴建农村淘宝网点26家,发放小额贴息贷款3566.5万元,为符合条件的85名贫困大学新生申报雨露计划补助金25万余元,举办收银员、农业科技等各类技能培训3场,培训贫困户187人次,完成481户贫困户1903人脱贫摘帽和福星、三联2个贫困村脱贫出列。

【土地整治】 2016年,完成土地整治项目两个,其中涉及鹌龙、上王、仁柜、雷坪等14个村,共投入资金3219.2万元,整治面积达1609.62公顷。

【重点项目】 2016年,全镇落户的重点项目30个。瑶乡小镇建设顺利进行,和信·云水瑶城市便捷酒店在2016年10月开业;江东新区完成1–3期工程周围的绿化及路面水泥硬化、雨污水管网铺设、人行道建设及道路绿化亮化等附属工程;完成兴灌路扩建房屋拆迁和征地工作;重新启动搁置6年的防洪堤建设,2.5千米抢险步道建设基本完成,并推进瀣江段防洪堤建设;大仁现代农业核心示范区建设在2016年11月18日通过区考评组验收,获得广西核心农业示范区称号;整合资金690多万元用于"美丽灌阳·生态乡村"建设,建立健全城乡垃圾分区清扫、定点投放、分段清运、集中处理四个环节的生态乡村工作长效机制,并对排埠江至工业园区所辖省道、县道进行环境整治,使乱搭的厂棚、乱堆的柴草变成整齐美观的绿化带,总长度8.3千米;推进上王绿色生态谷建设,完成40亩生态有机稻移栽;马头风电场项目建设基本完成,到2016年底发电约6000多万千瓦时;稳步推进城南燃气站项目建设。同时,做好江东新区教育新中心、幼儿园、小学、初高中、少年宫的征地拆迁工作。

【社会管理】 2016年,投入40余万元组建覆盖全镇26个村(社区)的乡镇网格化服务管理工作站,落实综治维稳专职队伍,改善镇、村综治机构的办公条件。建立健全矛盾纠纷排查机制,加大禁毒、反邪教、劳释帮教、流动人口服务和管理等工作力度,解决好辖区内出现的"三大纠纷"和复杂的民间纠纷,全年共调解纠纷30多起;深入开展打黑除恶、打击"两抢一盗""黄、赌、毒"等专项治理行动。健全社会稳定风险评估、突发事件应急处置、食品药品和安全生产监管等机制,努力化解农村各种纠纷和矛盾,有效地维护了全镇的社会稳定,有力地促进了项目建设、扶贫攻坚、新农村建设等工作的开展。

(灌阳镇党政办)

新圩镇

【概况】 新圩镇地处灌阳县北部,总面积183.04平方千米。全镇交通便利,境内省道201线穿境而过,并有灌凤高速出入口设在本镇新卫村。东与水车乡交界,南邻灌阳镇毗邻,西北与全州县接壤,东北与文市镇相邻。镇政府驻地距县城15千米,辖16个村委会,118个自然村,244个村民小组，全镇总人口25895人，耕地2242公顷，其中水田1442公顷，旱地800公顷，主栽水稻、西红柿、红辣椒和黑李等作物。

【工业】　全镇完成工业总产值1.8亿元，增长10%；固定资产投资完成4.2亿元，实现了预期目标；农民人均可支配收入6800元，增长9.8%。

【农业】　全年完成粮食播种面积3.9万亩，总产量2.6万吨；改扩种水果1160亩，全镇水果总面积达2.6万亩，总产量达1.6万吨；完成肉猪出栏3.47万头，牛出栏0.13万头，羊出栏0.26万头，家禽出笼19.26万羽，肉类产量3936吨，水产产量1366吨。

【社会事业】　全年共发放低保金、残疾人两项补贴、高龄补贴等各类民政救济款物645万余元。新圩村村级公共文化中心建设项目基本完成，为该村村民开展文体活动提供了完善的硬件设施。全镇1161人享受农村义务教育学生营养午餐，秋季学期免除78名学前幼儿学生保教费，286名贫困学生享受寄宿生生活补助。投资170多万的中心幼儿园教学综合楼建成，于9月投入使用，完美（中国）有限公司捐赠300万元修建的新圩初中教学综合楼、运动场、学校大门及附属设施均于9月竣工并投入使用。健全以司法所为主，派出所为辅的化解疏导防线；巩固以镇综治办为中心，各职能部门配合的控制处置防线。排查出各类矛盾纠纷413起、调处406起，调解成功率98%以上，全镇社会大局和谐稳定。

【脱贫攻坚】　2016年，全镇全体干部职工和各结对单位与1263户贫困户结对，实现贫困村干部驻村帮扶全覆盖；投入304.7万元完成8个贫困村基础设施建设项目，投入252.62万元财政资金实施了产业扶贫项目；抓好小额信贷扶贫，完成发放小额信用贷款419户、放贷金额1496.3万元；通过齐抓共管，全镇实现136户551人脱贫，解放村整村脱贫摘帽。

【生态乡村】　2016年续聘40名保洁员，覆盖全镇16个行政村，另聘3名保洁员，签订了责任书，建立每日2次清理路边垃圾制度。新修建垃圾池4个，镇垃圾焚烧综合处理场项目正抓紧厂房主体建设和设备购置，镇污水处理厂抓紧环评等前期工作。在乡镇主要街道、集镇、高速路口等显著位置，制作永久性宣传标语6条，悬挂横幅20余条，各行政村、自然村粘贴标语200余条。

【重点项目建设】　杨柳井红色旅游新村建设项目，已完成规划区征地、坟墓搬迁，完成400米环村路路基工程，广场土地平整、护坡基础施工，人工湖及引水工程，旅游厕所等项目，改造民居8户，河道、水沟400米，老年养护中心完成基础设施。完成总投资1780万元。酒海井红军纪念园建设项目预计总投资8000万元，规划用地面积150亩，主要建设设施有纪念公园、烈士陵园、旅游公园，具体项目有红军烈士陵园、纪念广场、纪念塔、纪念馆、红军雕塑、烈士英名录等。主体工程项目分两期建设，第一期为主墓区建设，第二期为纪念塔、广场、服务设施等建设。已投资1800万

10月3日，新圩镇进行集镇街道综合整治　新圩镇政府　提供

元，完成了主墓区建设。马头风电场输出线路工程完成新圩全段36级铁塔和架线工程。

（新圩镇党政办）

水车乡

【概况】 水车乡地处灌阳县城东北部，东与湖南道县交界，南与灌阳镇毗邻，西接新圩镇，北连文市镇，灌江穿乡而过。乡政府所在地距县城35千米，辖14个行政村，157个自然村，全镇11484户，总人口33622人，其中城镇人口1710人，农业人口31912人。全镇总面积208.01平方千米，耕地面积33819亩，境内资源丰富、风光秀丽、气候宜人，是一块人杰地灵，充满生机活力的沃土。

【工业】 2016年，全年完成工业总产值3.31亿元，同比增长7%，完成全年计划的109%；实施工业项目16个，完成工业固定资产投入4.06亿元，同比增长12%，完成全年计划的102%。其中：新上项目9个，完成投入1.78亿元；技改项目11个，完成投入2.25亿元，同比增长11%，完成全年计划的102%；上半年，水车乡利用资源优势，积极引进了广州大广农牧集团在水车落户修建大型养猪场，2016年已经完成项目点的选址，下一步即将开始征地工作。

【农业】 2016年，全年播种面积3215公顷，占全乡粮食播种面积任务数3546公顷的91%；粮食产量32635吨，完成全年任务32417吨的100%；水果总产量19741吨，完成全年水果任务18331吨的107%；蔬菜播种面积883公顷，完成全年播种任务878公顷的100%。水产畜牧业进一步发展壮大，全乡现有大型牛、猪、家禽养殖场3个，肉猪出栏3.5万头，完成全年任务3.48万头的100%；肉类总产量3112吨，完成全年任务3080吨的101%；家禽出笼17.1万羽，任务完成全年任务16.6万羽的103%。

【社会事业】 2016年，全乡共完成了五保户续报350户，低保续报2100人。全乡完成城镇新增就业人数220人；农村劳动力转移新增就业人数560人；失业人员再就业36人；就业困难人员实现就业10人；新型城乡居民社会养老保险参保人数为11978人，参保率为90%。

【精准扶贫】 2016年，水车乡共7个贫困村，7个非贫困村。共识别出贫困户922户，贫困人口数3470人。922户贫困户全部落实了具体帮扶责任人。发放第一批产业扶持种植养殖产业贫困户奖补金额25.27元，第二批产业扶持资金72.05万元。在原陶器厂规划建设占地13亩的移民安置点，帮助贫困群众“挪穷窝”。共有84户群众主动报名搬迁。

【城乡基础设施】 2016年，水车乡村级公益事业建设一事一议财政奖补项目共37个，已全部完成。其中完成财政奖补普惠制项目30个，总计经费109万元。全乡下拨各类保洁费用90余万元，

8月1日，在水车街上举行水车市场旧房拆迁仪式

水车乡政府　提供

开展集中整治活动10次，其中大型卫生环境整治活动5次；落实保洁员56名。维修同德村宾家桥“九如堂”、夏云屯红十六团指挥所、修睦村红三十四师烈士墓等红色遗址等；已完成扩建的新集贸市场90%的旧房拆迁。

（于姝敏）

文市镇

【概况】 文市镇位于灌阳县境内东北部，处湘桂边界两省（区）三县相邻的中心地带。辖21个村委会、115个自然屯，233个村民小组，全镇总人口39148人，总面积140.48平方千米。境内资源丰富，物产众多，环境优美，交通便利。全镇自然资源丰富，其中大理石、花岗石量多质优。石材产品已成为全镇企业的龙头产品，形成了长达6千米的“石材一条街”，有“桂北石材第一镇”之美誉。文市镇旅游资源丰富，有文市石林、月岭古民居、“孝义可风”石牌坊、文昌阁、步月亭、催官塔、文峰塔、将军庙、唐孔林墓、石寨和白竹岩等名胜古迹。境内永安关，自古为湘桂两省区的重要通道。

【经济总指标】 2016年，全镇完成社会生产总值21.6亿元，同比增长12.5%；完成全社会固定资产投资13.4亿元，其中工业投资完成9.25亿元，增长8.8%；总投资达1000万元以上项目共引进资金3.3亿元。

【农业】 文市镇坚持经营集约化、生产标准化、设施现代化、产品有机化的农业发展方向。2016年完成粮食播种面积5304公顷，粮食产量3138吨；水果总产量12.05万吨；出栏生猪15.8万头，出笼家禽12.5万羽，出产肉类产品1.3万吨，水产产量达2505吨。通过积极抓好品种更新优化，着力打造文市新型农业产业品牌，重点抓好文市生态农业园观光区建设项目、土地集中流转以及提子、柑橙类相关种养项目，特色农业效益进一步显现。

【工业】 2016年，锰业循环经济产业园建设已有7家投资5000万元以上的企业入驻；规划占地面积1000亩的石材加工园建设项目已完成1万平方米标准厂房建设，2016年6家投资1000万元以上企业入驻；贵达有色金属有限公司异地搬迁技改项目已进场施工。总投资达1000万元以上项目引进资金3.3亿元。

【城镇化示范乡镇建设】 2016年，文市镇城镇化示范乡镇建设22个子项目已竣工并通过验收。公厕建设改造、垃圾焚烧场、泉丰商住建设、休闲公园、镇区立面改造5个项目已建成并投入使用。具体项目建设情况：一是302省道改扩建工作。全部四个标段路基开挖及垫层建设已完成90%。二是镇区路面改造工作。镇区范围内（文市桥头—归迹亭段、文市桥头—休闲公园）沥青路铺设工程已全部完工。三是排水排污设施建设。镇区污水主管网及过江管网建设已完成17千米；西就村和老城区巷道18千米雨污分流管网已完成90%。四是稳步推动“美丽文市·生态乡村”活动向纵深延伸。文市镇把城镇化示范乡镇建设与“美丽

新型城镇化建设：桂北民居特色的镇区风貌改造　　范炜凯　摄

文市·生态乡村”活动有机结合起来，保障生态乡村经费落实，不断提高生态乡村工作水平，镇容镇貌明显改善。五是其他城镇建设工作。2016年，文市商业步行街项目（即老市场改造）已完成1-8号楼基础和地下车库建设，9号楼已完成主体建设；归迹亭岔路口三角区的节点打造及工业园区门楼已完成建设。

文市镇优质石板材　　文市镇政府　提供

【**脱贫攻坚**】 文市镇坚持把脱贫攻坚作为头等大事和第一民生工程来抓，深入推进贫困村路、水、电、网络等基础设施建设。一是做好贫困户结对帮扶工作。组织全镇党员领导干部与贫困户进行结对帮扶，力求帮助贫困户解决生产生活难题，更好更快的脱贫摘帽。二是加快推进易地扶贫搬迁安置。2016年，文市镇共69户贫困户采取了村内自建房和到镇区、县城自购房两种模式进行易地搬迁分散安置。三是金融扶贫，助产业发展。2016年，文市镇向316户贫困户发放了1190万小额信贷款，发放扶贫产业资金248万，建立了集全村1000亩金槐种植基地，发展了联合村砂糖桔种植产业250亩和月岭村桃子种植产业，建立了玉溪村好生活生态农业发展有限公司2000亩养殖基地。极大地推动了文市镇产业经济的发展。

【**社会事业**】 全镇城乡居民养老保险代扣缴费顺利开展，完成全年缴费任务的100%，新农合参合率达100%，城镇医保参保率达100%。2016年，全镇共调处化解各类纠纷1302起，调解率100%，调处成功率达98%；社区矫正17人，刑释解教28人。

【**其他重点工作**】 文市镇党委、政府大力开展整治非法采砂行动，切割捣毁采砂船30艘，运输砂船51条，抽砂设备32台，抽砂管235米，行政拘留3人。全镇所有的采砂船和运输船都已切割并调离现场。2016年，吉田河道恢复面积5公顷，文市渡口河道恢复1.5公顷，昭仪河道恢复3.5公顷，全镇河道平整堆体17处。

（文市镇党政办）

附　　录

万家灯火　　　　文玲姑　摄

灌阳县国民经济和社会发展第十三个五年规划纲要

2016年2月

“十三五”时期是大力推进“四个全面”建设、加快转方式和调结构的关键阶段，是深入推进县域生态文明建设、加快城乡一体化建设、打赢脱贫攻坚战、全面建成小康社会的攻坚时期。根据《中共灌阳县委员会关于制定国民经济和社会发展第十三个五年规划的建议》，制定《灌阳县国民经济和社会发展第十三个五年规划纲要》（以下简称《纲要》）。

《纲要》是“十三五”期间统领国民经济和社会发展的战略性、纲领性、综合性的规划，是政府履行经济调节、市场监管、生态发展、社会管理和公共服务职能的指导性文件，是编制和实施国民经济和社会发展各类专项规划、年度计划以及制定相关政策的重要依据。

第一章　坚定信心　全面建成小康社会

第一节　发展基础

过去五年，在上级党委、政府的领导下，深入贯彻落实国家及自治区、市相关部署，大力实施“生态立县、工业强县、农业稳县、文化兴县、旅游旺县”发展战略，坚持绿色发展，突出抓好产业、项目、民生三大建设，全县经济社会整体保持平稳发展，人民生活水平显著提升，民生事业不断改善，新型工业化、城镇化、农业现代化建设加快，为“十三五”时期经济社会持续健康发展奠定了良好的基础。

县域综合实力不断增强，居民收入水平稳步提高。据初步统计，2015年完成地区生产总值68.58亿元，是2010年的1.55倍，“十二五”期间全县GDP年均增长9.1%；完成全社会固定资产投资64.5亿元，是2010年的1.72倍，“十二五”期间年均增长11.5%；完成财政收入3.4亿元，是2010年的1.5倍，“十二五”期间年均增长8.4%；完成社会消费品零售总额16.7亿元，是2010年的1.86倍，“十二五”期间年均增长13.2%；实现城镇居民可支配收入24692元，是2010年的1.53倍，“十二五”期间年均增长8.9%；实现农民人均纯收入6849元，是2010年的1.65倍，“十二五”期间年均增长10.5%。

工业格局基本形成，发展后劲持续增强。按照“工业强县”发展战略，以“一区多园”模式打造了选矿机械设备制造园、西山坪木材加工园、文市锰业循环经济产业园、文市石材园等六大特色产业园，初步形成了以锰业循环经济、矿山机械设备制造、农林产品加工、石材加工为主的特色工业体系。目前已建成园区面积达350公顷，入园企业100家。工业集中区已列入全区首批产城互动示范产业园区，并连续多年获得桂林市规模工业总产值跨台阶奖、桂林市工业园区发展奖。“十二五”期间全县工业总产值年均增长14.4%，工业主导地位明显，工业发展格局初步形成。

生态农业特色明显，效益持续提高。粮食稳定增产，连续两年获评全国粮食生产先进县，连续五年获评全区粮食生产先进县。改扩种以黑李、雪梨、脐橙为主的水果22.6万亩，水果总产34.9万吨，比2010年增加15万吨，年均增长11.9%。已建立了雪梨黑李产业（核心）示范区。有机农业认证7000多亩，2个产品获评广西首批国家生态原产地产品。发展林下经济53.5万亩。创建了一批全国“菜篮子”农产品、全区标准化生猪养殖场、标准化养牛场、“吨粮万元田”等示范基地。

先后获得广西无公害水果生产示范基地县、全国西部地区生态文明示范工程试点县、全国岩溶地区石漠化综合治理工程重点县、中国绿色生态农业示范县、中国绿色生态雪梨(黑李)之乡等称号。千家峒水果产销专业合作社获"中华全国供销总社农民专业合作社示范社"称号。

城镇化建设日新月异,城乡面貌大幅改观。以县城和示范乡镇建设为重点,产城互动发展,顺利推进了一批重大项目。江东新区建设已初具规模,城南大道等重要节点改造稳步推进,老城设施功能不断完善,大竹凹生活垃圾处理场建成并正常运营。文市镇、新街镇完成示范乡镇建设,洞井、西山两个瑶族乡集镇面貌也发生了巨大变化,新街、新圩完成撤乡建镇。通过农村公路、农村饮水安全工程、土地整治、农田水利、扶贫生态移民、库区移民和生态文明村屯建设,农村文体、电网等公共服务设施不断完善,93%的建制村已通水泥路,"十二五"时期完成农村危房改造1.46万户,解决了12.3万农民不安全饮水问题,建成了179个新农村点,创建了3个市级文明卫生示范村。

旅游发展环境改善,服务拉动力增强。经过多年发展,逐步形成了以千家洞为核心,名村名人为重点,历史文化为内涵的"古、绿、红"特色旅游。完成了小龙特色旅游名村、枫树脚红色旅游景点等一批精品旅游项目建设。荣获"全国休闲农业与乡村旅游示范县"称号,大仁村梨花景观获得了"中国美丽田园"称号,新圩镇小龙村获得"中国最美休闲乡村""广西特色旅游名村"称号。通过旅游产业带动,城乡消费同步拓展,文市大市场开业运营,其他乡镇基本建有农产品交易市场,2015年全县社会商品零售总额突破16.7亿元,荣获2015年"国家电子商务进农村综合示范县"称号。

强化保护治理,生态建设成效明显。通过实施"绿满八桂"工程、石漠化综合治理工程、农村户用沼气和大中型沼气建设工程和"千万珍贵树种送农家"造林绿化活动,累计新造林10.73万亩,森林覆盖率达74.59%。大力实施"四治"工程和"三清洁"行动,城乡生态环境、卫生面貌进一步改善。开展打击违法用地等专项整治,生态违法行为得到有效遏制。灌阳镇获国家级生态乡镇称号,黄关镇、新街镇被评为自治区级生态乡镇,黄关村等8个村被评为自治区级生态村,112个行政村创建为市级以上生态村。

持续改善民生,社会事业协调发展。实施为民办实事工程,解决了一批群众关心的热点、难点问题。民生支出逐年增加,五年累计投入49.44亿元,民生支出占财政总支出比重达到70.23%。就业促进、扶贫开发等工作成效显著,五年减少农村贫困人口超过4.26万人,36个贫困村全部通水泥路,20户以上的自然村屯通路率100%。社会保障不断完善,公共教育、公共卫生、公共文化设施建设和科技创新能力不断增强。桂剧文化得到传承发展,被文化部命名为"中国民间文化艺术之乡"(中国桂剧之乡),灌阳瑶族油茶技艺、"二月八"农具节入选自治区级非遗名录。

改革开放,行政效能提高。扎实开展党的群众路线教育实践活动,一批关系群众切身利益的"最后一公里"问题得到较好解决,党员干部服务意识明显增强,"四风"问题得到有效整改,政府效能不断提升。

在经济社会发展的同时也还存在着很多制约发展的问题。发展基础差、底子薄,投资总量不大,经济总量偏小,人均指标偏低,发展后劲欠缺,赶超发展压力大,经济发展质量不高仍是主导原因。园区配套设施不完善,土地资源利用率低;缺乏专业人才,企业创新能力不足,产业链短;资源消耗型工业仍占主导地位,结构调整难度大。农业产业化、规模化、标准化程度不高,现有农产品品种逐年老化,新品种培育开发推广不足,种养结合不紧、循环不畅,地力下降与养殖业粪污未能有效转化利用并存,农田丢荒现象日趋严重,一二三产融合不足,农产品深加工不足,农民持续增收困难。服务业发展还处于起步阶段,对经济拉动不大。交通能源等基础设施仍然是制约经济发展的主要瓶颈。生态优势转化为经济优势的能力不强。民生保障任务重、困难大。城镇化水平偏低,统筹城乡发展任务艰巨。

表 5　　“十二五”规划主要指标完成情况

序号	指标	单位	2010 年实际	“十二五”规划年均增长(%)	2015 年实际	“十二五”年均增长(%)
1	地区生产总值	亿元	40.12	12	68.58	9.1
2	财政收入	亿元	2.27	15	3.4	8.4
3	全社会固定资产投资	亿元	37.42	20	64.5	11.5
4	社会消费品零售总额	亿元	8.99	12	16.7	13.2
5	接待旅游总人数	万人次	15.46	10	36.13	18.85
6	旅游总收入	亿元	0.38	14.2	3.33	154.3
7	三次产业增加值结构	%	27.6：48.2：24.2		24.7：50.5：24.8	
8	工业增加值占 GDP 比重	%	41.7		44.9	
9	城镇化率	%	21	+1.2	33.18	9.7
10	每万人口专利拥有量	件	0.06		0.5	
11	城镇居民人均可支配收入	元	16101	10	24692	8.9
12	农民人均纯收入	元	4162	10	6849	10.5
13	全县耕地保有量(年末)	公顷	23400.7		20032	
14	年末总人口(按户籍人口计)	万人	28.8		29.42	
15	万元生产总值能耗	吨标煤	1.2748			
16	森林覆盖率	%	74.2		74.59	

第二节　发展环境

当前，我国经济社会发展已经进入经济新常态、发展新环境阶段。要充分认识新常态、新环境带来的新变化，既要善于抓住新机遇，又要勇于迎接新挑战。未来五年，我县经济社会发展将迎来新一轮历史发展机遇和挑战，且机遇大于挑战。

国家定位广西带来的机遇。广西作为构建面向东盟区域的国际通道，打造西南、中南地区开放发展新的战略支点，形成 21 世纪海上丝绸之路与丝绸之路经济带有机衔接的重要门户，国家将会出台一系列鼓励、支持广西经济发展的政策与措施，合作与发展的机遇将会更多。我县作为湘南地区联系东盟国家陆路新通道，将有利于开发生态、旅游资源，进一步优化产业结构和布局，增强县域整体竞争力。

湘桂区域合作呈现的新机遇。湘桂两省积极推动双方合作，在特色优势产业、交通基础设施、商务会展、旅游、文化、医疗卫生等方面取得积极进展，为下一步加强合作打下了坚实基础。灌阳作为湘桂合作的新前沿地带和通道，随着合作的深入将获得新的发展机遇。

交通条件改善带来的发展机遇。随着灌凤高速公路建成通车和灌平高速公路开工建设，交通网络将不断完善。作为湘桂省际交通运输枢纽的重要节点，将成为沟通湘桂、服务“三城”（桂林、永州、贺州）的重要客流、物流集散中心，进一步促进合作开发。

生态文明建设带来的机遇。生态文明建设已成为新的社会共识。我县作为国家重点生态功能区，生态环境基础好，有利于开展生态文明建设，有利于推进生态种养、生态旅游、生态城镇建设等工程，这为大力发展生态经济带来了新的机遇。

“十三五”期间，我县将担当既要加快发展、缩小差距又要转型升级、提质增量的双重任务，还面临着能源、土地、环境容量等要素需求和社会公共需求急剧增长带来的巨大压力。

民生改善任务艰巨。后发展、欠发达的基本县情还没有得到完全改变，补短板、增后劲压力大，经济增长、产业升级、结构调整、民生保障、生态建设、城市建设等都面临诸多制约条件，实现与全区全国同步全面建成小康社会面临着较大挑战。

经济发展与环境保护协调难度大。目前我县还处于工业化的初级阶段，经济发展多依赖于资源开发和消耗，经济发展与生态建设的矛盾还将在很长一段时间内存在，如何做到二者协调发展，依然是一个挑战。

交通建设挑战大。交通一直是制约经济发展的瓶颈。未来要融入大桂林国际旅游圈，走湘桂合作之路，发展生态经济，就必须建设出口通道，打通与区内外相邻县的交通线路。但要完成这些任务，必将面临资金短缺、征地拆迁难以及生态保护等问题。

第三节　指导思想

全面贯彻党的十八大和十八届三中、四中、五中全会精神，以马克思列宁主义、毛泽东思想、邓小平理论、“三个代表”重要思想、科学发展观为指导，深入贯彻习近平总书记系列重要讲话精神，以“四个全面”统领经济社会发展全局，牢固树立创新、协调、绿色、开放、共享的发展理念，实施生态优先、创新驱动战略，积极推进产业生态化和生态产业化，把生态优势转化为发展优势，转方式调结构促发展，提高经济发展质量与效益，保持经济平稳健康发展，确保如期全面建成小康社会。

遵循以上指导思想，要坚持以下四大发展原则：

绿色发展原则。生态保护良好、经济快速发展、社会文明进步是我们追求的目标。坚持“生态立县”战略，大力发展生态经济。要坚守发展和生态两条底线，正确处理好生态环境保护和经济社会发展的关系；不断完善产业布局和基础设施建设，提高生态保障能力，保护经济社会可持续发展的基石。

开放合作原则。立足区位及各类资源优势，坚持开放协调发展原则，主动融入更多的合作平台。积极与周边县市开展结对合作，积极融入大桂林旅游圈。正确处理政府与市场的关系。

协调发展原则。以城乡协调发展为根本出发点，整体规划城乡建设，积极推进城乡发展一体化和城乡基本公共服务均等化。以生态文明建设带动经济发展，以经济建设保护生态环境，逐步实现经济、政治、社会、文化、生态、民族全面和谐发展。

共享发展原则。以“民生优先、民生为重、民生为本”为工作导向，集中力量脱贫攻坚，努力增加城乡居民收入，加快城乡生产生活条件的改善，保障和改善民生，推进基本公共服务均等化，有效解决关系群众切身利益的道路、饮水、住房、就医、上学、就业及公共卫生、公共交通、社会管理、文化娱乐、社会治安等实际问题，努力使全县人民共享发展成果。

第四节　发展目标

充分发挥气候环境、矿产资源、旅游资源优势，坚持空间优化、重点布局、逐步建设的原则，以实现工业化、城镇化、信息化、农业现代化、绿色化“五化”为目标，结合现有产业基础和未来发展的趋势和要求，确立“十三五”期间的总体发展战略定位为：深入实施“五县”战略，全力打造“一城一地一点三县”。“一城”，即桂北文化艺术城；“一地”，即广西养生产业综合发展基地；“一点”，即湘桂区域性综合交通枢纽重要节点；“三县”，即生态文明先进县、国家循环农业示范县、广西乡土特色建设示范县。

桂北文化艺术城。我县不仅有独特的自然风光，而且还是瑶族文化、桂剧文化、茶食养生文化、农具文化、红色文化、现代美术文化、古建筑文化、宗教文化等多种文化的发源地和聚集地，定位为桂北文化艺术城，可以传承和开发历史文化，打造独具特色的地方文化旅游产业，增强人民的自豪感，激发正能量。

广西养生产业综合发展基地。我县是国家级重点生态功能区，生态环境好，物种资源丰富，是“中国红豆杉之乡”，社会和谐稳定，民风淳朴，人民安居乐业，是养生养老的最佳目的地之一。充分利用好这一优势，大力发展养生养老等大健康产业，把我县打造为广西养生产业综合发展基地。

湘桂区域性综合交通枢纽重要节点。加快我县出省、出县交通基础设施建设，进一步完善通用航空、陆路、水路交通体系，为湘桂合作和湘南地区通往东盟各国提供重要通道。

生态文明先进县。牢牢抓住我县增补列入国家重点生态功能区范畴的契机，大力开展生态文明建设，加大生态建设和环境保护治理力度，加强产业绿色生态化改造，引进培育高效绿色新业态，全力打造生态绿色灌阳。

国家循环农业示范县。通过绿色生态防控、水肥一体化栽培、稻＋稻＋绿肥栽培、测土配方施肥等农业科技应用，大力发展绿色、有机、无公害农产品，打造富有灌阳乡土特色的农业精品，提高农产品附加值，打造成为国家循环农业示范县。

广西乡土特色建设示范县。充分利用我县古民居多、面积广、保护好且处桂北区域的优势，对乡村建筑、乡村环境等进行乡土化改造和重构，打造一批彰显“乡土、乡情、乡愁”的村落民居，把我县打造为广西乡土特色建设示范县。

经过五年奋斗，经济综合实力明显增强，城乡一体化建设水平显著提升，居民生活水平显著提高，生态文明建设迈向新台阶，全面建成小康社会。

经济发展目标。产业结构进一步优化，经济总量逐年增加，主要经济指标全面完成，到2020年地区生产总值和城乡居民人均收入比2010年翻一番以上，地区生产总值达到98.5亿元，城镇居民人均可支配收入达35449元，农民人均纯收入达到10299元。现有产业得到调整优化和发展，新型产业逐步成长为新的支柱产业。生态工业初具成效。生态农业标准化、规模化、组织化程度不断提高，品质和品牌得到突破，三次产业深度融合。以旅游为主的服务业得到快速发展，农村电子商务繁荣，服务业比重进一步上升。

社会和谐目标。城乡居民收入差距逐步缩小，城乡一体化发展格局基本形成，社会更加和谐稳定，人民安居乐业。教育、医疗卫生、文化等社会事业快速发展，人人享有安全、有效、方便、价廉的基本医疗卫生服务，基本公共服务均等化水平稳步提高；城乡一体的养老、医疗、低保等社会保障体系更加健全。新型城镇化加快推进，现行标准下农村贫困人口全部脱贫、贫困村全部摘帽。

资源环境目标。重点行业、企业技术改造和节能减排完成上级要求任务，生态产业园建设达到自治区级标准。小流域综合治理、农业污染治理和农村环境整治成效明显，绿化工作持续开展，森林覆盖率达到75%以上，全县生态环境质量达到国家优良水准，宜居宜业的良好环境基本形成。

表6　**“十三五”时期经济社会发展主要指标**

序号	类别	指标	2015年绝对值	2020年规划目标	“十三五”年均增长(%)	指标属性
一	经济发展	1. 地区生产总值(亿元)	68.58	98.5	7.5	预期性
		2. 人均地区生产总值(元/人)	23119	31774	6.6	预期性
		3. 财政收入(亿元)	3.4	4.66	6.5	预期性
		4. 固定资产投资(亿元)	54.1	87.1	10	预期性
		5. 社会消费品零售总额(亿元)	16.72	24.57	8	预期性
		6. 工业增加值(亿元)	30.76	49.5	9.9	预期性
		7. 服务业增加值比重(%)	24.8	27.3		预期性
		8. 城镇化率 常住人口城镇化率(%) 户籍人口城镇化率(%)	33.2 26.2	38.2 31.2		预期性 约束性
		9. 接待旅游总人数(万人次)	36.13	50.58	7	预期性
		10. 旅游总收入(亿元)	3.33	5.1	8.9	预期性
二	创新驱动	11. 每万人口发明专利拥有量(件)	0.5	1	+0.1	预期性

续表

序号	类别	指标	2015 年绝对值	2020 年规划目标	“十三五”年均增长(%)	指标属性
三	民生福祉	12. 常住人口(万人)	29.66	31	0.89	预期性
		13. 城镇居民人均可支配收入	24692	35449	7.5	预期性
		14. 农村居民人均纯收入	6849	10299	8.5	预期性
		15. 城镇调查失业率(%)	3.24 以内	3.21 以内		约束性
		16. 城镇新增就业人数(人)	4571	10000		预期性
		17. 农村贫困人口脱贫(人)	42554	40100		约束性
		18. 城镇保障性住房建设和棚户区改造(套)	1928	2328		约束性
		19. 劳动力平均受教育年限(年)	9	12		约束性
		20. 基本养老保险参保率(%)	93	97		约束性
四	资源环境	21. 耕地保有量(公顷)	20032	19406		约束性
		22. 新增建设用地规模(公顷)	45.647	市下达		约束性
		23. 单位生产总值能耗降低(%)		市下达		约束性
		24. 单位生产总值二氧化碳排放量降低(%)		市下达		约束性
		非化石能源占一次能源消费比重(%)		市下达		约束性
		25. 万元生产总值用水量(立方米 / 万元)		市下达		约束性
		26. 主要污染物排放量降低(%)		市下达		约束性
		其中:化学需氧量(%)		市下达		约束性
		氨氮(%)		市下达		约束性
		二氧化硫(%)		市下达		约束性
		氮氧化物(%)		市下达		约束性
		27. 森林覆盖率(%)	74.59	75		约束性
		28. 森林蓄积量(万立方米)	828	910		约束性
		29. 地表水质量:达到或好于 III 类水体比例		市下达		约束性
		劣于 V 类水体比例		市下达		约束性

第五节　发展战略

为实现以上发展目标,“十三五”期间,要实施以下发展战略:

创新驱动战略:坚持创新发展理念,把创新发展融入经济社会发展工作当中,利用现有创新发展平台,加快与科研院所、高校合作,引进创新人才和创新应用成果,以创新促转型,以转型促发展,推动制度创新、科技创新、文化创新等各方面创新,加快全县经济社会创新发展。

生态优先战略:以“生态立县”为本,把生态保护放在突出的位置,产业发展和项目建设以不破坏环境为前提,逐步建立生态优先型经济发展模式,完善相关制度。

提质增效战略:加快工业园区基础设施建设,加快传统资源型产业技术改造和综合利用,提高产品质量和综合效益,加快新型战略性产业投资建设,以增效发展促进结构优化。

交通突破战略。加快交通建设是富民强县的前提。坚持交通优先发展,形成以高速路为龙头、一级公路为重点,村屯道路为补充的便捷、高效现代立体交通网络。举全县之力实施出口通道建设大会战,加快构筑东通西联、出省连市的公路网络,增加对外出口通道,构建二纵四横的交通网络格局,初步实现从全区交通“神经末梢”到“区域枢纽”

的转变，为全县经济社会快速发展提供有力支撑。

城乡一体战略：着力推进城乡一体化协调发展，加强城乡互通互联，共享改革红利，努力构建城乡一体的教育、医疗卫生、社会保障、公共文化、安全保障等公共服务体系。

第二章 优化空间布局 规范经济社会发展

第一节 国土空间布局

根据主体功能区定位，以布局优化、城乡统筹、生态文明、文化传承为原则，积极构建国土空间发展格局。

城镇空间：主要包括县城所在地和部分主要乡镇的核心区域，占全县行政区面积7.9%，主要承担政治、经济、文化、人口、产业等中心功能，是经济发展和人口集聚的重要区域。以县城为主，文市、黄关两镇为次中心发展。作为我县经济发展的核心区域，以建设新型城镇为中心，依托交通网络和产业园区聚集，推进产城融合发展，重点发展生态工业、生物制药、农产品深加工、生态旅游、现代服务业、文化创意产业等。

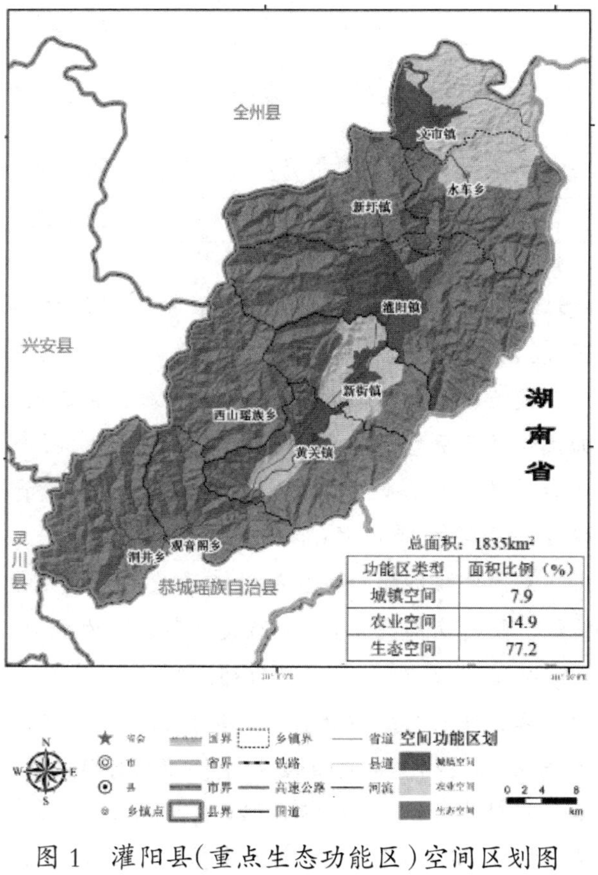

图1 灌阳县（重点生态功能区）空间区划图

农业空间：主要包括具有农业生产优势的乡镇，占全县行政区面积14.9%，是主要承担农业生产和农村生活功能的区域，是种植业、畜牧水产业主要生产基地。重点发展有机健康农业、生态旅游、特色养殖等。按标准化、规模化、组织化经营要求，因地制宜推进生态循环农业基地、生态休闲观光农业基地和绿色食品基地、中药材种植基地建设。

生态空间：以千家洞自然保护区、海洋山自然保护区为重点区域，占全县行政区面积77.2%，是主要承担生态服务和生态系统维护功能的地域和确保生态安全的重要屏障。重点发展生态休闲养生旅游产业和林下经济。

第二节 空间布局结构

按照自治区确定功能区规划，结合当前发展新情况和本地实际，立足于整体功能最优化和整体效能最大化，构建“一核一轴三区四带”的空间布局结构。

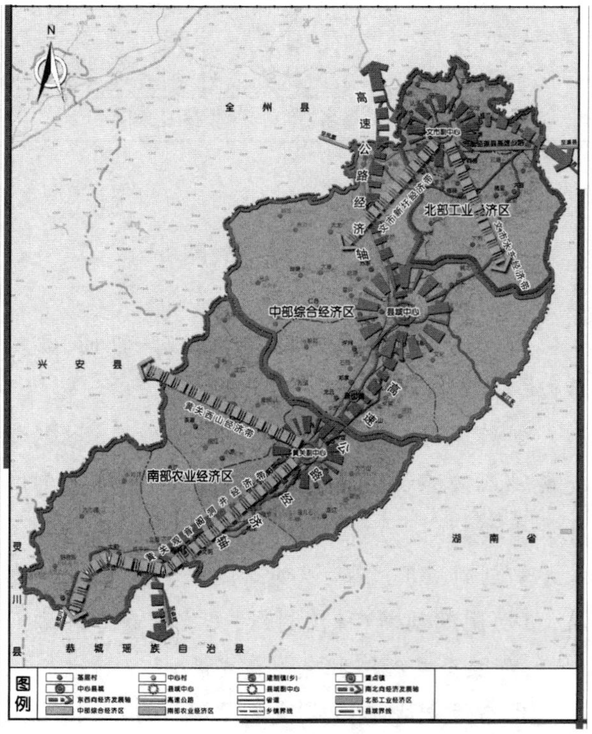

图2 城镇体系布局示意图

一核：即以县城（灌阳镇）为核心，加快新区建设，拉大县城发展框架，完善城市功能，提升城市品质，以此为龙头带动全县经济社会发展。

一轴：即高速公路经济轴，依托灌凤高速、灌平高速，把文市镇、新圩镇、新街镇、黄关镇、观音阁乡等连接起来，形成一个连点成线、以线带面的高速公路经济轴。

三区：即以县城（灌阳镇）、新街镇、新圩镇为支点的“中部经济区”、以文市镇、水车乡为支点的“北部经济区”、以黄关镇和洞井乡、西山乡、观音阁乡为支点的“南部经济区”。

四带：即文市镇至水车乡的“文市—水车经济带”、文市镇至新圩镇的“文市—新圩经济带”、黄关镇至西山乡的“黄关—西山经济带”、黄关镇至观音阁乡、洞井乡的“黄关—观音阁—洞井经济带”。

第三章 加快农业现代化实现农业强县转变

以创建国家循环农业示范县和自治区级现代特色农业（核心）示范区为契机，构建现代农业产业体系为重点，调整优化农业产业结构，创新农业经营方式，引导土地合理流转，全面提高农业标准化、规模化、组织化、产业化程度和品牌化水平，提高农业发展质量和效益，增强农业发展活力，协调推进种植、养殖、加工一体化发展。加强农业基础设施建设，着力保护农业生态环境。积极促进互联网与传统农业融合，发展智慧农业。积极培育新型职业农民，着力深化农村产权、土地、综合帮扶等制度改革。加快一二三产融合，构建粮经饲统筹、种养加一体、农牧渔结合的现代农业结构，走产出生产高效、产品安全、资源节约、环境友好的现代农业发展道路，实现农业大县向生态农业强县转变，为全面建成小康社会奠定坚实基础。到“十三五”期末，全县农业总产值达到35.5亿元，年均增长5%。农民人均纯收入达到10299元，年均增长8.5%。

第一节 优化空间布局强化标准建设

优化空间。按照“稳粮、保果、促药、扩茶”的思路，加快农业产业布局优化和结构调整，明确乡镇主导产业分工，集中优势地区发展优势产业，形成产业集群，达到经济效益、生态效益、社会效益的统一。逐步形成以文市、新圩、水车为主的高速公路农业经济带，以灌阳镇、新街、黄关为主的粮食作物经济带，以洞井、西山、观音阁为主的高山种养经济带，构成农业“三带”的发展格局。

标准建设。加快一批标准化示范基地建设，提高生产规模化、标准化、组织化程度，主要包括粮食种植标准化基地、水果标准化生产基地、“菜篮子”标准化生产基地、油茶标准化生产基地、养殖标准化示范场，以及富硒水果、有机蔬菜等农产品标准化生产基地。健全农产品标准体系，制定灌阳黑李、雪梨综合标准体系，对生产、加工、流通各个环节进行统一标准、统一技术、统一管理。健全质量控制体系，推进农产品质量检测体系建设，确保源头无隐患、投入无违禁、管理无盲区、产品可追溯。争取灌阳雪梨黑李产业（核心）示范区升级为自治区级现代特色农业（核心）示范区，建设灌阳水稻核心示范区。

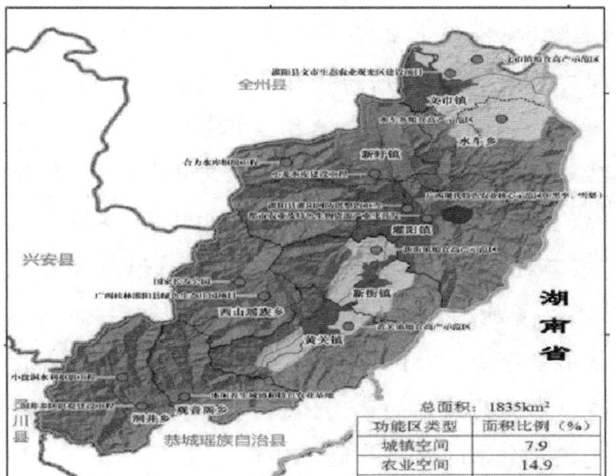

图3 现代特色农业核心示范区布局图

第二节 完善现代农业产业体系

建设以“粮食、果蔬、禽畜、林药”为主的农业种养产品体系。抓优势产业示范点建设，重点抓好主要公路沿线规模种植产业带的示范建设。

粮食。大力发展以水稻、红薯、玉米、大豆为主的粮食作物，继续推广“超级稻＋再生稻”水稻种植模式，加快建设高标准农田，积极推进粮食生产基地建设，建设超级稻产业园。扩大红薯种植面积，加快红薯产业化步伐。到2020年，粮食播种面积每年稳定在40万亩，产量17万吨以上。

果蔬。以市场需求为导向，加大雪梨、黑李、脐橙、桃子等优质水果管护及品种改良力度，建设标准化生产基地，提高组织化管理；引进新品种，恢复发展传统优势产业。继续发展“菜篮子”基地，积极发展高山特色经济作物。到2020年，水果面积要达到23万亩，产量达到27万吨以上，蔬菜面积稳定在15万亩、产量18万吨。

禽畜。大力发展以生猪、肉牛、家禽等为主的传统畜禽养殖，强力推进以鲟鱼、娃娃鱼、土猪等为主导的特色养殖。推进畜禽标准化养殖示范基地建设，加大对猪、牛等规模化养殖场的扶持。加快推进以鲟鱼为主的冷水性鱼类规模化发展，积极培育鲟鱼养殖示范基地。到2020年，水产畜牧业总产值达到8.3亿元。

林药。鼓励农户种植以油茶、杜仲、厚朴、黄柏、菊花以及金银花等为主的林药产品。大力建设灌阳油茶生产核心示范区，到2020年，油茶种植力争突破2万亩，药材种植达到0.25万亩。

加快一二三产业融合。积极开发农业多种功能，发挥生态保护、休闲观光、文化传承、生物能源、乡村旅游业等促进经济发展的作用，实现农业“接二连三”。完善农产品加工体系，形成大米加工、红薯加工、水果加工等系列健康食品；加快与旅游业融合，以小龙、江口生态村为龙头，大力打造以农业为载体的休闲体验式旅游。到2020年，建成5个休闲农业基地。

第三节　大力发展生态循环农业

抢抓生态文明建设机遇，深入开展“美丽灌阳、清洁乡村”活动，到2020年基本形成资源节约型、环境友好型农业发展道路，形成可持续发展的农业生产模式。

实施绿色生产。以创建循环农业示范县为切入点，提高农业生产现代化水平，突出产业基地建设，发展若干条循环农业产业链。围绕转变农业发展方式，大力发展高效特色农业、循环农业、立体农业、生态农业，以提高资源利用效率和加强生态环境保护为核心，以节地、节水资源综合循环利用和农业生态环境建设保护为重点，推广普及农业节能减排、生态循环农业、绿色植保、测土配方施肥、水肥一体化滴灌和农业废弃物综合利用等节约型技术，推广应用减少农业面源污染、减少农业废弃物生成、注重水土保持和生态建设等农业清洁生产技术，发展有利于节约资源和保护环境的农业业态，建设农业生态工程、健康养殖工程、废弃物循环再利用工程，实现农业废弃物处理环保化，促进农业实现可持续发展。

提高农产品价值。推进标准化生产和管理，提高农业生产技术水平，抓好农产品病虫害综合防控，推行“基地＋农户＋企业＋合作社”生产模式，提高农产品品质。实施商标富民工程，推进品牌农业建设，以创建名、精、优、新农产品品牌为战略方向，围绕无公害农产品、绿色食品、有机农产品和地理标志品牌农产品发展，鼓励并协助企业积极申报地理标志保护产品、农产品地理标志和地理标志商标，加大对无公害农产品产地、无公害农产品、绿色食品、有机食品等的认证或认定。重点培育生态水果、生态红薯粉、生态营养米品牌。

第四节　构建产业化经营体系

加强服务支撑。加大扶持农业科技、社会化服务、农产品加工、电子商务、信息咨询等为农服务的相关产业，构建以公益性农技推广体系为主导、社会化农业服务组织为补充、农科教企联合协作，其他社会力量广泛参与，公益性服务与经营性服务相结合、专业性服务与综合性服务相协调的新型农业服务体系。

积极采用现代信息技术，探索建立农村综合信息服务平台，构建农产品质量可追溯体系。逐步完善农业保险制度。“十三五”期间完成组建农技协6个，创建科普示范基地6个以上。

提升农业加工和流通能力。按照农业综合标准化创建的要求，打通生产、加工、销售各环节，推进三产融合,促进县内市场、国内市场与国际市场相衔接。鼓励企业和个人投资农产品加工,扶持加工龙头企业,积极开展果汁、果片、果酒等系列产品加工,提升农产品就地转换率,到2020年,力争大宗农产品的就地转换率达到总产量的40%以上。对接大市场,每两年办好一次水果(黑李)产业论坛,提高产品影响力和竞争力;借助互联网技术,加快发展农产品电子商务,积极面向东盟市场,加大水果出口。加快农产品流通,积极建设以灌阳雪梨、黑李、脐橙、桃子为主的果蔬仓储物流体系。到2020年建设仓储冷藏面积15000平方米。

第五节 扶持新型农业经营主体发展

新型农业经营主体是发展现代农业的主导力量,通过引导和扶持,逐步形成以专业公司、合作社和家庭农场及种养大户为主体的新型农业经营主体。

支持龙头企业。支持农业产业化龙头企业做强做优,引导农业产业化龙头企业通过品牌嫁接、资本运作、产业延伸等方式进行联合重组,着力培育一批产业关联度大、带动能力强的大企业。鼓励有条件的农业产业化龙头企业上市。到2020年,力争培育县级以上的农业龙头企业50家。

规范专业合作社。积极培育农业专业大户、农民合作社、家庭农场等新型农业经营主体,重点扶持组织化程度高、带动力强的农民专业合作社示范社,切实增加农民收入。鼓励有一定规模的种养大户成立家庭农场,鼓励农户以土(林)地承包经营权作价入股农民专业合作社或者以林权出资成立公司。深入开展以"运行规范化、生产标准化、经营品牌化、社员技能化、产品安全化"为主要内容的农民专业合作社"五化"创建活动,提高农民专业合作社运行质量。开展农民专业合作社联合社试点,鼓励有条件的农民专业合作(联)社兴办农村资金互助社。到2020年农业专业合作社达到300家,自治区级示范社30家,国家级示范社5家。

培育新型职业农民。加快发展面向农村的职业教育,大力培育专业种养大户和现代职业农民,提高农民职业技能和创收能力,通过职业培训培育一批骨干农民,推动农业经营主体职业化。到2020年,合格职业农民人数达5万人。

稳定农村土地承包关系,完善土地所有权、承

专栏1:农业现代化重大工程

农业基础设施建设工程:灌阳县整县推进土地整治项目、灌阳镇土地整治项目、文市镇高标准农田建设项目。

农产品基地建设工程:建立水稻、水果、蔬菜三大农产品富硒生产基地。到2020年,建立生态循环农业基地4个。绿色生态防控面积15万亩,水肥一体化栽培面积6万亩,稻+稻+绿肥栽培面积8万亩/年,全县测土配方施肥技术普及率达到90%以上,推广面积达65万亩/年,设施农业大棚种植蔬菜等经济作物面积达5000亩。重点推进灌阳县文市生态农业观光区建设项目、灌阳县粮食生产能力大县建设项目、灌阳县富硒农产品生产开发项目、灌阳县现代特色农业核心示范区建设项目、灌阳县神农稻博园水稻核心示范区建设项目、广西桂林灌阳绿色生态谷建设项目、灌阳油茶生产核心示范区建设项目、灌阳县2015年南方现代草地畜牧业推进行动项目灌阳县盘江高山特色种养园、灌阳县红豆杉产业化发展等项目。

农产品加工、流通工程:农产品现代物流园建设

农业服务体系建设工程:灌阳县农产品生产质量安全建设项目

休闲农业建设工程:灌阳县文市生态农业观光区、灌阳县洞井休闲农业示范区、灌阳县月岭休闲农业示范区、灌阳县小龙休闲农业示范区等建设项目、灌阳县保良生态农业开发项目。

农民增收工程:扩大农民土地、林权收益,增加农民财产性收入。完善农业生态补贴制度,加快发展政策性农业保险。

包权、经营权分置办法，依法推进土地经营权有序流转，构建培育新型农业经营主体的政策体系。

第四章 优化产业结构 推进工业生态化改造

按照“北重、南轻、东西风”的产业布局和“做精老产业，培育新产业，提升现产业”的思路，做好“山、水、风、林”特色产业文章。优化产业布局，加快工业园区建设。以发展生态工业为主线，以建设生态工业园区为基础，以循环发展为核心，利用节能低碳环保技术改造提升传统特色产业，积极培育和发展高新技术产业，加速推进工业化和信息化融合，推动企业做大做强，建设低消耗、低排放、可循环、“零污染”的生态型工业体系。

第一节 完善园区功能 增强工业活力

坚持“提质增效”的发展战略，以创建自治区级A类生态工业园区为方向，加快园区标准化建设，促进园区经济提质增效。做好园区规划修编工作，合理调整产业空间布局，明确园区定位、完善园区功能。加快改造和完善园区基础设施，规范园区建设，提高园区服务能力。鼓励企业创新和技术升级，提升园区发展活力。

合理调整产业空间布局。以资源聚集为前提，产城互动发展为原则，生态园区建设为方向，发展“北重、南轻、东西风”的产业布局，在现有“一区多园”基础上，根据产业政策整合优势资源，将西山坪工业园区冶炼、石材等产业北移至文市冶炼园、石材园；逐步关停西山坪工业园区范围内砖厂。西山坪工业园区产业向劳动密集型、高科技及清洁型产业方向发展。合理规划和建设新圩(两河)返乡人员创业园和黄关石英砂产业园，东西两方大力发展清洁风电产业。产业实现优化资源配置、共享基础设施、集中污染治理、集约利用土地、促进企业集聚、培育产业集群。

积极推进园区基础设施建设。完善园区生产和生活配套服务。推进园区道路、管网、污水处理等基础设施建设，重点建设灌阳县文市镇工业园污水处理厂、灌阳县西山坪工业园污水处理厂、石材园基础设施项目；集中建设新型社区，完善生产生活配套设施，进一步提高园区的承载力和竞争力。

坚持创新驱动，提升产业竞争力。鼓励园区企业创新和发明，提升自主创新能力，加快科技成果转化，提高企业产品质量，建设标准化管理体系，培育自治区级技术创新示范企业。着力抓好选矿机械设备制造、冶炼、石材等传统产业的技术革新，建立推进工业品牌培育的长效机制，鼓励企业培育工业品牌。到2020年，发明专利申报量达到110件，累计获得有效发明专利30件，每万人发明专利拥有量达到1件，广西著名品牌(商标)达到5个。

引进与培育龙头企业，增强园区集聚效益。坚持以本土龙头企业为基础，通过资产重组、控股、参股、兼并、租赁等多种方式扩大企业规模，增强企业实力，鼓励有条件的企业上市，促进产业向中高端发展。扩大招商力度，力争引进一批有影响力的行业龙头企业。到2020年，力争新增3家以上市级龙头企业。

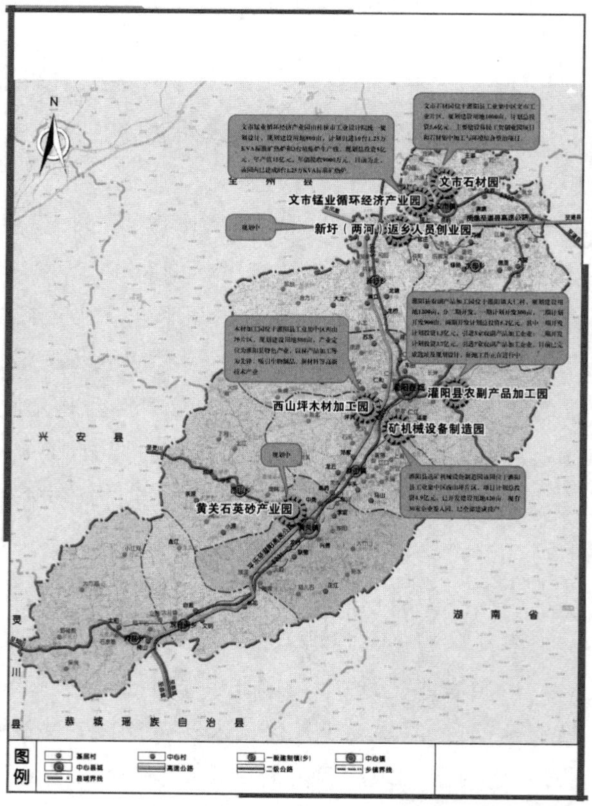

图4 产业布局和产业园区布局示意图

第二节　加快产业结构调整促进产业提质升级

坚持产业生态化方向，加速推进工业化和信息化的深度融合，改造提升传统特色产业，着力抓好石材、冶炼、机械设备制造等传统产业的技术革新和资源综合利用，走生态循环发展之路。

有序做好石材产业。重点发展技术含量高，文化艺术特色突出的创意型高附加值产品，鼓励发展新型石材产品和石材工艺制品。培育和扶持一批规模大、技术加工能力强的特色深加工企业，提高石材废料处理能力。鼓励规模小的企业进行兼并重组，积极培育龙头企业，力争在2020年前完成石材公司组建，形成产值20亿元。

做强做精选矿机械设备制造产业、改造提升冶炼产业。突出龙头引领，培育行业龙头。鼓励企业技术创新和转型升级，制定行业生产标准，打造行业品牌，提高生产效率和产品附加值，做强做大机械制造产业，实现产业向中高端发展。重点推进灌阳县选矿机械设备制造技改项目建设。到2020年，实现机械制造产业总产值达40亿元。

以生态化改造为方向，推进冶炼产业循环发展，重点支持在文市工业园开展余热发电项目，提高能源的综合利用，推动传统产业向中下游和中高端延伸，促进产业业态转型升级。加快技术改造升级，推进灌阳县贵达有色金属有限公司技改项目、灌阳县铁合金冶炼企业提质上档项目。到2020年，实现冶炼行业总产值30亿元。

提升优化农林产品及饮品加工。鼓励发展粮食、果蔬、禽畜、林产品及特色农产品深加工产业，重点发展天然色素提取、健康食品、功能食品、有机食品、休闲食品等，逐步形成稻米、红薯、葛根、萝卜、茶籽等农产品精细加工产业体系，促进农产

专栏2：工业发展工程

园区基础设施建设。规划建设灌阳县新型科技创业园、灌阳县黄关石英砂产业园项目、灌阳县食品药品园、灌阳新圩镇返乡人员创业园。加快推进灌阳县食品药品园基础设施项目、灌阳县石材园基础设施项目、灌阳县西山坪工业园污水处理厂及配套污水管网工程、灌阳县文市镇工业园污水处理厂及配套污水管网工程、灌阳县文市园区道路续建项目。

石材产业改造。推动企业装备升级和产业延伸，合理开发利用石材资源，以灌阳县石材资源开发及精深加工项目为切入点，提升传统石材产业的竞争能力。积极推进灌阳县文市石材加工综合整治建设项目。

矿冶加工产业改造升级。以灌阳选矿机械集团、灌阳县铁合金集团、贵达公司等现有矿冶加工企业为基础，重点发展以锰、锡精深加工为主体的有色金属产业。大力支持在文市园区开展余热发电项目，提高能源的综合利用；搭建企业与兴安海螺水泥、恭城南方水泥、新型环保砖等建材企业的联系桥梁，推进冶炼废渣与建材产业链的搭建，实现产品多元化、集约型转变。推动企业装备升级和产业延伸，积极推进灌阳县选矿机械设备制造项目、灌阳县冶炼企业提质上档技改项目、广西灌阳县铁合金产品质量检验中心建设、灌阳县砷石精选搬迁项目、桂林灌阳矿热炉废气利用余热发电示范项目、灌阳贵达有色金属有限公司上市项目、灌阳贵达有色金属有限公司易地搬迁技改项目。

农产品加工产业壮大。推进灌阳县富硒农产品生产开发项目、广西国有大桂山林场灌阳林业循环经济示范项目建设。

战略性新兴产业培育。加快建设灌阳正江岭风电场项目、灌阳茶湾风电场项目、灌阳县西山矿泉水整合项目；加快推进灌阳县毕生医药项目。

工业化信息化融合发展。加强信息基础建设，加大信息化基础设施、信息平台建设和信息资源开发力度，大力推进信息技术在工业领域的应用，提高信息技术与传统产业的融合程度。以支柱产业和优势产业为重点，以制造业信息化为突破口，扶持信息化技术在企业生产、管理上的应用。

专栏3:现代服务业重大工程

1.旅游业重大工程:

基础设施建设。灌阳千家洞瑶乡小镇规划道路(林荫大道、盘王大道、水南路)。

景区景点建设工程。①加快瑶族古镇建设,建成旅游龙头景区。②整合、提升千家洞黑岩景区功能,与苏东、小龙村,形成"一岩两村"的旅游中心景区。③抓好新圩阻击战枫树脚红色文化项目、酒海井纪念园、杨柳井红色旅游新村、新圩阻击战战地救护所、红三军团指挥部旧址(九如堂)建设。④加快千家洞自然保护区旅游基础设施建设。⑤建设广西地质公园文市石林,基本建成核心区基础设施,具备旅游接待能力。⑥推进白竹坪生态园建设,积极打造一批融入旅游功能的休闲农业和生态农庄示范点,推进灌阳县百里灌江生态休闲示范带项目建设,建设一批旅游新村。⑦推动唐景崧故居、月岭古民居、洞井古民居、官庄古民居、关帝庙等重点文物保护、修缮、开发,引导黄关云台寺、新街九龙岩、灌阳镇清凉寺、婆王庙等寺庙建设。⑧统筹推进灌阳县西山大草漠旅游项目。

服务设施完善工程。在灌阳镇、文市镇、黄关镇、新街镇等重点乡镇和重点景区,规划建设一批游客服务中心、旅游厕所、标识牌等旅游公共服务设施。

2.商贸服务业重大工程:

乡镇商品交易中心建设。推进灌阳县移民农贸市场、灌阳县黄关镇农贸交易市场、水车乡商贸新城建设项目、洞井集贸市场项目建设、灌阳县观音阁乡集镇集贸市场建设、灌阳县西山农贸综合市场建设。

冷链仓储物流中心建设。灌阳制造业综合物流服务体系建设项目、灌阳县文市仓储物流项目。

农村电商工程、健康养生养老工程、及教育培训、家政服务等其它服务工程。重点加快灌阳县电子商务进农村项目。

品就地加工转化。重点支持建设灌阳县年产20万吨系列营养米加工项目,统筹推进中国红豆杉集团有限公司投资红豆杉产业化项目。

推进木材及家具产品向薄型化、高质量、多品种方向发展,开发刨花板、纤维板、中高密度板等多种系列产品。加快推进广西国有大桂山林场林板一体化项目投产,完成灌阳家具城建设。

加快天然饮用水开发,建成3家生产企业,年产值20亿元以上。

稳定做好石英砂产业。重点开展非金属矿产品石英砂的精选和深加工,促进石英砂矿产品加工产业集群发展,到2020年,实现工业总产值8亿元以上。

积极推进"互联网+工业企业"进程。大力推进工业化和信息化深度融合,引导工业企业应用互联网技术和信息技术推进企业生产、经营、管理方式的转变,促进企业转型升级。大力发展电子商务,实现工业企业产品线上线下双向销售。

第三节　积极培育战略性新兴产业

利用生态优势,按照"生态产业化"思路,积极培育生物医药、清洁能源等战略性新兴产业,积极培育新的经济增长点。

生物医药。积极引进中药材种植、加工企业,大力发展以红豆杉为核心的中药饮片、中成药、天然健康产品与植物提取物的生产,大力发展现代生物医药产业。到2020年,力争引进2家大型医药企业。

清洁能源。在稳定发展水电基础上,大力发展风能、生物沼气、颗粒燃料等清洁能源。大力支持风电场建设,鼓励养殖集中区投资沼气发电,支持企业开展余热发电站建设,在高山地区鼓励农户使用太阳能。鼓励利用林产业加工废料、农业秸梗等为原料生产工业用颗粒燃料。完成茶湾风电场、正江岭风电场等风电项目建设。

第五章　深挖旅游产业潜力 带动现代服务业发展

以生态保护为前提,产业发展为基础,以旅游业为龙头,运输物流为保障,抓住建设桂林国际旅游胜地的发展机遇,全力推进现代服务业发展。

第一节　加快发展旅游产业

把握灌凤高速开通以及灌平高速开工建设的机遇，确定旅游业的发展方向及发展模式，以抓优势项目、突出重点项目、形成品牌项目为核心，力争形成两三个优势项目、重点项目、品牌项目，重新构建旅游发展总体格局。积极建设灌阳与阳朔、平乐连接桂林大旅游圈东线旅游线路，与江永、道县连接环千家洞旅游线路。依托特色旅游资源，挖掘旅游资源内涵，加快建设特色旅游景点景区及配套设施，巩固全国休闲农业和乡村旅游示范县建设，加快旅游业转型升级，提升旅游发展质量，将旅游业发展为新的支柱性产业，到 2020 年全县旅游总收入达 5.1 亿元，建成广西旅游优秀县和生态旅游示范县。

加快旅游产品整合和开发。加快以“红、古、绿”为核心的特色景区、精品旅游线路的开发建设，提升景区品位，增加市场吸引力。重点推进以千家洞为核心的瑶族文化寻根之旅，以瑶族古镇项目为中心，打造“瑶民老家”战略品牌；积极开发红色文化之旅，建设以酒海井红军纪念园为重点的红色旅游景点。稳步推进以古风古貌为重点的传统文化之旅，加快月岭古民居、唐景崧故居、文市石林以及传统古村落保护开发；着力开发以红豆杉和生态有机农业为特色的绿色生态长寿之旅，重点建设国家长寿公园；探索建设水上旅游通道。抓住桂林建设国际旅游胜地的机遇，打造重点区域旅游联盟。推动灌阳与阳朔、兴安旅游连接，建设桂林大旅游圈东线旅游集散中心；推动灌阳与湖南江永、道县文化对接，打造环千家洞旅游经济区。

提升旅游服务能力。建设县游客集散中心，加强连通主要景区道路和停车场建设，加强乡村旅游厕所建设和改造；逐步开通城区至各主要旅游区公交专线。建设度假型酒店、会议型酒店、汽车旅馆、农家旅舍等符合商务旅游、自驾车旅游、体验旅游等旅游住宿设施。着力提升旅游业的信息化水平和科技支撑能力，建立旅游公共信息服务平台，探索发展“智慧旅游景区”。支持建设一批特色旅游商品研发、生产基地和购物场所，加快开发陶瓷、竹编、特色农副产品等具有地方特色和文化内涵旅游商品和纪念品。以灌阳油茶和灌阳红薯产品为主打特色菜系，提高旅游餐饮业水平。加快旅游人才引进和培养，提升行业从业人员水平。

到 2020 年，形成 2500 张床位以上的接待能力，建设多个智慧旅游乡村。

加强旅游宣传推广。积极利用节庆、会展、网络促销等多种手段，加大宣传促销力度。抓住瑶族发祥地这一优势资源，充分利用“二月八”农具节、“六月六”雪梨黑李节等节庆活动，提升灌阳整体旅游形象。积极参加各类展会，大力推介灌阳旅游资源。依托“互联网 +”，探索开辟专业旅游网站。

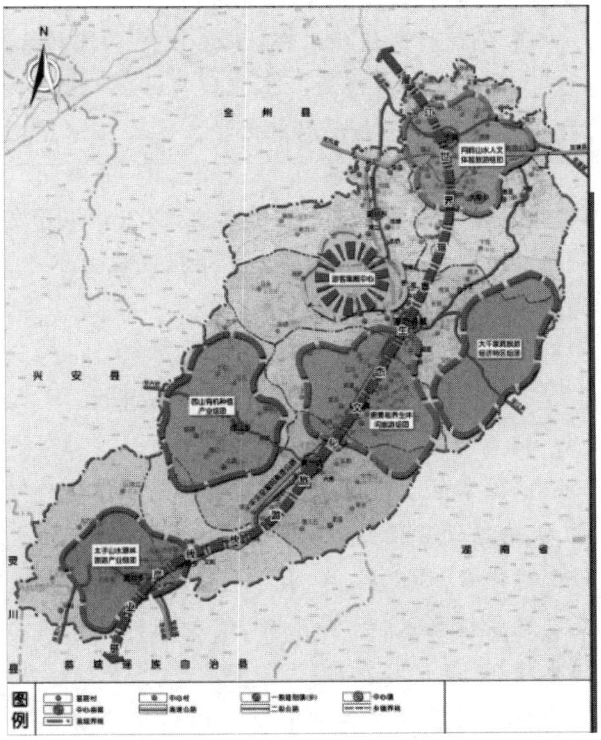

图 5　旅游规划布局示意图

第二节　积极发展休闲养生产业

利用生态优势和红豆杉特色，深入挖掘瑶医瑶药资源，以生态农业和古村落为基础，打造一批休闲养生基地，重点推进观音阁乡休闲养生城镇项目、洞井休闲农业示范区、灌阳县大井塘生态养生旅游休闲村建设、灌阳县观音阁揽胜绿色生态观光园。深入挖掘养生文化，继承和创新瑶医瑶

专栏4:新型城镇化重大工程

1. 县城重大建设工程

城区基础设施重大工程:加快建设灌阳县城地下管廊建设工程、灌阳县城绿化工程、灌阳镇移民安置区绿化、亮化工程、灌阳县路灯节能改造项目、灌阳县城城市管道燃气工程、保障性安居工程、灌阳县市政设施完善工程、、灌阳县城备用水源(第二水源)供水工程、灌阳县城供水管网改造工程。

城市路网工程:建设灌阳县绕城线、灌阳县滨江路项目、灌阳县移民大道(义马路)、灌阳县移民区内道路、灌阳县移民创业道路工程、灌阳县移民大桥、灌阳县滨江西路(建设路至龙江路段)、灌阳县风雨桥。

2. 乡镇重大建设工程

集镇面貌改善工程:完成黄关、文市百镇示范镇建设,建设水车乡广场及停车场,推进杨柳井、朱岩冲房屋立面改造建设。

集镇基础设施工程:加快灌阳县黄关镇移民区大道、灌阳县文市镇城东移民大道建设、水车乡江西新区公路及水车二桥建设项目建设、文市镇给水管网改建工程。

生态新农村建设工程:完成建设生态新农村点60个。

3. 传统村落保护工程:争取15个传统村落列入国家级传统村落,争取完成洞井村申报中国历史名村,加快农村危房改造工程和农村垃圾终端处理项目。推进洞井乡古民居保护开发工程(洞井村、桂平岩、太和村)、传统村落保护工程。

药、饮食习俗蕴藏的生态保健养生文化,积极开发特色养生产品和有机食品。不断提高医疗水平,谋划开设特色瑶医门诊。

第三节　着力发展商贸服务业

以国家电子商务进农村综合示范县创建为契机,大力建设县级综合电子商务平台、乡镇交易仓储配送中心,构建县、乡(镇)、村级网络体系,实现交易额快速增长,到2020年,实现社会消费品零售总额24.57亿元左右。

积极发展传统商贸产业。以传统商贸产业为基础,电子商务为动力,加快城区商贸业繁荣发展。重点加快推进江东新区建设和各乡镇农贸市场改造升级,加快建设水果、农副产品批发市场和物流配送中心。开展形式多样的促销活动,活跃城乡市场,促进城乡消费。特别是加强外销水果质量安全监管,抓好水果流通工作,实现水果出口创汇。

大力发展新兴电子商务。巩固“国家电子商务进农村综合示范县”创建成果,积极实施“互联网+”战略,继续扩大电子商务服务点覆盖率,建设电子商务综合运营公共服务中心。力争引进和培育一批专业电子商务龙头企业,促进电子商务与实体经济深度融合。

第四节　大力发展金融服务业

抓住国家大力扶持发展农业及金融机构改革机遇,积极主动与金融机构对接,规范县域信用秩序,改善信贷环境,全面推进信用体系建设。通过整合政府、金融、企业三方相关资源,开发适合产业发展的信贷产品。利用中小企业多、农畜产品丰富、森林覆盖率高等优势,推动企业进行股权交易融资、订单交易、碳汇交易等试点工作。结合国家电子商务进农村综合示范县建设,探索发展农村互联网金融。

第六章　建设新型城镇化促进城乡协调发展

照优先发展县城和中心镇的原则,着力塑造城市特色,强化城乡规划调控,加强产城融合,完善城镇功能,强化城市管理,推进住房保障,增强城镇吸纳人口和产业承载能力,推动产、城、人融合发展。继续以新农村建设为重点,加快农村危房改造,提高中心村资源聚集能力,努力提高农村公共服务水平。推动城乡功能、环境、形象、品味迈上新台阶,形成以县城为中心,以文市、黄关两个建制镇为次中心,带动全县城乡一体化发展的格局。

第一节 优化空间布局 产城互动发展

优化空间布局。按照城乡一体化的总体思路,继续坚持以县城为中心,黄关、文市两镇为次中心,沿灌江、全沙省道、绕城路为轴线,全面提速城乡建设。县城和黄关、文市两个建制镇通过改造提升城市化水平,近城郊区和新街镇、新圩镇通过城乡统筹加快推进一体化进程。北面以文市镇为中心带动并辐射水车、新圩两乡一体化建设。南面以黄关镇为中心,带动和辐射观音、洞井、西山三乡一体化建设,逐渐形成“一个中心,两个次中心,三条轴线”的城镇空间布局。

县城建设。以旧县城为中心,西建东扩,北延南连,扩大县城框架,重点建设江东新区、瑶乡小镇、西山坪片区、高速路口片区(灌平高速县城出口),建设县城外环城市道路,形成“一带两轴两心四组团”的城区格局。加快县城老区改造提升,推动新区建设,加大民生工程投入,加快完善住房、交通、能源、供排水、消防、信息等基础设施建设,提高城镇承载力和可持续发展能力。重视消防能力建设配套,按规划标准配备消火栓。加强保障性住房、燃气管网、市政设施、绿地绿带建设,推进公园、医疗机构及文化体育设施建设。到2020年,城区面积超过8平方千米、人口达到5万人左右。

重点镇建设。将产业发展与城镇建设有机结合,以产业发展带动小城镇建设,实现产城融合。将农村产业融合发展与新型城镇化建设有机结合,引导二、三产业向县城、重点乡镇及产业园区等集中。加强规划引导和市场开发,培育农产品加工、商贸物流等专业特色小城镇。强化产业支撑,实施差别化落户政策,努力实现城镇基本公共服务常住人口全覆盖,稳定吸纳农业转移人口。县域北部以文市镇为中心,依托工业基础、旅游资源及交通优势,重点突出旅游业、工业及农贸业,打造工业、旅游、商贸重镇。县域南部以黄关镇为中心,依托小水电及南方电网过境优势,重点突出木材加工、农副产品加工和农贸业,加速建成生态林木、农产品加工重镇。

特色镇建设。积极发挥各乡镇优势产业的带动作用,加快特色城镇发展。将西山建设为以红豆杉为主题的长寿特色小镇,洞井建设为以瑶族为主题的瑶族特色小镇,观音阁建设成为高山生态农业特色小镇,新街建设为以桂剧为主题的文化特色小镇,新圩建设为以红军长征为主题的红色文化体验小镇。加快发展养生养老房地产业。

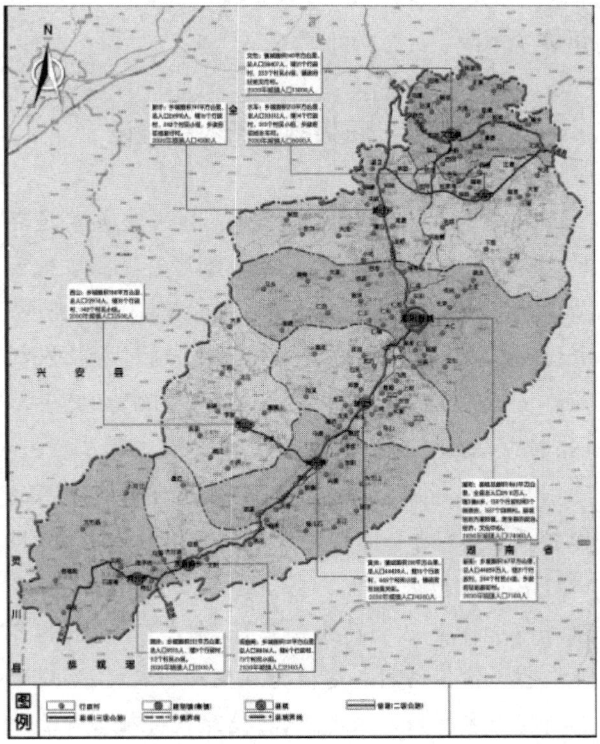

图6 县乡体系布局示意图

第二节 创新城镇建设和管理方式

创新工作思路,树立经营城市的理念,强化城镇管理,坚持专项整治与宣传教育相结合,进一步提高城镇综合管理水平,确保城市管理更上新台阶。认真研究城市经营的超前方式与途径,通过对城市资源使用权、经营权、冠名权等相关权益的市场运作，充分吸引社会资金参与城市建设。

创新城镇化投融资机制。放宽县域城镇建设市场准入，积极推广政府与社会资本合作(PPP)模式，支持和引导社会资本平等参与城镇开发、建设和运营。探索利用工程供水、污水垃圾处理等预期收益质押贷款，允许利用相关收益作为还款来源。加大信贷资金支持县城和小城镇市政设施、公共服务设施建设和产业发展的力度。

加强城市建设管理。提升完善生活垃圾处理系统，新建乡镇建筑垃圾填埋场，将部分城市管理项目纳入市场化管理。完善城市环卫设施、公厕、停车场等公益设施的建设。加强舆论宣传，提高居民的城市管理建设参与意识。建立综合的城市管理体系，强化城市管理职责分工，建立健全考核监督机制。加大城镇执法管理力度，深入开展城镇综合治理。

第三节　积极推进新农村建设

积极稳妥推进新农村建设，加快改善人居环境，扎实推进农村环境综合整治工作，提高农民素质，推动“物的新农村”和“人的新农村”建设齐头并进。根据就近、就地城镇化原则，通过加快农村饮水安全建设、电网升级改造、危房改造、完善路网、村屯绿化、污垃处理、防灾减灾设施等工程，合理利用民族村寨、古村古镇，重点进行传统村落的保护开发，建设一批特色景观旅游名村和新农村，促进农民就地城镇化。整合资金，加大投入，各乡镇每年选择1–2个产业基础好、生态环境优，具备开发打造价值的村屯建设亮点生态新农村，实现生态新村与乡村旅游深度融合，提升农村人居质量。

第七章　夯实基础设施
保障经济持续发展后劲

第一节　构建“内通外联”的城乡交通运输网

实施交通突破战略，按“增高速里程，拓出县通道，建城乡通途”的思路，牢固树立“大交通铸就大发展”的理念，强力推进交通基础设施建设。紧紧围绕“加快建设湘桂区域性综合交通枢纽的重要节点、桂东北重要物流节点”的总体目标，着力提升过境省道快速化水平，加快融入桂林“1小时经济生活圈”，初步形成灌阳连接桂(林)贺(州)和永州等桂北湘南地区的交通运输枢纽的重要节点，构建二纵四横的陆路交通网络格局，打通交通南北向大动脉，彻底破除制约瓶颈。同时全方位打造民生交通、经济交通，着力推动农村交通基础设施网络建设，做好工业园区、景区的路网建设。实现全县“内通外联”综合交通枢纽建设目标。

将重点突出以高速公路为主体，出境高等级干道为辅助的交通大建设，力争灌阳经恭城至平乐高速公路、灌阳至湖南江永公路、黄关至兴安漠川公路、洞大公路等项目开工建设，推进S302改扩建工程；疏通灌江航线，加强渡改桥建设，扩建官塘渡口及水车水库渡口。

图7　交通设施布局图

第二节　夯实水利基础设施

以防汛减灾为重点，加快推进骨干水源、城乡饮水安全、农田灌溉、防洪、水能资源开发和中小河流治理工程等薄弱环节建设，夯实县域水利基础，为县域经济社会发展提供保障。重点推进节水灌溉工程建设，切实增强农田灌排能力，保障粮食生

专栏5:基础设施重大工程

1. 交通设施重大工程:

出口通道工程:建设灌阳经恭城至平乐高速公路、桂林永安关经水车至灌阳段公路、灌阳县至湖南江永县省际联网公路、灌阳县西山至兴安县漠川公路建设、灌阳洞井至潮田二级公路、全州白宝-灌阳文市(勒塘-百板洞段)、水车-S302省道(湖南仙子脚)。

城乡交通工程:长渡至文市公路改建、灌阳新圩平田至文市瑶上公路、新卫至灌阳县城、灌阳镇-水车(长坪-水车)、灌阳县江东客运站、水车乡客运站建设以及西山客运站升级改造项目。

2. 水利设施重大工程。建设灌阳县水资源配置工程、灌阳县灌阳河防洪整治工程、灌阳县县城涝片治理工程、灌阳县山洪治理工程、灌阳县中小河流治理工程,新建小龙、雷坪、长坝塘、班田、社公塘等五座水库。

产安全。切实做好城乡供水和防洪工作,保障日常生活和工业用水。继续扩大农村饮水安全覆盖范围,加快中小河流治理和水土保持重点工程项目建设。鼓励社会资本投入水利基础设施建设。

大力开展农田水利建设,提高农田水利的灌排能力和灌溉水利用系数;加大新建中小型水库建设力度,提高水库蓄水能力和防洪减灾能力;积极推广节水技术,在有条件的连片农业生产基地进行滴灌、喷灌等节水灌溉示范,用先进、高效的设备装备农业。重点推进农业生产关键环节的机械化,改善农机装备结构,新增1~2个水稻全程机械化示范点建设项目。到2020年,基本建成基础牢固、洪旱兼筹、节水增效、水资源合理配置和高效利用的安全水利保障体系。

第三节 积极加快城乡智能化建设

以全国电子商务进农村示范县创建为契机,完善信息基础设施,推动光缆入村入屯入户建设。2017年基本实现行政村宽带信息网络全覆盖,2020年基本实现自然屯宽带信息网络全覆盖。

以建设"智慧灌阳"为目标,大力提升信息化在工业新型化、农村城镇化、农业现代化中的运用水平,加快信息技术在政务、教育、农业、工业、旅游方面的应用。加强信息基础设施建设,建立跨部门跨地区业务协同、共建共享的公共服务信息体系;加快企业信息化和工业化深度融合和农村电子商务平台建设。

第八章 强化保护传承推动文化大繁荣

以建设桂北文化艺术城为目标,推动瑶族文化、桂剧文化、茶食文化、农具文化、红色文化、现代美术文化、古建筑文化开发传承和发展,打造独具特色的地方文化事业,构建文化繁荣新局面。

第一节 做好保护传承和创新发展

加强历史文化遗产保护力度。做好新圩红色旅游文化基地、唐景崧故居、传统古村落保护开发等工程,力争在"十三五"期间申报成功一个传统村落为全国重点文物保护单位。做好非物质文化遗产的传承和保护,重点推进以灌阳桂剧、灌阳二月八农具节、灌阳瑶族油茶、灌阳红薯粉丝传统制作工艺为代表的非物质文化遗产保护和传承,鼓励和支持传承人开展传承活动,建设一批以桂剧为代表的非物质文化遗产基地和传承所;深入挖掘文化资源,积极开展非物质文化遗产申报工作,推动洞井牌灯舞申请非物质文化遗产工作。加强红色文化的挖掘和保护,统筹推进灌阳县湘江战役修缮二期、三期工程以及灌阳县酒海井红军烈士纪念园和杨柳井红色旅游新村建设项目。

积极发展现代文化。以现代美术文化为突破点,以瑶乡小镇为依托,打造灌江十里瑶族吊脚楼,建设盘王雕塑建筑群、瑶族文化博物馆、瑶族文化产业园,逐步形成文化中心区。发挥"漓江画派”写生基地和“都庞岭下画家群”的优势，大力发展现代美术文化。

第二节　健全公共文化服务体系

加快城乡公共文化设施、广播电视、互联网基础设施建设，构建覆盖城乡的公共文化服务体系。重点建设好县体育馆工程，加快推进乡镇文化站、农家书屋、文化信息资源共享工程、村级文化室、农村体育健身广场、广播村村响等工程建设。鼓励民间文艺创作和演出，积极开展娱乐健身、文艺创作、讲座培训、读书读报等经常性文体活动，继续开展送戏、送电影、送文体活动下乡工作，满足群众文化体育生活需要。“十三五”时期，新建村级公共文化服务中心50个，村级标准篮球场50个，村级农家书屋50个，新建新街镇、灌阳镇、水车乡3个乡镇广播电视无线发射台站，实现100%行政村建成村级公共服务中心，广播电视村村通全覆盖。重点建设灌阳县村级公共服务中心、灌阳县数字电影综合大楼、灌阳县图书馆等项目。

第三节　推动文化产业发展

加强文化与旅游产业融合。积极将瑶族文化、红色文化、古建筑文化、桂剧文化等通过广播、影视、动漫、游戏、摄影等多种表现形式，打造一批具有浓郁地方文化特色和艺术魅力的演艺精品。鼓励企业将文化元素应用到产品设计、包装设计及建筑设计上。鼓励开发文化旅游商品。

出台文化发展相关政策，支持本地文艺事业发展。扶持和培育文体企业和个人，大力支持县文化艺术团自主经营，鼓励发展民间文艺团体，培养民间艺人。鼓励开展文艺演出、节庆文化活动，鼓励有条件的乡村组织文艺演出队进行商业表演。

第九章　建设生态文明　构建和谐新篇章

第一节　严格主体功能区定位

坚持主体功能区定位，以转变发展方式为主线，调整优化空间结构，提高空间利用效率，合理控制开发强度，把适宜开发的国土空间开发好，把不适宜开发的国土空间切实保护好，构建科学合理的城镇化格局、农业发展格局、生态安全格局。

以县城和重点镇为重点推进城镇建设和工业发展，引导农产品加工、流通、储运企业集聚，避免过度分散发展工业导致过度占用耕地。

实行最严格的耕地保护制度，积极做好土地整治工作，确保基本农田保护面积占耕地总面积的80%以上。禁止将有毒、有害废物用作肥料或用于造田，严禁危险废物占用耕地。

严格保护生态控制点、生态廊道和生态隔离带，加大林地保护力度，严格执行建设项目征占用林地定额，适度保障国家基础设施及公共建设使用林地，控制城乡建设使用林地，限制工矿开发使用林地，规范商业性经营使用林地。

图8　生态建设布局示意图

第二节　加快生态建设和环境保护

加快生态建设。坚持生态优先和资源保护原则，加强对国家级千家洞自然保护区、自治区级海洋山自然保护区建设，严格保护区内土地利用管理，禁止开展与区域生态环境功能定位不符的生产建设活动。完善山地森林生态系统结构，保护和修复湿地、草地、地质公园等生态系统，建立灌江两岸湿地公园，改善物种的栖息环境，强化水土保持与水文调蓄功能，有计划关停对生态有影响的小水电站。推进天然林、水源林保护和生态公益林建设，调整树种结构，大力发展以红豆杉为主的珍稀树种造林，限制速生桉种植。加快推进退耕还林（草）、水源地保护和石漠化综合治理工作，恢复常绿阔叶林的乔、灌、草植被体系，提高森林覆盖率。加强森林资源管护和生物多样性保护，切实保护珍稀、濒危野生动植物、古树名木及自然生态环境。加快和提升城镇、村屯、河流、道路等绿化速度和水平。到2020年，人工造林5万亩（包括更新造林），森林覆盖率达到75%，森林蓄积量达到910万立方米。

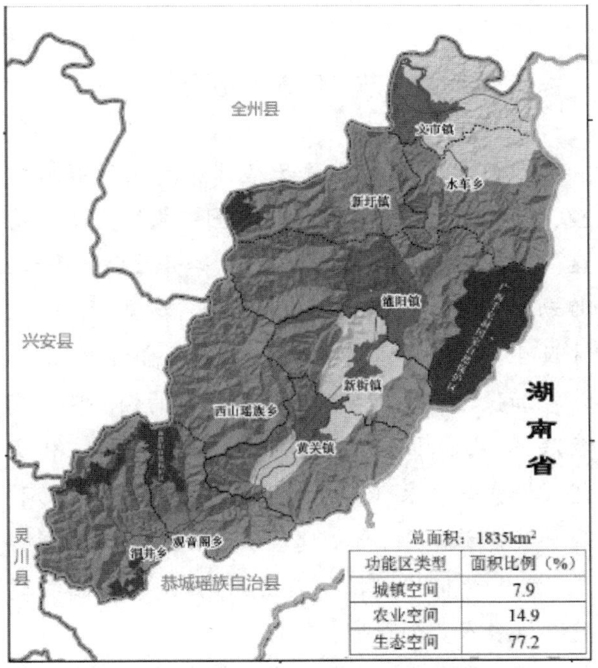

图9　自然保护区布局示意图

加强环境保护。加强水污染防治，保障城乡饮用水安全。推进城镇污水处理厂和配套管网建设，提高污染治理效果。加强农村面源污染控制与治理，推行开发区污染集中治理，加快城镇生活垃圾集中处理设施建设。严格规范矿山开采管理，以项目作为开采的依据，定量定批安排；建立复垦考核制度。加强城乡饮用水源地和农村自然水体的保护，重点保护包括洞井至三联村段三类水源保护区、三联村至莫家村段二类水源保护区、莫家村至汇入湘江段三类水源保护区。强化工业废气、机动车尾气和城市扬尘源污染治理，县城建成空气质量监测系统。加快农村环境综合整治，深入推进“清洁乡村，美丽灌阳”工作，大力推广清洁养殖、生态养殖，有效改善农村生产生活环境。到2020年，县城污水处理率达90%以上，重点镇污水集中处理率和垃圾处理无害化处理率达80%以上，农村生活污水处理率达45%以上，生活垃圾无害化处理70%以上，全县沼气池入户率力争达80%以上。

第三节　做好资源利用规划和管理

根据目前已知的土地、矿产等非再生资源，做好资源利用规划，明确资源储量，明确资源利用方向，做到保护性开发。在实际开发中，要根据储量安排产量，根据产量安排项目。在具体生产过程中，要加强全过程节约管理，大幅降低能源、水、土地消耗强度，提高利用效率和效益。在现有工业中，要抓好重点领域和重点企业节能减排工作，积极淘汰落后产能。加强气候资源保护，合理开发和利用气候资源，充分发挥气候资源的价值。

专栏6：生态建设和环境保护重大工程

生态建设工程：灌江流域防护林工程、石漠化综合治理工程、沼气建设工程、村屯绿化工程、森林防火工程、林下经济建设工程。重点推进太子山原始森林保护工程、灌江两岸森林生态培育工程（灌江两岸湿地公园）、古红豆杉群落保护项目

环境保护基础设施建设：灌阳县城雨污管网完善工程、新街镇污水处理项目、水车乡江西新区排污管道项目、新圩镇污水处理工程、文市镇污水处理工程、观音阁乡500吨污水处理厂、灌阳县西山瑶族乡污水处置项目以及乡镇垃圾处理设施项目。

第四节　大力发展生态产业

明确生态主导、保护优先的产业发展导向，提高生态环境准入门槛，逐步淘汰“两高一资”项目，积极发展环境友好型、低碳、低污染（无污染）产业。鼓励和推行资源集约化利用，优先支持工业废水回收和污水处理项目、资源综合利用项目、废弃物回收利用项目、再生能源开发项目。重点做好冶炼、石材产业的生态化改造，加快余热发电、石材废料的综合利用，大力发展清洁能源。

调整优化种植业结构，积极发展林下经济，鼓励发展油茶造林、中药材种植项目，大力发展生态种养，积极推广“养殖—沼气—种植”生态种养模式，提高无公害、绿色和有机产品比重。以千家洞保护区为核心、红豆杉为特色的特色景区和旅游精品线路，大力发展生态旅游。

第十章　深化改革创新　保持发展新动力

第一节　加快全面深化改革

行政体制改革。进一步理顺职能，降低行政成本，提高行政效率。建立权力清单制度，完善各部门权力清单、责任清单及财政专项资金管理清单动态调整和监管机制，推行企业投资负面清单管理。进一步减少审批环节并简化程序。抓紧政务服务综合楼建设进度，切实推进一站式服务，推行行政审批专用章制度。深化工商登记制度改革，营造全民创业、万众创新氛围。推进“扩权强镇”，继续下放经济社会管理权限。深化部门预算管理，巩固县级财政改革成果，完善公共财政体系。

经济体制改革。充分发挥市场在配置资源中的基础性作用，以资源要素市场化改革为重点，通过调整城镇土地使用税、实施差别化地价政策、改革工业用地出让方式、实施差别化电价、水价等措施，完善用地用能等机制体制，促进产业结构调整优化升级。推进园区扩权改革，打造现代产业集聚发展平台。建立有利于产业转型的招商引资考核导向机制。加快企业信用担保体系建设，引导融资性担保机构加大对中小企业担保。在国家政策允许的范围内全面开放投资领域，多措并举吸引社会资本参与公共产品和公共服务的投资、运营管理。

农村综合配套改革。根据依法、自愿、有偿的原则，推进土地承包经营权流转，加快发展农村土地股份合作、土地信托等新型经营模式，引入现代管理手段和工商资本要素参与现代农业建设，激发农业和农村发展活力。健全对被征地农民的合理补偿机制。制定农村承包土地经营权抵押贷款试点方案。继续完善和深化集体林权制度配套改革。开展果园、林下产业以及林木权证抵押贷款试点。探索发展村集体经济试点。深化户籍制度改革，全面实施居住证制度，建立城乡人口流动新机制，构建城乡一体的户籍制度，鼓励富裕起来的农民进城购房居住，引导和推动人口向城市集聚，促进农民就地城镇化。

第二节　深入开放合作

积极参与湘桂合作和桂林旅游国际胜地建设，积极融入“一带一路”“中国—东盟自由贸易区”“中国桂林国际旅游博览会”等开放合作平台，推动农业、工业、交通、旅游、信息、物流、科技、人才及生态环保等领域的对外交流与合作，特别是注重加强与周边市县区实行跨区域的经济贸易交往联系，扎实推进与周边区域的经济科技文化交流。探索与江永、道县、恭城共同打造大“千家洞”瑶族生态旅游圈，与福建瑞安、兴安、全州共同打造“红军长征体验区”，与全州两河乡合作，共建跨县返乡人员创业园。

借助“一带一路”，重点扶持本县企业和产业“走出去”，推进选矿机械产品不断拓宽海外市场。巩固和扩大“水果出境登记果园”面积，利用原有的产品出口渠道和电子商务平台扩大特色产业出口量。将以雪梨、黑李、脐橙、桃子为主的优势水果销往国外，使水果成为创汇主渠道。

第三节　加大招商引资

围绕建设国家重点生态功能区，以承接产业

转移、资源开发、城市建设、园区建设为重点，谋划和储备一批关联度高带动性强的招商项目，建立充实招商引资项目库。创新招商引资模式，以健康长寿及旅游产业为导向，重点引进一批低耗能、低污染、高附加值的企业，增强经济发展后劲和可持续发展能力。强化项目服务，提高项目履约率、开竣工率、资金到位率，提高招商引资质量。

第四节　推进创新创业

改善用人体制。改革用人政策，加快人才本地化，对回乡就业的大学毕业生实行补助政策，特别是对大学生村官、教师，在待遇、岗位调动方面优先考虑。灵活用人政策，通过聘用人才或政府购买服务方式，解决编制不足问题。鼓励在外务工人员回乡务工创业。鼓励企业引进高技术人才。建立和完善政府、企业、社会多元化的人才培养机制，培育创新型人才。

搭建创新发展平台。充分利用广西选矿机械产品（磁选机）质量监督检验中心这一平台，加强与国内外科研院所和高校合作，不断提升科研水平，打造成为全国的选矿机械研发中心和制造基地。加快推进广西铁合金产品质量检验中心建设。鼓励企业建设技术中心，引导和支持创新要素向企业集聚。

落实创新创业政策和措施。认真落实国家及区、市有关创新创业政策和措施，重点支持技术创新成果创业、电子商务创业。制定相关政策，鼓励在外经商人员、大学生回乡创业。

第十一章　落实精准扶贫打赢脱贫攻坚战

认真贯彻落实中央扶贫开发工作会议精神，按照自治区及桂林市相关部署，坚持精准扶贫、精准脱贫基本方略，切实把脱贫攻坚作为最大的政治责任、最大的民生工程、最大的发展机遇，以“攻坚五年、圆梦小康”为主题，全力推进脱贫攻坚“七个一批”“十大行动”，坚持全党动员、全民参与，举全县之力，坚决打赢脱贫攻坚战，确保全县现行标准下贫困人口到2020年全部脱贫，65个贫困村脱贫摘帽。确保我县贫困地区、贫困人口与全县同步实现小康。

第一节　认真落实精准扶贫措施

扶贫对象精准、项目安排精准、资金使用精准、措施到户精准、因村派人精准、脱贫成效精准，搭建扶贫大数据管理平台。坚持问题导向，因地制宜，针对建档立卡扶贫对象的不同致贫原因、不同帮扶需求，精准实施扶持生产发展一批、转移就业扶持一批、移民搬迁安置一批、生态补偿脱贫一批、教育扶智帮助一批、医疗救助解困一批、低保政策兜底一批“七个一批”扶贫攻坚行动计划。充分挖掘潜在优势，统筹推进特色产业富民行动、扶贫移民搬迁行动、农村电商扶贫行动、农民工培训创业行动、贫困户产权收益行动、基础设施建设行动、科技文化扶贫行动、金融扶贫行动、社会扶贫行动、农村“三留守”人员（留守妇女、留守儿童和留守老人）和残疾人关爱服务行动“十大行动”，带动全县精准扶贫、精准脱贫工作。

第二节　创新精准扶贫新路径

根据国家扶持政策，结合实际，按照宜农则农、宜工则工、宜商则商、宜游则游的原则，通过实施多项精准扶贫措施，创新我县精准扶贫新路径。

加快推进产业扶贫，引导贫困村、贫困户种植粮食、水果、蔬菜、食用菌、中药材以及养殖牛、竹鼠等特色禽畜品种；鼓励加工企业和销售商与贫困村、贫困户合作，采取订单生产、基地合作模式，带动贫困户脱贫。实行差别化政策和倾斜扶持措施，支持贫困村创建特色现代农业（林业）示范区，辐射带动贫困村（屯）和贫困群众，形成“一乡一业”“一村一品”。

坚持“互联网＋扶贫”发展战略，实施电商扶贫。加强贫困村（屯）信息网络基础设施建设，积极推广电子商务进农村扶贫模式，以建档立卡贫困村为重点发展对象，通过技术培训、市场对接、资源投入、政策支持、提供服务等形式，扩大农产品、特色产品网上销售规模，引领农村电子商务发展，提升贫困户运用电子商务创业增收脱贫致富的能力，加快脱贫致富步伐。

深入实施乡村旅游富民工程。着力扶持自治区重点旅游扶贫村的公共服务配套设施建设、旅游景区建设以及当地旅游产业发展，创建旅游扶贫示范区。支持景区附近贫困村、贫困户大力发展农家乐和农产品销售，鼓励景区企业吸纳有劳动能力的贫困户到景区就业。引导支持有条件的贫困村、移民搬迁安置新村充分利用当地旅游资源，开展红色旅游、民族风情游、生态风光游等乡村旅游。

推进产城互动。把城镇化、工业化、农业现代化与扶贫开发工作相结合，大力推动以工辅农，加快城市化和新型工业化进程，促进产城互动发展，让城镇成为吸纳农民进城就业和外出农民工回乡创业的“容纳器”和“吸铁石”，有序促进农村转移人口市民化。

生态移民搬迁。对符合国家易地扶贫搬迁政策的农户和村庄，实施扶贫生态移民搬迁。完善搬迁安置点土地改良、生态建设、道路建设、产业培育及公共服务设施，为移民群众营造舒适的人居环境和良好的发展环境，加强技能培训，确保搬得出、住得稳、活得好。到2020年，完成我县扶贫移民搬迁12586人。

第三节　建立精准脱贫责任制度

要严格实行“一把手”负总责的脱贫攻坚责任制，构建以县为主体、乡村落实、部门配合的工作机制，实行“三级书记”一起抓。强化乡镇在脱贫攻坚中的工作主体、责任主体、实施主体地位，全面落实责任、权力、资金、任务“四到乡镇”制度。层层签署脱贫攻坚责任书，逐级立下军令状，建立年度脱贫攻坚报告制度和年度扶贫开发工作逐级督查制度。创新完善精准识别工作机制、资产收益扶贫机制、考核激励机制、财政稳定投入机制、扶贫资源资金整合机制，建立贫困村屯退出机制和脱贫激励机制。全面落实定点帮扶单位、驻村工作队、贫困村党组织第一书记的帮扶职责和激励政策。

第四节　提高社会参与积极性

完善社会力量精准帮扶机制，建设信息平台和服务网络，发布社会扶贫援助和求助信息，公布社会扶贫项目，实现社会扶贫资源与贫困村（屯）、贫困户帮扶需求精准对接。充分发挥各民主党派、工商联、群团组织、社会组织的作用，强化“光彩事业”“希望工程”“春蕾计划”“贫困地区儿童营养改善计划”“扶贫志愿者行动计划”等扶贫公益品牌效应，引导更多的社会资源投向贫困地区。

第十二章　改善民生需求
提高公共服务均等化水平

坚持经济发展以保障和改善民生为出发点和落脚点，全面解决好人民群众关心的教育、就业、医疗卫生、社保、食品安全等问题，让经济成果更多、更公平、更实在地惠及广大人民群众。

第一节　优先发展城乡教育事业

稳健推进素质教育，提高基础教育质量，推进义务教育均衡发展，实现教育公平。扎实推进学前教育，完善学前教育管理体系；加大义务教育投入，加强教育基础设施建设和教师队伍建设，加快中小学布局调整，实施中小学标准化工程，力争新建一所幼儿园、一所小学、一所中学、一所高中，进一步改善办学条件，缓解中小学就学压力；加强教师培训，制定激励政策，改善教师待遇，稳定教师队伍。引导优秀教师到农村支教任教，提高农村学校的教育教学质量。加强教育信息化基础设施建设，推进信息化在教育教学中的深度应用。普及高中阶段教育，逐步把义务教育延伸到高中阶段。强化发展职业教育，逐步将县职业技术学校建成集教师进修培训、就业和扶贫培训、农民职业培训、电大教育为一体的教育综合服务平台，培养适合产业发展需要的技能人才、职业农民。到“十三五”末，实现各乡镇都有一所示范幼儿园，全县学前三年毛入园率达

85%,九年义务教育巩固率达 95%,高中毛入学率达 90%。

鼓励各类志愿者到我县支教,扩大教育对外交流。

第二节 积极增加就业和再就业

大力发展商业特许经营、连锁经营,大力发展金融租赁、节能环保、电子商务、现代物流等生产性服务业和旅游休闲、健康养老、家庭服务、社会工作、文化体育等生活性服务业,有效增加就业岗位。

坚持以就业为导向,强化实际操作技能训练和职业素质培养,重点实施农民工职业技能提升和失业人员转业转岗培训,增强其就业和职业转换能力。加强职业技能鉴定,提高从业者业务水平。

坚决落实创业扶持政策和注册资本登记制度改革,优化创业环境,鼓励社会各类人员创业。加快建设返乡人员创业园,发挥创业孵化作用,进一步降低创业成本。

遵循市场发展规律,通过社会保险补贴,鼓励企业吸收就业困难群体。积极开发公益性岗位,收集城镇新增的城管、环卫、园林等政府公益性岗位,为农村贫困劳动力安排就业,提高困难群体就业水平。

第三节 完善健康服务体系

完善健康服务体系,不断适应人民群众对医疗卫生服务的需求,全面提高医疗卫生服务水平和突发公共卫生事件的应急能力,逐步解决“看病难、看病贵”问题,为人民群众身心健康服务。到 2020 年基本完成医药卫生改革目标任务,覆盖城乡居民的基本医疗卫生制度初步建立。

推进基层医疗卫生机构标准化建设,完善以县级医院为龙头、乡镇卫生院为骨干、村卫生室为基础的城乡基本医疗服务保障体系。

健全应急处置、信息、疾病预防控制、卫生监督、医疗救治和人才建设等公共服务,提高应对突发公共卫生事件和预防控制疾病的能力。强化重大传染病、地方病和职业病的防治工作,提高全社会健康水平。加快计生服务机构建设,提高计划生育服务水平。坚持计划生育基本国策,依法实施全面两孩政策,进一步做好政策宣传、生殖健康、妇幼保健等各项服务。加快非公医疗机构发展,鼓励发展瑶医诊所。加强医疗卫生人才队伍建设,保障卫生从业人员合理待遇,提高薪酬吸引力,解决人才外流及人才难引进的难题,重点加强农村卫生、公共卫生专业技术人员和护理人员的培养,通过专业进修、培训、交流学习等方式提高卫生从业人员的专业水平。

第四节 统筹城乡社会保障

建立健全社会保障与就业联动机制,积极推动各类单位和人员参保,新农合、城乡居民养老保险参保率达百分之百。进一步提高城乡低保、保障房建设、农村五保供养、医疗救助、孤儿救助、自然灾害和临时困难救助水平和保障标准,规范完善社会救助体系。完善医疗保险制度,逐步提高医疗保险待遇。积极发展慈善事业,做好社会慈善、社会捐助、群众互助等社会扶助活动。

妥善解决好被征地农民的社会保障,探索农村土地承包经营权置换社会保障的新模式。完

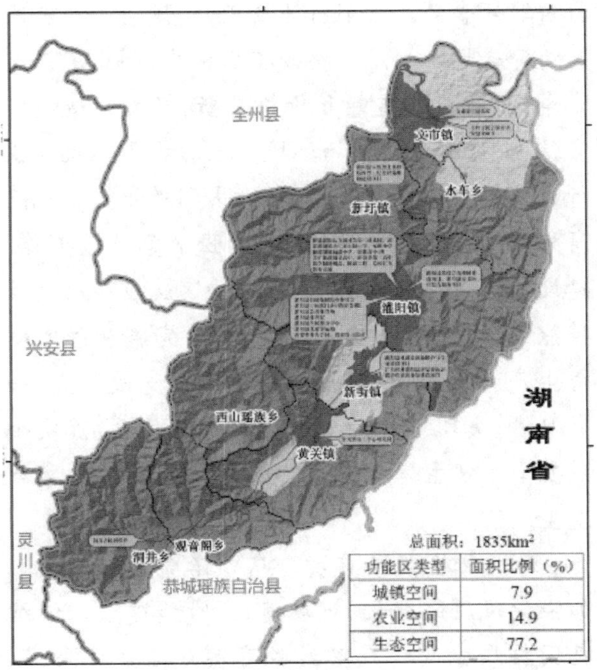

图 10 重大公共服务设施布局图

专栏7:扎实抓好民生保障,努力增进民生福祉

教育事业。重点完成义务教育阶段学校改扩建项目、灌阳县高中阶段新建学校项目、灌阳县高中阶段学校改扩建项目、灌阳县移民中学、灌阳县移民小学、灌阳县移民幼儿园建设。

文化体育事业。推动实施广播电视村村通、村村响工程。新建灌阳县公共体育场、体育馆、全民健身中心、少年宫建设。

卫生事业。推进灌阳县妇幼保健院业务用房、灌阳县中医院门诊住院综合楼、灌阳县移民医院项目建设。

社会保障事业。到2020年,乡镇社会养老服务中心建设实现全覆盖。完成殡仪馆、陵园和灌阳县民政综合服务项目等建设项目。

善城乡医疗保险关系转移办法,实现农村合作医疗、城镇居民医疗保险和城镇职工医疗保险的有效衔接。

加快社会福利和社会服务基础设施建设,重点建设灌阳县养老医疗综合服务项目,鼓励社会资本投资养老事业。加大对百岁老人的关爱。

第五节　共建和谐新秩序

规范经济社会秩序。大力推进平安灌阳建设,做好信访维稳、社会治安、交通安全、公共安全、消防安全、应急管理、安全生产等工作,确保社会稳定。加大执法行动,严厉打击销售假冒伪劣农资违法行为,加强食品药品安全监管,严厉打击非法食品添加剂行为及假药,切实维护农民及消费者切身利益。整顿市场价格,制止不正当竞争,打破行业垄断和价格垄断,努力营造诚实守信、公平有序的市场环境。严厉打击乱砍滥伐行为,保护生态环境。严厉打击邪教组织。规范商标、专利的保护和使用。加强应急救援工作,建设乡镇消防机构,提升消防快速反应和应急救援能力,牢固树立安全发展观念,完善和落实安全生产责任和管理制度,建立健全党政同责、一岗双责、失职追责的安全生产责任体系,落实企业安全生产主体责任,坚决遏制重特大安全事故发生。

净化社会发展环境。从严治党,依法治县,加强党风廉政建设、行风建设、效能建设。继续巩固拓展党的群众路线教育实践活动成果,深化"四风"问题整治;进一步清理、规范行政事业性收费,坚决制止"三乱"行为,强化政风行风建设。建立完善投资环境评议制和经济环境投诉制,着力营造商务成本较低、办事规范高效、服务配套完善的投资环境。加强廉政建设,全面落实廉政工作责任制,完善惩治和预防腐败体系。推进司法建设,坚持依法治县,彰显公平正义。完善信用评价体系、征信体系,营造良好的信用环境。

第十三章　建立保障体制确保规划目标实现

围绕"十三五"时期规划目标与建设任务,建立健全规划实施与保障机制,充分发挥规划对经济社会发展的引领和指导作用,提升规划实施保障能力。

第一节　加强规划组织实施

健全规划实施机制。本规划提出的约束性指标、重要预期性指标和重大任务进行分解,明确牵头部门和工作责任,并将之作为对各部门、各乡镇落实绩效考核的重要内容。各部门要深化细化落实计划,明确措施、明确责任、明确期限,确保规划目标和任务落到实处。

加强规划衔接。加强与城镇规划、土地利用规划等规划的衔接,推进"多规合一",形成以国民经济和社会发展总体规划为纲领,指导制定专项规划、乡镇规划、年度计划,确保发展目标、空间布局、政策取向、重大项目等方面保持协调一致,保持经济社会发展目标的连续性和稳定性，发挥规划的整体合力。

第二节 重视项目支撑

谋划重大项目。坚持以规划确定项目、以项目落实规划，加大重大项目特别是产业项目的引进力度，健全项目推进实施机制，加快推进重大项目开竣工，增强经济社会发展后劲。依据国家、区、市相关规划和政策，结合灌阳实际情况，突出生态优先原则，谋划好基础设施、产业发展重大项目，特别是“生态产业化”项目、区域协调发展项目、交通发展项目。让更多项目进入自治区、市级统筹层面，争取更多区、市级项目落户。

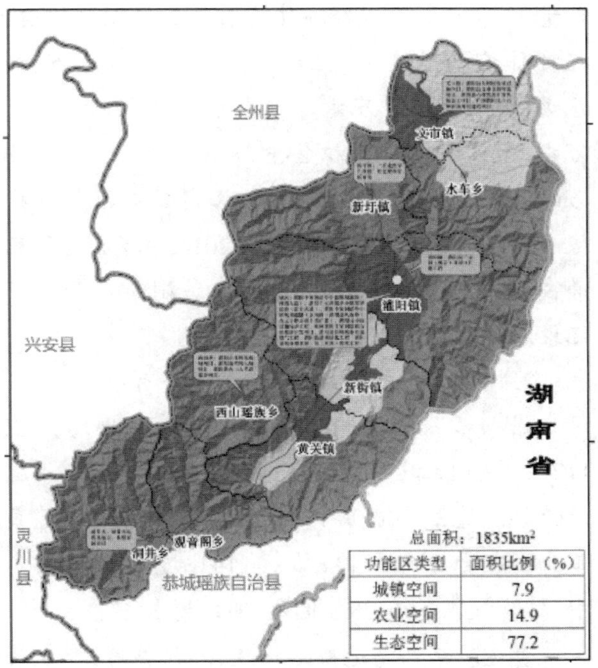

图 11 重大工程项目建设布局示意图

服务重大项目。继续落实“领导联系、部门帮扶”责任制，加强项目的调度、督查，协调解决实际问题，确保竣工项目按要求完成，在建项目按计划推进，新开工项目全部启动建设，进一步优化企业投资发展环境。

争取上级资金。加大政策性资金争取力度，力争获得国家、省、市更多的支持。要发挥好有关部门在融资方面的职能作用，搭建好融资平台。

第三节 加强规划监督检查和考核评估

建立监督检查机制。由县政府牵头组成规划执行情况督查组，根据需要对各单位负责的规划任务及部门专项规划执行情况进行专项督查，形成督查汇报及整改机制，确保规划顺利实施。

健全考核评估机制。改进考核机制，针对不同主体功能区，设置各有侧重的绩效考核指标，实行差异化考核。完善规划评估机制，创新评估方式，引入社会机构参与评估，增强规划评估的准确性和广泛性。组织开展规划实施年度监测评估和中期、期末评估，总结规划实施效果，分析存在的问题，提出解决问题的对策措施，中期和期末评估报告要提请县人大常委会审议。需要对本规划修订时，要报县人民代表大会常务委员会批准。

关于灌阳县2016年国民经济和社会发展计划执行情况与2017年国民经济和社会发展计划草案的报告

——在县第十六届人民代表大会第二次会议上

(2017年2月14日)

灌阳县发展和改革局局长　傅超香

各位代表:

受县人民政府委托,现将灌阳县2016年国民经济和社会发展计划执行情况与2017年国民经济和社会发展计划(草案)提请县十六届人大二次会议审议,并请县政协委员和其他同志提出意见。

一、2016年国民经济和社会发展计划执行情况

2016年,我县坚持"稳中求进"工作总基调,牢固树立"创新、协调、绿色、开放、共享"五大发展理念,大力做好"富农强工、崇文重教、兴旅美城"六篇文章,统筹推进"一园一江一路"建设,全力打赢脱贫攻坚战,努力建设宜居宜业宜游、文明和谐幸福新灌阳,为2020年全面建成小康社会而不懈奋斗。在县委、县政府的坚强领导下和全县人民的共同努力下,我县不断适应新常态,经济实现平稳较快发展,社会事业取得全面进步。

(一)三次产业平稳发展,综合实力再上台阶

据初步统计,2016年我县完成地区生产总值74.3亿元,同比增长6.6%;一产完成增加值17.84亿元,同比增长3.6%;二产完成增加值38.15亿元,同比增长7.5%;工业完成增加值33.9亿元,同比增长7.2%;规模以上工业完成增加值31.64亿元,同比增长7.4%;三产完成增加值18.71亿元,同比增长7.9%;固定资产投资完成64.08亿元,同比增长18.5%;社会消费品零售总额完成18.52亿元,同比增长10.8%;城镇居民人均可支配收入完成28172元,同比增长6.9%;农村居民人均可支配收入完成8995元,同比增长9.6%;财政收入完成3.62亿元,同比增长6.5%。

1. 农业运行平稳,示范作用不断加强

全年完成粮食播种面积41.9万亩,实现粮食产量17万吨。完成经济作物播种面积21.2万亩,经济作物总产值5.4亿元。播种蔬菜14.9万亩,蔬菜总产量18.8万吨。完成水果改扩种面积1万亩,水果种植总面积23.5万亩。水果产量36.8万吨,水果总产值8.2亿元。落实超级稻示范样板点15个,面积13000多亩。2016年我县超级稻最高亩产达978.5千克,连续七年刷新广西单产记录。

2. 工业运行缓中趋稳,结构调整有序推进

据初步统计,2016年我县完成工业总产值112亿元;同比增长10.5%;其中:规模以上工业总产值预计完成106.06亿元,同比增长11%。完成工业固定资产投资40.8亿元,同比增长17.3%;其中:技改投入完成26.8亿元,同比增长17.3%。

贵达冶炼厂易地搬迁技改、石材整治、毕生药业等重大工业项目建设稳步推进;广西国有大桂山林场灌阳林业循环经济示范项目、灌阳县千家洞矿泉水有限公司、灌阳县马头风电场等项目建成投产,有力地增强了工业发展后劲,优化了工业结构。

3. 服务业不断发展壮大

2016年我县服务业完成增加值18.71亿元,同比增长7.9%,全年保持平稳较快发展,实力不断壮大。

2016年全县接待游客49.1万人次,同比增长13.8%。全年完成旅游综合总收入5.4亿元,同比增长18%。全年完成旅游基础设施投资6424万元,

重点推进了唐景崧故居保护与开发等项目建设，提升了行业水平和接待能力。

电子商务有力助推精准扶贫工作。我县立足特色优势资源禀赋，积极搭建网络营销平台，创立了“电商扶贫直通车”；建立了贫困村电商扶贫服务站点，实现了电商服务贫困村的全覆盖；创建了“基地+合作组织+电商平台+城市社区体验店”的电商扶贫新模式。

(二)项目工作措施有力，项目建设成绩显著

2016年我县统筹推进县级重点项目107个，年度计划总投资28.2亿元。其中自治区层面统筹推进项目4个，新开工1个，竣工投产1个，预备开工2个，年度计划总投资3.8亿元；市层面统筹推进项目24个，前期2个，新开工8个，续建10个，竣工投产4个，年度计划总投资14.2亿元。截至2016年12月，全县107个重点项目完成投资14.6亿元，占年度投资计划的51.8%，42个新开工项目实际开工25个，开工率59.5%。24个市层面统筹推进项目完成投资9.5亿元，占年度投资计划的66.9%。建立了全县重大项目联审联批联席会议制度，对影响项目推进的重大问题实行限时办结，有效地解决了防洪堤征地难、妇幼保健院项目落地难、兴灌路断头路段打通难等难题，确保了项目的顺利推进。

(三)生态建设措施有力，生态环境保持良好

2016年，我县生态建设获得重大成果，成功列入国家重点生态功能区，每年将为我县争取到不低于6000万元的国家生态转移支付，有利于我县更好地开展生态建设和环境保护工作。10月，制定了灌阳县国家重点生态功能区产业准入负面清单，为我县长期产业发展走向绿色、生态化之路铺平了道路。12月30日，国家林业局正式下文批准我县灌江国家湿地公园(试点)建设。

2016年共完成植树造林面积866.6公顷，完成全民义务植树48万株。完成自治区级示范村屯绿化52个，完成一般村屯绿化780个。

开展打击非法捕猎、贩卖野生动物专项行动。共收缴捕鸟网7张、捕猎夹500多个。全年查处涉林刑事案件17起，查处非法占用林地案件2起。

对全县涉重金属企业、非金属矿采选、建筑砖瓦企业、铁合金企业、市政工程项目(污水处理厂、垃圾处理场)、养殖企业等进行全方位的检查，并对19家环境违法企业进行立案查处。

坚决取缔非法采砂活动，严厉打击电、毒、炸鱼等生态违法行为。全县共开展采砂巡查活动78次，下发《责令停止水事违法行为通知书》58份，制止非法采砂行为21起、取消违法采砂点15个。

(四)扶贫攻坚效果明显，贫困群众切实受惠

2016年，我县因地制宜采取单位包村、干部结对包户和工作组包干等灵活多样形式结对帮扶，组建141个驻村扶贫工作队，选派65名党组织第一书记驻村帮扶，全县2586名干部职工与11004户贫困户结对帮扶，县级结对帮扶按照“876543”干部包户机制分配，确保帮扶主体落实到户到人，贫困学生和因病致贫、因病返贫的贫困户得到对应专业帮扶。全年实现脱贫10800人，占贫困总人口26.4%。

全年投入产业扶持资金2346.7万元，投入3722.2万元进行扶贫基础设施建设，实施项目220个。为3301户贫困户发放扶贫贷款13252万元，其中发放种养贷款9638.8万元、经营贷款3613.2万元。大力实施电商扶贫，全年建成并投入运营电商村级服务点165个，乡(镇)服务站9个，仓储物流中心3个，乡(镇)物流中转站18个，村级物流收发点149个，完成线上销售额5500万元。

(五)招商引资再创辉煌，发展后劲不断增强

2016年，我县引进内资累计到位21.16亿元，外资累计到位资金420万美元。2016年新签项目8个，总投资额约25亿元，主要有华能灌阳都盘岭风电场项目、智睿投资与千家洞天然有限公司合作投资的千家洞山泉水项目等。

(六)居民收入快速增长，生活水平不断提高

2016年，我县实现城镇居民可支配收入28172元，同比增长6.9%；实现农村居民可支配收入8995元，同比增长9.6%。城乡居民收入延续快速增长良好势头，居民收入不断提高，生活继续改善。全年完成社会消费品零售总额18.52亿元，同比增长10.8%，商业活动保持活跃，内需得到有效提高。

（七）城乡建设如火如荼，城乡风貌日新月异

县城建设高潮迭起。瑶族古镇旅游开发项目已完成上车田绕城路建设；城北加油站片区第一期工程已完成雨污水管网建设，电力架设已完成规划设计；和信·云水瑶城市便捷酒店顺利开业；城北加油站片区修建性详规工作正在进行前期准备工作。江东新区完成1~3期工程周围的绿化及路面水泥硬化等附属工程；4期工程已全部完成；富杰路雨污管网建设及道路硬化已基本完成；江东安置区安置房正在加紧建设。创业大厦完成投资200万元，目前正进行装修。红豆杉国际大酒店累计完成投资11784万元，已竣工投入使用。滨江西路北段完成投资370万元，铺设污水管网350米，已完成路基建设，正在敷设沥青路面。兴灌路扩建项目已完成老人社局段和建设银行段硬化工作，二桥段正与业主就房屋拆迁进行协商，扩建工作稳步推进。灌江一桥成功拆除，目前正进行重建。滨江东路一桥至二桥段已进行油化。江东管道燃气项目竣工投入使用。

乡村面貌焕然一新。黄关镇百镇示范工程集镇道路硬化绿化亮化工程、新建污水管网及集镇垃圾中转站等基础设施建设进展顺利，文市镇新型城镇化示范建设项目竣工并通过市级验收。灌阳县古村落保护工程已完成项目前期工作，江口村民居修缮样板房已完成。枫树湾廉租住房小区配套基础设施建设项目已完成雨污管网的铺设及道路硬化。投入2259万元完成13个生态乡村示范村项目点建设。村屯绿化面积707.6亩，种植绿化苗木41396株；完成道路硬化236.4千米，其中村级道路硬化96.9千米，屯级道路硬化23千米，屯内道路硬化116.5千米。

交通条件持续改善。投入4020万元建成双河口至大坪等11条乡村公路共计78.8千米。永安经水车至灌阳二级公路已完成项目建议书批复、选址、水保、用地林地预审、地质灾害评估和勘察设计招标工作，正在进行勘察施工图纸设计、预计2017年3月份完成施工招标。灌阳至平乐高速公路初步勘察设计已通过预评审。

农田水利基础设施得到加强。投资90万元解决1125人饮水安全。开工建设新街镇江口段、水车乡伍家湾至官庄老村段中小河流治理工程，新街镇江口段已完成护岸3.1千米。2015年中央财政小型农田水利重点县建设项目完成渠道防渗108.2千米，整治塘坝11座。完成长坝塘、社公塘、班田水库等新建小（二）型水库可研报告等前期工作。完成懈江小流域综合治理工程，治理面积24平方千米。

（八）社会事业均衡发展，发展成果惠及全民

教育事业再创佳绩。2016年我县高考再创佳绩，全县本科上线741人，上线率66%；重点大学（一本）上线169人，上线率15%。生源所在地万人一本上线率为8.09，居桂林市第二位、全区第六位。1932名家庭经济困难大学生获助学贷款1320.75万元，31871名农村学生享受营养改善计划1250万元；83名基层工作人员享受2015年广西高等学校毕业生学费和国家助学贷款补偿金额51.32万元，600余名进城务工农民工子女入学问题得到妥善安排。公开招聘特岗教师110名，事业单位公开招聘教师20名，选调县直中小学教师23名，教师后劲切实加强。新街镇邓家中心幼儿园、灌阳镇胡家中心幼儿园完成竣工，观音阁乡中心幼儿园、新圩镇中心幼儿园相继投入使用，全县幼儿上学条件得到改善。

卫生事业蓬勃发展。2016年全县参加新农合248543人，参合率为99.98%。全县3家公立医院、9个乡镇卫生院和138个村卫生室全部实施了国家基本药物制度，实现县、乡、村基本药物全覆盖。培训村医259名，对入驻村医按每月300元标准发放岗位补助；对每个行政村卫生室按每年3000元的标准进行补助；新农合门诊统筹按每张处方2.5元的标准进行补助。孕产妇住院分娩率达99.78%，高危妊娠住院分娩率达100%，孕产妇死亡率为零，5岁以下儿童死亡率为3.04‰。

就业和社会保障水平提高。2016年，我县城镇新增就业2720人，城镇失业人员再就业人数421人，就业困难对象再就业人数130人，城镇登记失业率为3.15%，控制在4.5%以内，农村劳动力转移就业新增4359人。举办各类现场招聘会3场，提供就业岗位7856个，8762人接受免费就业服务。开展挖掘机驾驶等4期5个就业技能培

训班，共培训209人；开展创业培训4期4个班共计120人，取得创业培训合格证书111人，专门针对建档立卡贫困户开展技能培训3期3个班共计107人，就业技能培训和创业培训共投入就业补助资金27.5万元。发放农民工创业贷款101笔共计1010万元。

社会救助体系不断完善。为163户因灾倒损房农户办理保险理赔款58.13万元。全年预计发放重度残疾人护理补贴资金244万元，困难残疾人生活补贴资金223.5万元。发放孤儿基本生活保障资金24.54万元。采购救灾物资139.5万元，发放救灾粮款40多万元，发放棉被2352床，棉衣2100件，夹克衣裤2500套，发放城市低保金1340.5万元，农村低保金2832万元，五保供养金782.9万元939万元，城乡医疗救助金752.4万元，临时救助金5.2万元。为2016名优抚对象发放抚恤和生活补助1200多万元，为180名义务兵发放优待金200多万元，为34名大学生入伍士兵发放一次性鼓励金16.2万元。

住房保障水平得到提升。2014年观音阁乡政府公租房建设项目14套公租房已完工，正在进行室内装修。灌阳县2014年工业园区公租房项目20套公租房已竣工。分配入住保障性住房共316套。发放廉租住房租赁补贴499户，其中新增40户。完成农村危房改造1700户，其中包含2016年脱贫摘帽户268户，争取补助资金2580万元。

2016年我县文化体育事业、妇女儿童事业、残疾人事业等其他社会事业也取得了长足进步，社会治理水平不断提高，民生不断改善，社会进步明显。

2016年是我县克服困难迎接挑战的一年，是全民团结努力拼搏的一年，过程十分艰辛，成绩来之不易，在极为困难的局面下实现了全县经济社会的全面发展，经济总量增加，结构调整优化，人民生活改善，社会和谐稳定，生态保护良好。在取得成绩的同时，我们存在的问题也很多：经济增速放缓，下行压力仍然较大；产业结构单一，需进一步调整优化；财力有限、收支矛盾突出，项目推进困难，中央预算内资金拨付进度缓慢等。这些问题需要我们鼓足干劲，大胆创新，勇于作为，敢于担当，在今后的工作中予以全力解决。

二、2017年经济社会发展目标建议

2017年是实施“十三五”规划的重要一年，也是供给侧结构性改革的深化之年。按照县委全会精神和政府工作报告要求，建议2017年经济社会发展预期目标如下：

地区生产总值增长7.5%；财政收入增长6.5%；规模以上工业增加值增长8.3%；固定资产投资增长15%；社会消费品零售总额增长10.5%；城镇居民人均可支配收入增长8.5%；农村居民人均可支配收入增长10%；城镇登记失业率控制在4.5%以内；节能减排指标控制在桂林市下达目标范围以内。

三、2017年经济社会发展主要措施

为实现上述各项发展目标，2017年我们应从以下几个方面抓好工作：

（一）深入推进结构调整，持续壮大县域经济

1. 加快发展现代农业，确保稳产增收

确保农产品稳种稳产。完成粮食播种面积40万亩，其中推广超级稻播种面积21万亩，粮食总产量稳定在17万吨以上。完成水果改扩种1.0万亩，水果总面积达25.3万亩，总产量达到40万吨。完成经作播种面积20.9万亩，其中蔬菜13.9万亩，西香瓜1.4万亩，中草药2.3万亩，其他经作3.3万亩。

大力推广优良新品。开展水稻高产创建活动，狠抓超级稻百亩高产攻关工作，力争2017年最高亩产突破1000千克。抓好三大水果的标准化生产，推广梨、李、枣、火龙果等新品种种植面积1000亩，引进梨棚架式栽培技术。

大力推广现代经营模式。创新土地流转模式，加大土地流转力度，鼓励农户以土地入股等方式进行规模化、多样化经营，大力培育农业专业合作社、新型职业农民、种植大户。引进2~3个企业在灌阳县投资建设农业产业化开发项目，大力发展休闲观光等新型农业。

2. 加快发展现代工业，促进提质增效

改造提升工业。对现有冶炼、小水电、选矿机械制、建材加工等传统产业进行整合和改造，逐步淘汰效益差、能耗高、不符合我县主体功能的落后产业和产能，坚持工业生产绿色生态化。大力发展新兴产业。大力发展以风力发电等为典型的战

略性新兴产业，做好服务企业工作，大力培育规上企业，为全县经济增长注入新的动力。

加强园区建设。一是进一步加强园区基础设施建设，重点抓好文市锰业循环经济产业园等基础设施建设。二是抓好产城互动工作，继续做好灌阳县城、新街集镇与西山坪工业园区，文市集镇与工业园区产城互动工程，促进产城良性互动；三是抓好园区重大项目推进，重点抓好贵达精锡易地技改等项目建设。

3. 加快发展现代服务业，大力培育新的增长点

大力发展电子商务。重点打造以电子商务、快递物流为支撑的商贸物流园，力争引进和培育2家以上专业电子商务龙头企业，促进电子商务与旅游经济深度融合，推动旅游产业化发展。大力实施"互联网＋扶贫"战略，拓展电子商务服务贫困村的深度和广度，加快电商服务平台和电商园区建设，构建消费品下乡与农产品进城双向流通体系。

大力发展旅游业。以灌阳红色旅游资源、黑岩景区、千家洞自然保护区及米珠山万亩梨花、水车千亩桃花等优质旅游资源为依托大力打造灌阳旅游产品和品牌，加大宣传推广力度，加强与周边市县的联动力度，积极融入大桂林旅游圈，充分发挥旅游业对经济的巨大带动作用。大力提升游客接待水平。加强通连景区道路建设，完善景区配套基础设施，提高景区的游客容纳能力。加强宾馆、餐厅、商场等硬件建设，提高服务质量和接待能力。大力提升市场监管水平。加强对全县旅游市场的监管和引导，加大对产品和服务的监督检查力度，严厉打击宰客等侵害游客利益的违法行为，维护公平公正的旅游市场秩序。

（二）大力推进项目建设，充分发挥投资促进作用

加强项目管理队伍建设，确保人员和经费足额到位。创新项目管理模式，继续实行县领导联系项目制度和项目联审联批联办联席会议制度，对重大项目和重大问题实行限时解决。完善项目追责和激励措施，对项目推进不力的单位和个人进行问责，对作出重大贡献者进行适当激励。

充实完善全县重大项目库，提出全年项目工作计划和县领导联席项目方案，重点抓好灌平高速、国道357线、正江岭风电、茶湾风电等重大项目建设，确保项目建设对全县经济的合理拉动。

依托国家重大建设项目库和广西行政审批监管平台抓好全县项目储备工作，及时更新完善国家重大项目库中涉及我县的项目信息，提高申报中央预算内资金项目的成功率。

加强资金投入，确保全县开展面目前期工作的资金需求，年投入前期经费不低于800万元。

（三）统筹推进城乡建设，持续改善城乡风貌

加快县城基础设施建设。完善县城总体控制性详规，进一步破解县城交通瓶颈，着力抓好县城控制区域及高速路出口至新街镇的风貌整治建设，重点规划好路网管线建设，破解兴灌路、双桥路、滨江西路等"瓶颈"问题。抓好县城老城区雨污分流改造工程，年内安排投资2000万元敷设雨污管网8千米。做好市政、路灯、环卫、园林绿化等工作，加快推进县城管道燃气工程建设，抓好大竹凹生活垃圾卫生填埋场进场道路延长线硬化，确保垃圾场正常运营。在确保亮灯率的基础上逐步完成对县城路灯的节能改造。加快江东新区建设进程，重点抓好江东大小广场、绕城路、妇幼保健院、灌阳镇初级中学三号教学楼等项目建设，配套建设绿化、亮化、雨污管道及供排水等基础设施。加快灌江一桥建设和滨江西路扩建工程，确保城区道路畅通。

加快重点镇建设，完善乡镇基础设施，提高乡镇城镇化水平。以新型城镇化示范建设为抓手，大力抓好文市、黄关、新街等重点镇建设，完成文市镇、新街镇、新圩镇污水处理厂建设；完成洞井、观音阁、西山、水车、文市生活垃圾处理中心及10个村整合成4个点的农村垃圾终端处理设施建设，不断完善镇区基础设施，提高人口吸纳能力。抓好黄关商贸城、水车商贸新城及棚户区改造等重点项目，抓好江口村、洞井村等传统村落建设，促进城乡协调发展。

加大住房保障力度，改善居民住房条件。继续进行农村危房改造工程，抓好项目监管工作，确保完成上级下达的年度危改任务。深入推进易地扶贫移民安置工作，灵活采用多种方式安置有需求的贫困户，在确保公平公正的基础上完成好年

度安置任务。加大棚户区改造力度，力争全年改造1041户。

（四）全力抓好生态建设，营造良好生态环境

抓好国家重点生态功能区建设。制定并出台《灌阳县国家重点生态功能区产业准入负面清单》，严格按负面清单规划并发展适宜生态产业。制定全县生态建设管理办法和生态建设考核办法，尽可能多地争取国家生态补偿转移资金，并积极利用所得资金开展生态建设和生态保护，维护良好的生态环境。

抓好环境保护工作。提高执法人员综合素质，提高行政管理水平。要强化监管和严格环境执法。按照新修订的《中华人民共和国环境保护法》及《国务院办公厅关于加强环境监管执法的通知》（国办发〔2014〕56号）的相关要求，严格依法保护环境，推动监管执法全覆盖全提升，对各类环境违法行为"零容忍"。继续对环境违法行为保持高压态势，深入开展整治违法排污、石材行业、红砖企业、采石场、非法小选矿行业等环保专项整治行动。严把项目审批和验收关，对项目审批继续严格实施"四个不准"，从源头把好环境污染关。对"久批未验""久批未建"项目，责令限期办理环保验收手续，提高环保执法权威，减少环境隐患风险。完善部门协同机制，抓好生活源污染减排。加强总量减排监测体系建设，确保污染源自动监控数据传输有效率、企业自行监测结果公开率、监督性监测信息公开率达到国家的考核要求，确保完成减排任务。

抓好生态保护工作。在全县范围内继续开展对非法采砂、矿，非法电、毒、炸鱼、地笼捕鱼等生态违法行为的打击整治工作，巩固已经取得的生态保护成果，防止各类生态违法行为反弹。

抓好森林抚育和管理工作。大力抓好植树造林、村屯绿化、石漠化治理、巩固退耕还林等工作，大力发展油茶产业和林下经济，实现森林保户与农户增收协调均衡发展。以开展"严厉打击非法占用林地等涉林违法犯罪专项行动""清网行动""保护候鸟行动"等专项整治行动为抓手，加强林业执法队伍建设，进一步强化森林资源管理，坚决维护好良好的林业生态。

大力打造灌江国家湿地公园。以我县"十三五"期间实施"一园一江一路"发展规划为契机，全力打造灌阳生态品牌。争取2017年上半年将灌江湿地公园列为国家湿地公园试点，全面落实试点建设任务，争取通过5年左右的时间完成灌江国家湿地公园建设。

（五）多措并举助力脱贫攻坚

加大对20户以上贫困村屯水、路、电、宽带网络等基础设施建设力度，着力改善贫困户生产生活条件，助力全县脱贫攻坚工作。创新扶贫方式和途径，大力发展农村电子商务，培训贫困户掌握电商相关业务知识，通过电商实现脱贫致富。帮助贫困户积极申请扶贫信用贷款，利用贷款开展多种种养和经营，为贫困户"输血"并最终实现"造血"，通过自身勤劳致富脱贫。做好"雨露计划"、金融扶贫、社会扶贫等扶贫项目实施工作，按进度做好易地扶贫搬迁工作，通过改善发展环境实现脱贫。协助贫困户参加各种技能培训，提高自身就业能力，通过外出务工等方式实现脱贫。加强财政转移支付力度，通过低保等兜底政策助力贫困户脱贫。

（六）发展壮大社会事业，提高民众体验水平

发展壮大教育事业。加快推进第三期学前教育"三年行动计划"；加强闲置校舍改造幼儿园、新建幼儿园的管理，大力扶持普惠性幼儿园，切实抓好县直幼儿园、灌阳镇中心幼儿园两所公办园，不断提升学前教育入园率和质量。抓好中小学生学籍信息管理系统建设工作；抓好义务教育学校标准化建设；建立教育资源向山区、村校和薄弱学校倾斜的动态机制，推动县、乡（镇）学校与农村学校共同发展、优质学校与薄弱学校共同提升。加大对教育事业的投入，通过新建、改扩建等方式提高县城学校及部分重点乡镇学校的学生容纳能力，缓解就学难、超大班额、功能室不足、寝室床位不足等困难。

大力发展医疗卫生事业。继续深化医药卫生体制改革，稳步推进公立医院改革，落实医院法人治理和自主经营权，探索去行政化管理。巩固基本药物制度，继续完善"乡村卫生服务一体化管理"制度，不断提高基本公共卫生服务能力和水平。扎实推进基本公共卫生服务均等化工作，继续提升

公共卫生服务能力。加大重点传染病防控和免疫规划预防接种力度;继续实施防治艾滋病攻坚工程;全力推进妇幼卫生各项工作,继续开展免费婚前、孕前医学检查并逐步提高检查率。继续加强乡村医生队伍建设,建立健全村医长效培训机制。

大力抓好就业和社会保障工作。继续实施积极的就业政策,做好就业帮扶和引导,扩大和稳定就业。力争全年城镇就业新增2700人以上,建设和完善好就业信息服务网络平台,实现市、县、乡、村四级联网,城镇失业人员再就业420人以上,就业困难对象再就业130人以上,城镇登记失业率控制在4.5%以内,农村劳动力转移就业新增4350人以上。扎实开展"技能扶贫大行动",确保2017年预脱贫的贫困村有培训需求的贫困户至少掌握一门就业技能或实用技术,组织符合条件的贫困家庭"两后生"赴结对帮扶院校接受培训,并实现就业。继续开展社会保险扩面征缴工作,力争实现全县城镇职工基本养老保险参保(在职人员)7220人以上,基金收入5000万元以上;机关事业单位养老保险参保5100人以上,基金征缴7000万元以上;城镇职工和城镇居民基本医疗保险参保(新农合除外)29755人以上,基金收入2677万元;城镇职工基本医疗保险、城镇居民基本医疗保险两项基本医疗保险参保率稳定在95%以上;失业保险参保4900人以上,基金征缴230万元以上;工伤保险参保9850人以上,基金征缴160万元以上;生育保险参保6162人以上,基金征缴51万元以上;城乡居民社会养老保险续保率85%以上。

大力发展民政事业。加强救灾物资的规范化管理,尽快完成救灾储备仓库建设。做好冬春荒救助与新生灾害救助工作,提前做好资金、物资、设施、设备等准备工作,确保受灾群众不受冻、不挨饿。完善社会救助制度,把全县农村低保对象纳入精准救助范围。落实城乡低保标准自然增长和调整机制,推进农村低保标准与扶贫标准的有效衔接。全面启动"社会救助便民服务工程",在所有乡镇进一步完善"一门受理、协同办理"社会救助服务窗口,解决困难群众的求助问题。认真抓好各项优抚政策落实,确保优抚对象的优待抚恤金和生活补助按时足额发放到位;加强优抚结余资金的规范管理使用,加大对困难优抚对象的帮扶解困力度;认真执行重点优抚对象定期抚恤、生活补助新标准,全面落实义务兵家庭优待金城乡一体化标准;争取在年底前建成优抚对象医疗就诊费用"一站式"即时结算平台。探索完善新形势下退役士兵安置工作的方法措施,拓宽退役士兵就业渠道,确保符合政府安排工作条件的退役士兵顺利就业。做好婚姻登记和社会收养登记工作,推进婚姻登记信息化建设,完善收养登记信息管理和档案管理。规范生活无着落流浪乞讨人员救助管理,运用信息化手段开展日常管理和救助服务;做好重点区域巡视救助,健全主动救助网络;加强生活无着落流浪乞讨人员身份查询和照料安置工作,做好"寒冬送温暖"专项救助;深入推进未成年人社会保护试点扩面工作,深化"流浪孩子回校园"专项行动,健全部门信息互通、资源共享的未成年人社会保护工作信息机制。加快养老服务业发展,培育重点民办养老机构发展,建设1~3个居家养老服务中心(站)、日间照料中心,培育、壮大运营居家养老的社会组织、企业;制定并执行居家养老服务设施的一次性建设补贴、床位运营补贴和居家养老运营补贴实施细则,加强养老机构安全管理检查,督促养老机构开展消防安全演练。推进残疾人福利事业发展。继续做好孤儿认定及基本生活保障资金发放工作;实施孤儿重大公益保险工作。全面落实困难残疾人生活补贴和重度残疾人护理补贴制度;抓好"明天计划""彩金"贫困智障儿童抢救性康复项目及"七彩梦"贫困孤独症儿童抢救性康复项目工作。

大力推进文化、科技、体育、民族、妇女儿童等其他社会事业,抓好安全生产和食品药品安全监管工作,改善公共服务和公共产品供给,提高公共服务均等化水平,切实保护和增进人民福祉,推动社会全面进步,让人民共享发展成果。

各位代表,我县2016年经济社会发展成绩来之不易,2017年的发展任务更加艰巨。我们要紧密团结在县委周围,自觉接受人民监督,团结奋进,锐意进取,克难攻坚,全力完成各项目标任务,为建设美丽幸福新灌阳而努力奋斗!

表7　　**灌阳县2017年国民经济和社会发展主要指标预期目标**

灌阳县发展和改革局　　2017年2月14日

指标名称	计算单位	2016年全年统计		2017年计划安排	
		绝对数	增长(%)	绝对数	增长(%)
一、生产总值	亿元	74.26	6.6	83.39	7.5
其中:第一产业	亿元	17.84	3.6	18.64	4.5
第二产业	亿元	38.15	7.5	43	8
其中:工业	亿元	33.90	7.2	38.4	8
规模以上工业	亿元	31.64	7.4	35.31	8.3
建筑业	亿元	4.25	10	4.6	8
第三产业	亿元	18.71	7.9	21.75	9.4
二、农林牧渔业总产值	亿元	28.92	3.9	30.37	5
三、工业总产值	亿元	112	10.5	123.8	10.5
其中:规模以上工业总产值	亿元	106.06	11	117.7	11
四、固定资产投资	亿元	64.08	18.5	73.70	15
五、财政收入	亿元	3.62	6.5	3.86	6.5
六、社会消费品零售总额	亿元	18.52	10.8	20.46	10.5
七、城镇居民人均可支配收入	元	28172	6.9	30567	8.5
八、农村居民人均可支配收入	元	8995	9.6	9895	10
九、万元生产总值能耗	吨标煤			完成上级下达的目标	
其中:规模以上工业万元增加值能耗	吨标煤			完成上级下达的目标	
十、人口自然增长率	‰	5.06		9	
十一、城镇调查失业率	%	3.12		4.5	
十二、城镇新增就业人数	人	2720		2500	

关于灌阳县全县及县本级2016年财政预算执行情况

——在灌阳县第十六届人民代表大会第二次会议上

（2017年2月13日）

灌阳县财政局局长　文新祥

各位代表：

受县人民政府的委托，现将全县及县本级2016年预算执行情况提请县第十六届人民代表大会第二次会议审议，并请政协委员和其他列席会议同志，提出意见。

一、2016年预算执行情况

2016年，面对经济下行压力不断加大的严峻挑战和艰巨繁重的改革发展稳定任务，在县委的正确领导下，在县人大、县政协的监督支持下，坚持稳中求进工作总基调，主动适应经济发展新常态，全面贯彻落实党中央、自治区、市委和县委的各项重大决策部署，克难攻坚，积极作为，精准发力，财税体制改革深入实施，重点民生资金保障有力，扶贫攻坚投入力度加大，财政稳增长、促改革、调结构、惠民生、防风险的重要作用凸显，为全县顺利实现"十三五"良好开局提供了坚实保障。全县组织财政收入36240万元，增长6.5%；全县财政支出191829万元，增长14.09%，财政保持稳健运行态势。

（一）2016年全县一般公共预算执行情况

2016年，全县一般公共预算总收入完成202838万元，占年度预算的99.03%，增长10.61%。其中：一般公共预算收入25996万元，返还性收入3175万元，一般性转移支付补助收入91241万元，专项转移支付补助收入60854万元，债券转贷收入10500万元，上年滚存结余3495万元，调入预算稳定调节基金7577万元。

全县一般公共预算收入25996万元，完成年度预算的113.88%，增长19.55%。其中：税收收入12741万元，增长8.07%；非税收入13255万元，增长33.16%。

全县一般公共预算总支出完成198133万元，占年度预算的91.53%，增长10.14%。其中：一般公共预算支出191829万元，上解上级支出681万元，债务还本支出600万元，安排预算稳定调节基金5023万元。

收支相抵，年终滚存结余4705万元。其中净结余0万元，结余结转下年支出4705万元。

（二）2016年县本级一般公共预算执行情况

2016年，县本级一般公共预算总收入完成202838万元，占年度预算的99.03%，增长10.61%。其中：一般预算收入25996万元，返还性收入3175万元，一般性转移支付补助收入91241万元，专项转移支付补助收入60854万元，债券转贷收入10500万元，上年滚存结余3495万元，调入预算稳定调节基金7577万元（因实行新的乡镇管理体制，乡镇无财政收入，全县的一般公共预算总收入即为县本级的一般公共预算总收入）。

县本级一般公共预算收入25996万元，完成年度预算的113.88%，增长19.55%。其中：税收收入12741万元，增长8.07%；非税收入13255万元，增长33.16%。

县本级一般公共预算总支出完成191349万元，占年度预算的93.41%，增长12.56%，其中：一般预算支出175966万元，上解上级支出681万元，补助乡镇支出9079万元，债务还本支出600万元，安排预算稳定调节基金5023万元。

收支相抵，县本级年终滚存结余11489万元。

县本级一般公共预算支出175969万元按支出功能分类完成情况如下：

1. 一般公共服务支出 17730 万元，完成年度预算的 94.66%，同比下降 11.14%。

2. 国防支出 217 万元，完成年度预算的 100%，同比增长 5.85%。

3. 公共安全支出 7789 万元，完成年度预算的 92.12%，同比增长 29.6%。

4. 教育支出 31291 万元，完成年度预算的 91.25%，同比增长 17.52%。

5. 科学技术支出 520 万元，完成年度预算的 28.26%，同比增长 57.1%（增幅较大是因本年工业发展金有部分放在此科目）。

6. 文化体育与传媒支出 2458 万元，完成年度预算的 93.57%，同比下降 28.3%（降幅较大是因为专款支出较上年减少）。

7. 社会保障和就业支出 20526 万元，完成年度预算的 92.19%，同比增长 17.8%。

8. 医疗卫生支出 21153 万元，完成年度预算的 100%，同比增长 25.03%（增幅较大是因为专款支出较上年增加）。

9. 节能环保支出 2441 万元，完成年度预算的 100%，同比下降 79.79%（降幅较大是因为专款支出较上年大幅减少）。

10. 城乡社区支出 12560 万元，完成年度预算的 100%，同比增 80.75 长 %（增幅较大是因为增加新增债券项目支出）。

11. 农林水支出 30130 万元，完成年度预算的 79.59%，同比增长 20.53%。

12. 交通运输支出 16630 万元，完成年度预算的 100%，同比增长 144.59%（增幅较大是因为专款支出较上年大幅增加）。

13. 资源勘探电力信息等支出 531 万元，完成年度预算的 49.17%，同比下降 53.66%（降幅较大是因为专款支出较上年大幅减少）。

14. 商业服务业等支出 1535 万元，完成年度预算的 100%，同比下降 39.09%（降幅较大是因为专款支出较上年减少）。

15. 金融支出 19 万元。

16. 国土海洋气象等支出 1011 万元，完成年度预算的 38.3%，同比下降 15.75%。

17. 住房保障支出 8321 万元，完成年度预算的 100%，同比下降 16.69%。

18. 粮油物质储备支出 509 万元，完成年度预算的 100%，同比下降 23.8%。

19. 债务利息支出 530 万元，完成预算的 100%，增长 153.59%（增幅较大是因为要偿还的资金较上年增加）。

20. 其他支出 58 万元，完成年度预算的 100%，同比下降 13.43%。

21. 债务发行费用支出 10 万元。

（三）政府性基金预算执行情况

1. 政府性基金收入总计 18578 万元。其中：

(1) 政府性基金总收入 5856 万元，其中：国有土地使用权出让收入 5405 万元，城市公用事业附加收入 169 万元，污水处理费收入 201 万元，新型墙体材料专项基金收入 1 万元，其他政府性基金收入 80 万元。

(2) 上级补助收入 1530 万元。

(3) 上年结余 11192 万元。

2. 政府性基金支出总计 9117 万元。其中：大中型水库移民后期基金支出 799 万元，国有土地使用权出让收入安排的支出 7225 万元，城市公用附加安排的支出 100 万元，污水处理费安排的支出 238 万元，大中型水库库区基金相关支出 98 万元，新型墙体材料专项基金支出 32 万元，旅游发展基金支出 15 万元，彩票公益金安排的支出 393 万元，调出资金 217 万元。

3. 收支相抵结余 9461 万元。

（四）全县债务情况

截至 2016 年底，全县政府债务余额 3.78 亿元，其中一般债务 2.31 亿元，专项债务 1.47 亿元。

经自治区人民政府批准，自治区财政厅核定我县 2016 年政府债务限额为 4.45 亿元。我县 2016 年底政府债务余额未超过自治区核定的限额，政府债务风险总体可控。

2016 年自治区代我县新举借政府债务 1.05 亿元，新增政府债务主要用于基础设施项目建设。

（五）2016 年所做的主要工作

1. 立足推行“营改增”，强征管、促增收，财政收入组织工作取得新成果。

今年以来，受经济下行压力持续、“营改增”

税制改革及传统工业经济增长动力不足等不利因素影响，全县上下积极应对经济新形势，进一步完善征管机制，创新征收措施，财政收入保持合理稳定增长。一是精心组织，扎实推进改革。根据统一部署，吃透政策精神，采取有力措施，全面推开“营改增”试点工作，全县614家税户如期顺利实现税制转换，企业实现总体税负只减不增的预期目标。科学研判形势，关注税源变化，找准工作重点，把握征管节奏，全年财政收入组织工作稳定有序。二是精诚配合，着力综合治税。以自治区国地税合作示范区创建为契机，我县地税国税联合办公，充分发挥综合治税职能作用，完善涉税信息交换机制，强化信息分析比对，突出风险应对管理，各项收入应收尽收，挖潜增收。2016年，全县组织财政收入36240万元，完成年度预算的103.4%，与上年同期相比增长6.5%。

2.进一步优化财政支出结构，财政保障能力显著增强。

2016年，财政支出结构得到进一步优化，财政保障力度得到进一步加强。一是多方筹措资金，足额兑现了全县干部职工的各项工资待遇。2016年补发增资工资及增加离退休费，新增支出1072万元，兑现了机关单位公车改革后公务交通补贴，新增支出1210万元，这些刚性支出的增长，加重了我县的财政压力，但我们通过增收节支、科学调度，确保了各项工资政策的全面落实。二是为确保政权机关正常运转，社会稳定和谐发展，全县经济发展提供了财力保障。2016年我县财政一般公共预算支出191829万元，比上年增长14.09%，财政支出的增长有效地保证了我县各项事业的发展。三是稳步加大重点领域财政投入。2016年筹措资金12483万元，全力推进城乡基础建设攻坚战，主要用于文市镇新型城镇化建设、滨江西路及兴灌路改扩建工程、江东新区基础设施建设；筹措资金2260万元用于13个新农村点建设；拨付资金3499万元用于172个20户以上通自然村屯道路硬化；拨付资金800万元，用于开展“美丽乡村”专项活动正常。筹措资金11340万元，落实我县绿色发展战略，主要用于区级绿化示范点建设、一般村屯绿化、植树造林、推进城乡污水及垃圾处理设施建设；筹措工业发展基金2240万元用于支持我县的企业发展。

3.积极向上争取资金，强力招商引资，培育新的财源，地方财政实力不断壮大。

我们抢抓“扶贫攻坚、精准脱贫”的政策机遇，准确把握新常态下结构性改革、扩大有效供给的政策导向，深入实施都庞岭林板一体化项目、正江岭风电场项目、灌平高速公路等项目，精心谋划实施了一批能够加快转型、夯实基础、改善民生的重大项目，以项目拉动投资、支撑发展。2016年共向上争取各类财政补助资金15.5亿元，同比增长11.5%，有效缓解了我县财政困难。同时强力招商引资，积极配合各级各部门储备、论证、申报项目，支持部门做强主导产业，做大新型产业，不断加大财政资金整合力度，全面提高资金使用效益。

4.统筹安排资金，用于改善民生和社会保障事业。

以保障改善民生为根本，突出重点支出，托牢民生底线，全年财政民生支出13亿元，占一般公共财政预算支出的66.7%。一是持续加大教育事业投入。拨付资金10020万元，推进学校标准化建设；拨付资金2919万元，用于改善我县的农村义务教育学校办学条件；拨付资金1816万元，推进我县学前幼儿园教育建设；拨付资金160万元，进行教师保障性住房建设；拨付资金2186万元，全面落实了教育惠民政策。二是促进文化体育全面发展。拨付资金1860万元，重点用于支持基层文化和公共文化服务体系建设，积极开展文体比赛，全民健身活动蓬勃开展；加大对图书馆、文化馆免费开放的支持力度，群众性文化活动日益丰富。三是不断加大社会保障和医疗卫生事业的投入。2016年我县共拨付城乡低保资金6515万元，拨付城乡居民社会养老保险补助5115万元，拨付新型农村合作医疗资金10790万元，拨付城乡医疗救助资金746万元，拨付公立医院综合改革补助2570万元，拨付乡村医生生活补助资金104万元。四是全力支持保障性安居工程建设。2016年落实农村危房改造资3738万元，拨付各类棚户区改造资金1464万元，拨付公共租赁住房和城镇低收入住房保障家庭租赁补贴发放资金47万元。

五是推动现代特色农业发展。拨付资金1062万元创建了“千家洞雪梨黑李产业(核心)示范区、油茶产业(核心)示范区、神农稻博园水稻(核心)示范区“等现代特色农业示范区,加快推进了我县农业现代化进程;2016年落实资金2173万元,用于建设小型农田水利设施建设,完成了渠道防渗85.2千米、塘坝整治7座,着力改善了农业基础设施,促进农民增收;2016年拨付资金9280万元全面完成整县整村推进土地整治26个子项目,全县的现代综合生产能力得到了进一步提升;2016年发放良种补贴、农机补贴等各项惠农资金1636万元,强农惠农政策得到有效落实。六是支持为民办实事项目。共投入资金58000万元,实施为民办实事十大工程44个项目,解决了一批群众关心的热点、难点问题。七是全力保障脱贫攻坚战。2016年拨付资金12272万元,贯彻落实脱贫攻坚“七个一批”“十大行动”统一部署,支持65个贫困村整村推进项目建设,为我县实现11个贫困村、7389名贫困人口脱贫摘帽提供财力保障。

5. 创新工作思路,财政管理改革稳步推进。

贯彻落实中央和自治区全面深化改革工作部署,继续推进财税体制改革。一是健全政府预算体系,推行全口径预算,建立以一般公共预算为主,政府性基金预算有机衔接的全口径预算体系。二是启动中期财政规划编制工作。加快建立现代财政制度,强化财政规划对年度预算的约束性,我县全面启动中期财政规划编制工作,建立健全跨年度预算平衡机制。三是积极推进财政信息公开。主动在县人民政府门户网站公开县本级2016年财政总预算和2015年财政总决算;县本级63个预算部门,除2个涉密单位外,其余61个部门全部完成部门预算、部门决算以及“三公”经费公开工作,公开面达100%。四是全面推进预算绩效管理。2016年县本级采用了第三方评价与自评相结合方式对2015年绝大部分项目支出进行了预算绩效评价,预算绩效评价总金额达到5073万元。

6. 稳步降低政府债务风险

按照中央和自治区工作部署,积极采取有效措施管控和化解政府债务风险中,缓解政府融资压力。一是健全完善政府性债务管理长效机制,制定出台《灌阳县本级政府性债务风险应急处理预案》文件,不断健全政府性债务管理制度,强化管理责任,防范债务风险。二是加强政府性债务规模控制。严格按照自治区确定的额度对全县政府性债务限额控制,分类纳入预算管理。三是积极争取自治区政府债券资金支持。全年共获得新增债券额度1.05亿元,显著降低了政府融资成本。四是妥善处理存量债务。积极盘活财政存量资金,加大对各类公共预算资金的统筹力度,用于2016年及以后到期的政府性债务还本付息,加大公共预算偿债准备金规模。

关于灌阳县全县及县本级2016年财政预算(草案)的报告

——在灌阳县第十五届人民代表大会第六次会议上

(2016年2月23日)

灌阳县财政局局长　文新祥

各位代表:

受县人民政府的委托,现将全县及县本级2016年预算草案提请县十五届人大六次会议审议,并请政协委员和其他列席会议同志、提出意见。

2016年我县财政预算安排的指导思想是:全面贯彻落实党的十八大和十八届三中、四中、五中全会精神,紧紧围绕县委决策部署,主动适应经济发展工作新常态,深化财政改革,完善财税机制;优化支出结构,严控"三公"经费,着力增进民生福祉;坚持依法理财,加强内控管理,提高财政支出绩效,为全面建成小康社会提供坚实保障。

根据上述指导思想,结合我县经济发展形势,2016年我县财政预算安排如下:

一、2016年全县公共财政收支预算

(一)全县财政收入计划安排

2016年全县财政收入计划安排35045万元,比2015年增长3%。各收入项目安排如下:

税收收入26000万元,比上年实际完成数增长8.02%。其中:国税收入11000万元,比上年实际完成数增长20.64%;地税收入15000万元,比上年实际完成数增长0.33%。非税收入9045万元,比上年实际完成数下降9.05%。其中:专项收入2045万元,行政性收费收入902万元,罚没收入514万元,国有资产经营收入1040万元,国有资产有偿使用收入1202万元,其他收入3343万元。

(二)公共财政收支预算安排情况

2016年全县财政预算总收入和总支出各安排117699元,当年预算收支平衡。

在全县财政预算总收入中,一般预算收入21158万元,比上年年初预算增长51%,上划税收返还性收入2949万元,一般性转移支付收入74092万元,调入资金19500万元。

在全县财政预算总支出中,一般预算支出安排117099万元,上解上级支出600万元。

二、2016年县本级公共财政收支预算

2016年县本级财政预算总收入和总支出各安排117699万元,当年预算收支平衡。

在县本级财政预算总收入中,一般预算收入21158万元,比上年年初预算增长51%,上划税收返还性收入2949万元,一般性转移支付收入74092万元,调入资金19500万元。

在县本级财政预算总支出中,一般预算支出安排108736万元,比上年年初预算增长19%,上解上级支出600万元,补助乡镇支出8363万元。

县本级一般预算支出按支出功能分类科目安排如下:

(一)一般公共服务支出16429万元,同比(与上年年初预算相比,下同)增加1390万元,增长9%。

(二)国防支出183万元,增加35万元,增长24%。

(三)公共安全支出5805万元,增加552万元,增长11%。

(四)教育支出25493万元,增加7543万元,增长42%(今年县级配套大幅增长,培训学习费90万元放在教育支出列支)。

(五)科学技术支出1770万元,增加1564万元,增长759%(工业发展基金1500万元放在科技改科目列支)。

(六)文化体育与传媒支出943万元,减少

304 万元，下降 24%。

（七）社会保障和就业支出 15046 万元，减少 286 万元，下降 2%（今年上级提前下达转移支付较上年减少）。

（八）医疗卫生支出 16149 万元，增加 2499 万元，增长 18%。

（九）节能环保支出 428 万元，减少 86 万元，下降 17%。

（十）城乡社区支出 3061 万元，增加 184 万元，增长 6%。

（十一）农林水支出 11512 万元，增加 4930 万元，增长 75%。（较上年增加扶贫专项资金 1500 万元、扶贫贷款抵押金 600 万元、现代农业扶贫示范区 300 万元、党建扶贫 270 万元；上级下达我县转移支付 2095 万元）

（十二）交通运输支出 1209 万元，减少 70 万元，下降 5%（农村道路建设县配套及维护 500 万元安排在农林水科目支出）。

（十三）资源勘探电力信息等支出 204 万元，减少 430 万元，下降 68%（上级提前下达本科目转移支付大幅减少）。

（十四）商业服务业等支出 126 万元，减少 11 万元，下降 8%。

（十五）金融支出 5 万元。

（十六）国土海洋气象等支出 1059 万元，增加 239 万元，增长 29%。

（十七）住房保障支出 3466 万元，增加 1581 万元，增长 84%。

（十八）粮油物质储备支出 298 万元，减少 20 万元，下降 6%。

（十九）预备费 1100 万元，增加 100 万元，增长 10%。

（二十）其他支出 4450 万元，比上年预算减少 2050 万元，下降 32%。

上述各类支出与去年相比，增减幅度差距较大，其原因是，上级提前下达我县一般性转移支付与上年变化较大，加之预算口径和财政投资及重点支出方向变化较大，与去年存在很大的不可比性。

三、县本级政府基金收支预算

（一）全年基金预算收入为 33109 万元。其中：

1. 政府基金收入 19635 万元，其中：国有土地使用权出让收入 19000 万元，政府住房基金收入 15 万元，城市公用事业附加收入 150 万元，其他政府性基金收入 470 万元。

2. 上年结余 13474 万元。

（二）全年基金预算支出为 33109 万元。其中：

大中型水库移民后期扶持基金支出 581 万元，政府住房基金支出 30 万元，国有土地使用权出让收入安排的支出 2779 万元，城市公用事业附加安排的支出 150 万元，新增建设用地使用费安排的支出 2720 万元，城市基础设施配套费安排的支出 23 万元，污水处理费及对应专项债务收入安排的支出 250 万元，大中型水库库区基金支出 581 万元，新型墙体材料专项基金支出 140 万元，其他政府性基金支出 6587 万元，调出资金 19500 万元。

（三）政府基金预算当年收支相抵，结余 358 万元。

四、全力抓好财政工作，努力完成 2016 年财政收支预算

2016 年是实施“十三五”规划开局之年。面对复杂多变的经济形势，我们要按照稳中求进，实事求是的原则，全力抓好财政工作，促进全县经济持续健康发展。

（一）完善政府预算体系，大力推进预算管理改革。

着力推进节约型政府建设，加强预算单位结余资金管理，对上级预算结转结余资金超过两年的收回财政统筹安排，县本级预算安排的项目支出结余不予结转。对本级财政投入项目开展投资评审，加大对财政性投资项目的预算评审和绩效考核，提高财政资金使用效益。加强政府性债务管理，建立科学有效的偿债机制，严防债务风险

（二）着力增收节支，增强财政实力。一是加强税收征管，认真清理各项税收减免和优惠政策，强化对重点区域、重点行业和重点企业的税源监管，做到应收尽收。二是进一步优化支出结构。在保工资，保运转，保民生、保重点工作的前提下，压缩一般性支出，特别是在压缩“三公经费”支出，通过财政改革来盘活资金存量，集中财力支持全

县经济社会协调发展。三是推行我县机关公车改革，制定我县会议费、培训费管理办法和方案。节约行政运行成本。

（三）贯彻落实新预算法，不断提高财政管理水平。深入推进预算制度改革，增强政府预算编制的完整性、科学性、透明性。完善国库集中支付流程，推进公务卡消费制度改革，促进公务支出刷卡消费。建立预算绩效评价体系，推行评价结果运行机制。做好预决算信息公开工作，主动接受人大、审计监督，自觉接受社会各界监督。规范国有资产管理，增加国有资产收益。

（四）继续加大力度向上争取资金缓解财政收支矛盾，降低财政风险。紧紧围绕全县中心工作，充分发挥财政自身职能，准确解读政策，抓住重点，把握上级财政资金投向，谋划筛选、衔接计划和沟通信息积极向上级汇报，进一步协助各部门积极向上争取资金，努力缓解财政困难。努力争取自治区对我县的财力性转移支付补助，为我县经济社会发展提供有力保障。

（五）加强乡镇财政管理，进一步完善财政改革机制。加强乡镇财政管理，提升乡、村两级理财水平。新一轮乡镇财政体制已正式实行，我们将着重考虑乡镇的实际，充分发挥县财政的调控职能，完善乡镇基本财力保障机制，进一步理顺县乡分配关系，建立调动乡镇发展经济、培植财源、协税护税的积极性，确保财政收入稳步增长。完善乡镇化债激励机制，严控乡镇新增债务。

各位代表，2016年财政工作艰巨而繁重。我们将在县委的正确领导下，在县人大的监督下、在县政协支持下，进一步解放思想、坚定信心、扎实工作，采取更加科学有效的措施，攻坚克难，完成各项财政工作目标，为我县经济社会又好又快发展发挥更大的作用！

一个人，一只脚，李祖清大瑶山任教 40 周年
活着，就要站上讲台（故事·百姓影像）

谢振华　刘教清摄影报道

《人民日报》（2016 年 04 月 13 日　09 版）

“铛、铛、铛——”铁棍敲打着悬铁，悠扬的“上课钟”，回荡在山岭间。“李老师好！”听到钟声，孩子们忙不迭跑进教室，仍不忘向李祖清问好。“莫跑，莫跑，慢一点。”李祖清满脸疼爱，蹒跚着挪进教室。

琅琅书声，很快响起。

这是广西灌阳县洞井瑶族乡野猪殿教学点的日常一幕。一个人，一只脚，一条山路，出生农家的“独脚老师”李祖清已在桂北大瑶山深处耕耘近 40 年。

1956 年，李祖清出生在野猪殿村杉木岭。由于家境贫穷，他小学毕业便辍学。幸运的是，1974 年，他被推荐上了桂林民族师范学校。毕业后，李祖清先后在岔路口、代门底、龙木干坪、架枧坪等教学点任教。“没有别的想法，只想用自己所学，为瑶山多培养出一些优秀学生。”

天有不测风云。1981 年 4 月，李祖清还在保良小学任教。班上一名学生一连几天没来上课。为弄清原因，李祖清和一位同事前往 5 公里外的学生家里探访。

李祖清在手把手教孩子写字

回来途中，已是天黑。“走到一个山坳，突然感觉右脚一阵剧痛。用电筒一照，糟糕，被毒蛇咬了。”李祖清回忆说。

公路不通，要将李祖清抬到 25 公里外的卫生院，至少要走 6 个小时的山路。同事们只能先请当地一位草药医生治伤。命保住了，但由于中毒太深，再加上没有得到及时有效的治疗，他的大腿肌肉慢慢萎缩，直至骨骼坏死，伤口长年化脓不愈。

那年，李祖清才 25 岁。按工伤处理，他本可以病退或离岗休息。但他强忍病痛坚持上课。“老师只有站在讲台上，才有活着的价值。”

孩子们的教材，是李祖清拄着双拐从乡里教委背回来的。野猪殿冬天经常下雪结冰。为了孩子们的安全，学校会停课。放心不下孩子们功课的李祖清，会一家家地给孩子们辅导。“路难走，即使一个学生辅导 1 个小时，有时一天也只能走两三家。”

由于毒素未完全排除，加上长期攀爬，李祖清脚疾再次恶化。2003 年，经医院诊断，李祖清残腿已转化为骨髓炎，自膝盖以下的小腿骨全部坏死，必须截肢。2003 年 10 月，他做了截肢手术，2004 年安装了假肢。

教育部门考虑他年纪已大，行动不便，决定将他调到山外学校工作。但李祖清谢绝了。

山深、林密、路险，40 年里，李祖清不知吃了多少苦，受过多少累，遇过多少险。

2001 年一次上课途中，李祖清的拐杖拄空了，整个人都滚落进约两米深的沟里。所幸沟底

是刺草丛，不远处正在劳作的乡亲忙冲过来把他救出。李祖清擦擦脸上的血，又赶去教室上课。

2006 年 3 月的一天，天空倾盆大雨，李祖清爬坡时，脚下一滑，连人带书，滚落到河边，幸运地及时抓住一棵小树，才免于被河水冲走。

“看到一个个孩子能靠知识走出大山，再苦再累都值得。”李祖清说，已有 20 多名学生考上了大学，有的当了老师，有的成了工程师，有的做了会计师……每有学生喜讯，他都颇感欣慰。

2015 年 11 月，李祖清光荣退休。尽管已安排接任老师，但他说，新学期已开始，自己已经和这拨孩子熟悉了，希望再在岗位上坚持一段时间。于是，他又接过教育部门的返聘证书，重返讲台。

李祖清带着孩子们通过溪流去上学

索　　引

小龙风光　　　　　　刘兆菲　摄

索引说明

一、本索引采用主题分析索引方法。正文(包括条码、文献、资料、图片和表格)中凡具有独立检索意义的完整资料,均可通过本索引进行检索。少数条目名因语言环境需要,在名称前或者名称后酌加修饰词;有的条目名称动词置后;有的条目名称重复的动词作省略;有的条目名称作简化。为突出图片主题,有的图片文字说明作简略处理。

二、索引按汉语拼音字母(同声字按声调)升序排列。类目、分目、次分目作索引款目用黑体字排印,其余均用宋体字排印。表格、图片在其款目后分别注明"表""图"。

三、索引款目后的阿拉伯数字和拉丁字母(a,b)分别表示内容所在的页码和栏别(即左、右栏)。

四、索引空两字位起排的款目为上一主题的"附见"。同一主题的"参见"只标页码。为便于读者检索,内容有交叉的款目,在本索引中重复出现。

五、"编辑说明""大事记"等栏目不作索引,阿拉伯数字开头的款目排在索引的前面。

D

E

F

G

H

J

K

L

P

Q

R

S

T

W

X

Y

Z